KB207607

마하반야바라밀다경 7

摩訶般若波羅蜜多經 7

마하반야바라밀다경 7
摩訶般若波羅蜜多經 7

三藏法師 玄奘 漢譯 | 釋 普雲 國譯

혜안

역자의 말
보운

지루한 장마가 지나갔으나 다습하고 뜨거운 날씨가 지속되는 현상을 바라보면서 한 생(生)을 머무르고 있는 기세간(器世間)이 많이 변하였다는 현실을 깊이 공감하게 된다. 현대의 생활은 처소가 쾌적하고 편리한 생활용품이 넘치는 시대이므로, 여러 열악한 환경을 벗을 삼고서 다르마를 향하여 치열하게 정진하였던 이전의 승가(僧伽)들을 향하여 지극하게 공경스러운 찬사를 보내면서, 지금의 시대적인 변화가 던져주고 있는 의미를 깊이 사유하고 관찰해야 할 시점이다.

현대사회의 여러 종교가 변화하였던 특징을 살펴본다면 다양한 문화들이 결합하였고, 종교와 종교, 종교와 학문, 또는 세간의 문화와 종교의 교류도 활발하게 일어나고 있으며, 불교학에 관한 학술적인 연구와 유통이 빠르게 진행되고 있다. 그렇지만 '삼보(三寶)에 대한 귀의와 이해력이 진실로 증가하였는가?'라는 질문에는 고개를 가로젓게 된다. 지금은 백중의 연례적인 재의례를 설행(設行)하고 있으나, 이러한 재의례가 '세존의 가르침에서 무슨 인연을 까닭으로 시작되었는가? 현재의 작법(作法)이 경장과 합리적이라고 논증할 수 있는가? 무아(無我)를 설(說)하는 가르침에서 재의례는 타종교 또는 한국의 문화와는 어떠한 연관성을 지니고 있는가? 반야(般若)를 수행하여 성취하고 승보(僧寶)를 공양한다는 관점에서 재의례가 이러한 사상을 얼마나 실천하고 있는가? 등의 여러 논증을 불교학에서는 얼마나 충실하게 상응(相應)하고 있는가?'라는 세심한 연구가 매우 부족하다고 느껴진다.

현재 하안거의 3개월의 기간에 한국불교에서 수행하는 방편의 하나로써 자리잡고 있는 묵언(默言)의 문제를 세존께서는 승가의 화합이라는 관점에서 명확하게 경책(警責)하셨고, 계율의 관점에서 금지하셨던 연기(緣起)를 승가는 얼마나 이해하고 있고 나아가서 수용하고 있는가? 물론 시대를 좇아서 수행의 방편도 계속하여 다양하게 전개되어 왔던 관점이 있었고, 이러한 시대적인 패러다임을 좇아서 불교문화도 부분적으로 변화되었을지라도, 하나의 관점에 집중하였던 까닭으로 세존께서 제정하셨던 하안거 본래의 의미를 가볍게 사유하는 현실이 존재한다는 것에 매우 안타까운 마음이 일어난다. 하안거는 승가의 위상의 확립과 수행의 증장(增長)을 위하여 마땅히 율장의 건도(犍度)에 의지하여 실천해야 하고, 여법(如法)하게 화합하여 신행(信行)되어야 한다. 현재와 같은 세속적인 재의례에 치우친 관점이나, 관습적인 수행의 방편을 계속하여 추구한다면 한국불교의 미래에서 크나큰 오류로 전개될 것이다.

현재의 역경과 출판된 삼장(三藏)들을 살펴보면 종합적이고 체계적으로 결집하는 노력보다는 어느 특정한 경장을 여러 사문들이 앞다투어 번역하고 주석하는 형태를 찾아볼 수 있으나, 근본불교의 경전과 근본불교의 논장, 또는 방대한 분량으로 결집된 불전의 번역들은 찾아보기가 어려운 현실이다. 타종교의 사례를 살펴본다면 통사적(通史的)으로 찬집하여 한 권으로 이루어진 교리서를 지니고 사부대중이 거리를 걷는 모습을 바라볼 수 있는데, 사문의 한 사람으로써 이러한 불교의 경장이나 논장이 결집되지 않고 있는 현실이 씁쓸하다.

한국에서 불교가 자리잡고 있었던 1700여 년의 세월을 종교의 주류로써 지내왔던 현실은 제쳐두고서라도, 약 100년이 약간 넘는 기간에 한국의 주류인 종교로 자리잡고 있는 타종교가 적극적으로 교리서의 결집과 유통에 노력하였던 사례를 불자인 사부대중들은 어떻게 바라보고 있는가? 도반들이나 다른 스님들께서 나를 향하여 "그대는 삼장의 번역과 출판에 어찌 많이 노력하는가?"라고 질문을 받는 때에, "나는 수행자이고 이것이 스스로가 부처님께 회향할 수 있는 최선의 방편이다."라고 대답한다. 스스로가 '나는 세존과 시주의 은혜를 갚아야 하는 수행자이다.'라고 사유하였던 인연으로 이 방편을 선택하였고, 묵연히 길을 걸어가면서도 옆을 바라볼 필요성을 느끼지 못한다.

가끔은 역경의 길을 걷겠다는 수행자를 만나기를 오랜 세월을 부처님들께 발원하였을지라도, 현실에 돌아오면 눈앞에 서 있는 나는 승가의 한 사람이고 일상에서 정진하는 수행자의 모습아 전부인 삶이다. 살아있는 유정의 한 존재로서 구도의 길은 멀고도 아득하게 느껴질지라도, 현재의 나는 옛 조사들보다는 편안하고 풍족한 사회에서 살고 있다는 믿음이 작은 위안(慰安)이랄까! 오늘의 무더운 햇볕과 열기는 초저녁을 맞이한다면 어둠에 자취를 숨길 것이고 어젯밤에 비추었던 별빛이 나에게 밤의 전령을 보내주리라.

서문을 쓰고 있는 짧은 시간에도 뜰 앞에서 백일홍의 꽃봉우리에 앉아있는 까치들이 빨리 상념을 떨쳐버리고 번역을 시작하라고 재촉하고 있으니, 역경의 시간으로 돌아갈 때이다. 오늘도 한 글자·한 글자를 번역과 논증하면서 지난 세월의 번역을 위하여 노력하였던 삼장의 번역의 시간과 앞으로 역경의 노력이 후학의 스님들께서 삼장의 연구에 도움이 되기를 부처님들께 발원드리면서 경장을 다시 펼친다.

『마하반야바라밀다경』(대품반야경)의 역경불사에는 많은 신심과 원력이 담겨있으므로, 번역과 출판을 위하여 동참하신 사부대중들은 현세에서 스스로의 소원에서 무한한 이익을 얻고, 세간에서 생겨나는 삼재팔난의 장애를 벗어나기를 발원드리며, 이미 생(生)의 인연을 마치신 영가들께서는 아미타불의 극락정토에 왕생하시기를 발원드린다. 현재까지의 역경과 출판을 위하여 항상 후원과 격려를 보내주시는 은사이신 세영 스님과 죽림불교문화연구원의 사부대중들께 감사드리면서, 이 불사에 동참하신 분들께 불보살들의 가호(加護)가 항상 가득하기를 발원하면서 감사의 글을 마친다.

불기 2568년(2024) 8월 초분(初分)의 장야(長夜)에
서봉산 자락의 죽림불교문화연구원에서
사문 보운이 삼가 적다

출판에 도움을 주신 분들

김아인	이석현	최범규	정태열	정광택	이윤승
배남옥	박용주	이향숙	황미옥	김도연	심성준
조윤주	심은기	심은재	심은호	권혁률	권오은
우경철	노귀순靈駕	장 씨靈駕	이민태靈駕		

차 례

초분 初分

12

일러두기

1. 이 책의 저본(底本)은 고려대장경(高麗大藏經) 1권부터 결집된 『대반야바라밀다경(大般若波羅蜜多經)』이다.

2. 원문은 600권으로 구성되어 있으나 이 책에서는 각 권수를 표시하되 30권을 한 권의 책으로 편집하여 번역하였다.

3. 번역의 정밀함을 기하기 위해 여러 시대와 왕조에서 각각 결집된 여러 한역대장경을 대조하고 비교하며 번역하였다.

4. 원문은 현장 삼장의 번역을 충실하게 따랐으나, 반복되는 용어를 생략하였던 용어에서는 번역자가 생략 이전의 본래의 용어로 통일하여 번역하였다.

5. 원문에 나오는 '필추(苾芻)', '필추니(苾芻尼)' 등의 용어는 음사(音寫)이므로 현재에 사용하는 '비구(比丘)', '비구니(比丘尼)'라고 번역하였다.

6. 원문에서의 이전의 번역과는 다른 용어가 사용되고 있으므로 원문을 존중하여 저본의 용어로 번역하였다.
   예) 보시·지계·인욕·정진·선정·지혜바라밀다 → 보시(布施)·정계(淨戒)·안인(安忍)·정진(精進)·정려(靜慮)·반야바라밀다(般若波羅蜜多), 축생 → 방생(傍生), 아귀→ 귀계(鬼界)

7. 원문에서 사용되고 있으나, 현재의 용어와 많이 다른 경우는 현재 용어로 번역하였고, 생략되거나, 어휘가 변화된 용어도 현재의 용어를 사용하여 번역하였다.
   예) 루(漏) → 번뇌, 악취(惡趣) → 악한 세계, 여래(如來)·응(應)·정등각(正等覺) → 여래·응공·정등각, 수량(壽量) → 수명, 성판(成辦) → 성취

8. 원문에서 사용한 용어 중에 현재와 음가(音價)가 다르게 변형된 사례가 많이 발견된다. 원문의 뜻을 최대한 살려 번역하였으나 현저하게 의미가 달라진 용어의 경우 현재 사용하는 용어로 바꾸어 번역하였다.

　　예) 우파색가(鄔波索迦)→ 우바색가, 나유다(那庾多)→ 나유타(那庾多)

9. 앞에서와 같이 동일한 문장이 계속하여 반복되는 경우에는 원문에서 내지(乃至)라는 용어가 사용되고 있는데, 현재의 의미로 해석하여 '…… 나아가 ……' 또는 '나아가'의 형태로 바꾸어 번역하였다.

해제(解題)

1. 성립과 한역

　이 경전의 범명(梵名)은 Mahāprajñāpāramitā Sūtra이다. 모두 600권으로 결집되었고, 여러 반야부의 경전들을 집대성하고 있다. 선행연구에서 대략 AD.1~200년경에 성립되었다고 연구되고 있으며, 인도의 쿠샨 왕조시대에 남인도에서 널리 사용되었다고 추정되고, 뒤에 북인도에서 대중화되었으며, 산스크리트어로 많은 부분이 남아있다.

　본 번역의 저본은 고려대장경에 수록된『대반야바라밀다경(大般若波羅蜜多經)』으로 당(唐)의 현장(玄奘)이 방주(方州)의 옥화궁사(玉華宮寺)에서 659년 또는 660년에 번역을 시작하여 663년에 번역한 경전이고, 당시까지 번역된 경전과 현장이 새롭게 번역한 경전들을 모두 함께 수록하고 있다.

　중국에서 반야경의 유통은 동한(東漢)의 지루가참(支婁迦讖)이 역출(譯出)한『도행반야경(道行般若經)』10권을 번역하였던 것이 확인할 수 있는 최초의 사례이다. 이후에 삼국시대의 오(吳)나라 지겸(支謙)은『대명도무극경(大明度無極經)』6권으로 중역(重譯)하여 완성하였으며, 축법호(竺法護)는『광찬반야바라밀경(光讚般若波羅蜜經)』10권을 번역하였고, 조위(曹魏)의 사문 주사행(朱士行)이 감로(甘露) 5년(260)에 우전국(于闐國)에서 이만송대품반야범본(二萬頌大品般若梵本)을 구하여 무라차(無羅叉)와 함께『방광반야바라밀경(放光般若波羅蜜經)』20권으로 번역하였으며, 요진 (姚秦)의 구마라집(鳩摩羅什)은 홍시(弘始) 6년(404)에 대품이만송(大品二 萬頌)의『마하반야바라밀경(摩訶般若波羅蜜經)』을 중역하였고, 홍시(弘 始) 10년(408)에『마하반야바라밀경(摩訶般若波羅蜜經)』과『금강반야경 (金剛般若經)』등을 역출(譯出)하였으며, 북위(北魏) 영평(永平) 2년(509)에 보리유지(菩提流支)는『금강반야경(金剛般若經)』1권을 역출하였다.

용수보살이 주석한 대지도론에서는 "또 삼장(三藏)에는 올바른 30만의 게송(偈)이 있고, 아울러 960만의 설(言)이 있으나, 마하연은 너무 많아서 무량하고 무한하다. 이와 같아서「반야바라밀품(般若波羅密品)」에는 2만2 천의 게송이 있고,「대반야품(大般若品)」에는 10만의 게송이 있다."라고 전하고 있고, 세친(世親)이 저술하고 보리유지가 번역한『금강선론(金剛仙 論)』에서는 "8부(八部)의 반야가 있는데, 분별한다면『대반야경초(大般若 經初)』는 10만의 게송이고,『대품반야경(大品般若經)』은 2만 5천의 게송이 며,『대반야경제삼회(大般若經第三會)』는 1만 8천의 게송이고,『소품반야 경(小品般若經)』은 8천의 게송이며,『대반야경제오회(大般若經第五會)』는 4천의 게송이고,『승천왕반야경(勝天王般若經)』은 2천 5백의 게송이며, 『문수반야경(文殊般若經)』은 6백의 게송이고,『금강경(金剛經)』은 3백의 게송이다."라고 주석하고 있다.

본 경전의 다른 명칭으로는『대반야경(大般若經)』,『대품반야경(大品般 若經)』, 또는 6백부반야(六百部般若)라고 불린다. 6백권의 390품이고 약 4백6십만의 한자로 결집되어 있으므로 현재 전하는 경장과 율장 및 논장의 가운데에서 가장 방대한 분량이다.

반야경의 한역본을 살펴보면 중복되는 명칭이 경전을 제외하더라도 여러 소경(小經)의 형태로 번역되었던 것을 살펴볼 수 있다. 그 사례를 살펴보면『방광반야경(放光般若經)』(20卷),『광찬경(光贊經)』(10卷),『마하 반야바라밀경(摩訶般若波羅蜜經)』(27卷),『도행반야경(道行般若經)』(10卷), 『대명도경(大明度經)』(6卷),『마하반야초경(摩訶般若鈔經)』(5卷),『소품반 야바라밀경(小品般若波羅蜜經)』(10卷),『불설불모출생삼법장반야바라밀다경(佛說佛母出生三法藏般若波羅蜜多經)』(25卷), 『불설불모보덕장반야바라밀경(佛說佛母寶德藏般若波羅蜜經)』(3卷), 『성팔천송반야바라밀다일백팔명진실원의다라니경(聖八千頌般若波羅蜜多一百八名眞實圓義陀羅尼經)』, 『승천왕반야바라밀경(勝天王般若波羅蜜經)』(7卷), 『문수사리소설마하반야바라밀경(文殊師利所說摩訶般若波羅蜜經)』(2卷), 『문수사리소설반야바라밀경(文殊師利所說般若波羅蜜經)』, 『불설유수보살무상청정분위경(佛說濡首菩薩無上淸淨分衛經)』(2卷), 『금강반야바라밀경(金剛般若波羅密經)』, 『금강능단반야바라밀경(金剛能斷般若波羅蜜經)』, 『불설능단금강반야바라밀다경(佛說能斷金剛般若波羅蜜多經)』, 『실상반야바라밀경(實相般若波羅蜜經)』, 『금강정유가이취반야경(金剛頂瑜伽理趣般若經)』, 『불설변조반야바라밀경(佛說遍照般若波羅蜜經)』, 『대락금강불공진실삼마야경(大樂金剛不空眞實三麼耶經)』, 『불설최상근본대락금강불공삼매대교왕경(佛說最上根本大樂金剛不空三昧大敎王經)』(7卷), 『불설인왕반야바라밀경(佛說仁王般若波羅蜜經)』(2卷), 『인왕호국반야바라밀다경(仁王護國般若波羅蜜多經)』(2卷), 『불설요의반야바라밀다경(佛說了義般若波羅蜜多經)』, 『불설오십송성반야바라밀경(佛說五十頌聖般若波羅蜜經)』, 『불설제석반야바라밀다심경(佛說帝釋般若波羅蜜多心經)』, 『마하반야바라밀대명주경(摩訶般若波羅蜜大明呪經)』, 『반야바라밀다심경(般若波羅蜜多心經)』, 『보편지장반야바라밀다심경(普遍智藏般若波羅蜜多心經)』, 『당범번대자음반야바라밀다심경(唐梵飜對字音般若波羅蜜多心經)』, 『불설성불모반야바라밀다경(佛說聖佛母般若波羅蜜多經)』, 『불설성불모소자반야바라밀다경(佛說聖佛母小字般若波羅蜜多經)』, 『불설관상불모반야바라밀다보살경(佛說觀想佛母般若波羅蜜多菩薩經)』, 『불설개각자성반야바라밀다경(佛說開覺自性般若波羅蜜多經)』(4卷), 『대승이취육바라밀다경(大乘理趣六波羅蜜多經)』(10卷) 등의 독립된 경전으로 다양하게 번역되었다.

2. 설처(說處)와 결집(結集)

마하반야바라밀다경의 결집은 4처(處) 16회(會)로 구성되어 있는데, 제1회에서 제6회까지와 제15회는 왕사성의 영취산에서, 제7회에서 제9회까지와 제11회에서 제14회까지는 사위성의 기원정사에서, 제10회는 타화자재천 왕궁에서, 제16회는 왕사성의 죽림정사에서 이루어졌으며, 표로 구성한다면 아래와 같다.

九部般若	四處	『大般若經』의 卷數	특기사항(別稱)
上品般若	鷲峰山	初會79品(1~400卷)	十萬頌般若
中品般若		第二會85品(401~478卷)	二萬五千頌般若, 大品般若經
		第三會31品(479~537卷)	一萬八千頌般若
下品般若		第四會29品(538~555卷)	八千頌般若, 小品般若經
		第五會24品(556~565卷)	四千頌般若
天王般若		第六會17品(566~573卷)	勝天王般若經
文殊般若	給孤獨園	第七會(574~575卷, 曼殊室利分)	七百頌般若, 文殊說般若經
那伽室利般若		第八會(576卷, 那伽室利分)	濡首菩薩經
金剛般若		第九會(577卷, 能斷金剛分)	三百頌般若, 金剛經
理趣般若	他化自在天	第十會(578卷, 般若理趣分)	理趣百五十頌, 理趣般若經
六分般若	給孤獨園	第十一會(579卷~583卷, 布施波羅蜜多分)	五波羅蜜多經
		第十二會(584卷~588卷, 戒波羅蜜多分)	
		第十三會(589卷, 安忍波羅蜜多分)	
		第十四會(590卷, 精進波羅蜜多分)	
	鷲峰山	第十五會(591~592卷, 靜慮波羅蜜多分)	
	竹林精舍	第十六會(593~600卷, 般若波羅蜜多分)	善勇猛般若經

제1회는 범어로는 Śatasāhasrikāprajñāpāramitāsūtra이고, 제1권~제400권의 10만송으로 결집되고 있으며, 79품으로 이루어져 있고, 전체의

3분의 2에 해당하는 분량이다. 현장에 의해 처음으로 번역되었으므로
이역본이 없다.

제2회는 범어로는 Pañcaviṁśatisāhasrikāprajñāpāramitā sūtra이고, 제
401권~제478권의 2만5천송(大品般若)으로 결집되고 있으며, 85품으로
이루어져 있고, 제1회와 비교하여 「상제보살품(常啼菩薩品)」과 「법용보살
품(法涌菩薩品)」의 두 품이 생략되어 있다. 이역본으로『방광반야바라밀
경(放光般若波羅蜜經)』,『마하반야바라밀경(摩訶般若波羅蜜經)』,『광찬경
(光讚經)』등이 있다.

제3회는 범어로는 Aṣṭādaśasāhasrikāprajñāpāramitā sūtra이고, 제479
권~제537권의 1만8천송으로 결집되고 있으며, 31품으로 이루어져 있고,
제2회와 같이 「상제보살품」과 「법용보살품」이 생략되어 있다.

제4회는 범어로 Aṣṭasāhasrikāsūtra이고, 제538권~제555권의 8천송(小
品般若)으로 결집되고 있으며, 29품으로 이루어져 있다.

제5회는 범어로 Aṣṭasāhasrikāprajñāpāramitā sūtra이고, 제556권~제
565권의 8천송(小品般若)으로 결집되고 있으며, 24품으로 이루어져 있다.
반야경은 큰 위력이 있어서 그 자체가 신비한 주문이라고 설하면서 수지하
고 독송하는 것을 강조하였다. 이역본으로는『마하반야초경(摩訶般若鈔經)』,
『도행반야경(道行般若經)』,『대명도경(大明度經)』,『마하반야바라밀경(小品
般若經)』, 시호 역의『불모출생삼장반야바라밀다경』, 법현 역의『불모보
덕반야바라밀다경』, 시호 역의『성팔천송반야바라밀다일백팔명진실원
의다라니경』등이 있다.

제6회는 범어로 Devarājapravaraprajñāpāramitā sūtra이고, 제566권~제
573권으로 결집되고 있으며, 17품으로 이루어져 있다. 이역본으로『승천
왕반야바라밀경(勝天王般若波羅蜜經)』이 있다.

제7회는 범어로는 Saptaśatikāprajñāpāramitā sūtra이고, 제574~제575
권으로 결집되고 있으며, 7백송이다. 만수실리분(曼殊室利分)이라고도
부르는데, 만수실리는 문수사리를 가리킨다. 이역본으로『문수사리소설
마하반야바라밀경(文殊師利所說摩訶般若波羅蜜經)』,『문수사리소설반야

바라밀경(文殊師利所說般若波羅蜜經)』이 있다.

제8회는 범어로는 Nāgaśrīpariprcchā sūtra이고, 제576권으로 결집되고 있으며, 5백송이다. 이역본으로『불설유수보살무상청정분위경(佛說濡首菩薩無上淸淨分衛經)』이 있다.

제9회는 범어로 Vajracchedikāprajñāpāramitā sūtra이고, 제577권으로 결집되고 있으며, 능단금강분(能斷金剛分)이라 한다. 이역본으로 구마라집·보리유지·진제가 각각 번역한『금강반야바라밀경』과 현장이 번역한『능단금강반야바라밀다경』, 의정(義淨)이 번역한『불설능단금강반야바라밀다경』이 있다.

제10회는 1백50송이며, 범어로는 Adhyardhaśatikāprajñāpāramitā sūtra이고, 제578권으로 결집되고 있으며, 1백50송이고, 반야이취분(般若理趣分)이라고 부른다. 이역본으로『실상반야바라밀경(實相般若波羅蜜經)』,『금강정유가이취반야경(金剛頂瑜伽理趣般若經)』,『변조반야바라밀경(遍照般若波羅蜜經)』,『최상근본금강불공삼매대교왕경(最上根本金剛不空三昧大敎王經)』 등이 있다.

제11회부터 제15회까지는 범어로는 Pañcapāramitānirdeśa이고 1천8백송이다. 제16회는 범어로 Suvikrāntavikramipariprcchāprajñāpāramitā sūtra이고, 2천1백송이다. 구체적으로 살펴보면, 제11회는 제579권~제583권의 보시바라밀다분이고, 제12회는 제584권~제588권의 정계바라밀다분이며, 제13회는 제589권의 안인바라밀다분이고, 제14회는 제590권의 정진바라밀다분이며, 제15회는 제591권~제592권의 정려바라밀다분이고, 제16회는 제593권~제600권의 반야바라밀다분으로 결집되어 있다.

3. 각 품(品)의 권수와 구성

『마하반야바라밀다경』의 결집은 4처(處) 16회(會)로 구성되어 있으나,

설법(說法)에 따른 분량에서 매우 많은 차이를 보여주고 있다. 이러한 차이는 각 법문의 내용과 대상에 따른 차이를 반영하고 있는데, 표를 통하여 600권에 수록된 각각의 품(品)과 분(分)을 살펴보면 다음과 같다.

법회(法會)	구분(區分)	설법의 분류	수록권수(收錄卷數)	특기사항
初會	緣起品	第1-1~2	1~2권	서문 수록
	學觀品	第2-1~2	3~4권	
	相應品	第3-1~4	4~7권	
	轉生品	第4-1~3	7~9권	
	贊勝德品	第5	10권	
	現舌相品	第6	10권	
	敎誡敎授品	第7-1~26	11~36권	
	勸學品	第8	36권	
	無住品	第9-1~2	36~37권	
	般若行相品	第10-1~4	38~41권	
	譬喩品	第11-1~4	42~45권	
	菩薩品	第12-1~2	45~46권	
	摩訶薩品	第13-1~3	47~49권	
	大乘鎧品	第14-1~3	49~51권	
	辨大乘品	第15-1~6	51~56권	
	贊大乘品	第16-1~6	56~61권	
	隨順品	第17	61권	
	無所得品	第18-1~10	61~70권	
	觀行品	第19-1~5	70~74권	
	無生品	第20-1~2	74~75권	
	淨道品	第21-1~2	75~76권	
	天帝品	第22-1~5	77~81권	
	諸天子品	第23-1~2	81~82권	
	受敎品	第24-1~3	82~83권	
	散花品	第25	84권	
	學般若品	第26-1~5	85~89권	
	求般若品	第27-1~10	89~98권	
	嘆衆德品	第28-1~2	98~99권	
	攝受品	第29-1~5	99~103권	
	校量功德品	第30-1~66	103~169권	
	隨喜廻向品	第31-1~5	169~172권	
	贊般若品	第32-1~10	172~181권	
	謗般若品	第33	181권	

難信解品	第34-1~103	182~284권	
贊淸淨品	第35-1~3	285~287권	
着不着相品	第36-1~6	287~292권	
說般若相品	第37-1~5	292~296권	
波羅蜜多品	第38-1~2	296~297권	
難聞功德品	第39-1~6	297~304권	
魔事品	第40-1~2	304~305권	
佛母品	第41-1~4	305~308권	
不思議等品	第42-1~3	308~310권	
辦事品	第43-1~2	310~311권	
衆喩品	第44-1~3	311~313권	
眞善友品	第45-1~4	313~316권	
趣智品	第46-1~3	316~318권	
眞如品	第47-1~7	318~324권	
菩薩住品	第48-1~2	324~325권	
不退轉品	第49-1~3	326~328권	
巧方便品	第50-1~3	328~330권	
願行品	第51-1~2	330~331권	
殑伽天品	第52	331권	
善學品	第53-1~5	331~335권	
斷分別品	第54-1~2	335~336권	
巧便學品	第55-1~5	337~341권	
願喩品	第56-1~2	341~342권	
堅等贊品	第57-1~5	342~346권	
囑累品	第58-1~2	346~347권	
無盡品	第59-1~2	347~348권	
相引攝品	第60-1~2	349~350권	
多問不二品	第61-1~13	350~363권	
實說品	第62-1~3	363~365권	
巧便行品	第63-1~2	365~366권	
遍學道品	第64-1~7	366~372권	
三漸次品	第65-1~2	372~373권	
無相無得品	第66-1~6	373~378권	
無雜法義品	第67-1~2	378~379권	
諸功德相品	第68-1~5	379~383권	
諸法平等品	第69-1~4	383~386권	
不可動品	第70-1~5	386~390권	
成熟有情品	第71-1~4	390~393권	
嚴淨佛土品	第72-1~2	393~394권	
淨土方便品	第73-1~2	394~395권	

	無性自性品	第74-1~2	395~396권	
	勝義瑜伽品	第75-1~2	396~397권	
	無動法性品	第76	397권	
	常啼菩薩品	第77-1~2	398~399권	
	法湧菩薩品	第78-1~2	399~400권	
	結勸品	第79	400권	
第二會	緣起品	第1	401권	서문 수록
	歡喜品	第2	402권	
	觀照品	第3-1~4	402~405권	
	無等等品	第4	405권	
	舌根相品	第5	405권	
	善現品	第6-1~3	406~408권	
	入離生品	第7	408권	
	勝軍品	第8-1~2	408~409권	
	行相品	第9-1~2	409~410권	
	幻喩品	第10	410권	
	譬喩品	第11	411권	
	斷諸見品	第12	411권	
	六到彼岸品	第13-1~2	411~412권	
	乘大乘品	第14	412권	
	無縛解品	第15	413권	
	三摩地品	第16-1~2	413~414권	
	念住等品	第17-1~2	414~415권	
	修治地品	第18-1~2	415~416권	
	出住品	第19-1~2	416~417권	
	超勝品	第20-1~2	417~418권	
	無所有品	第21-1~3	418~420권	
	隨順品	第22	420권	
	無邊際品	第23-1~4	420~423권	
	遠離品	第24-1~2	423~424권	
	帝釋品	第25-1~2	425~426권	
	信受品	第26	426권	
	散花品	第27-1~2	426~427권	
	授記品	第28	427권	
	攝受品	第29-1~2	427~428권	
	窣堵波品	第30	428권	
	福生品	第31	429권	
	功德品	第32	429권	
	外道品	第33	429권	
	天來品	第34-1~2	429~430권	

設利羅品	第35	430권	
經文品	第36-1~2	431~432권	
隨喜迴向品	第37-1~2	432~433권	
大師品	第38	434권	
地獄品	第39-1~2	434~435권	
清淨品	第40	436권	
無摽幟品	第41-1~2	436~437권	
不可得品	第42	437권	
東北方品	第43-1~3	438~440권	
魔事品	第44	440권	
不和合品	第45-1~2	440~441권	
佛母品	第46-1~2	441~442권	
示相品	第47-1~2	442~443권	
成辦品	第48	444권	
船等喩品	第49-1~2	444~445권	
初業品	第50-1~2	445~446권	
調伏貪等品	第51	446권	
眞如品	第52-1~3	446~448권	
不退轉品	第53	448권	
轉不退轉品	第54	449권	
甚深義品	第55-1~2	449~450권	
夢行品	第56	451권	
願行品	第57	451권	
殑伽天品	第58	451권	
習近品	第59	452권	
增上慢品	第60-1~3	452~454권	
同學品	第61-1~2	454~455권	
同性品	第62-1~2	455~456권	
無分別品	第63	456권	
堅非堅品	第64-1~2	456~457권	
實語品	第65-1~2	457~458권	
無盡品	第66	458권	
相攝品	第67	459권	
巧便品	第68-1~4	459~463권	
樹喩品	第69	463권	
菩薩行品	第70	464권	
親近品	第71	464권	
遍學品	第72-1~2	464~465권	
漸次品	第73-1~2	465~466권	
無相品	第74-1~2	466~467권	

	無雜品	第75-1~2	467~468권	
	衆德相品	第76-1~4	468~471권	
	善達品	第77-1~3	471~473권	
	實際品	第78-1~2	473~474권	
	無闕品	第79-1~2	474~475권	
	道土品	第80	476권	
	正定品	第81	477권	
	佛法品	第82	477권	
	無事品	第83	478권	
	實說品	第84	478권	
	空性品	第85	478권	
第三會	緣起品	第1	479권	서문 수록
	舍利子品	第2-1~4	479~482권	
	善現品	第3-1~17	482~498권	
	天帝品	第4-1~3	498~500권	
	現窣堵波品	第5-1~3	500~502권	
	稱揚功德品	第6-1~2	502~503권	
	佛設利羅品	第7	503권	
	福聚品	第8-1~2	503~504권	
	隨喜迴向品	第9-1~2	504~505권	
	地獄品	第10-1~2	505~506권	
	嘆淨品	第11-1~2	506~507권	
	贊德品	第12	507권	
	陀羅尼品	第13-1~2	508~509권	
	魔事品	第14	509권	
	現世間品	第15	510권	
	不思議等品	第16	511권	
	譬喩品	第17	511권	
	善友品	第18	512권	
	眞如品	第19-1~2	513~514권	
	不退相品	第20-1~2	514~515권	
	空相品	第21-1~3	515~517권	
	殑伽天品	第22	517권	
	巧便品	第23-1~4	517~520권	
	學時品	第24	520권	
	見不動品	第25-1~2	521~522권	
	方便善巧品	第26-1~4	523~526권	
	慧到彼岸品	第27	527권	
	妙相品	第28-1~5	528~532권	
	施等品	第29-1~4	532~535권	

	佛國品	第30-1~2	535~536권	
	宣化品	第31-1~2	536~537권	
第四會	妙行品	第1-1~2	538~539권	서문 수록
	帝釋品	第2	539권	
	供養窣堵波品	第3-1~3	539~541권	
	稱揚功德品	第4	541권	
	福門品	第5-1~2	541~542권	
	隨喜迴向品	第6-1~2	543~544권	
	地獄品	第7	544권	
	清淨品	第8	545권	
	讚歎品	第9	545권	
	總持品	第10-1~2	545~546권	
	魔事品	第11-1~2	546~547권	
	現世間品	第12	547권	
	不思議等品	第13	547권	
	譬喩品	第14	548권	
	天贊品	第15	548권	
	眞如品	第16-1~2	548~549권	
	不退相品	第17	549권	
	空相品	第18-1~2	549~550권	
	深功德品	第19	550권	
	殑伽天品	第20	550권	
	覺魔事品	第21-1~2	551권	
	善友品	第22-1~2	551~552권	
	天主品	第23	552권	
	無雜無異品	第24	552권	
	迅速品	第25-1~2	552~553권	
	幻喩品	第26	553권	
	堅固品	第27-1~2	553~554권	
	散花品	第28	554권	
	隨順品	第29	555권	
第五會	善現品	第1	556권	서문 수록
	天帝品	第2	556권	
	窣堵波品	第3	557권	
	神呪品	第4	557권	
	設利羅品	第5	558권	
	經典品	第6	558권	
	迴向品	第7	558권	
	地獄品	第8	559권	
	清淨品	第9	559권	

	不思議品	第10-1~2	559~560권	
	魔事品	第11	560권	
	眞如品	第12	560권	
	甚深相品	第13	560~561권	
	船等喩品	第14	561권	
	如來品	第15-1~2	561~562권	
	不退品	第16	562권	
	貪行品	第17-1~2	562~563권	
	姉妹品	第18	563권	
	夢行品	第19	563권	
	勝意樂品	第20	564권	
	修學品	第21	564권	
	根栽品	第22-1~2	564~565권	
	付囑品	第23	565권	
	見不動佛品	第24	565권	
第六會	緣起品	第1	566권	서문 수록
	通達品	第2	566권	
	顯相品	第3	567권	
	法界品	第4-1~2	567~568권	
	念住品	第5	568권	
	法性品	第6	569권	
	平等品	第7	570권	
	現相品	第8	570권	
	無所得品	第9	571권	
	證勸品	第10	571권	
	顯德品	第11	572권	
	現化品	第12	572권	
	陀羅尼品	第13	572권	
	勸誡品	第14-1~2	572~573권	
	二行品	第15	573권	
	讚歎品	第16	573권	
	付囑品	第17	573권	
第七會	曼殊室利分	第1~2	574~575권	서문 수록
第八會	那伽室利分	第1	576권	서문 수록
第九會	能斷金剛分	第1	577권	서문 수록
第十會	般若理趣分	第1	578권	서문 수록
第十一會	施波羅蜜多分	第1~5	579~583권	서문 수록
第十二會	淨戒波羅蜜多分	第1~5	584~588권	서문 수록
第十三會	忍波羅蜜多分	第1	589권	서문 수록
第十四會	精進波羅蜜多分	第1	590권	서문 수록

第十五會	靜慮波羅蜜多分	第1~2	591~592권	서문 수록
第十六會	般若波羅蜜多分	第1~8	593~600권	서문 수록

　따라서 마하반야바라밀다경은 설법의 내용을 따라서 각각 다른 결집의 형태를 보여주고 있으며, 매우 방대하였던 까닭으로 반야계통의 경전인 『소품반야경』, 『금강반야경』, 『반야심경』 등에 비교하여 많이 연구되지 않고 있다. 그러나 『고려대장경』의 처음에 『마하반야바라밀다경』을 배치하고 있는 것은 한국불교에서는 『마하반야바라밀다경』의 사상적인 위치가 매우 중요하였다고 추정할 수 있다.

초분
初分

마하반야바라밀다경 제181권

32. 찬반야품(讚般若品)(10)

"다시 다음으로 세존이시여. 예류향·예류과가 태어남이 없는 까닭으로 마땅히 반야바라밀다도 역시 태어남이 없다고 알아야 하고 일래향·일래과·불환향·불환과·아라한향·아라한과도 태어남이 없는 까닭으로 마땅히 반야바라밀다도 역시 태어남이 없다고 알아야 하며, 예류향·예류과가 소멸함이 없는 까닭으로 반야바라밀다도 역시 소멸함이 없다고 알아야 하고 일래향, 나아가 아라한과도 소멸함이 없는 까닭으로 반야바라밀다도 역시 소멸함이 없다고 알아야 하며, 예류향·예류과가 자성이 없는 까닭으로 마땅히 반야바라밀다도 역시 자성이 없다고 알아야 하고 일래향, 나아가 아라한과도 자성이 없는 까닭으로 마땅히 반야바라밀다도 역시 자성이 없다고 알아야 하며, 예류향·예류과가 무소유인 까닭으로 마땅히 반야바라밀다도 역시 무소유라고 알아야 하고 일래향, 나아가 아라한과도 무소유인 까닭으로 마땅히 반야바라밀다도 역시 무소유라고 알아야 하며, 예류향·예류과가 공한 까닭으로 마땅히 반야바라밀다도 역시 공하다고 알아야 하고 일래향, 나아가 아라한과도 공한 까닭으로 마땅히 반야바라밀다도 역시 공하다고 알아야 하며, 예류향·예류과가 무상인 까닭으로 마땅히 반야바라밀다도 역시 무상이라고 알아야 하고 일래향, 나아가 아라한과도 무상인 까닭으로 마땅히 반야바라밀다도 역시 무상이라고 알아야 하며, 예류향·예류과가 무원인 까닭으로 마땅히 반야바라밀다도 역시 무원이라고 알아야 하고 일래향, 나아가 아라한과도 무원인 까닭으

로 마땅히 반야바라밀다도 역시 무원이라고 알아야 하며, 예류향·예류과
가 멀리 벗어난 까닭으로 마땅히 반야바라밀다도 역시 멀리 벗어났다고
알아야 하고 일래향, 나아가 아라한과도 멀리 벗어난 까닭으로 마땅히
반야바라밀다도 역시 멀리 벗어났다고 알아야 하며, 예류향·예류과가
적정한 까닭으로 마땅히 반야바라밀다도 역시 적정하다고 알아야 하고
일래향, 나아가 아라한과도 적정한 까닭으로 마땅히 반야바라밀다도
역시 적정하다고 알아야 하며, 예류향·예류과가 얻을 수 없는 까닭으로
마땅히 반야바라밀다도 역시 얻을 수 없다고 알아야 하고 일래향, 나아가
아라한과도 얻을 수 없는 까닭으로 마땅히 반야바라밀다도 역시 얻을
수 없다고 알아야 하며, 예류향·예류과가 불가사의한 까닭으로 마땅히
반야바라밀다도 역시 불가사의하다고 알아야 하고 일래향, 나아가 아라한
과도 불가사의한 까닭으로 마땅히 반야바라밀다도 역시 불가사의하다고
알아야 하며, 예류향·예류과가 각지가 없는 까닭으로 마땅히 반야바라밀
다도 역시 각지가 없다고 알아야 하고 일래향, 나아가 아라한과도 각지가
없는 까닭으로 마땅히 반야바라밀다도 역시 각지가 없다고 알아야 하며,
예류향·예류과가 세력이 성취되지 않는 까닭으로 마땅히 반야바라밀다
도 역시 세력이 성취되지 않고 일래향, 나아가 아라한과도 세력이 성취되
지 않는 까닭으로 마땅히 반야바라밀다도 역시 세력이 성취되지 않는다고
알아야 합니다. 세존이시여. 저는 이러한 뜻을 인연하였던 까닭으로
'보살마하살의 반야바라밀다는 큰 바라밀다이다.'라고 설하였습니다.

  다시 다음으로 세존이시여. 독각이 태어남이 없는 까닭으로 마땅히
반야바라밀다도 역시 태어남이 없다고 알아야 하고 독각의 보리도 태어남
이 없는 까닭으로 마땅히 반야바라밀다도 역시 태어남이 없다고 알아야
하며, 독각이 소멸함이 없는 까닭으로 반야바라밀다도 역시 소멸함이
없다고 알아야 하고 독각의 보리도 소멸함이 없는 까닭으로 반야바라밀다
도 역시 소멸함이 없다고 알아야 하며, 독각이 자성이 없는 까닭으로
마땅히 반야바라밀다도 역시 자성이 없다고 알아야 하고 독각의 보리도
자성이 없는 까닭으로 마땅히 반야바라밀다도 역시 자성이 없다고 알아야

하며, 독각이 무소유인 까닭으로 마땅히 반야바라밀다도 역시 무소유라고 알아야 하고 독각의 보리도 무소유인 까닭으로 마땅히 반야바라밀다도 역시 무소유라고 알아야 하며, 독각이 공한 까닭으로 마땅히 반야바라밀다도 역시 공하다고 알아야 하고 독각의 보리도 공한 까닭으로 마땅히 반야바라밀다도 역시 공하다고 알아야 하며, 독각이 무상인 까닭으로 마땅히 반야바라밀다도 역시 무상이라고 알아야 하고 독각의 보리도 무상인 까닭으로 마땅히 반야바라밀다도 역시 무상이라고 알아야 하며, 독각이 무원인 까닭으로 마땅히 반야바라밀다도 역시 무원이라고 알아야 하고 독각의 보리도 무원인 까닭으로 마땅히 반야바라밀다도 역시 무원이라고 알아야 하며, 독각이 멀리 벗어난 까닭으로 마땅히 반야바라밀다도 역시 멀리 벗어났다고 알아야 하고 독각의 보리도 멀리 벗어난 까닭으로 마땅히 반야바라밀다도 역시 멀리 벗어났다고 알아야 하며, 독각이 적정한 까닭으로 마땅히 반야바라밀다도 역시 적정하다고 알아야 하고 독각의 보리도 적정한 까닭으로 마땅히 반야바라밀다도 역시 적정하다고 알아야 하며, 독각이 얻을 수 없는 까닭으로 마땅히 반야바라밀다도 역시 얻을 수 없다고 알아야 하고 독각의 보리도 얻을 수 없는 까닭으로 마땅히 반야바라밀다도 역시 얻을 수 없다고 알아야 하며, 독각이 불가사의한 까닭으로 마땅히 반야바라밀다도 역시 불가사의하다고 알아야 하고 독각의 보리도 불가사의한 까닭으로 마땅히 반야바라밀다도 역시 불가사의하다고 알아야 하며, 독각이 각지(覺知)가 없는 까닭으로 마땅히 반야바라밀다도 역시 각지가 없다고 알아야 하고 독각의 보리도 각지가 없는 까닭으로 마땅히 반야바라밀다도 역시 각지가 없다고 알아야 하며, 독각이 세력(勢力)이 성취되지 않는 까닭으로 마땅히 반야바라밀다도 역시 세력이 성취되지 않고 독각의 보리도 세력이 성취되지 않는 까닭으로 마땅히 반야바라밀다도 역시 세력이 성취되지 않는다고 알아야 합니다. 세존이시여. 저는 이러한 뜻을 인연하였던 까닭으로 '보살마하살의 반야바라밀다는 큰 바라밀다이다.'라고 설하였습니다.

다시 다음으로 세존이시여. 보살마하살이 태어남이 없는 까닭으로

마땅히 반야바라밀다도 역시 태어남이 없다고 알아야 하고 보살마하살의
행도 태어남이 없는 까닭으로 마땅히 반야바라밀다도 역시 태어남이
없다고 알아야 하며, 보살마하살이 소멸함이 없는 까닭으로 반야바라밀다
도 역시 소멸함이 없다고 알아야 하고 보살마하살의 행도 소멸함이 없는
까닭으로 반야바라밀다도 역시 소멸함이 없다고 알아야 하며, 보살마하살
이 자성이 없는 까닭으로 마땅히 반야바라밀다도 역시 자성이 없다고
알아야 하고 보살마하살의 행도 자성이 없는 까닭으로 마땅히 반야바라밀
다도 역시 자성이 없다고 알아야 하며, 보살마하살이 무소유인 까닭으로
마땅히 반야바라밀다도 역시 무소유라고 알아야 하고 보살마하살의 행도
무소유인 까닭으로 마땅히 반야바라밀다도 역시 무소유라고 알아야 하며,
보살마하살이 공한 까닭으로 마땅히 반야바라밀다도 역시 공하다고 알아
야 하고 보살마하살의 행도 공한 까닭으로 마땅히 반야바라밀다도 역시
공하다고 알아야 하며, 보살마하살이 무상인 까닭으로 마땅히 반야바라밀
다도 역시 무상이라고 알아야 하고 보살마하살의 행도 무상인 까닭으로
마땅히 반야바라밀다도 역시 무상이라고 알아야 하며, 보살마하살이
무원인 까닭으로 마땅히 반야바라밀다도 역시 무원이라고 알아야 하고
보살마하살의 행도 무원인 까닭으로 마땅히 반야바라밀다도 역시 무원이
라고 알아야 하며, 보살마하살이 멀리 벗어난 까닭으로 마땅히 반야바라
밀다도 역시 멀리 벗어났다고 알아야 하고 보살마하살의 행도 멀리 벗어난
까닭으로 마땅히 반야바라밀다도 역시 멀리 벗어났다고 알아야 하며,
보살마하살이 적정한 까닭으로 마땅히 반야바라밀다도 역시 적정하다고
알아야 하고 보살마하살의 행도 적정한 까닭으로 마땅히 반야바라밀다도
역시 적정하다고 알아야 하며, 보살마하살이 얻을 수 없는 까닭으로
마땅히 반야바라밀다도 역시 얻을 수 없다고 알아야 하고 보살마하살의
행도 얻을 수 없는 까닭으로 마땅히 반야바라밀다도 역시 얻을 수 없다고
알아야 하며, 보살마하살이 불가사의한 까닭으로 마땅히 반야바라밀다도
역시 불가사의하다고 알아야 하고 보살마하살의 행도 불가사의한 까닭으
로 마땅히 반야바라밀다도 역시 불가사의하다고 알아야 하며, 보살마하살

이 각지가 없는 까닭으로 마땅히 반야바라밀다도 역시 각지가 없다고 알아야 하고 보살마하살의 행도 각지가 없는 까닭으로 마땅히 반야바라밀다도 역시 각지가 없다고 알아야 하며, 보살마하살이 세력이 성취되지 않는 까닭으로 마땅히 반야바라밀다도 역시 세력이 성취되지 않고 보살마하살의 행도 세력이 성취되지 않는 까닭으로 마땅히 반야바라밀다도 역시 세력이 성취되지 않는다고 알아야 합니다. 세존이시여. 저는 이러한 뜻을 인연하였던 까닭으로 '보살마하살의 반야바라밀다는 큰 바라밀다이다.'라고 설하였습니다.

다시 다음으로 세존이시여. 여래·응공·정등각이 태어남이 없는 까닭으로 마땅히 반야바라밀다도 역시 태어남이 없다고 알아야 하고 무상정등보리도 태어남이 없는 까닭으로 마땅히 반야바라밀다도 역시 태어남이 없다고 알아야 하며, 여래·응공·정등각이 소멸함이 없는 까닭으로 반야바라밀다도 역시 소멸함이 없다고 알아야 하고 무상정등보리도 소멸함이 없는 까닭으로 반야바라밀다도 역시 소멸함이 없다고 알아야 하며, 여래·응공·정등각이 자성이 없는 까닭으로 마땅히 반야바라밀다도 역시 자성이 없다고 알아야 하고 무상정등보리도 자성이 없는 까닭으로 마땅히 반야바라밀다도 역시 자성이 없다고 알아야 하며, 여래·응공·정등각이 무소유인 까닭으로 마땅히 반야바라밀다도 역시 무소유라고 알아야 하고 무상정등보리도 무소유인 까닭으로 마땅히 반야바라밀다도 역시 무소유라고 알아야 하며, 여래·응공·정등각이 공한 까닭으로 마땅히 반야바라밀다도 역시 공하다고 알아야 하고 무상정등보리도 공한 까닭으로 마땅히 반야바라밀다도 역시 공하다고 알아야 하며, 여래·응공·정등각이 무상인 까닭으로 마땅히 반야바라밀다도 역시 무상이라고 알아야 하고 무상정등보리도 무상인 까닭으로 마땅히 반야바라밀다도 역시 무상이라고 알아야 하며, 여래·응공·정등각이 무원인 까닭으로 마땅히 반야바라밀다도 역시 무원이라고 알아야 하고 무상정등보리도 무원인 까닭으로 마땅히 반야바라밀다도 역시 무원이라고 알아야 하며, 여래·응공·정등각이 멀리 벗어난 까닭으로 마땅히 반야바라밀다도 역시 멀리 벗어났다고 알아야 하고 무상정등보리도 멀리 벗어난 까닭으로 마땅히 반야바라밀다도 역시 멀리 벗어났다고 알아야 하며, 여래·응공·정등각이 적정한 까닭으로 마땅히 반야바라밀다도 역시 적정하다고 알아야 하고 무상정등보리도 적정한 까닭으로 마땅히 반야바라밀다도 역시 적정하다고 알아야 하며, 여래·응공·정등각이 얻을 수 없는 까닭으로 마땅히 반야바라밀다도 역시 얻을 수 없다고 알아야 하고 무상정등보리도 얻을 수 없는 까닭으로 마땅히 반야바라밀다도 역시 얻을 수 없다고 알아야 하며, 여래·응공·정등각이 불가사의한 까닭으로 마땅히 반야바라밀다도 역시 불가사의하다고 알아야 하고 무상정등보리도 불가사의한 까닭으로 마땅히 반야바라밀다도 역시 불가사의하다고 알아야 하며, 여래·응공·정등각이 각지가 없는 까닭으로 마땅히 반야바라밀다도 역시 각지가 없다고 알아야 하고 무상정등보리도 각지가 없는 까닭으로 마땅히 반야바라밀다도 역시 각지가 없다고 알아야 하며, 여래·응공·정등각이 세력이 성취되지 않는 까닭으로 마땅히 반야바라밀다도 역시 세력이 성취되지 않고 무상정등보리도 세력이 성취되지 않는 까닭으로 마땅히 반야바라밀다도 역시 세력이 성취되지 않는다고 알아야 합니다. 세존이시여. 저는 이러한 뜻을 인연하였던 까닭으로 '보살마하살의 반야바라밀다는 큰 바라밀다이다.'라고 설하였습니다.

다시 다음으로 세존이시여. 일체법이 태어남이 없는 까닭으로 마땅히 반야바라밀다도 역시 태어남이 없다고 알아야 하고, 일체법이 소멸함이 없는 까닭으로 반야바라밀다도 역시 소멸함이 없다고 알아야 하며, 일체법이 자성이 없는 까닭으로 마땅히 반야바라밀다도 역시 자성이 없다고 알아야 하고, 일체법이 무소유인 까닭으로 마땅히 반야바라밀다도 역시 무소유라고 알아야 하며, 일체법이 공한 까닭으로 마땅히 반야바라밀다도 역시 공하다고 알아야 하고, 일체법이 무상인 까닭으로 마땅히 반야바라밀다도 역시 무상이라고 알아야 하며, 일체법이 무원인 까닭으로 마땅히 반야바라밀다도 역시 무원이라고 알아야 하고, 일체법이 멀리 벗어난 까닭으로 마땅히 반야바라밀다도 역시 멀리 벗어났다고 알아야 하며, 일체법이 적정한 까닭으로 마땅히 반야바라밀다도 역시 적정하다고 알아야 하고, 일체법이 얻을 수 없는 까닭으로 마땅히 반야바라밀다도 역시 얻을 수 없다고 알아야 하며, 일체법이 불가사의한 까닭으로 마땅히 반야바라밀다도 역시 불가사의하다고 알아야 하고, 일체법이 각지가 없는 까닭으로 마땅히 반야바라밀다도 역시 각지가 없다고 알아야 하며, 일체법이 세력이 성취되지 않는 까닭으로 마땅히 반야바라밀다도 역시 세력이 성취되지 않는다고 알아야 합니다. 세존이시여. 저는 이러한 뜻을 인연하였던 까닭으로 '보살마하살의 반야바라밀다는 큰 바라밀다이다.'라고 설하였습니다."

33. 방반야품(謗般若品)

그때 구수 사리자가 세존께 아뢰어 말하였다.

"세존이시여. 만약 보살마하살이라면 이 매우 깊은 반야바라밀다를 능히 신해(信解)[1]하는 자는 어느 처소(處所)에서 은몰(沒)하였고 이 세간(間)으로 와서 태어났습니까? 세존이시여. 이 보살마하살은 무상정등보리를 일으켜서 나아간 것은 이미 얼마의 시간이 지났습니까? 세존이시여. 이 보살마하살은 일찍이 어느 처소에서 여래·응공·정등각들께 친근(親近)하면서 공양하였습니까? 세존이시여. 이 보살마하살은 보시·정계·안인·정진·정려·반야바라밀다를 수습하면서 이미 얼마나 오랫동안 행하였습니까? 세존이시여. 이 보살마하살은 어찌 이와 같은 반야바라밀다의 매우 깊은 의취(義趣)를 신해한다고 말합니까?"

세존께서 말씀하셨다.

---

1) '믿고 이해한다.'는 뜻이다.

"사리자여. 만약 보살마하살이 이 매우 깊은 반야바라밀다를 신해하는 자는 시방세계를 쫓아서 무수(無數)이고 무량(無量)하며 무변(無邊)하고, 여래·응공·정등각들의 법회(法會)의 가운데에서 은몰하였고 이곳으로 와서 태어났느니라. 사리자여. 이 보살마하살은 무상정등보리를 일으켜서 나아간 것은 무수이고 무량하며 무변하고 백천의 구지(俱胝)·나유다(那由多)의 겁(劫)이 지났느니라. 사리자여. 이 보살마하살은 무수이고 무량하며 무변하고 불가사의(不可思議)2)하며 불가칭량(不可稱量)3)한 여래·응공·정등각들께 친근하면서 공양하였느니라. 사리자여. 이 보살마하살은 초발심부터 항상 정근하면서 보시·정계·안인·정진·정려·반야바라밀다를 수습하였는데, 무수이고 무량하며 무변하고 백천의 구지·나유타의 겁이 지났느니라.

사리자여. 만약 보살마하살이 이 반야바라밀다를 보고서 곧 '나는 세존을 보게 되었다.'라고 이렇게 생각을 지었고, 이 반야바라밀다를 들으면서 '나는 세존의 가르침을 듣고 있다.'라고 이렇게 생각을 지었다면, 사리자여. 이 보살마하살은 무상(無相)이고 무이(無二)이며 얻을 수 없는 것을 방편으로 삼았으므로 이와 같은 반야바라밀다의 매우 깊은 이치를 능히 바르게 신해하느니라."

그때 구수 선현이 세존께 아뢰어 말하였다.

"세존이시여. 매우 깊은 반야바라밀다를 능히 들을 수 있고 능히 볼 수 있는 자가 있다고 생각하십니까?"

세존께서 말씀하셨다.

"선현이여. 이와 같은 반야바라밀다는 진실하게 능히 들을 수 있는 자가 없고 볼 수 있는 자도 없으며, 이와 같은 반야바라밀다는 역시 들리는 것이 아니고 보이는 것도 아니니라. 왜 그러한가? 선현이여. 색(色)은 들을 수 없고 볼 수도 없나니, 제법(諸法)이 둔(鈍)한 까닭이고, 수(受)·상(想)·행(行)·식(識)도 들을 수 없고 볼 수도 없나니, 제법이 둔한

---

2) 범어 aganeya-parivarta의 번역이고, 일의 사정 등을 사유할 수 없다는 뜻이다.
3) 범어 atulya-parivarta의 번역이고, 일의 사정 등을 헤아릴 수 없다는 뜻이다.

까닭이니라. 선현이여. 안처(眼處)는 들을 수 없고 볼 수도 없나니, 제법이 둔(鈍)한 까닭이고, 이(耳)·비(鼻)·설(舌)·신(身)·의처(意處)도 들을 수 없고 볼 수도 없나니, 제법이 둔한 까닭이니라. 색처(色處)는 들을 수 없고 볼 수도 없나니, 제법이 둔한 까닭이고, 성(聲)·향(香)·미(味)·촉(觸)·법처(法處)도 들을 수 없고 볼 수도 없나니, 제법이 둔한 까닭이니라.

　선현이여. 안계(眼界)는 들을 수 없고 볼 수도 없나니, 제법이 둔한 까닭이고, 색계(色界)·안식계(眼識界), …… 나아가 …… 안촉(眼觸)·안촉을 인연으로 생겨나는 여러 수(受)도 들을 수 없고 볼 수도 없나니, 제법이 둔한 까닭이니라. 이계(耳界)는 들을 수 없고 볼 수도 없나니, 제법이 둔한 까닭이고, 성계(聲界)·이식계(耳識界), …… 나아가 …… 이촉(耳觸)·이촉을 인연으로 생겨나는 여러 수도 들을 수 없고 볼 수도 없나니, 제법이 둔한 까닭이니라. 비계(鼻界)는 들을 수 없고 볼 수도 없나니, 제법이 둔한 까닭이고, 향계(香界)·비식계(鼻識界), …… 나아가 …… 비촉(鼻觸)·비촉을 인연으로 생겨나는 여러 수도 들을 수 없고 볼 수도 없나니, 제법이 둔한 까닭이니라.

　설계(舌界)는 들을 수 없고 볼 수도 없나니, 제법이 둔한 까닭이고, 미계(味界)·설식계(舌識界), …… 나아가 …… 설촉(舌觸)·설촉을 인연으로 생겨나는 여러 수도 들을 수 없고 볼 수도 없나니, 제법이 둔한 까닭이니라. 신계(身界)는 들을 수 없고 볼 수도 없나니, 제법이 둔한 까닭이고, 촉계(觸界)·신식계(身識界), …… 나아가 …… 신촉(身觸)·신촉을 인연으로 생겨나는 여러 수도 들을 수 없고 볼 수도 없나니, 제법이 둔한 까닭이니라. 의계(意界)는 들을 수 없고 볼 수도 없나니, 제법이 둔한 까닭이고, 법계(法界)·의식계(意識界), …… 나아가 …… 의촉(意觸)·의촉을 인연으로 생겨나는 여러 수도 들을 수 없고 볼 수도 없나니, 제법이 둔한 까닭이니라.

　선현이여. 지계(地界)는 들을 수 없고 볼 수도 없나니, 제법이 둔한 까닭이고, 수(水)·화(火)·풍(風)·공(空)·식계(識界)도 들을 수 없고 볼 수도 없나니, 제법이 둔한 까닭이니라. 무명(無明)은 들을 수 없고 볼 수도 없나니, 제법이 둔한 까닭이고, 행(行)·식(識)·명색(名色)·육처(六處)·촉

(觸)·수(受)·애(愛)·취(取)·유(有)·생(生)·노사(老死)의 수탄고우뇌(愁歎苦憂惱)도 들을 수 없고 볼 수도 없나니, 제법이 둔한 까닭이니라. 보시바라밀다(布施波羅蜜多)는 들을 수 없고 볼 수도 없나니, 제법이 둔한 까닭이고, 정계(淨戒)·안인(安忍)·정진(精進)·정려(靜慮)·반야바라밀다(般若波羅蜜多)도 들을 수 없고 볼 수도 없나니, 제법이 둔한 까닭이니라.

선현이여. 내공(內空)은 들을 수 없고 볼 수도 없나니, 제법이 둔한 까닭이고, 외공(外空)·내외공(內外空)·공공(空空)·대공(大空)·승의공(勝義空)·유위공(有爲空)·무위공(無爲空)·필경공(畢竟空)·무제공(無際空)·산공(散空)·무변이공(無變異空)·본성공(本性空)·자상공(自相空)·공상공(共相空)·일체법공(一切法空)·불가득공(不可得空)·무성공(無性空)·자성공(自性空)·무성자성공(無性自性空)도 들을 수 없고 볼 수도 없나니, 제법이 둔한 까닭이니라. 선현이여. 진여(眞如)는 들을 수 없고 볼 수도 없나니, 제법이 둔한 까닭이고, 법계(法界)·법성(法性)·불허망성(不虛妄性)·불변이성(不變異性)·평등성(平等性)·이생성(離生性)·법정(法定)·법주(法住)·실제(實際)·허공계(虛空界)·부사의계(不思議界)도 들을 수 없고 볼 수도 없나니, 제법이 둔한 까닭이니라.

선현이여. 고성제(苦聖諦)는 들을 수 없고 볼 수도 없나니, 제법이 둔한 까닭이고, 집(集)·멸(滅)·도성제(道聖諦)도 들을 수 없고 볼 수도 없나니, 제법이 둔한 까닭이니라. 선현이여. 4정려(四靜慮)는 들을 수 없고 볼 수도 없나니, 제법이 둔한 까닭이고, 4무량(四無量)·4무색정(四無色定)도 들을 수 없고 볼 수도 없나니, 제법이 둔한 까닭이니라. 선현이여. 8해탈(八解脫)은 들을 수 없고 볼 수도 없나니, 제법이 둔한 까닭이고, 8승처(八勝處)·9차제정(九次第定)·10변처(十遍處)도 들을 수 없고 볼 수도 없나니, 제법이 둔한 까닭이니라.

선현이여. 4념주(四念住)는 들을 수 없고 볼 수도 없나니, 제법이 둔한 까닭이고, 4정단(四正斷)·4신족(四神足)·5근(五根)·5력(五力)·7등각지(七等覺支)·8성도지(八聖道支)도 들을 수 없고 볼 수도 없나니, 제법이 둔한 까닭이니라. 선현이여. 공해탈문(空解脫門)은 들을 수 없고 볼 수도 없나니, 제법이 둔한 까닭이고, 무상해탈문(無相解脫門)·무원해탈(無願解脫門)도 들을 수 없고 볼 수도 없나니, 제법이 둔한 까닭이니라. 선현이여. 5안(五眼)은 들을 수 없고 볼 수도 없나니, 제법이 둔한 까닭이고, 6신통(六神通)도 들을 수 없고 볼 수도 없나니, 제법이 둔한 까닭이니라.

선현이여. 여래(佛)의 10력(十力)은 들을 수 없고 볼 수도 없나니, 제법이 둔한 까닭이고, 4무소외(四無所畏)·4무애해(四無礙解)·대자(大慈)·대비(大悲)·대희(大喜)·대사(大捨)·18불불공법(十八佛不共法)도 들을 수 없고 볼 수도 없나니, 제법이 둔한 까닭이니라. 선현이여. 무망실법(無忘失法)은 들을 수 없고 볼 수도 없나니, 제법이 둔한 까닭이고, 항주사성(恒住捨性)도 들을 수 없고 볼 수도 없나니, 제법이 둔한 까닭이니라. 선현이여. 일체지(一切智)는 들을 수 없고 볼 수도 없나니, 제법이 둔한 까닭이고, 도상지(道相智)·일체상지(一切相智)도 들을 수 없고 볼 수도 없나니, 제법이 둔한 까닭이니라.

선현이여. 일체의 다라니문(陀羅尼門)은 들을 수 없고 볼 수도 없나니, 제법이 둔한 까닭이고, 일체의 삼마지문(三摩地門)도 들을 수 없고 볼 수도 없나니, 제법이 둔한 까닭이니라. 선현이여. 예류(預流)는 들을 수 없고 볼 수도 없나니, 제법이 둔한 까닭이고, 일래(一來)·불환(不還)·아라한(阿羅漢)도 들을 수 없고 볼 수도 없나니, 제법이 둔한 까닭이니라. 선현이여. 예류향(預流向)·예류과(預流果)는 들을 수 없고 볼 수도 없나니, 제법이 둔한 까닭이고, 일래향(一來向)·일래과(一來果)·불환향(不還向)·불환과(不還果)·아라한향(阿羅漢向)·아라한과(阿羅漢果)도 들을 수 없고 볼 수도 없나니, 제법이 둔한 까닭이니라.

선현이여. 독각(獨覺)은 들을 수 없고 볼 수도 없나니, 제법이 둔한 까닭이고, 독각(獨覺)의 보리(菩提)도 들을 수 없고 볼 수도 없나니, 제법이 둔한 까닭이니라. 선현이여. 보살마하살(菩薩摩訶薩)은 들을 수 없고 볼 수도 없나니, 제법이 둔한 까닭이고, 보살마하살의 행(行)도 들을 수 없고 볼 수도 없나니, 제법이 둔한 까닭이니라. 선현이여. 여래·응공·정등각은 들을 수 없고 볼 수도 없나니, 제법이 둔한 까닭이고, 무상정등보리(無

上正等菩提)도 들을 수 없고 볼 수도 없나니, 제법이 둔한 까닭이니라. 선현이여. 일체법(一切法)은 들을 수 없고 볼 수도 없나니, 제법이 둔한 까닭이니라."

　그때 구수 선현이 세존께 아뢰어 말하였다.
　"세존이시여. 제보살마하살은 얼마나 오랫동안 집적(集積)하고 행하였으므로, 곧 능히 매우 깊은 반야바라밀다를 수학(修學)할 수 있었습니까?"
　세존께서 말씀하셨다.
　"선현이여. 이 일의 가운데에서는 상응하여 분별(分別)하고 설해야 하느니라. 선현이여. 어느 보살마하살은 초발심부터 곧 매우 깊은 반야바라밀다를 수학하고, 역시 능히 정려바라밀다·정진바라밀다·안인바라밀다·정계바라밀다·보시바라밀다도 수학하느니라. 선현이여. 이 보살마하살은 방편선교(方便善巧)가 있는 까닭으로 제법을 훼방하지 않고 일체법에서 증장하지도 않으며 감소하지도 않고, 역시 이 보살마하살은 항상 보시·정계·안인·정진·정려·반야바라밀다에 상응하는 행을 벗어나지 않으며, 항상 제불·세존과 제보살마하살들을 벗어나지 않고, 이 보살마하살은 한 불국토에서 다른 한 불국토로 나아가면서 진기(珍奇)하고 미묘한 공양구(供具)로 제불·세존과 제보살마하살들께 공양하고 공경하며 존중하고 찬탄하고자 하였다면 뜻을 따라서 성취(成辨)하며, 역시 그 제여래의 처소에서 능히 여러 선근도 심느니라.
　이 보살마하살은 몸을 받는 처소를 따르더라도 어머니 배의 포태(胞胎)[4]의 가운데에 떨어져서 태어나지 않고, 이 보살마하살은 마음이 항상 번뇌(煩惱)와 함께 섞여서 안주하지 않으며, 역시 일찍이 2승(二乘)의 마음도 일으키지 않고, 이 보살마하살은 항상 수승(殊勝)한 신통(新通)을 벗어나지 않으면서 불국토에서 다른 한 불국토로 나아가면서 유정을 성숙시키고 불국토를 청정하게 장엄하나니, 선현이여. 이 보살마하살은

―――――――――――――――――
4) 자궁과 태아를 가리킨다.

매우 깊은 반야바라밀다를 능히 바르게 수학하느니라.

선현이여. 보살승(菩薩乘)의 선남자와 선여인 등이 있어서 비록 많은 여래(佛)를 보았는데, 만약 많은 일백의 여래이거나, 만약 많은 일천의 여래이거나, 만약 많은 백천의 여래이거나, 만약 많은 구지(俱胝)의 여래이거나, 만약 많은 일백 구지의 여래이거나, 만약 많은 일천 구지의 여래이거나, 만약 많은 백천 구지의 여래이거나, 만약 많은 백천 구지·나유타의 여래이었고, 그 제불의 처소에서 역시 많은 보시·정계·안인·정진·정려·반야바라밀다를 수습하였더라도 얻을 수 있는 것으로 방편으로 삼았던 까닭으로 능히 매우 깊은 반야바라밀다를 수습할 수 없고, 역시 능히 정려바라밀다·정진바라밀다·안인바라밀다·정계바라밀다·보시바라밀다도 수습할 수 없느니라. 선현이여. 이 선남자와 선여인 등은 이와 같이 매우 깊은 반야바라밀다를 설하는 것을 듣는다면 곧 자리에서 일어나서 대중을 버리고 떠나가나니, 선현이여. 이 선남자와 선여인 등은 이와 같은 매우 깊은 반야바라밀다를 공경하지 않고, 역시 여래도 공경하지 않으며, 이미 이와 같은 매우 깊은 반야바라밀다를 버렸으므로, 역시 제불도 버렸느니라.

지금 이 대중의 가운데에도 역시 그러한 부류들이 있나니, 내가 설하는 이 매우 깊은 반야바라밀다를 듣는다면 마음으로 즐거워하지 않으면서 대중을 버리고 떠나가리라. 왜 그러한가? 이 선남자와 선여인 등은 이전의 세상에서 매우 깊은 반야바라밀다를 설하는 것을 듣고서 이미 대중을 버리고 떠나갔으므로, 지금의 세상에서고 이와 같은 반야바라밀다를 설하는 것을 들었다면 숙세(宿世)에서 익혔던 힘을 이유로 오히려 다시 버리고 떠나가느니라.

이 선남자와 선여인들은 이렇게 설하는 매우 깊은 반야바라밀다에서 몸(身)·말(語)·마음(心)이 모두 화합하지 않으므로, 오히려 이것이 우치(愚癡)와 악한 지혜(惡慧)의 죄업을 조작(造作)하고 증장(增長)시키느니라. 그들은 오히려 우치와 악한 지혜의 죄업을 조작하고 증장시키므로, 이와 같은 매우 깊은 반야바라밀다를 설하는 것을 들었다면, 나아가 곧 훼방(毀

謗)하고 장애(障㝵)하면서 버리느니라. 그들이 이미 이와 같은 반야바라밀다를 훼방하고 장애하면서 버렸다면, 곧 과거·미래·현재의 제불의 일체상지(一切相智)를 훼방하고 장애하며 버리는 것이니, 그들이 과거·미래·현재의 제불의 일체상지를 훼방하고 장애하며 버리는데, 나아가 곧 정법(正法)을 능히 없애는 업을 감응시켜 없어지도록 조작하고 증장시키느니라.

그들은 정법(正法)을 능히 감응하여 없애는 업을 조작하고 증장시켰던 인연으로 대지옥(大地獄)에 떨어져서 많은 세월을 겪으면서 지내는데, 만약 많은 백세(百歲)이거나, 만약 많은 천세(千歲)이거나, 만약 많은 백천세(百千歲)이거나, 만약 많은 구지세(俱胝歲)이거나, 만약 많은 백구지세(百俱胝歲)이거나, 만약 많은 천구지세(千俱胝歲)이거나, 만약 많은 백천구지세(百千俱胝歲)이거나, 만약 많은 백천구지·나유타세(百千俱胝那庾多歲)를 대지옥의 가운데에서 여러 괴롭고 참혹하며 맹렬하고 날카로운 큰 고통을 받게 되느니라.

그들의 죄가 무거운 까닭으로 이 세계의 한 큰 지옥에서 다른 한 큰 지옥으로 이르고, 나아가 화겁(火劫)·수겁(水劫)·풍겁(風劫)이 일어나지 않아서 이미 오지 않는다면, 여러 괴롭고 참혹하며 맹렬하고 날카로운 큰 고통을 받느니라. 만약 이 세계에 화겁·수겁·풍겁이 일어나는 때라도 그들이 정법을 없앴던 업을 오히려 마치지 않은 까닭으로, 죽고서 다른 세계에 전전하여 태어나더라도 이곳과 같은 부류의 큰 지옥 가운데에서 많은 세월을 겪으면서 지내는데, 만약 많은 백세이거나, 만약 많은 천세이거나, 만약 많은 백천세이거나, 만약 많은 구지세이거나, 만약 많은 백구지세이거나, 만약 많은 천구지세이거나, 만약 많은 백천구지세이거나, 만약 많은 백천구지·나유타세를 대지옥의 가운데에서 여러 괴롭고 참혹하며 맹렬하고 날카로운 큰 고통을 받게 되느니라.

그들은 죄가 무거운 까닭으로 나머지 세계의 한 큰 지옥에서 다른 한 큰 지옥으로 이르고, 나아가 화겁·수겁·풍겁이 일어나지 않아서 이미 오지 않았다면, 여러 괴롭고 참혹하며 맹렬하고 날카로운 큰 고통을 받느니라. 이와 같이 동방(東方)의 여러 나머지 세계의 큰 지옥의 가운데에 두루 다니면서 여러 괴롭고 참혹하며 맹렬하고 날카로운 큰 고통을 받아야 하고, 이와 같이 전전(展轉)하면서 남방(南方)의 여러 세계의 큰 지옥의 가운데를 두루 다니면서 여러 괴롭고 참혹하며 맹렬하고 날카로운 큰 고통을 받아야 하며, 이와 같이 전전하면서 서방(西方)의 여러 세계의 큰 지옥의 가운데를 두루 다니면서 여러 괴롭고 참혹하며 맹렬하고 날카로운 큰 고통을 받아야 하고, 이와 같이 전전하면서 북방(北方)의 여러 세계의 큰 지옥의 가운데를 두루 다니면서 여러 괴롭고 참혹하며 맹렬하고 날카로운 큰 고통을 받아야 하며, 이와 같이 전전하면서 동북방(東北方)의 여러 세계의 큰 지옥의 가운데를 두루 다니면서 여러 괴롭고 참혹하며 맹렬하고 날카로운 큰 고통을 받아야 하고, 이와 같이 전전하면서 동남방(東南方)의 여러 세계의 큰 지옥의 가운데를 두루 다니면서 여러 괴롭고 참혹하며 맹렬하고 날카로운 큰 고통을 받아야 하며, 이와 같이 전전하면서 서남방(西南方)의 여러 세계의 큰 지옥의 가운데를 두루 다니면서 여러 괴롭고 참혹하며 맹렬하고 날카로운 큰 고통을 받아야 하고, 이와 같이 전전하면서 서북방(西北方)의 여러 세계의 큰 지옥의 가운데를 두루 다니면서 여러 괴롭고 참혹하며 맹렬하고 날카로운 큰 고통을 받아야 하며, 이와 같이 전전하면서 하방(下方)의 여러 세계의 큰 지옥의 가운데를 두루 다니면서 여러 괴롭고 참혹하며 맹렬하고 날카로운 큰 고통을 받아야 하고, 이와 같이 전전하면서 상방(上方)의 여러 세계의 큰 지옥의 가운데를 두루 다니면서 여러 괴롭고 참혹하며 맹렬하고 날카로운 큰 고통을 받아야 하느니라.

만약 그 여러 나머지의 시방세계의 화겁·수겁·풍겁이 일어난 때라면, 그들이 정법을 없앴던 업을 오히려 마치지 않은 까닭으로, 이 세계의 큰 지옥의 가운데에 태어나서 한 큰 지옥에서 다른 한 큰 지옥으로 이르고, 나아가 화겁·수겁·풍겁이 이미 오지 않았다면, 여러 괴롭고 참혹하며 맹렬하고 날카로운 큰 고통을 받으며, 만약 이 세계에 화겁·수겁·풍겁이 일어난 때라도, 그들이 정법을 없앴던 업을 오히려 마치지 않은 까닭으로, 죽어서 다시 다른 나머지의 세계에 태어나서 시방세계의 큰 지옥의 가운데

를 두루 다니면서 여러 괴롭고 참혹하며 맹렬하고 날카로운 큰 고통을
받아야 하느니라.

　이와 같이 무수(無數)인 겁을 윤회(輪迴)하고 지내면서 그들이 정법을
없앴던 업의 세력이 약간이라도 적어진다면, 지옥에서 나와서 방생취(傍
生趣)5)에 떨어져서 많은 세월을 겪으면서 지내는데, 만약 많은 백세이거
나, 만약 많은 천세이거나, 만약 많은 백천세이거나, 만약 많은 구지세이거
나, 만약 많은 백 구지세이거나, 만약 많은 천 구지세이거나, 만약 많은
백천 구지세이거나, 만약 많은 백천 구지·나유타세를 방생의 몸을 받고서
잔해(殘害)6)·공포·핍박 등의 고통을 크게 당하느니라.

　죄를 마치지 않은 까닭으로, 하나의 험악(險惡)한 처소에서 다른 하나의
험악한 처소에 이르고, 나아가 화겁·수겁·풍겁이 이미 오지 않았다면,
방생의 몸을 갖추고 잔해·공포·핍박 등의 고통을 받는데, 만약 이 세계가
3재(三災)7)에 파괴되는 때라도 그들이 정법을 없앴던 업의 나머지 세력이
끝나지 않았으므로, 죽고서 전전하여 다른 방위의 세계에서 이전과 같은
부류의 방생취의 가운데에 태어나서 많은 세월을 겪으면서 지내나니,
만약 많은 백세이거나, 만약 많은 천세이거나, 만약 많은 백천세이거나,
만약 많은 구지세이거나, 만약 많은 백구지세이거나, 만약 많은 천 구지세
이거나, 만약 많은 백천 구지 세이거나, 만약 많은 백천 구지·나유타세에
방생의 몸을 받고서 잔해·공포·핍박 등의 고통을 크게 당하느니라.

　죄를 마치지 않은 까닭으로, 하나의 험악한 처소에서 다른 하나의
험악한 처소에 이르고, 나아가 화겁·수겁·풍겁이 이미 오지 않았다면
방생의 몸을 받고서 잔해·공포·핍박 등의 고통을 받는데, 만약 이 세계가
3재에 파괴되는 때라도 그들이 정법을 없앴던 업의 나머지 세력이 끝나지
않았던 까닭으로, 하나의 험악한 처소에서 다른 하나의 험악한 처소에
이르고, 나아가 화겁·수겁·풍겁이 이미 오지 않았다면 방생의 몸을 받고서

---

　5) 축생계를 다르게 부르는 말이다.
　6) 사람에게 인정이 없어서 아주 심하게 해친다는 뜻이다.
　7) 화재(火災)·수재(水災)·풍재(風災)를 가리킨다.

잔해·공포·핍박 등의 고통을 크게 당하느니라.

이와 같이 전전하여 시방의 여러 나머지의 세계를 두루 다니면서 방생의 몸을 받고서 잔해·공포·핍박 등의 고통을 크게 당하는데, 만약 그 여러 나머지의 시방세계가 3재로 파괴되는 때이라도 정법을 없앴던 업의 나머지 세력이 끝나지 않았다면, 죽고서 다시 이 세계의 방생취의 가운데에 태어나고, 하나의 험악한 처소에서 다른 하나의 험악한 처소에 이르고, 나아가 화겁·수겁·풍겁이 이미 오지 않았다면 방생의 몸을 갖추고 잔해·공포·핍박 등의 고통을 크게 당하느니라. 만약 이 세계가 3재에 파괴되는 때에도 그들이 정법을 없앴던 업의 나머지 세력이 끝나지 않았다면 죽고서 다시 다른 나머지의 세계에 태어나고 시방의 방생취를 두루 다니면서 널리 여러 고통을 받느니라.

이와 같이 무수인 겁을 순환(循環)하고 지내면서 그들이 정법을 없앴던 업의 세력이 점차 엷어진다면, 방생취를 벗어나서 귀계(鬼界)[8]의 가운데에 떨어져서 많은 세월을 겪으면서 지내는데, 만약 많은 백 세이거나, 만약 많은 천 세이거나, 만약 많은 백천 세이거나, 만약 많은 구지세이거나, 만약 많은 백 구지세이거나, 만약 많은 천 구지세이거나, 만약 많은 백천 구지세이거나, 만약 많은 백천 구지·나유타세에 귀계의 가운데에서 아귀의 몸을 받고서 굶주림(虛)·수척함(贏)·목마름(飢渴) 등의 고통을 크게 당하느니라.

죄를 마치지 않은 까닭으로, 하나의 아귀국(餓鬼國)에서 아귀의 나라에 이르고, 나아가 화겁·수겁·풍겁이 이미 오지 않았다면, 아귀의 몸을 받고서 굶주림·여윔·목마름 등의 고통을 크게 당하는데, 만약 이 세계가 3재에 파괴되는 때라도 그들이 정법을 없앴던 업의 나머지 세력이 끝나지 않았으므로, 죽고서 전전하여 다른 방위의 세계에서 이전과 같은 부류의 아귀취(餓鬼趣)의 가운데에 태어나서 많은 세월을 겪으면서 지내나니, 만약 많은 백세이거나, 만약 많은 천세이거나, 만약 많은 백천세이거나,

---

8) 아귀(餓鬼)의 세계를 가리킨다.

만약 많은 구지세이거나, 만약 많은 백구지세이거나, 만약 많은 천구지세이거나, 만약 많은 백천구지세이거나, 만약 많은 백천구지·나유타세에 귀계의 가운데에서 굶주림·수척함·목마름 등의 고통을 크게 당하느니라.

죄를 마치지 않은 까닭으로, 하나의 아귀국에서 다른 하나의 아귀국에 이르고, 나아가 화겁·수겁·풍겁이 이미 오지 않았다면 굶주림·수척함·목마름 등의 고통을 크게 당하는데, 만약 다른 세계가 3재에 파괴되는 때이라도 그들이 정법을 없앴던 업의 나머지 세력이 끝나지 않았던 까닭으로, 하나의 아귀국에서 다른 하나의 아귀국에 이르고, 나아가 화겁·수겁·풍겁이 이미 오지 않았다면 굶주림·수척함·목마름 등의 고통을 크게 당하느니라.

이와 같이 무수인 겁을 널리 유전하고 지내면서 그들이 정법을 없앴던 업의 세력이 장차 끝나간다면, 비록 사람이 될 수 있으나 하천(下賤)한 집안에 기거하는데 이를테면, 태어나더라도 장님(盲人)의 집안에 태어나거나, 혹은 전다라(旃茶羅)9)의 집안에 태어나거나, 혹은 보갈사(補羯娑)10)의 집안에 태어나거나, 혹은 도회(屠膾)11)의 집안에 태어나거나, 혹은 사냥꾼(漁獵)의 집안에 태어나거나, 혹은 장인(工匠)의 집안에 태어나거나, 혹은 음악인(樂人)의 집안에 태어나거나, 삿된 견해의 집안에 태어나거나, 혹은 나머지의 음탕하고 난잡하며 악하고 율의(律儀)가 없는 집안에 태어나거나, 혹은 받았던 몸에 눈이 없거나, 귀가 없거나, 코가 없거나, 손이 없거나, 발이 없거나, 옹저(癰疽)12)·옴(疥)13)·라풍(癩風)14)·광전(狂

---

9) 산스크리트어 caṇḍāla의 음사이고, 불가촉천민의 한 부류이며, 인간들의 시체를 처리하는 직업을 가진 자를 가리킨다.

10) 산스크리트어 Pulkasa의 번역이고, 불가촉천민의 한 부류이며, 분뇨를 수거하는 직업을 가진 자를 가리킨다.

11) 백정(白丁)이거나, 사형을 집행하는 사람을 가리킨다.

12) 큰 부스럼을 말하는데, 기혈(氣血)이 막혀서 살과 뼈의 사이에서 발생하는 종기를 가리킨다. 구멍이 얕으면서 넓은 것을 옹(癰)이라고 말하고, 깊으면서 오래된 것을 저(疽)라고 말한다.

13) 개창(疥瘡)을 가리키고, 옴진드기가 기생하여 일으키는 피부병으로 가려움증을 일으킨다.

癲)15)·간질(癇)·곱추(瘻)16)·고자(殘)17)·절름발이(背傴)18)·앉은뱅이(躄陋)·란벽(癩癖)19) 등으로 여러 근(根)이 결손되어 줄어들고, 가난하고 마르고 야위었으며, 어리석고 완고(頑嚚)하며 무식(無識)하므로 일반적으로 하는 것이 있더라도 사람들이 모두 업신여기고, 혹은 태어나는 곳에서 불명(佛名)·법명(法名)·승명(僧名)·보살명(菩薩名)·독각명(獨覺名)도 듣지 못하며, 혹은 으슥하고 어두운 세계에 다시 태어나서 항상 밤과 낮이 없으므로 광명을 볼 수 없나니, 그들은 정법을 없애면서 조작하고 증장시켰던 업이 매우 깊고 무거운 까닭으로, 이와 같은 애락(愛樂)20)하지 않고 원만(圓滿)하지 않은 괴로움의 과보를 받느니라.”

그때 사리자가 세존께 아뢰어 말하였다.
“세존이시여. 그들이 능히 감응하여 정법을 없애면서 조작하고 증장시켰던 업과 5무간업(五無間業)21)은 비슷하다고 말할 수 있습니까?”
세존께서 말씀하셨다.
“사리자여. 그 정법을 없어지게 하였던 업은 최고로 지극히 거칠고 무거우므로 5무간업으로써 비교할 수 없나니 이를테면, 그들은 매우 깊은 반야바라밀다를 설하는 것을 들었더라도 나아가 곧 믿지 않고서 ‘이와 같은 법은 제여래·응공·정등각의 처소에서 연설(演說)22)하지 않았

---

14) 문둥병을 가리키고, 나병(癩病)·여풍(癘風)·대마풍(大麻風)이라고도 불린다.
15) 미쳐서 날뛰고 또한 두통(頭痛)과 현기증(眩氣症)이 있는 미친병이다.
16) 늙어서 몸이 굽어지는 것이다.
17) 몸이 완전하지 않은 자이다.
18) 늙거나 병으로 등이 굽어져서 펴지 못하는 병으로 선천성 척추가 기형인 곱사 등을 포함한다
19) 몸이 쪼그라드는 병을 가리킨다.
20) ‘사랑스럽고 즐겁다.’는 뜻이다.
21) 무간지옥(無間地獄)에 떨어지는 다섯 가지의 큰 죄(罪)인 오역죄(五逆罪)를 말한다. 첫째는 아버지를 죽이는 것이고, 둘째는 어머니를 죽이는 것이며, 셋째는 아라한을 죽이는 것이고, 넷째는 승가의 화합을 깨뜨리는 것이며, 다섯째는 세존의 몸에 피를 흐르게 하는 것이다.

고, 비법(非法)이며, 율(律)이 아니고, 대사(大師)의 가르침이 아니므로, 우리들은 이것에서 상응하여 수학하지 않아야 한다.'라고 비방(誹謗)하거나 훼자(毁呰)[23]하느니라.

이렇게 법을 비방하는 사람은 스스로가 반야바라밀다를 비방하고, 역시 무량한 유정들을 가르쳐서 헐뜯게 시키며, 스스로가 그의 몸을 무너뜨리고 역시 다른 사람을 무너지게 시키며, 스스로가 독약을 마시고 역시 다른 사람을 마시게 시키며, 스스로가 하늘에 태어나거나 해탈하는 즐거운 과보를 잃고 역시 다른 사람을 잃어버리게 시키며, 스스로가 그의 몸을 지옥의 불에 내던지고 역시 다른 사람을 지옥의 불에 내던지게 시키며, 스스로가 매우 깊은 반야바라밀다를 신해하지 못하고 역시 다른 사람이 매우 깊은 반야바라밀다를 신해하지 못하도록 시키며, 스스로가 그의 몸을 고통의 바다(苦海)에 빠뜨리고 역시 다른 사람을 고통의 바다에 빠뜨리느니라.

사리자여. 나는 이와 같은 매우 깊은 반야바라밀다에서 오히려 그 정법을 비방하는 자들에게 그 명자(名字)를 듣지 못하게 하겠는데, 하물며 그들을 위하여 설하겠는가? 사리자여. 그 정법을 비방하는 자들을 나는 오히려 보살승에 안주하는 여러 선남자와 선여인 등이 그들의 명자를 듣지 못하게 하겠는데, 하물며 그들을 눈으로 보게 하겠고, 어찌 함께 안주하게 허락하겠는가?

왜 그러한가? 사리자여. 매우 깊은 반야바라밀다를 비방하는 여러 유정들이라면, 그들은 정법의 파괴자라고 이름하고, 캄캄하고 어두운 부류에 떨어지며, 더러운 달팽이와 같아서 스스로를 더럽히고 다른 사람을 더럽히므로 썩은 똥무더기와 같다고 마땅히 알아야 하느니라. 만약 정법을 파괴하는 자의 말을 신용(信用)하고 있다면 역시 앞에서 말한 것과 같이 큰 고통을 받게 되느니라. 사리자여. 매우 깊은 반야바라밀다를

---

22) 공식적인 상태에서 대중에게 자신의 견해를 말로 전달하는 의사소통의 한 방법이다.

23) '훼방하고 헐뜯는다.'는 뜻이다.

비방하는 여러 유정들이라면, 그들의 부류가 곧 지옥이고 방생이며 아귀라고 마땅히 알아야 하느니라. 이러한 까닭으로 지혜로운 자는 매우 깊은 반야바라밀다를 상응하여 훼자하고 비방하지 않아야 하느니라.”

그때 사리자가 세존께 아뢰어 말하였다.

“세존이시여. 무슨 인연(緣)으로 다만 이와 같이 정법을 파괴하는 자는 큰 지옥·방생·귀계의 세계(趣)에 떨어져서 오랜 시간에 고통을 받는다고 설하시고 그의 형체·용모·몸의 크기는 설하시지 않으십니까?”

세존께서 말씀하셨다.

“사리자여. 멈추게. 정법을 파괴하는 자가 내생에서 받는 악취(惡趣)의 형체와 크기는 상응하여 설하지 않느니라. 왜 그러한가? 만약 내가 정법을 파괴하는 자가 내생에서 받을 악취의 형체와 크기를 갖추어 말한다면, 그들은 듣고서 놀라고 두려워하면서 마땅히 뜨거운 피를 토하며 곧 목숨을 끝내거나, 혹은 죽음과 가까운 고통을 받을 것이며, 마음에서 갑자기 근심하는데, 독화살을 맞은 것과 같고 몸이 점차 마르고 파리하므로 새싹이 꺾여서 흐트러진 것과 같나니, 그들의 정법을 비방하는 자가 이와 같은 크게 추악하고 고통스러운 몸을 받는다고 말을 들었더라도 부류들이 스스로가 놀라고 당황하여 목숨을 잃는 것이 두려우니라. 나는 그들을 애민하게 생각하므로 그대들을 위하여 정법을 파괴하는 죄의 형체와 몸의 크기를 말하지 않느니라.”

사리자가 말하였다.

“오직 바라옵건대 세존께서는 정법을 파괴하는 자가 내생에서 받는 악취의 형체와 크기는 상응하여 설하시어, 법을 파괴한다면 큰 고통의 과보를 받는다고 알게 하시고, 이러한 죄를 짓지 않도록 미래를 명확하게 교계(敎誡)하십시오.”

세존께서 말씀하셨다.

“사리자여. 내가 먼저 설한 것이 명확하게 교계하는 것을 충족시키나니 이를테면, 미래의 세상에서 선남자와 선여인 등이 ‘내가 정법을 파괴하는 업을 조작하고 증장시키면서 지극하게 원만한 자는 큰 지옥·방생·귀계에 떨어지고, 하나·하나의 세계(趣)에서 오랜 시간을 고통받는다.'라고 설하는 것을 듣더라도, 스스로가 삼가하면서 수지하고 정법을 훼자하지 않는 것을 충족시키리라."

그때 사리자가 세존께 아뢰어 말하였다.

"그러하옵니다. 세존이시여. 그러하옵니다. 선서시여. 미래에 믿음이 청정한 여러 선남자와 선여인 등은 세존께서 앞에서 '정법을 파괴하는 업은 오랜 시간에 고통을 감내한다.'라고 설하시는 것을 듣더라도 명확한 교계가 되도록 충족시키나니, '오히려 나는 목숨을 버릴지라도 결국 법을 비방하지는 않을 것이고, 나는 미래에 마땅히 이러한 고통을 받지 않겠다.' 라고 할 것입니다."

그때 구수 선현이 세존께 아뢰어 말하였다.

"세존이시여. 만약 총명(聰明)한 여러 선남자와 선여인 등이 있어서 세존께서 '정법을 훼자하는 자는 미래의 세상에서 오랫동안 큰 고통을 받는다.'라고 설하시는 것을 듣는다면, '정법을 비방하고 훼자하며 파괴한다면 3악취(三惡趣)에 떨어져서 오랜 시간을 고통받고, 오래되고 먼 시간을 제불을 볼 수 없으며 정법을 듣지도 못하며 승가를 만나지도 못하고, 어느 불국토에도 태어나지 못하고, 인간(人趣)에 태어나더라도 하천하고 빈궁하며 추루하고 완고하고 어리석으며 지체(支體)²⁴⁾를 구족하지 못하며, 여러 유정들이 그 사람이 말하는 것을 믿고 받아들이지 않는다.'라고 상응하여 신(身)·구(語)·의(意)의 업을 잘 호지(護持)할 것입니다."

구수 선현이 다시 말하였다.

"세존이시여. 정법을 파괴하는 업을 감응하면서 조작하고 증장시킨다면, 어찌 오히려 악한 말의 업(惡語業)을 수습하지 않았겠습니까?"

세존께서 말씀하셨다.

"선현이여. 그와 같으니라. 그와 같으니라. 진실로 오히려 악한 말의 업을 익혔던 까닭으로 정법을 파괴하는 업을 감응하면서 조작하고 증장시

---

24) 신체를 다르게 부르는 말이다.

키느니라. 나의 정법과 비나야(毘奈耶)[25]의 가운데에도 마땅히 우치(愚癡)
한 여러 출가자들이 있을 것이다. 그들은 비록 나로써 대사(大師)를 삼는다
고 말할지라도, 그러나 내가 설한 깊고 깊은 반야바라밀다에서 비방하고
헐뜯으며 파괴하리라.

선현이여. 마땅히 알지니라. 만약 누가 매우 깊은 반야바라밀다를
비방하고 헐뜯었다면 곧 제불의 무상정등보리를 비방하고 훼자하는 것이
고, 만약 누가 제불의 무상정등보리를 비방하고 훼자하였다면 곧 과거·미
래·현재의 제불의 일체상지(一切相智)를 비방하고 훼자하는 것이며, 만약
누가 일체상지를 비방하고 훼자하였다면 곧 세존(佛)을 비방하고 훼자하
는 것이고, 만약 세존을 비방하고 훼자하였다면 곧 법을 비방하고 훼자하
는 것이며, 만약 법을 비방하고 훼자하였다면 곧 승가를 비방하고 훼자하
는 것이고, 만약 승가를 비방하고 훼자하였다면 곧 마땅히 세간의 정견(正
見)을 비방하고 훼자하는 것이며, 만약 마땅히 세간의 정견을 비방하고
훼자하였다면, 곧 마땅히 보시·정계·안인·정진·정려·반야바라밀다를 비
방하고 훼자하는 것이니라.

역시 마땅히 내공·외공·내외공·공공·대공·승의공·유위공·무위공·필
경공·무제공·산공·무변이공·본성공·자상공·공상공·일체법공·불가득
공·무성공·자성공·무성자성공을 비방하고 훼자하는 것이고, 역시 마땅
히 진여·법계·법성·불허망성·불변이성·평등성·이생성·법정·법주·실
제·허공계·부사의계를 비방하고 훼자하는 것이며, 역시 마땅히 고성제·
집성제·멸성제·도성제를 비방하고 훼자하는 것이고, 역시 마땅히 4정려·
4무량·4무색정을 비방하고 훼자하는 것이며, 역시 마땅히 8해탈·8승처·9
차제정·10변처를 비방하고 훼자하는 것이고, 역시 마땅히 4념주·4정단·4
신족·5근·5력·7등각지·8성도지를 비방하고 훼자하는 것이며, 역시 마땅
히 공해탈문·무상해탈문·무원해탈문을 비방하고 훼자하는 것이고, 역시
마땅히 5안·6신통을 비방하고 훼자하는 것이며, 역시 마땅히 여래의

---

25) 산스크리트어 vinaya의 음사이고, 율(律)이라고 번역한다.

10력·4무소외·4무애해·대자·대비·대희·대사·18불불공법을 비방하고 훼자하는 것이고, 역시 마땅히 일체지·도상지·일체상지를 비방하고 훼자하는 것이며, 역시 마땅히 일체의 다라니문·일체의 삼마지문을 비방하고 훼자하는 것이니라.

그들은 오히려 여러 공덕취(功德聚)를 비방하고 헐뜯었으므로 곧바로 무수(無數)이고 무량(無量)하며 무변(無邊)한 죄취(罪聚)를 섭수(攝受)하게 되고, 오히려 그들이 무수이고 무량하며 무변한 죄취(罪聚)를 섭수(攝受)하므로 곧바로 큰 지옥·방생·귀계와 인간의 가운데에서 무수이고 무량하며 무변한 고취(苦聚)를 섭수하느니라."

그때 구수 선현이 다시 아뢰어 말하였다.

"세존이시여. 여러 우치한 사람들은 몇 가지의 인연을 까닭으로 이와 같은 매우 깊은 반야바라밀다를 비방하고 헐뜯습니까?"

세존께서 말씀하셨다.

"선현이여. 오히려 네 가지의 인연이니라. 무엇 등이 네 가지인가? 첫째는 여러 삿된 악마들이 부추겨서 유혹하는 것인 까닭이니, 어리석은 자에게 이와 같은 매우 깊은 반야바라밀다를 비방하고 헐뜯게 시키는 것이고, 둘째는 매우 깊은 법을 신해(信解)하지 않는 까닭으로 어리석은 자에게 이와 같은 매우 깊은 반야바라밀다를 비방하고 헐뜯게 시키는 것이며, 셋째는 정근(精勤)하면서 정진하지 않고 5온(蘊)에 굳게 집착하며 여러 악한 벗을 섭수하는 까닭으로 어리석은 자에게 이와 같은 매우 깊은 반야바라밀다를 비방하고 훼자하게 시키는 것이고, 넷째는 많은 성냄을 품고서 악법(惡法)을 행하기를 즐거워하며 스스로가 높이면서 기뻐하고 다른 사람을 업신여기고 헐뜯는 까닭으로 어리석은 자에게 이와 같은 매우 깊은 반야바라밀다를 비방하고 훼자하게 시키는 것이니라. 선현이여. 오히려 이와 같은 네 가지의 인연을 갖추었다면, 여러 우치한 자들이 이와 같은 매우 깊은 반야바라밀다를 비방하고 훼자하느니라."

마하반야바라밀다경 제182권

34. 난신해품(難信解品)(1)

그때 구수 선현이 다시 아뢰어 말하였다.

"세존이시여. 정근하면서 정진하지 않고 아직 선근(善根)을 심지 않으며 선근을 구족하지 않은 악지식(惡知識)에게 섭수된 자는 세존께서 설하신 매우 깊은 반야바라밀다를 진실로 믿거나 이해하기가 어렵겠습니다."

세존께서 말씀하셨다.

"선현이여. 그와 같으니라. 그와 같으니라. 그대가 말한 것과 같이 정근하면서 정진하지 않고 아직 선근을 심지 않으며 선근을 구족하지 않은 악지식에게 섭수된 자는 세존께서 설하신 매우 깊은 반야바라밀다를 진실로 믿거나 이해하기가 어려우니라."

구수 선현이 다시 아뢰어 말하였다.

"이와 같은 바라밀다는 어찌 깊고 깊어서 믿기도 어렵고 알기도 어렵다고 말합니까?"

세존께서 말씀하셨다.

"선현이여. 색(色)은 결박(結縛)되지 않았고 해탈(解脫)하지 않았나니 왜 그러한가? 색은 무소유(無所有)의 성품으로써 색의 자성(自性)으로 삼는 까닭이니라. 수(受)·상(想)·행(行)·식(識)은 결박되지 않았고 해탈하지 않았나니 왜 그러한가? 수·상·식은 무소유의 성품으로써 수·상·행·식의 자성으로 삼는 까닭이니라.

안처(眼處)는 결박되지 않았고 해탈하지 않았나니 왜 그러한가? 안처는 무소유의 성품으로써 안처의 자성으로 삼는 까닭이니라. 이(耳)·비(鼻)·설(舌)·신(身)·의처(意處)는 결박되지 않았고 해탈하지 않았나니 왜 그러한가? 이·비·설·신·의처는 무소유의 성품으로써 이·비·설·신·의처의 자성으로 삼는 까닭이니라.

색처(色處)는 결박되지 않았고 해탈하지 않았나니 왜 그러한가? 색처는 무소유의 성품으로써 색처의 자성으로 삼는 까닭이니라. 성(聲)·향(香)·미(味)·촉(觸)·법처(法處)는 결박되지 않았고 해탈하지 않았나니, 왜 그러한가? 성·향·미·촉·법처는 무소유의 성품으로써 성·향·미·촉·법처의 자성으로 삼는 까닭이니라.

안계(眼界)는 결박되지 않았고 해탈하지 않았나니 왜 그러한가? 안계는 무소유의 성품으로써 안계의 자성으로 삼는 까닭이니라. 색계(色界)·안식계(眼識界), …… 나아가 …… 안촉(眼觸)·안촉을 인연으로 생겨나는 여러 수(受)는 결박되지 않았고 해탈하지 않았나니 왜 그러한가? 색계, 나아가 안촉을 인연으로 생겨난 여러 수는 무소유의 성품으로써 색계, 나아가 안촉을 인연으로 생겨난 여러 수의 자성으로 삼는 까닭이니라.

이계(耳界)는 결박되지 않았고 해탈하지 않았나니 왜 그러한가? 이계는 무소유의 성품으로써 이계의 자성으로 삼는 까닭이니라. 성계(聲界)·이식계(耳識界), …… 나아가 …… 이촉(耳觸)·이촉을 인연으로 생겨나는 여러 수는 결박되지 않았고 해탈하지 않았나니, 왜 그러한가? 성계, 나아가 이촉을 인연으로 생겨난 여러 수는 무소유의 성품으로써 성계, 나아가 이촉을 인연으로 생겨난 여러 수의 자성으로 삼는 까닭이니라.

비계(鼻界)는 결박되지 않았고 해탈하지 않았나니 왜 그러한가? 비계는 무소유의 성품으로써 비계의 자성으로 삼는 까닭이니라. 향계(香界)·비식계(鼻識界), …… 나아가 …… 비촉(鼻觸)·비촉을 인연으로 생겨나는 여러 수는 결박되지 않았고 해탈하지 않았나니, 왜 그러한가? 향계, 나아가 비촉을 인연으로 생겨난 여러 수는 무소유의 성품으로써 향계, 나아가 비촉을 인연으로 생겨난 여러 수의 자성으로 삼는 까닭이니라.

설계(舌界)는 결박되지 않았고 해탈하지 않았나니 왜 그러한가? 설계는 무소유의 성품으로써 설계의 자성으로 삼는 까닭이니라. 미계(味界)·설식계(舌識界), …… 나아가 …… 설촉(舌觸)·설촉을 인연으로 생겨나는 여러 수는 결박되지 않았고 해탈하지 않았나니, 왜 그러한가? 미계, 나아가 설촉을 인연으로 생겨난 여러 수는 무소유의 성품으로써 미계, 나아가 설촉을 인연으로 생겨난 여러 수의 자성으로 삼는 까닭이니라.

신계(身界)는 결박되지 않았고 해탈하지 않았나니 왜 그러한가? 신계는 무소유의 성품으로써 신계의 자성으로 삼는 까닭이니라. 촉계(觸界)·신식계(身識界), …… 나아가 …… 신촉(身觸)·신촉을 인연으로 생겨나는 여러 수는 결박되지 않았고 해탈하지 않았나니, 왜 그러한가? 촉계, 나아가 신촉을 인연으로 생겨난 여러 수는 무소유의 성품으로써 촉계, 나아가 신촉을 인연으로 생겨난 여러 수의 자성으로 삼는 까닭이니라.

의계(意界)는 결박되지 않았고 해탈하지 않았나니 왜 그러한가? 의계는 무소유의 성품으로써 의계의 자성으로 삼는 까닭이니라. 법계(法界)·의식계(意識界), …… 나아가 …… 의촉(意觸)·의촉을 인연으로 생겨나는 여러 수는 결박되지 않았고 해탈하지 않았나니, 왜 그러한가? 법계, 나아가 의촉을 인연으로 생겨난 여러 수는 무소유의 성품으로써 법계, 나아가 의촉을 인연으로 생겨난 여러 수의 자성으로 삼는 까닭이니라.

지계(地界)는 결박되지 않았고 해탈하지 않았나니 왜 그러한가? 지계는 무소유의 성품으로써 지계의 자성으로 삼는 까닭이니라. 수(水)·화(火)·풍(風)·공(空)·식계(識界)는 결박되지 않았고 해탈하지 않았나니, 왜 그러한가? 수·화·풍·공·식계는 무소유의 성품으로써 수·화·풍·공·식계의 자성으로 삼는 까닭이니라.

무명(無明)은 결박되지 않았고 해탈하지 않았나니 왜 그러한가? 무명은 무소유의 성품으로써 무명의 자성으로 삼는 까닭이니라. 행(行)·식(識)·명색(名色)·육처(六處)·촉(觸)·수(受)·애(愛)·취(取)·유(有)·생(生)·노사(老死)의 수탄고우뇌(愁歎苦憂惱)는 결박되지 않았고 해탈하지 않았나니, 왜 그러한가? 행, 나아가 노사의 수탄고우뇌는 무소유의 성품으로써 행, 나아가 노사의 수탄고우뇌의 자성으로 삼는 까닭이니라.

보시바라밀다(布施波羅蜜多)는 결박되지 않았고 해탈하지 않았나니
왜 그러한가? 보시바라밀다는 무소유의 성품으로써 보시바라밀다의 자
성으로 삼는 까닭이니라. 정계(淨戒)·안인(安忍)·정진(精進)·정려(靜慮)·
반야바라밀다(般若波羅蜜多)는 결박되지 않았고 해탈하지 않았나니, 왜
그러한가? 정계, 나아가 반야바라밀다는 무소유의 성품으로써 정계,
나아가 반야바라밀다의 자성으로 삼는 까닭이니라.

내공(內空)은 결박되지 않았고 해탈하지 않았나니 왜 그러한가? 내공은
무소유의 성품으로써 내공의 자성으로 삼는 까닭이니라. 외공(外空)·내외
공(內外空)·공공(空空)·대공(大空)·승의공(勝義空)·유위공(有爲空)·무위
공(無爲空)·필경공(畢竟空)·무제공(無際空)·산공(散空)·무변이공(無變異
空)·본성공(本性空)·자상공(自相空)·공상공(共相空)·일체법공(一切法空)
·불가득공(不可得空)·무성공(無性空)·자성공(自性空)·무성자성공(無性自
性空)은 결박되지 않았고 해탈하지 않았나니, 왜 그러한가? 외공, 나아가
무성자성공은 무소유의 성품으로써 외공, 나아가 무성자성공의 자성으로
삼는 까닭이니라.

진여(眞如)는 결박되지 않았고 해탈하지 않았나니 왜 그러한가? 진여는
무소유의 성품으로써 진여의 자성으로 삼는 까닭이니라. 법계(法界)·법성
(法性)·불허망성(不虛妄性)·불변이성(不變異性)·평등성(平等性)·이생성
(離生性)·법정(法定)·법주(法住)·실제(實際)·허공계(虛空界)·부사의계(不
思議界)는 결박되지 않았고 해탈하지 않았나니, 왜 그러한가? 법계, 나아가
부사의계는 무소유의 성품으로써 법계, 나아가 부사의계의 자성으로
삼는 까닭이니라.

고성제(苦聖諦)는 결박되지 않았고 해탈하지 않았나니 왜 그러한가?
고성제는 무소유의 성품으로써 고성제의 자성으로 삼는 까닭이니라.
집(集)·멸(滅)·도성제(道聖諦)는 결박되지 않았고 해탈하지 않았나니, 왜
그러한가? 집·멸·도성제는 무소유의 성품으로써 집·멸·도성제의 자성으
로 삼는 까닭이니라.

4정려(四靜慮)는 결박되지 않았고 해탈하지 않았나니 왜 그러한가?

4정려는 무소유의 성품으로써 4정려의 자성으로 삼는 까닭이니라. 4무량(四無量)·4무색정(四無色定)은 결박되지 않았고 해탈하지 않았나니, 왜 그러한가? 4무량·4무색정은 무소유의 성품으로써 4무량·4무색정의 자성으로 삼는 까닭이니라.

8해탈(八解脫)은 결박되지 않았고 해탈하지 않았나니 왜 그러한가? 8해탈은 무소유의 성품으로써 8해탈의 자성으로 삼는 까닭이니라. 8승처(八勝處)·9차제정(九次第定)·10변처(十遍處)는 결박되지 않았고 해탈하지 않았나니, 왜 그러한가? 8승처·9차제정·10변처는 무소유의 성품으로써 8승처·9차제정·10변처의 자성으로 삼는 까닭이니라.

4념주(四念住)는 결박되지 않았고 해탈하지 않았나니 왜 그러한가? 4념주는 무소유의 성품으로써 4념주의 자성으로 삼는 까닭이니라. 4정단(四正斷)·4신족(四神足)·5근(五根)·5력(五力)·7등각지(七等覺支)·8성도지(八聖道支)는 결박되지 않았고 해탈하지 않았나니, 왜 그러한가? 4정단, 나아가 8성도지는 무소유의 성품으로써 4정단, 나아가 8성도지의 자성으로 삼는 까닭이니라.

공해탈문(空解脫門)은 결박되지 않았고 해탈하지 않았나니 왜 그러한가? 공해탈문은 무소유의 성품으로써 공해탈문의 자성으로 삼는 까닭이니라. 무상(無相)·무원해탈문(無願解脫門)은 결박되지 않았고 해탈하지 않았나니 왜 그러한가? 무상·무원해탈문은 무소유의 성품으로써 무상·무원해탈문의 자성으로 삼는 까닭이니라.

보살(菩薩)의 10지(十地)는 결박되지 않았고 해탈하지 않았나니 왜 그러한가? 보살의 10지는 무소유의 성품으로써 보살의 10지의 자성으로 삼는 까닭이니라. 5안(五眼)은 결박되지 않았고 해탈하지 않았나니 왜 그러한가? 5안은 무소유의 성품으로써 5안의 자성으로 삼는 까닭이니라. 6신통(六神通)은 결박되지 않았고 해탈하지 않았나니 왜 그러한가? 6신통은 무소유의 성품으로써 6신통의 자성으로 삼는 까닭이니라.

여래(佛)의 10력(力)은 결박되지 않았고 해탈하지 않았나니 왜 그러한가? 여래의 10력은 무소유의 성품으로써 여래의 10력의 자성으로 삼는 까닭이니라. 4무소외(四無所畏)·4무애해(四無礙解)·대자(大慈)·대비(大悲)·대희(大喜)·대사(大捨)·18불불공법(十八佛不共法)은 결박되지 않았고 해탈하지 않았나니, 왜 그러한가? 4무소외, 나아가 18불불공법은 무소유의 성품으로써 4무소외, 나아가 18불불공법의 자성으로 삼는 까닭이니라.

무망실법(無忘失法)은 결박되지 않았고 해탈하지 않았나니 왜 그러한가? 무망실법은 무소유의 성품으로써 무망실법의 자성으로 삼는 까닭이니라. 항주사성(恒住捨性)은 결박되지 않았고 해탈하지 않았나니 왜 그러한가? 항주사성은 무소유의 성품으로써 항주사성의 자성으로 삼는 까닭이니라.

일체지(一切智)는 결박되지 않았고 해탈하지 않았나니 왜 그러한가? 일체지는 무소유의 성품으로써 일체지의 자성으로 삼는 까닭이니라. 도상지(道相智)·일체상지(一切相智)는 결박되지 않았고 해탈하지 않았나니 왜 그러한가? 도상지·일체상지는 무소유의 성품으로써 도상지·일체상지의 자성으로 삼는 까닭이니라.

일체(一切)의 다라니문(陀羅尼門)은 결박되지 않았고 해탈하지 않았나니 왜 그러한가? 일체의 다라니문은 무소유의 성품으로써 일체의 다라니문의 자성으로 삼는 까닭이니라. 일체의 삼마지문(三摩地門)은 결박되지 않았고 해탈하지 않았나니 왜 그러한가? 일체의 삼마지문은 무소유의 성품으로써 일체의 삼마지문의 자성으로 삼는 까닭이니라.

예류과(預流果)는 결박되지 않았고 해탈하지 않았나니 왜 그러한가? 예류과는 무소유의 성품으로써 예류과의 자성으로 삼는 까닭이니라. 일래(一來)·불환(不還)·아라한과(阿羅漢果)는 결박되지 않았고 해탈하지 않았나니, 왜 그러한가? 일래·불환·아라한과는 무소유의 성품으로써 일래·불환·아라한과의 자성으로 삼는 까닭이니라.

독각(獨覺)의 보리(菩提)는 결박되지 않았고 해탈하지 않았나니 왜 그러한가? 독각의 보리는 무소유의 성품으로써 독각의 보리의 자성으로 삼는 까닭이니라. 일체의 보살마하살(菩薩摩訶薩)의 행(行)은 결박되지 않았고 해탈하지 않았나니 왜 그러한가? 일체의 보살마하살의 행은 무소유의 성품으로써 일체의 보살마하살의 행의 자성으로 삼는 까닭이니라.

제불(諸佛)의 무상정등보리(無上正等菩提)는 결박되지 않았고 해탈하지 않았나니 왜 그러한가? 제불의 무상정등보리는 무소유의 성품으로써 제불의 무상정등보리의 자성으로 삼는 까닭이니라."

"다시 다음으로 선현이여. 색의 전제(前際)¹⁾는 결박되지 않았고 해탈하지 않았나니 왜 그러한가? 색의 전제는 무소유의 성품으로써 색의 전제를 자성으로 삼는 까닭이니라. 수·상·행·식의 전제는 결박되지 않았고 해탈하지 않았나니 왜 그러한가? 수·상·행·식의 전제는 무소유의 성품으로써 수·상·행·식의 전제를 자성으로 삼는 까닭이니라.

안처의 전제는 결박되지 않았고 해탈하지 않았나니 왜 그러한가? 안처의 전제는 무소유의 성품으로써 안처의 전제를 자성으로 삼는 까닭이니라. 이·비·설·신·의처의 전제는 결박되지 않았고 해탈하지 않았나니 왜 그러한가? 이·비·설·신·의처의 전제는 무소유의 성품으로써 이·비·설·신·의처의 전제를 자성으로 삼는 까닭이니라.

색처의 전제는 결박되지 않았고 해탈하지 않았나니 왜 그러한가? 색처의 전제는 무소유의 성품으로써 색처의 전제를 자성으로 삼는 까닭이니라. 성·향·미·촉·법처의 전제는 결박되지 않았고 해탈하지 않았나니, 왜 그러한가? 성·향·미·촉·법처의 전제는 무소유의 성품으로써 성·향·미·촉·법처의 전제를 자성으로 삼는 까닭이니라.

안계의 전제는 결박되지 않았고 해탈하지 않았나니 왜 그러한가? 안계의 전제는 무소유의 성품으로써 안계의 전제를 자성으로 삼는 까닭이니라. 색계·안식계, 나아가 안촉·안촉을 인연으로 생겨나는 여러 수의 전제는 결박되지 않았고 해탈하지 않았나니, 왜 그러한가? 색계, 나아가 안촉을 인연으로 생겨난 여러 수의 전제는 무소유의 성품으로써 색계, 나아가 안촉을 인연으로 생겨난 여러 수의 전제를 자성으로 삼는 까닭이니라.

---

1) 3생(三生)의 하나이고, 이 세상에 태어나기 이전의 전생을 가리킨다.

이계의 전제는 결박되지 않았고 해탈하지 않았나니 왜 그러한가? 이계의 전제는 무소유의 성품으로써 이계의 전제를 자성으로 삼는 까닭이니라. 성계·이식계, 나아가 이촉·이촉을 인연으로 생겨나는 여러 수의 전제는 결박되지 않았고 해탈하지 않았나니, 왜 그러한가? 성계, 나아가 이촉을 인연으로 생겨난 여러 수의 전제는 무소유의 성품으로써 성계, 나아가 이촉을 인연으로 생겨난 여러 수의 전제를 자성으로 삼는 까닭이니라.

비계의 전제는 결박되지 않았고 해탈하지 않았나니 왜 그러한가? 비계의 전제는 무소유의 성품으로써 비계의 전제를 자성으로 삼는 까닭이니라. 향계·비식계, 나아가 비촉·비촉을 인연으로 생겨나는 여러 수의 전제는 결박되지 않았고 해탈하지 않았나니, 왜 그러한가? 향계, 나아가 비촉을 인연으로 생겨난 여러 수의 전제는 무소유의 성품으로써 향계, 나아가 비촉을 인연으로 생겨난 여러 수의 전제를 자성으로 삼는 까닭이니라.

설계의 전제는 결박되지 않았고 해탈하지 않았나니 왜 그러한가? 설계의 전제는 무소유의 성품으로써 설계의 전제를 자성으로 삼는 까닭이니라. 미계·설식계, 나아가 설촉·설촉을 인연으로 생겨나는 여러 수의 전제는 결박되지 않았고 해탈하지 않았나니, 왜 그러한가? 미계, 나아가 설촉을 인연으로 생겨난 여러 수의 전제는 무소유의 성품으로써 미계, 나아가 설촉을 인연으로 생겨난 여러 수의 전제를 자성으로 삼는 까닭이니라.

신계의 전제는 결박되지 않았고 해탈하지 않았나니 왜 그러한가? 신계의 전제는 무소유의 성품으로써 신계의 전제를 자성으로 삼는 까닭이니라. 촉계·신식계, 나아가 신촉·신촉을 인연으로 생겨나는 여러 수의 전제는 결박되지 않았고 해탈하지 않았나니, 왜 그러한가? 촉계, 나아가 신촉을 인연으로 생겨난 여러 수의 전제는 무소유의 성품으로써 촉계, 나아가 신촉을 인연으로 생겨난 여러 수의 전제를 자성으로 삼는 까닭이니라.

의계의 전제는 결박되지 않았고 해탈하지 않았나니 왜 그러한가? 의계의 전제는 무소유의 성품으로써 의계의 전제를 자성으로 삼는 까닭이니라. 법계·의식계, 나아가 의촉·의촉을 인연으로 생겨나는 여러 수의 전제는 결박되지 않았고 해탈하지 않았나니, 왜 그러한가? 법계, 나아가 의촉을 인연으로 생겨난 여러 수의 전제는 무소유의 성품으로써 법계, 나아가 의촉을 인연으로 생겨난 여러 수의 전제를 자성으로 삼는 까닭이니라.

지계의 전제는 결박되지 않았고 해탈하지 않았나니 왜 그러한가? 지계의 전제는 무소유의 성품으로써 지계의 전제를 자성으로 삼는 까닭이니라. 수·화·풍·공·식계의 전제는 결박되지 않았고 해탈하지 않았나니 왜 그러한가? 수·화·풍·공·식계의 전제는 무소유의 성품으로써 수·화·풍·공·식계의 전제를 자성으로 삼는 까닭이니라.

무명의 전제는 결박되지 않았고 해탈하지 않았나니 왜 그러한가? 무명의 전제는 무소유의 성품으로써 무명의 전제를 자성으로 삼는 까닭이니라. 행·식·명색·육처·촉·수·애·취·유·생·노사의 수탄고우뇌의 전제는 결박되지 않았고 해탈하지 않았나니, 왜 그러한가? 행, 나아가 노사의 수탄고우뇌의 전제는 무소유의 성품으로써 행, 나아가 노사의 수탄고우뇌의 전제를 자성으로 삼는 까닭이니라.

보시바라밀다의 전제는 결박되지 않았고 해탈하지 않았나니 왜 그러한가? 보시바라밀다의 전제는 무소유의 성품으로써 보시바라밀다의 전제를 자성으로 삼는 까닭이니라. 정계·안인·정진·정려·반야바라밀다의 전제는 결박되지 않았고 해탈하지 않았나니 왜 그러한가? 정계, 나아가 반야바라밀다의 전제는 무소유의 성품으로써 정계, 나아가 반야바라밀다의 전제를 자성으로 삼는 까닭이니라.

내공의 전제는 결박되지 않았고 해탈하지 않았나니 왜 그러한가? 내공의 전제는 무소유의 성품으로써 내공의 전제를 자성으로 삼는 까닭이니라. 외공·내외공·공공·대공·승의공·유위공·무위공·필경공·무제공·산공·무변이공·본성공·자상공·공상공·일체법공·불가득공·무성공·자성공·무성자성공의 전제는 결박되지 않았고 해탈하지 않았나니, 왜 그러한가? 외공, 나아가 무성자성공의 전제는 무소유의 성품으로써 외공, 나아가 무성자성공의 전제를 자성으로 삼는 까닭이니라.

진여의 전제는 결박되지 않았고 해탈하지 않았나니 왜 그러한가? 진여의 전제는 무소유의 성품으로써 진여의 전제를 자성으로 삼는 까닭이니라.

법계·법성·불허망성·불변이성·평등성·이생성·법정·법주·실제·허공계·부사의계의 전제는 결박되지 않았고 해탈하지 않았나니, 왜 그러한가? 법계, 나아가 부사의계의 전제는 무소유의 성품으로써 법계, 나아가 부사의계의 전제를 자성으로 삼는 까닭이니라.

고성제의 전제는 결박되지 않았고 해탈하지 않았나니 왜 그러한가? 고성제는 무소유의 성품으로써 고성제의 전제를 자성으로 삼는 까닭이니라. 집·멸·도성제의 전제는 결박되지 않았고 해탈하지 않았나니, 왜 그러한가? 집·멸·도성제의 전제는 무소유의 성품으로써 집·멸·도성제의 전제를 자성으로 삼는 까닭이니라.

4정려의 전제는 결박되지 않았고 해탈하지 않았나니 왜 그러한가? 4정려의 전제는 무소유의 성품으로써 4정려의 전제를 자성으로 삼는 까닭이니라. 4무량·4무색정의 전제는 결박되지 않았고 해탈하지 않았나니, 왜 그러한가? 4무량·4무색정의 전제는 무소유의 성품으로써 4무량·4무색정의 전제를 자성으로 삼는 까닭이니라.

8해탈의 전제는 결박되지 않았고 해탈하지 않았나니 왜 그러한가? 8해탈의 전제는 무소유의 성품으로써 8해탈의 전제를 자성으로 삼는 까닭이니라. 8승처·9차제정·10변처의 전제는 결박되지 않았고 해탈하지 않았나니, 왜 그러한가? 8승처·9차제정·10변처의 전제는 무소유의 성품으로써 8승처·9차제정·10변처의 전제를 자성으로 삼는 까닭이니라.

4념주의 전제는 결박되지 않았고 해탈하지 않았나니 왜 그러한가? 4념주의 전제는 무소유의 성품으로써 4념주의 전제를 자성으로 삼는 까닭이니라. 4정단·4신족·5근·5력·7등각지·8성도지의 전제는 결박되지 않았고 해탈하지 않았나니, 왜 그러한가? 4정단, 나아가 8성도지의 전제는 무소유의 성품으로써 4정단, 나아가 8성도지의 전제를 자성으로 삼는 까닭이니라.

공해탈문의 전제는 결박되지 않았고 해탈하지 않았나니 왜 그러한가? 공해탈문의 전제는 무소유의 성품으로써 공해탈문의 전제를 자성으로 삼는 까닭이니라. 무상·무원해탈문의 전제는 결박되지 않았고 해탈하지 않았나니, 왜 그러한가? 무상·무원해탈문의 전제는 무소유의 성품으로써 무상·무원해탈문의 전제를 자성으로 삼는 까닭이니라.

보살의 10지의 전제는 결박되지 않았고 해탈하지 않았나니 왜 그러한가? 보살의 10지의 전제는 무소유의 성품으로써 보살의 10지의 전제를 자성으로 삼는 까닭이니라. 5안의 전제는 결박되지 않았고 해탈하지 않았나니 왜 그러한가? 5안의 선제는 무소유의 성품으로써 5안의 전제를 자성으로 삼는 까닭이니라. 6신통의 전제는 결박되지 않았고 해탈하지 않았나니 왜 그러한가? 6신통의 전제는 무소유의 성품으로써 6신통의 전제를 자성으로 삼는 까닭이니라.

여래의 10력의 전제는 결박되지 않았고 해탈하지 않았나니 왜 그러한가? 여래의 10력의 전제는 무소유의 성품으로써 여래의 10력의 전제를 자성으로 삼는 까닭이니라. 4무소외·4무애해·대자·대비·대희·대사·18불불공법의 전제는 결박되지 않았고 해탈하지 않았나니 왜 그러한가? 4무소외, 나아가 18불불공법의 전제는 무소유의 성품으로써 4무소외, 나아가 18불불공법의 전제를 자성으로 삼는 까닭이니라.

무망실법의 전제는 결박되지 않았고 해탈하지 않았나니 왜 그러한가? 무망실법의 전제는 무소유의 성품으로써 무망실법의 전제를 자성으로 삼는 까닭이니라. 항주사성의 전제는 결박되지 않았고 해탈하지 않았나니 왜 그러한가? 항주사성의 전제는 무소유의 성품으로써 항주사성의 전제를 자성으로 삼는 까닭이니라.

일체지의 전제는 결박되지 않았고 해탈하지 않았나니 왜 그러한가? 일체지의 전제는 무소유의 성품으로써 일체지의 전제를 자성으로 삼는 까닭이니라. 도상지·일체상지의 전제는 결박되지 않았고 해탈하지 않았나니, 왜 그러한가? 도상지·일체상지의 전제는 무소유의 성품으로써 도상지·일체상지의 전제를 자성으로 삼는 까닭이니라.

일체의 다라니문의 전제는 결박되지 않았고 해탈하지 않았나니 왜 그러한가? 일체의 다라니문의 전제는 무소유의 성품으로써 일체의 다라니문의 전제를 자성으로 삼는 까닭이니라. 일체의 삼마지문의 전제는 결박되지 않았고 해탈하지 않았나니, 왜 그러한가? 일체의 삼마지문의 전제는 무소유의 성품으로써 일체의 삼마지문의 전제를 자성으로 삼는 까닭이니라.

예류과의 전제는 결박되지 않았고 해탈하지 않았나니 왜 그러한가? 예류과의 전제는 무소유의 성품으로써 예류과의 전제를 자성으로 삼는 까닭이니라. 일래·불환·아라한과의 전제는 결박되지 않았고 해탈하지 않았나니 왜 그러한가? 일래·불환·아라한과의 전제는 무소유의 성품으로써 일래·불환·아라한과의 전제를 자성으로 삼는 까닭이니라.

독각의 보리의 전제는 결박되지 않았고 해탈하지 않았나니 왜 그러한가? 독각의 보리의 전제는 무소유의 성품으로써 독각의 보리의 전제를 자성으로 삼는 까닭이니라. 일체의 보살마하살의 행의 전제는 결박되지 않았고 해탈하지 않았나니 왜 그러한가? 일체의 보살마하살의 행의 전제는 무소유의 성품으로써 일체의 보살마하살의 행의 전제를 자성으로 삼는 까닭이니라.

제불의 무상정등보리의 전제는 결박되지 않았고 해탈하지 않았나니 왜 그러한가? 제불의 무상정등보리의 전제는 무소유의 성품으로써 제불의 무상정등보리의 전제를 자성으로 삼는 까닭이니라."

"다시 다음으로 선현이여. 색의 후제(後際)[2]는 결박되지 않았고 해탈하지 않았나니 왜 그러한가? 색의 후제는 무소유의 성품으로써 색의 후제를 자성으로 삼는 까닭이니라. 수·상·행·식의 후제는 결박되지 않았고 해탈하지 않았나니, 왜 그러한가? 수·상·행·식의 후제는 무소유의 성품으로써 수·상·행·식의 후제를 자성으로 삼는 까닭이니라.

안처의 후제는 결박되지 않았고 해탈하지 않았나니 왜 그러한가? 안처의 후제는 무소유의 성품으로써 안처의 후제를 자성으로 삼는 까닭이니라. 이·비·설·신·의처의 후제는 결박되지 않았고 해탈하지 않았나니, 왜 그러한가? 이·비·설·신·의처의 후제는 무소유의 성품으로써 이·비·설

---

2) 3생(三生)의 하나이고, 죽은 뒤에 다시 태어난다는 미래의 세상을 가리킨다.

·신·의처의 후제를 자성으로 삼는 까닭이니라.

색처의 후제는 결박되지 않았고 해탈하지 않았나니 왜 그러한가? 색처의 후제는 무소유의 성품으로써 색처의 후제를 자성으로 삼는 까닭이니라. 성·향·미·촉·법처의 후제는 결박되지 않았고 해탈하지 않았나니, 왜 그러한가? 성·향·미·촉·법처의 후제는 무소유의 성품으로써 성·향·미·촉·법처의 후제를 자성으로 삼는 까닭이니라.

안계의 후제는 결박되지 않았고 해탈하지 않았나니 왜 그러한가? 안계의 후제는 무소유의 성품으로써 안계의 후제를 자성으로 삼는 까닭이니라. 색계·안식계, 나아가 안촉·안촉을 인연으로 생겨나는 여러 수의 후제는 결박되지 않았고 해탈하지 않았나니, 왜 그러한가? 색계, 나아가 안촉을 인연으로 생겨난 여러 수의 후제는 무소유의 성품으로써 색계, 나아가 안촉을 인연으로 생겨난 여러 수의 후제를 자성으로 삼는 까닭이니라.

이계의 후제는 결박되지 않았고 해탈하지 않았나니 왜 그러한가? 이계의 후제는 무소유의 성품으로써 이계의 후제를 자성으로 삼는 까닭이니라. 성계·이식계, 나아가 이촉·이촉을 인연으로 생겨나는 여러 수의 후제는 결박되지 않았고 해탈하지 않았나니, 왜 그러한가? 성계, 나아가 이촉을 인연으로 생겨난 여러 수의 후제는 무소유의 성품으로써 성계, 나아가 이촉을 인연으로 생겨난 여러 수의 후제를 자성으로 삼는 까닭이니라.

비계의 후제는 결박되지 않았고 해탈하지 않았나니 왜 그러한가? 비계의 후제는 무소유의 성품으로써 비계의 후제를 자성으로 삼는 까닭이니라. 향계·비식계, 나아가 비촉·비촉을 인연으로 생겨나는 여러 수의 후제는 결박되지 않았고 해탈하지 않았나니, 왜 그러한가? 향계, 나아가 비촉을 인연으로 생겨난 여러 수의 후제는 무소유의 성품으로써 향계, 나아가 비촉을 인연으로 생겨난 여러 수의 후제를 자성으로 삼는 까닭이니라.

설계의 후제는 결박되지 않았고 해탈하지 않았나니 왜 그러한가? 설계의 후제는 무소유의 성품으로써 설계의 후제를 자성으로 삼는 까닭이니라. 미계·설식계, 나아가 설촉·설촉을 인연으로 생겨나는 여러 수의 후제는 결박되지 않았고 해탈하지 않았나니, 왜 그러한가? 미계, 나아가 설촉을

인연으로 생겨난 여러 수의 후제는 무소유의 성품으로써 미계, 나아가
설촉을 인연으로 생겨난 여러 수의 후제를 자성으로 삼는 까닭이니라.

신계의 후제는 결박되지 않았고 해탈하지 않았나니 왜 그러한가? 신계의
후제는 무소유의 성품으로써 신계의 후제를 자성으로 삼는 까닭이니라.
촉계·신식계, 나아가 신촉·신촉을 인연으로 생겨나는 여러 수의 후제는
결박되지 않았고 해탈하지 않았나니, 왜 그러한가? 촉계, 나아가 신촉을
인연으로 생겨난 여러 수의 후제를 무소유의 성품으로써 촉계, 나아가
신촉을 인연으로 생겨난 여러 수의 후제를 자성으로 삼는 까닭이니라.

의계의 후제는 결박되지 않았고 해탈하지 않았나니 왜 그러한가? 의계의
후제는 무소유의 성품으로써 의계의 후제를 자성으로 삼는 까닭이니라.
법계·의식계, 나아가 의촉·의촉을 인연으로 생겨나는 여러 수의 후제는
결박되지 않았고 해탈하지 않았나니, 왜 그러한가? 법계, 나아가 의촉을
인연으로 생겨난 여러 수의 후제는 무소유의 성품으로써 법계, 나아가
의촉을 인연으로 생겨난 여러 수의 후제를 자성으로 삼는 까닭이니라.

지계의 후제는 결박되지 않았고 해탈하지 않았나니 왜 그러한가?
지계의 후제는 무소유의 성품으로써 지계의 후제를 자성으로 삼는 까닭이
니라. 수·화·풍·공·식계의 후제는 결박되지 않았고 해탈하지 않았나니,
왜 그러한가? 수·화·풍·공·식계의 후제는 무소유의 성품으로써 수·화·풍
·공·식계의 후제를 자성으로 삼는 까닭이니라.

무명의 후제는 결박되지 않았고 해탈하지 않았나니 왜 그러한가?
무명의 후제는 무소유의 성품으로써 무명의 후제를 자성으로 삼는 까닭이
니라. 행·식·명색·육처·촉·수·애·취·유·생·노사의 수탄고우뇌의 후제
는 결박되지 않았고 해탈하지 않았나니, 왜 그러한가? 행, 나아가 노사의
수탄고우뇌의 후제는 무소유의 성품으로써 행, 나아가 노사의 수탄고우뇌
의 후제를 자성으로 삼는 까닭이니라.

보시바라밀다의 후제는 결박되지 않았고 해탈하지 않았나니 왜 그러한
가? 보시바라밀다의 후제는 무소유의 성품으로써 보시바라밀다의 후제
를 자성으로 삼는 까닭이니라. 정계·안인·정진·정려·반야바라밀다의

후제는 결박되지 않았고 해탈하지 않았나니, 왜 그러한가? 정계, 나아가 반야바라밀다의 후제는 무소유의 성품으로써 정계, 나아가 반야바라밀다의 후제를 자성으로 삼는 까닭이니라.

내공의 후제는 결박되지 않았고 해탈하지 않았나니 왜 그러한가? 내공의 후제는 무소유의 성품으로써 내공의 후제를 자성으로 삼는 까닭이니라. 외공·내외공·공공·대공·승의공·유위공·무위공·필경공·무제공·산공·무변이공·본성공·자상공·공상공·일체법공·불가득공·무성공·자성·무성자성공의 후제는 결박되지 않았고 해탈하지 않았나니, 왜 그러한가? 외공, 나아가 무성자성공의 후제는 무소유의 성품으로써 외공, 나아가 무성자성공의 후제를 자성으로 삼는 까닭이니라.

진여의 후제는 결박되지 않았고 해탈하지 않았나니 왜 그러한가? 진여의 후제는 무소유의 성품으로써 진여의 후제를 자성으로 삼는 까닭이니라. 법계·법성·불허망성·불변이성·평등성·이생성·법정·법주·실제·허공계·부사의계의 후제는 결박되지 않았고 해탈하지 않았나니, 왜 그러한가? 법계, 나아가 부사의계의 후제는 무소유의 성품으로써 법계, 나아가 부사의계의 후제를 자성으로 삼는 까닭이니라.

고성제의 후제는 결박되지 않았고 해탈하지 않았나니 왜 그러한가? 고성제는 무소유의 성품으로써 고성제의 후제를 자성으로 삼는 까닭이니라. 집·멸·도성제의 후제는 결박되지 않았고 해탈하지 않았나니, 왜 그러한가? 집·멸·도성제의 후제는 무소유의 성품으로써 집·멸·도성제의 후제를 자성으로 삼는 까닭이니라.

4정려의 후제는 결박되지 않았고 해탈하지 않았나니 왜 그러한가? 4정려의 후제는 무소유의 성품으로써 4정려의 후제를 자성으로 삼는 까닭이니라. 4무량·4무색정의 후제는 결박되지 않았고 해탈하지 않았나니, 왜 그러한가? 4무량·4무색정의 후제는 무소유의 성품으로써 4무량·4무색정의 후제를 자성으로 삼는 까닭이니라.

8해탈의 후제는 결박되지 않았고 해탈하지 않았나니 왜 그러한가? 8해탈의 후제는 무소유의 성품으로써 8해탈의 후제를 자성으로 삼는 까닭이니라. 8승처·9차제정·10변처의 후제는 결박되지 않았고 해탈하지 않았나니, 왜 그러한가? 8승처·9차제정·10변처의 후제는 무소유의 성품으로써 8승처·9차제정·10변처의 후제를 자성으로 삼는 까닭이니라.

4념주의 후제는 결박되지 않았고 해탈하지 않았나니 왜 그러한가? 4념주의 후제는 무소유의 성품으로써 4념주의 후제를 자성으로 삼는 까닭이니라. 4정단·4신족·5근·5력·7등각지·8성도지의 후제는 결박되지 않았고 해탈하지 않았나니, 왜 그러한가? 4정단, 나아가 8성도지의 후제는 무소유의 성품으로써 4정단, 나아가 8성도지의 후제를 자성으로 삼는 까닭이니라.

공해탈문의 후제는 결박되지 않았고 해탈하지 않았나니 왜 그러한가? 공해탈문의 후제는 무소유의 성품으로써 공해탈문의 후제를 자성으로 삼는 까닭이니라. 무상·무원해탈문의 후제는 결박되지 않았고 해탈하지 않았나니, 왜 그러한가? 무상·무원해탈문의 후제는 무소유의 성품으로써 무상·무원해탈문의 후제를 자성으로 삼는 까닭이니라.

보살의 10지의 후제는 결박되지 않았고 해탈하지 않았나니 왜 그러한가? 보살의 10지의 후제는 무소유의 성품으로써 보살의 10지의 후제를 자성으로 삼는 까닭이니라. 5안의 후제는 결박되지 않았고 해탈하지 않았나니 왜 그러한가? 5안의 후제는 무소유의 성품으로써 5안의 후제를 자성으로 삼는 까닭이니라. 6신통의 후제는 결박되지 않았고 해탈하지 않았나니, 왜 그러한가? 6신통의 후제는 무소유의 성품으로써 6신통의 후제를 자성으로 삼는 까닭이니라.

여래의 10력의 후제는 결박되지 않았고 해탈하지 않았나니 왜 그러한가? 여래의 10력의 후제는 무소유의 성품으로써 여래의 10력의 후제를 자성으로 삼는 까닭이니라. 4무소외·4무애해·대자·대비·대희·대사·18불불공법의 후제는 결박되지 않았고 해탈하지 않았나니, 왜 그러한가? 4무소외, 나아가 18불불공법의 후제는 무소유의 성품으로써 4무소외, 나아가 18불불공법의 후제를 자성으로 삼는 까닭이니라.

무망실법의 후제는 결박되지 않았고 해탈하지 않았나니 왜 그러한가?

무망실법의 후제는 무소유의 성품으로써 무망실법의 후제를 자성으로 삼는 까닭이니라. 항주사성의 후제는 결박되지 않았고 해탈하지 않았나니, 왜 그러한가? 항주사성의 후제는 무소유의 성품으로써 항주사성의 후제를 자성으로 삼는 까닭이니라.

일체지의 후제는 결박되지 않았고 해탈하지 않았나니 왜 그러한가? 일체지의 후제는 무소유의 성품으로써 일체지의 후제를 자성으로 삼는 까닭이니라. 도상지·일체상지의 후제는 결박되지 않았고 해탈하지 않았나니, 왜 그러한가? 도상지·일체상지의 후제는 무소유의 성품으로써 도상지·일체상지의 후제를 자성으로 삼는 까닭이니라.

일체의 다라니문의 후제는 결박되지 않았고 해탈하지 않았나니 왜 그러한가? 일체의 다라니문의 후제는 무소유의 성품으로써 일체의 다라니문의 후제를 자성으로 삼는 까닭이니라. 일체의 삼마지문의 후제는 결박되지 않았고 해탈하지 않았나니, 왜 그러한가? 일체의 삼마지문의 후제는 무소유의 성품으로써 일체의 삼마지문의 후제를 자성으로 삼는 까닭이니라.

예류과의 후제는 결박되지 않았고 해탈하지 않았나니 왜 그러한가? 예류과의 후제는 무소유의 성품으로써 예류과의 후제를 자성으로 삼는 까닭이니라. 일래·불환·아라한과의 후제는 결박되지 않았고 해탈하지 않았나니, 왜 그러한가? 일래·불환·아라한과의 후제는 무소유의 성품으로써 일래·불환·아라한과의 후제를 자성으로 삼는 까닭이니라.

독각의 보리의 후제는 결박되지 않았고 해탈하지 않았나니 왜 그러한가? 독각의 보리의 후제는 무소유의 성품으로써 독각의 보리의 후제를 자성으로 삼는 까닭이니라. 일체의 보살마하살의 행의 후제는 결박되지 않았고 해탈하지 않았나니 왜 그러한가? 일체의 보살마하살의 행의 후제는 무소유의 성품으로써 일체의 보살마하살의 행의 후제를 자성으로 삼는 까닭이니라.

제불의 무상정등보리의 후제는 결박되지 않았고 해탈하지 않았나니 왜 그러한가? 제불의 무상정등보리의 후제는 무소유의 성품으로써 제불의 무상정등보리의 후제를 자성으로 삼는 까닭이니라."

"다시 다음으로 선현이여. 색의 중제(中際)3)는 결박되지 않았고 해탈하지 않았나니 왜 그러한가? 색의 중제는 무소유의 성품으로써 색의 중제를 자성으로 삼는 까닭이니라. 수·상·행·식의 중제는 결박되지 않았고 해탈하지 않았나니, 왜 그러한가? 수·상·행·식의 중제는 무소유의 성품으로써 수·상·행·식의 중제를 자성으로 삼는 까닭이니라.

안처의 중제는 결박되지 않았고 해탈하지 않았나니 왜 그러한가? 안처의 중제는 무소유의 성품으로써 안처의 중제를 자성으로 삼는 까닭이니라. 이·비·설·신·의처의 중제는 결박되지 않았고 해탈하지 않았나니, 왜 그러한가? 이·비·설·신·의처의 중제는 무소유의 성품으로써 이·비·설·신·의처의 중제를 자성으로 삼는 까닭이니라.

색처의 중제는 결박되지 않았고 해탈하지 않았나니 왜 그러한가? 색처의 중제는 무소유의 성품으로써 색처의 중제를 자성으로 삼는 까닭이니라. 성·향·미·촉·법처의 중제는 결박되지 않았고 해탈하지 않았나니, 왜 그러한가? 성·향·미·촉·법처의 중제는 무소유의 성품으로써 성·향·미·촉·법처의 중제를 자성으로 삼는 까닭이니라.

안계의 중제는 결박되지 않았고 해탈하지 않았나니 왜 그러한가? 안계의 중제는 무소유의 성품으로써 안계의 중제를 자성으로 삼는 까닭이니라. 색계·안식계, 나아가 안촉·안촉을 인연으로 생겨나는 여러 수의 중제는 결박되지 않았고 해탈하지 않았나니, 왜 그러한가? 색계, 나아가 안촉을 인연으로 생겨난 여러 수의 중제는 무소유의 성품으로써 색계, 나아가 안촉을 인연으로 생겨난 여러 수의 중제를 자성으로 삼는 까닭이니라.

이계의 중제는 결박되지 않았고 해탈하지 않았나니 왜 그러한가? 이계의 중제는 무소유의 성품으로써 이계의 중제를 자성으로 삼는 까닭이니라. 성계·이식계, 나아가 이촉·이촉을 인연으로 생겨나는 여러 수의 중제는

---

3) '과거(過去)와 미래(未來)의 가운데'라는 뜻으로, '현세(現世)'를 가리킨다.

결박되지 않았고 해탈하지 않았나니, 왜 그러한가? 성계, 나아가 이촉을 인연으로 생겨난 여러 수의 중제는 무소유의 성품으로써 성계, 나아가 이촉을 인연으로 생겨난 여러 수의 중제를 자성으로 삼는 까닭이니라.

비계의 중제는 결박되지 않았고 해탈하지 않았나니 왜 그러한가? 비계의 중제는 무소유의 성품으로써 비계의 중제를 자성으로 삼는 까닭이니라. 향계·비식계, 나아가 비촉·비촉을 인연으로 생겨나는 여러 수의 중제는 결박되지 않았고 해탈하지 않았나니, 왜 그러한가? 향계, 나아가 비촉을 인연으로 생겨난 여러 수의 중제는 무소유의 성품으로써 향계, 나아가 비촉을 인연으로 생겨난 여러 수의 중제를 자성으로 삼는 까닭이니라.

설계의 중제는 결박되지 않았고 해탈하지 않았나니 왜 그러한가? 설계의 중제는 무소유의 성품으로써 설계의 중제를 자성으로 삼는 까닭이니라. 미계·설식계, 나아가 설촉·설촉을 인연으로 생겨나는 여러 수의 중제는 결박되지 않았고 해탈하지 않았나니, 왜 그러한가? 미계, 나아가 설촉을 인연으로 생겨난 여러 수의 중제는 무소유의 성품으로써 미계, 나아가 설촉을 인연으로 생겨난 여러 수의 중제를 자성으로 삼는 까닭이니라.

신계의 중제는 결박되지 않았고 해탈하지 않았나니 왜 그러한가? 신계의 중제는 무소유의 성품으로써 신계의 중제를 자성으로 삼는 까닭이니라. 촉계·신식계, 나아가 신촉·신촉을 인연으로 생겨나는 여러 수의 중제는 결박되지 않았고 해탈하지 않았나니, 왜 그러한가? 촉계, 나아가 신촉을 인연으로 생겨난 여러 수의 중제는 무소유의 성품으로써 촉계, 나아가 신촉을 인연으로 생겨난 여러 수의 중제를 자성으로 삼는 까닭이니라.

의계의 중제는 결박되지 않았고 해탈하지 않았나니 왜 그러한가? 의계의 중제는 무소유의 성품으로써 의계의 중제를 자성으로 삼는 까닭이니라. 법계·의식계, 나아가 의촉·의촉을 인연으로 생겨나는 여러 수의 중제는 결박되지 않았고 해탈하지 않았나니, 왜 그러한가? 법계, 나아가 의촉을 인연으로 생겨난 여러 수의 중제는 무소유의 성품으로써 법계, 나아가 의촉을 인연으로 생겨난 여러 수의 중제를 자성으로 삼는 까닭이니라.

지계의 중제는 결박되지 않았고 해탈하지 않았나니 왜 그러한가?

지계의 중제는 무소유의 성품으로써 지계의 중제를 자성으로 삼는 까닭이
니라. 수·화·풍·공·식계의 중제는 결박되지 않았고 해탈하지 않았나니,
왜 그러한가? 수·화·풍·공·식계의 중제는 무소유의 성품으로써 수·화·풍
·공·식계의 중제를 자성으로 삼는 까닭이니라.

　무명의 중제는 결박되지 않았고 해탈하지 않았나니 왜 그러한가?
무명의 중제는 무소유의 성품으로써 무명의 중제를 자성으로 삼는 까닭이
니라. 행·식·명색·육처·촉·수·애·취·유·생·노사의 수탄고우뇌의 중제
는 결박되지 않았고 해탈하지 않았나니, 왜 그러한가? 행, 나아가 노사의
수탄고우뇌의 중제는 무소유의 성품으로써 행, 나아가 노사의 수탄고우뇌
의 중제를 자성으로 삼는 까닭이니라.”

마하반야바라밀다경 제183권

34. 난신해품(難信解品)(2)

"보시바라밀다의 중제는 결박되지 않았고 해탈하지 않았나니 왜 그러한가? 보시바라밀다의 중제는 무소유의 성품으로써 보시바라밀다의 중제를 자성으로 삼는 까닭이니라. 정계·안인·정진·정려·반야바라밀다의 중제는 결박되지 않았고 해탈하지 않았나니, 왜 그러한가? 정계, 나아가 반야바라밀다의 중제는 무소유의 성품으로써 정계, 나아가 반야바라밀다의 중제를 자성으로 삼는 까닭이니라.

내공의 중제는 결박되지 않았고 해탈하지 않았나니 왜 그러한가? 내공의 중제는 무소유의 성품으로써 내공의 중제를 자성으로 삼는 까닭이니라. 외공·내외공·공공·대공·승의공·유위공·무위공·필경공·무제공·산공·무변이공·본성공·자상공·공상공·일체법공·불가득공·무성공·자성공·무성자성공의 중제는 결박되지 않았고 해탈하지 않았나니, 왜 그러한가? 외공, 나아가 무성자성공의 중제는 무소유의 성품으로써 외공, 나아가 무성자성공의 중제를 자성으로 삼는 까닭이니라.

진여의 중제는 결박되지 않았고 해탈하지 않았나니 왜 그러한가? 진여의 중제는 무소유의 성품으로써 진여의 중제를 자성으로 삼는 까닭이니라. 법계·법성·불허망성·불변이성·평등성·이생성·법정·법주·실제·허공계·부사의계의 중제는 결박되지 않았고 해탈하지 않았나니, 왜 그러한가? 법계, 나아가 부사의계의 중제는 무소유의 성품으로써 법계, 나아가 부사의계의 중제를 자성으로 삼는 까닭이니라.

　고성제의 중제는 결박되지 않았고 해탈하지 않았나니 왜 그러한가?
고성제는 무소유의 성품으로써 고성제의 중제를 자성으로 삼는 까닭이니
라. 집·멸·도성제의 중제는 결박되지 않았고 해탈하지 않았나니, 왜 그러
한가? 집·멸·도성제의 중제는 무소유의 성품으로써 집·멸·도성제의 중제
를 자성으로 삼는 까닭이니라.

　4정려의 중제는 결박되지 않았고 해탈하지 않았나니 왜 그러한가?
4정려의 중제는 무소유의 성품으로써 4정려의 중제를 자성으로 삼는
까닭이니라. 4무량·4무색정의 중제는 결박되지 않았고 해탈하지 않았나
니, 왜 그러한가? 4무량·4무색정의 중제는 무소유의 성품으로써 4무량·4
무색정의 중제를 자성으로 삼는 까닭이니라.

　8해탈의 중제는 결박되지 않았고 해탈하지 않았나니 왜 그러한가?
8해탈의 후제는 무소유의 성품으로써 8해탈의 중제를 자성으로 삼는
까닭이니라. 8승처·9차제정·10변처의 후제는 결박되지 않았고 해탈하지
않았나니, 왜 그러한가? 8승처·9차제정·10변처의 중제는 무소유의 성품
으로써 8승처·9차제정·10변처의 중제를 자성으로 삼는 까닭이니라.

　4념주의 중제는 결박되지 않았고 해탈하지 않았나니 왜 그러한가?
4념주의 중제는 무소유의 성품으로써 4념주의 중제를 자성으로 삼는
까닭이니라. 4정단·4신족·5근·5력·7등각지·8성도지의 중제는 결박되지
않았고 해탈하지 않았나니, 왜 그러한가? 4정단, 나아가 8성도지의 중제는
무소유의 성품으로써 4정단, 나아가 8성도지의 중제를 자성으로 삼는
까닭이니라.

　공해탈문의 중제는 결박되지 않았고 해탈하지 않았나니 왜 그러한가?
공해탈문의 중제는 무소유의 성품으로써 공해탈문의 중제를 자성으로
삼는 까닭이니라. 무상·무원해탈문의 중제는 결박되지 않았고 해탈하지
않았나니, 왜 그러한가? 무상·무원해탈문의 중제는 무소유의 성품으로써
무상·무원해탈문의 중제를 자성으로 삼는 까닭이니라.

　보살의 10지의 중제는 결박되지 않았고 해탈하지 않았나니 왜 그러한
가? 보살의 10지의 중제는 무소유의 성품으로써 보살의 10지의 중제를

자성으로 삼는 까닭이니라. 5안의 중제는 결박되지 않았고 해탈하지 않았나니 왜 그러한가? 5안의 중제는 무소유의 성품으로써 5안의 중제를 자성으로 삼는 까닭이니라. 6신통의 중제는 결박되지 않았고 해탈하지 않았나니, 왜 그러한가? 6신통의 중제는 무소유의 성품으로써 6신통의 중제를 자성으로 삼는 까닭이니라.

여래의 10력의 중제는 결박되지 않았고 해탈하지 않았나니 왜 그러한가? 여래의 10력의 중제는 무소유의 성품으로써 여래의 10력의 중제를 자성으로 삼는 까닭이니라. 4무소외·4무애해·대자·대비·대희·대사·18불불공법의 중제는 결박되지 않았고 해탈하지 않았나니, 왜 그러한가? 4무소외, 나아가 18불불공법의 중제는 무소유의 성품으로써 4무소외, 나아가 18불불공법의 중제를 자성으로 삼는 까닭이니라.

무망실법의 중제는 결박되지 않았고 해탈하지 않았나니 왜 그러한가? 무망실법의 중제는 무소유의 성품으로써 무망실법의 중제를 자성으로 삼는 까닭이니라. 항주사성의 중제는 결박되지 않았고 해탈하지 않았나니, 왜 그러한가? 항주사성의 중제는 무소유의 성품으로써 항주사성의 중제를 자성으로 삼는 까닭이니라.

일체지의 중제는 결박되지 않았고 해탈하지 않았나니 왜 그러한가? 일체지의 중제는 무소유의 성품으로써 일체지의 중제를 자성으로 삼는 까닭이니라. 도상지·일체상지의 중제는 결박되지 않았고 해탈하지 않았나니, 왜 그러한가? 도상지·일체상지의 중제는 무소유의 성품으로써 도상지·일체상지의 중제를 자성으로 삼는 까닭이니라.

일체의 다라니문의 중제는 결박되지 않았고 해탈하지 않았나니 왜 그러한가? 일체의 다라니문의 중제는 무소유의 성품으로써 일체의 다라니문의 중제를 자성으로 삼는 까닭이니라. 일체의 삼마지문의 중제는 결박되지 않았고 해탈하지 않았나니, 왜 그러한가? 일체의 삼마지문의 중제는 무소유의 성품으로써 일체의 삼마지문의 중제를 자성으로 삼는 까닭이니라.

예류과의 중제는 결박되지 않았고 해탈하지 않았나니 왜 그러한가?

예류과의 중제는 무소유의 성품으로써 예류과의 중제를 자성으로 삼는
까닭이니라. 일래·불환·아라한과의 중제는 결박되지 않았고 해탈하지
않았나니, 왜 그러한가? 일래·불환·아라한과의 중제는 무소유의 성품으
로써 일래·불환·아라한과의 중제를 자성으로 삼는 까닭이니라.

독각의 보리의 중제는 결박되지 않았고 해탈하지 않았나니 왜 그러한
가? 독각의 보리의 중제는 무소유의 성품으로써 독각의 보리의 중제를
자성으로 삼는 까닭이니라. 일체의 보살마하살의 행의 중제는 결박되지
않았고 해탈하지 않았나니 왜 그러한가? 일체의 보살마하살의 행의 중제
는 무소유의 성품으로써 일체의 보살마하살의 행의 중제를 자성으로
삼는 까닭이니라.

제불의 무상정등보리의 중제는 결박되지 않았고 해탈하지 않았나니
왜 그러한가? 제불의 무상정등보리의 중제는 무소유의 성품으로써 제불
의 무상정등보리의 중제를 자성으로 삼는 까닭이니라."

구수 선현이 다시 세존께 아뢰어 말하였다.

"세존이시여. 여러 유정들이 정근(精勤)하면서 정진(精進)하지 않았고,
아직 선근(善根)을 심지도 않았으며, 선근을 구족하지 않았고, 악한 벗에게
섭수되었으며, 마군의 힘을 따라서 행하고, 해태(懈怠)가 늘어났으며,
정진은 줄어들었고, 정념(正念)을 잃어버려서 악한 지혜의 보특가라(補特
迦羅)[1]라면, 이 반야바라밀다에서 진실로 신해(信解)하기 어렵겠습니다."

새존께서 말씀하셨다.

"선현이여. 그와 같으니라. 그와 같으니라. 그대가 말한 것과 같이,
정근하면서 정진하지 않았고, 아직 선근을 심지도 않았으며, 선근을 구족
하지 않았고, 악한 벗에게 섭수되었으며, 마군의 힘을 따라서 행하고,
해태가 늘어났으며, 정진은 줄어들었고, 정념을 잃어버려서 악한 지혜의
보특가라라면, 이 반야바라밀다에서 진실로 믿기 어렵고 이해하기도

---

1) 산스크리트어 pudgala의 음사이고, '유정(有情)', '중생(衆生)', '삭취취(數取趣)'
   등으로 번역하며, '육도(六度)를 윤회하는 자'를 가리킨다.

어려우니라.

그 까닭은 무엇인가? 선현이여. 색의 청정(淸淨)함이 곧 과보(果)의 청정함이고 과보의 청정함이 곧 색의 청정함이니라. 왜 그러한가? 이 색의 청정함과 과보의 청정함은 무이(無二)이고 둘로 나눌(二分) 수 없으며 분별(分別)이 없고 단절(斷絶)도 없는 까닭이며, 수·상·행·식의 청정함이 곧 과보의 청정함이고 과보의 청정함이 곧 수·상·행·식의 청정함이니라. 왜 그러한가? 이 수·상·행·식의 청정함과 과보의 청정함은 무이이고 둘로 나눌 수 없으며 분별이 없고 단절도 없는 까닭이니라.

선현이여. 안처의 청정함이 곧 과보의 청정함이고 과보의 청정함이 곧 색의 청정함이니라. 왜 그러한가? 이 안처의 청정함과 과보의 청정함은 무이이고 둘로 나눌 수 없으며 분별이 없고 단절도 없는 까닭이며, 이·비·설·신·의처의 청정함이 곧 과보의 청정함이고 과보의 청정함이 곧 이·비·설·신·의처의 청정함이니라. 왜 그러한가? 이 이·비·설·신·의처의 청정함과 과보의 청정함은 무이이고 둘로 나눌 수 없으며 분별이 없고 단절도 없는 까닭이니라.

선현이여. 색처의 청정함이 곧 과보의 청정함이고 과보의 청정함이 곧 색처의 청정함이니라. 왜 그러한가? 이 색처의 청정함과 과보의 청정함은 무이이고 둘로 나눌 수 없으며 분별이 없고 단절도 없는 까닭이며, 성·향·미·촉·법처의 청정함이 곧 과보의 청정함이고 과보의 청정함이 곧 성·향·미·촉·법처의 청정함이니라. 왜 그러한가? 이 성·향·미·촉·법처의 청정함과 과보의 청정함은 무이이고 둘로 나눌 수 없으며 분별이 없고 단절도 없는 까닭이니라.

선현이여. 안계의 청정함이 곧 과보의 청정함이고 과보의 청정함이 곧 안계의 청정함이니라. 왜 그러한가? 이 안계의 청정함과 과보의 청정함은 무이이고 둘로 나눌 수 없으며 분별이 없고 단절도 없는 까닭이며, 색계·안식계, 나아가 안촉·안촉을 인연으로 생겨난 여러 수의 청정함이 곧 과보의 청정함이고 과보의 청정함이 곧 색계, 나아가 안촉을 인연으로 생겨난 여러 수의 청정함이니라. 왜 그러한가? 이 색계, 나아가 안촉을 인연으로 생겨난 여러 수의 청정함과 과보의 청정함은 무이이고 둘로 나눌 수 없으며 분별이 없고 단절도 없는 까닭이니라.

선현이여. 이계의 청정함이 곧 과보의 청정함이고 과보의 청정함이 곧 이계의 청정함이니라. 왜 그러한가? 이 이계의 청정함과 과보의 청정함은 무이이고 둘로 나눌 수 없으며 분별이 없고 단절도 없는 까닭이며, 성계·이식계, 나아가 이촉·이촉을 인연으로 생겨난 여러 수의 청정함이 곧 과보의 청정함이고 과보의 청정함이 곧 성계, 나아가 이촉을 인연으로 생겨난 여러 수의 청정함이니라. 왜 그러한가? 성계, 나아가 이촉을 인연으로 생겨난 여러 수의 청정함과 과보의 청정함은 무이이고 둘로 나눌 수 없으며 분별이 없고 단절도 없는 까닭이니라.

선현이여. 비계의 청정함이 곧 과보의 청정함이고 과보의 청정함이 곧 비계의 청정함이니라. 왜 그러한가? 이 비계의 청정함과 과보의 청정함은 무이이고 둘로 나눌 수 없으며 분별이 없고 단절도 없는 까닭이며, 향계·비식계, 나아가 비촉·비촉을 인연으로 생겨난 여러 수의 청정함이 곧 과보의 청정함이고 과보의 청정함이 곧 향계, 나아가 비촉을 인연으로 생겨난 여러 수의 청정함이니라. 왜 그러한가? 향계, 나아가 비촉을 인연으로 생겨난 여러 수의 청정함과 과보의 청정함은 무이이고 둘로 나눌 수 없으며 분별이 없고 단절도 없는 까닭이니라.

선현이여. 설계의 청정함이 곧 과보의 청정함이고 과보의 청정함이 곧 설계의 청정함이니라. 왜 그러한가? 이 설계의 청정함과 과보의 청정함은 무이이고 둘로 나눌 수 없으며 분별이 없고 단절도 없는 까닭이며, 미계·설식계, 나아가 설촉·설촉을 인연으로 생겨난 여러 수의 청정함이 곧 과보의 청정함이고 과보의 청정함이 곧 미계, 나아가 설촉을 인연으로 생겨난 여러 수의 청정함이니라. 왜 그러한가? 미계, 나아가 설촉을 인연으로 생겨난 여러 수의 청정함과 과보의 청정함은 무이이고 둘로 나눌 수 없으며 분별이 없고 단절도 없는 까닭이니라.

선현이여. 신계의 청정함이 곧 과보의 청정함이고 과보의 청정함이 곧 신계의 청정함이니라. 왜 그러한가? 이 신계의 청정함과 과보의 청정함은 무이이고 둘로 나눌 수 없으며 분별이 없고 단절도 없는 까닭이며, 촉계·신식계, 나아가 신촉·신촉을 인연으로 생겨난 여러 수의 청정함이 곧 과보의 청정함이고 과보의 청정함이 곧 촉계, 나아가 신촉을 인연으로 생겨난 여러 수의 청정함이니라. 왜 그러한가? 촉계, 나아가 신촉을 인연으로 생겨난 여러 수의 청정함과 과보의 청정함은 무이이고 둘로 나눌 수 없으며 분별이 없고 단절도 없는 까닭이니라.

선현이여. 의계의 청정함이 곧 과보의 청정함이고 과보의 청정함이 곧 의계의 청정함이니라. 왜 그러한가? 이 의계의 청정함과 과보의 청정함은 무이이고 둘로 나눌 수 없으며 분별이 없고 단절도 없는 까닭이며, 법계·의식계, 나아가 의촉·의촉을 인연으로 생겨난 여러 수의 청정함이 곧 과보의 청정함이고 과보의 청정함이 곧 법계, 나아가 의촉을 인연으로 생겨난 여러 수의 청정함이니라. 왜 그러한가? 법계, 나아가 의촉을 인연으로 생겨난 여러 수의 청정함과 과보의 청정함은 무이이고 둘로 나눌 수 없으며 분별이 없고 단절도 없는 까닭이니라.

선현이여. 지계의 청정함이 곧 과보의 청정함이고 과보의 청정함이 곧 지계의 청정함이니라. 왜 그러한가? 이 지계의 청정함과 과보의 청정함은 무이이고 둘로 나눌 수 없으며 분별이 없고 단절도 없는 까닭이며, 수·화·풍·공·식계의 청정함이 곧 과보의 청정함이고 과보의 청정함이 곧 수·화·풍·공·식계의 청정함이니라. 왜 그러한가? 수·화·풍·공·식계의 청정함과 과보의 청정함은 무이이고 둘로 나눌 수 없으며 분별이 없고 단절도 없는 까닭이니라.

선현이여. 무명의 청정함이 곧 과보의 청정함이고 과보의 청정함이 곧 무명의 청정함이니라. 왜 그러한가? 이 무명의 청정함과 과보의 청정함은 무이이고 둘로 나눌 수 없으며 분별이 없고 단절도 없는 까닭이며, 행·식·명색·육처·촉·수·애·취·유·생·노사의 수탄고우뇌의 청정함이 곧 과보의 청정함이고 과보의 청정함이 곧 행, 나아가 노사의 수탄고우뇌의 청정함이니라. 왜 그러한가? 행, 나아가 노사의 수탄고우뇌의 청정함과 과보의 청정함은 무이이고 둘로 나눌 수 없으며 분별이 없고 단절도

없는 까닭이니라.

선현이여. 보시바라밀다의 청정함이 곧 과보의 청정함이고 과보의 청정함이 곧 보시바라밀다의 청정함이니라. 왜 그러한가? 이 보시바라밀다의 청정함과 과보의 청정함은 무이이고 둘로 나눌 수 없으며 분별이 없고 단절도 없는 까닭이며, 정계·안인·정진·정려·반야바라밀다의 청정함이 곧 과보의 청정함이고 과보의 청정함이 곧 정계, 나아가 반야바라밀다의 청정함이니라. 왜 그러한가? 정계, 나아가 반야바라밀다의 청정함과 과보의 청정함은 무이이고 둘로 나눌 수 없으며 분별이 없고 단절도 없는 까닭이니라.

선현이여. 내공의 청정함이 곧 과보의 청정함이고 과보의 청정함이 곧 내공의 청정함이니라. 왜 그러한가? 이 내공의 청정함과 과보의 청정함은 무이이고 둘로 나눌 수 없으며 분별이 없고 단절도 없는 까닭이며, 외공·내외공·공공·대공·승의공·유위공·무위공·필경공·무제공·산공·무변이공·본성공·자상공·공상공·일체법공·불가득공·무성공·자성공·무성자성공의 청정함이 곧 과보의 청정함이고 과보의 청정함이 곧 외공, 나아가 무성자성공의 청정함이니라. 왜 그러한가? 외공, 나아가 무성자성공의 청정함과 과보의 청정함은 무이이고 둘로 나눌 수 없으며 분별이 없고 단절도 없는 까닭이니라.

선현이여. 진여의 청정함이 곧 과보의 청정함이고 과보의 청정함이 곧 진여의 청정함이니라. 왜 그러한가? 이 진여의 청정함과 과보의 청정함은 무이이고 둘로 나눌 수 없으며 분별이 없고 단절도 없는 까닭이며, 법계·법성·불허망성·불변이성·평등성·이생성·법정·법주·실제·허공계·부사의계의 청정함이 곧 과보의 청정함이고 과보의 청정함이 곧 법계, 나아가 부사의계의 청정함이니라. 왜 그러한가? 법계, 나아가 부사의계의 청정함과 과보의 청정함은 무이이고 둘로 나눌 수 없으며 분별이 없고 단절도 없는 까닭이니라.

선현이여. 고성제의 청정함이 곧 과보의 청정함이고 과보의 청정함이 곧 고성제의 청정함이니라. 왜 그러한가? 이 고성제의 청정함과 과보의 청정함은 무이이고 둘로 나눌 수 없으며 분별이 없고 단절도 없는 까닭이며, 집·멸·도성제의 청정함이 곧 과보의 청정함이고 과보의 청정함이 곧 집·멸·도성제의 청정함이니라. 왜 그러한가? 집·멸·도성제의 청정함과 과보의 청정함은 무이이고 둘로 나눌 수 없으며 분별이 없고 단절도 없는 까닭이니라.

선현이여. 4정려의 청정함이 곧 과보의 청정함이고 과보의 청정함이 곧 4정려의 청정함이니라. 왜 그러한가? 이 4정려의 청정함과 과보의 청정함은 무이이고 둘로 나눌 수 없으며 분별이 없고 단절도 없는 까닭이며, 4무량·4무색정의 청정함이 곧 과보의 청정함이고 과보의 청정함이 곧 4무량·4무색정의 청정함이니라. 왜 그러한가? 4무량·4무색정의 청정함과 과보의 청정함은 무이이고 둘로 나눌 수 없으며 분별이 없고 단절도 없는 까닭이니라.

선현이여. 8해탈의 청정함이 곧 과보의 청정함이고 과보의 청정함이 곧 8해탈의 청정함이니라. 왜 그러한가? 이 8해탈의 청정함과 과보의 청정함은 무이이고 둘로 나눌 수 없으며 분별이 없고 단절도 없는 까닭이며, 8승처·9차제정·10변처의 청정함이 곧 과보의 청정함이고 과보의 청정함이 곧 8승처·9차제정·10변처의 청정함이니라. 왜 그러한가? 8승처·9차제정·10변처의 청정함과 과보의 청정함은 무이이고 둘로 나눌 수 없으며 분별이 없고 단절도 없는 까닭이니라.

선현이여. 4념주의 청정함이 곧 과보의 청정함이고 과보의 청정함이 곧 4념주의 청정함이니라. 왜 그러한가? 이 4념주의 청정함과 과보의 청정함은 무이이고 둘로 나눌 수 없으며 분별이 없고 단절도 없는 까닭이며, 4정단·4신족·5근·5력·7등각지·8성도지의 청정함이 곧 과보의 청정함이고 과보의 청정함이 곧 4정단, 나아가 8성도지의 청정함이니라. 왜 그러한가? 4정단, 나아가 8성도지의 청정함과 과보의 청정함은 무이이고 둘로 나눌 수 없으며 분별이 없고 단절도 없는 까닭이니라.

선현이여. 공해탈문의 청정함이 곧 과보의 청정함이고 과보의 청정함이 곧 공해탈문의 청정함이니라. 왜 그러한가? 이 공해탈문의 청정함과 과보의 청정함은 무이이고 둘로 나눌 수 없으며 분별이 없고 단절도 없는 까닭이며, 무상·무원해탈문의 청정함이 곧 과보의 청정함이고 과보의 청정함이 곧 무상·무원해탈문의 청정함이니라. 왜 그러한가? 무상·무원해탈문의 청정함과 과보의 청정함은 무이이고 둘로 나눌 수 없으며 분별이 없고 단절도 없는 까닭이니라.

선현이여. 보살의 10지의 청정함이 곧 과보의 청정함이고 과보의 청정함이 곧 보살의 10지의 청정함이니라. 왜 그러한가? 이 보살의 10지의 청정함과 과보의 청정함은 무이이고 둘로 나눌 수 없으며 분별이 없고 단절도 없는 까닭이니라.

선현이여. 5안의 청정함이 곧 과보의 청정함이고 과보의 청정함이 곧 5안의 청정함이니라. 왜 그러한가? 이 5안의 청정함과 과보의 청정함은 무이이고 둘로 나눌 수 없으며 분별이 없고 단절도 없는 까닭이며, 6신통의 청정함이 곧 과보의 청정함이고 과보의 청정함이 곧 6신통의 청정함이니라. 왜 그러한가? 6신통의 청정함과 과보의 청정함은 무이이고 둘로 나눌 수 없으며 분별이 없고 단절도 없는 까닭이니라.

선현이여. 여래의 10력의 청정함이 곧 과보의 청정함이고 과보의 청정함이 곧 여래의 10력의 청정함이니라. 왜 그러한가? 이 여래의 10력의 청정함과 과보의 청정함은 무이이고 둘로 나눌 수 없으며 분별이 없고 단절도 없는 까닭이며, 4무소외·4무애해·대자·대비·대희·대사·18불공법의 청정함이 곧 과보의 청정함이고 과보의 청정함이 곧 4무소외, 나아가 18불불공법의 청정함이니라. 왜 그러한가? 4무소외, 나아가 18불불공법의 청정함과 과보의 청정함은 무이이고 둘로 나눌 수 없으며 분별이 없고 단절도 없는 까닭이니라.

선현이여. 무망실법의 청정함이 곧 과보의 청정함이고 과보의 청정함이 곧 무망실법의 청정함이니라. 왜 그러한가? 이 무망실법의 청정함과 과보의 청정함은 무이이고 둘로 나눌 수 없으며 분별이 없고 단절도 없는 까닭이며, 항주사성의 청정함이 곧 과보의 청정함이고 과보의 청정함이 곧 항주사성의 청정함이니라. 왜 그러한가? 항주사성의 청정함과

과보의 청정함은 무이이고 둘로 나눌 수 없으며 분별이 없고 단절도
없는 까닭이니라.

선현이여. 일체지의 청정함이 곧 과보의 청정함이고 과보의 청정함이
곧 일체지의 청정함이니라. 왜 그러한가? 이 일체지의 청정함과 과보의
청정함은 무이이고 둘로 나눌 수 없으며 분별이 없고 단절도 없는 까닭이
며, 도상지·일체상지의 청정함이 곧 과보의 청정함이고 과보의 청정함이
곧 도상지·일체상지의 청정함이니라. 왜 그러한가? 도상지·일체상지의
청정함과 과보의 청정함은 무이이고 둘로 나눌 수 없으며 분별이 없고
단절도 없는 까닭이니라.

선현이여. 일체의 다라니문의 청정함이 곧 과보의 청정함이고 과보의
청정함이 곧 일체의 다라니문의 청정함이니라. 왜 그러한가? 이 일체의
다라니문의 청정함과 과보의 청정함은 무이이고 둘로 나눌 수 없으며
분별이 없고 단절도 없는 까닭이며, 일체의 삼마지문의 청정함이 곧
과보의 청정함이고 과보의 청정함이 곧 일체의 삼마지문의 청정함이니라.
왜 그러한가? 일체의 삼마지문의 청정함과 과보의 청정함은 무이이고
둘로 나눌 수 없으며 분별이 없고 단절도 없는 까닭이니라.

선현이여. 예류과의 청정함이 곧 과보의 청정함이고 과보의 청정함이
곧 예류과의 청정함이니라. 왜 그러한가? 이 예류과의 청정함과 과보의
청정함은 무이이고 둘로 나눌 수 없으며 분별이 없고 단절도 없는 까닭이
며, 일래·불환·아라한과의 청정함이 곧 과보의 청정함이고 과보의 청정함
이 곧 일래·불환·아라한과의 청정함이니라. 왜 그러한가? 일래·불환·아
라한과의 청정함과 과보의 청정함은 무이이고 둘로 나눌 수 없으며 분별이
없고 단절도 없는 까닭이니라.

선현이여. 독각의 보리의 청정함이 곧 과보의 청정함이고 과보의 청정
함이 곧 독각의 보리의 청정함이니라. 왜 그러한가? 이 독각의 보리의
청정함과 과보의 청정함은 무이이고 둘로 나눌 수 없으며 분별이 없고
단절도 없는 까닭이니라.

선현이여. 일체의 보살마하살의 행의 청정함이 곧 과보의 청정함이고

과보의 청정함이 곧 일체의 보살마하살의 행의 청정함이니라. 왜 그러한 가? 이 일체의 보살마하살의 행의 청정함과 과보의 청정함은 무이이고 둘로 나눌 수 없으며 분별이 없고 단절도 없는 까닭이니라.

선현이여. 제불의 무상정등보리의 청정함이 곧 과보의 청정함이고 과보의 청정함이 곧 제불의 무상정등보리의 청정함이니라. 왜 그러한가? 이 제불의 무상정등보리의 청정함과 과보의 청정함은 무이이고 둘로 나눌 수 없으며 분별이 없고 단절도 없는 까닭이니라."

"다시 다음으로 선현이여. 색의 청정함이 곧 반야바라밀다의 청정함이 고 반야바라밀다의 청정함이 곧 색의 청정함이니라. 왜 그러한가? 이 색의 청정함과 반야바라밀다의 청정함은 무이이고 둘로 나눌 수 없으며 분별이 없고 단절도 없는 까닭이며, 수·상·행·식의 청정함이 곧 반야바라 밀다의 청정함이고 반야바라밀다의 청정함이 곧 수·상·행·식의 청정함이 니라. 왜 그러한가? 수·상·행·식의 청정함과 반야바라밀다의 청정함은 무이이고 둘로 나눌 수 없으며 분별이 없고 단절도 없는 까닭이니라.

선현이여. 안처의 청정함이 곧 반야바라밀다의 청정함이고 반야바라밀 다의 청정함이 곧 안처의 청정함이니라. 왜 그러한가? 이 안처의 청정함과 반야바라밀다의 청정함은 무이이고 둘로 나눌 수 없으며 분별이 없고 단절도 없는 까닭이며, 이·비·설·신·의처의 청정함이 곧 반야바라밀다의 청정함이고 반야바라밀다의 청정함이 곧 이·비·설·신·의처의 청정함이 니라. 왜 그러한가? 이 이·비·설·신·의처의 청정함과 반야바라밀다의 청정함은 무이이고 둘로 나눌 수 없으며 분별이 없고 단절도 없는 까닭이 니라.

선현이여. 색처의 청정함이 곧 반야바라밀다의 청정함이고 반야바라밀 다의 청정함이 곧 색처의 청정함이니라. 왜 그러한가? 이 색처의 청정함과 반야바라밀다의 청정함은 무이이고 둘로 나눌 수 없으며 분별이 없고 단절도 없는 까닭이며, 성·향·미·촉·법처의 청정함이 곧 반야바라밀다의 청정함이고 반야바라밀다의 청정함이 곧 성·향·미·촉·법처의 청정함이니라. 왜 그러한가? 이 성·향·미·촉·법처의 청정함과 반야바라밀다의 청정함은 무이이고 둘로 나눌 수 없으며 분별이 없고 단절도 없는 까닭이니라.

선현이여. 안계의 청정함이 곧 반야바라밀다의 청정함이고 반야바라밀다의 청정함이 곧 안계의 청정함이니라. 왜 그러한가? 이 안계의 청정함과 반야바라밀다의 청정함은 무이이고 둘로 나눌 수 없으며 분별이 없고 단절도 없는 까닭이며, 색계·안식계, 나아가 안촉·안촉을 인연으로 생겨난 여러 수의 청정함이 곧 반야바라밀다의 청정함이고 반야바라밀다의 청정함이 곧 색계, 나아가 안촉을 인연으로 생겨난 여러 수의 청정함이니라. 왜 그러한가? 이 색계, 나아가 안촉을 인연으로 생겨난 여러 수의 청정함과 반야바라밀다의 청정함은 무이이고 둘로 나눌 수 없으며 분별이 없고 단절도 없는 까닭이니라.

선현이여. 이계의 청정함이 곧 반야바라밀다의 청정함이고 반야바라밀다의 청정함이 곧 이계의 청정함이니라. 왜 그러한가? 이 이계의 청정함과 반야바라밀다의 청정함은 무이이고 둘로 나눌 수 없으며 분별이 없고 단절도 없는 까닭이며, 성계·이식계, 나아가 이촉·이촉을 인연으로 생겨난 여러 수의 청정함이 곧 반야바라밀다의 청정함이고 반야바라밀다의 청정함이 곧 성계, 나아가 이촉을 인연으로 생겨난 여러 수의 청정함이니라. 왜 그러한가? 성계, 나아가 이촉을 인연으로 생겨난 여러 수의 청정함과 반야바라밀다의 청정함은 무이이고 둘로 나눌 수 없으며 분별이 없고 단절도 없는 까닭이니라.

선현이여. 비계의 청정함이 곧 반야바라밀다의 청정함이고 반야바라밀다의 청정함이 곧 비계의 청정함이니라. 왜 그러한가? 이 비계의 청정함과 반야바라밀다의 청정함은 무이이고 둘로 나눌 수 없으며 분별이 없고 단절도 없는 까닭이며, 향계·비식계, 나아가 비촉·비촉을 인연으로 생겨난 여러 수의 청정함이 곧 반야바라밀다의 청정함이고 반야바라밀다의 청정함이 곧 향계, 나아가 비촉을 인연으로 생겨난 여러 수의 청정함이니라. 왜 그러한가? 향계, 나아가 비촉을 인연으로 생겨난 여러 수의 청정함과 반야바라밀다의 청정함은 무이이고 둘로 나눌 수 없으며 분별이 없고 단절도 없는 까닭이니라.

선현이여. 설계의 청정함이 곧 반야바라밀다의 청정함이고 반야바라밀다의 청정함이 곧 설계의 청정함이니라. 왜 그러한가? 이 설계의 청정함과 반야바라밀다의 청정함은 무이이고 둘로 나눌 수 없으며 분별이 없고 단절도 없는 까닭이며, 미계·설식계, 나아가 설촉·설촉을 인연으로 생겨난 여러 수의 청정함이 곧 반야바라밀다의 청정함이고 반야바라밀다의 청정함이 곧 미계, 나아가 설촉을 인연으로 생겨난 여러 수의 청정함이니라. 왜 그러한가? 미계, 나아가 설촉을 인연으로 생겨난 여러 수의 청정함과 반야바라밀다의 청정함은 무이이고 둘로 나눌 수 없으며 분별이 없고 단절도 없는 까닭이니라.

선현이여. 신계의 청정함이 곧 반야바라밀다의 청정함이고 반야바라밀다의 청정함이 곧 신계의 청정함이니라. 왜 그러한가? 이 신계의 청정함과 반야바라밀다의 청정함은 무이이고 둘로 나눌 수 없으며 분별이 없고 단절도 없는 까닭이며, 촉계·신식계, 나아가 신촉·신촉을 인연으로 생겨난 여러 수의 청정함이 곧 반야바라밀다의 청정함이고 반야바라밀다의 청정함이 곧 촉계, 나아가 신촉을 인연으로 생겨난 여러 수의 청정함이니라. 왜 그러한가? 촉계, 나아가 신촉을 인연으로 생겨난 여러 수의 청정함과 반야바라밀다의 청정함은 무이이고 둘로 나눌 수 없으며 분별이 없고 단절도 없는 까닭이니라.

선현이여. 의계의 청정함이 곧 반야바라밀다의 청정함이고 반야바라밀다의 청정함이 곧 의계의 청정함이니라. 왜 그러한가? 이 의계의 청정함과 반야바라밀다의 청정함은 무이이고 둘로 나눌 수 없으며 분별이 없고 단절도 없는 까닭이며, 법계·의식계, 나아가 의촉·의촉을 인연으로 생겨난 여러 수의 청정함이 곧 반야바라밀다의 청정함이고 반야바라밀다의 청정함이 곧 법계, 나아가 의촉을 인연으로 생겨난 여러 수의 청정함이니라. 왜 그러한가? 법계, 나아가 의촉을 인연으로 생겨난 여러 수의 청정함과 반야바라밀다의 청정함은 무이이고 둘로 나눌 수 없으며 분별이 없고

단절도 없는 까닭이니라.

선현이여. 지계의 청정함이 곧 반야바라밀다의 청정함이고 반야바라밀다의 청정함이 곧 지계의 청정함이니라. 왜 그러한가? 이 지계의 청정함과 반야바라밀다의 청정함은 무이이고 둘로 나눌 수 없으며 분별이 없고 단절도 없는 까닭이며, 수·화·풍·공·식계의 청정함이 곧 반야바라밀다의 청정함이고 반야바라밀다의 청정함이 곧 수·화·풍·공·식계의 청정함이니라. 왜 그러한가? 수·화·풍·공·식계의 청정함과 반야바라밀다의 청정함은 무이이고 둘로 나눌 수 없으며 분별이 없고 단절도 없는 까닭이니라.

선현이여. 무명의 청정함이 곧 반야바라밀다의 청정함이고 반야바라밀다의 청정함이 곧 무명의 청정함이니라. 왜 그러한가? 이 무명의 청정함과 반야바라밀다의 청정함은 무이이고 둘로 나눌 수 없으며 분별이 없고 단절도 없는 까닭이며, 행·식·명색·육처·촉·수·애·취·유·생·노사의 수탄고우뇌의 청정함이 곧 반야바라밀다의 청정함이고 반야바라밀다의 청정함이 곧 행, 나아가 노사의 수탄고우뇌의 청정함이니라. 왜 그러한가? 행, 나아가 노사의 수탄고우뇌의 청정함과 반야바라밀다의 청정함은 무이이고 둘로 나눌 수 없으며 분별이 없고 단절도 없는 까닭이니라.

선현이여. 보시바라밀다의 청정함이 곧 반야바라밀다의 청정함이고 반야바라밀다의 청정함이 곧 보시바라밀다의 청정함이니라. 왜 그러한가? 이 보시바라밀다의 청정함과 반야바라밀다의 청정함은 무이이고 둘로 나눌 수 없으며 분별이 없고 단절도 없는 까닭이며, 정계·안인·정진·정려·반야바라밀다의 청정함이 곧 반야바라밀다의 청정함이고 반야바라밀다의 청정함이 곧 정계, 나아가 반야바라밀다의 청정함이니라. 왜 그러한가? 정계, 나아가 반야바라밀다의 청정함과 반야바라밀다의 청정함은 무이이고 둘로 나눌 수 없으며 분별이 없고 단절도 없는 까닭이니라.

선현이여. 내공의 청정함이 곧 반야바라밀다의 청정함이고 반야바라밀다의 청정함이 곧 내공의 청정함이니라. 왜 그러한가? 이 내공의 청정함과 반야바라밀다의 청정함은 무이이고 둘로 나눌 수 없으며 분별이 없고 단절도 없는 까닭이며, 외공·내외공·공공·대공·승의공·유위공·무위공·

필경공·무제공·산공·무변이공·본성공·자상공·공상공·일체법공·불가득공·무성공·자성공·무성자성공의 청정함이 곧 반야바라밀다의 청정함이고 반야바라밀다의 청정함이 곧 외공, 나아가 무성자성공의 청정함이니라. 왜 그러한가? 외공, 나아가 무성자성공의 청정함과 반야바라밀다의 청정함은 무이이고 둘로 나눌 수 없으며 분별이 없고 단절도 없는 까닭이니라.

선현이여. 진여의 청정함이 곧 반야바라밀다의 청정함이고 반야바라밀다의 청정함이 곧 진여의 청정함이니라. 왜 그러한가? 이 진여의 청정함과 반야바라밀다의 청정함은 무이이고 둘로 나눌 수 없으며 분별이 없고 단절도 없는 까닭이며, 법계·법성·불허망성·불변이성·평등성·이생성·법정·법주·실제·허공계·부사의계의 청정함이 곧 반야바라밀다의 청정함이고 반야바라밀다의 청정함이 곧 법계, 나아가 부사의계의 청정함이니라. 왜 그러한가? 법계, 나아가 부사의계의 청정함과 반야바라밀다의 청정함은 무이이고 둘로 나눌 수 없으며 분별이 없고 단절도 없는 까닭이니라.

선현이여. 고성제의 청정함이 곧 반야바라밀다의 청정함이고 반야바라밀다의 청정함이 곧 고성제의 청정함이니라. 왜 그러한가? 이 고성제의 청정함과 반야바라밀다의 청정함은 무이이고 둘로 나눌 수 없으며 분별이 없고 단절도 없는 까닭이며, 집·멸·도성제의 청정함이 곧 반야바라밀다의 청정함이고 반야바라밀다의 청정함이 곧 집·멸·도성제의 청정함이니라. 왜 그러한가? 집·멸·도성제의 청정함과 반야바라밀다의 청정함은 무이이고 둘로 나눌 수 없으며 분별이 없고 단절도 없는 까닭이니라.

선현이여. 4정려의 청정함이 곧 반야바라밀다의 청정함이고 반야바라밀다의 청정함이 곧 4정려의 청정함이니라. 왜 그러한가? 이 4정려의 청정함과 반야바라밀다의 청정함은 무이이고 둘로 나눌 수 없으며 분별이 없고 단절도 없는 까닭이며, 4무량·4무색정의 청정함이 곧 반야바라밀다의 청정함이고 반야바라밀다의 청정함이 곧 4무량·4무색정의 청정함이니라. 왜 그러한가? 4무량·4무색정의 청정함과 반야바라밀다의 청정함은 무이이고 둘로 나눌 수 없으며 분별이 없고 단절도 없는 까닭이니라.

선현이여. 8해탈의 청정함이 곧 반야바라밀다의 청정함이고 반야바라밀다의 청정함이 곧 8해탈의 청정함이니라. 왜 그러한가? 이 8해탈의 청정함과 반야바라밀다의 청정함은 무이이고 둘로 나눌 수 없으며 분별이 없고 단절도 없는 까닭이며, 8승처·9차제정·10변처의 청정함이 곧 반야바라밀다의 청정함이고 반야바라밀다의 청정함이 곧 8승처·9차제정·10변처의 청정함이니라. 왜 그러한가? 8승처·9차제정·10변처의 청정함과 반야바라밀다의 청정함은 무이이고 둘로 나눌 수 없으며 분별이 없고 단절도 없는 까닭이니라.

선현이여. 4념주의 청정함이 곧 반야바라밀다의 청정함이고 반야바라밀다의 청정함이 곧 4념주의 청정함이니라. 왜 그러한가? 이 4념주의 청정함과 반야바라밀다의 청정함은 무이이고 둘로 나눌 수 없으며 분별이 없고 단절도 없는 까닭이며, 4정단·4신족·5근·5력·7등각지·8성도지의 청정함이 곧 반야바라밀다의 청정함이고 반야바라밀다의 청정함이 곧 4정단, 나아가 8성도지의 청정함이니라. 왜 그러한가? 4정단, 나아가 8성도지의 청정함과 반야바라밀다의 청정함은 무이이고 둘로 나눌 수 없으며 분별이 없고 단절도 없는 까닭이니라.

선현이여. 공해탈문의 청정함이 곧 반야바라밀다의 청정함이고 반야바라밀다의 청정함이 곧 공해탈문의 청정함이니라. 왜 그러한가? 이 공해탈문의 청정함과 반야바라밀다의 청정함은 무이이고 둘로 나눌 수 없으며 분별이 없고 단절도 없는 까닭이며, 무상·무원해탈문의 청정함이 곧 반야바라밀다의 청정함이고 반야바라밀다의 청정함이 곧 무상·무원해탈문의 청정함이니라. 왜 그러한가? 무상·무원해탈문의 청정함과 반야바라밀다의 청정함은 무이이고 둘로 나눌 수 없으며 분별이 없고 단절도 없는 까닭이니라.

선현이여. 보살의 10지의 청정함이 곧 반야바라밀다의 청정함이고 반야바라밀다의 청정함이 곧 보살의 10지의 청정함이니라. 왜 그러한가? 이 보살의 10지의 청정함과 반야바라밀다의 청정함은 무이이고 둘로 나눌 수 없으며 분별이 없고 단절도 없는 까닭이니라."

마하반야바라밀다경 제184권

34. 난신해품(難信解品)(3)

"선현이여. 5안의 청정함이 곧 반야바라밀다의 청정함이고 반야바라밀다의 청정함이 곧 5안의 청정함이니라. 왜 그러한가? 이 5안의 청정함과 반야바라밀다의 청정함은 무이이고 둘로 나눌 수 없으며 분별이 없고 단절도 없는 까닭이며, 6신통의 청정함이 곧 반야바라밀다의 청정함이고 반야바라밀다의 청정함이 곧 6신통의 청정함이니라. 왜 그러한가? 6신통의 청정함과 반야바라밀다의 청정함은 무이이고 둘로 나눌 수 없으며 분별이 없고 단절도 없는 까닭이니라.

선현이여. 여래의 10력의 청정함이 곧 반야바라밀다의 청정함이고 반야바라밀다의 청정함이 곧 여래의 10력의 청정함이니라. 왜 그러한가? 이 여래의 10력의 청정함과 반야바라밀다의 청정함은 무이이고 둘로 나눌 수 없으며 분별이 없고 단절도 없는 까닭이며, 4무소외·4무애해·대자·대비·대희·대사·18불불공법의 청정함이 곧 반야바라밀다의 청정함이고 반야바라밀다의 청정함이 곧 4무소외, 나아가 18불불공법의 청정함이니라. 왜 그러한가? 4무소외, 나아가 18불불공법의 청정함과 반야바라밀다의 청정함은 무이이고 둘로 나눌 수 없으며 분별이 없고 단절도 없는 까닭이니라.

선현이여. 무망실법의 청정함이 곧 반야바라밀다의 청정함이고 반야바라밀다의 청정함이 곧 무망실법의 청정함이니라. 왜 그러한가? 이 무망실법의 청정함과 반야바라밀다의 청정함은 무이이고 둘로 나눌 수 없으며 분별이 없고 단절도 없는 까닭이며, 항주사성의 청정함이 곧 반야바라밀다의 청정함이고 반야바라밀다의 청정함이 곧 항주사성의 청정함이니라. 왜 그러한가? 항주사성의 청정함과 반야바라밀다의 청정함은 무이이고 둘로 나눌 수 없으며 분별이 없고 단절도 없는 까닭이니라.

선현이여. 일체지의 청정함이 곧 반야바라밀다의 청정함이고 반야바라밀다의 청정함이 곧 일체지의 청정함이니라. 왜 그러한가? 이 일체지의 청정함과 반야바라밀다의 청정함은 무이이고 둘로 나눌 수 없으며 분별이 없고 단절도 없는 까닭이며, 도상지·일체상지의 청정함이 곧 반야바라밀다의 청정함이고 반야바라밀다의 청정함이 곧 도상지·일체상지의 청정함이니라. 왜 그러한가? 도상지·일체상지의 청정함과 반야바라밀다의 청정함은 무이이고 둘로 나눌 수 없으며 분별이 없고 단절도 없는 까닭이니라.

선현이여. 일체의 다라니문의 청정함이 곧 반야바라밀다의 청정함이고 반야바라밀다의 청정함이 곧 일체의 다라니문의 청정함이니라. 왜 그러한가? 이 일체의 다라니문의 청정함과 반야바라밀다의 청정함은 무이이고 둘로 나눌 수 없으며 분별이 없고 단절도 없는 까닭이며, 일체의 삼마지문의 청정함이 곧 반야바라밀다의 청정함이고 반야바라밀다의 청정함이 곧 일체의 삼마지문의 청정함이니라. 왜 그러한가? 일체의 삼마지문의 청정함과 반야바라밀다의 청정함은 무이이고 둘로 나눌 수 없으며 분별이 없고 단절도 없는 까닭이니라.

선현이여. 예류과의 청정함이 곧 반야바라밀다의 청정함이고 반야바라밀다의 청정함이 곧 예류과의 청정함이니라. 왜 그러한가? 이 예류과의 청정함과 반야바라밀다의 청정함은 무이이고 둘로 나눌 수 없으며 분별이 없고 단절도 없는 까닭이며, 일래·불환·아라한과의 청정함이 곧 반야바라밀다의 청정함이고 반야바라밀다의 청정함이 곧 일래·불환·아라한과의 청정함이니라. 왜 그러한가? 일래·불환·아라한과의 청정함과 반야바라밀다의 청정함은 무이이고 둘로 나눌 수 없으며 분별이 없고 단절도 없는 까닭이니라.

　　선현이여. 독각의 보리의 청정함이 곧 반야바라밀다의 청정함이고 반야바라밀다의 청정함이 곧 독각의 보리의 청정함이니라. 왜 그러한가? 이 독각의 보리의 청정함과 반야바라밀다의 청정함은 무이이고 둘로 나눌 수 없으며 분별이 없고 단절도 없는 까닭이니라.

　　선현이여. 일체의 보살마하살의 행의 청정함이 곧 반야바라밀다의 청정함이고 반야바라밀다의 청정함이 곧 일체의 보살마하살의 행의 청정함이니라. 왜 그러한가? 이 일체의 보살마하살의 행의 청정함과 반야바라밀다의 청정함은 무이이고 둘로 나눌 수 없으며 분별이 없고 단절도 없는 까닭이니라.

　　선현이여. 제불의 무상정등보리의 청정함이 곧 반야바라밀다의 청정함이고 반야바라밀다의 청정함이 곧 제불의 무상정등보리의 청정함이니라. 왜 그러한가? 이 제불의 무상정등보리의 청정함과 반야바라밀다의 청정함은 무이이고 둘로 나눌 수 없으며 분별이 없고 단절도 없는 까닭이니라."

　"다시 다음으로 선현이여. 색의 청정(淸淨)함이 곧 일체지지(一切智智)의 청정함이고 일체지지의 청정함이 곧 색의 청정함이니라. 왜 그러한가? 이 색의 청정함과 일체지지의 청정함은 무이이고 둘로 나눌 수 없으며 분별이 없고 단절도 없는 까닭이며, 수·상·행·식의 청정함이 곧 일체지지의 청정함이고 일체지지의 청정함이 곧 수·상·행·식의 청정함이니라. 왜 그러한가? 이 수·상·행·식의 청정함과 일체지지의 청정함은 무이이고 둘로 나눌 수 없으며 분별이 없고 단절도 없는 까닭이니라.

　　선현이여. 안처의 청정함이 곧 일체지지의 청정함이고 일체지지의 청정함이 곧 안처의 청정함이니라. 왜 그러한가? 이 안처의 청정함과 일체지지의 청정함은 무이이고 둘로 나눌 수 없으며 분별이 없고 단절도 없는 까닭이며, 이·비·설·신·의처의 청정함이 곧 일체지지의 청정함이고 일체지지의 청정함이 곧 이·비·설·신·의처의 청정함이니라. 왜 그러한가? 이 이·비·설·신·의처의 청정함과 일체지지의 청정함은 무이이고 둘로 나눌 수 없으며 분별이 없고 단절도 없는 까닭이니라.

선현이여. 색처의 청정함이 곧 일체지지의 청정함이고 일체지지의 청정함이 곧 색처의 청정함이니라. 왜 그러한가? 이 색처의 청정함과 일체지지의 청정함은 무이이고 둘로 나눌 수 없으며 분별이 없고 단절도 없는 까닭이며, 성·향·미·촉·법처의 청정함이 곧 일체지지의 청정함이고 일체지지의 청정함이 곧 성·향·미·촉·법처의 청정함이니라. 왜 그러한가? 이 성·향·미·촉·법처의 청정함과 일체지지의 청정함은 무이이고 둘로 나눌 수 없으며 분별이 없고 단절도 없는 까닭이니라.

선현이여. 안계의 청정함이 곧 일체지지의 청정함이고 일체지지의 청정함이 곧 안계의 청정함이니라. 왜 그러한가? 이 안계의 청정함과 일체지지의 청정함은 무이이고 둘로 나눌 수 없으며 분별이 없고 단절도 없는 까닭이며, 색계·안식계, 나아가 안촉·안촉을 인연으로 생겨난 여러 수의 청정함이 곧 일체지지의 청정함이고 일체지지의 청정함이 곧 색계, 나아가 안촉을 인연으로 생겨난 여러 수의 청정함이니라. 왜 그러한가? 이 색계, 나아가 안촉을 인연으로 생겨난 여러 수의 청정함과 일체지지의 청정함은 무이이고 둘로 나눌 수 없으며 분별이 없고 단절도 없는 까닭이니라.

선현이여. 이계의 청정함이 곧 일체지지의 청정함이고 일체지지의 청정함이 곧 이계의 청정함이니라. 왜 그러한가? 이 이계의 청정함과 일체지지의 청정함은 무이이고 둘로 나눌 수 없으며 분별이 없고 단절도 없는 까닭이며, 성계·이식계, 나아가 이촉·이촉을 인연으로 생겨난 여러 수의 청정함이 곧 일체지지의 청정함이고 일체지지의 청정함이 곧 성계, 나아가 이촉을 인연으로 생겨난 여러 수의 청정함이니라. 왜 그러한가? 성계, 나아가 이촉을 인연으로 생겨난 여러 수의 청정함과 일체지지의 청정함은 무이이고 둘로 나눌 수 없으며 분별이 없고 단절도 없는 까닭이니라.

선현이여. 비계의 청정함이 곧 일체지지의 청정함이고 일체지지의 청정함이 곧 비계의 청정함이니라. 왜 그러한가? 이 비계의 청정함과 일체지지의 청정함은 무이이고 둘로 나눌 수 없으며 분별이 없고 단절도 없는 까닭이며, 향계·비식계, 나아가 비촉·비촉을 인연으로 생겨난 여러 수의 청정함이 곧 일체지지의 청정함이고 일체지지의 청정함이 곧 향계, 나아가 비촉을 인연으로 생겨난 여러 수의 청정함이니라. 왜 그러한가? 향계, 나아가 비촉을 인연으로 생겨난 여러 수의 청정함과 일체지지의 청정함은 무이이고 둘로 나눌 수 없으며 분별이 없고 단절도 없는 까닭이니라.

선현이여. 설계의 청정함이 곧 일체지지의 청정함이고 일체지지의 청정함이 곧 설계의 청정함이니라. 왜 그러한가? 이 설계의 청정함과 일체지지의 청정함은 무이이고 둘로 나눌 수 없으며 분별이 없고 단절도 없는 까닭이며, 미계·설식계, 나아가 설촉·설촉을 인연으로 생겨난 여러 수의 청정함이 곧 일체지지의 청정함이고 일체지지의 청정함이 곧 미계, 나아가 설촉을 인연으로 생겨난 여러 수의 청정함이니라. 왜 그러한가? 미계, 나아가 설촉을 인연으로 생겨난 여러 수의 청정함과 일체지지의 청정함은 무이이고 둘로 나눌 수 없으며 분별이 없고 단절도 없는 까닭이니라.

선현이여. 신계의 청정함이 곧 일체지지의 청정함이고 일체지지의 청정함이 곧 신계의 청정함이니라. 왜 그러한가? 이 신계의 청정함과 일체지지의 청정함은 무이이고 둘로 나눌 수 없으며 분별이 없고 단절도 없는 까닭이며, 촉계·신식계, 나아가 신촉·신촉을 인연으로 생겨난 여러 수의 청정함이 곧 일체지지의 청정함이고 일체지지의 청정함이 곧 촉계, 나아가 신촉을 인연으로 생겨난 여러 수의 청정함이니라. 왜 그러한가? 촉계, 나아가 신촉을 인연으로 생겨난 여러 수의 청정함과 일체지지의 청정함은 무이이고 둘로 나눌 수 없으며 분별이 없고 단절도 없는 까닭이니라.

선현이여. 의계의 청정함이 곧 일체지지의 청정함이고 일체지지의 청정함이 곧 의계의 청정함이니라. 왜 그러한가? 이 의계의 청정함과 일체지지의 청정함은 무이이고 둘로 나눌 수 없으며 분별이 없고 단절도 없는 까닭이며, 법계·의식계, 나아가 의촉·의촉을 인연으로 생겨난 여러 수의 청정함이 곧 일체지지의 청정함이고 일체지지의 청정함이 곧 법계, 나아가 의촉을 인연으로 생겨난 여러 수의 청정함이니라. 왜 그러한가? 법계, 나아가 의촉을 인연으로 생겨난 여러 수의 청정함과 일체지지의 청정함은 무이이고 둘로 나눌 수 없으며 분별이 없고 단절도 없는 까닭이니라.

선현이여. 지계의 청정함이 곧 일체지지의 청정함이고 일체지지의 청정함이 곧 지계의 청정함이니라. 왜 그러한가? 이 지계의 청정함과 일체지지의 청정함은 무이이고 둘로 나눌 수 없으며 분별이 없고 단절도 없는 까닭이며, 수·화·풍·공·식계의 청정함이 곧 일체지지의 청정함이고 일체지지의 청정함이 곧 수·화·풍·공·식계의 청정함이니라. 왜 그러한가? 수·화·풍·공·식계의 청정함과 일체지지의 청정함은 무이이고 둘로 나눌 수 없으며 분별이 없고 단절도 없는 까닭이니라.

선현이여. 무명의 청정함이 곧 일체지지의 청정함이고 일체지지의 청정함이 곧 무명의 청정함이니라. 왜 그러한가? 이 무명의 청정함과 일체지지의 청정함은 무이이고 둘로 나눌 수 없으며 분별이 없고 단절도 없는 까닭이며, 행·식·명색·육처·촉·수·애·취·유·생·노사의 수탄고우뇌의 청정함이 곧 일체지지의 청정함이고 일체지지의 청정함이 곧 행, 나아가 노사의 수탄고우뇌의 청정함이니라. 왜 그러한가? 행, 나아가 노사의 수탄고우뇌의 청정함과 일체지지의 청정함은 무이이고 둘로 나눌 수 없으며 분별이 없고 단절도 없는 까닭이니라.

선현이여. 보시바라밀다의 청정함이 곧 일체지지의 청정함이고 일체지지의 청정함이 곧 보시바라밀다의 청정함이니라. 왜 그러한가? 이 보시바라밀다의 청정함과 일체지지의 청정함은 무이이고 둘로 나눌 수 없으며 분별이 없고 단절도 없는 까닭이며, 정계·안인·정진·정려·반야바라밀다의 청정함이 곧 일체지지의 청정함이고 일체지지의 청정함이 곧 정계, 나아가 반야바라밀다의 청정함이니라. 왜 그러한가? 정계, 나아가 반야바라밀다의 청정함과 일체지지의 청정함은 무이이고 둘로 나눌 수 없으며 분별이 없고 단절도 없는 까닭이니라.

선현이여. 내공의 청정함이 곧 일체지지의 청정함이고 일체지지의 청정함이 곧 내공의 청정함이니라. 왜 그러한가? 이 내공의 청정함과 일체지지의 청정함은 무이이고 둘로 나눌 수 없으며 분별이 없고 단절도 없는 까닭이며, 외공·내외공·공공·대공·승의공·유위공·무위공·필경공·무제공·산공·무변이공·본성공·자상공·공상공·일체법공·불가득공·무성공·자성공·무성자성공의 청정함이 곧 일체지지의 청정함이고 일체지지의 청정함이 곧 외공, 나아가 무성자성공의 청정함이니라. 왜 그러한가? 외공, 나아가 무성자성공의 청정함과 일체지지의 청정함은 무이이고 둘로 나눌 수 없으며 분별이 없고 단절도 없는 까닭이니라.

선현이여. 진여의 청정함이 곧 일체지지의 청정함이고 일체지지의 청정함이 곧 진여의 청정함이니라. 왜 그러한가? 이 진여의 청정함과 일체지지의 청정함은 무이이고 둘로 나눌 수 없으며 분별이 없고 단절도 없는 까닭이며, 법계·법성·불허망성·불변이성·평등성·이생성·법정·법주·실제·허공계·부사의계의 청정함이 곧 일체지지의 청정함이고 일체지지의 청정함이 곧 법계, 나아가 부사의계의 청정함이니라. 왜 그러한가? 법계, 나아가 부사의계의 청정함과 일체지지의 청정함은 무이이고 둘로 나눌 수 없으며 분별이 없고 단절도 없는 까닭이니라.

선현이여. 고성제의 청정함이 곧 일체지지의 청정함이고 일체지지의 청정함이 곧 고성제의 청정함이니라. 왜 그러한가? 이 고성제의 청정함과 일체지지의 청정함은 무이이고 둘로 나눌 수 없으며 분별이 없고 단절도 없는 까닭이며, 집·멸·도성제의 청정함이 곧 일체지지의 청정함이고 일체지지의 청정함이 곧 집·멸·도성제의 청정함이니라. 왜 그러한가? 집·멸·도성제의 청정함과 일체지지의 청정함은 무이이고 둘로 나눌 수 없으며 분별이 없고 단절도 없는 까닭이니라.

선현이여. 4정려의 청정함이 곧 일체지지의 청정함이고 일체지지의 청정함이 곧 4정려의 청정함이니라. 왜 그러한가? 이 4정려의 청정함과 일체지지의 청정함은 무이이고 둘로 나눌 수 없으며 분별이 없고 단절도 없는 까닭이며, 4무량·4무색정의 청정함이 곧 일체지지의 청정함이고 일체지지의 청정함이 곧 4무량·4무색정의 청정함이니라. 왜 그러한가? 4무량·4무색정의 청정함과 일체지지의 청정함은 무이이고 둘로 나눌 수 없으며 분별이 없고 단절도 없는 까닭이니라.

선현이여. 8해탈의 청정함이 곧 일체지지의 청정함이고 일체지지의 청정함이 곧 8해탈의 청정함이니라. 왜 그러한가? 이 8해탈의 청정함과 일체지지의 청정함은 무이이고 둘로 나눌 수 없으며 분별이 없고 단절도 없는 까닭이며, 8승처·9차제정·10변처의 청정함이 곧 일체지지의 청정함이고 일체지지의 청정함이 곧 8승처·9차제정·10변처의 청정함이니라. 왜 그러한가? 8승처·9차제정·10변처의 청정함과 일체지지의 청정함은 무이이고 둘로 나눌 수 없으며 분별이 없고 단절도 없는 까닭이니라.

선현이여. 4념주의 청정함이 곧 일체지지의 청정함이고 일체지지의 청정함이 곧 4념주의 청정함이니라. 왜 그러한가? 이 4념주의 청정함과 일체지지의 청정함은 무이이고 둘로 나눌 수 없으며 분별이 없고 단절도 없는 까닭이며, 4정단·4신족·5근·5력·7등각지·8성도지의 청정함이 곧 일체지지의 청정함이고 일체지지의 청정함이 곧 4정단, 나아가 8성도지의 청정함이니라. 왜 그러한가? 4정단, 나아가 8성도지의 청정함과 일체지지의 청정함은 무이이고 둘로 나눌 수 없으며 분별이 없고 단절도 없는 까닭이니라.

선현이여. 공해탈문의 청정함이 곧 일체지지의 청정함이고 일체지지의 청정함이 곧 공해탈문의 청정함이니라. 왜 그러한가? 이 공해탈문의 청정함과 일체지지의 청정함은 무이이고 둘로 나눌 수 없으며 분별이 없고 단절도 없는 까닭이며, 무상·무원해탈문의 청정함이 곧 일체지지의 청정함이고 일체지지의 청정함이 곧 무상·무원해탈문의 청정함이니라. 왜 그러한가? 무상·무원해탈문의 청정함과 일체지지의 청정함은 무이이고 둘로 나눌 수 없으며 분별이 없고 단절도 없는 까닭이니라.

선현이여. 보살의 10지의 청정함이 곧 일체지지의 청정함이고 일체지지의 청정함이 곧 보살의 10지의 청정함이니라. 왜 그러한가? 이 보살의 10지의 청정함과 일체지지의 청정함은 무이이고 둘로 나눌 수 없으며

분별이 없고 단절도 없는 까닭이니라.

선현이여. 5안의 청정함이 곧 일체지지의 청정함이고 일체지지의 청정함이 곧 5안의 청정함이니라. 왜 그러한가? 이 5안의 청정함과 일체지지의 청정함은 무이이고 둘로 나눌 수 없으며 분별이 없고 단절도 없는 까닭이며, 6신통의 청정함이 곧 일체지지의 청정함이고 일체지지의 청정함이 곧 6신통의 청정함이니라. 왜 그러한가? 6신통의 청정함과 일체지지의 청정함은 무이이고 둘로 나눌 수 없으며 분별이 없고 단절도 없는 까닭이니라.

선현이여. 여래의 10력의 청정함이 곧 일체지지의 청정함이고 일체지지의 청정함이 곧 여래의 10력의 청정함이니라. 왜 그러한가? 이 여래의 10력의 청정함과 일체지지의 청정함은 무이이고 둘로 나눌 수 없으며 분별이 없고 단절도 없는 까닭이며, 4무소외·4무애해·대자·대비·대희·대사·18불불공법의 청정함이 곧 일체지지의 청정함이고 일체지지의 청정함이 곧 4무소외, 나아가 18불불공법의 청정함이니라. 왜 그러한가? 4무소외, 나아가 18불불공법의 청정함과 일체지지의 청정함은 무이이고 둘로 나눌 수 없으며 분별이 없고 단절도 없는 까닭이니라.

선현이여. 무망실법의 청정함이 곧 일체지지의 청정함이고 일체지지의 청정함이 곧 무망실법의 청정함이니라. 왜 그러한가? 이 무망실법의 청정함과 일체지지의 청정함은 무이이고 둘로 나눌 수 없으며 분별이 없고 단절도 없는 까닭이며, 항주사성의 청정함이 곧 일체지지의 청정함이고 일체지지의 청정함이 곧 항주사성의 청정함이니라. 왜 그러한가? 항주사성의 청정함과 일체지지의 청정함은 무이이고 둘로 나눌 수 없으며 분별이 없고 단절도 없는 까닭이니라.

선현이여. 일체지의 청정함이 곧 일체지지의 청정함이고 일체지지의 청정함이 곧 일체지의 청정함이니라. 왜 그러한가? 이 일체지의 청정함과 일체지지의 청정함은 무이이고 둘로 나눌 수 없으며 분별이 없고 단절도 없는 까닭이며, 도상지·일체상지의 청정함이 곧 일체지지의 청정함이고 일체지지의 청정함이 곧 도상지·일체상지의 청정함이니라. 왜 그러한가?

도상지·일체상지의 청정함과 일체지지의 청정함은 무이이고 둘로 나눌 수 없으며 분별이 없고 단절도 없는 까닭이니라.

선현이여. 일체의 다라니문의 청정함이 곧 일체지지의 청정함이고 일체지지의 청정함이 곧 일체의 다라니문의 청정함이니라. 왜 그러한가? 이 일체의 다라니문의 청정함과 일체지지의 청정함은 무이이고 둘로 나눌 수 없으며 분별이 없고 단절도 없는 까닭이며, 일체의 삼마지문의 청정함이 곧 일체지지의 청정함이고 일체지지의 청정함이 곧 일체의 삼마지문의 청정함이니라. 왜 그러한가? 일체의 삼마지문의 청정함과 일체지지의 청정함은 무이이고 둘로 나눌 수 없으며 분별이 없고 단절도 없는 까닭이니라.

선현이여. 예류과의 청정함이 곧 일체지지의 청정함이고 일체지지의 청정함이 곧 예류과의 청정함이니라. 왜 그러한가? 이 예류과의 청정함과 일체지지의 청정함은 무이이고 둘로 나눌 수 없으며 분별이 없고 단절도 없는 까닭이며, 일래·불환·아라한과의 청정함이 곧 일체지지의 청정함이고 일체지지의 청정함이 곧 일래·불환·아라한과의 청정함이니라. 왜 그러한가? 일래·불환·아라한과의 청정함과 일체지지의 청정함은 무이이고 둘로 나눌 수 없으며 분별이 없고 단절도 없는 까닭이니라.

선현이여. 독각의 보리의 청정함이 곧 일체지지의 청정함이고 일체지지의 청정함이 곧 독각의 보리의 청정함이니라. 왜 그러한가? 이 독각의 보리의 청정함과 일체지지의 청정함은 무이이고 둘로 나눌 수 없으며 분별이 없고 단절도 없는 까닭이니라.

선현이여. 일체의 보살마하살의 행의 청정함이 곧 일체지지의 청정함이고 일체지지의 청정함이 곧 일체의 보살마하살의 행의 청정함이니라. 왜 그러한가? 이 일체의 보살마하살의 행의 청정함과 일체지지의 청정함은 무이이고 둘로 나눌 수 없으며 분별이 없고 단절도 없는 까닭이니라.

선현이여. 제불의 무상정등보리의 청정함이 곧 일체지지의 청정함이고 일체지지의 청정함이 곧 제불의 무상정등보리의 청정함이니라. 왜 그러한가? 이 제불의 무상정등보리의 청정함과 일체지지의 청정함은 무이이고 둘로 나눌 수 없으며 분별이 없고 단절도 없는 까닭이니라."

"다시 다음으로 선현이여. 나(我)의 청정함이 곧 색의 청정함이고 색의 청정함이 곧 나의 청정함이니라. 왜 그러한가? 이 나의 청정함과 색의 청정함은 무이이고 둘로 나눌 수 없으며 분별이 없고 단절도 없는 까닭이며, 나의 청정함이 곧 수·상·행·식의 청정함이고 수·상·행·식의 청정함이 곧 나의 청정함이니라. 왜 그러한가? 이 나의 청정함과 수·상·행·식의 청정함은 무이이고 둘로 나눌 수 없으며 분별이 없고 단절도 없는 까닭이니라.

유정(有情)의 청정함이 곧 색의 청정함이고 색의 청정함이 곧 유정의 청정함이니라. 왜 그러한가? 이 유정의 청정함과 색의 청정함은 무이이고 둘로 나눌 수 없으며 분별이 없고 단절도 없는 까닭이며, 유정의 청정함이 곧 수·상·행·식의 청정함이고 수·상·행·식의 청정함이 곧 유정의 청정함이니라. 왜 그러한가? 이 유정의 청정함과 수·상·행·식의 청정함은 무이이고 둘로 나눌 수 없으며 분별이 없고 단절도 없는 까닭이니라.

명자(命者)의 청정함이 곧 색의 청정함이고 색의 청정함이 곧 명자의 청정함이니라. 왜 그러한가? 이 명자의 청정함과 색의 청정함은 무이이고 둘로 나눌 수 없으며 분별이 없고 단절도 없는 까닭이며, 명자의 청정함이 곧 수·상·행·식의 청정함이고 수·상·행·식의 청정함이 곧 명자의 청정함이니라. 왜 그러한가? 이 명자의 청정함과 수·상·행·식의 청정함은 무이이고 둘로 나눌 수 없으며 분별이 없고 단절도 없는 까닭이니라.

생자(生者)의 청정함이 곧 색의 청정함이고 색의 청정함이 곧 생자의 청정함이니라. 왜 그러한가? 이 생자의 청정함과 색의 청정함은 무이이고 둘로 나눌 수 없으며 분별이 없고 단절도 없는 까닭이며, 생자의 청정함이 곧 수·상·행·식의 청정함이고 수·상·행·식의 청정함이 곧 생자의 청정함이니라. 왜 그러한가? 이 생자의 청정함과 수·상·행·식의 청정함은 무이이고 둘로 나눌 수 없으며 분별이 없고 단절도 없는 까닭이니라.

양육자(養育者)의 청정함이 곧 색의 청정함이고 색의 청정함이 곧 양육

자의 청정함이니라. 왜 그러한가? 이 양육자의 청정함과 색의 청정함은
무이이고 둘로 나눌 수 없으며 분별이 없고 단절도 없는 까닭이며, 양육자
의 청정함이 곧 수·상·행·식의 청정함이고 수·상·행·식의 청정함이 곧
양육자의 청정함이니라. 왜 그러한가? 이 양육자의 청정함과 수·상·행·식
의 청정함은 무이이고 둘로 나눌 수 없으며 분별이 없고 단절도 없는
까닭이니라.

사부(士夫)의 청정함이 곧 색의 청정함이고 색의 청정함이 곧 사부의
청정함이니라. 왜 그러한가? 이 사부의 청정함과 색의 청정함은 무이이고
둘로 나눌 수 없으며 분별이 없고 단절도 없는 까닭이며, 사부의 청정함이
곧 수·상·행·식의 청정함이고 수·상·행·식의 청정함이 곧 사부의 청정함
이니라. 왜 그러한가? 이 사부의 청정함과 수·상·행·식의 청정함은 무이
이고 둘로 나눌 수 없으며 분별이 없고 단절도 없는 까닭이니라.

보특가라(補特伽羅)의 청정함이 곧 색의 청정함이고 색의 청정함이
곧 보특가라의 청정함이니라. 왜 그러한가? 이 보특가라의 청정함과
색의 청정함은 무이이고 둘로 나눌 수 없으며 분별이 없고 단절도 없는
까닭이며, 보특가라의 청정함이 곧 수·상·행·식의 청정함이고 수·상·행·
식의 청정함이 곧 보특가라의 청정함이니라. 왜 그러한가? 이 보특가라의
청정함과 수·상·행·식의 청정함은 무이이고 둘로 나눌 수 없으며 분별이
없고 단절도 없는 까닭이니라.

의생(意生)의 청정함이 곧 색의 청정함이고 색의 청정함이 곧 의생의
청정함이니라. 왜 그러한가? 이 의생의 청정함과 색의 청정함은 무이이고
둘로 나눌 수 없으며 분별이 없고 단절도 없는 까닭이며, 의생의 청정함이
곧 수·상·행·식의 청정함이고 수·상·행·식의 청정함이 곧 의생의 청정함
이니라. 왜 그러한가? 이 의생의 청정함과 수·상·행·식의 청정함은 무이
이고 둘로 나눌 수 없으며 분별이 없고 단절도 없는 까닭이니라.

유동(儒童)의 청정함이 곧 색의 청정함이고 색의 청정함이 곧 유동의
청정함이니라. 왜 그러한가? 이 유동의 청정함과 색의 청정함은 무이이고
둘로 나눌 수 없으며 분별이 없고 단절도 없는 까닭이며, 유동의 청정함이

곧 수·상·행·식의 청정함이고 수·상·행·식의 청정함이 곧 유동의 청정함
이니라. 왜 그러한가? 이 유동의 청정함과 수·상·행·식의 청정함은 무이
이고 둘로 나눌 수 없으며 분별이 없고 단절도 없는 까닭이니라.

　작자(作者)의 청정함이 곧 색의 청정함이고 색의 청정함이 곧 작자의
청정함이니라. 왜 그러한가? 이 작자의 청정함과 색의 청정함은 무이이고
둘로 나눌 수 없으며 분별이 없고 단절도 없는 까닭이며, 작자의 청정함이
곧 수·상·행·식의 청정함이고 수·상·행·식의 청정함이 곧 작자의 청정함
이니라. 왜 그러한가? 이 작자의 청정함과 수·상·행·식의 청정함은 무이
이고 둘로 나눌 수 없으며 분별이 없고 단절도 없는 까닭이니라.

　수자(受者)의 청정함이 곧 색의 청정함이고 색의 청정함이 곧 수자의
청정함이니라. 왜 그러한가? 이 수자의 청정함과 색의 청정함은 무이이고
둘로 나눌 수 없으며 분별이 없고 단절도 없는 까닭이며, 수자의 청정함이
곧 수·상·행·식의 청정함이고 수·상·행·식의 청정함이 곧 수자의 청정함
이니라. 왜 그러한가? 이 수자의 청정함과 수·상·행·식의 청정함은 무이
이고 둘로 나눌 수 없으며 분별이 없고 단절도 없는 까닭이니라.

　지자(知者)의 청정함이 곧 색의 청정함이고 색의 청정함이 곧 지자의
청정함이니라. 왜 그러한가? 이 지자의 청정함과 색의 청정함은 무이이고
둘로 나눌 수 없으며 분별이 없고 단절도 없는 까닭이며, 지자의 청정함이
곧 수·상·행·식의 청정함이고 수·상·행·식의 청정함이 곧 지자의 청정함
이니라. 왜 그러한가? 이 지자의 청정함과 수·상·행·식의 청정함은 무이
이고 둘로 나눌 수 없으며 분별이 없고 단절도 없는 까닭이니라.

　견자(見者)의 청정함이 곧 색의 청정함이고 색의 청정함이 곧 견자의
청정함이니라. 왜 그러한가? 이 견자의 청정함과 색의 청정함은 무이이고
둘로 나눌 수 없으며 분별이 없고 단절도 없는 까닭이며, 견자의 청정함이
곧 수·상·행·식의 청정함이고 수·상·행·식의 청정함이 곧 견자의 청정함
이니라. 왜 그러한가? 이 견자의 청정함과 수·상·행·식의 청정함은 무이
이고 둘로 나눌 수 없으며 분별이 없고 단절도 없는 까닭이니라.”

"다시 다음으로 선현이여. 나의 청정함이 곧 안처의 청정함이고 안처의 청정함이 곧 나의 청정함이니라. 왜 그러한가? 이 나의 청정함과 안처의 청정함은 무이이고 둘로 나눌 수 없으며 분별이 없고 단절도 없는 까닭이며, 나의 청정함이 곧 이·비·설·신·의처의 청정함이고 이·비·설·신·의처의 청정함이 곧 나의 청정함이니라. 왜 그러한가? 이 나의 청정함과 이·비·설·신·의처의 청정함은 무이이고 둘로 나눌 수 없으며 분별이 없고 단절도 없는 까닭이니라.

유정의 청정함이 곧 안처의 청정함이고 안처의 청정함이 곧 유정의 청정함이니라. 왜 그러한가? 이 유정의 청정함과 안처의 청정함은 무이이고 둘로 나눌 수 없으며 분별이 없고 단절도 없는 까닭이며, 유정의 청정함이 곧 이·비·설·신·의처의 청정함이고 이·비·설·신·의처의 청정함이 곧 유정의 청정함이니라. 왜 그러한가? 이 유정의 청정함과 이·비·설·신·의처의 청정함은 무이이고 둘로 나눌 수 없으며 분별이 없고 단절도 없는 까닭이니라.

명자의 청정함이 곧 안처의 청정함이고 안처의 청정함이 곧 명자의 청정함이니라. 왜 그러한가? 이 명자의 청정함과 안처의 청정함은 무이이고 둘로 나눌 수 없으며 분별이 없고 단절도 없는 까닭이며, 명자의 청정함이 곧 이·비·설·신·의처의 청정함이고 이·비·설·신·의처의 청정함이 곧 명자의 청정함이니라. 왜 그러한가? 이 명자의 청정함과 이·비·설·신·의처의 청정함은 무이이고 둘로 나눌 수 없으며 분별이 없고 단절도 없는 까닭이니라.

생자의 청정함이 곧 안처의 청정함이고 안처의 청정함이 곧 생자의 청정함이니라. 왜 그러한가? 이 생자의 청정함과 안처의 청정함은 무이이고 둘로 나눌 수 없으며 분별이 없고 단절도 없는 까닭이며, 생자의 청정함이 곧 이·비·설·신·의처의 청정함이고 이·비·설·신·의처의 청정함이 곧 생자의 청정함이니라. 왜 그러한가? 이 생자의 청정함과 이·비·설·신·의처의 청정함은 무이이고 둘로 나눌 수 없으며 분별이 없고 단절도 없는 까닭이니라.

양육자의 청정함이 곧 안처의 청정함이고 안처의 청정함이 곧 양육자의 청정함이니라. 왜 그러한가? 이 양육자의 청정함과 안처의 청정함은 무이이고 둘로 나눌 수 없으며 분별이 없고 단절도 없는 까닭이며, 양육자의 청정함이 곧 이·비·설·신·의처의 청정함이고 이·비·설·신·의처의 청정함이 곧 양육자의 청정함이니라. 왜 그러한가? 이 양육자의 청정함과 이·비·설·신·의처의 청정함은 무이이고 둘로 나눌 수 없으며 분별이 없고 단절도 없는 까닭이니라.

사부의 청정함이 곧 안처의 청정함이고 안처의 청정함이 곧 사부의 청정함이니라. 왜 그러한가? 이 사부의 청정함과 안처의 청정함은 무이이고 둘로 나눌 수 없으며 분별이 없고 단절도 없는 까닭이며, 사부의 청정함이 곧 이·비·설·신·의처의 청정함이고 이·비·설·신·의처의 청정함이 곧 사부의 청정함이니라. 왜 그러한가? 이 사부의 청정함과 이·비·설·신·의처의 청정함은 무이이고 둘로 나눌 수 없으며 분별이 없고 단절도 없는 까닭이니라.

보특가라의 청정함이 곧 안처의 청정함이고 안처의 청정함이 곧 보특가라의 청정함이니라. 왜 그러한가? 이 보특가라의 청정함과 안처의 청정함은 무이이고 둘로 나눌 수 없으며 분별이 없고 단절도 없는 까닭이며, 보특가라의 청정함이 곧 이·비·설·신·의처의 청정함이고 이·비·설·신·의처의 청정함이 곧 보특가라의 청정함이니라. 왜 그러한가? 이 보특가라의 청정함과 이·비·설·신·의처의 청정함은 무이이고 둘로 나눌 수 없으며 분별이 없고 단절도 없는 까닭이니라.

의생의 청정함이 곧 안처의 청정함이고 안처의 청정함이 곧 의생의 청정함이니라. 왜 그러한가? 이 의생의 청정함과 안처의 청정함은 무이이고 둘로 나눌 수 없으며 분별이 없고 단절도 없는 까닭이며, 의생의 청정함이 곧 이·비·설·신·의처의 청정함이고 이·비·설·신·의처의 청정함이 곧 의생의 청정함이니라. 왜 그러한가? 이 의생의 청정함과 이·비·설·신·의처의 청정함은 무이이고 둘로 나눌 수 없으며 분별이 없고 단절도 없는 까닭이니라.

유동의 청정함이 곧 안처의 청정함이고 안처의 청정함이 곧 유동의 청정함이니라. 왜 그러한가? 이 유동의 청정함과 안처의 청정함은 무이이고 둘로 나눌 수 없으며 분별이 없고 단절도 없는 까닭이며, 유동의 청정함이 곧 이·비·설·신·의처의 청정함이고 이·비·설·신·의처의 청정함이 곧 유동의 청정함이니라. 왜 그러한가? 이 유동의 청정함과 이·비·설·신·의처의 청정함은 무이이고 둘로 나눌 수 없으며 분별이 없고 단절도 없는 까닭이니라.

작자의 청정함이 곧 안처의 청정함이고 안처의 청정함이 곧 작자의 청정함이니라. 왜 그러한가? 이 작자의 청정함과 안처의 청정함은 무이이고 둘로 나눌 수 없으며 분별이 없고 단절도 없는 까닭이며, 작자의 청정함이 곧 이·비·설·신·의처의 청정함이고 이·비·설·신·의처의 청정함이 곧 작자의 청정함이니라. 왜 그러한가? 이 작자의 청정함과 이·비·설·신·의처의 청정함은 무이이고 둘로 나눌 수 없으며 분별이 없고 단절도 없는 까닭이니라.

수자의 청정함이 곧 안처의 청정함이고 안처의 청정함이 곧 수자의 청정함이니라. 왜 그러한가? 이 수자의 청정함과 안처의 청정함은 무이이고 둘로 나눌 수 없으며 분별이 없고 단절도 없는 까닭이며, 수자의 청정함이 곧 이·비·설·신·의처의 청정함이고 이·비·설·신·의처의 청정함이 곧 수자의 청정함이니라. 왜 그러한가? 이 수자의 청정함과 이·비·설·신·의처의 청정함은 무이이고 둘로 나눌 수 없으며 분별이 없고 단절도 없는 까닭이니라.

지자의 청정함이 곧 안처의 청정함이고 안처의 청정함이 곧 지자의 청정함이니라. 왜 그러한가? 이 지자의 청정함과 안처의 청정함은 무이이고 둘로 나눌 수 없으며 분별이 없고 단절도 없는 까닭이며, 지자의 청정함이 곧 이·비·설·신·의처의 청정함이고 이·비·설·신·의처의 청정함이 곧 지자의 청정함이니라. 왜 그러한가? 이 지자의 청정함과 이·비·설·신·의처의 청정함은 무이이고 둘로 나눌 수 없으며 분별이 없고 단절도 없는 까닭이니라.

  견자의 청정함이 곧 안처의 청정함이고 안처의 청정함이 곧 견자의 청정함이니라. 왜 그러한가? 이 견자의 청정함과 안처의 청정함은 무이이고 둘로 나눌 수 없으며 분별이 없고 단절도 없는 까닭이며, 견자의 청정함이 곧 이·비·설·신·의처의 청정함이고 이·비·설·신·의처의 청정함이 곧 견자의 청정함이니라. 왜 그러한가? 이 견자의 청정함과 이·비·설·신·의처의 청정함은 무이이고 둘로 나눌 수 없으며 분별이 없고 단절도 없는 까닭이니라."

마하반야바라밀다경 제185권

34. 난신해품(難信解品)(4)

"다시 다음으로 선현이여. 나의 청정함이 곧 색처의 청정함이고 색처의 청정함이 곧 나의 청정함이니라. 왜 그러한가? 이 나의 청정함과 색처의 청정함은 무이이고 둘로 나눌 수 없으며 분별이 없고 단절도 없는 까닭이며, 나의 청정함이 곧 성·향·미·촉·법처의 청정함이고 성·향·미·촉·법처의 청정함이 곧 나의 청정함이니라. 왜 그러한가? 이 나의 청정함과 성·향·미·촉·법처의 청정함은 무이이고 둘로 나눌 수 없으며 분별이 없고 단절도 없는 까닭이니라.

유정의 청정함이 곧 색처의 청정함이고 색처의 청정함이 곧 유정의 청정함이니라. 왜 그러한가? 이 유정의 청정함과 색처의 청정함은 무이이고 둘로 나눌 수 없으며 분별이 없고 단절도 없는 까닭이며, 유정의 청정함이 곧 성·향·미·촉·법처의 청정함이고 성·향·미·촉·법처의 청정함이 곧 유정의 청정함이니라. 왜 그러한가? 이 유정의 청정함과 성·향·미·촉·법처의 청정함은 무이이고 둘로 나눌 수 없으며 분별이 없고 단절도 없는 까닭이니라.

명자의 청정함이 곧 색처의 청정함이고 색처의 청정함이 곧 명자의 청정함이니라. 왜 그러한가? 이 명자의 청정함과 색처의 청정함은 무이이고 둘로 나눌 수 없으며 분별이 없고 단절도 없는 까닭이며, 명자의 청정함이 곧 성·향·미·촉·법처의 청정함이고 성·향·미·촉·법처의 청정함이 곧 명자의 청정함이니라. 왜 그러한가? 이 명자의 청정함과 성·향·미

·촉·법처의 청정함은 무이이고 둘로 나눌 수 없으며 분별이 없고 단절도 없는 까닭이니라.

생자의 청정함이 곧 색처의 청정함이고 색처의 청정함이 곧 생자의 청정함이니라. 왜 그러한가? 이 생자의 청정함과 색처의 청정함은 무이이고 둘로 나눌 수 없으며 분별이 없고 단절도 없는 까닭이며, 생자의 청정함이 곧 성·향·미·촉·법처의 청정함이고 성·향·미·촉·법처의 청정함이 곧 생자의 청정함이니라. 왜 그러한가? 이 생자의 청정함과 성·향·미·촉·법처의 청정함은 무이이고 둘로 나눌 수 없으며 분별이 없고 단절도 없는 까닭이니라.

양육자의 청정함이 곧 색처의 청정함이고 색처의 청정함이 곧 양육자의 청정함이니라. 왜 그러한가? 이 양육자의 청정함과 색처의 청정함은 무이이고 둘로 나눌 수 없으며 분별이 없고 단절도 없는 까닭이며, 양육자의 청정함이 곧 성·향·미·촉·법처의 청정함이고 성·향·미·촉·법처의 청정함이 곧 양육자의 청정함이니라. 왜 그러한가? 이 양육자의 청정함과 성·향·미·촉·법처의 청정함은 무이이고 둘로 나눌 수 없으며 분별이 없고 단절도 없는 까닭이니라.

사부의 청정함이 곧 색처의 청정함이고 색처의 청정함이 곧 사부의 청정함이니라. 왜 그러한가? 이 사부의 청정함과 색처의 청정함은 무이이고 둘로 나눌 수 없으며 분별이 없고 단절도 없는 까닭이며, 사부의 청정함이 곧 성·향·미·촉·법처의 청정함이고 성·향·미·촉·법처의 청정함이 곧 사부의 청정함이니라. 왜 그러한가? 이 사부의 청정함과 성·향·미·촉·법처의 청정함은 무이이고 둘로 나눌 수 없으며 분별이 없고 단절도 없는 까닭이니라.

보특가라의 청정함이 곧 색처의 청정함이고 색처의 청정함이 곧 보특가라의 청정함이니라. 왜 그러한가? 이 보특가라의 청정함과 색처의 청정함은 무이이고 둘로 나눌 수 없으며 분별이 없고 단절도 없는 까닭이며, 보특가라의 청정함이 곧 성·향·미·촉·법처의 청정함이고 성·향·미·촉·법처의 청정함이 곧 보특가라의 청정함이니라. 왜 그러한가? 이 보특가라의 청정함과 성·향·미·촉·법처의 청정함은 무이이고 둘로 나눌 수 없으며 분별이 없고 단절도 없는 까닭이니라.

의생의 청정함이 곧 색처의 청정함이고 색처의 청정함이 곧 의생의 청정함이니라. 왜 그러한가? 이 의생의 청정함과 색처의 청정함은 무이이고 둘로 나눌 수 없으며 분별이 없고 단절도 없는 까닭이며, 의생의 청정함이 곧 성·향·미·촉·법처의 청정함이고 성·향·미·촉·법처의 청정함이 곧 의생의 청정함이니라. 왜 그러한가? 이 의생의 청정함과 성·향·미·촉·법처의 청정함은 무이이고 둘로 나눌 수 없으며 분별이 없고 단절도 없는 까닭이니라.

유동의 청정함이 곧 색처의 청정함이고 색처의 청정함이 곧 유동의 청정함이니라. 왜 그러한가? 이 유동의 청정함과 색처의 청정함은 무이이고 둘로 나눌 수 없으며 분별이 없고 단절도 없는 까닭이며, 유동의 청정함이 곧 성·향·미·촉·법처의 청정함이고 성·향·미·촉·법처의 청정함이 곧 유동의 청정함이니라. 왜 그러한가? 이 유동의 청정함과 성·향·미·촉·법처의 청정함은 무이이고 둘로 나눌 수 없으며 분별이 없고 단절도 없는 까닭이니라.

작자의 청정함이 곧 색처의 청정함이고 색처의 청정함이 곧 작자의 청정함이니라. 왜 그러한가? 이 작자의 청정함과 색처의 청정함은 무이이고 둘로 나눌 수 없으며 분별이 없고 단절도 없는 까닭이며, 작자의 청정함이 곧 성·향·미·촉·법처의 청정함이고 성·향·미·촉·법처의 청정함이 곧 작자의 청정함이니라. 왜 그러한가? 이 작자의 청정함과 성·향·미·촉·법처의 청정함은 무이이고 둘로 나눌 수 없으며 분별이 없고 단절도 없는 까닭이니라.

수자의 청정함이 곧 색처의 청정함이고 색처의 청정함이 곧 수자의 청정함이니라. 왜 그러한가? 이 수자의 청정함과 색처의 청정함은 무이이고 둘로 나눌 수 없으며 분별이 없고 단절도 없는 까닭이며, 수자의 청정함이 곧 성·향·미·촉·법처의 청정함이고 성·향·미·촉·법처의 청정함이 곧 수자의 청정함이니라. 왜 그러한가? 이 수자의 청정함과 성·향·미

·촉·법처의 청정함은 무이이고 둘로 나눌 수 없으며 분별이 없고 단절도
없는 까닭이니라.

지자의 청정함이 곧 색처의 청정함이고 색처의 청정함이 곧 지자의
청정함이니라. 왜 그러한가? 이 지자의 청정함과 색처의 청정함은 무이이
고 둘로 나눌 수 없으며 분별이 없고 단절도 없는 까닭이며, 지자의
청정함이 곧 성·향·미·촉·법처의 청정함이고 성·향·미·촉·법처의 청정
함이 곧 지자의 청정함이니라. 왜 그러한가? 이 지자의 청정함과 성·향·미
·촉·법처의 청정함은 무이이고 둘로 나눌 수 없으며 분별이 없고 단절도
없는 까닭이니라.

견자의 청정함이 곧 색처의 청정함이고 색처의 청정함이 곧 견자의
청정함이니라. 왜 그러한가? 이 견자의 청정함과 색처의 청정함은 무이이
고 둘로 나눌 수 없으며 분별이 없고 단절도 없는 까닭이며, 견자의
청정함이 곧 성·향·미·촉·법처의 청정함이고 성·향·미·촉·법처의 청정
함이 곧 견자의 청정함이니라. 왜 그러한가? 이 견자의 청정함과 성·향·미
·촉·법처의 청정함은 무이이고 둘로 나눌 수 없으며 분별이 없고 단절도
없는 까닭이니라."

"다시 다음으로 선현이여. 나의 청정함이 곧 안계의 청정함이고 안계의
청정함이 곧 나의 청정함이니라. 왜 그러한가? 이 나의 청정함과 안계의
청정함은 무이이고 둘로 나눌 수 없으며 분별이 없고 단절도 없는 까닭이
며, 나의 청정함이 곧 색계·안식계, 나아가 안촉·안촉을 인연으로 생겨난
여러 수의 청정함이고 색계, 나아가 안촉을 인연으로 생겨난 여러 수의
청정함이 곧 나의 청정함이니라. 왜 그러한가? 이 나의 청정함과 색계,
나아가 안촉을 인연으로 생겨난 여러 수의 청정함은 무이이고 둘로 나눌
수 없으며 분별이 없고 단절도 없는 까닭이니라.

유정의 청정함이 곧 안계의 청정함이고 안계의 청정함이 곧 유정의
청정함이니라. 왜 그러한가? 이 유정의 청정함과 안계의 청정함은 무이이
고 둘로 나눌 수 없으며 분별이 없고 단절도 없는 까닭이며, 유정의

청정함이 곧 색계·안식계, 나아가 안촉·안촉을 인연으로 생겨난 여러 수의 청정함이고 색계, 나아가 안촉을 인연으로 생겨난 여러 수의 청정함이 곧 유정의 청정함이니라. 왜 그러한가? 이 유정의 청정함과 색계, 나아가 안촉을 인연으로 생겨난 여러 수의 청정함은 무이이고 둘로 나눌 수 없으며 분별이 없고 단절도 없는 까닭이니라.

명자의 청정함이 곧 안계의 청정함이고 안계의 청정함이 곧 명자의 청정함이니라. 왜 그러한가? 이 명자의 청정함과 안계의 청정함은 무이이고 둘로 나눌 수 없으며 분별이 없고 단절도 없는 까닭이며, 명자의 청정함이 곧 색계·안식계, 나아가 안촉·안촉을 인연으로 생겨난 여러 수의 청정함이고 색계, 나아가 안촉을 인연으로 생겨난 여러 수의 청정함이 곧 명자의 청정함이니라. 왜 그러한가? 이 명자의 청정함과 색계, 나아가 안촉을 인연으로 생겨난 여러 수의 청정함은 무이이고 둘로 나눌 수 없으며 분별이 없고 단절도 없는 까닭이니라.

생자의 청정함이 곧 안계의 청정함이고 안계의 청정함이 곧 생자의 청정함이니라. 왜 그러한가? 이 생자의 청정함과 안계의 청정함은 무이이고 둘로 나눌 수 없으며 분별이 없고 단절도 없는 까닭이며, 생자의 청정함이 곧 색계·안식계, 나아가 안촉·안촉을 인연으로 생겨난 여러 수의 청정함이고 색계, 나아가 안촉을 인연으로 생겨난 여러 수의 청정함이 곧 생자의 청정함이니라. 왜 그러한가? 이 생자의 청정함과 색계, 나아가 안촉을 인연으로 생겨난 여러 수의 청정함은 무이이고 둘로 나눌 수 없으며 분별이 없고 단절도 없는 까닭이니라.

양육자의 청정함이 곧 안계의 청정함이고 안계의 청정함이 곧 양육자의 청정함이니라. 왜 그러한가? 이 양육자의 청정함과 안계의 청정함은 무이이고 둘로 나눌 수 없으며 분별이 없고 단절도 없는 까닭이며, 양육자의 청정함이 곧 색계·안식계, 나아가 안촉·안촉을 인연으로 생겨난 여러 수의 청정함이고 색계, 나아가 안촉을 인연으로 생겨난 여러 수의 청정함이 곧 양육자의 청정함이니라. 왜 그러한가? 이 양육자의 청정함과 색계, 나아가 안촉을 인연으로 생겨난 여러 수의 청정함은 무이이고 둘로 나눌

수 없으며 분별이 없고 단절도 없는 까닭이니라.

사부의 청정함이 곧 안계의 청정함이고 안계의 청정함이 곧 사부의 청정함이니라. 왜 그러한가? 이 사부의 청정함과 안계의 청정함은 무이이고 둘로 나눌 수 없으며 분별이 없고 단절도 없는 까닭이며, 사부의 청정함이 곧 색계·안식계, 나아가 안촉·안촉을 인연으로 생겨난 여러 수의 청정함이고 색계, 나아가 안촉을 인연으로 생겨난 여러 수의 청정함이 곧 사부의 청정함이니라. 왜 그러한가? 이 사부의 청정함과 색계, 나아가 안촉을 인연으로 생겨난 여러 수의 청정함은 무이이고 둘로 나눌 수 없으며 분별이 없고 단절도 없는 까닭이니라.

보특가라의 청정함이 곧 안계의 청정함이고 안계의 청정함이 곧 보특가라의 청정함이니라. 왜 그러한가? 이 보특가라의 청정함과 안계의 청정함은 무이이고 둘로 나눌 수 없으며 분별이 없고 단절도 없는 까닭이며, 보특가라의 청정함이 곧 색계·안식계, 나아가 안촉·안촉을 인연으로 생겨난 여러 수의 청정함이고 색계, 나아가 안촉을 인연으로 생겨난 여러 수의 청정함이 곧 보특가라의 청정함이니라. 왜 그러한가? 이 보특가라의 청정함과 색계, 나아가 안촉을 인연으로 생겨난 여러 수의 청정함은 무이이고 둘로 나눌 수 없으며 분별이 없고 단절도 없는 까닭이니라.

의생의 청정함이 곧 안계의 청정함이고 안계의 청정함이 곧 의생의 청정함이니라. 왜 그러한가? 이 의생의 청정함과 안계의 청정함은 무이이고 둘로 나눌 수 없으며 분별이 없고 단절도 없는 까닭이며, 의생의 청정함이 곧 색계·안식계, 나아가 안촉·안촉을 인연으로 생겨난 여러 수의 청정함이고 색계, 나아가 안촉을 인연으로 생겨난 여러 수의 청정함이 곧 의생의 청정함이니라. 왜 그러한가? 이 의생의 청정함과 색계, 나아가 안촉을 인연으로 생겨난 여러 수의 청정함은 무이이고 둘로 나눌 수 없으며 분별이 없고 단절도 없는 까닭이니라.

유동의 청정함이 곧 안계의 청정함이고 안계의 청정함이 곧 유동의 청정함이니라. 왜 그러한가? 이 유동의 청정함과 안계의 청정함은 무이이고 둘로 나눌 수 없으며 분별이 없고 단절도 없는 까닭이며, 유동의 청정함이 곧 색계·안식계, 나아가 안촉·안촉을 인연으로 생겨난 여러 수의 청정함이고 색계, 나아가 안촉을 인연으로 생겨난 여러 수의 청정함이 곧 유동의 청정함이니라. 왜 그러한가? 이 유동의 청정함과 색계, 나아가 안촉을 인연으로 생겨난 여러 수의 청정함은 무이이고 둘로 나눌 수 없으며 분별이 없고 단절도 없는 까닭이니라.

작자의 청정함이 곧 안계의 청정함이고 안계의 청정함이 곧 작자의 청정함이니라. 왜 그러한가? 이 작자의 청정함과 안계의 청정함은 무이이고 둘로 나눌 수 없으며 분별이 없고 단절도 없는 까닭이며, 작자의 청정함이 곧 색계·안식계, 나아가 안촉·안촉을 인연으로 생겨난 청정함이고 색계, 나아가 안촉을 인연으로 생겨난 여러 수의 청정함이 곧 작자의 청정함이니라. 왜 그러한가? 이 작자의 청정함과 색계, 나아가 안촉을 인연으로 생겨난 여러 수의 청정함은 무이이고 둘로 나눌 수 없으며 분별이 없고 단절도 없는 까닭이니라.

수자의 청정함이 곧 안계의 청정함이고 안계의 청정함이 곧 수자의 청정함이니라. 왜 그러한가? 이 수자의 청정함과 안계의 청정함은 무이이고 둘로 나눌 수 없으며 분별이 없고 단절도 없는 까닭이며, 수자의 청정함이 곧 색계·안식계, 나아가 안촉·안촉을 인연으로 생겨난 여러 수의 청정함이고 색계, 나아가 안촉을 인연으로 생겨난 여러 수의 청정함이 곧 수자의 청정함이니라. 왜 그러한가? 이 수자의 청정함과 색계, 나아가 안촉을 인연으로 생겨난 여러 수의 청정함은 무이이고 둘로 나눌 수 없으며 분별이 없고 단절도 없는 까닭이니라.

지자의 청정함이 곧 안계의 청정함이고 안계의 청정함이 곧 지자의 청정함이니라. 왜 그러한가? 이 지자의 청정함과 안계의 청정함은 무이이고 둘로 나눌 수 없으며 분별이 없고 단절도 없는 까닭이며, 지자의 청정함이 곧 색계·안식계, 나아가 안촉·안촉을 인연으로 생겨난 여러 수의 청정함이고 색계, 나아가 안촉을 인연으로 생겨난 여러 수의 청정함이 곧 지자의 청정함이니라. 왜 그러한가? 이 지자의 청정함과 색계, 나아가 안촉을 인연으로 생겨난 여러 수의 청정함은 무이이고 둘로 나눌

수 없으며 분별이 없고 단절도 없는 까닭이니라.

견자의 청정함이 곧 안계의 청정함이고 안계의 청정함이 곧 견자의 청정함이니라. 왜 그러한가? 이 견자의 청정함과 안계의 청정함은 무이이고 둘로 나눌 수 없으며 분별이 없고 단절도 없는 까닭이며, 견자의 청정함이 곧 색계·안식계, 나아가 안촉·안촉을 인연으로 생겨난 여러 수의 청정함이고 색계, 나아가 안촉을 인연으로 생겨난 여러 수의 청정함이 곧 견자의 청정함이니라. 왜 그러한가? 이 견자의 청정함과 색계, 나아가 안촉을 인연으로 생겨난 여러 수의 청정함은 무이이고 둘로 나눌 수 없으며 분별이 없고 단절도 없는 까닭이니라.”

“다시 다음으로 선현이여. 나의 청정함이 곧 이계의 청정함이고 이계의 청정함이 곧 나의 청정함이니라. 왜 그러한가? 이 나의 청정함과 이계의 청정함은 무이이고 둘로 나눌 수 없으며 분별이 없고 단절도 없는 까닭이며, 나의 청정함이 곧 성계·이식계, 나아가 이촉·이촉을 인연으로 생겨난 여러 수의 청정함이고 성계, 나아가 이촉을 인연으로 생겨난 여러 수의 청정함이 곧 나의 청정함이니라. 왜 그러한가? 이 나의 청정함과 성계, 나아가 이촉을 인연으로 생겨난 여러 수의 청정함은 무이이고 둘로 나눌 수 없으며 분별이 없고 단절도 없는 까닭이니라.

유정의 청정함이 곧 이계의 청정함이고 이계의 청정함이 곧 유정의 청정함이니라. 왜 그러한가? 이 유정의 청정함과 이계의 청정함은 무이이고 둘로 나눌 수 없으며 분별이 없고 단절도 없는 까닭이며, 유정의 청정함이 곧 성계·이식계, 나아가 이촉·이촉을 인연으로 생겨난 여러 수의 청정함이고 성계, 나아가 이촉을 인연으로 생겨난 여러 수의 청정함이 곧 유정의 청정함이니라. 왜 그러한가? 이 유정의 청정함과 성계, 나아가 이촉을 인연으로 생겨난 여러 수의 청정함은 무이이고 둘로 나눌 수 없으며 분별이 없고 단절도 없는 까닭이니라.

명자의 청정함이 곧 이계의 청정함이고 이계의 청정함이 곧 명자의 청정함이니라. 왜 그러한가? 이 명자의 청정함과 이계의 청정함은 무이이

고 둘로 나눌 수 없으며 분별이 없고 단절도 없는 까닭이며, 명자의
청정함이 곧 성계·이식계, 나아가 이촉·이촉을 인연으로 생겨난 여러
수의 청정함이고 성계, 나아가 이촉을 인연으로 생겨난 여러 수의 청정함
이 곧 명자의 청정함이니라. 왜 그러한가? 이 명자의 청정함과 성계,
나아가 이촉을 인연으로 생겨난 여러 수의 청정함은 무이이고 둘로 나눌
수 없으며 분별이 없고 단절도 없는 까닭이니라.

생자의 청정함이 곧 이계의 청정함이고 이계의 청정함이 곧 생자의
청정함이니라. 왜 그러한가? 이 생자의 청정함과 이계의 청정함은 무이이
고 둘로 나눌 수 없으며 분별이 없고 단절도 없는 까닭이며, 생자의
청정함이 곧 성계·이식계, 나아가 이촉·이촉을 인연으로 생겨난 여러
수의 청정함이고 성계, 나아가 이촉을 인연으로 생겨난 여러 수의 청정함
이 곧 생자의 청정함이니라. 왜 그러한가? 이 생자의 청정함과 성계,
나아가 이촉을 인연으로 생겨난 여러 수의 청정함은 무이이고 둘로 나눌
수 없으며 분별이 없고 단절도 없는 까닭이니라.

양육자의 청정함이 곧 이계의 청정함이고 이계의 청정함이 곧 양육자의
청정함이니라. 왜 그러한가? 이 양육자의 청정함과 이계의 청정함은
무이이고 둘로 나눌 수 없으며 분별이 없고 단절도 없는 까닭이며, 양육자
의 청정함이 곧 성계·이식계, 나아가 이촉·이촉을 인연으로 생겨난 여러
수의 청정함이고 성계, 나아가 이촉을 인연으로 생겨난 여러 수의 청정함
이 곧 양육자의 청정함이니라. 왜 그러한가? 이 양육자의 청정함과 성계,
나아가 이촉을 인연으로 생겨난 여러 수의 청정함은 무이이고 둘로 나눌
수 없으며 분별이 없고 단절도 없는 까닭이니라.

사부의 청정함이 곧 이계의 청정함이고 이계의 청정함이 곧 사부의
청정함이니라. 왜 그러한가? 이 사부의 청정함과 이계의 청정함은 무이이
고 둘로 나눌 수 없으며 분별이 없고 단절도 없는 까닭이며, 사부의
청정함이 곧 성계·이식계, 나아가 이촉·이촉을 인연으로 생겨난 여러
수의 청정함이고 성계, 나아가 이촉을 인연으로 생겨난 여러 수의 청정함
이 곧 사부의 청정함이니라. 왜 그러한가? 이 사부의 청정함과 성계,

나아가 이촉을 인연으로 생겨난 여러 수의 청정함은 무이이고 둘로 나눌 수 없으며 분별이 없고 단절도 없는 까닭이니라.

보특가라의 청정함이 곧 이계의 청정함이고 이계의 청정함이 곧 보특가라의 청정함이니라. 왜 그러한가? 이 보특가라의 청정함과 이계의 청정함은 무이이고 둘로 나눌 수 없으며 분별이 없고 단절도 없는 까닭이며, 보특가라의 청정함이 곧 성계·이식계, 나아가 이촉·이촉을 인연으로 생겨난 여러 수의 청정함이고 성계, 나아가 이촉을 인연으로 생겨난 여러 수의 청정함이 곧 보특가라의 청정함이니라. 왜 그러한가? 이 보특가라의 청정함과 성계, 나아가 이촉을 인연으로 생겨난 여러 수의 청정함은 무이이고 둘로 나눌 수 없으며 분별이 없고 단절도 없는 까닭이니라.

의생의 청정함이 곧 이계의 청정함이고 이계의 청정함이 곧 의생의 청정함이니라. 왜 그러한가? 이 의생의 청정함과 이계의 청정함은 무이이고 둘로 나눌 수 없으며 분별이 없고 단절도 없는 까닭이며, 의생의 청정함이 곧 성계·이식계, 나아가 이촉·이촉을 인연으로 생겨난 여러 수의 청정함이고 성계, 나아가 이촉을 인연으로 생겨난 여러 수의 청정함이 곧 의생의 청정함이니라. 왜 그러한가? 이 의생의 청정함과 성계, 나아가 이촉을 인연으로 생겨난 여러 수의 청정함은 무이이고 둘로 나눌 수 없으며 분별이 없고 단절도 없는 까닭이니라.

유동의 청정함이 곧 이계의 청정함이고 이계의 청정함이 곧 유동의 청정함이니라. 왜 그러한가? 이 유동의 청정함과 이계의 청정함은 무이이고 둘로 나눌 수 없으며 분별이 없고 단절도 없는 까닭이며, 유동의 청정함이 곧 성계·이식계, 나아가 이촉·이촉을 인연으로 생겨난 여러 수의 청정함이고 성계, 나아가 이촉을 인연으로 생겨난 여러 수의 청정함이 곧 유동의 청정함이니라. 왜 그러한가? 이 유동의 청정함과 성계, 나아가 이촉을 인연으로 생겨난 여러 수의 청정함은 무이이고 둘로 나눌 수 없으며 분별이 없고 단절도 없는 까닭이니라.

작자의 청정함이 곧 이계의 청정함이고 이계의 청정함이 곧 작자의 청정함이니라. 왜 그러한가? 이 작자의 청정함과 이계의 청정함은 무이이

고 둘로 나눌 수 없으며 분별이 없고 단절도 없는 까닭이며, 작자의
청정함이 곧 성계·이식계, 나아가 이촉·이촉을 인연으로 생겨난 여러
수의 청정함이고 성계, 나아가 이촉을 인연으로 생겨난 여러 수의 청정함
이 곧 작자의 청정함이니라. 왜 그러한가? 이 작자의 청정함과 성계,
나아가 이촉을 인연으로 생겨난 여러 수의 청정함은 무이이고 둘로 나눌
수 없으며 분별이 없고 단절도 없는 까닭이니라.

수자의 청정함이 곧 이계의 청정함이고 이계의 청정함이 곧 수자의
청정함이니라. 왜 그러한가? 이 수자의 청정함과 이계의 청정함은 무이이
고 둘로 나눌 수 없으며 분별이 없고 단절도 없는 까닭이며, 수자의
청정함이 곧 성계·이식계, 나아가 이촉·이촉을 인연으로 생겨난 여러
수의 청정함이고 성계, 나아가 이촉을 인연으로 생겨난 여러 수의 청정함
이 곧 수자의 청정함이니라. 왜 그러한가? 이 수자의 청정함과 성계,
나아가 이촉을 인연으로 생겨난 여러 수의 청정함은 무이이고 둘로 나눌
수 없으며 분별이 없고 단절도 없는 까닭이니라.

지자의 청정함이 곧 이계의 청정함이고 이계의 청정함이 곧 지자의
청정함이니라. 왜 그러한가? 이 지자의 청정함과 이계의 청정함은 무이이
고 둘로 나눌 수 없으며 분별이 없고 단절도 없는 까닭이며, 지자의
청정함이 곧 성계·이식계, 나아가 이촉·이촉을 인연으로 생겨난 여러
수의 청정함이고 성계, 나아가 이촉을 인연으로 생겨난 여러 수의 청정함
이 곧 지자의 청정함이니라. 왜 그러한가? 이 지자의 청정함과 성계,
나아가 이촉을 인연으로 생겨난 여러 수의 청정함은 무이이고 둘로 나눌
수 없으며 분별이 없고 단절도 없는 까닭이니라.

견자의 청정함이 곧 이계의 청정함이고 이계의 청정함이 곧 견자의
청정함이니라. 왜 그러한가? 이 견자의 청정함과 이계의 청정함은 무이이
고 둘로 나눌 수 없으며 분별이 없고 단절도 없는 까닭이며, 견자의
청정함이 곧 성계·이식계, 나아가 이촉·이촉을 인연으로 생겨난 여러
수의 청정함이고 성계, 나아가 이촉을 인연으로 생겨난 여러 수의 청정함
이 곧 견자의 청정함이니라. 왜 그러한가? 이 견자의 청정함과 성계,

나아가 이촉을 인연으로 생겨난 여러 수의 청정함은 무이이고 둘로 나눌 수 없으며 분별이 없고 단절도 없는 까닭이니라."

"다시 다음으로 선현이여. 나의 청정함이 곧 비계의 청정함이고 비계의 청정함이 곧 나의 청정함이니라. 왜 그러한가? 이 나의 청정함과 비계의 청정함은 무이이고 둘로 나눌 수 없으며 분별이 없고 단절도 없는 까닭이며, 나의 청정함이 곧 향계·비식계, 나아가 비촉·비촉을 인연으로 생겨난 여러 수의 청정함이고 향계, 나아가 비촉을 인연으로 생겨난 여러 수의 청정함이 곧 나의 청정함이니라. 왜 그러한가? 이 나의 청정함과 향계, 나아가 비촉을 인연으로 생겨난 여러 수의 청정함은 무이이고 둘로 나눌 수 없으며 분별이 없고 단절도 없는 까닭이니라.

유정의 청정함이 곧 비계의 청정함이고 비계의 청정함이 곧 유정의 청정함이니라. 왜 그러한가? 이 유정의 청정함과 비계의 청정함은 무이이고 둘로 나눌 수 없으며 분별이 없고 단절도 없는 까닭이며, 유정의 청정함이 곧 향계·비식계, 나아가 비촉·비촉을 인연으로 생겨난 여러 수의 청정함이고 향계, 나아가 비촉을 인연으로 생겨난 여러 수의 청정함이 곧 유정의 청정함이니라. 왜 그러한가? 이 유정의 청정함과 향계, 나아가 비촉을 인연으로 생겨난 여러 수의 청정함은 무이이고 둘로 나눌 수 없으며 분별이 없고 단절도 없는 까닭이니라.

명자의 청정함이 곧 비계의 청정함이고 비계의 청정함이 곧 명자의 청정함이니라. 왜 그러한가? 이 명자의 청정함과 비계의 청정함은 무이이고 둘로 나눌 수 없으며 분별이 없고 단절도 없는 까닭이며, 명자의 청정함이 곧 향계·비식계, 나아가 비촉·비촉을 인연으로 생겨난 여러 수의 청정함이고 향계, 나아가 비촉을 인연으로 생겨난 여러 수의 청정함이 곧 명자의 청정함이니라. 왜 그러한가? 이 명자의 청정함과 향계, 나아가 비촉을 인연으로 생겨난 여러 수의 청정함은 무이이고 둘로 나눌 수 없으며 분별이 없고 단절도 없는 까닭이니라.

생자의 청정함이 곧 비계의 청정함이고 비계의 청정함이 곧 생자의 청정함이니라. 왜 그러한가? 이 생자의 청정함과 비계의 청정함은 무이이고 둘로 나눌 수 없으며 분별이 없고 단절도 없는 까닭이며, 생자의 청정함이 곧 향계·비식계, 나아가 비촉·비촉을 인연으로 생겨난 여러 수의 청정함이고 향계, 나아가 비촉을 인연으로 생겨난 여러 수의 청정함이 곧 생자의 청정함이니라. 왜 그러한가? 이 생자의 청정함과 향계, 나아가 비촉을 인연으로 생겨난 여러 수의 청정함은 무이이고 둘로 나눌 수 없으며 분별이 없고 단절도 없는 까닭이니라.

양육자의 청정함이 곧 비계의 청정함이고 비계의 청정함이 곧 양육자의 청정함이니라. 왜 그러한가? 이 양육자의 청정함과 비계의 청정함은 무이이고 둘로 나눌 수 없으며 분별이 없고 단절도 없는 까닭이며, 양육자의 청정함이 곧 향계·비식계, 나아가 비촉·비촉을 인연으로 생겨난 여러 수의 청정함이고 향계, 나아가 비촉을 인연으로 생겨난 여러 수의 청정함이 곧 양육자의 청정함이니라. 왜 그러한가? 이 양육자의 청정함과 향계, 나아가 비촉을 인연으로 생겨난 여러 수의 청정함은 무이이고 둘로 나눌 수 없으며 분별이 없고 단절도 없는 까닭이니라.

사부의 청정함이 곧 비계의 청정함이고 비계의 청정함이 곧 사부의 청정함이니라. 왜 그러한가? 이 사부의 청정함과 비계의 청정함은 무이이고 둘로 나눌 수 없으며 분별이 없고 단절도 없는 까닭이며, 사부의 청정함이 곧 향계·비식계, 나아가 비촉·비촉을 인연으로 생겨난 여러 수의 청정함이고 향계, 나아가 비촉을 인연으로 생겨난 여러 수의 청정함이 곧 사부의 청정함이니라. 왜 그러한가? 이 사부의 청정함과 향계, 나아가 비촉을 인연으로 생겨난 여러 수의 청정함은 무이이고 둘로 나눌 수 없으며 분별이 없고 단절도 없는 까닭이니라.

보특가라의 청정함이 곧 비계의 청정함이고 비계의 청정함이 곧 보특가라의 청정함이니라. 왜 그러한가? 이 보특가라의 청정함과 비계의 청정함은 무이이고 둘로 나눌 수 없으며 분별이 없고 단절도 없는 까닭이며, 보특가라의 청정함이 곧 향계·비식계, 나아가 비촉·비촉을 인연으로 생겨난 여러 수의 청정함이고 향계, 나아가 비촉을 인연으로 생겨난 여러 수의 청정함이 곧 보특가라의 청정함이니라. 왜 그러한가? 이 보특가라의 청정함과 향계, 나아가 비촉을 인연으로 생겨난 여러 수의 청정함은 무이이고 둘로 나눌 수 없으며 분별이 없고 단절도 없는 까닭이니라.

의생의 청정함이 곧 비계의 청정함이고 비계의 청정함이 곧 의생의 청정함이니라. 왜 그러한가? 이 의생의 청정함과 비계의 청정함은 무이이고 둘로 나눌 수 없으며 분별이 없고 단절도 없는 까닭이며, 의생의 청정함이 곧 향계·비식계, 나아가 비촉·비촉을 인연으로 생겨난 여러 수의 청정함이고 향계, 나아가 비촉을 인연으로 생겨난 여러 수의 청정함이 곧 의생의 청정함이니라. 왜 그러한가? 이 의생의 청정함과 향계, 나아가 비촉을 인연으로 생겨난 여러 수의 청정함은 무이이고 둘로 나눌 수 없으며 분별이 없고 단절도 없는 까닭이니라.

유동의 청정함이 곧 비계의 청정함이고 비계의 청정함이 곧 유동의 청정함이니라. 왜 그러한가? 이 유동의 청정함과 비계의 청정함은 무이이고 둘로 나눌 수 없으며 분별이 없고 단절도 없는 까닭이며, 유동의 청정함이 곧 향계·비식계, 나아가 비촉·비촉을 인연으로 생겨난 여러 수의 청정함이고 향계, 나아가 비촉을 인연으로 생겨난 여러 수의 청정함이 곧 유동의 청정함이니라. 왜 그러한가? 이 유동의 청정함과 향계, 나아가 비촉을 인연으로 생겨난 여러 수의 청정함은 무이이고 둘로 나눌 수 없으며 분별이 없고 단절도 없는 까닭이니라.

작자의 청정함이 곧 비계의 청정함이고 비계의 청정함이 곧 작자의 청정함이니라. 왜 그러한가? 이 작자의 청정함과 비계의 청정함은 무이이고 둘로 나눌 수 없으며 분별이 없고 단절도 없는 까닭이며, 작자의 청정함이 곧 향계·비식계, 나아가 비촉·비촉을 인연으로 생겨난 여러 수의 청정함이고 향계, 나아가 비촉을 인연으로 생겨난 여러 수의 청정함이 곧 작자의 청정함이니라. 왜 그러한가? 이 작자의 청정함과 향계, 나아가 비촉을 인연으로 생겨난 여러 수의 청정함은 무이이고 둘로 나눌 수 없으며 분별이 없고 단절도 없는 까닭이니라.

수자의 청정함이 곧 비계의 청정함이고 비계의 청정함이 곧 수자의 청정함이니라. 왜 그러한가? 이 수자의 청정함과 비계의 청정함은 무이이고 둘로 나눌 수 없으며 분별이 없고 단절도 없는 까닭이며, 수자의 청정함이 곧 향계·비식계, 나아가 비촉·비촉을 인연으로 생겨난 여러 수의 청정함이고 향계, 나아가 비촉을 인연으로 생겨난 여러 수의 청정함이 곧 수자의 청정함이니라. 왜 그러한가? 이 수자의 청정함과 향계, 나아가 비촉을 인연으로 생겨난 여러 수의 청정함은 무이이고 둘로 나눌 수 없으며 분별이 없고 단절도 없는 까닭이니라.

지자의 청정함이 곧 비계의 청정함이고 비계의 청정함이 곧 지자의 청정함이니라. 왜 그러한가? 이 지자의 청정함과 비계의 청정함은 무이이고 둘로 나눌 수 없으며 분별이 없고 단절도 없는 까닭이며, 지자의 청정함이 곧 향계·비식계, 나아가 비촉·비촉을 인연으로 생겨난 여러 수의 청정함이고 향계, 나아가 비촉을 인연으로 생겨난 여러 수의 청정함이 곧 지자의 청정함이니라. 왜 그러한가? 이 지자의 청정함과 향계, 나아가 비촉을 인연으로 생겨난 여러 수의 청정함은 무이이고 둘로 나눌 수 없으며 분별이 없고 단절도 없는 까닭이니라.

견자의 청정함이 곧 비계의 청정함이고 비계의 청정함이 곧 견자의 청정함이니라. 왜 그러한가? 이 견자의 청정함과 비계의 청정함은 무이이고 둘로 나눌 수 없으며 분별이 없고 단절도 없는 까닭이며, 견자의 청정함이 곧 향계·비식계, 나아가 비촉·비촉을 인연으로 생겨난 여러 수의 청정함이고 향계, 나아가 비촉을 인연으로 생겨난 여러 수의 청정함이 곧 견자의 청정함이니라. 왜 그러한가? 이 견자의 청정함과 향계, 나아가 비촉을 인연으로 생겨난 여러 수의 청정함은 무이이고 둘로 나눌 수 없으며 분별이 없고 단절도 없는 까닭이니라.”

“다시 다음으로 선현이여. 나의 청정함이 곧 설계의 청정함이고 설계의 청정함이 곧 나의 청정함이니라. 왜 그러한가? 이 나의 청정함과 설계의 청정함은 무이이고 둘로 나눌 수 없으며 분별이 없고 단절도 없는 까닭이며, 나의 청정함이 곧 미계·설식계, 나아가 설촉·설촉을 인연으로 생겨난 여러 수의 청정함이고 미계, 나아가 설촉을 인연으로 생겨난 여러 수의 청정함이 곧 나의 청정함이니라. 왜 그러한가? 이 나의 청정함과 미계, 나아가 설촉을 인연으로 생겨난 여러 수의 청정함은 무이이고 둘로 나눌 수 없으며 분별이 없고 단절도 없는 까닭이니라.

유정의 청정함이 곧 설계의 청정함이고 설계의 청정함이 곧 유정의 청정함이니라. 왜 그러한가? 이 유정의 청정함과 설계의 청정함은 무이이고 둘로 나눌 수 없으며 분별이 없고 단절도 없는 까닭이며, 유정의 청정함이 곧 미계·설식계, 나아가 설촉·설촉을 인연으로 생겨난 여러 수의 청정함이고 미계, 나아가 설촉을 인연으로 생겨난 여러 수의 청정함이 곧 유정의 청정함이니라. 왜 그러한가? 이 유정의 청정함과 미계, 나아가 설촉을 인연으로 생겨난 여러 수의 청정함은 무이이고 둘로 나눌 수 없으며 분별이 없고 단절도 없는 까닭이니라.

명자의 청정함이 곧 설계의 청정함이고 설계의 청정함이 곧 명자의 청정함이니라. 왜 그러한가? 이 명자의 청정함과 설계의 청정함은 무이이고 둘로 나눌 수 없으며 분별이 없고 단절도 없는 까닭이며, 명자의 청정함이 곧 미계·설식계, 나아가 설촉·설촉을 인연으로 생겨난 여러 수의 청정함이고 미계, 나아가 설촉을 인연으로 생겨난 여러 수의 청정함이 곧 명자의 청정함이니라. 왜 그러한가? 이 명자의 청정함과 미계, 나아가 설촉을 인연으로 생겨난 여러 수의 청정함은 무이이고 둘로 나눌 수 없으며 분별이 없고 단절도 없는 까닭이니라.

생자의 청정함이 곧 설계의 청정함이고 설계의 청정함이 곧 생자의 청정함이니라. 왜 그러한가? 이 생자의 청정함과 설계의 청정함은 무이이고 둘로 나눌 수 없으며 분별이 없고 단절도 없는 까닭이며, 생자의 청정함이 곧 미계·설식계, 나아가 설촉·설촉을 인연으로 생겨난 여러 수의 청정함이고 미계, 나아가 설촉을 인연으로 생겨난 여러 수의 청정함이 곧 생자의 청정함이니라. 왜 그러한가? 이 생자의 청정함과 미계, 나아가 설촉을 인연으로 생겨난 여러 수의 청정함은 무이이고 둘로 나눌 수 없으며 분별이 없고 단절도 없는 까닭이니라.

양육자의 청정함이 곧 설계의 청정함이고 설계의 청정함이 곧 양육자의 청정함이니라. 왜 그러한가? 이 양육자의 청정함과 설계의 청정함은 무이이고 둘로 나눌 수 없으며 분별이 없고 단절도 없는 까닭이며, 양육자의 청정함이 곧 미계·설식계, 나아가 설촉·설촉을 인연으로 생겨난 여러 수의 청정함이고 미계, 나아가 설촉을 인연으로 생겨난 여러 수의 청정함이 곧 양육자의 청정함이니라. 왜 그러한가? 이 양육자의 청정함과 미계, 나아가 설촉을 인연으로 생겨난 여러 수의 청정함은 무이이고 둘로 나눌 수 없으며 분별이 없고 단절도 없는 까닭이니라.

사부의 청정함이 곧 설계의 청정함이고 설계의 청정함이 곧 사부의 청정함이니라. 왜 그러한가? 이 사부의 청정함과 설계의 청정함은 무이이고 둘로 나눌 수 없으며 분별이 없고 단절도 없는 까닭이며, 사부의 청정함이 곧 미계·설식계, 나아가 설촉·설촉을 인연으로 생겨난 여러 수의 청정함이고 미계, 나아가 설촉을 인연으로 생겨난 여러 수의 청정함이 곧 사부의 청정함이니라. 왜 그러한가? 이 사부의 청정함과 미계, 나아가 설촉을 인연으로 생겨난 여러 수의 청정함은 무이이고 둘로 나눌 수 없으며 분별이 없고 단절도 없는 까닭이니라.

보특가라의 청정함이 곧 설계의 청정함이고 설계의 청정함이 곧 보특가라의 청정함이니라. 왜 그러한가? 이 보특가라의 청정함과 설계의 청정함은 무이이고 둘로 나눌 수 없으며 분별이 없고 단절도 없는 까닭이며, 보특가라의 청정함이 곧 미계·설식계, 나아가 설촉·설촉을 인연으로 생겨난 여러 수의 청정함이고 미계, 나아가 설촉을 인연으로 생겨난 여러 수의 청정함이 곧 보특가라의 청정함이니라. 왜 그러한가? 이 보특가라의 청정함과 미계, 나아가 설촉을 인연으로 생겨난 여러 수의 청정함은 무이이고 둘로 나눌 수 없으며 분별이 없고 단절도 없는 까닭이니라.

의생의 청정함이 곧 설계의 청정함이고 설계의 청정함이 곧 의생의 청정함이니라. 왜 그러한가? 이 의생의 청정함과 설계의 청정함은 무이이고 둘로 나눌 수 없으며 분별이 없고 단절도 없는 까닭이며, 의생의 청정함이 곧 미계·설식계, 나아가 설촉·설촉을 인연으로 생겨난 여러

수의 청정함이고 미계, 나아가 설촉을 인연으로 생겨난 여러 수의 청정함
이 곧 의생의 청정함이니라. 왜 그러한가? 이 의생의 청정함과 미계,
나아가 설촉을 인연으로 생겨난 여러 수의 청정함은 무이이고 둘로 나눌
수 없으며 분별이 없고 단절도 없는 까닭이니라.

유동의 청정함이 곧 설계의 청정함이고 설계의 청정함이 곧 유동의
청정함이니라. 왜 그러한가? 이 유동의 청정함과 설계의 청정함은 무이이
고 둘로 나눌 수 없으며 분별이 없고 단절도 없는 까닭이며, 유동의
청정함이 곧 미계·설식계, 나아가 설촉·설촉을 인연으로 생겨난 여러
수의 청정함이고 미계, 나아가 설촉을 인연으로 생겨난 여러 수의 청정함
이 곧 유동의 청정함이니라. 왜 그러한가? 이 유동의 청정함과 미계,
나아가 설촉을 인연으로 생겨난 여러 수의 청정함은 무이이고 둘로 나눌
수 없으며 분별이 없고 단절도 없는 까닭이니라.

작자의 청정함이 곧 설계의 청정함이고 설계의 청정함이 곧 작자의
청정함이니라. 왜 그러한가? 이 작자의 청정함과 설계의 청정함은 무이이
고 둘로 나눌 수 없으며 분별이 없고 단절도 없는 까닭이며, 작자의
청정함이 곧 미계·설식계, 나아가 설촉·설촉을 인연으로 생겨난 여러
수의 청정함이고 미계, 나아가 설촉을 인연으로 생겨난 여러 수의 청정함
이 곧 작자의 청정함이니라. 왜 그러한가? 이 작자의 청정함과 미계,
나아가 설촉을 인연으로 생겨난 여러 수의 청정함은 무이이고 둘로 나눌
수 없으며 분별이 없고 단절도 없는 까닭이니라.

수자의 청정함이 곧 설계의 청정함이고 설계의 청정함이 곧 수자의
청정함이니라. 왜 그러한가? 이 수자의 청정함과 설계의 청정함은 무이이
고 둘로 나눌 수 없으며 분별이 없고 단절도 없는 까닭이며, 수자의
청정함이 곧 미계·설식계, 나아가 설촉·설촉을 인연으로 생겨난 여러
수의 청정함이고 미계, 나아가 설촉을 인연으로 생겨난 여러 수의 청정함
이 곧 수자의 청정함이니라. 왜 그러한가? 이 수자의 청정함과 미계,
나아가 설촉을 인연으로 생겨난 여러 수의 청정함은 무이이고 둘로 나눌
수 없으며 분별이 없고 단절도 없는 까닭이니라.

지자의 청정함이 곧 설계의 청정함이고 설계의 청정함이 곧 지자의 청정함이니라. 왜 그러한가? 이 지자의 청정함과 비계의 청정함은 무이이고 둘로 나눌 수 없으며 분별이 없고 단절도 없는 까닭이며, 지자의 청정함이 곧 미계·설식계, 나아가 설촉·설촉을 인연으로 생겨난 여러 수의 청정함이고 미계, 나아가 설촉을 인연으로 생겨난 여러 수의 청정함이 곧 지자의 청정함이니라. 왜 그러한가? 이 지자의 청정함과 미계, 나아가 설촉을 인연으로 생겨난 여러 수의 청정함은 무이이고 둘로 나눌 수 없으며 분별이 없고 단절도 없는 까닭이니라.

견자의 청정함이 곧 설계의 청정함이고 설계의 청정함이 곧 견자의 청정함이니라. 왜 그러한가? 이 견자의 청정함과 설계의 청정함은 무이이고 둘로 나눌 수 없으며 분별이 없고 단절도 없는 까닭이며, 견자의 청정함이 곧 미계·설식계, 나아가 설촉·설촉을 인연으로 생겨난 여러 수의 청정함이고 미계, 나아가 설촉을 인연으로 생겨난 여러 수의 청정함이 곧 견자의 청정함이니라. 왜 그러한가? 이 견자의 청정함과 미계, 나아가 설촉을 인연으로 생겨난 여러 수의 청정함은 무이이고 둘로 나눌 수 없으며 분별이 없고 단절도 없는 까닭이니라."

마하반야바라밀다경 제186권

34. 난신해품(難信解品)(5)

"다시 다음으로 선현이여. 나의 청정함이 곧 신계의 청정함이고 신계의 청정함이 곧 나의 청정함이니라. 왜 그러한가? 이 나의 청정함과 신계의 청정함은 무이이고 둘로 나눌 수 없으며 분별이 없고 단절도 없는 까닭이며, 나의 청정함이 곧 촉계·신식계, 나아가 신촉·신촉을 인연으로 생겨난 여러 수의 청정함이고 촉계, 나아가 신촉을 인연으로 생겨난 여러 수의 청정함이 곧 나의 청정함이니라. 왜 그러한가? 이 나의 청정함과 촉계, 나아가 신촉을 인연으로 생겨난 여러 수의 청정함은 무이이고 둘로 나눌 수 없으며 분별이 없고 단절도 없는 까닭이니라.

유정의 청정함이 곧 신계의 청정함이고 신계의 청정함이 곧 유정의 청정함이니라. 왜 그러한가? 이 유정의 청정함과 신계의 청정함은 무이이고 둘로 나눌 수 없으며 분별이 없고 단절도 없는 까닭이며, 유정의 청정함이 곧 촉계·신식계, 나아가 신촉·신촉을 인연으로 생겨난 여러 수의 청정함이고 촉계, 나아가 신촉을 인연으로 생겨난 여러 수의 청정함이 곧 유정의 청정함이니라. 왜 그러한가? 이 유정의 청정함과 촉계, 나아가 신촉을 인연으로 생겨난 여러 수의 청정함은 무이이고 둘로 나눌 수 없으며 분별이 없고 단절도 없는 까닭이니라.

명자의 청정함이 곧 신계의 청정함이고 신계의 청정함이 곧 명자의 청정함이니라. 왜 그러한가? 이 명자의 청정함과 신계의 청정함은 무이이고 둘로 나눌 수 없으며 분별이 없고 단절도 없는 까닭이며, 명자의 청정함이 곧 촉계·신식계, 나아가 신촉·신촉을 인연으로 생겨난 여러 수의 청정함이고 촉계, 나아가 신촉을 인연으로 생겨난 여러 수의 청정함이 곧 명자의 청정함이니라. 왜 그러한가? 이 명자의 청정함과 촉계, 나아가 신촉을 인연으로 생겨난 여러 수의 청정함은 무이이고 둘로 나눌 수 없으며 분별이 없고 단절도 없는 까닭이니라.

생자의 청정함이 곧 신계의 청정함이고 신계의 청정함이 곧 생자의 청정함이니라. 왜 그러한가? 이 생자의 청정함과 신계의 청정함은 무이이고 둘로 나눌 수 없으며 분별이 없고 단절도 없는 까닭이며, 생자의 청정함이 곧 촉계·신식계, 나아가 신촉·신촉을 인연으로 생겨난 여러 수의 청정함이고 촉계, 나아가 신촉을 인연으로 생겨난 여러 수의 청정함이 곧 생자의 청정함이니라. 왜 그러한가? 이 생자의 청정함과 촉계, 나아가 신촉을 인연으로 생겨난 여러 수의 청정함은 무이이고 둘로 나눌 수 없으며 분별이 없고 단절도 없는 까닭이니라.

양육자의 청정함이 곧 신계의 청정함이고 신계의 청정함이 곧 양육자의 청정함이니라. 왜 그러한가? 이 양육자의 청정함과 신계의 청정함은 무이이고 둘로 나눌 수 없으며 분별이 없고 단절도 없는 까닭이며, 양육자의 청정함이 곧 촉계·신식계, 나아가 신촉·신촉을 인연으로 생겨난 여러 수의 청정함이고 촉계, 나아가 신촉을 인연으로 생겨난 여러 수의 청정함이 곧 양육자의 청정함이니라. 왜 그러한가? 이 양육자의 청정함과 촉계, 나아가 신촉을 인연으로 생겨난 여러 수의 청정함은 무이이고 둘로 나눌 수 없으며 분별이 없고 단절도 없는 까닭이니라.

사부의 청정함이 곧 신계의 청정함이고 신계의 청정함이 곧 사부의 청정함이니라. 왜 그러한가? 이 사부의 청정함과 신계의 청정함은 무이이고 둘로 나눌 수 없으며 분별이 없고 단절도 없는 까닭이며, 사부의 청정함이 곧 촉계·신식계, 나아가 신촉·신촉을 인연으로 생겨난 여러 수의 청정함이고 촉계, 나아가 신촉을 인연으로 생겨난 여러 수의 청정함이 곧 사부의 청정함이니라. 왜 그러한가? 이 사부의 청정함과 촉계, 나아가 신촉을 인연으로 생겨난 여러 수의 청정함은 무이이고 둘로 나눌

수 없으며 분별이 없고 단절도 없는 까닭이니라.

보특가라의 청정함이 곧 신계의 청정함이고 신계의 청정함이 곧 보특가라의 청정함이니라. 왜 그러한가? 이 보특가라의 청정함과 신계의 청정함은 무이이고 둘로 나눌 수 없으며 분별이 없고 단절도 없는 까닭이며, 보특가라의 청정함이 곧 촉계·신식계, 나아가 신촉·신촉을 인연으로 생겨난 여러 수의 청정함이고 촉계, 나아가 신촉을 인연으로 생겨난 여러 수의 청정함이 곧 보특가라의 청정함이니라. 왜 그러한가? 이 보특가라의 청정함과 촉계, 나아가 신촉을 인연으로 생겨난 여러 수의 청정함은 무이이고 둘로 나눌 수 없으며 분별이 없고 단절도 없는 까닭이니라.

의생의 청정함이 곧 신계의 청정함이고 신계의 청정함이 곧 의생의 청정함이니라. 왜 그러한가? 이 의생의 청정함과 신계의 청정함은 무이이고 둘로 나눌 수 없으며 분별이 없고 단절도 없는 까닭이며, 의생의 청정함이 곧 촉계·신식계, 나아가 신촉·신촉을 인연으로 생겨난 여러 수의 청정함이고 촉계, 나아가 신촉을 인연으로 생겨난 여러 수의 청정함이 곧 의생의 청정함이니라. 왜 그러한가? 이 의생의 청정함과 촉계, 나아가 신촉을 인연으로 생겨난 여러 수의 청정함은 무이이고 둘로 나눌 수 없으며 분별이 없고 단절도 없는 까닭이니라.

유동의 청정함이 곧 신계의 청정함이고 신계의 청정함이 곧 유동의 청정함이니라. 왜 그러한가? 이 유동의 청정함과 신계의 청정함은 무이이고 둘로 나눌 수 없으며 분별이 없고 단절도 없는 까닭이며, 유동의 청정함이 곧 촉계·신식계, 나아가 신촉·신촉을 인연으로 생겨난 여러 수의 청정함이고 촉계, 나아가 신촉을 인연으로 생겨난 여러 수의 청정함이 곧 유동의 청정함이니라. 왜 그러한가? 이 유동의 청정함과 촉계, 나아가 신촉을 인연으로 생겨난 여러 수의 청정함은 무이이고 둘로 나눌 수 없으며 분별이 없고 단절도 없는 까닭이니라.

작자의 청정함이 곧 신계의 청정함이고 신계의 청정함이 곧 작자의 청정함이니라. 왜 그러한가? 이 작자의 청정함과 신계의 청정함은 무이이고 둘로 나눌 수 없으며 분별이 없고 단절도 없는 까닭이며, 작자의 청정함이 곧 촉계·신식계, 나아가 신촉·신촉을 인연으로 생겨난 여러 수의 청정함이고 촉계, 나아가 신촉을 인연으로 생겨난 여러 수의 청정함이 곧 작자의 청정함이니라. 왜 그러한가? 이 작자의 청정함과 촉계, 나아가 신촉을 인연으로 생겨난 여러 수의 청정함은 무이이고 둘로 나눌 수 없으며 분별이 없고 단절도 없는 까닭이니라.

수자의 청정함이 곧 신계의 청정함이고 신계의 청정함이 곧 수자의 청정함이니라. 왜 그러한가? 이 수자의 청정함과 신계의 청정함은 무이이고 둘로 나눌 수 없으며 분별이 없고 단절도 없는 까닭이며, 수자의 청정함이 곧 촉계·신식계, 나아가 신촉·신촉을 인연으로 생겨난 여러 수의 청정함이고 촉계, 나아가 신촉을 인연으로 생겨난 여러 수의 청정함이 곧 수자의 청정함이니라. 왜 그러한가? 이 수자의 청정함과 촉계, 나아가 신촉을 인연으로 생겨난 여러 수의 청정함은 무이이고 둘로 나눌 수 없으며 분별이 없고 단절도 없는 까닭이니라.

지자의 청정함이 곧 신계의 청정함이고 신계의 청정함이 곧 지자의 청정함이니라. 왜 그러한가? 이 지자의 청정함과 신계의 청정함은 무이이고 둘로 나눌 수 없으며 분별이 없고 단절도 없는 까닭이며, 지자의 청정함이 곧 촉계·신식계, 나아가 신촉·신촉을 인연으로 생겨난 여러 수의 청정함이고 촉계, 나아가 신촉을 인연으로 생겨난 여러 수의 청정함이 곧 지자의 청정함이니라. 왜 그러한가? 이 지자의 청정함과 촉계, 나아가 신촉을 인연으로 생겨난 여러 수의 청정함은 무이이고 둘로 나눌 수 없으며 분별이 없고 단절도 없는 까닭이니라.

견자의 청정함이 곧 신계의 청정함이고 신계의 청정함이 곧 견자의 청정함이니라. 왜 그러한가? 이 견자의 청정함과 신계의 청정함은 무이이고 둘로 나눌 수 없으며 분별이 없고 단절도 없는 까닭이며, 견자의 청정함이 곧 촉계·신식계, 나아가 신촉·신촉을 인연으로 생겨난 여러 수의 청정함이고 촉계, 나아가 신촉을 인연으로 생겨난 여러 수의 청정함이 곧 견자의 청정함이니라. 왜 그러한가? 이 견자의 청정함과 촉계, 나아가 신촉을 인연으로 생겨난 여러 수의 청정함은 무이이고 둘로 나눌 수 없으며 분별이 없고 단절도 없는 까닭이니라."

"다시 다음으로 선현이여. 나의 청정함이 곧 의계의 청정함이고 의계의
청정함이 곧 나의 청정함이니라. 왜 그러한가? 이 나의 청정함과 의계의
청정함은 무이이고 둘로 나눌 수 없으며 분별이 없고 단절도 없는 까닭이
며, 나의 청정함이 곧 법계·의식계, 나아가 의촉·의촉을 인연으로 생겨난
여러 수의 청정함이고 법계, 나아가 의촉을 인연으로 생겨난 여러 수의
청정함이 곧 나의 청정함이니라. 왜 그러한가? 이 나의 청정함과 법계,
나아가 의촉을 인연으로 생겨난 여러 수의 청정함은 무이이고 둘로 나눌
수 없으며 분별이 없고 단절도 없는 까닭이니라.

유정의 청정함이 곧 의계의 청정함이고 의계의 청정함이 곧 유정의
청정함이니라. 왜 그러한가? 이 유정의 청정함과 의계의 청정함은 무이이
고 둘로 나눌 수 없으며 분별이 없고 단절도 없는 까닭이며, 유정의
청정함이 곧 법계·의식계, 나아가 의촉·의촉을 인연으로 생겨난 여러
수의 청정함이고 법계, 나아가 의촉을 인연으로 생겨난 여러 수의 청정함
이 곧 유정의 청정함이니라. 왜 그러한가? 이 유정의 청정함과 법계,
나아가 의촉을 인연으로 생겨난 여러 수의 청정함은 무이이고 둘로 나눌
수 없으며 분별이 없고 단절도 없는 까닭이니라.

명자의 청정함이 곧 의계의 청정함이고 의계의 청정함이 곧 명자의
청정함이니라. 왜 그러한가? 이 명자의 청정함과 의계의 청정함은 무이이
고 둘로 나눌 수 없으며 분별이 없고 단절도 없는 까닭이며, 명자의
청정함이 곧 법계·의식계, 나아가 의촉·의촉을 인연으로 생겨난 여러
수의 청정함이고 법계, 나아가 의촉을 인연으로 생겨난 여러 수의 청정함
이 곧 명자의 청정함이니라. 왜 그러한가? 이 명자의 청정함과 법계,
나아가 의촉을 인연으로 생겨난 여러 수의 청정함은 무이이고 둘로 나눌
수 없으며 분별이 없고 단절도 없는 까닭이니라.

생자의 청정함이 곧 의계의 청정함이고 의계의 청정함이 곧 생자의
청정함이니라. 왜 그러한가? 이 생자의 청정함과 의계의 청정함은 무이이

고 둘로 나눌 수 없으며 분별이 없고 단절도 없는 까닭이며, 생자의 청정함이 곧 법계·의식계, 나아가 의촉·의촉을 인연으로 생겨난 여러 수의 청정함이고 법계, 나아가 의촉을 인연으로 생겨난 여러 수의 청정함이 곧 생자의 청정함이니라. 왜 그러한가? 이 생자의 청정함과 법계, 나아가 의촉을 인연으로 생겨난 여러 수의 청정함은 무이이고 둘로 나눌 수 없으며 분별이 없고 단절도 없는 까닭이니라.

양육자의 청정함이 곧 의계의 청정함이고 의계의 청정함이 곧 양육자의 청정함이니라. 왜 그러한가? 이 양육자의 청정함과 의계의 청정함은 무이이고 둘로 나눌 수 없으며 분별이 없고 단절도 없는 까닭이며, 양육자의 청정함이 곧 법계·의식계, 나아가 의촉·의촉을 인연으로 생겨난 여러 수의 청정함이고 법계, 나아가 의촉을 인연으로 생겨난 여러 수의 청정함이 곧 양육자의 청정함이니라. 왜 그러한가? 이 양육자의 청정함과 법계, 나아가 의촉을 인연으로 생겨난 여러 수의 청정함은 무이이고 둘로 나눌 수 없으며 분별이 없고 단절도 없는 까닭이니라.

사부의 청정함이 곧 의계의 청정함이고 의계의 청정함이 곧 사부의 청정함이니라. 왜 그러한가? 이 사부의 청정함과 의계의 청정함은 무이이고 둘로 나눌 수 없으며 분별이 없고 단절도 없는 까닭이며, 사부의 청정함이 곧 법계·의식계, 나아가 의촉·의촉을 인연으로 생겨난 여러 수의 청정함이고 법계, 나아가 의촉을 인연으로 생겨난 여러 수의 청정함이 곧 사부의 청정함이니라. 왜 그러한가? 이 사부의 청정함과 법계, 나아가 의촉을 인연으로 생겨난 여러 수의 청정함은 무이이고 둘로 나눌 수 없으며 분별이 없고 단절도 없는 까닭이니라.

보특가라의 청정함이 곧 의계의 청정함이고 의계의 청정함이 곧 보특가라의 청정함이니라. 왜 그러한가? 이 보특가라의 청정함과 의계의 청정함은 무이이고 둘로 나눌 수 없으며 분별이 없고 단절도 없는 까닭이며, 보특가라의 청정함이 곧 법계·의식계, 나아가 의촉·의촉을 인연으로 생겨난 여러 수의 청정함이고 법계, 나아가 의촉을 인연으로 생겨난 여러 수의 청정함이 곧 보특가라의 청정함이니라. 왜 그러한가? 이 보특가

라의 청정함과 법계, 나아가 의촉을 인연으로 생겨난 여러 수의 청정함은
무이이고 둘로 나눌 수 없으며 분별이 없고 단절도 없는 까닭이니라.

　의생의 청정함이 곧 의계의 청정함이고 의계의 청정함이 곧 의생의
청정함이니라. 왜 그러한가? 이 의생의 청정함과 의계의 청정함은 무이이
고 둘로 나눌 수 없으며 분별이 없고 단절도 없는 까닭이며, 의생의
청정함이 곧 법계·의식계, 나아가 의촉·의촉을 인연으로 생겨난 여러
수의 청정함이고 법계, 나아가 의촉을 인연으로 생겨난 여러 수의 청정함
이 곧 의생의 청정함이니라. 왜 그러한가? 이 의생의 청정함과 법계,
나아가 의촉을 인연으로 생겨난 여러 수의 청정함은 무이이고 둘로 나눌
수 없으며 분별이 없고 단절도 없는 까닭이니라.

　유동의 청정함이 곧 의계의 청정함이고 의계의 청정함이 곧 유동의
청정함이니라. 왜 그러한가? 이 유동의 청정함과 의계의 청정함은 무이이
고 둘로 나눌 수 없으며 분별이 없고 단절도 없는 까닭이며, 유동의
청정함이 곧 법계·의식계, 나아가 의촉·의촉을 인연으로 생겨난 여러
수의 청정함이고 법계, 나아가 의촉을 인연으로 생겨난 여러 수의 청정함
이 곧 유동의 청정함이니라. 왜 그러한가? 이 유동의 청정함과 법계,
나아가 의촉을 인연으로 생겨난 여러 수의 청정함은 무이이고 둘로 나눌
수 없으며 분별이 없고 단절도 없는 까닭이니라.

　작자의 청정함이 곧 의계의 청정함이고 의계의 청정함이 곧 작자의
청정함이니라. 왜 그러한가? 이 작자의 청정함과 의계의 청정함은 무이이
고 둘로 나눌 수 없으며 분별이 없고 단절도 없는 까닭이며, 작자의
청정함이 곧 법계·의식계, 나아가 의촉·의촉을 인연으로 생겨난 여러
수의 청정함이고 법계, 나아가 의촉을 인연으로 생겨난 여러 수의 청정함
이 곧 작자의 청정함이니라. 왜 그러한가? 이 작자의 청정함과 법계,
나아가 의촉을 인연으로 생겨난 여러 수의 청정함은 무이이고 둘로 나눌
수 없으며 분별이 없고 단절도 없는 까닭이니라.

　수자의 청정함이 곧 의계의 청정함이고 의계의 청정함이 곧 수자의
청정함이니라. 왜 그러한가? 이 수자의 청정함과 의계의 청정함은 무이이

고 둘로 나눌 수 없으며 분별이 없고 단절도 없는 까닭이며, 수자의
청정함이 곧 법계·의식계, 나아가 의촉·의촉을 인연으로 생겨난 여러
수의 청정함이고 법계, 나아가 의촉을 인연으로 생겨난 여러 수의 청정함
이 곧 수자의 청정함이니라. 왜 그러한가? 이 수자의 청정함과 법계,
나아가 의촉을 인연으로 생겨난 여러 수의 청정함은 무이이고 둘로 나눌
수 없으며 분별이 없고 단절도 없는 까닭이니라.

　지자의 청정함이 곧 의계의 청정함이고 의계의 청정함이 곧 지자의
청정함이니라. 왜 그러한가? 이 지자의 청정함과 의계의 청정함은 무이이
고 둘로 나눌 수 없으며 분별이 없고 단절도 없는 까닭이며, 지자의
청정함이 곧 법계·의식계, 나아가 의촉·의촉을 인연으로 생겨난 여러
수의 청정함이고 법계, 나아가 의촉을 인연으로 생겨난 여러 수의 청정함
이 곧 지자의 청정함이니라. 왜 그러한가? 이 지자의 청정함과 법계,
나아가 의촉을 인연으로 생겨난 여러 수의 청정함은 무이이고 둘로 나눌
수 없으며 분별이 없고 단절도 없는 까닭이니라.

　견자의 청정함이 곧 의계의 청정함이고 의계의 청정함이 곧 견자의
청정함이니라. 왜 그러한가? 이 견자의 청정함과 의계의 청정함은 무이이
고 둘로 나눌 수 없으며 분별이 없고 단절도 없는 까닭이며, 견자의
청정함이 곧 법계·의식계, 나아가 의촉·의촉을 인연으로 생겨난 여러
수의 청정함이고 법계, 나아가 의촉을 인연으로 생겨난 여러 수의 청정함
이 곧 견자의 청정함이니라. 왜 그러한가? 이 견자의 청정함과 법계,
나아가 의촉을 인연으로 생겨난 여러 수의 청정함은 무이이고 둘로 나눌
수 없으며 분별이 없고 단절도 없는 까닭이니라.”

　“다시 다음으로 선현이여. 나의 청정함이 곧 지계의 청정함이고 지계의
청정함이 곧 나의 청정함이니라. 왜 그러한가? 이 나의 청정함과 지계의
청정함은 무이이고 둘로 나눌 수 없으며 분별이 없고 단절도 없는 까닭이
며, 나의 청정함이 곧 수·화·풍·공·식계의 청정함이고 수·화·풍·공·식계
의 청정함이 곧 나의 청정함이니라. 왜 그러한가? 이 나의 청정함과

수·화·풍·공·식계의 청정함은 무이이고 둘로 나눌 수 없으며 분별이 없고 단절도 없는 까닭이니라.

유정의 청정함이 곧 지계의 청정함이고 지계의 청정함이 곧 유정의 청정함이니라. 왜 그러한가? 이 유정의 청정함과 지계의 청정함은 무이이고 둘로 나눌 수 없으며 분별이 없고 단절도 없는 까닭이며, 유정의 청정함이 곧 수·화·풍·공·식계의 청정함이고 수·화·풍·공·식계의 청정함이 곧 유정의 청정함이니라. 왜 그러한가? 이 유정의 청정함과 수·화·풍·공·식계의 청정함은 무이이고 둘로 나눌 수 없으며 분별이 없고 단절도 없는 까닭이니라.

명자의 청정함이 곧 지계의 청정함이고 지계의 청정함이 곧 명자의 청정함이니라. 왜 그러한가? 이 명자의 청정함과 지계의 청정함은 무이이고 둘로 나눌 수 없으며 분별이 없고 단절도 없는 까닭이며, 명자의 청정함이 곧 수·화·풍·공·식계의 청정함이고 수·화·풍·공·식계의 청정함이 곧 명자의 청정함이니라. 왜 그러한가? 이 명자의 청정함과 수·화·풍·공·식계의 청정함은 무이이고 둘로 나눌 수 없으며 분별이 없고 단절도 없는 까닭이니라.

생자의 청정함이 곧 지계의 청정함이고 지계의 청정함이 곧 생자의 청정함이니라. 왜 그러한가? 이 생자의 청정함과 지계의 청정함은 무이이고 둘로 나눌 수 없으며 분별이 없고 단절도 없는 까닭이며, 생자의 청정함이 곧 수·화·풍·공·식계의 청정함이고 수·화·풍·공·식계의 청정함이 곧 생자의 청정함이니라. 왜 그러한가? 이 생자의 청정함과 수·화·풍·공·식계의 청정함은 무이이고 둘로 나눌 수 없으며 분별이 없고 단절도 없는 까닭이니라.

양육자의 청정함이 곧 지계의 청정함이고 지계의 청정함이 곧 양육자의 청정함이니라. 왜 그러한가? 이 양육자의 청정함과 지계의 청정함은 무이이고 둘로 나눌 수 없으며 분별이 없고 단절도 없는 까닭이며, 양육자의 청정함이 곧 수·화·풍·공·식계의 청정함이고 수·화·풍·공·식계의 청정함이 곧 양육자의 청정함이니라. 왜 그러한가? 이 양육자의 청정함과

수·화·풍·공·식계의 청정함은 무이이고 둘로 나눌 수 없으며 분별이 없고 단절도 없는 까닭이니라.

사부의 청정함이 곧 지계의 청정함이고 지계의 청정함이 곧 사부의 청정함이니라. 왜 그러한가? 이 사부의 청정함과 지계의 청정함은 무이이고 둘로 나눌 수 없으며 분별이 없고 단절도 없는 까닭이며, 사부의 청정함이 곧 수·화·풍·공·식계의 청정함이고 수·화·풍·공·식계의 청정함이 곧 사부의 청정함이니라. 왜 그러한가? 이 사부의 청정함과 수·화·풍·공·식계의 청정함은 무이이고 둘로 나눌 수 없으며 분별이 없고 단절도 없는 까닭이니라.

보특가라의 청정함이 곧 지계의 청정함이고 지계의 청정함이 곧 보특가라의 청정함이니라. 왜 그러한가? 이 보특가라의 청정함과 지계의 청정함은 무이이고 둘로 나눌 수 없으며 분별이 없고 단절도 없는 까닭이며, 보특가라의 청정함이 곧 수·화·풍·공·식계의 청정함이고 수·화·풍·공·식계의 청정함이 곧 보특가라의 청정함이니라. 왜 그러한가? 이 보특가라의 청정함과 수·화·풍·공·식계의 청정함은 무이이고 둘로 나눌 수 없으며 분별이 없고 단절도 없는 까닭이니라.

의생의 청정함이 곧 지계의 청정함이고 지계의 청정함이 곧 의생의 청정함이니라. 왜 그러한가? 이 의생의 청정함과 지계의 청정함은 무이이고 둘로 나눌 수 없으며 분별이 없고 단절도 없는 까닭이며, 의생의 청정함이 곧 수·화·풍·공·식계의 청정함이고 수·화·풍·공·식계의 청정함이 곧 의생의 청정함이니라. 왜 그러한가? 이 의생의 청정함과 수·화·풍·공·식계의 청정함은 무이이고 둘로 나눌 수 없으며 분별이 없고 단절도 없는 까닭이니라.

유동의 청정함이 곧 지계의 청정함이고 지계의 청정함이 곧 유동의 청정함이니라. 왜 그러한가? 이 유동의 청정함과 지계의 청정함은 무이이고 둘로 나눌 수 없으며 분별이 없고 단절도 없는 까닭이며, 유동의 청정함이 곧 수·화·풍·공·식계의 청정함이고 수·화·풍·공·식계의 청정함이 곧 유동의 청정함이니라. 왜 그러한가? 이 유동의 청정함과 수·화·풍

·공·식계의 청정함은 무이이고 둘로 나눌 수 없으며 분별이 없고 단절도 없는 까닭이니라.

작자의 청정함이 곧 지계의 청정함이고 지계의 청정함이 곧 작자의 청정함이니라. 왜 그러한가? 이 작자의 청정함과 지계의 청정함은 무이이고 둘로 나눌 수 없으며 분별이 없고 단절도 없는 까닭이며, 작자의 청정함이 곧 수·화·풍·공·식계의 청정함이고 수·화·풍·공·식계의 청정함이 곧 작자의 청정함이니라. 왜 그러한가? 이 작자의 청정함과 수·화·풍·공·식계의 청정함은 무이이고 둘로 나눌 수 없으며 분별이 없고 단절도 없는 까닭이니라.

수자의 청정함이 곧 지계의 청정함이고 지계의 청정함이 곧 수자의 청정함이니라. 왜 그러한가? 이 수자의 청정함과 지계의 청정함은 무이이고 둘로 나눌 수 없으며 분별이 없고 단절도 없는 까닭이며, 수자의 청정함이 곧 수·화·풍·공·식계의 청정함이고 수·화·풍·공·식계의 청정함이 곧 수자의 청정함이니라. 왜 그러한가? 이 수자의 청정함과 수·화·풍·공·식계의 청정함은 무이이고 둘로 나눌 수 없으며 분별이 없고 단절도 없는 까닭이니라.

지자의 청정함이 곧 지계의 청정함이고 지계의 청정함이 곧 지자의 청정함이니라. 왜 그러한가? 이 지자의 청정함과 지계의 청정함은 무이이고 둘로 나눌 수 없으며 분별이 없고 단절도 없는 까닭이며, 지자의 청정함이 곧 수·화·풍·공·식계의 청정함이고 수·화·풍·공·식계의 청정함이 곧 지자의 청정함이니라. 왜 그러한가? 이 지자의 청정함과 수·화·풍·공·식계의 청정함은 무이이고 둘로 나눌 수 없으며 분별이 없고 단절도 없는 까닭이니라.

견자의 청정함이 곧 지계의 청정함이고 지계의 청정함이 곧 견자의 청정함이니라. 왜 그러한가? 이 견자의 청정함과 지계의 청정함은 무이이고 둘로 나눌 수 없으며 분별이 없고 단절도 없는 까닭이며, 견자의 청정함이 곧 수·화·풍·공·식계의 청정함이고 수·화·풍·공·식계의 청정함이 곧 견자의 청정함이니라. 왜 그러한가? 이 견자의 청정함과 수·화·풍

·공·식계의 청정함은 무이이고 둘로 나눌 수 없으며 분별이 없고 단절도 없는 까닭이니라."

"다시 다음으로 선현이여. 나의 청정함이 곧 무명의 청정함이고 무명의 청정함이 곧 나의 청정함이니라. 왜 그러한가? 이 나의 청정함과 무명의 청정함은 무이이고 둘로 나눌 수 없으며 분별이 없고 단절도 없는 까닭이며, 나의 청정함이 곧 행·식·명색·육처·촉·수·애·취·유·생·노사의 수탄고우뇌의 청정함이고 행, 나아가 노사의 수탄고우뇌의 청정함이 곧 나의 청정함이니라. 왜 그러한가? 이 나의 청정함과 행, 나아가 노사의 수탄고우뇌의 청정함은 무이이고 둘로 나눌 수 없으며 분별이 없고 단절도 없는 까닭이니라.

유정의 청정함이 곧 무명의 청정함이고 무명의 청정함이 곧 유정의 청정함이니라. 왜 그러한가? 이 유정의 청정함과 무명의 청정함은 무이이고 둘로 나눌 수 없으며 분별이 없고 단절도 없는 까닭이며, 유정의 청정함이 곧 행·식·명색·육처·촉·수·애·취·유·생·노사의 수탄고우뇌의 청정함이고 행, 나아가 노사의 수탄고우뇌의 청정함이 곧 유정의 청정함이니라. 왜 그러한가? 이 유정의 청정함과 행, 나아가 노사의 수탄고우뇌의 청정함은 무이이고 둘로 나눌 수 없으며 분별이 없고 단절도 없는 까닭이니라.

명자의 청정함이 곧 무명의 청정함이고 무명의 청정함이 곧 명자의 청정함이니라. 왜 그러한가? 이 명자의 청정함과 무명의 청정함은 무이이고 둘로 나눌 수 없으며 분별이 없고 단절도 없는 까닭이며, 명자의 청정함이 곧 행·식·명색·육처·촉·수·애·취·유·생·노사의 수탄고우뇌의 청정함이고 행, 나아가 노사의 수탄고우뇌의 청정함이 곧 명자의 청정함이니라. 왜 그러한가? 이 명자의 청정함과 행, 나아가 노사의 수탄고우뇌의 청정함은 무이이고 둘로 나눌 수 없으며 분별이 없고 단절도 없는 까닭이니라.

생자의 청정함이 곧 무명의 청정함이고 무명의 청정함이 곧 생자의 청정함이니라. 왜 그러한가? 이 생자의 청정함과 무명의 청정함은 무이이고 둘로 나눌 수 없으며 분별이 없고 단절도 없는 까닭이며, 생자의 청정함이 곧 행·식·명색·육처·촉·수·애·취·유·생·노사의 수탄고우뇌의 청정함이고 행, 나아가 노사의 수탄고우뇌의 청정함이 곧 생자의 청정함이니라. 왜 그러한가? 이 생자의 청정함과 행, 나아가 노사의 수탄고우뇌의 청정함은 무이이고 둘로 나눌 수 없으며 분별이 없고 단절도 없는 까닭이니라.

양육자의 청정함이 곧 무명의 청정함이고 무명의 청정함이 곧 양육자의 청정함이니라. 왜 그러한가? 이 양육자의 청정함과 무명의 청정함은 무이이고 둘로 나눌 수 없으며 분별이 없고 단절도 없는 까닭이며, 양육자의 청정함이 곧 행·식·명색·육처·촉·수·애·취·유·생·노사의 수탄고우뇌의 청정함이고 행, 나아가 노사의 수탄고우뇌의 청정함이 곧 양육자의 청정함이니라. 왜 그러한가? 이 양육자의 청정함과 행, 나아가 노사의 수탄고우뇌의 청정함은 무이이고 둘로 나눌 수 없으며 분별이 없고 단절도 없는 까닭이니라.

사부의 청정함이 곧 무명의 청정함이고 무명의 청정함이 곧 사부의 청정함이니라. 왜 그러한가? 이 사부의 청정함과 무명의 청정함은 무이이고 둘로 나눌 수 없으며 분별이 없고 단절도 없는 까닭이며, 사부의 청정함이 곧 행·식·명색·육처·촉·수·애·취·유·생·노사의 수탄고우뇌의 청정함이고 행, 나아가 노사의 수탄고우뇌의 청정함이 곧 사부의 청정함이니라. 왜 그러한가? 이 사부의 청정함과 행, 나아가 노사의 수탄고우뇌의 청정함은 무이이고 둘로 나눌 수 없으며 분별이 없고 단절도 없는 까닭이니라.

보특가라의 청정함이 곧 무명의 청정함이고 무명의 청정함이 곧 보특가라의 청정함이니라. 왜 그러한가? 이 보특가라의 청정함과 무명의 청정함은 무이이고 둘로 나눌 수 없으며 분별이 없고 단절도 없는 까닭이며, 보특가라의 청정함이 곧 행·식·명색·육처·촉·수·애·취·유·생·노사의 수탄고우뇌의 청정함이고 행, 나아가 노사의 수탄고우뇌의 청정함이 곧

보특가라의 청정함이니라. 왜 그러한가? 이 보특가라의 청정함과 행,
나아가 노사의 수탄고우뇌의 청정함은 무이이고 둘로 나눌 수 없으며
분별이 없고 단절도 없는 까닭이니라.

　의생의 청정함이 곧 무명의 청정함이고 무명의 청정함이 곧 의생의
청정함이니라. 왜 그러한가? 이 의생의 청정함과 무명의 청정함은 무이이
고 둘로 나눌 수 없으며 분별이 없고 단절도 없는 까닭이며, 의생의
청정함이 곧 행·식·명색·육처·촉·수·애·취·유·생·노사의 수탄고우뇌의
청정함이고 행, 나아가 노사의 수탄고우뇌의 청정함이 곧 의생의 청정함
이니라. 왜 그러한가? 이 의생의 청정함과 행, 나아가 노사의 수탄고우뇌
의 청정함은 무이이고 둘로 나눌 수 없으며 분별이 없고 단절도 없는
까닭이니라.

　유동의 청정함이 곧 무명의 청정함이고 무명의 청정함이 곧 유동의
청정함이니라. 왜 그러한가? 이 유동의 청정함과 무명의 청정함은 무이이
고 둘로 나눌 수 없으며 분별이 없고 단절도 없는 까닭이며, 유동의
청정함이 곧 행·식·명색·육처·촉·수·애·취·유·생·노사의 수탄고우뇌의
청정함이고 행, 나아가 노사의 수탄고우뇌의 청정함이 곧 유동의 청정함
이니라. 왜 그러한가? 이 유동의 청정함과 행, 나아가 노사의 수탄고우뇌
의 청정함은 무이이고 둘로 나눌 수 없으며 분별이 없고 단절도 없는
까닭이니라.

　작자의 청정함이 곧 무명의 청정함이고 무명의 청정함이 곧 작자의
청정함이니라. 왜 그러한가? 이 작자의 청정함과 무명의 청정함은 무이이
고 둘로 나눌 수 없으며 분별이 없고 단절도 없는 까닭이며, 작자의
청정함이 곧 행·식·명색·육처·촉·수·애·취·유·생·노사의 수탄고우뇌의
청정함이고 행, 나아가 노사의 수탄고우뇌의 청정함이 곧 작자의 청정함
이니라. 왜 그러한가? 이 작자의 청정함과 행, 나아가 노사의 수탄고우뇌
의 청정함은 무이이고 둘로 나눌 수 없으며 분별이 없고 단절도 없는
까닭이니라.

　수자의 청정함이 곧 무명의 청정함이고 무명의 청정함이 곧 수자의

청정함이니라. 왜 그러한가? 이 수자의 청정함과 무명의 청정함은 무이이고 둘로 나눌 수 없으며 분별이 없고 단절도 없는 까닭이며, 수자의 청정함이 곧 행·식·명색·육처·촉·수·애·취·유·생·노사의 수탄고우뇌의 청정함이고 행, 나아가 노사의 수탄고우뇌의 청정함이 곧 수자의 청정함이니라. 왜 그러한가? 이 수자의 청정함과 행, 나아가 노사의 수탄고우뇌의 청정함은 무이이고 둘로 나눌 수 없으며 분별이 없고 단절도 없는 까닭이니라.

지자의 청정함이 곧 무명의 청정함이고 무명의 청정함이 곧 지자의 청정함이니라. 왜 그러한가? 이 지자의 청정함과 무명의 청정함은 무이이고 둘로 나눌 수 없으며 분별이 없고 단절도 없는 까닭이며, 지자의 청정함이 곧 행·식·명색·육처·촉·수·애·취·유·생·노사의 수탄고우뇌의 청정함이고 행, 나아가 노사의 수탄고우뇌의 청정함이 곧 지자의 청정함이니라. 왜 그러한가? 이 지자의 청정함과 행, 나아가 노사의 수탄고우뇌의 청정함은 무이이고 둘로 나눌 수 없으며 분별이 없고 단절도 없는 까닭이니라.

견자의 청정함이 곧 무명의 청정함이고 무명의 청정함이 곧 견자의 청정함이니라. 왜 그러한가? 이 견자의 청정함과 무명의 청정함은 무이이고 둘로 나눌 수 없으며 분별이 없고 단절도 없는 까닭이며, 견자의 청정함이 곧 행·식·명색·육처·촉·수·애·취·유·생·노사의 수탄고우뇌의 청정함이고 행, 나아가 노사의 수탄고우뇌의 청정함이 곧 견자의 청정함이니라. 왜 그러한가? 이 견자의 청정함과 행, 나아가 노사의 수탄고우뇌의 청정함은 무이이고 둘로 나눌 수 없으며 분별이 없고 단절도 없는 까닭이니라.”

“다시 다음으로 선현이여. 나의 청정함이 곧 보시바라밀다의 청정함이고 보시바라밀다의 청정함이 곧 나의 청정함이니라. 왜 그러한가? 이 나의 청정함과 보시바라밀다의 청정함은 무이이고 둘로 나눌 수 없으며 분별이 없고 단절도 없는 까닭이며, 나의 청정함이 곧 정계·안인·정진·정

려·반야바라밀다의 청정함이고 정계, 나아가 반야바라밀다의 청정함이
곧 나의 청정함이니라. 왜 그러한가? 이 나의 청정함과 정계, 나아가
반야바라밀다의 청정함은 무이이고 둘로 나눌 수 없으며 분별이 없고
단절도 없는 까닭이니라.

　유정의 청정함이 곧 보시바라밀다의 청정함이고 보시바라밀다의 청정
함이 곧 유정의 청정함이니라. 왜 그러한가? 이 유정의 청정함과 보시바라
밀다의 청정함은 무이이고 둘로 나눌 수 없으며 분별이 없고 단절도
없는 까닭이며, 유정의 청정함이 곧 정계·안인·정진·정려·반야바라밀다
의 청정함이고 정계, 나아가 반야바라밀다의 청정함이 곧 유정의 청정함
이니라. 왜 그러한가? 이 유정의 청정함과 정계, 나아가 반야바라밀다의
청정함은 무이이고 둘로 나눌 수 없으며 분별이 없고 단절도 없는 까닭이
니라.

　명자의 청정함이 곧 보시바라밀다의 청정함이고 보시바라밀다의 청정
함이 곧 명자의 청정함이니라. 왜 그러한가? 이 명자의 청정함과 보시바라
밀다의 청정함은 무이이고 둘로 나눌 수 없으며 분별이 없고 단절도
없는 까닭이며, 명자의 청정함이 곧 정계·안인·정진·정려·반야바라밀다
의 청정함이고 정계, 나아가 반야바라밀다의 청정함이 곧 명자의 청정함
이니라. 왜 그러한가? 이 명자의 청정함과 정계, 나아가 반야바라밀다의
청정함은 무이이고 둘로 나눌 수 없으며 분별이 없고 단절도 없는 까닭이
니라.

　생자의 청정함이 곧 보시바라밀다의 청정함이고 보시바라밀다의 청정
함이 곧 생자의 청정함이니라. 왜 그러한가? 이 생자의 청정함과 보시바라
밀다의 청정함은 무이이고 둘로 나눌 수 없으며 분별이 없고 단절도
없는 까닭이며, 생자의 청정함이 곧 정계·안인·정진·정려·반야바라밀다
의 청정함이고 정계, 나아가 반야바라밀다의 청정함이 곧 생자의 청정함
이니라. 왜 그러한가? 이 생자의 청정함과 정계, 나아가 반야바라밀다의
청정함은 무이이고 둘로 나눌 수 없으며 분별이 없고 단절도 없는 까닭이
니라.

양육자의 청정함이 곧 보시바라밀다의 청정함이고 보시바라밀다의 청정함이 곧 양육자의 청정함이니라. 왜 그러한가? 이 양육자의 청정함과 보시바라밀다의 청정함은 무이이고 둘로 나눌 수 없으며 분별이 없고 단절도 없는 까닭이며, 양육자의 청정함이 곧 정계·안인·정진·정려·반야바라밀다의 청정함이고 정계, 나아가 반야바라밀다의 청정함이 곧 양육자의 청정함이니라. 왜 그러한가? 이 양육자의 청정함과 정계, 나아가 반야바라밀다의 청정함은 무이이고 둘로 나눌 수 없으며 분별이 없고 단절도 없는 까닭이니라.

사부의 청정함이 곧 보시바라밀다의 청정함이고 보시바라밀다의 청정함이 곧 사부의 청정함이니라. 왜 그러한가? 이 사부의 청정함과 보시바라밀다의 청정함은 무이이고 둘로 나눌 수 없으며 분별이 없고 단절도 없는 까닭이며, 사부의 청정함이 곧 정계·안인·정진·정려·반야바라밀다의 청정함이고 정계, 나아가 반야바라밀다의 청정함이 곧 사부의 청정함이니라. 왜 그러한가? 이 사부의 청정함과 정계, 나아가 반야바라밀다의 청정함은 무이이고 둘로 나눌 수 없으며 분별이 없고 단절도 없는 까닭이니라.

보특가라의 청정함이 곧 보시바라밀다의 청정함이고 보시바라밀다의 청정함이 곧 보특가라의 청정함이니라. 왜 그러한가? 이 보특가라의 청정함과 보시바라밀다의 청정함은 무이이고 둘로 나눌 수 없으며 분별이 없고 단절도 없는 까닭이며, 보특가라의 청정함이 곧 정계·안인·정진·정려·반야바라밀다의 청정함이고 정계, 나아가 반야바라밀다의 청정함이 곧 보특가라의 청정함이니라. 왜 그러한가? 이 보특가라의 청정함과 정계, 나아가 반야바라밀다의 청정함은 무이이고 둘로 나눌 수 없으며 분별이 없고 단절도 없는 까닭이니라.

의생의 청정함이 곧 보시바라밀다의 청정함이고 보시바라밀다의 청정함이 곧 의생의 청정함이니라. 왜 그러한가? 이 의생의 청정함과 보시바라밀다의 청정함은 무이이고 둘로 나눌 수 없으며 분별이 없고 단절도 없는 까닭이며, 의생의 청정함이 곧 정계·안인·정진·정려·반야바라밀다

의 청정함이고 정계, 나아가 반야바라밀다의 청정함이 곧 의생의 청정함
이니라. 왜 그러한가? 이 의생의 청정함과 정계, 나아가 반야바라밀다의
청정함은 무이이고 둘로 나눌 수 없으며 분별이 없고 단절도 없는 까닭이
니라.

유동의 청정함이 곧 보시바라밀다의 청정함이고 보시바라밀다의 청정
함이 곧 유동의 청정함이니라. 왜 그러한가? 이 유동의 청정함과 보시바라
밀다의 청정함은 무이이고 둘로 나눌 수 없으며 분별이 없고 단절도
없는 까닭이며, 유동의 청정함이 곧 정계·안인·정진·정려·반야바라밀다
의 청정함이고 정계, 나아가 반야바라밀다의 청정함이 곧 유동의 청정함
이니라. 왜 그러한가? 이 유동의 청정함과 정계, 나아가 반야바라밀다의
청정함은 무이이고 둘로 나눌 수 없으며 분별이 없고 단절도 없는 까닭이
니라.

작자의 청정함이 곧 보시바라밀다의 청정함이고 보시바라밀다의 청정
함이 곧 작자의 청정함이니라. 왜 그러한가? 이 작자의 청정함과 보시바라
밀다의 청정함은 무이이고 둘로 나눌 수 없으며 분별이 없고 단절도
없는 까닭이며, 작자의 청정함이 곧 정계·안인·정진·정려·반야바라밀다
의 청정함이고 정계, 나아가 반야바라밀다의 청정함이 곧 작자의 청정함
이니라. 왜 그러한가? 이 작자의 청정함과 정계, 나아가 반야바라밀다의
청정함은 무이이고 둘로 나눌 수 없으며 분별이 없고 단절도 없는 까닭이
니라.

수자의 청정함이 곧 보시바라밀다의 청정함이고 보시바라밀다의 청정
함이 곧 수자의 청정함이니라. 왜 그러한가? 이 수자의 청정함과 보시바라
밀다의 청정함은 무이이고 둘로 나눌 수 없으며 분별이 없고 단절도
없는 까닭이며, 수자의 청정함이 곧 정계·안인·정진·정려·반야바라밀다
의 청정함이고 정계, 나아가 반야바라밀다의 청정함이 곧 수자의 청정함
이니라. 왜 그러한가? 이 수자의 청정함과 정계, 나아가 반야바라밀다의
청정함은 무이이고 둘로 나눌 수 없으며 분별이 없고 단절도 없는 까닭이
니라.

지자의 청정함이 곧 보시바라밀다의 청정함이고 보시바라밀다의 청정함이 곧 지자의 청정함이니라. 왜 그러한가? 이 지자의 청정함과 보시바라밀다의 청정함은 무이이고 둘로 나눌 수 없으며 분별이 없고 단절도 없는 까닭이며, 지자의 청정함이 곧 정계·안인·정진·정려·반야바라밀다의 청정함이고 정계, 나아가 반야바라밀다의 청정함이 곧 지자의 청정함이니라. 왜 그러한가? 이 지자의 청정함과 정계, 나아가 반야바라밀다의 청정함은 무이이고 둘로 나눌 수 없으며 분별이 없고 단절도 없는 까닭이니라.

견자의 청정함이 곧 보시바라밀다의 청정함이고 보시바라밀다의 청정함이 곧 견자의 청정함이니라. 왜 그러한가? 이 견자의 청정함과 보시바라밀다의 청정함은 무이이고 둘로 나눌 수 없으며 분별이 없고 단절도 없는 까닭이며, 견자의 청정함이 곧 정계·안인·정진·정려·반야바라밀다의 청정함이고 정계, 나아가 반야바라밀다의 청정함이 곧 견자의 청정함이니라. 왜 그러한가? 이 견자의 청정함과 정계, 나아가 반야바라밀다의 청정함은 무이이고 둘로 나눌 수 없으며 분별이 없고 단절도 없는 까닭이니라."

마하반야바라밀다경 제187권

34. 난신해품(難信解品)(6)

"다시 다음으로 선현이여. 나의 청정함이 곧 내공의 청정함이고 내공의 청정함이 곧 나의 청정함이니라. 왜 그러한가? 이 나의 청정함과 내공의 청정함은 무이이고 둘로 나눌 수 없으며 분별이 없고 단절도 없는 까닭이며, 나의 청정함이 곧 외공·내외공·공공·대공·승의공·유위공·무위공·필경공·무제공·산공·무변이공·본성공·자상공·공상공·일체법공·불가득공·무성공·자성공·무성자성공의 청정함이고 외공, 나아가 무성자성공의 청정함이 곧 나의 청정함이니라. 왜 그러한가? 이 나의 청정함과 외공, 나아가 무성자성공의 청정함은 무이이고 둘로 나눌 수 없으며 분별이 없고 단절도 없는 까닭이니라.

유정의 청정함이 곧 내공의 청정함이고 내공의 청정함이 곧 유정의 청정함이니라. 왜 그러한가? 이 유정의 청정함과 내공의 청정함은 무이이고 둘로 나눌 수 없으며 분별이 없고 단절도 없는 까닭이며, 유정의 청정함이 곧 외공·내외공·공공·대공·승의공·유위공·무위공·필경공·무제공·산공·무변이공·본성공·자상공·공상공·일체법공·불가득공·무성공·자성공·무성자성공의 청정함이고 외공, 나아가 무성자성공의 청정함이 곧 유정의 청정함이니라. 왜 그러한가? 이 유정의 청정함과 외공, 나아가 무성자성공의 청정함은 무이이고 둘로 나눌 수 없으며 분별이 없고 단절도 없는 까닭이니라.

명자의 청정함이 곧 내공의 청정함이고 내공의 청정함이 곧 명자의

청정함이니라. 왜 그러한가? 이 명자의 청정함과 내공의 청정함은 무이이
고 둘로 나눌 수 없으며 분별이 없고 단절도 없는 까닭이며, 명자의
청정함이 곧 외공·내외공·공공·대공·승의공·유위공·무위공·필경공·무
제공·산공·무변이공·본성공·자상공·공상공·일체법공·불가득공·무성
공·자성공·무성자성공의 청정함이고 외공, 나아가 무성자성공의 청정함
이 곧 명자의 청정함이니라. 왜 그러한가? 이 명자의 청정함과 외공, 나아가
무성자성공의 청정함은 무이이고 둘로 나눌 수 없으며 분별이 없고 단절도
없는 까닭이니라.

생자의 청정함이 곧 내공의 청정함이고 내공의 청정함이 곧 생자의
청정함이니라. 왜 그러한가? 이 생자의 청정함과 내공의 청정함은 무이이
고 둘로 나눌 수 없으며 분별이 없고 단절도 없는 까닭이며, 생자의
청정함이 곧 외공·내외공·공공·대공·승의공·유위공·무위공·필경공·무
제공·산공·무변이공·본성공·자상공·공상공·일체법공·불가득공·무성
공·자성공·무성자성공의 청정함이고 외공, 나아가 무성자성공의 청정함
이 곧 생자의 청정함이니라. 왜 그러한가? 이 생자의 청정함과 외공,
나아가 무성자성공의 청정함은 무이이고 둘로 나눌 수 없으며 분별이
없고 단절도 없는 까닭이니라.

양육자의 청정함이 곧 내공의 청정함이고 내공의 청정함이 곧 양육자의
청정함이니라. 왜 그러한가? 이 양육자의 청정함과 내공의 청정함은
무이이고 둘로 나눌 수 없으며 분별이 없고 단절도 없는 까닭이며, 양육자
의 청정함이 곧 외공·내외공·공공·대공·승의공·유위공·무위공·필경공·
무제공·산공·무변이공·본성공·자상공·공상공·일체법공·불가득공·무
성공·자성공·무성자성공의 청정함이고 외공, 나아가 무성자성공의 청정
함이 곧 양육자의 청정함이니라. 왜 그러한가? 이 양육자의 청정함과
외공, 나아가 무성자성공의 청정함은 무이이고 둘로 나눌 수 없으며
분별이 없고 단절도 없는 까닭이니라.

사부의 청정함이 곧 내공의 청정함이고 내공의 청정함이 곧 사부의
청정함이니라. 왜 그러한가? 이 사부의 청정함과 내공의 청정함은 무이이

고 둘로 나눌 수 없으며 분별이 없고 단절도 없는 까닭이며, 사부의 청정함이 곧 외공·내외공·공공·대공·승의공·유위공·무위공·필경공·무제공·산공·무변이공·본성공·자상공·공상공·일체법공·불가득공·무성공·자성공·무성자성공의 청정함이고 외공, 나아가 무성자성공의 청정함이 곧 사부의 청정함이니라. 왜 그러한가? 이 사부의 청정함과 외공, 나아가 무성자성공의 청정함은 무이이고 둘로 나눌 수 없으며 분별이 없고 단절도 없는 까닭이니라.

보특가라의 청정함이 곧 내공의 청정함이고 내공의 청정함이 곧 보특가라의 청정함이니라. 왜 그러한가? 이 보특가라의 청정함과 내공의 청정함은 무이이고 둘로 나눌 수 없으며 분별이 없고 단절도 없는 까닭이며, 보특가라의 청정함이 곧 외공·내외공·공공·대공·승의공·유위공·무위공·필경공·무제공·산공·무변이공·본성공·자상공·공상공·일체법공·불가득공·무성공·자성공·무성자성공의 청정함이고 외공, 나아가 무성자성공의 청정함이 곧 보특가라의 청정함이니라. 왜 그러한가? 이 보특가라의 청정함과 외공, 나아가 무성자성공의 청정함은 무이이고 둘로 나눌 수 없으며 분별이 없고 단절도 없는 까닭이니라.

의생의 청정함이 곧 내공의 청정함이고 내공의 청정함이 곧 의생의 청정함이니라. 왜 그러한가? 이 의생의 청정함과 내공의 청정함은 무이이고 둘로 나눌 수 없으며 분별이 없고 단절도 없는 까닭이며, 의생의 청정함이 곧 외공·내외공·공공·대공·승의공·유위공·무위공·필경공·무제공·산공·무변이공·본성공·자상공·공상공·일체법공·불가득공·무성공·자성공·무성자성공의 청정함이고 외공, 나아가 무성자성공의 청정함이 곧 의생의 청정함이니라. 왜 그러한가? 이 의생의 청정함과 외공, 나아가 무성자성공의 청정함은 무이이고 둘로 나눌 수 없으며 분별이 없고 단절도 없는 까닭이니라.

유동의 청정함이 곧 내공의 청정함이고 내공의 청정함이 곧 유동의 청정함이니라. 왜 그러한가? 이 유동의 청정함과 내공의 청정함은 무이이고 둘로 나눌 수 없으며 분별이 없고 단절도 없는 까닭이며, 유동의 청정함이 곧 외공·내외공·공공·대공·승의공·유위공·무위공·필경공·무제공·산공·무변이공·본성공·자상공·공상공·일체법공·불가득공·무성공·자성공·무성자성공의 청정함이고 외공, 나아가 무성자성공의 청정함이 곧 유동의 청정함이니라. 왜 그러한가? 이 유동의 청정함과 외공, 나아가 무성자성공의 청정함은 무이이고 둘로 나눌 수 없으며 분별이 없고 단절도 없는 까닭이니라.

작자의 청정함이 곧 내공의 청정함이고 내공의 청정함이 곧 작자의 청정함이니라. 왜 그러한가? 이 작자의 청정함과 내공의 청정함은 무이이고 둘로 나눌 수 없으며 분별이 없고 단절도 없는 까닭이며, 작자의 청정함이 곧 외공·내외공·공공·대공·승의공·유위공·무위공·필경공·무제공·산공·무변이공·본성공·자상공·공상공·일체법공·불가득공·무성공·자성공·무성자성공의 청정함이고 외공, 나아가 무성자성공의 청정함이 곧 작자의 청정함이니라. 왜 그러한가? 이 작자의 청정함과 외공, 나아가 무성자성공의 청정함은 무이이고 둘로 나눌 수 없으며 분별이 없고 단절도 없는 까닭이니라.

수자의 청정함이 곧 내공의 청정함이고 내공의 청정함이 곧 수자의 청정함이니라. 왜 그러한가? 이 수자의 청정함과 내공의 청정함은 무이이고 둘로 나눌 수 없으며 분별이 없고 단절도 없는 까닭이며, 수자의 청정함이 곧 외공·내외공·공공·대공·승의공·유위공·무위공·필경공·무제공·산공·무변이공·본성공·자상공·공상공·일체법공·불가득공·무성공·자성공·무성자성공의 청정함이고 외공, 나아가 무성자성공의 청정함이 곧 수자의 청정함이니라. 왜 그러한가? 이 수자의 청정함과 외공, 나아가 무성자성공의 청정함은 무이이고 둘로 나눌 수 없으며 분별이 없고 단절도 없는 까닭이니라.

지자의 청정함이 곧 내공의 청정함이고 내공의 청정함이 곧 지자의 청정함이니라. 왜 그러한가? 이 지자의 청정함과 내공의 청정함은 무이이고 둘로 나눌 수 없으며 분별이 없고 단절도 없는 까닭이며, 지자의 청정함이 곧 외공·내외공·공공·대공·승의공·유위공·무위공·필경공·무

제공·산공·무변이공·본성공·자상공·공상공·일체법공·불가득공·무성
공·자성공·무성자성공의 청정함이고 외공, 나아가 무성자성공의 청정함
이 곧 지자의 청정함이니라. 왜 그러한가? 이 지자의 청정함과 외공,
나아가 무성자성공의 청정함은 무이이고 둘로 나눌 수 없으며 분별이
없고 단절도 없는 까닭이니라.

　견자의 청정함이 곧 내공의 청정함이고 내공의 청정함이 곧 견자의
청정함이니라. 왜 그러한가? 이 견자의 청정함과 내공의 청정함은 무이이
고 둘로 나눌 수 없으며 분별이 없고 단절도 없는 까닭이며, 견자의
청정함이 곧 외공·내외공·공공·대공·승의공·유위공·무위공·필경공·무
제공·산공·무변이공·본성공·자상공·공상공·일체법공·불가득공·무성
공·자성공·무성자성공의 청정함이고 외공, 나아가 무성자성공의 청정함
이 곧 견자의 청정함이니라. 왜 그러한가? 이 견자의 청정함과 외공,
나아가 무성자성공의 청정함은 무이이고 둘로 나눌 수 없으며 분별이
없고 단절도 없는 까닭이니라."

　"다시 다음으로 선현이여. 나의 청정함이 곧 진여의 청정함이고 진여의
청정함이 곧 나의 청정함이니라. 왜 그러한가? 이 나의 청정함과 진여의
청정함은 무이이고 둘로 나눌 수 없으며 분별이 없고 단절도 없는 까닭이
며, 나의 청정함이 곧 법계·법성·불허망성·불변이성·평등성·이생성·법
정·법주·실제·허공계·부사의계의 청정함이고 *법계, 나아가 부사의계의
청정함이 곧 나의 청정함이니라. 왜 그러한가? 이 나의 청정함과 법계,
나아가 부사의계의 청정함은 무이이고 둘로 나눌 수 없으며 분별이 없고
단절도 없는 까닭이니라.

　유정의 청정함이 곧 진여의 청정함이고 진여의 청정함이 곧 유정의
청정함이니라. 왜 그러한가? 이 유정의 청정함과 진여의 청정함은 무이이
고 둘로 나눌 수 없으며 분별이 없고 단절도 없는 까닭이며, 유정의
청정함이 곧 법계·법성·불허망성·불변이성·평등성·이생성·법정·법주·
실제·허공계·부사의계의 청정함이고 법계, 나아가 부사의계의 청정함이

곧 유정의 청정함이니라. 왜 그러한가? 이 유정의 청정함과 법계, 나아가 부사의계의 청정함은 무이이고 둘로 나눌 수 없으며 분별이 없고 단절도 없는 까닭이니라.

명자의 청정함이 곧 진여의 청정함이고 진여의 청정함이 곧 명자의 청정함이니라. 왜 그러한가? 이 명자의 청정함과 진여의 청정함은 무이이고 둘로 나눌 수 없으며 분별이 없고 단절도 없는 까닭이며, 명자의 청정함이 곧 법계·법성·불허망성·불변이성·평등성·이생성·법정·법주·실제·허공계·부사의계의 청정함이고 법계, 나아가 부사의계의 청정함이 곧 명자의 청정함이니라. 왜 그러한가? 이 명자의 청정함과 법계, 나아가 부사의계의 청정함은 무이이고 둘로 나눌 수 없으며 분별이 없고 단절도 없는 까닭이니라.

생자의 청정함이 곧 진여의 청정함이고 진여의 청정함이 곧 생자의 청정함이니라. 왜 그러한가? 이 생자의 청정함과 진여의 청정함은 무이이고 둘로 나눌 수 없으며 분별이 없고 단절도 없는 까닭이며, 생자의 청정함이 곧 법계·법성·불허망성·불변이성·평등성·이생성·법정·법주·실제·허공계·부사의계의 청정함이고 법계, 나아가 부사의계의 청정함이 곧 생자의 청정함이니라. 왜 그러한가? 이 생자의 청정함과 법계, 나아가 부사의계의 청정함은 무이이고 둘로 나눌 수 없으며 분별이 없고 단절도 없는 까닭이니라.

양육자의 청정함이 곧 진여의 청정함이고 진여의 청정함이 곧 양육자의 청정함이니라. 왜 그러한가? 이 양육자의 청정함과 진여의 청정함은 무이이고 둘로 나눌 수 없으며 분별이 없고 단절도 없는 까닭이며, 양육자의 청정함이 곧 법계·법성·불허망성·불변이성·평등성·이생성·법정·법주·실제·허공계·부사의계의 청정함이고 법계, 나아가 부사의계의 청정함이 곧 양육자의 청정함이니라. 왜 그러한가? 이 양육자의 청정함과 법계, 나아가 부사의계의 청정함은 무이이고 둘로 나눌 수 없으며 분별이 없고 단절도 없는 까닭이니라.

사부의 청정함이 곧 진여의 청정함이고 진여의 청정함이 곧 사부의 청정함이니라. 왜 그러한가? 이 사부의 청정함과 진여의 청정함은 무이이고 둘로 나눌 수 없으며 분별이 없고 단절도 없는 까닭이며, 사부의 청정함이 곧 법계·법성·불허망성·불변이성·평등성·이생성·법정·법주·실제·허공계·부사의계의 청정함이고 법계, 나아가 부사의계의 청정함이 곧 사부의 청정함이니라. 왜 그러한가? 이 사부의 청정함과 법계, 나아가 부사의계의 청정함은 무이이고 둘로 나눌 수 없으며 분별이 없고 단절도 없는 까닭이니라.

보특가라의 청정함이 곧 진여의 청정함이고 진여의 청정함이 곧 보특가라의 청정함이니라. 왜 그러한가? 이 보특가라의 청정함과 진여의 청정함은 무이이고 둘로 나눌 수 없으며 분별이 없고 단절도 없는 까닭이며, 보특가라의 청정함이 곧 법계·법성·불허망성·불변이성·평등성·이생성·법정·법주·실제·허공계·부사의계의 청정함이고 법계, 나아가 부사의계의 청정함이 곧 보특가라의 청정함이니라. 왜 그러한가? 이 보특가라의 청정함과 법계, 나아가 부사의계의 청정함은 무이이고 둘로 나눌 수 없으며 분별이 없고 단절도 없는 까닭이니라.

의생의 청정함이 곧 진여의 청정함이고 진여의 청정함이 곧 의생의 청정함이니라. 왜 그러한가? 이 의생의 청정함과 진여의 청정함은 무이이고 둘로 나눌 수 없으며 분별이 없고 단절도 없는 까닭이며, 의생의 청정함이 곧 법계·법성·불허망성·불변이성·평등성·이생성·법정·법주·실제·허공계·부사의계의 청정함이고 법계, 나아가 부사의계의 청정함이 곧 의생의 청정함이니라. 왜 그러한가? 이 의생의 청정함과 법계, 나아가 부사의계의 청정함은 무이이고 둘로 나눌 수 없으며 분별이 없고 단절도 없는 까닭이니라.

유동의 청정함이 곧 진여의 청정함이고 진여의 청정함이 곧 유동의 청정함이니라. 왜 그러한가? 이 유동의 청정함과 진여의 청정함은 무이이고 둘로 나눌 수 없으며 분별이 없고 단절도 없는 까닭이며, 유동의 청정함이 곧 법계·법성·불허망성·불변이성·평등성·이생성·법정·법주·실제·허공계·부사의계의 청정함이고 법계, 나아가 부사의계의 청정함이 곧 유동의 청정함이니라. 왜 그러한가? 이 유동의 청정함과 법계, 나아가 부사의계의 청정함은 무이이고 둘로 나눌 수 없으며 분별이 없고 단절도 없는 까닭이니라.

작자의 청정함이 곧 진여의 청정함이고 진여의 청정함이 곧 작자의 청정함이니라. 왜 그러한가? 이 작자의 청정함과 진여의 청정함은 무이이고 둘로 나눌 수 없으며 분별이 없고 단절도 없는 까닭이며, 작자의 청정함이 곧 법계·법성·불허망성·불변이성·평등성·이생성·법정·법주·실제·허공계·부사의계의 청정함이고 법계, 나아가 부사의계의 청정함이 곧 작자의 청정함이니라. 왜 그러한가? 이 작자의 청정함과 법계, 나아가 부사의계의 청정함은 무이이고 둘로 나눌 수 없으며 분별이 없고 단절도 없는 까닭이니라.

수자의 청정함이 곧 진여의 청정함이고 진여의 청정함이 곧 수자의 청정함이니라. 왜 그러한가? 이 수자의 청정함과 진여의 청정함은 무이이고 둘로 나눌 수 없으며 분별이 없고 단절도 없는 까닭이며, 수자의 청정함이 곧 법계·법성·불허망성·불변이성·평등성·이생성·법정·법주·실제·허공계·부사의계의 청정함이고 법계, 나아가 부사의계의 청정함이 곧 수자의 청정함이니라. 왜 그러한가? 이 수자의 청정함과 법계, 나아가 부사의계의 청정함은 무이이고 둘로 나눌 수 없으며 분별이 없고 단절도 없는 까닭이니라.

지자의 청정함이 곧 진여의 청정함이고 진여의 청정함이 곧 지자의 청정함이니라. 왜 그러한가? 이 지자의 청정함과 진여의 청정함은 무이이고 둘로 나눌 수 없으며 분별이 없고 단절도 없는 까닭이며, 지자의 청정함이 곧 법계·법성·불허망성·불변이성·평등성·이생성·법정·법주·실제·허공계·부사의계의 청정함이고 법계, 나아가 부사의계의 청정함이 곧 지자의 청정함이니라. 왜 그러한가? 이 지자의 청정함과 법계, 나아가 부사의계의 청정함은 무이이고 둘로 나눌 수 없으며 분별이 없고 단절도 없는 까닭이니라.

견자의 청정함이 곧 진여의 청정함이고 진여의 청정함이 곧 견자의

청정함이니라. 왜 그러한가? 이 견자의 청정함과 진여의 청정함은 무이이
고 둘로 나눌 수 없으며 분별이 없고 단절도 없는 까닭이며, 견자의
청정함이 곧 법계·법성·불허망성·불변이성·평등성·이생성·법정·법주·
실제·허공계·부사의계의 청정함이고 법계, 나아가 부사의계의 청정함이
곧 견자의 청정함이니라. 왜 그러한가? 이 견자의 청정함과 법계, 나아가
부사의계의 청정함은 무이이고 둘로 나눌 수 없으며 분별이 없고 단절도
없는 까닭이니라."

"다시 다음으로 선현이여. 나의 청정함이 곧 고성제의 청정함이고
고성제의 청정함이 곧 나의 청정함이니라. 왜 그러한가? 이 나의 청정함과
고성제의 청정함은 무이이고 둘로 나눌 수 없으며 분별이 없고 단절도
없는 까닭이며, 나의 청정함이 곧 집·멸·도성제의 청정함이고 집·멸·도성
제의 청정함이 곧 나의 청정함이니라. 왜 그러한가? 이 나의 청정함과
집·멸·도성제의 청정함은 무이이고 둘로 나눌 수 없으며 분별이 없고
단절도 없는 까닭이니라.
　유정의 청정함이 곧 고성제의 청정함이고 고성제의 청정함이 곧 유정의
청정함이니라. 왜 그러한가? 이 유정의 청정함과 고성제의 청정함은 무이
이고 둘로 나눌 수 없으며 분별이 없고 단절도 없는 까닭이며, 유정의
청정함이 곧 집·멸·도성제의 청정함이고 집·멸·도성제의 청정함이 곧 유정
의 청정함이니라. 왜 그러한가? 이 유정의 청정함과 집·멸·도성제의 청정함
은 무이이고 둘로 나눌 수 없으며 분별이 없고 단절도 없는 까닭이니라.
　명자의 청정함이 곧 고성제의 청정함이고 고성제의 청정함이 곧 명자의
청정함이니라. 왜 그러한가? 이 명자의 청정함과 고성제의 청정함은 무이이
고 둘로 나눌 수 없으며 분별이 없고 단절도 없는 까닭이며, 명자의 청정함이
곧 집·멸·도성제의 청정함이고 집·멸·도성제의 청정함이 곧 명자의 청정함
이니라. 왜 그러한가? 이 명자의 청정함과 집·멸·도성제의 청정함은
무이이고 둘로 나눌 수 없으며 분별이 없고 단절도 없는 까닭이니라.
　생자의 청정함이 곧 고성제의 청정함이고 고성제의 청정함이 곧 생자의

청정함이니라. 왜 그러한가? 이 생자의 청정함과 고성제의 청정함은 무이이고 둘로 나눌 수 없으며 분별이 없고 단절도 없는 까닭이며, 생자의 청정함이 곧 집·멸·도성제의 청정함이고 집·멸·도성제의 청정함이 곧 생자의 청정함이니라. 왜 그러한가? 이 생자의 청정함과 집·멸·도성제의 청정함은 무이이고 둘로 나눌 수 없으며 분별이 없고 단절도 없는 까닭이니라.

양육자의 청정함이 곧 고성제의 청정함이고 고성제의 청정함이 곧 양육자의 청정함이니라. 왜 그러한가? 이 양육자의 청정함과 고성제의 청정함은 무이이고 둘로 나눌 수 없으며 분별이 없고 단절도 없는 까닭이며, 양육자의 청정함이 곧 집·멸·도성제의 청정함이고 집·멸·도성제의 청정함이 곧 양육자의 청정함이니라. 왜 그러한가? 이 양육자의 청정함과 집·멸·도성제의 청정함은 무이이고 둘로 나눌 수 없으며 분별이 없고 단절도 없는 까닭이니라.

사부의 청정함이 곧 고성제의 청정함이고 고성제의 청정함이 곧 사부의 청정함이니라. 왜 그러한가? 이 사부의 청정함과 고성제의 청정함은 무이이고 둘로 나눌 수 없으며 분별이 없고 단절도 없는 까닭이며, 사부의 청정함이 곧 집·멸·도성제의 청정함이고 집·멸·도성제의 청정함이 곧 사부의 청정함이니라. 왜 그러한가? 이 사부의 청정함과 집·멸·도성제의 청정함은 무이이고 둘로 나눌 수 없으며 분별이 없고 단절도 없는 까닭이니라.

보특가라의 청정함이 곧 고성제의 청정함이고 고성제의 청정함이 곧 보특가라의 청정함이니라. 왜 그러한가? 이 보특가라의 청정함과 고성제의 청정함은 무이이고 둘로 나눌 수 없으며 분별이 없고 단절도 없는 까닭이며, 보특가라의 청정함이 곧 집·멸·도성제의 청정함이고 집·멸·도성제의 청정함이 곧 보특가라의 청정함이니라. 왜 그러한가? 이 보특가라의 청정함과 집·멸·도성제의 청정함은 무이이고 둘로 나눌 수 없으며 분별이 없고 단절도 없는 까닭이니라.

의생의 청정함이 곧 고성제의 청정함이고 고성제의 청정함이 곧 의생의 청정함이니라. 왜 그러한가? 이 의생의 청정함과 고성제의 청정함은 무이이고 둘로 나눌 수 없으며 분별이 없고 단절도 없는 까닭이며, 의생의 청정함이

곧 집·멸·도성제의 청정함이고 집·멸·도성제의 청정함이 곧 의생의 청정
함이니라. 왜 그러한가? 이 의생의 청정함과 집·멸·도성제의 청정함은
무이이고 둘로 나눌 수 없으며 분별이 없고 단절도 없는 까닭이니라.

유동의 청정함이 곧 고성제의 청정함이고 고성제의 청정함이 곧 유동의
청정함이니라. 왜 그러한가? 이 유동의 청정함과 고성제의 청정함은
무이이고 둘로 나눌 수 없으며 분별이 없고 단절도 없는 까닭이며, 유동의
청정함이 곧 집·멸·도성제의 청정함이고 집·멸·도성제의 청정함이 곧
유동의 청정함이니라. 왜 그러한가? 이 유동의 청정함과 집·멸·도성제의
청정함은 무이이고 둘로 나눌 수 없으며 분별이 없고 단절도 없는 까닭이
니라.

작자의 청정함이 곧 고성제의 청정함이고 고성제의 청정함이 곧 작자의
청정함이니라. 왜 그러한가? 이 작자의 청정함과 고성제의 청정함은
무이이고 둘로 나눌 수 없으며 분별이 없고 단절도 없는 까닭이며, 작자의
청정함이 곧 집·멸·도성제의 청정함이고 집·멸·도성제의 청정함이 곧
작자의 청정함이니라. 왜 그러한가? 이 작자의 청정함과 집·멸·도성제의
청정함은 무이이고 둘로 나눌 수 없으며 분별이 없고 단절도 없는 까닭이
니라.

수자의 청정함이 곧 고성제의 청정함이고 고성제의 청정함이 곧 수자의
청정함이니라. 왜 그러한가? 이 수자의 청정함과 고성제의 청정함은
무이이고 둘로 나눌 수 없으며 분별이 없고 단절도 없는 까닭이며, 수자의
청정함이 곧 집·멸·도성제의 청정함이고 집·멸·도성제의 청정함이 곧
수자의 청정함이니라. 왜 그러한가? 이 수자의 청정함과 집·멸·도성제의
청정함은 무이이고 둘로 나눌 수 없으며 분별이 없고 단절도 없는 까닭이
니라.

지자의 청정함이 곧 고성제의 청정함이고 고성제의 청정함이 곧 지자의
청정함이니라. 왜 그러한가? 이 지자의 청정함과 고성제의 청정함은
무이이고 둘로 나눌 수 없으며 분별이 없고 단절도 없는 까닭이며, 지자의
청정함이 곧 집·멸·도성제의 청정함이고 집·멸·도성제의 청정함이 곧

지자의 청정함이니라. 왜 그러한가? 이 지자의 청정함과 집·멸·도성제의 청정함은 무이이고 둘로 나눌 수 없으며 분별이 없고 단절도 없는 까닭이니라.

견자의 청정함이 곧 고성제의 청정함이고 고성제의 청정함이 곧 견자의 청정함이니라. 왜 그러한가? 이 견자의 청정함과 고성제의 청정함은 무이이고 둘로 나눌 수 없으며 분별이 없고 단절도 없는 까닭이며, 견자의 청정함이 곧 집·멸·도성제의 청정함이고 집·멸·도성제의 청정함이 곧 견자의 청정함이니라. 왜 그러한가? 이 견자의 청정함과 집·멸·도성제의 청정함은 무이이고 둘로 나눌 수 없으며 분별이 없고 단절도 없는 까닭이니라."

"다시 다음으로 선현이여. 나의 청정함이 곧 4정려의 청정함이고 4정려의 청정함이 곧 나의 청정함이니라. 왜 그러한가? 이 나의 청정함과 4정려의 청정함은 무이이고 둘로 나눌 수 없으며 분별이 없고 단절도 없는 까닭이며, 나의 청정함이 곧 4무량·4무색정의 청정함이고 4무량·4무색정의 청정함이 곧 나의 청정함이니라. 왜 그러한가? 이 나의 청정함과 4무량·4무색정의 청정함은 무이이고 둘로 나눌 수 없으며 분별이 없고 단절도 없는 까닭이니라.

유정의 청정함이 곧 4정려의 청정함이고 4정려의 청정함이 곧 유정의 청정함이니라. 왜 그러한가? 이 유정의 청정함과 4정려의 청정함은 무이이고 둘로 나눌 수 없으며 분별이 없고 단절도 없는 까닭이며, 유정의 청정함이 곧 4무량·4무색정의 청정함이고 4무량·4무색정의 청정함이 곧 유정의 청정함이니라. 왜 그러한가? 이 유정의 청정함과 4무량·4무색정의 청정함은 무이이고 둘로 나눌 수 없으며 분별이 없고 단절도 없는 까닭이니라.

명자의 청정함이 곧 4정려의 청정함이고 4정려의 청정함이 곧 명자의 청정함이니라. 왜 그러한가? 이 명자의 청정함과 4정려의 청정함은 무이이고 둘로 나눌 수 없으며 분별이 없고 단절도 없는 까닭이며, 명자의

청정함이 곧 4무량·4무색정의 청정함이고 4무량·4무색정의 청정함이
곧 명자의 청정함이니라. 왜 그러한가? 이 명자의 청정함과 4무량·4무색
정의 청정함은 무이이고 둘로 나눌 수 없으며 분별이 없고 단절도 없는
까닭이니라.

생자의 청정함이 곧 4정려의 청정함이고 4정려의 청정함이 곧 생자의
청정함이니라. 왜 그러한가? 이 생자의 청정함과 4정려의 청정함은 무이
이고 둘로 나눌 수 없으며 분별이 없고 단절도 없는 까닭이며, 생자의
청정함이 곧 4무량·4무색정의 청정함이고 4무량·4무색정의 청정함이
곧 생자의 청정함이니라. 왜 그러한가? 이 생자의 청정함과 4무량·4무색
정의 청정함은 무이이고 둘로 나눌 수 없으며 분별이 없고 단절도 없는
까닭이니라.

양육자의 청정함이 곧 4정려의 청정함이고 4정려의 청정함이 곧 양육자
의 청정함이니라. 왜 그러한가? 이 양육자의 청정함과 4정려의 청정함은
무이이고 둘로 나눌 수 없으며 분별이 없고 단절도 없는 까닭이며, 양육자
의 청정함이 곧 4무량·4무색정의 청정함이고 4무량·4무색정의 청정함이
곧 양육자의 청정함이니라. 왜 그러한가? 이 양육자의 청정함과 4무량·4
무색정의 청정함은 무이이고 둘로 나눌 수 없으며 분별이 없고 단절도
없는 까닭이니라.

사부의 청정함이 곧 4정려의 청정함이고 4정려의 청정함이 곧 사부의
청정함이니라. 왜 그러한가? 이 사부의 청정함과 4정려의 청정함은 무이
이고 둘로 나눌 수 없으며 분별이 없고 단절도 없는 까닭이며, 사부의
청정함이 곧 4무량·4무색정의 청정함이고 4무량·4무색정의 청정함이
곧 사부의 청정함이니라. 왜 그러한가? 이 사부의 청정함과 4무량·4무색
정의 청정함은 무이이고 둘로 나눌 수 없으며 분별이 없고 단절도 없는
까닭이니라.

보특가라의 청정함이 곧 4정려의 청정함이고 4정려의 청정함이 곧
보특가라의 청정함이니라. 왜 그러한가? 이 보특가라의 청정함과 4정려
의 청정함은 무이이고 둘로 나눌 수 없으며 분별이 없고 단절도 없는

까닭이며, 보특가라의 청정함이 곧 4무량·4무색정의 청정함이고 4무량·4
무색정의 청정함이 곧 보특가라의 청정함이니라. 왜 그러한가? 이 보특가
라의 청정함과 4무량·4무색정의 청정함은 무이이고 둘로 나눌 수 없으며
분별이 없고 단절도 없는 까닭이니라.

　의생의 청정함이 곧 4정려의 청정함이고 4정려의 청정함이 곧 의생의
청정함이니라. 왜 그러한가? 이 의생의 청정함과 4정려의 청정함은 무이
이고 둘로 나눌 수 없으며 분별이 없고 단절도 없는 까닭이며, 의생의
청정함이 곧 4무량·4무색정의 청정함이고 4무량·4무색정의 청정함이
곧 의생의 청정함이니라. 왜 그러한가? 이 의생의 청정함과 4무량·4무색
정의 청정함은 무이이고 둘로 나눌 수 없으며 분별이 없고 단절도 없는
까닭이니라.

　유동의 청정함이 곧 4정려의 청정함이고 4정려의 청정함이 곧 유동의
청정함이니라. 왜 그러한가? 이 유동의 청정함과 4정려의 청정함은 무이
이고 둘로 나눌 수 없으며 분별이 없고 단절도 없는 까닭이며, 유동의
청정함이 곧 4무량·4무색정의 청정함이고 4무량·4무색정의 청정함이
곧 유동의 청정함이니라. 왜 그러한가? 이 유동의 청정함과 4무량·4무색
정의 청정함은 무이이고 둘로 나눌 수 없으며 분별이 없고 단절도 없는
까닭이니라.

　작자의 청정함이 곧 4정려의 청정함이고 4정려의 청정함이 곧 작자의
청정함이니라. 왜 그러한가? 이 작자의 청정함과 4정려의 청정함은 무이
이고 둘로 나눌 수 없으며 분별이 없고 단절도 없는 까닭이며, 작자의
청정함이 곧 4무량·4무색정의 청정함이고 4무량·4무색정의 청정함이
곧 작자의 청정함이니라. 왜 그러한가? 이 작자의 청정함과 4무량·4무색
정의 청정함은 무이이고 둘로 나눌 수 없으며 분별이 없고 단절도 없는
까닭이니라.

　수자의 청정함이 곧 4정려의 청정함이고 4정려의 청정함이 곧 수자의
청정함이니라. 왜 그러한가? 이 수자의 청정함과 4정려의 청정함은 무이
이고 둘로 나눌 수 없으며 분별이 없고 단절도 없는 까닭이며, 수자의

청정함이 곧 4무량·4무색정의 청정함이고 4무량·4무색정의 청정함이
곧 수자의 청정함이니라. 왜 그러한가? 이 수자의 청정함과 4무량·4무색
정의 청정함은 무이이고 둘로 나눌 수 없으며 분별이 없고 단절도 없는
까닭이니라.

지자의 청정함이 곧 4정려의 청정함이고 4정려의 청정함이 곧 지자의
청정함이니라. 왜 그러한가? 이 지자의 청정함과 4정려의 청정함은 무이
이고 둘로 나눌 수 없으며 분별이 없고 단절도 없는 까닭이며, 지자의
청정함이 곧 4무량·4무색정의 청정함이고 4무량·4무색정의 청정함이
곧 지자의 청정함이니라. 왜 그러한가? 이 지자의 청정함과 4무량·4무색
정의 청정함은 무이이고 둘로 나눌 수 없으며 분별이 없고 단절도 없는
까닭이니라.

견자의 청정함이 곧 4정려의 청정함이고 4정려의 청정함이 곧 견자의
청정함이니라. 왜 그러한가? 이 견자의 청정함과 4정려의 청정함은 무이
이고 둘로 나눌 수 없으며 분별이 없고 단절도 없는 까닭이며, 견자의
청정함이 곧 4무량·4무색정의 청정함이고 4무량·4무색정의 청정함이
곧 견자의 청정함이니라. 왜 그러한가? 이 견자의 청정함과 4무량·4무색
정의 청정함은 무이이고 둘로 나눌 수 없으며 분별이 없고 단절도 없는
까닭이니라.”

“다시 다음으로 선현이여. 나의 청정함이 곧 8해탈의 청정함이고 8해탈
의 청정함이 곧 나의 청정함이니라. 왜 그러한가? 이 나의 청정함과
8해탈의 청정함은 무이이고 둘로 나눌 수 없으며 분별이 없고 단절도
없는 까닭이며, 나의 청정함이 곧 8승처·9차제정·10변처의 청정함이고
8승처·9차제정·10변처의 청정함이 곧 나의 청정함이니라. 왜 그러한가?
이 나의 청정함과 8승처·9차제정·10변처의 청정함은 무이이고 둘로 나눌
수 없으며 분별이 없고 단절도 없는 까닭이니라.

유정의 청정함이 곧 8해탈의 청정함이고 8해탈의 청정함이 곧 유정의
청정함이니라. 왜 그러한가? 이 유정의 청정함과 8해탈의 청정함은 무이

이고 둘로 나눌 수 없으며 분별이 없고 단절도 없는 까닭이며, 유정의 청정함이 곧 8승처·9차제정·10변처의 청정함이고 8승처·9차제정·10변처의 청정함이 곧 유정의 청정함이니라. 왜 그러한가? 이 유정의 청정함과 8승처·9차제정·10변처의 청정함은 무이이고 둘로 나눌 수 없으며 분별이 없고 단절도 없는 까닭이니라.

명자의 청정함이 곧 8해탈의 청정함이고 8해탈의 청정함이 곧 명자의 청정함이니라. 왜 그러한가? 이 명자의 청정함과 8해탈의 청정함은 무이이고 둘로 나눌 수 없으며 분별이 없고 단절도 없는 까닭이며, 명자의 청정함이 곧 8승처·9차제정·10변처의 청정함이고 8승처·9차제정·10변처의 청정함이 곧 명자의 청정함이니라. 왜 그러한가? 이 명자의 청정함과 8승처·9차제정·10변처의 청정함은 무이이고 둘로 나눌 수 없으며 분별이 없고 단절도 없는 까닭이니라.

생자의 청정함이 곧 8해탈의 청정함이고 8해탈의 청정함이 곧 생자의 청정함이니라. 왜 그러한가? 이 생자의 청정함과 8해탈의 청정함은 무이이고 둘로 나눌 수 없으며 분별이 없고 단절도 없는 까닭이며, 생자의 청정함이 곧 8승처·9차제정·10변처의 청정함이고 8승처·9차제정·10변처의 청정함이 곧 생자의 청정함이니라. 왜 그러한가? 이 생자의 청정함과 8승처·9차제정·10변처의 청정함은 무이이고 둘로 나눌 수 없으며 분별이 없고 단절도 없는 까닭이니라.

양육자의 청정함이 곧 8해탈의 청정함이고 8해탈의 청정함이 곧 양육자의 청정함이니라. 왜 그러한가? 이 양육자의 청정함과 8해탈의 청정함은 무이이고 둘로 나눌 수 없으며 분별이 없고 단절도 없는 까닭이며, 양육자의 청정함이 곧 8승처·9차제정·10변처의 청정함이고 8승처·9차제정·10변처의 청정함이 곧 양육자의 청정함이니라. 왜 그러한가? 이 양육자의 청정함과 8승처·9차제정·10변처의 청정함은 무이이고 둘로 나눌 수 없으며 분별이 없고 단절도 없는 까닭이니라.

사부의 청정함이 곧 8해탈의 청정함이고 8해탈의 청정함이 곧 사부의 청정함이니라. 왜 그러한가? 이 사부의 청정함과 8해탈의 청정함은 무이이고 둘로 나눌 수 없으며 분별이 없고 단절도 없는 까닭이며, 사부의 청정함이 곧 8승처·9차제정·10변처의 청정함이고 8승처·9차제정·10변처의 청정함이 곧 사부의 청정함이니라. 왜 그러한가? 이 사부의 청정함과 8승처·9차제정·10변처의 청정함은 무이이고 둘로 나눌 수 없으며 분별이 없고 단절도 없는 까닭이니라.

보특가라의 청정함이 곧 8해탈의 청정함이고 8해탈의 청정함이 곧 보특가라의 청정함이니라. 왜 그러한가? 이 보특가라의 청정함과 8해탈의 청정함은 무이이고 둘로 나눌 수 없으며 분별이 없고 단절도 없는 까닭이며, 보특가라의 청정함이 곧 8승처·9차제정·10변처의 청정함이고 8승처·9차제정·10변처의 청정함이 곧 보특가라의 청정함이니라. 왜 그러한가? 이 보특가라의 청정함과 8승처·9차제정·10변처의 청정함은 무이이고 둘로 나눌 수 없으며 분별이 없고 단절도 없는 까닭이니라.

의생의 청정함이 곧 8해탈의 청정함이고 8해탈의 청정함이 곧 의생의 청정함이니라. 왜 그러한가? 이 의생의 청정함과 8해탈의 청정함은 무이이고 둘로 나눌 수 없으며 분별이 없고 단절도 없는 까닭이며, 의생의 청정함이 곧 8승처·9차제정·10변처의 청정함이고 8승처·9차제정·10변처의 청정함이 곧 의생의 청정함이니라. 왜 그러한가? 이 의생의 청정함과 8승처·9차제정·10변처의 청정함은 무이이고 둘로 나눌 수 없으며 분별이 없고 단절도 없는 까닭이니라.

유동의 청정함이 곧 8해탈의 청정함이고 8해탈의 청정함이 곧 유동의 청정함이니라. 왜 그러한가? 이 유동의 청정함과 8해탈의 청정함은 무이이고 둘로 나눌 수 없으며 분별이 없고 단절도 없는 까닭이며, 유동의 청정함이 곧 8승처·9차제정·10변처의 청정함이고 8승처·9차제정·10변처의 청정함이 곧 유동의 청정함이니라. 왜 그러한가? 이 유동의 청정함과 8승처·9차제정·10변처의 청정함은 무이이고 둘로 나눌 수 없으며 분별이 없고 단절도 없는 까닭이니라.

작자의 청정함이 곧 8해탈의 청정함이고 8해탈의 청정함이 곧 작자의 청정함이니라. 왜 그러한가? 이 작자의 청정함과 8해탈의 청정함은 무이이고 둘로 나눌 수 없으며 분별이 없고 단절도 없는 까닭이며, 작자의 청정함이 곧 8승처·9차제정·10변처의 청정함이고 8승처·9차제정·10변처의 청정함이 곧 작자의 청정함이니라. 왜 그러한가? 이 작자의 청정함과 8승처·9차제정·10변처의 청정함은 무이이고 둘로 나눌 수 없으며 분별이 없고 단절도 없는 까닭이니라.

수자의 청정함이 곧 8해탈의 청정함이고 8해탈의 청정함이 곧 수자의 청정함이니라. 왜 그러한가? 이 수자의 청정함과 8해탈의 청정함은 무이이고 둘로 나눌 수 없으며 분별이 없고 단절도 없는 까닭이며, 수자의 청정함이 곧 8승처·9차제정·10변처의 청정함이고 8승처·9차제정·10변처의 청정함이 곧 수자의 청정함이니라. 왜 그러한가? 이 수자의 청정함과 8승처·9차제정·10변처의 청정함은 무이이고 둘로 나눌 수 없으며 분별이 없고 단절도 없는 까닭이니라.

지자의 청정함이 곧 8해탈의 청정함이고 8해탈의 청정함이 곧 지자의 청정함이니라. 왜 그러한가? 이 지자의 청정함과 8해탈의 청정함은 무이이고 둘로 나눌 수 없으며 분별이 없고 단절도 없는 까닭이며, 지자의 청정함이 곧 8승처·9차제정·10변처의 청정함이고 8승처·9차제정·10변처의 청정함이 곧 지자의 청정함이니라. 왜 그러한가? 이 지자의 청정함과 8승처·9차제정·10변처의 청정함은 무이이고 둘로 나눌 수 없으며 분별이 없고 단절도 없는 까닭이니라.

견자의 청정함이 곧 8해탈의 청정함이고 8해탈의 청정함이 곧 견자의 청정함이니라. 왜 그러한가? 이 견자의 청정함과 8해탈의 청정함은 무이이고 둘로 나눌 수 없으며 분별이 없고 단절도 없는 까닭이며, 견자의 청정함이 곧 8승처·9차제정·10변처의 청정함이고 8승처·9차제정·10변처의 청정함이 곧 견자의 청정함이니라. 왜 그러한가? 이 견자의 청정함과 8승처·9차제정·10변처의 청정함은 무이이고 둘로 나눌 수 없으며 분별이 없고 단절도 없는 까닭이니라."

마하반야바라밀다경 제188권

34. 난신해품(難信解品)(7)

"다시 다음으로 선현이여. 나의 청정함이 곧 4념주의 청정함이고 4념주의 청정함이 곧 나의 청정함이니라. 왜 그러한가? 이 나의 청정함과 4념주의 청정함은 무이이고 둘로 나눌 수 없으며 분별이 없고 단절도 없는 까닭이며, 나의 청정함이 곧 4정단·4신족·5근·5력·7등각지·8성도지의 청정함이고 4정단, 나아가 8성도지의 청정함이 곧 나의 청정함이니라. 왜 그러한가? 이 나의 청정함과 4정단, 나아가 8성도지의 청정함은 무이이고 둘로 나눌 수 없으며 분별이 없고 단절도 없는 까닭이니라.

유정의 청정함이 곧 4념주의 청정함이고 4념주의 청정함이 곧 유정의 청정함이니라. 왜 그러한가? 이 유정의 청정함과 4념주의 청정함은 무이이고 둘로 나눌 수 없으며 분별이 없고 단절도 없는 까닭이며, 유정의 청정함이 곧 4정단·4신족·5근·5력·7등각지·8성도지의 청정함이고 4정단, 나아가 8성도지의 청정함이 곧 유정의 청정함이니라. 왜 그러한가? 이 유정의 청정함과 4정단, 나아가 8성도지의 청정함은 무이이고 둘로 나눌 수 없으며 분별이 없고 단절도 없는 까닭이니라.

명자의 청정함이 곧 4념주의 청정함이고 4념주의 청정함이 곧 명자의 청정함이니라. 왜 그러한가? 이 명자의 청정함과 4념주의 청정함은 무이이고 둘로 나눌 수 없으며 분별이 없고 단절도 없는 까닭이며, 명자의 청정함이 곧 4정단·4신족·5근·5력·7등각지·8성도지의 청정함이고 4정단, 나아가 8성도지의 청정함이 곧 명자의 청정함이니라. 왜 그러한가?

이 명자의 청정함과 4정단, 나아가 8성도지의 청정함은 무이이고 둘로 나눌 수 없으며 분별이 없고 단절도 없는 까닭이니라.

생자의 청정함이 곧 4념주의 청정함이고 4념주의 청정함이 곧 생자의 청정함이니라. 왜 그러한가? 이 생자의 청정함과 4념주의 청정함은 무이이고 둘로 나눌 수 없으며 분별이 없고 단절도 없는 까닭이며, 생자의 청정함이 곧 4정단·4신족·5근·5력·7등각지·8성도지의 청정함이고 4정단, 나아가 8성도지의 청정함이 곧 생자의 청정함이니라. 왜 그러한가? 이 생자의 청정함과 4정단, 나아가 8성도지의 청정함은 무이이고 둘로 나눌 수 없으며 분별이 없고 단절도 없는 까닭이니라.

양육자의 청정함이 곧 4념주의 청정함이고 4념주의 청정함이 곧 양육자의 청정함이니라. 왜 그러한가? 이 양육자의 청정함과 4념주의 청정함은 무이이고 둘로 나눌 수 없으며 분별이 없고 단절도 없는 까닭이며, 양육자의 청정함이 곧 4정단·4신족·5근·5력·7등각지·8성도지의 청정함이고 4정단, 나아가 8성도지의 청정함이 곧 양육자의 청정함이니라. 왜 그러한가? 이 양육자의 청정함과 4정단, 나아가 8성도지의 청정함은 무이이고 둘로 나눌 수 없으며 분별이 없고 단절도 없는 까닭이니라.

사부의 청정함이 곧 4념주의 청정함이고 4념주의 청정함이 곧 사부의 청정함이니라. 왜 그러한가? 이 사부의 청정함과 4념주의 청정함은 무이이고 둘로 나눌 수 없으며 분별이 없고 단절도 없는 까닭이며, 사부의 청정함이 곧 4정단·4신족·5근·5력·7등각지·8성도지의 청정함이고 4정단, 나아가 8성도지의 청정함이 곧 사부의 청정함이니라. 왜 그러한가? 이 사부의 청정함과 4정단, 나아가 8성도지의 청정함은 무이이고 둘로 나눌 수 없으며 분별이 없고 단절도 없는 까닭이니라.

보특가라의 청정함이 곧 4념주의 청정함이고 4념주의 청정함이 곧 보특가라의 청정함이니라. 왜 그러한가? 이 보특가라의 청정함과 4념주의 청정함은 무이이고 둘로 나눌 수 없으며 분별이 없고 단절도 없는 까닭이며, 보특가라의 청정함이 곧 4정단·4신족·5근·5력·7등각지·8성도지의 청정함이고 4정단, 나아가 8성도지의 청정함이 곧 보특가라의 청정함이니라. 왜 그러한가? 이 보특가라의 청정함과 4정단, 나아가 8성도지의 청정함은 무이이고 둘로 나눌 수 없으며 분별이 없고 단절도 없는 까닭이니라.

의생의 청정함이 곧 4념주의 청정함이고 4념주의 청정함이 곧 의생의 청정함이니라. 왜 그러한가? 이 의생의 청정함과 4념주의 청정함은 무이이고 둘로 나눌 수 없으며 분별이 없고 단절도 없는 까닭이며, 의생의 청정함이 곧 4정단·4신족·5근·5력·7등각지·8성도지의 청정함이고 4정단, 나아가 8성도지의 청정함이 곧 의생의 청정함이니라. 왜 그러한가? 이 의생의 청정함과 4정단, 나아가 8성도지의 청정함은 무이이고 둘로 나눌 수 없으며 분별이 없고 단절도 없는 까닭이니라.

유동의 청정함이 곧 4념주의 청정함이고 4념주의 청정함이 곧 유동의 청정함이니라. 왜 그러한가? 이 유동의 청정함과 4념주의 청정함은 무이이고 둘로 나눌 수 없으며 분별이 없고 단절도 없는 까닭이며, 유동의 청정함이 곧 4정단·4신족·5근·5력·7등각지·8성도지의 청정함이고 4정단, 나아가 8성도지의 청정함이 곧 유동의 청정함이니라. 왜 그러한가? 이 유동의 청정함과 4정단, 나아가 8성도지의 청정함은 무이이고 둘로 나눌 수 없으며 분별이 없고 단절도 없는 까닭이니라.

작자의 청정함이 곧 4념주의 청정함이고 4념주의 청정함이 곧 작자의 청정함이니라. 왜 그러한가? 이 작자의 청정함과 4념주의 청정함은 무이이고 둘로 나눌 수 없으며 분별이 없고 단절도 없는 까닭이며, 작자의 청정함이 곧 4정단·4신족·5근·5력·7등각지·8성도지의 청정함이고 4정단, 나아가 8성도지의 청정함이 곧 작자의 청정함이니라. 왜 그러한가? 이 작자의 청정함과 4정단, 나아가 8성도지의 청정함은 무이이고 둘로 나눌 수 없으며 분별이 없고 단절도 없는 까닭이니라.

수자의 청정함이 곧 4념주의 청정함이고 4념주의 청정함이 곧 수자의 청정함이니라. 왜 그러한가? 이 수자의 청정함과 4념주의 청정함은 무이이고 둘로 나눌 수 없으며 분별이 없고 단절도 없는 까닭이며, 수자의 청정함이 곧 4정단·4신족·5근·5력·7등각지·8성도지의 청정함이고 4정단, 나아가 8성도지의 청정함이 곧 수자의 청정함이니라. 왜 그러한가? 이 수자의 청정함과 4정단, 나아가 8성도지의 청정함은 무이이고 둘로 나눌 수 없으며 분별이 없고 단절도 없는 까닭이니라.

지자의 청정함이 곧 4념주의 청정함이고 4념주의 청정함이 곧 지자의 청정함이니라. 왜 그러한가? 이 지자의 청정함과 4념주의 청정함은 무이이고 둘로 나눌 수 없으며 분별이 없고 단절도 없는 까닭이며, 지자의 청정함이 곧 4정단·4신족·5근·5력·7등각지·8성도지의 청정함이고 4정단, 나아가 8성도지의 청정함이 곧 지자의 청정함이니라. 왜 그러한가? 이 지자의 청정함과 4정단, 나아가 8성도지의 청정함은 무이이고 둘로 나눌 수 없으며 분별이 없고 단절도 없는 까닭이니라.

견자의 청정함이 곧 4념주의 청정함이고 4념주의 청정함이 곧 견자의 청정함이니라. 왜 그러한가? 이 견자의 청정함과 4념주의 청정함은 무이이고 둘로 나눌 수 없으며 분별이 없고 단절도 없는 까닭이며, 견자의 청정함이 곧 4정단·4신족·5근·5력·7등각지·8성도지의 청정함이고 4정단, 나아가 8성도지의 청정함이 곧 견자의 청정함이니라. 왜 그러한가? 이 견자의 청정함과 4정단, 나아가 8성도지의 청정함은 무이이고 둘로 나눌 수 없으며 분별이 없고 단절도 없는 까닭이니라."

"다시 다음으로 선현이여. 나의 청정함이 곧 공해탈문의 청정함이고 공해탈문의 청정함이 곧 나의 청정함이니라. 왜 그러한가? 이 나의 청정함과 공해탈문의 청정함은 무이이고 둘로 나눌 수 없으며 분별이 없고 단절도 없는 까닭이며, 나의 청정함이 곧 무상·무원해탈문의 청정함이고 무상·무원해탈문의 청정함이 곧 나의 청정함이니라. 왜 그러한가? 이 나의 청정함과 무상·무원해탈문의 청정함은 무이이고 둘로 나눌 수 없으며 분별이 없고 단절도 없는 까닭이니라.

유정의 청정함이 곧 공해탈문의 청정함이고 공해탈문의 청정함이 곧 유정의 청정함이니라. 왜 그러한가? 이 유정의 청정함과 공해탈문의 청정함은 무이이고 둘로 나눌 수 없으며 분별이 없고 단절도 없는 까닭이며, 유정의 청정함이 곧 무상·무원해탈문의 청정함이고 무상·무원해탈문의 청정함이 곧 유정의 청정함이니라. 왜 그러한가? 이 유정의 청정함과 무상·무원해탈문의 청정함은 무이이고 둘로 나눌 수 없으며 분별이 없고 단절도 없는 까닭이니라.

명자의 청정함이 곧 공해탈문의 청정함이고 공해탈문의 청정함이 곧 명자의 청정함이니라. 왜 그러한가? 이 명자의 청정함과 공해탈문의 청정함은 무이이고 둘로 나눌 수 없으며 분별이 없고 단절도 없는 까닭이며, 명자의 청정함이 곧 무상·무원해탈문의 청정함이고 무상·무원해탈문의 청정함이 곧 명자의 청정함이니라. 왜 그러한가? 이 명자의 청정함과 무상·무원해탈문의 청정함은 무이이고 둘로 나눌 수 없으며 분별이 없고 단절도 없는 까닭이니라.

생자의 청정함이 곧 공해탈문의 청정함이고 공해탈문의 청정함이 곧 생자의 청정함이니라. 왜 그러한가? 이 생자의 청정함과 공해탈문의 청정함은 무이이고 둘로 나눌 수 없으며 분별이 없고 단절도 없는 까닭이며, 생자의 청정함이 곧 무상·무원해탈문의 청정함이고 무상·무원해탈문의 청정함이 곧 생자의 청정함이니라. 왜 그러한가? 이 생자의 청정함과 무상·무원해탈문의 청정함은 무이이고 둘로 나눌 수 없으며 분별이 없고 단절도 없는 까닭이니라.

양육자의 청정함이 곧 공해탈문의 청정함이고 공해탈문의 청정함이 곧 양육자의 청정함이니라. 왜 그러한가? 이 양육자의 청정함과 공해탈문의 청정함은 무이이고 둘로 나눌 수 없으며 분별이 없고 단절도 없는 까닭이며, 양육자의 청정함이 곧 무상·무원해탈문의 청정함이고 무상·무원해탈문의 청정함이 곧 양육자의 청정함이니라. 왜 그러한가? 이 양육자의 청정함과 무상·무원해탈문의 청정함은 무이이고 둘로 나눌 수 없으며 분별이 없고 단절도 없는 까닭이니라.

사부의 청정함이 곧 공해탈문의 청정함이고 공해탈문의 청정함이 곧 사부의 청정함이니라. 왜 그러한가? 이 사부의 청정함과 공해탈문의 청정함은 무이이고 둘로 나눌 수 없으며 분별이 없고 단절도 없는 까닭이며, 사부의 청정함이 곧 무상·무원해탈문의 청정함이고 무상·무원해탈문의 청정함이 곧 사부의 청정함이니라. 왜 그러한가? 이 사부의 청정함과 무상·무원해탈문의 청정함은 무이이고 둘로 나눌 수 없으며 분별이 없고 단절도 없는 까닭이니라.

보특가라의 청정함이 곧 공해탈문의 청정함이고 공해탈문의 청정함이 곧 보특가라의 청정함이니라. 왜 그러한가? 이 보특가라의 청정함과 공해탈문의 청정함은 무이이고 둘로 나눌 수 없으며 분별이 없고 단절도 없는 까닭이며, 보특가라의 청정함이 곧 무상·무원해탈문의 청정함이고 무상·무원해탈문의 청정함이 곧 보특가라의 청정함이니라. 왜 그러한가? 이 보특가라의 청정함과 무상·무원해탈문의 청정함은 무이이고 둘로 나눌 수 없으며 분별이 없고 단절도 없는 까닭이니라.

의생의 청정함이 곧 공해탈문의 청정함이고 공해탈문의 청정함이 곧 의생의 청정함이니라. 왜 그러한가? 이 의생의 청정함과 공해탈문의 청정함은 무이이고 둘로 나눌 수 없으며 분별이 없고 단절도 없는 까닭이며, 의생의 청정함이 곧 무상·무원해탈문의 청정함이고 무상·무원해탈문의 청정함이 곧 의생의 청정함이니라. 왜 그러한가? 이 의생의 청정함과 무상·무원해탈문의 청정함은 무이이고 둘로 나눌 수 없으며 분별이 없고 단절도 없는 까닭이니라.

유동의 청정함이 곧 공해탈문의 청정함이고 공해탈문의 청정함이 곧 유동의 청정함이니라. 왜 그러한가? 이 유동의 청정함과 공해탈문의 청정함은 무이이고 둘로 나눌 수 없으며 분별이 없고 단절도 없는 까닭이며, 유동의 청정함이 곧 무상·무원해탈문의 청정함이고 무상·무원해탈문의 청정함이 곧 유동의 청정함이니라. 왜 그러한가? 이 유동의 청정함과 무상·무원해탈문의 청정함은 무이이고 둘로 나눌 수 없으며 분별이 없고 단절도 없는 까닭이니라.

작자의 청정함이 곧 공해탈문의 청정함이고 공해탈문의 청정함이 곧 작자의 청정함이니라. 왜 그러한가? 이 작자의 청정함과 공해탈문의 청정함은 무이이고 둘로 나눌 수 없으며 분별이 없고 단절도 없는 까닭이며, 작자의 청정함이 곧 무상·무원해탈문의 청정함이고 무상·무원해탈문의 청정함이 곧 작자의 청정함이니라. 왜 그러한가? 이 작자의 청정함과 무상·무원해탈문의 청정함은 무이이고 둘로 나눌 수 없으며 분별이 없고 단절도 없는 까닭이니라.

수자의 청정함이 곧 공해탈문의 청정함이고 공해탈문의 청정함이 곧 수자의 청정함이니라. 왜 그러한가? 이 수자의 청정함과 공해탈문의 청정함은 무이이고 둘로 나눌 수 없으며 분별이 없고 단절도 없는 까닭이며, 수자의 청정함이 곧 무상·무원해탈문의 청정함이고 무상·무원해탈문의 청정함이 곧 수자의 청정함이니라. 왜 그러한가? 이 수자의 청정함과 무상·무원해탈문의 청정함은 무이이고 둘로 나눌 수 없으며 분별이 없고 단절도 없는 까닭이니라.

지자의 청정함이 곧 공해탈문의 청정함이고 공해탈문의 청정함이 곧 지자의 청정함이니라. 왜 그러한가? 이 지자의 청정함과 공해탈문의 청정함은 무이이고 둘로 나눌 수 없으며 분별이 없고 단절도 없는 까닭이며, 지자의 청정함이 곧 무상·무원해탈문의 청정함이고 무상·무원해탈문의 청정함이 곧 지자의 청정함이니라. 왜 그러한가? 이 지자의 청정함과 무상·무원해탈문의 청정함은 무이이고 둘로 나눌 수 없으며 분별이 없고 단절도 없는 까닭이니라.

견자의 청정함이 곧 공해탈문의 청정함이고 공해탈문의 청정함이 곧 견자의 청정함이니라. 왜 그러한가? 이 견자의 청정함과 공해탈문의 청정함은 무이이고 둘로 나눌 수 없으며 분별이 없고 단절도 없는 까닭이며, 견자의 청정함이 곧 무상·무원해탈문의 청정함이고 무상·무원해탈문의 청정함이 곧 견자의 청정함이니라. 왜 그러한가? 이 견자의 청정함과 무상·무원해탈문의 청정함은 무이이고 둘로 나눌 수 없으며 분별이 없고 단절도 없는 까닭이니라.”

“다시 다음으로 선현이여. 나의 청정함이 곧 보살의 10지의 청정함이고 보살의 10지의 청정함이 곧 나의 청정함이니라. 왜 그러한가? 이 나의 청정함과 보살의 10지의 청정함은 무이이고 둘로 나눌 수 없으며 분별이 없고 단절도 없는 까닭이니라. 유정의 청정함이 곧 보살의 10지의 청정함이고 보살의 10지의 청정함이 곧 유정의 청정함이니라. 왜 그러한가? 이 유정의 청정함과 보살의 10지의 청정함은 무이이고 둘로 나눌 수 없으며 분별이 없고 단절도 없는 까닭이니라.

명자의 청정함이 곧 보살의 10지의 청정함이고 보살의 10지의 청정함이 곧 명자의 청정함이니라. 왜 그러한가? 이 명자의 청정함과 보살의 10지의 청정함은 무이이고 둘로 나눌 수 없으며 분별이 없고 단절도 없는 까닭이니라. 생자의 청정함이 곧 보살의 10지의 청정함이고 보살의 10지의 청정함이 곧 생자의 청정함이니라. 왜 그러한가? 이 생자의 청정함과 보살의 10지의 청정함은 무이이고 둘로 나눌 수 없으며 분별이 없고 단절도 없는 까닭이니라.

양육자의 청정함이 곧 보살의 10지의 청정함이고 보살의 10지의 청정함이 곧 양육자의 청정함이니라. 왜 그러한가? 이 양육자의 청정함과 보살의 10지의 청정함은 무이이고 둘로 나눌 수 없으며 분별이 없고 단절도 없는 까닭이니라. 사부의 청정함이 곧 보살의 10지의 청정함이고 보살의 10지의 청정함이 곧 사부의 청정함이니라. 왜 그러한가? 이 사부의 청정함과 보살의 10지의 청정함은 무이이고 둘로 나눌 수 없으며 분별이 없고 단절도 없는 까닭이니라.

보특가라의 청정함이 곧 보살의 10지의 청정함이고 보살의 10지의 청정함이 곧 보특가라의 청정함이니라. 왜 그러한가? 이 보특가라의 청정함과 보살의 10지의 청정함은 무이이고 둘로 나눌 수 없으며 분별이 없고 단절도 없는 까닭이니라. 의생의 청정함이 곧 보살의 10지의 청정함이고 보살의 10지의 청정함이 곧 의생의 청정함이니라. 왜 그러한가? 이 의생의 청정함과 보살의 10지의 청정함은 무이이고 둘로 나눌 수 없으며 분별이 없고 단절도 없는 까닭이니라.

유동의 청정함이 곧 보살의 10지의 청정함이고 보살의 10지의 청정함이 곧 유동의 청정함이니라. 왜 그러한가? 이 유동의 청정함과 보살의 10지의

청정함은 무이이고 둘로 나눌 수 없으며 분별이 없고 단절도 없는 까닭이
니라. 작자의 청정함이 곧 보살의 10지의 청정함이고 보살의 10지의
청정함이 곧 작자의 청정함이니라. 왜 그러한가? 이 작자의 청정함과
보살의 10지의 청정함은 무이이고 둘로 나눌 수 없으며 분별이 없고
단절도 없는 까닭이니라.

수자의 청정함이 곧 보살의 10지의 청정함이고 보살의 10지의 청정함이
곧 수자의 청정함이니라. 왜 그러한가? 이 수자의 청정함과 보살의 10지의
청정함은 무이이고 둘로 나눌 수 없으며 분별이 없고 단절도 없는 까닭이
니라. 지자의 청정함이 곧 보살의 10지의 청정함이고 보살의 10지의
청정함이 곧 지자의 청정함이니라. 왜 그러한가? 이 지자의 청정함과
보살의 10지의 청정함은 무이이고 둘로 나눌 수 없으며 분별이 없고
단절도 없는 까닭이니라.

견자의 청정함이 곧 보살의 10지의 청정함이고 보살의 10지의 청정함이
곧 견자의 청정함이니라. 왜 그러한가? 이 견자의 청정함과 보살의 10지의
청정함은 무이이고 둘로 나눌 수 없으며 분별이 없고 단절도 없는 까닭이
니라.”

“다시 다음으로 선현이여. 나의 청정함이 곧 5안의 청정함이고 5안의
청정함이 곧 나의 청정함이니라. 왜 그러한가? 이 나의 청정함과 5안의
청정함은 무이이고 둘로 나눌 수 없으며 분별이 없고 단절도 없는 까닭이
며, 나의 청정함이 곧 6신통의 청정함이고 6신통의 청정함이 곧 나의
청정함이니라. 왜 그러한가? 이 나의 청정함과 6신통의 청정함은 무이이
고 둘로 나눌 수 없으며 분별이 없고 단절도 없는 까닭이니라.

유정의 청정함이 곧 5안의 청정함이고 5안의 청정함이 곧 유정의
청정함이니라. 왜 그러한가? 이 유정의 청정함과 5안의 청정함은 무이이
고 둘로 나눌 수 없으며 분별이 없고 단절도 없는 까닭이며, 유정의
청정함이 곧 6신통의 청정함이고 6신통의 청정함이 곧 유정의 청정함이니
라. 왜 그러한가? 이 유정의 청정함과 6신통의 청정함은 무이이고 둘로

나눌 수 없으며 분별이 없고 단절도 없는 까닭이니라.

명자의 청정함이 곧 5안의 청정함이고 5안의 청정함이 곧 명자의 청정함이니라. 왜 그러한가? 이 명자의 청정함과 5안의 청정함은 무이이고 둘로 나눌 수 없으며 분별이 없고 단절도 없는 까닭이며, 명자의 청정함이 곧 6신통의 청정함이고 6신통의 청정함이 곧 명자의 청정함이니라. 왜 그러한가? 이 명자의 청정함과 6신통의 청정함은 무이이고 둘로 나눌 수 없으며 분별이 없고 단절도 없는 까닭이니라.

생자의 청정함이 곧 5안의 청정함이고 5안의 청정함이 곧 생자의 청정함이니라. 왜 그러한가? 이 생자의 청정함과 5안의 청정함은 무이이고 둘로 나눌 수 없으며 분별이 없고 단절도 없는 까닭이며, 생자의 청정함이 곧 6신통의 청정함이고 6신통의 청정함이 곧 생자의 청정함이니라. 왜 그러한가? 이 생자의 청정함과 6신통의 청정함은 무이이고 둘로 나눌 수 없으며 분별이 없고 단절도 없는 까닭이니라.

양육자의 청정함이 곧 5안의 청정함이고 5안의 청정함이 곧 양육자의 청정함이니라. 왜 그러한가? 이 양육자의 청정함과 5안의 청정함은 무이이고 둘로 나눌 수 없으며 분별이 없고 단절도 없는 까닭이며, 양육자의 청정함이 곧 6신통의 청정함이고 6신통의 청정함이 곧 양육자의 청정함이니라. 왜 그러한가? 이 양육자의 청정함과 6신통의 청정함은 무이이고 둘로 나눌 수 없으며 분별이 없고 단절도 없는 까닭이니라.

사부의 청정함이 곧 5안의 청정함이고 5안의 청정함이 곧 사부의 청정함이니라. 왜 그러한가? 이 사부의 청정함과 5안의 청정함은 무이이고 둘로 나눌 수 없으며 분별이 없고 단절도 없는 까닭이며, 사부의 청정함이 곧 6신통의 청정함이고 6신통의 청정함이 곧 사부의 청정함이니라. 왜 그러한가? 이 사부의 청정함과 6신통의 청정함은 무이이고 둘로 나눌 수 없으며 분별이 없고 단절도 없는 까닭이니라.

보특가라의 청정함이 곧 5안의 청정함이고 5안의 청정함이 곧 보특가라의 청정함이니라. 왜 그러한가? 이 보특가라의 청정함과 5안의 청정함은 무이이고 둘로 나눌 수 없으며 분별이 없고 단절도 없는 까닭이며, 보특가라의 청정함이 곧 6신통의 청정함이고 6신통의 청정함이 곧 보특가라의 청정함이니라. 왜 그러한가? 이 보특가라의 청정함과 6신통의 청정함은 무이이고 둘로 나눌 수 없으며 분별이 없고 단절도 없는 까닭이니라.

의생의 청정함이 곧 5안의 청정함이고 5안의 청정함이 곧 의생의 청정함이니라. 왜 그러한가? 이 의생의 청정함과 5안의 청정함은 무이이고 둘로 나눌 수 없으며 분별이 없고 단절도 없는 까닭이며, 의생의 청정함이 곧 6신통의 청정함이고 6신통의 청정함이 곧 의생의 청정함이니라. 왜 그러한가? 이 의생의 청정함과 6신통의 청정함은 무이이고 둘로 나눌 수 없으며 분별이 없고 단절도 없는 까닭이니라.

유동의 청정함이 곧 5안의 청정함이고 5안의 청정함이 곧 유동의 청정함이니라. 왜 그러한가? 이 유동의 청정함과 5안의 청정함은 무이이고 둘로 나눌 수 없으며 분별이 없고 단절도 없는 까닭이며, 유동의 청정함이 곧 6신통의 청정함이고 6신통의 청정함이 곧 유동의 청정함이니라. 왜 그러한가? 이 유동의 청정함과 6신통의 청정함은 무이이고 둘로 나눌 수 없으며 분별이 없고 단절도 없는 까닭이니라.

작자의 청정함이 곧 5안의 청정함이고 5안의 청정함이 곧 작자의 청정함이니라. 왜 그러한가? 이 작자의 청정함과 5안의 청정함은 무이이고 둘로 나눌 수 없으며 분별이 없고 단절도 없는 까닭이며, 작자의 청정함이 곧 6신통의 청정함이고 6신통의 청정함이 곧 작자의 청정함이니라. 왜 그러한가? 이 작자의 청정함과 6신통의 청정함은 무이이고 둘로 나눌 수 없으며 분별이 없고 단절도 없는 까닭이니라.

수자의 청정함이 곧 5안의 청정함이고 5안의 청정함이 곧 수자의 청정함이니라. 왜 그러한가? 이 수자의 청정함과 5안의 청정함은 무이이고 둘로 나눌 수 없으며 분별이 없고 단절도 없는 까닭이며, 수자의 청정함이 곧 6신통의 청정함이고 6신통의 청정함이 곧 수자의 청정함이니라. 왜 그러한가? 이 수자의 청정함과 6신통의 청정함은 무이이고 둘로 나눌 수 없으며 분별이 없고 단절도 없는 까닭이니라.

지자의 청정함이 곧 5안의 청정함이고 5안의 청정함이 곧 지자의 청정함이니라. 왜 그러한가? 이 지자의 청정함과 5안의 청정함은 무이이고 둘로 나눌 수 없으며 분별이 없고 단절도 없는 까닭이며, 지자의 청정함이 곧 6신통의 청정함이고 6신통의 청정함이 곧 지자의 청정함이니라. 왜 그러한가? 이 지자의 청정함과 6신통의 청정함은 무이이고 둘로 나눌 수 없으며 분별이 없고 단절도 없는 까닭이니라.

견자의 청정함이 곧 5안의 청정함이고 5안의 청정함이 곧 견자의 청정함이니라. 왜 그러한가? 이 견자의 청정함과 5안의 청정함은 무이이고 둘로 나눌 수 없으며 분별이 없고 단절도 없는 까닭이며, 견자의 청정함이 곧 6신통의 청정함이고 6신통의 청정함이 곧 견자의 청정함이니라. 왜 그러한가? 이 견자의 청정함과 6신통의 청정함은 무이이고 둘로 나눌 수 없으며 분별이 없고 단절도 없는 까닭이니라."

"다시 다음으로 선현이여. 나의 청정함이 곧 여래의 10력의 청정함이고 여래의 10력의 청정함이 곧 나의 청정함이니라. 왜 그러한가? 이 나의 청정함과 여래의 10력의 청정함은 무이이고 둘로 나눌 수 없으며 분별이 없고 단절도 없는 까닭이며, 나의 청정함이 곧 4무소외·4무애해·대자·대비·대희·대사·18불불공법의 청정함이고 4무소외, 나아가 18불불공법의 청정함이 곧 나의 청정함이니라. 왜 그러한가? 이 나의 청정함과 4무소외, 나아가 18불불공법의 청정함은 무이이고 둘로 나눌 수 없으며 분별이 없고 단절도 없는 까닭이니라.

유정의 청정함이 곧 여래의 10력의 청정함이고 여래의 10력의 청정함이 곧 유정의 청정함이니라. 왜 그러한가? 이 유정의 청정함과 여래의 10력의 청정함은 무이이고 둘로 나눌 수 없으며 분별이 없고 단절도 없는 까닭이며, 유정의 청정함이 곧 4무소외·4무애해·대자·대비·대희·대사·18불불공법의 청정함이고 4무소외, 나아가 18불불공법의 청정함이 곧 유정의 청정함이니라. 왜 그러한가? 이 유정의 청정함과 4무소외, 나아가 18불불공법의 청정함은 무이이고 둘로 나눌 수 없으며 분별이 없고 단절도 없는 까닭이니라.

명자의 청정함이 곧 여래의 10력의 청정함이고 여래의 10력의 청정함이 곧 명자의 청정함이니라. 왜 그러한가? 이 명자의 청정함과 여래의 10력의 청정함은 무이이고 둘로 나눌 수 없으며 분별이 없고 단절도 없는 까닭이며, 명자의 청정함이 곧 4무소외·4무애해·대자·대비·대희·대사·18불불공법의 청정함이고 4무소외, 나아가 18불불공법의 청정함이 곧 명자의 청정함이니라. 왜 그러한가? 이 명자의 청정함과 4무소외, 나아가 18불불공법의 청정함은 무이이고 둘로 나눌 수 없으며 분별이 없고 단절도 없는 까닭이니라.

생자의 청정함이 곧 여래의 10력의 청정함이고 여래의 10력의 청정함이 곧 생자의 청정함이니라. 왜 그러한가? 이 생자의 청정함과 여래의 10력의 청정함은 무이이고 둘로 나눌 수 없으며 분별이 없고 단절도 없는 까닭이며, 생자의 청정함이 곧 4무소외·4무애해·대자·대비·대희·대사·18불불공법의 청정함이고 4무소외, 나아가 18불불공법의 청정함이 곧 생자의 청정함이니라. 왜 그러한가? 이 생자의 청정함과 4무소외, 나아가 18불불공법의 청정함은 무이이고 둘로 나눌 수 없으며 분별이 없고 단절도 없는 까닭이니라.

양육자의 청정함이 곧 여래의 10력의 청정함이고 여래의 10력의 청정함이 곧 양육자의 청정함이니라. 왜 그러한가? 이 양육자의 청정함과 여래의 10력의 청정함은 무이이고 둘로 나눌 수 없으며 분별이 없고 단절도 없는 까닭이며, 양육자의 청정함이 곧 4무소외·4무애해·대자·대비·대희·대사·18불불공법의 청정함이고 4무소외, 나아가 18불불공법의 청정함이 곧 양육자의 청정함이니라. 왜 그러한가? 이 양육자의 청정함과 4무소외, 나아가 18불불공법의 청정함은 무이이고 둘로 나눌 수 없으며 분별이 없고 단절도 없는 까닭이니라.

사부의 청정함이 곧 여래의 10력의 청정함이고 여래의 10력의 청정함이 곧 사부의 청정함이니라. 왜 그러한가? 이 사부의 청정함과 여래의 10력의 청정함은 무이이고 둘로 나눌 수 없으며 분별이 없고 단절도 없는 까닭이며, 사부의 청정함이 곧 4무소외·4무애해·대자·대비·대희·대사·18불불

공법의 청정함이고 4무소외, 나아가 18불불공법의 청정함이 곧 사부의
청정함이니라. 왜 그러한가? 이 사부의 청정함과 4무소외, 나아가 18불불
공법의 청정함은 무이이고 둘로 나눌 수 없으며 분별이 없고 단절도
없는 까닭이니라.

보특가라의 청정함이 곧 여래의 10력의 청정함이고 여래의 10력의
청정함이 곧 보특가라의 청정함이니라. 왜 그러한가? 이 보특가라의
청정함과 여래의 10력의 청정함은 무이이고 둘로 나눌 수 없으며 분별이
없고 단절도 없는 까닭이며, 보특가라의 청정함이 곧 4무소외·4무애해·대
자·대비·대희·대사·18불불공법의 청정함이고 4무소외, 나아가 18불불
공법의 청정함이 곧 보특가라의 청정함이니라. 왜 그러한가? 이 보특가라
의 청정함과 4무소외, 나아가 18불불공법의 청정함은 무이이고 둘로
나눌 수 없으며 분별이 없고 단절도 없는 까닭이니라.

의생의 청정함이 곧 여래의 10력의 청정함이고 여래의 10력의 청정함이
곧 의생의 청정함이니라. 왜 그러한가? 이 의생의 청정함과 여래의 10력의
청정함은 무이이고 둘로 나눌 수 없으며 분별이 없고 단절도 없는 까닭이
며, 의생의 청정함이 곧 4무소외·4무애해·대자·대비·대희·대사·18불불
공법의 청정함이고 4무소외, 나아가 18불불공법의 청정함이 곧 의생의
청정함이니라. 왜 그러한가? 이 의생의 청정함과 4무소외, 나아가 18불불
공법의 청정함은 무이이고 둘로 나눌 수 없으며 분별이 없고 단절도
없는 까닭이니라.

유동의 청정함이 곧 여래의 10력의 청정함이고 여래의 10력의 청정함이
곧 유동의 청정함이니라. 왜 그러한가? 이 유동의 청정함과 여래의 10력의
청정함은 무이이고 둘로 나눌 수 없으며 분별이 없고 단절도 없는 까닭이
며, 유동의 청정함이 곧 4무소외·4무애해·대자·대비·대희·대사·18불불
공법의 청정함이고 4무소외, 나아가 18불불공법의 청정함이 곧 유동의
청정함이니라. 왜 그러한가? 이 유동의 청정함과 4무소외, 나아가 18불불
공법의 청정함은 무이이고 둘로 나눌 수 없으며 분별이 없고 단절도
없는 까닭이니라.

작자의 청정함이 곧 여래의 10력의 청정함이고 여래의 10력의 청정함이
곧 작자의 청정함이니라. 왜 그러한가? 이 작자의 청정함과 여래의 10력의
청정함은 무이이고 둘로 나눌 수 없으며 분별이 없고 단절도 없는 까닭이
며, 작자의 청정함이 곧 4무소외·4무애해·대자·대비·대희·대사·18불불
공법의 청정함이고 4무소외, 나아가 18불불공법의 청정함이 곧 작자의
청정함이니라. 왜 그러한가? 이 작자의 청정함과 4무소외, 나아가 18불불
공법의 청정함은 무이이고 둘로 나눌 수 없으며 분별이 없고 단절도
없는 까닭이니라.

수자의 청정함이 곧 여래의 10력의 청정함이고 여래의 10력의 청정함이
곧 수자의 청정함이니라. 왜 그러한가? 이 수자의 청정함과 여래의 10력의
청정함은 무이이고 둘로 나눌 수 없으며 분별이 없고 단절도 없는 까닭이
며, 수자의 청정함이 곧 4무소외·4무애해·대자·대비·대희·대사·18불불
공법의 청정함이고 4무소외, 나아가 18불불공법의 청정함이 곧 수자의
청정함이니라. 왜 그러한가? 이 수자의 청정함과 4무소외, 나아가 18불불
공법의 청정함은 무이이고 둘로 나눌 수 없으며 분별이 없고 단절도
없는 까닭이니라.

지자의 청정함이 곧 여래의 10력의 청정함이고 여래의 10력의 청정함이
곧 지자의 청정함이니라. 왜 그러한가? 이 지자의 청정함과 여래의 10력의
청정함은 무이이고 둘로 나눌 수 없으며 분별이 없고 단절도 없는 까닭이
며, 지자의 청정함이 곧 4무소외·4무애해·대자·대비·대희·대사·18불불
공법의 청정함이고 4무소외, 나아가 18불불공법의 청정함이 곧 지자의
청정함이니라. 왜 그러한가? 이 지자의 청정함과 4무소외, 나아가 18불불
공법의 청정함은 무이이고 둘로 나눌 수 없으며 분별이 없고 단절도
없는 까닭이니라.

견자의 청정함이 곧 여래의 10력의 청정함이고 여래의 10력의 청정함이
곧 견자의 청정함이니라. 왜 그러한가? 이 견자의 청정함과 여래의 10력의
청정함은 무이이고 둘로 나눌 수 없으며 분별이 없고 단절도 없는 까닭이
며, 견자의 청정함이 곧 4무소외·4무애해·대자·대비·대희·대사·18불불

공법의 청정함이고 4무소외, 나아가 18불불공법의 청정함이 곧 견자의
청정함이니라. 왜 그러한가? 이 견자의 청정함과 4무소외, 나아가 18불불
공법의 청정함은 무이이고 둘로 나눌 수 없으며 분별이 없고 단절도
없는 까닭이니라."

"다시 다음으로 선현이여. 나의 청정함이 곧 무망실법의 청정함이고
무망실법의 청정함이 곧 나의 청정함이니라. 왜 그러한가? 이 나의 청정함
과 무망실법의 청정함은 무이이고 둘로 나눌 수 없으며 분별이 없고
단절도 없는 까닭이며, 나의 청정함이 곧 항주사성의 청정함이고 항주사
성의 청정함이 곧 나의 청정함이니라. 왜 그러한가? 이 나의 청정함과
항주사성의 청정함은 무이이고 둘로 나눌 수 없으며 분별이 없고 단절도
없는 까닭이니라.

유정의 청정함이 곧 무망실법의 청정함이고 무망실법의 청정함이 곧
유정의 청정함이니라. 왜 그러한가? 이 유정의 청정함과 무망실법의
청정함은 무이이고 둘로 나눌 수 없으며 분별이 없고 단절도 없는 까닭이
며, 유정의 청정함이 곧 항주사성의 청정함이고 항주사성의 청정함이
곧 유정의 청정함이니라. 왜 그러한가? 이 유정의 청정함과 항주사성의
청정함은 무이이고 둘로 나눌 수 없으며 분별이 없고 단절도 없는 까닭이
니라.

명자의 청정함이 곧 무망실법의 청정함이고 무망실법의 청정함이 곧
명자의 청정함이니라. 왜 그러한가? 이 명자의 청정함과 무망실법의
청정함은 무이이고 둘로 나눌 수 없으며 분별이 없고 단절도 없는 까닭이
며, 명자의 청정함이 곧 항주사성의 청정함이고 항주사성의 청정함이
곧 명자의 청정함이니라. 왜 그러한가? 이 명자의 청정함과 항주사성의
청정함은 무이이고 둘로 나눌 수 없으며 분별이 없고 단절도 없는 까닭이
니라.

생자의 청정함이 곧 무망실법의 청정함이고 무망실법의 청정함이 곧
생자의 청정함이니라. 왜 그러한가? 이 생자의 청정함과 무망실법의

청정함은 무이이고 둘로 나눌 수 없으며 분별이 없고 단절도 없는 까닭이며, 생자의 청정함이 곧 항주사성의 청정함이고 항주사성의 청정함이 곧 생자의 청정함이니라. 왜 그러한가? 이 생자의 청정함과 항주사성의 청정함은 무이이고 둘로 나눌 수 없으며 분별이 없고 단절도 없는 까닭이니라.

양육자의 청정함이 곧 무망실법의 청정함이고 무망실법의 청정함이 곧 양육자의 청정함이니라. 왜 그러한가? 이 양육자의 청정함과 무망실법의 청정함은 무이이고 둘로 나눌 수 없으며 분별이 없고 단절도 없는 까닭이며, 양육자의 청정함이 곧 항주사성의 청정함이고 항주사성의 청정함이 곧 양육자의 청정함이니라. 왜 그러한가? 이 양육자의 청정함과 항주사성의 청정함은 무이이고 둘로 나눌 수 없으며 분별이 없고 단절도 없는 까닭이니라.

사부의 청정함이 곧 무망실법의 청정함이고 무망실법의 청정함이 곧 사부의 청정함이니라. 왜 그러한가? 이 사부의 청정함과 무망실법의 청정함은 무이이고 둘로 나눌 수 없으며 분별이 없고 단절도 없는 까닭이며, 사부의 청정함이 곧 항주사성의 청정함이고 항주사성의 청정함이 곧 사부의 청정함이니라. 왜 그러한가? 이 사부의 청정함과 항주사성의 청정함은 무이이고 둘로 나눌 수 없으며 분별이 없고 단절도 없는 까닭이니라.

보특가라의 청정함이 곧 무망실법의 청정함이고 무망실법의 청정함이 곧 보특가라의 청정함이니라. 왜 그러한가? 이 보특가라의 청정함과 무망실법의 청정함은 무이이고 둘로 나눌 수 없으며 분별이 없고 단절도 없는 까닭이며, 보특가라의 청정함이 곧 항주사성의 청정함이고 항주사성의 청정함이 곧 보특가라의 청정함이니라. 왜 그러한가? 이 보특가라의 청정함과 항주사성의 청정함은 무이이고 둘로 나눌 수 없으며 분별이 없고 단절도 없는 까닭이니라.

의생의 청정함이 곧 무망실법의 청정함이고 무망실법의 청정함이 곧 의생의 청정함이니라. 왜 그러한가? 이 의생의 청정함과 무망실법의 청정함은 무이이고 둘로 나눌 수 없으며 분별이 없고 단절도 없는 까닭이며, 의생의 청정함이 곧 항주사성의 청정함이고 항주사성의 청정함이 곧 의생의 청정함이니라. 왜 그러한가? 이 의생의 청정함과 항주사성의 청정함은 무이이고 둘로 나눌 수 없으며 분별이 없고 단절도 없는 까닭이니라.

유동의 청정함이 곧 무망실법의 청정함이고 무망실법의 청정함이 곧 유동의 청정함이니라. 왜 그러한가? 이 유동의 청정함과 무망실법의 청정함은 무이이고 둘로 나눌 수 없으며 분별이 없고 단절도 없는 까닭이며, 유동의 청정함이 곧 항주사성의 청정함이고 항주사성의 청정함이 곧 유동의 청정함이니라. 왜 그러한가? 이 유동의 청정함과 항주사성의 청정함은 무이이고 둘로 나눌 수 없으며 분별이 없고 단절도 없는 까닭이니라.

작자의 청정함이 곧 무망실법의 청정함이고 무망실법의 청정함이 곧 작자의 청정함이니라. 왜 그러한가? 이 작자의 청정함과 무망실법의 청정함은 무이이고 둘로 나눌 수 없으며 분별이 없고 단절도 없는 까닭이며, 작자의 청정함이 곧 항주사성의 청정함이고 항주사성의 청정함이 곧 작자의 청정함이니라. 왜 그러한가? 이 작자의 청정함과 항주사성의 청정함은 무이이고 둘로 나눌 수 없으며 분별이 없고 단절도 없는 까닭이니라.

수자의 청정함이 곧 무망실법의 청정함이고 무망실법의 청정함이 곧 수자의 청정함이니라. 왜 그러한가? 이 수자의 청정함과 무망실법의 청정함은 무이이고 둘로 나눌 수 없으며 분별이 없고 단절도 없는 까닭이며, 수자의 청정함이 곧 항주사성의 청정함이고 항주사성의 청정함이 곧 수자의 청정함이니라. 왜 그러한가? 이 수자의 청정함과 항주사성의 청정함은 무이이고 둘로 나눌 수 없으며 분별이 없고 단절도 없는 까닭이니라.

지자의 청정함이 곧 무망실법의 청정함이고 무망실법의 청정함이 곧 지자의 청정함이니라. 왜 그러한가? 이 지자의 청정함과 무망실법의 청정함은 무이이고 둘로 나눌 수 없으며 분별이 없고 단절도 없는 까닭이며, 지자의 청정함이 곧 항주사성의 청정함이고 항주사성의 청정함이 곧 지자의 청정함이니라. 왜 그러한가? 이 지자의 청정함과 항주사성의 청정함은 무이이고 둘로 나눌 수 없으며 분별이 없고 단절도 없는 까닭이니라.

견자의 청정함이 곧 무망실법의 청정함이고 무망실법의 청정함이 곧 견자의 청정함이니라. 왜 그러한가? 이 견자의 청정함과 무망실법의 청정함은 무이이고 둘로 나눌 수 없으며 분별이 없고 단절도 없는 까닭이며, 견자의 청정함이 곧 항주사성의 청정함이고 항주사성의 청정함이 곧 견자의 청정함이니라. 왜 그러한가? 이 견자의 청정함과 항주사성의 청정함은 무이이고 둘로 나눌 수 없으며 분별이 없고 단절도 없는 까닭이니라.”

마하반야바라밀다경 제189권

34. 난신해품(難信解品)(8)

"다시 다음으로 선현이여. 나의 청정함이 곧 일체지의 청정함이고 일체지의 청정함이 곧 나의 청정함이니라. 왜 그러한가? 이 나의 청정함과 일체지의 청정함은 무이이고 둘로 나눌 수 없으며 분별이 없고 단절도 없는 까닭이며, 나의 청정함이 곧 도상지·일체상지의 청정함이고 도상지· 일체상지의 청정함이 곧 나의 청정함이니라. 왜 그러한가? 이 나의 청정함과 도상지·일체상지의 청정함은 무이이고 둘로 나눌 수 없으며 분별이 없고 단절도 없는 까닭이니라.

유정의 청정함이 곧 일체지의 청정함이고 일체지의 청정함이 곧 유정의 청정함이니라. 왜 그러한가? 이 유정의 청정함과 일체지의 청정함은 무이이고 둘로 나눌 수 없으며 분별이 없고 단절도 없는 까닭이며, 유정의 청정함이 곧 도상지·일체상지의 청정함이고 도상지·일체상지의 청정함이 곧 유정의 청정함이니라. 왜 그러한가? 이 유정의 청정함과 도상지·일체상지의 청정함은 무이이고 둘로 나눌 수 없으며 분별이 없고 단절도 없는 까닭이니라.

명자의 청정함이 곧 일체지의 청정함이고 일체지의 청정함이 곧 명자의 청정함이니라. 왜 그러한가? 이 명자의 청정함과 일체지의 청정함은 무이이고 둘로 나눌 수 없으며 분별이 없고 단절도 없는 까닭이며, 명자의 청정함이 곧 도상지·일체상지의 청정함이고 도상지·일체상지의 청정함이 곧 명자의 청정함이니라. 왜 그러한가? 이 명자의 청정함과 도상지·일체상지의 청정함은 무이이고 둘로 나눌 수 없으며 분별이 없고 단절도 없는 까닭이니라.

생자의 청정함이 곧 일체지의 청정함이고 일체지의 청정함이 곧 생자의 청정함이니라. 왜 그러한가? 이 생자의 청정함과 일체지의 청정함은 무이이고 둘로 나눌 수 없으며 분별이 없고 단절도 없는 까닭이며, 생자의 청정함이 곧 도상지·일체상지의 청정함이고 도상지·일체상지의 청정함이 곧 생자의 청정함이니라. 왜 그러한가? 이 생자의 청정함과 도상지·일체상지의 청정함은 무이이고 둘로 나눌 수 없으며 분별이 없고 단절도 없는 까닭이니라.

양육자의 청정함이 곧 일체지의 청정함이고 일체지의 청정함이 곧 양육자의 청정함이니라. 왜 그러한가? 이 양육자의 청정함과 일체지의 청정함은 무이이고 둘로 나눌 수 없으며 분별이 없고 단절도 없는 까닭이며, 양육자의 청정함이 곧 도상지·일체상지의 청정함이고 도상지·일체상지의 청정함이 곧 양육자의 청정함이니라. 왜 그러한가? 이 양육자의 청정함과 도상지·일체상지의 청정함은 무이이고 둘로 나눌 수 없으며 분별이 없고 단절도 없는 까닭이니라.

사부의 청정함이 곧 일체지의 청정함이고 일체지의 청정함이 곧 사부의 청정함이니라. 왜 그러한가? 이 사부의 청정함과 일체지의 청정함은 무이이고 둘로 나눌 수 없으며 분별이 없고 단절도 없는 까닭이며, 사부의 청정함이 곧 도상지·일체상지의 청정함이고 도상지·일체상지의 청정함이 곧 사부의 청정함이니라. 왜 그러한가? 이 사부의 청정함과 도상지·일체상지의 청정함은 무이이고 둘로 나눌 수 없으며 분별이 없고 단절도 없는 까닭이니라.

보특가라의 청정함이 곧 일체지의 청정함이고 일체지의 청정함이 곧 보특가라의 청정함이니라. 왜 그러한가? 이 보특가라의 청정함과 일체지의 청정함은 무이이고 둘로 나눌 수 없으며 분별이 없고 단절도 없는 까닭이며, 보특가라의 청정함이 곧 도상지·일체상지의 청정함이고 도상지·일체상지의 청정함이 곧 보특가라의 청정함이니라. 왜 그러한가?

이 보특가라의 청정함과 도상지·일체상지의 청정함은 무이이고 둘로 나눌 수 없으며 분별이 없고 단절도 없는 까닭이니라.

의생의 청정함이 곧 일체지의 청정함이고 일체지의 청정함이 곧 의생의 청정함이니라. 왜 그러한가? 이 의생의 청정함과 일체지의 청정함은 무이이고 둘로 나눌 수 없으며 분별이 없고 단절도 없는 까닭이며, 의생의 청정함이 곧 도상지·일체상지의 청정함이고 도상지·일체상지의 청정함이 곧 의생의 청정함이니라. 왜 그러한가? 이 의생의 청정함과 도상지·일체상지의 청정함은 무이이고 둘로 나눌 수 없으며 분별이 없고 단절도 없는 까닭이니라.

유동의 청정함이 곧 일체지의 청정함이고 일체지의 청정함이 곧 유동의 청정함이니라. 왜 그러한가? 이 유동의 청정함과 일체지의 청정함은 무이이고 둘로 나눌 수 없으며 분별이 없고 단절도 없는 까닭이며, 유동의 청정함이 곧 도상지·일체상지의 청정함이고 도상지·일체상지의 청정함이 곧 유동의 청정함이니라. 왜 그러한가? 이 유동의 청정함과 도상지·일체상지의 청정함은 무이이고 둘로 나눌 수 없으며 분별이 없고 단절도 없는 까닭이니라.

작자의 청정함이 곧 일체지의 청정함이고 일체지의 청정함이 곧 작자의 청정함이니라. 왜 그러한가? 이 작자의 청정함과 일체지의 청정함은 무이이고 둘로 나눌 수 없으며 분별이 없고 단절도 없는 까닭이며, 작자의 청정함이 곧 도상지·일체상지의 청정함이고 도상지·일체상지의 청정함이 곧 작자의 청정함이니라. 왜 그러한가? 이 작자의 청정함과 도상지·일체상지의 청정함은 무이이고 둘로 나눌 수 없으며 분별이 없고 단절도 없는 까닭이니라.

수자의 청정함이 곧 일체지의 청정함이고 일체지의 청정함이 곧 수자의 청정함이니라. 왜 그러한가? 이 수자의 청정함과 일체지의 청정함은 무이이고 둘로 나눌 수 없으며 분별이 없고 단절도 없는 까닭이며, 수자의 청정함이 곧 도상지·일체상지의 청정함이고 도상지·일체상지의 청정함이 곧 수자의 청정함이니라. 왜 그러한가? 이 수자의 청정함과 도상지·일체상지의 청정함은 무이이고 둘로 나눌 수 없으며 분별이 없고 단절도 없는 까닭이니라.

지자의 청정함이 곧 일체지의 청정함이고 일체지의 청정함이 곧 지자의 청정함이니라. 왜 그러한가? 이 지자의 청정함과 일체지의 청정함은 무이이고 둘로 나눌 수 없으며 분별이 없고 단절도 없는 까닭이며, 지자의 청정함이 곧 도상지·일체상지의 청정함이고 도상지·일체상지의 청정함이 곧 지자의 청정함이니라. 왜 그러한가? 이 지자의 청정함과 도상지·일체상지의 청정함은 무이이고 둘로 나눌 수 없으며 분별이 없고 단절도 없는 까닭이니라.

견자의 청정함이 곧 일체지의 청정함이고 일체지의 청정함이 곧 견자의 청정함이니라. 왜 그러한가? 이 견자의 청정함과 일체지의 청정함은 무이이고 둘로 나눌 수 없으며 분별이 없고 단절도 없는 까닭이며, 견자의 청정함이 곧 도상지·일체상지의 청정함이고 도상지·일체상지의 청정함이 곧 견자의 청정함이니라. 왜 그러한가? 이 견자의 청정함과 도상지·일체상지의 청정함은 무이이고 둘로 나눌 수 없으며 분별이 없고 단절도 없는 까닭이니라."

"다시 다음으로 선현이여. 나의 청정함이 곧 일체의 다라니문의 청정함이고 일체의 다라니문의 청정함이 곧 나의 청정함이니라. 왜 그러한가? 이 나의 청정함과 일체의 다라니문의 청정함은 무이이고 둘로 나눌 수 없으며 분별이 없고 단절도 없는 까닭이며, 나의 청정함이 곧 일체의 삼마지문의 청정함이고 일체의 삼마지문의 청정함이 곧 나의 청정함이니라. 왜 그러한가? 이 나의 청정함과 일체의 삼마지문의 청정함은 무이이고 둘로 나눌 수 없으며 분별이 없고 단절도 없는 까닭이니라.

유정의 청정함이 곧 일체의 다라니문의 청정함이고 일체의 다라니문의 청정함이 곧 유정의 청정함이니라. 왜 그러한가? 이 유정의 청정함과 일체의 다라니문의 청정함은 무이이고 둘로 나눌 수 없으며 분별이 없고 단절도 없는 까닭이며, 유정의 청정함이 곧 일체의 삼마지문의 청정함이고 일체의 삼마지문의 청정함이 곧 유정의 청정함이니라. 왜 그러한가? 이 유정의 청정함과 일체의 삼마지문의 청정함은 무이이고 둘로 나눌 수 없으며 분별이 없고 단절도 없는 까닭이니라.

명자의 청정함이 곧 일체의 다라니문의 청정함이고 일체의 다라니문의 청정함이 곧 명자의 청정함이니라. 왜 그러한가? 이 명자의 청정함과 일체의 다라니문의 청정함은 무이이고 둘로 나눌 수 없으며 분별이 없고 단절도 없는 까닭이며, 명자의 청정함이 곧 일체의 삼마지문의 청정함이고 일체의 삼마지문의 청정함이 곧 명자의 청정함이니라. 왜 그러한가? 이 명자의 청정함과 일체의 삼마지문의 청정함은 무이이고 둘로 나눌 수 없으며 분별이 없고 단절도 없는 까닭이니라.

생자의 청정함이 곧 일체의 다라니문의 청정함이고 일체의 다라니문의 청정함이 곧 생자의 청정함이니라. 왜 그러한가? 이 생자의 청정함과 일체의 다라니문의 청정함은 무이이고 둘로 나눌 수 없으며 분별이 없고 단절도 없는 까닭이며, 생자의 청정함이 곧 일체의 삼마지문의 청정함이고 일체의 삼마지문의 청정함이 곧 생자의 청정함이니라. 왜 그러한가? 이 생자의 청정함과 일체의 삼마지문의 청정함은 무이이고 둘로 나눌 수 없으며 분별이 없고 단절도 없는 까닭이니라.

양육자의 청정함이 곧 일체의 다라니문의 청정함이고 일체의 다라니문의 청정함이 곧 양육자의 청정함이니라. 왜 그러한가? 이 양육자의 청정함과 일체의 다라니문의 청정함은 무이이고 둘로 나눌 수 없으며 분별이 없고 단절도 없는 까닭이며, 양육자의 청정함이 곧 일체의 삼마지문의 청정함이고 일체의 삼마지문의 청정함이 곧 양육자의 청정함이니라. 왜 그러한가? 이 양육자의 청정함과 일체의 삼마지문의 청정함은 무이이고 둘로 나눌 수 없으며 분별이 없고 단절도 없는 까닭이니라.

사부의 청정함이 곧 일체의 다라니문의 청정함이고 일체의 다라니문의 청정함이 곧 사부의 청정함이니라. 왜 그러한가? 이 사부의 청정함과 일체의 다라니문의 청정함은 무이이고 둘로 나눌 수 없으며 분별이 없고 단절도 없는 까닭이며, 사부의 청정함이 곧 일체의 삼마지문의 청정함이고 일체의 삼마지문의 청정함이 곧 사부의 청정함이니라. 왜 그러한가? 이 사부의 청정함과 일체의 삼마지문의 청정함은 무이이고 둘로 나눌 수 없으며 분별이 없고 단절도 없는 까닭이니라.

보특가라의 청정함이 곧 일체의 다라니문의 청정함이고 일체의 다라니문의 청정함이 곧 보특가라의 청정함이니라. 왜 그러한가? 이 보특가라의 청정함과 일체의 다라니문의 청정함은 무이이고 둘로 나눌 수 없으며 분별이 없고 단절도 없는 까닭이며, 보특가라의 청정함이 곧 일체의 삼마지문의 청정함이고 일체의 삼마지문의 청정함이 곧 보특가라의 청정함이니라. 왜 그러한가? 이 보특가라의 청정함과 일체의 삼마지문의 청정함은 무이이고 둘로 나눌 수 없으며 분별이 없고 단절도 없는 까닭이니라.

의생의 청정함이 곧 일체의 다라니문의 청정함이고 일체의 다라니문의 청정함이 곧 의생의 청정함이니라. 왜 그러한가? 이 의생의 청정함과 일체의 다라니문의 청정함은 무이이고 둘로 나눌 수 없으며 분별이 없고 단절도 없는 까닭이며, 의생의 청정함이 곧 일체의 삼마지문의 청정함이고 일체의 삼마지문의 청정함이 곧 의생의 청정함이니라. 왜 그러한가? 이 의생의 청정함과 일체의 삼마지문의 청정함은 무이이고 둘로 나눌 수 없으며 분별이 없고 단절도 없는 까닭이니라.

유동의 청정함이 곧 일체의 다라니문의 청정함이고 일체의 다라니문의 청정함이 곧 유동의 청정함이니라. 왜 그러한가? 이 유동의 청정함과 일체의 다라니문의 청정함은 무이이고 둘로 나눌 수 없으며 분별이 없고 단절도 없는 까닭이며, 유동의 청정함이 곧 일체의 삼마지문의 청정함이고 일체의 삼마지문의 청정함이 곧 유동의 청정함이니라. 왜 그러한가? 이 유동의 청정함과 일체의 삼마지문의 청정함은 무이이고 둘로 나눌 수 없으며 분별이 없고 단절도 없는 까닭이니라.

작자의 청정함이 곧 일체의 다라니문의 청정함이고 일체의 다라니문의 청정함이 곧 작자의 청정함이니라. 왜 그러한가? 이 작자의 청정함과 일체의 다라니문의 청정함은 무이이고 둘로 나눌 수 없으며 분별이 없고

단절도 없는 까닭이며, 작자의 청정함이 곧 일체의 삼마지문의 청정함이
고 일체의 삼마지문의 청정함이 곧 작자의 청정함이니라. 왜 그러한가?
이 작자의 청정함과 일체의 삼마지문의 청정함은 무이이고 둘로 나눌
수 없으며 분별이 없고 단절도 없는 까닭이니라.

수자의 청정함이 곧 일체의 다라니문의 청정함이고 일체의 다라니문의
청정함이 곧 수자의 청정함이니라. 왜 그러한가? 이 수자의 청정함과
일체의 다라니문의 청정함은 무이이고 둘로 나눌 수 없으며 분별이 없고
단절도 없는 까닭이며, 수자의 청정함이 곧 일체의 삼마지문의 청정함이
고 일체의 삼마지문의 청정함이 곧 수자의 청정함이니라. 왜 그러한가?
이 수자의 청정함과 일체의 삼마지문의 청정함은 무이이고 둘로 나눌
수 없으며 분별이 없고 단절도 없는 까닭이니라.

지자의 청정함이 곧 일체의 다라니문의 청정함이고 일체의 다라니문의
청정함이 곧 지자의 청정함이니라. 왜 그러한가? 이 지자의 청정함과
일체의 다라니문의 청정함은 무이이고 둘로 나눌 수 없으며 분별이 없고
단절도 없는 까닭이며, 지자의 청정함이 곧 일체의 삼마지문의 청정함이
고 일체의 삼마지문의 청정함이 곧 지자의 청정함이니라. 왜 그러한가?
이 지자의 청정함과 일체의 삼마지문의 청정함은 무이이고 둘로 나눌
수 없으며 분별이 없고 단절도 없는 까닭이니라.

견자의 청정함이 곧 일체의 다라니문의 청정함이고 일체의 다라니문의
청정함이 곧 견자의 청정함이니라. 왜 그러한가? 이 견자의 청정함과
일체의 다라니문의 청정함은 무이이고 둘로 나눌 수 없으며 분별이 없고
단절도 없는 까닭이며, 견자의 청정함이 곧 일체의 삼마지문의 청정함이
고 일체의 삼마지문의 청정함이 곧 견자의 청정함이니라. 왜 그러한가?
이 견자의 청정함과 일체의 삼마지문의 청정함은 무이이고 둘로 나눌
수 없으며 분별이 없고 단절도 없는 까닭이니라."

"다시 다음으로 선현이여. 나의 청정함이 곧 예류과의 청정함이고
예류과의 청정함이 곧 나의 청정함이니라. 왜 그러한가? 이 나의 청정함과

예류과의 청정함은 무이이고 둘로 나눌 수 없으며 분별이 없고 단절도 없는 까닭이며, 나의 청정함이 곧 일래·불환·아라한과의 청정함이고 일래·불환·아라한과의 청정함이 곧 나의 청정함이니라. 왜 그러한가? 이 나의 청정함과 일래·불환·아라한과의 청정함은 무이이고 둘로 나눌 수 없으며 분별이 없고 단절도 없는 까닭이니라.

유정의 청정함이 곧 예류과의 청정함이고 예류과의 청정함이 곧 유정의 청정함이니라. 왜 그러한가? 이 유정의 청정함과 예류과의 청정함은 무이이고 둘로 나눌 수 없으며 분별이 없고 단절도 없는 까닭이며, 유정의 청정함이 곧 일래·불환·아라한과의 청정함이고 일래·불환·아라한과의 청정함이 곧 유정의 청정함이니라. 왜 그러한가? 이 유정의 청정함과 일래·불환·아라한과의 청정함은 무이이고 둘로 나눌 수 없으며 분별이 없고 단절도 없는 까닭이니라.

명자의 청정함이 곧 예류과의 청정함이고 예류과의 청정함이 곧 명자의 청정함이니라. 왜 그러한가? 이 명자의 청정함과 예류과의 청정함은 무이이고 둘로 나눌 수 없으며 분별이 없고 단절도 없는 까닭이며, 명자의 청정함이 곧 일래·불환·아라한과의 청정함이고 일래·불환·아라한과의 청정함이 곧 명자의 청정함이니라. 왜 그러한가? 이 명자의 청정함과 일래·불환·아라한과의 청정함은 무이이고 둘로 나눌 수 없으며 분별이 없고 단절도 없는 까닭이니라.

생자의 청정함이 곧 예류과의 청정함이고 예류과의 청정함이 곧 생자의 청정함이니라. 왜 그러한가? 이 생자의 청정함과 예류과의 청정함은 무이이고 둘로 나눌 수 없으며 분별이 없고 단절도 없는 까닭이며, 생자의 청정함이 곧 일래·불환·아라한과의 청정함이고 일래·불환·아라한과의 청정함이 곧 생자의 청정함이니라. 왜 그러한가? 이 생자의 청정함과 일래·불환·아라한과의 청정함은 무이이고 둘로 나눌 수 없으며 분별이 없고 단절도 없는 까닭이니라.

양육자의 청정함이 곧 예류과의 청정함이고 예류과의 청정함이 곧 양육자의 청정함이니라. 왜 그러한가? 이 양육자의 청정함과 예류과의

청정함은 무이이고 둘로 나눌 수 없으며 분별이 없고 단절도 없는 까닭이
며, 양육자의 청정함이 곧 일래·불환·아라한과의 청정함이고 일래·불환·
아라한과의 청정함이 곧 양육자의 청정함이니라. 왜 그러한가? 이 양육자
의 청정함과 일래·불환·아라한과의 청정함은 무이이고 둘로 나눌 수
없으며 분별이 없고 단절도 없는 까닭이니라.

사부의 청정함이 곧 예류과의 청정함이고 예류과의 청정함이 곧 사부의
청정함이니라. 왜 그러한가? 이 사부의 청정함과 예류과의 청정함은
무이이고 둘로 나눌 수 없으며 분별이 없고 단절도 없는 까닭이며, 사부의
청정함이 곧 일래·불환·아라한과의 청정함이고 일래·불환·아라한과의
청정함이 곧 사부의 청정함이니라. 왜 그러한가? 이 사부의 청정함과
일래·불환·아라한과의 청정함은 무이이고 둘로 나눌 수 없으며 분별이
없고 단절도 없는 까닭이니라.

보특가라의 청정함이 곧 예류과의 청정함이고 예류과의 청정함이 곧
보특가라의 청정함이니라. 왜 그러한가? 이 보특가라의 청정함과 예류과
의 청정함은 무이이고 둘로 나눌 수 없으며 분별이 없고 단절도 없는
까닭이며, 보특가라의 청정함이 곧 일래·불환·아라한과의 청정함이고
일래·불환·아라한과의 청정함이 곧 보특가라의 청정함이니라. 왜 그러한
가? 이 보특가라의 청정함과 일래·불환·아라한과의 청정함은 무이이고
둘로 나눌 수 없으며 분별이 없고 단절도 없는 까닭이니라.

의생의 청정함이 곧 예류과의 청정함이고 예류과의 청정함이 곧 의생의
청정함이니라. 왜 그러한가? 이 의생의 청정함과 예류과의 청정함은
무이이고 둘로 나눌 수 없으며 분별이 없고 단절도 없는 까닭이며, 의생의
청정함이 곧 일래·불환·아라한과의 청정함이고 일래·불환·아라한과의
청정함이 곧 의생의 청정함이니라. 왜 그러한가? 이 의생의 청정함과
일래·불환·아라한과의 청정함은 무이이고 둘로 나눌 수 없으며 분별이
없고 단절도 없는 까닭이니라.

유동의 청정함이 곧 예류과의 청정함이고 예류과의 청정함이 곧 유동의
청정함이니라. 왜 그러한가? 이 유동의 청정함과 예류과의 청정함은

무이이고 둘로 나눌 수 없으며 분별이 없고 단절도 없는 까닭이며, 유동의
청정함이 곧 일래·불환·아라한과의 청정함이고 일래·불환·아라한과의
청정함이 곧 유동의 청정함이니라. 왜 그러한가? 이 유동의 청정함과
일래·불환·아라한과의 청정함은 무이이고 둘로 나눌 수 없으며 분별이
없고 단절도 없는 까닭이니라.

작자의 청정함이 곧 예류과의 청정함이고 예류과의 청정함이 곧 작자의
청정함이니라. 왜 그러한가? 이 작자의 청정함과 예류과의 청정함은
무이이고 둘로 나눌 수 없으며 분별이 없고 단절도 없는 까닭이며, 작자의
청정함이 곧 일래·불환·아라한과의 청정함이고 일래·불환·아라한과의
청정함이 곧 작자의 청정함이니라. 왜 그러한가? 이 작자의 청정함과
일래·불환·아라한과의 청정함은 무이이고 둘로 나눌 수 없으며 분별이
없고 단절도 없는 까닭이니라.

수자의 청정함이 곧 예류과의 청정함이고 예류과의 청정함이 곧 수자의
청정함이니라. 왜 그러한가? 이 수자의 청정함과 예류과의 청정함은
무이이고 둘로 나눌 수 없으며 분별이 없고 단절도 없는 까닭이며, 수자의
청정함이 곧 일래·불환·아라한과의 청정함이고 일래·불환·아라한과의
청정함이 곧 수자의 청정함이니라. 왜 그러한가? 이 수자의 청정함과
일래·불환·아라한과의 청정함은 무이이고 둘로 나눌 수 없으며 분별이
없고 단절도 없는 까닭이니라.

지자의 청정함이 곧 예류과의 청정함이고 예류과의 청정함이 곧 지자의
청정함이니라. 왜 그러한가? 이 지자의 청정함과 예류과의 청정함은
무이이고 둘로 나눌 수 없으며 분별이 없고 단절도 없는 까닭이며, 지자의
청정함이 곧 일래·불환·아라한과의 청정함이고 일래·불환·아라한과의
청정함이 곧 지자의 청정함이니라. 왜 그러한가? 이 지자의 청정함과
일래·불환·아라한과의 청정함은 무이이고 둘로 나눌 수 없으며 분별이
없고 단절도 없는 까닭이니라.

견자의 청정함이 곧 예류과의 청정함이고 예류과의 청정함이 곧 견자의
청정함이니라. 왜 그러한가? 이 견자의 청정함과 예류과의 청정함은

무이이고 둘로 나눌 수 없으며 분별이 없고 단절도 없는 까닭이며, 견자의 청정함이 곧 일래·불환·아라한과의 청정함이고 일래·불환·아라한과의 청정함이 곧 견자의 청정함이니라. 왜 그러한가? 이 견자의 청정함과 일래·불환·아라한과의 청정함은 무이이고 둘로 나눌 수 없으며 분별이 없고 단절도 없는 까닭이니라."

"다시 다음으로 선현이여. 나의 청정함이 곧 독각의 보리의 청정함이고 독각의 보리의 청정함이 곧 나의 청정함이니라. 왜 그러한가? 이 나의 청정함과 독각의 보리의 청정함은 무이이고 둘로 나눌 수 없으며 분별이 없고 단절도 없는 까닭이니라. 유정의 청정함이 곧 독각의 보리의 청정함이고 독각의 보리의 청정함이 곧 유정의 청정함이니라. 왜 그러한가? 이 유정의 청정함과 독각의 보리의 청정함은 무이이고 둘로 나눌 수 없으며 분별이 없고 단절도 없는 까닭이니라.

명자의 청정함이 곧 독각의 보리의 청정함이고 독각의 보리의 청정함이 곧 명자의 청정함이니라. 왜 그러한가? 이 명자의 청정함과 독각의 보리의 청정함은 무이이고 둘로 나눌 수 없으며 분별이 없고 단절도 없는 까닭이니라. 생자의 청정함이 곧 독각의 보리의 청정함이고 독각의 보리의 청정함이 곧 생자의 청정함이니라. 왜 그러한가? 이 생자의 청정함과 독각의 보리의 청정함은 무이이고 둘로 나눌 수 없으며 분별이 없고 단절도 없는 까닭이니라.

양육자의 청정함이 곧 독각의 보리의 청정함이고 독각의 보리의 청정함이 곧 양육자의 청정함이니라. 왜 그러한가? 이 양육자의 청정함과 독각의 보리의 청정함은 무이이고 둘로 나눌 수 없으며 분별이 없고 단절도 없는 까닭이니라. 사부의 청정함이 곧 독각의 보리의 청정함이고 독각의 보리의 청정함이 곧 사부의 청정함이니라. 왜 그러한가? 이 사부의 청정함과 독각의 보리의 청정함은 무이이고 둘로 나눌 수 없으며 분별이 없고 단절도 없는 까닭이니라.

보특가라의 청정함이 곧 독각의 보리의 청정함이고 독각의 보리의 청정함이 곧 보특가라의 청정함이니라. 왜 그러한가? 이 보특가라의 청정함과 독각의 보리의 청정함은 무이이고 둘로 나눌 수 없으며 분별이 없고 단절도 없는 까닭이니라. 의생의 청정함이 곧 독각의 보리의 청정함이고 독각의 보리의 청정함이 곧 의생의 청정함이니라. 왜 그러한가? 이 의생의 청정함과 독각의 보리의 청정함은 무이이고 둘로 나눌 수 없으며 분별이 없고 단절도 없는 까닭이니라.

유동의 청정함이 곧 독각의 보리의 청정함이고 독각의 보리의 청정함이 곧 유동의 청정함이니라. 왜 그러한가? 이 유동의 청정함과 독각의 보리의 청정함은 무이이고 둘로 나눌 수 없으며 분별이 없고 단절도 없는 까닭이니라. 작자의 청정함이 곧 독각의 보리의 청정함이고 독각의 보리의 청정함이 곧 작자의 청정함이니라. 왜 그러한가? 이 작자의 청정함과 독각의 보리의 청정함은 무이이고 둘로 나눌 수 없으며 분별이 없고 단절도 없는 까닭이니라.

수자의 청정함이 곧 독각의 보리의 청정함이고 독각의 보리의 청정함이 곧 수자의 청정함이니라. 왜 그러한가? 이 수자의 청정함과 독각의 보리의 청정함은 무이이고 둘로 나눌 수 없으며 분별이 없고 단절도 없는 까닭이니라. 지자의 청정함이 곧 독각의 보리의 청정함이고 독각의 보리의 청정함이 곧 지자의 청정함이니라. 왜 그러한가? 이 지자의 청정함과 독각의 보리의 청정함은 무이이고 둘로 나눌 수 없으며 분별이 없고 단절도 없는 까닭이니라.

견자의 청정함이 곧 독각의 보리의 청정함이고 독각의 보리의 청정함이 곧 견자의 청정함이니라. 왜 그러한가? 이 견자의 청정함과 독각의 보리의 청정함은 무이이고 둘로 나눌 수 없으며 분별이 없고 단절도 없는 까닭이니라.”

“다시 다음으로 선현이여. 나의 청정함이 곧 보살마하살의 행의 청정함이고 보살마하살의 행의 청정함이 곧 나의 청정함이니라. 왜 그러한가? 이 나의 청정함과 보살마하살의 행의 청정함은 무이이고 둘로 나눌 수 없으며 분별이 없고 단절도 없는 까닭이니라. 유정의 청정함이 곧 보살마하살의 행의 청정함이고 보살마하살의 행의 청정함이 곧 유정의 청정함이니라. 왜 그러한가? 이 유정의 청정함과 보살마하살의 행의 청정함은 무이이고 둘로 나눌 수 없으며 분별이 없고 단절도 없는 까닭이니라.

명자의 청정함이 곧 보살마하살의 행의 청정함이고 보살마하살의 행의 청정함이 곧 명자의 청정함이니라. 왜 그러한가? 이 명자의 청정함과 보살마하살의 행의 청정함은 무이이고 둘로 나눌 수 없으며 분별이 없고 단절도 없는 까닭이니라. 생자의 청정함이 곧 보살마하살의 행의 청정함이고 보살마하살의 행의 청정함이 곧 생자의 청정함이니라. 왜 그러한가? 이 생자의 청정함과 보살마하살의 행의 청정함은 무이이고 둘로 나눌 수 없으며 분별이 없고 단절도 없는 까닭이니라.

양육자의 청정함이 곧 보살마하살의 행의 청정함이고 보살마하살의 행의 청정함이 곧 양육자의 청정함이니라. 왜 그러한가? 이 양육자의 청정함과 보살마하살의 행의 청정함은 무이이고 둘로 나눌 수 없으며 분별이 없고 단절도 없는 까닭이니라. 사부의 청정함이 곧 보살마하살의 행의 청정함이고 보살마하살의 행의 청정함이 곧 사부의 청정함이니라. 왜 그러한가? 이 사부의 청정함과 보살마하살의 행의 청정함은 무이이고 둘로 나눌 수 없으며 분별이 없고 단절도 없는 까닭이니라.

보특가라의 청정함이 곧 보살마하살의 행의 청정함이고 보살마하살의 행의 청정함이 곧 보특가라의 청정함이니라. 왜 그러한가? 이 보특가라의 청정함과 보살마하살의 행의 청정함은 무이이고 둘로 나눌 수 없으며 분별이 없고 단절도 없는 까닭이니라. 의생의 청정함이 곧 보살마하살의 행의 청정함이고 보살마하살의 행의 청정함이 곧 의생의 청정함이니라. 왜 그러한가? 이 의생의 청정함과 보살마하살의 행의 청정함은 무이이고 둘로 나눌 수 없으며 분별이 없고 단절도 없는 까닭이니라.

유동의 청정함이 곧 보살마하살의 행의 청정함이고 보살마하살의 행의 청정함이 곧 유동의 청정함이니라. 왜 그러한가? 이 유동의 청정함과 보살마하살의 행의 청정함은 무이이고 둘로 나눌 수 없으며 분별이 없고 단절도 없는 까닭이니라. 작자의 청정함이 곧 보살마하살의 행의 청정함이고 보살마하살의 행의 청정함이 곧 작자의 청정함이니라. 왜 그러한가? 이 작자의 청정함과 보살마하살의 행의 청정함은 무이이고 둘로 나눌 수 없으며 분별이 없고 단절도 없는 까닭이니라.

수자의 청정함이 곧 보살마하살의 행의 청정함이고 보살마하살의 행의 청정함이 곧 수자의 청정함이니라. 왜 그러한가? 이 수자의 청정함과 보살마하살의 행의 청정함은 무이이고 둘로 나눌 수 없으며 분별이 없고 단절도 없는 까닭이니라. 지자의 청정함이 곧 보살마하살의 행의 청정함이고 보살마하살의 행의 청정함이 곧 지자의 청정함이니라. 왜 그러한가? 이 지자의 청정함과 보살마하살의 행의 청정함은 무이이고 둘로 나눌 수 없으며 분별이 없고 단절도 없는 까닭이니라.

견자의 청정함이 곧 보살마하살의 행의 청정함이고 보살마하살의 행의 청정함이 곧 견자의 청정함이니라. 왜 그러한가? 이 견자의 청정함과 보살마하살의 행의 청정함은 무이이고 둘로 나눌 수 없으며 분별이 없고 단절도 없는 까닭이니라."

"다시 다음으로 선현이여. 나의 청정함이 곧 제불의 무상정등보리의 청정함이고 제불의 무상정등보리의 청정함이 곧 나의 청정함이니라. 왜 그러한가? 이 나의 청정함과 제불의 무상정등보리의 청정함은 무이이고 둘로 나눌 수 없으며 분별이 없고 단절도 없는 까닭이니라. 유정의 청정함이 곧 제불의 무상정등보리의 청정함이고 제불의 무상정등보리의 청정함이 곧 유정의 청정함이니라. 왜 그러한가? 이 유정의 청정함과 제불의 무상정등보리의 청정함은 무이이고 둘로 나눌 수 없으며 분별이 없고 단절도 없는 까닭이니라.

명자의 청정함이 곧 제불의 무상정등보리의 청정함이고 제불의 무상정등보리의 청정함이 곧 명자의 청정함이니라. 왜 그러한가? 이 명자의 청정함과 제불의 무상정등보리의 청정함은 무이이고 둘로 나눌 수 없으며 분별이 없고 단절도 없는 까닭이니라. 생자의 청정함이 곧 제불의 무상정

등보리의 청정함이고 제불의 무상정등보리의 청정함이 곧 생자의 청정함
이니라. 왜 그러한가? 이 생자의 청정함과 제불의 무상정등보리의 청정함
은 무이이고 둘로 나눌 수 없으며 분별이 없고 단절도 없는 까닭이니라.

양육자의 청정함이 곧 제불의 무상정등보리의 청정함이고 제불의 무상
정등보리의 청정함이 곧 양육자의 청정함이니라. 왜 그러한가? 이 양육자
의 청정함과 제불의 무상정등보리의 청정함은 무이이고 둘로 나눌 수
없으며 분별이 없고 단절도 없는 까닭이니라. 사부의 청정함이 곧 제불의
무상정등보리의 청정함이고 제불의 무상정등보리의 청정함이 곧 사부의
청정함이니라. 왜 그러한가? 이 사부의 청정함과 제불의 무상정등보리의
청정함은 무이이고 둘로 나눌 수 없으며 분별이 없고 단절도 없는 까닭이
니라.

보특가라의 청정함이 곧 제불의 무상정등보리의 청정함이고 제불의
무상정등보리의 청정함이 곧 보특가라의 청정함이니라. 왜 그러한가?
이 보특가라의 청정함과 제불의 무상정등보리의 청정함은 무이이고 둘로
나눌 수 없으며 분별이 없고 단절도 없는 까닭이니라. 의생의 청정함이
곧 제불의 무상정등보리의 청정함이고 제불의 무상정등보리의 청정함이
곧 의생의 청정함이니라. 왜 그러한가? 이 의생의 청정함과 제불의 무상정
등보리의 청정함은 무이이고 둘로 나눌 수 없으며 분별이 없고 단절도
없는 까닭이니라.

유동의 청정함이 곧 제불의 무상정등보리의 청정함이고 제불의 무상정
등보리의 청정함이 곧 유동의 청정함이니라. 왜 그러한가? 이 유동의
청정함과 제불의 무상정등보리의 청정함은 무이이고 둘로 나눌 수 없으며
분별이 없고 단절도 없는 까닭이니라. 작자의 청정함이 곧 제불의 무상정
등보리의 청정함이고 제불의 무상정등보리의 청정함이 곧 작자의 청정함
이니라. 왜 그러한가? 이 작자의 청정함과 제불의 무상정등보리의 청정함
은 무이이고 둘로 나눌 수 없으며 분별이 없고 단절도 없는 까닭이니라.

수자의 청정함이 곧 제불의 무상정등보리의 청정함이고 제불의 무상정
등보리의 청정함이 곧 수자의 청정함이니라. 왜 그러한가? 이 수자의

청정함과 제불의 무상정등보리의 청정함은 무이이고 둘로 나눌 수 없으며 분별이 없고 단절도 없는 까닭이니라. 지자의 청정함이 곧 제불의 무상정등보리의 청정함이고 제불의 무상정등보리의 청정함이 곧 지자의 청정함이니라. 왜 그러한가? 이 지자의 청정함과 제불의 무상정등보리의 청정함은 무이이고 둘로 나눌 수 없으며 분별이 없고 단절도 없는 까닭이니라.

견자의 청정함이 곧 제불의 무상정등보리의 청정함이고 제불의 무상정등보리의 청정함이 곧 견자의 청정함이니라. 왜 그러한가? 이 견자의 청정함과 제불의 무상정등보리의 청정함은 무이이고 둘로 나눌 수 없으며 분별이 없고 단절도 없는 까닭이니라."

마하반야바라밀다경 제190권

34. 난신해품(難信解品)(9)

"다시 다음으로 선현이여. 나(我)의 청정(淸淨)함이 곧 색(色)의 청정함이고 색의 청정함이 곧 나의 청정함이니라. 왜 그러한가? 이 나의 청정함과 색의 청정함은 무이(無二)이고 둘로 나눌 수 없으며(無二分) 분별이 없고(無別) 단절도 없는(無斷) 까닭이고, 나의 청정함이 곧 수(受)·상(想)·행(行)·식(識)의 청정함이고 수·상·행·식의 청정함이 곧 나의 청정함이니라. 왜 그러한가? 이 나의 청정함과 수·상·행·식의 청정함은 무이이고 둘로 나눌 수 없으며 분별이 없고 단절도 없는 까닭이니라.

선현이여. 나의 청정함이 곧 안처(眼處)의 청정함이고 안처의 청정함이 곧 나의 청정함이니라. 왜 그러한가? 이 나의 청정함과 안처의 청정함은 무이이고 둘로 나눌 수 없으며 분별이 없고 단절도 없는 까닭이며, 나의 청정함이 곧 이(耳)·비(鼻)·설(舌)·신(身)·의처(意處)의 청정함이고 이·비·설·신·의처의 청정함이 곧 나의 청정함이니라. 왜 그러한가? 이 나의 청정함과 이·비·설·신·의처의 청정함은 무이이고 둘로 나눌 수 없으며 분별이 없고 단절도 없는 까닭이니라.

선현이여. 나의 청정함이 곧 색처(色處)의 청정함이고 색처의 청정함이 곧 나의 청정함이니라. 왜 그러한가? 이 나의 청정함과 색처의 청정함은 무이이고 둘로 나눌 수 없으며 분별이 없고 단절도 없는 까닭이며, 나의 청정함이 곧 성(聲)·향(香)·미(味)·촉(觸)·법처(法處)의 청정함이고 성·향·미·촉·법처의 청정함이 곧 나의 청정함이니라. 왜 그러한가? 이 나의 청정함과 성·향·미·촉·법처의 청정함은 무이이고 둘로 나눌 수 없으며 분별이 없고 단절도 없는 까닭이니라.

선현이여. 나의 청정함이 곧 안계(眼界)의 청정함이고 안계의 청정함이 곧 나의 청정함이니라. 왜 그러한가? 이 나의 청정함과 안계의 청정함은 무이이고 둘로 나눌 수 없으며 분별이 없고 단절도 없는 까닭이며, 나의 청정함이 곧 색계(色界)·안식계(眼識界), …… 나아가 …… 안촉(眼觸)·안촉을 인연으로 생겨나는 여러 수(受)의 청정함이고 색계, 나아가 안촉을 인연으로 생겨난 여러 수의 청정함이 곧 나의 청정함이니라. 왜 그러한가? 이 나의 청정함과 색계, 나아가 안촉을 인연으로 생겨난 여러 수의 청정함은 무이이고 둘로 나눌 수 없으며 분별이 없고 단절도 없는 까닭이니라.

선현이여. 나의 청정함이 곧 이계(耳界)의 청정함이고 이계의 청정함이 곧 나의 청정함이니라. 왜 그러한가? 이 나의 청정함과 이계의 청정함은 무이이고 둘로 나눌 수 없으며 분별이 없고 단절도 없는 까닭이며, 나의 청정함이 곧 성계(聲界)·이식계(耳識界), …… 나아가 …… 이촉(耳觸)·이촉을 인연으로 생겨난 여러 수의 청정함이고 성계, 나아가 이촉을 인연으로 생겨난 여러 수의 청정함이 곧 나의 청정함이니라. 왜 그러한가? 이 나의 청정함과 성계, 나아가 이촉을 인연으로 생겨난 여러 수의 청정함은 무이이고 둘로 나눌 수 없으며 분별이 없고 단절도 없는 까닭이니라.

선현이여. 나의 청정함이 곧 비계(鼻界)의 청정함이고 비계의 청정함이 곧 나의 청정함이니라. 왜 그러한가? 이 나의 청정함과 비계의 청정함은 무이이고 둘로 나눌 수 없으며 분별이 없고 단절도 없는 까닭이며, 나의 청정함이 곧 향계(香界)·비식계(鼻識界), …… 나아가 …… 비촉(鼻觸)·비촉을 인연으로 생겨난 여러 수의 청정함이고 향계, 나아가 비촉을 인연으로 생겨난 여러 수의 청정함이 곧 나의 청정함이니라. 왜 그러한가? 이 나의 청정함과 향계, 나아가 비촉을 인연으로 생겨난 여러 수의 청정함은 무이이고 둘로 나눌 수 없으며 분별이 없고 단절도 없는 까닭이니라.

선현이여. 나의 청정함이 곧 설계(舌界)의 청정함이고 설계의 청정함이 곧 나의 청정함이니라. 왜 그러한가? 이 나의 청정함과 설계의 청정함은

무이이고 둘로 나눌 수 없으며 분별이 없고 단절도 없는 까닭이며, 나의
청정함이 곧 미계(味界)·설식계(舌識界), …… 나아가 …… 설촉(舌觸)·설
촉을 인연으로 생겨난 여러 수의 청정함이고 미계, 나아가 설촉을 인연으
로 생겨난 여러 수의 청정함이 곧 나의 청정함이니라. 왜 그러한가?
이 나의 청정함과 미계, 나아가 설촉을 인연으로 생겨난 여러 수의 청정함
은 무이이고 둘로 나눌 수 없으며 분별이 없고 단절도 없는 까닭이니라.

　선현이여. 나의 청정함이 곧 신계(身界)의 청정함이고 신계의 청정함이
곧 나의 청정함이니라. 왜 그러한가? 이 나의 청정함과 신계의 청정함은
무이이고 둘로 나눌 수 없으며 분별이 없고 단절도 없는 까닭이며, 나의
청정함이 곧 촉계(觸界)·신식계(身識界), …… 나아가 …… 신촉(身觸)·신
촉을 인연으로 생겨난 여러 수의 청정함이고 촉계, 나아가 신촉을 인연으
로 생겨난 여러 수의 청정함이 곧 나의 청정함이니라. 왜 그러한가?
이 나의 청정함과 촉계, 나아가 신촉을 인연으로 생겨난 여러 수의 청정함
은 무이이고 둘로 나눌 수 없으며 분별이 없고 단절도 없는 까닭이니라.

　선현이여. 나의 청정함이 곧 의계(意界)의 청정함이고 의계의 청정함이
곧 나의 청정함이니라. 왜 그러한가? 이 나의 청정함과 의계의 청정함은
무이이고 둘로 나눌 수 없으며 분별이 없고 단절도 없는 까닭이며, 나의
청정함이 곧 법계(法界)·의식계(意識界), …… 나아가 …… 의촉(意觸)·의
촉을 인연으로 생겨난 여러 수의 청정함이고 법계, 나아가 의촉을 인연으
로 생겨난 여러 수의 청정함이 곧 나의 청정함이니라. 왜 그러한가?
이 나의 청정함과 법계, 나아가 의촉을 인연으로 생겨난 여러 수의 청정함
은 무이이고 둘로 나눌 수 없으며 분별이 없고 단절도 없는 까닭이니라.

　선현이여. 나의 청정함이 곧 지계(地界)의 청정함이고 지계의 청정함이
곧 나의 청정함이니라. 왜 그러한가? 이 나의 청정함과 지계의 청정함은
무이이고 둘로 나눌 수 없으며 분별이 없고 단절도 없는 까닭이며, 나의
청정함이 곧 수(水)·화(火)·풍(風)·공(空)·식계(識界)의 청정함이고 수·화
·풍·공·식계의 청정함이 곧 나의 청정함이니라. 왜 그러한가? 이 나의
청정함과 수·화·풍·공·식계의 청정함은 무이이고 둘로 나눌 수 없으며

분별이 없고 단절도 없는 까닭이니라.

선현이여. 나의 청정함이 곧 무명(無明)의 청정함이고 무명의 청정함이 곧 나의 청정함이니라. 왜 그러한가? 이 나의 청정함과 무명의 청정함은 무이이고 둘로 나눌 수 없으며 분별이 없고 단절도 없는 까닭이며, 나의 청정함이 곧 행(行)·식(識)·명색(名色)·육처(六處)·촉(觸)·수(受)·애(愛)·취(取)·유(有)·생(生)·노사(老死)의 수탄고우뇌(愁歎苦憂惱)의 청정함이고 행, 나아가 노사의 수탄고우뇌의 청정함이 곧 나의 청정함이니라. 왜 그러한가? 이 나의 청정함과 행, 나아가 노사의 수탄고우뇌의 청정함은 무이이고 둘로 나눌 수 없으며 분별이 없고 단절도 없는 까닭이니라.

선현이여. 나의 청정함이 곧 보시바라밀다(布施波羅蜜多)의 청정함이고 보시바라밀다의 청정함이 곧 나의 청정함이니라. 왜 그러한가? 이 나의 청정함과 보시바라밀다의 청정함은 무이이고 둘로 나눌 수 없으며 분별이 없고 단절도 없는 까닭이며, 나의 청정함이 곧 정계(淨戒)·안인(安忍)·정진(精進)·정려(靜慮)·반야바라밀다(般若波羅蜜多)의 청정함이고 정계, 나아가 반야바라밀다의 청정함이 곧 나의 청정함이니라. 왜 그러한가? 이 나의 청정함과 정계, 나아가 반야바라밀다의 청정함은 무이이고 둘로 나눌 수 없으며 분별이 없고 단절도 없는 까닭이니라.

선현이여. 나의 청정함이 곧 내공(內空)의 청정함이고 내공의 청정함이 곧 나의 청정함이니라. 왜 그러한가? 이 나의 청정함과 내공의 청정함은 무이이고 둘로 나눌 수 없으며 분별이 없고 단절도 없는 까닭이며, 나의 청정함이 곧 외공(外空)·내외공(內外空)·공공(空空)·대공(大空)·승의공(勝義空)·유위공(有爲空)·무위공(無爲空)·필경공(畢竟空)·무제공(無際空)·산공(散空)·무변이공(無變異空)·본성공(本性空)·자상공(自相空)·공상공(共相空)·일체법공(一切法空)·불가득공(不可得空)·무성공(無性空)·자성공(自性空)·무성자성공(無性自性空)의 청정함이고 외공, 나아가 무성자성공의 청정함이 곧 나의 청정함이니라. 왜 그러한가? 이 나의 청정함과 외공, 나아가 무성자성공의 청정함은 무이이고 둘로 나눌 수 없으며 분별이 없고 단절도 없는 까닭이니라.

선현이여. 나의 청정함이 곧 진여(眞如)의 청정함이고 진여의 청정함이
곧 나의 청정함이니라. 왜 그러한가? 이 나의 청정함과 진여의 청정함은
무이이고 둘로 나눌 수 없으며 분별이 없고 단절도 없는 까닭이며, 나의
청정함이 곧 법계(法界)·법성(法性)·불허망성(不虛妄性)·불변이성(不變異
性)·평등성(平等性)·이생성(離生性)·법정(法定)·법주(法住)·실제(實際)·
허공계(虛空界)·부사의계(不思議界)의 청정함이고 법계, 나아가 부사의계
의 청정함이 곧 나의 청정함이니라. 왜 그러한가? 이 나의 청정함과
법계, 나아가 부사의계의 청정함은 무이이고 둘로 나눌 수 없으며 분별이
없고 단절도 없는 까닭이니라.

선현이여. 나의 청정함이 곧 고성제(苦聖諦)의 청정함이고 고성제의
청정함이 곧 나의 청정함이니라. 왜 그러한가? 이 나의 청정함과 고성제의
청정함은 무이이고 둘로 나눌 수 없으며 분별이 없고 단절도 없는 까닭이
며, 나의 청정함이 곧 집(集)·멸(滅)·도성제(道聖諦)의 청정함이고 집·멸·
도성제의 청정함이 곧 나의 청정함이니라. 왜 그러한가? 이 나의 청정함과
집·멸·도성제의 청정함은 무이이고 둘로 나눌 수 없으며 분별이 없고
단절도 없는 까닭이니라.

선현이여. 나의 청정함이 곧 4정려(四靜慮)의 청정함이고 4정려의 청정
함이 곧 나의 청정함이니라. 왜 그러한가? 이 나의 청정함과 4정려의
청정함은 무이이고 둘로 나눌 수 없으며 분별이 없고 단절도 없는 까닭이
며, 나의 청정함이 곧 4무량(四無量)·4무색정(四無色定)의 청정함이고 4무
량·4무색정의 청정함이 곧 나의 청정함이니라. 왜 그러한가? 이 나의
청정함과 4무량·4무색정의 청정함은 무이이고 둘로 나눌 수 없으며 분별
이 없고 단절도 없는 까닭이니라.

선현이여. 나의 청정함이 곧 8해탈(八解脫)의 청정함이고 8해탈의 청정
함이 곧 나의 청정함이니라. 왜 그러한가? 이 나의 청정함과 8해탈의
청정함은 무이이고 둘로 나눌 수 없으며 분별이 없고 단절도 없는 까닭이
며, 나의 청정함이 곧 8승처(八勝處)·9차제정(九次第定)·10변처(十遍處)의
청정함이고 8승처·9차제정·10변처의 청정함이 곧 나의 청정함이니라.

왜 그러한가? 이 나의 청정함과 8승처·9차제정·10변처의 청정함은 무이이고 둘로 나눌 수 없으며 분별이 없고 단절도 없는 까닭이니라.

선현이여. 나의 청정함이 곧 4념주(四念住)의 청정함이고 4념주의 청정함이 곧 나의 청정함이니라. 왜 그러한가? 이 나의 청정함과 4념주의 청정함은 무이이고 둘로 나눌 수 없으며 분별이 없고 단절도 없는 까닭이며, 나의 청정함이 곧 4정단(四正斷)·4신족(四神足)·5근(五根)·5력(五力)·7등각지(七等覺支)·8성도지(八聖道支)의 청정함이고 4정단, 나아가 8성도지의 청정함이 곧 나의 청정함이니라. 왜 그러한가? 이 나의 청정함과 4정단, 나아가 8성도지의 청정함은 무이이고 둘로 나눌 수 없으며 분별이 없고 단절도 없는 까닭이니라.

선현이여. 나의 청정함이 곧 공해탈문(空解脫門)의 청정함이고 공해탈문의 청정함이 곧 나의 청정함이니라. 왜 그러한가? 이 나의 청정함과 공해탈문의 청정함은 무이이고 둘로 나눌 수 없으며 분별이 없고 단절도 없는 까닭이며, 나의 청정함이 곧 무상(無相)·무원해탈문(無願解脫門)의 청정함이고 무상·무원해탈문의 청정함이 곧 나의 청정함이니라. 왜 그러한가? 이 나의 청정함과 무상·무원해탈문의 청정함은 무이이고 둘로 나눌 수 없으며 분별이 없고 단절도 없는 까닭이니라.

선현이여. 나의 청정함이 곧 5안(五眼)의 청정함이고 5안의 청정함이 곧 나의 청정함이니라. 왜 그러한가? 이 나의 청정함과 5안의 청정함은 무이이고 둘로 나눌 수 없으며 분별이 없고 단절도 없는 까닭이며, 나의 청정함이 곧 6신통(六神通)의 청정함이고 6신통의 청정함이 곧 나의 청정함이니라. 왜 그러한가? 이 나의 청정함과 6신통의 청정함은 무이이고 둘로 나눌 수 없으며 분별이 없고 단절도 없는 까닭이니라.

선현이여. 나의 청정함이 곧 여래(佛)의 10력(十力)의 청정함이고 여래의 10력의 청정함이 곧 나의 청정함이니라. 왜 그러한가? 이 나의 청정함과 여래의 10력의 청정함은 무이이고 둘로 나눌 수 없으며 분별이 없고 단절도 없는 까닭이며, 나의 청정함이 곧 4무소외(四無所畏)·4무애해(四無礙解)·대자(大慈)·대비(大悲)·대희(大喜)·대사(大捨)·18불불공법(十八佛

不共法)의 청정함이 곧 나의 청정함이니라. 왜 그러한가? 이 나의 청정함과 4무소외, 나아가 18불불공법의 청정함은 무이이고 둘로 나눌 수 없으며 분별이 없고 단절도 없는 까닭이니라.

선현이여. 나의 청정함이 곧 무망실법(無忘失法)의 청정함이고 무망실법의 청정함이 곧 나의 청정함이니라. 왜 그러한가? 이 나의 청정함과 무망실법의 청정함은 무이이고 둘로 나눌 수 없으며 분별이 없고 단절도 없는 까닭이며, 나의 청정함이 곧 항주사성(恒住捨性)의 청정함이고 항주사성의 청정함이 곧 나의 청정함이니라. 왜 그러한가? 이 나의 청정함과 항주사성의 청정함은 무이이고 둘로 나눌 수 없으며 분별이 없고 단절도 없는 까닭이니라.

선현이여. 나의 청정함이 곧 일체지(一切智)의 청정함이고 일체지의 청정함이 곧 나의 청정함이니라. 왜 그러한가? 이 나의 청정함과 일체지의 청정함은 무이이고 둘로 나눌 수 없으며 분별이 없고 단절도 없는 까닭이며, 나의 청정함이 곧 도상지(道相智)·일체상지(一切相智)의 청정함이고 도상지·일체상지의 청정함이 곧 나의 청정함이니라. 왜 그러한가? 이 나의 청정함과 도상지·일체상지의 청정함은 무이이고 둘로 나눌 수 없으며 분별이 없고 단절도 없는 까닭이니라.

선현이여. 나의 청정함이 곧 일체(一切)의 다라니문(陀羅尼門)의 청정함이고 일체의 다라니문의 청정함이 곧 나의 청정함이니라. 왜 그러한가? 이 나의 청정함과 일체의 다라니문의 청정함은 무이이고 둘로 나눌 수 없으며 분별이 없고 단절도 없는 까닭이며, 나의 청정함이 곧 일체의 삼마지문(三摩地門)의 청정함이고 일체의 삼마지문의 청정함이 곧 나의 청정함이니라. 왜 그러한가? 이 나의 청정함과 일체의 삼마지문의 청정함은 무이이고 둘로 나눌 수 없으며 분별이 없고 단절도 없는 까닭이니라.

선현이여. 나의 청정함이 곧 예류과(預流果)의 청정함이고 예류과의 청정함이 곧 나의 청정함이니라. 왜 그러한가? 이 나의 청정함과 예류과의 청정함은 무이이고 둘로 나눌 수 없으며 분별이 없고 단절도 없는 까닭이며, 나의 청정함이 곧 일래(一來)·불환(不還)·아라한과(阿羅漢果)의 청정함이고 일래·불환·아라한과의 청정함이 곧 나의 청정함이니라. 왜 그러한 가? 이 나의 청정함과 일래·불환·아라한과의 청정함은 무이이고 둘로 나눌 수 없으며 분별이 없고 단절도 없는 까닭이니라.

선현이여. 나의 청정함이 곧 독각(獨覺)의 보리(菩提)의 청정함이고 독각의 보리의 청정함이 곧 나의 청정함이니라. 왜 그러한가? 이 나의 청정함과 독각의 보리의 청정함은 무이이고 둘로 나눌 수 없으며 분별이 없고 단절도 없는 까닭이니라.

선현이여. 나의 청정함이 곧 일체의 보살마하살(菩薩摩訶薩)의 행(行)의 청정함이고 일체의 보살마하살의 행의 청정함이 곧 나의 청정함이니라. 왜 그러한가? 이 나의 청정함과 일체의 보살마하살의 행의 청정함은 무이이고 둘로 나눌 수 없으며 분별이 없고 단절도 없는 까닭이니라.

선현이여. 나의 청정함이 곧 제불(諸佛)의 무상정등보리(無上正等菩提) 의 청정함이고 제불의 무상정등보리의 청정함이 곧 나의 청정함이니라. 왜 그러한가? 이 나의 청정함과 제불의 무상정등보리의 청정함은 무이이 고 둘로 나눌 수 없으며 분별이 없고 단절도 없는 까닭이니라."

"다시 다음으로 선현이여. 유정(有情)의 청정함이 곧 색의 청정함이고 색의 청정함이 곧 유정의 청정함이니라. 왜 그러한가? 이 유정의 청정함과 색의 청정함은 무이이고 둘로 나눌 수 없으며 분별이 없고 단절도 없는 까닭이며, 유정의 청정함이 곧 수·상·행·식의 청정함이고 수·상·행·식의 청정함이 곧 유정의 청정함이니라. 왜 그러한가? 이 유정의 청정함과 수·상·행·식의 청정함은 무이이고 둘로 나눌 수 없으며 분별이 없고 단절도 없는 까닭이니라.

선현이여. 유정의 청정함이 곧 안처의 청정함이고 안처의 청정함이 곧 유정의 청정함이니라. 왜 그러한가? 이 유정의 청정함과 안처의 청정함 은 무이이고 둘로 나눌 수 없으며 분별이 없고 단절도 없는 까닭이며, 유정의 청정함이 곧 이·비·설·신·의처의 청정함이고 이·비·설·신·의처 의 청정함이 곧 유정의 청정함이니라. 왜 그러한가? 이 유정의 청정함과 이·비·설·신·의처의 청정함은 무이이고 둘로 나눌 수 없으며 분별이 없고 단절도 없는 까닭이니라.

선현이여. 유정의 청정함이 곧 색처의 청정함이고 색처의 청정함이 곧 유정의 청정함이니라. 왜 그러한가? 이 유정의 청정함과 색처의 청정함은 무이이고 둘로 나눌 수 없으며 분별이 없고 단절도 없는 까닭이며, 유정의 청정함이 곧 성·향·미·촉·법처의 청정함이고 성·향·미·촉·법처의 청정함이 곧 유정의 청정함이니라. 왜 그러한가? 이 유정의 청정함과 성·향·미·촉·법처의 청정함은 무이이고 둘로 나눌 수 없으며 분별이 없고 단절도 없는 까닭이니라.

선현이여. 유정의 청정함이 곧 안계의 청정함이고 안계의 청정함이 곧 유정의 청정함이니라. 왜 그러한가? 이 유정의 청정함과 안계의 청정함은 무이이고 둘로 나눌 수 없으며 분별이 없고 단절도 없는 까닭이며, 유정의 청정함이 곧 색계·안식계, 나아가 안촉·안촉을 인연으로 생겨난 여러 수의 청정함이고 색계, 나아가 안촉을 인연으로 생겨난 여러 수의 청정함이 곧 유정의 청정함이니라. 왜 그러한가? 이 유정의 청정함과 색계, 나아가 안촉을 인연으로 생겨난 여러 수의 청정함은 무이이고 둘로 나눌 수 없으며 분별이 없고 단절도 없는 까닭이니라.

선현이여. 유정의 청정함이 곧 이계의 청정함이고 이계의 청정함이 곧 유정의 청정함이니라. 왜 그러한가? 이 유정의 청정함과 이계의 청정함은 무이이고 둘로 나눌 수 없으며 분별이 없고 단절도 없는 까닭이며, 유정의 청정함이 곧 성계·이식계, 나아가 이촉·이촉을 인연으로 생겨난 여러 수의 청정함이고 성계, 나아가 이촉을 인연으로 생겨난 여러 수의 청정함이 곧 유정의 청정함이니라. 왜 그러한가? 이 유정의 청정함과 성계, 나아가 이촉을 인연으로 생겨난 여러 수의 청정함은 무이이고 둘로 나눌 수 없으며 분별이 없고 단절도 없는 까닭이니라.

선현이여. 유정의 청정함이 곧 비계의 청정함이고 비계의 청정함이 곧 유정의 청정함이니라. 왜 그러한가? 이 유정의 청정함과 비계의 청정함은 무이이고 둘로 나눌 수 없으며 분별이 없고 단절도 없는 까닭이며,

유정의 청정함이 곧 향계·비식계, 나아가 비촉·비촉을 인연으로 생겨난 여러 수의 청정함이고 향계, 나아가 비촉을 인연으로 생겨난 여러 수의 청정함이 곧 유정의 청정함이니라. 왜 그러한가? 이 유정의 청정함과 향계, 나아가 비촉을 인연으로 생겨난 여러 수의 청정함은 무이이고 둘로 나눌 수 없으며 분별이 없고 단절도 없는 까닭이니라.

선현이여. 유정의 청정함이 곧 설계의 청정함이고 설계의 청정함이 곧 유정의 청정함이니라. 왜 그러한가? 이 유정의 청정함과 설계의 청정함은 무이이고 둘로 나눌 수 없으며 분별이 없고 단절도 없는 까닭이며, 유정의 청정함이 곧 미계·설식계, 나아가 설촉·설촉을 인연으로 생겨난 여러 수의 청정함이고 미계, 나아가 설촉을 인연으로 생겨난 여러 수의 청정함이 곧 유정의 청정함이니라. 왜 그러한가? 이 유정의 청정함과 미계, 나아가 설촉을 인연으로 생겨난 여러 수의 청정함은 무이이고 둘로 나눌 수 없으며 분별이 없고 단절도 없는 까닭이니라.

선현이여. 유정의 청정함이 곧 신계의 청정함이고 신계의 청정함이 곧 유정의 청정함이니라. 왜 그러한가? 이 유정의 청정함과 신계의 청정함은 무이이고 둘로 나눌 수 없으며 분별이 없고 단절도 없는 까닭이며, 유정의 청정함이 곧 촉계·신식계, 나아가 신촉·신촉을 인연으로 생겨난 여러 수의 청정함이고 촉계, 나아가 신촉을 인연으로 생겨난 여러 수의 청정함이 곧 유정의 청정함이니라. 왜 그러한가? 이 유정의 청정함과 촉계, 나아가 신촉을 인연으로 생겨난 여러 수의 청정함은 무이이고 둘로 나눌 수 없으며 분별이 없고 단절도 없는 까닭이니라.

선현이여. 유정의 청정함이 곧 의계의 청정함이고 의계의 청정함이 곧 유정의 청정함이니라. 왜 그러한가? 이 유정의 청정함과 의계의 청정함은 무이이고 둘로 나눌 수 없으며 분별이 없고 단절도 없는 까닭이며, 유정의 청정함이 곧 법계·의식계, 나아가 의촉·의촉을 인연으로 생겨난 여러 수의 청정함이고 법계, 나아가 의촉을 인연으로 생겨난 여러 수의 청정함이 곧 유정의 청정함이니라. 왜 그러한가? 이 유정의 청정함과 법계, 나아가 의촉을 인연으로 생겨난 여러 수의 청정함은 무이이고

둘로 나눌 수 없으며 분별이 없고 단절도 없는 까닭이니라.

　선현이여. 유정의 청정함이 곧 지계의 청정함이고 지계의 청정함이 곧 유정의 청정함이니라. 왜 그러한가? 이 유정의 청정함과 지계의 청정함은 무이이고 둘로 나눌 수 없으며 분별이 없고 단절도 없는 까닭이며, 유정의 청정함이 곧 수·화·풍·공·식계의 청정함이고 수·화·풍·공·식계의 청정함이 곧 유정의 청정함이니라. 왜 그러한가? 이 유정의 청정함과 수·화·풍·공·식계의 청정함은 무이이고 둘로 나눌 수 없으며 분별이 없고 단절도 없는 까닭이니라.

　선현이여. 유정의 청정함이 곧 무명의 청정함이고 무명의 청정함이 곧 유정의 청정함이니라. 왜 그러한가? 이 유정의 청정함과 무명의 청정함은 무이이고 둘로 나눌 수 없으며 분별이 없고 단절도 없는 까닭이며, 유정의 청정함이 곧 행·식·명색·육처·촉·수·애·취·유·생·노사의 수탄고우뇌의 청정함이고 행, 나아가 노사의 수탄고우뇌의 청정함이 곧 유정의 청정함이니라. 왜 그러한가? 이 유정의 청정함과 행, 나아가 노사의 수탄고우뇌의 청정함은 무이이고 둘로 나눌 수 없으며 분별이 없고 단절도 없는 까닭이니라.

　선현이여. 유정의 청정함이 곧 보시바라밀다의 청정함이고 보시바라밀다의 청정함이 곧 유정의 청정함이니라. 왜 그러한가? 이 유정의 청정함과 보시바라밀다의 청정함은 무이이고 둘로 나눌 수 없으며 분별이 없고 단절도 없는 까닭이며, 유정의 청정함이 곧 정계·안인·정진·정려·반야바라밀다의 청정함이고 정계, 나아가 반야바라밀다의 청정함이 곧 유정의 청정함이니라. 왜 그러한가? 이 유정의 청정함과 정계, 나아가 반야바라밀다의 청정함은 무이이고 둘로 나눌 수 없으며 분별이 없고 단절도 없는 까닭이니라.

　선현이여. 유정의 청정함이 곧 내공의 청정함이고 내공의 청정함이 곧 유정의 청정함이니라. 왜 그러한가? 이 유정의 청정함과 내공의 청정함은 무이이고 둘로 나눌 수 없으며 분별이 없고 단절도 없는 까닭이며, 유정의 청정함이 곧 외공·내외공·공공·대공·승의공·유위공·무위공·필경공·무제공·산공·무변이공·본성공·자상공·공상공·일체법공·불가득공·무성공·자성공·무성자성공의 청정함이고 외공, 나아가 무성자성공의 청정함이 곧 유정의 청정함이니라. 왜 그러한가? 이 유정의 청정함과 외공, 나아가 무성자성공의 청정함은 무이이고 둘로 나눌 수 없으며 분별이 없고 단절도 없는 까닭이니라.

선현이여. 유정의 청정함이 곧 진여의 청정함이고 진여의 청정함이 곧 유정의 청정함이니라. 왜 그러한가? 이 유정의 청정함과 진여의 청정함은 무이이고 둘로 나눌 수 없으며 분별이 없고 단절도 없는 까닭이며, 유정의 청정함이 곧 법계·법성·불허망성·불변이성·평등성·이생성·법정·법주·실제·허공계·부사의계의 청정함이고 법계, 나아가 부사의계의 청정함이 곧 유정의 청정함이니라. 왜 그러한가? 이 유정의 청정함과 법계, 나아가 부사의계의 청정함은 무이이고 둘로 나눌 수 없으며 분별이 없고 단절도 없는 까닭이니라.

선현이여. 유정의 청정함이 곧 고성제의 청정함이고 고성제의 청정함이 곧 유정의 청정함이니라. 왜 그러한가? 이 유정의 청정함과 고성제의 청정함은 무이이고 둘로 나눌 수 없으며 분별이 없고 단절도 없는 까닭이며, 유정의 청정함이 곧 집·멸·도성제의 청정함이고 집·멸·도성제의 청정함이 곧 유정의 청정함이니라. 왜 그러한가? 이 유정의 청정함과 집·멸·도성제의 청정함은 무이이고 둘로 나눌 수 없으며 분별이 없고 단절도 없는 까닭이니라.

선현이여. 유정의 청정함이 곧 4정려의 청정함이고 4정려의 청정함이 곧 유정의 청정함이니라. 왜 그러한가? 이 유정의 청정함과 4정려의 청정함은 무이이고 둘로 나눌 수 없으며 분별이 없고 단절도 없는 까닭이며, 유정의 청정함이 곧 4무량·4무색정의 청정함이고 4무량·4무색정의 청정함이 곧 유정의 청정함이니라. 왜 그러한가? 이 유정의 청정함과 4무량·4무색정의 청정함은 무이이고 둘로 나눌 수 없으며 분별이 없고 단절도 없는 까닭이니라.

선현이여. 유정의 청정함이 곧 8해탈의 청정함이고 8해탈의 청정함이

곧 유정의 청정함이니라. 왜 그러한가? 이 유정의 청정함과 8해탈의
청정함은 무이이고 둘로 나눌 수 없으며 분별이 없고 단절도 없는 까닭이
며, 유정의 청정함이 곧 8승처·9차제정·10변처의 청정함이고 8승처·9차
제정·10변처의 청정함이 곧 유정의 청정함이니라. 왜 그러한가? 이 유정
의 청정함과 8승처·9차제정·10변처의 청정함은 무이이고 둘로 나눌 수
없으며 분별이 없고 단절도 없는 까닭이니라.

선현이여. 유정의 청정함이 곧 4념주의 청정함이고 4념주의 청정함이
곧 유정의 청정함이니라. 왜 그러한가? 이 유정의 청정함과 4념주의
청정함은 무이이고 둘로 나눌 수 없으며 분별이 없고 단절도 없는 까닭이
며, 유정의 청정함이 곧 4정단·4신족·5근·5력·7등각지·8성도지의 청정
함이고 4정단, 나아가 8성도지의 청정함이 곧 유정의 청정함이니라.
왜 그러한가? 이 유정의 청정함과 4정단, 나아가 8성도지의 청정함은
무이이고 둘로 나눌 수 없으며 분별이 없고 단절도 없는 까닭이니라.

선현이여. 유정의 청정함이 곧 공해탈문의 청정함이고 공해탈문의
청정함이 곧 유정의 청정함이니라. 왜 그러한가? 이 유정의 청정함과
공해탈문의 청정함은 무이이고 둘로 나눌 수 없으며 분별이 없고 단절도
없는 까닭이며, 유정의 청정함이 곧 무상·무원해탈문의 청정함이고 무상·
무원해탈문의 청정함이 곧 유정의 청정함이니라. 왜 그러한가? 이 유정의
청정함과 무상·무원해탈문의 청정함은 무이이고 둘로 나눌 수 없으며
분별이 없고 단절도 없는 까닭이니라.

선현이여. 유정의 청정함이 곧 보살의 10지의 청정함이고 보살의 10지
의 청정함이 곧 유정의 청정함이니라. 왜 그러한가? 이 유정의 청정함과
보살의 10지의 청정함은 무이이고 둘로 나눌 수 없으며 분별이 없고
단절도 없는 까닭이니라.

선현이여. 유정의 청정함이 곧 5안의 청정함이고 5안의 청정함이 곧
유정의 청정함이니라. 왜 그러한가? 이 유정의 청정함과 5안의 청정함은
무이이고 둘로 나눌 수 없으며 분별이 없고 단절도 없는 까닭이며, 유정의
청정함이 곧 6신통의 청정함이고 6신통의 청정함이 곧 유정의 청정함이니

라. 왜 그러한가? 이 유정의 청정함과 6신통의 청정함은 무이이고 둘로 나눌 수 없으며 분별이 없고 단절도 없는 까닭이니라.

선현이여. 유정의 청정함이 곧 여래의 10력의 청정함이고 여래의 10력의 청정함이 곧 유정의 청정함이니라. 왜 그러한가? 이 유정의 청정함과 여래의 10력의 청정함은 무이이고 둘로 나눌 수 없으며 분별이 없고 단절도 없는 까닭이며, 유정의 청정함이 곧 4무소외·4무애해·대자·대비·대희·대사·18불불공법의 청정함이고 4무소외, 나아가 18불불공법의 청정함이 곧 유정의 청정함이니라. 왜 그러한가? 이 유정의 청정함과 4무소외, 나아가 18불불공법의 청정함은 무이이고 둘로 나눌 수 없으며 분별이 없고 단절도 없는 까닭이니라.

선현이여. 유정의 청정함이 곧 무망실법의 청정함이고 무망실법의 청정함이 곧 유정의 청정함이니라. 왜 그러한가? 이 유정의 청정함과 무망실법의 청정함은 무이이고 둘로 나눌 수 없으며 분별이 없고 단절도 없는 까닭이며, 유정의 청정함이 곧 항주사성의 청정함이고 항주사성의 청정함이 곧 유정의 청정함이니라. 왜 그러한가? 이 유정의 청정함과 항주사성의 청정함은 무이이고 둘로 나눌 수 없으며 분별이 없고 단절도 없는 까닭이니라.

선현이여. 유정의 청정함이 곧 일체지의 청정함이고 일체지의 청정함이 곧 유정의 청정함이니라. 왜 그러한가? 이 유정의 청정함과 일체지의 청정함은 무이이고 둘로 나눌 수 없으며 분별이 없고 단절도 없는 까닭이며, 유정의 청정함이 곧 도상지·일체상지의 청정함이고 도상지·일체상지의 청정함이 곧 유정의 청정함이니라. 왜 그러한가? 이 유정의 청정함과 도상지·일체상지의 청정함은 무이이고 둘로 나눌 수 없으며 분별이 없고 단절도 없는 까닭이니라.

선현이여. 유정의 청정함이 곧 일체의 다라니문의 청정함이고 일체의 다라니문의 청정함이 곧 유정의 청정함이니라. 왜 그러한가? 이 유정의 청정함과 일체의 다라니문의 청정함은 무이이고 둘로 나눌 수 없으며 분별이 없고 단절도 없는 까닭이며, 유정의 청정함이 곧 일체의 삼마지문의 청정함이고 일체의 삼마지문의 청정함이 곧 유정의 청정함이니라. 왜 그러한가? 이 유정의 청정함과 일체의 삼마지문의 청정함은 무이이고 둘로 나눌 수 없으며 분별이 없고 단절도 없는 까닭이니라.

선현이여. 유정의 청정함이 곧 예류과의 청정함이고 예류과의 청정함이 곧 유정의 청정함이니라. 왜 그러한가? 이 유정의 청정함과 예류과의 청정함은 무이이고 둘로 나눌 수 없으며 분별이 없고 단절도 없는 까닭이며, 유정의 청정함이 곧 일래·불환·아라한과의 청정함이고 일래·불환·아라한과의 청정함이 곧 유정의 청정함이니라. 왜 그러한가? 이 유정의 청정함과 일래·불환·아라한과의 청정함은 무이이고 둘로 나눌 수 없으며 분별이 없고 단절도 없는 까닭이니라.

선현이여. 유정의 청정함이 곧 독각의 보리의 청정함이고 독각의 보리의 청정함이 곧 유정의 청정함이니라. 왜 그러한가? 이 유정의 청정함과 독각의 보리의 청정함은 무이이고 둘로 나눌 수 없으며 분별이 없고 단절도 없는 까닭이니라. 선현이여. 유정의 청정함이 곧 일체의 보살마하살의 행의 청정함이고 일체의 보살마하살의 행의 청정함이 곧 유정의 청정함이니라. 왜 그러한가? 이 유정의 청정함과 일체의 보살마하살의 행의 청정함은 무이이고 둘로 나눌 수 없으며 분별이 없고 단절도 없는 까닭이니라.

선현이여. 유정의 청정함이 곧 제불의 무상정등보리의 청정함이고 제불의 무상정등보리의 청정함이 곧 유정의 청정함이니라. 왜 그러한가? 이 유정의 청정함과 제불의 무상정등보리의 청정함은 무이이고 둘로 나눌 수 없으며 분별이 없고 단절도 없는 까닭이니라."

"다시 다음으로 선현이여. 명자(命者)의 청정함이 곧 색의 청정함이고 색의 청정함이 곧 명자의 청정함이니라. 왜 그러한가? 이 유정의 청정함과 색의 청정함은 무이이고 둘로 나눌 수 없으며 분별이 없고 단절도 없는 까닭이며, 명자의 청정함이 곧 수·상·행·식의 청정함이고 수·상·행·식의 청정함이 곧 명자의 청정함이니라. 왜 그러한가? 이 명자의 청정함과 수·상·행·식의 청정함은 무이이고 둘로 나눌 수 없으며 분별이 없고 단절도 없는 까닭이니라.

선현이여. 명자의 청정함이 곧 안처의 청정함이고 안처의 청정함이 곧 명자의 청정함이니라. 왜 그러한가? 이 명자의 청정함과 안처의 청정함은 무이이고 둘로 나눌 수 없으며 분별이 없고 단절도 없는 까닭이며, 명자의 청정함이 곧 이·비·설·신·의처의 청정함이고 이·비·설·신·의처의 청정함이 곧 명자의 청정함이니라. 왜 그러한가? 이 명자의 청정함과 이·비·설·신·의처의 청정함은 무이이고 둘로 나눌 수 없으며 분별이 없고 단절도 없는 까닭이니라.

선현이여. 명자의 청정함이 곧 색처의 청정함이고 색처의 청정함이 곧 명자의 청정함이니라. 왜 그러한가? 이 명자의 청정함과 색처의 청정함은 무이이고 둘로 나눌 수 없으며 분별이 없고 단절도 없는 까닭이며, 명자의 청정함이 곧 성·향·미·촉·법처의 청정함이고 성·향·미·촉·법처의 청정함이 곧 명자의 청정함이니라. 왜 그러한가? 이 명자의 청정함과 성·향·미·촉·법처의 청정함은 무이이고 둘로 나눌 수 없으며 분별이 없고 단절도 없는 까닭이니라.

선현이여. 명자의 청정함이 곧 안계의 청정함이고 안계의 청정함이 곧 명자의 청정함이니라. 왜 그러한가? 이 명자의 청정함과 안계의 청정함은 무이이고 둘로 나눌 수 없으며 분별이 없고 단절도 없는 까닭이며, 명자의 청정함이 곧 색계·안식계, 나아가 안촉·안촉을 인연으로 생겨난 여러 수의 청정함이고 색계, 나아가 안촉을 인연으로 생겨난 여러 수의 청정함이 곧 명자의 청정함이니라. 왜 그러한가? 이 명자의 청정함과 색계, 나아가 안촉을 인연으로 생겨난 여러 수의 청정함은 무이이고 둘로 나눌 수 없으며 분별이 없고 단절도 없는 까닭이니라.

선현이여. 명자의 청정함이 곧 이계의 청정함이고 이계의 청정함이 곧 명자의 청정함이니라. 왜 그러한가? 이 명자의 청정함과 이계의 청정함은 무이이고 둘로 나눌 수 없으며 분별이 없고 단절도 없는 까닭이며, 명자의 청정함이 곧 성계·이식계, 나아가 이촉·이촉을 인연으로 생겨난 여러 수의 청정함이고 성계, 나아가 이촉을 인연으로 생겨난 여러 수의 청정함이 곧 명자의 청정함이니라. 왜 그러한가? 이 명자의 청정함과 성계, 나아가 이촉을 인연으로 생겨난 여러 수의 청정함은 무이이고 둘로 나눌 수 없으며 분별이 없고 단절도 없는 까닭이니라.

　선현이여. 명자의 청정함이 곧 비계의 청정함이고 비계의 청정함이 곧 명자의 청정함이니라. 왜 그러한가? 이 명자의 청정함과 비계의 청정함은 무이이고 둘로 나눌 수 없으며 분별이 없고 단절도 없는 까닭이며, 명자의 청정함이 곧 향계·비식계, 나아가 비촉·비촉을 인연으로 생겨난 여러 수의 청정함이고 향계, 나아가 비촉을 인연으로 생겨난 여러 수의 청정함이 곧 명자의 청정함이니라. 왜 그러한가? 이 명자의 청정함과 향계, 나아가 비촉을 인연으로 생겨난 여러 수의 청정함은 무이이고 둘로 나눌 수 없으며 분별이 없고 단절도 없는 까닭이니라.

　선현이여. 명자의 청정함이 곧 설계의 청정함이고 설계의 청정함이 곧 명자의 청정함이니라. 왜 그러한가? 이 명자의 청정함과 설계의 청정함은 무이이고 둘로 나눌 수 없으며 분별이 없고 단절도 없는 까닭이며, 명자의 청정함이 곧 미계·설식계, 나아가 설촉·설촉을 인연으로 생겨난 여러 수의 청정함이고 미계, 나아가 설촉을 인연으로 생겨난 여러 수의 청정함이 곧 명자의 청정함이니라. 왜 그러한가? 이 명자의 청정함과 미계, 나아가 설촉을 인연으로 생겨난 여러 수의 청정함은 무이이고 둘로 나눌 수 없으며 분별이 없고 단절도 없는 까닭이니라.

　선현이여. 명자의 청정함이 곧 신계의 청정함이고 신계의 청정함이 곧 명자의 청정함이니라. 왜 그러한가? 이 명자의 청정함과 신계의 청정함은 무이이고 둘로 나눌 수 없으며 분별이 없고 단절도 없는 까닭이며, 명자의 청정함이 곧 촉계·신식계, 나아가 신촉·신촉을 인연으로 생겨난 여러 수의 청정함이고 촉계, 나아가 신촉을 인연으로 생겨난 여러 수의 청정함이 곧 명자의 청정함이니라. 왜 그러한가? 이 명자의 청정함과 촉계, 나아가 신촉을 인연으로 생겨난 여러 수의 청정함은 무이이고 둘로 나눌 수 없으며 분별이 없고 단절도 없는 까닭이니라.

　선현이여. 명자의 청정함이 곧 의계의 청정함이고 의계의 청정함이 곧 명자의 청정함이니라. 왜 그러한가? 이 명자의 청정함과 의계의 청정함은 무이이고 둘로 나눌 수 없으며 분별이 없고 단절도 없는 까닭이며, 명자의 청정함이 곧 법계·의식계, 나아가 의촉·의촉을 인연으로 생겨난 여러 수의 청정함이고 법계, 나아가 의촉을 인연으로 생겨난 여러 수의 청정함이 곧 명자의 청정함이니라. 왜 그러한가? 이 명자의 청정함과 법계, 나아가 의촉을 인연으로 생겨난 여러 수의 청정함은 무이이고 둘로 나눌 수 없으며 분별이 없고 단절도 없는 까닭이니라.

　선현이여. 명자의 청정함이 곧 지계의 청정함이고 지계의 청정함이 곧 명자의 청정함이니라. 왜 그러한가? 이 명자의 청정함과 지계의 청정함은 무이이고 둘로 나눌 수 없으며 분별이 없고 단절도 없는 까닭이며, 명자의 청정함이 곧 수·화·풍·공·식계의 청정함이고 수·화·풍·공·식계의 청정함이 곧 명자의 청정함이니라. 왜 그러한가? 이 명자의 청정함과 수·화·풍·공·식계의 청정함은 무이이고 둘로 나눌 수 없으며 분별이 없고 단절도 없는 까닭이니라.

　선현이여. 명자의 청정함이 곧 무명의 청정함이고 무명의 청정함이 곧 명자의 청정함이니라. 왜 그러한가? 이 명자의 청정함과 무명의 청정함은 무이이고 둘로 나눌 수 없으며 분별이 없고 단절도 없는 까닭이며, 명자의 청정함이 곧 행·식·명색·육처·촉·수·애·취·유·생·노사의 수탄고우뇌의 청정함이고 행, 나아가 노사의 수탄고우뇌의 청정함이 곧 명자의 청정함이니라. 왜 그러한가? 이 명자의 청정함과 행, 나아가 노사의 수탄고우뇌의 청정함은 무이이고 둘로 나눌 수 없으며 분별이 없고 단절도 없는 까닭이니라.”

마하반야바라밀다경 제191권

34. 난신해품(難信解品)(10)

"선현이여. 명자의 청정함이 곧 보시바라밀다의 청정함이고 보시바라밀다의 청정함이 곧 명자의 청정함이니라. 왜 그러한가? 이 명자의 청정함과 보시바라밀다의 청정함은 무이이고 둘로 나눌 수 없으며 분별이 없고 단절도 없는 까닭이며, 명자의 청정함이 곧 정계·안인·정진·정려·반야바라밀다의 청정함이고 정계, 나아가 반야바라밀다의 청정함이 곧 명자의 청정함이니라. 왜 그러한가? 이 명자의 청정함과 정계, 나아가 반야바라밀다의 청정함은 무이이고 둘로 나눌 수 없으며 분별이 없고 단절도 없는 까닭이니라.

선현이여. 명자의 청정함이 곧 내공의 청정함이고 내공의 청정함이 곧 명자의 청정함이니라. 왜 그러한가? 이 명자의 청정함과 내공의 청정함은 무이이고 둘로 나눌 수 없으며 분별이 없고 단절도 없는 까닭이며, 명자의 청정함이 곧 외공·내외공·공공·대공·승의공·유위공·무위공·필경공·무제공·산공·무변이공·본성공·자상공·공상공·일체법공·불가득공·무성공·자성공·무성자성공의 청정함이고 외공, 나아가 무성자성공의 청정함이 곧 명자의 청정함이니라. 왜 그러한가? 이 명자의 청정함과 외공, 나아가 무성자성공의 청정함은 무이이고 둘로 나눌 수 없으며 분별이 없고 단절도 없는 까닭이니라.

선현이여. 명자의 청정함이 곧 진여의 청정함이고 진여의 청정함이 곧 명자의 청정함이니라. 왜 그러한가? 이 명자의 청정함과 진여의 청정함은 무이이고 둘로 나눌 수 없으며 분별이 없고 단절도 없는 까닭이며, 명자의 청정함이 곧 법계·법성·불허망성·불변이성·평등성·이생성·법정·법주·실제·허공계·부사의계의 청정함이고 법계, 나아가 부사의계의 청정함이 곧 명자의 청정함이니라. 왜 그러한가? 이 명자의 청정함과 법계, 나아가 부사의계의 청정함은 무이이고 둘로 나눌 수 없으며 분별이 없고 단절도 없는 까닭이니라.

선현이여. 명자의 청정함이 곧 고성제의 청정함이고 고성제의 청정함이 곧 명자의 청정함이니라. 왜 그러한가? 이 명자의 청정함과 고성제의 청정함은 무이이고 둘로 나눌 수 없으며 분별이 없고 단절도 없는 까닭이며, 명자의 청정함이 곧 집·멸·도성제의 청정함이고 집·멸·도성제의 청정함이 곧 명자의 청정함이니라. 왜 그러한가? 이 명자의 청정함과 집·멸·도성제의 청정함은 무이이고 둘로 나눌 수 없으며 분별이 없고 단절도 없는 까닭이니라.

선현이여. 명자의 청정함이 곧 4정려의 청정함이고 4정려의 청정함이 곧 명자의 청정함이니라. 왜 그러한가? 이 명자의 청정함과 4정려의 청정함은 무이이고 둘로 나눌 수 없으며 분별이 없고 단절도 없는 까닭이며, 명자의 청정함이 곧 4무량·4무색정의 청정함이고 4무량·4무색정의 청정함이 곧 명자의 청정함이니라. 왜 그러한가? 이 명자의 청정함과 4무량·4무색정의 청정함은 무이이고 둘로 나눌 수 없으며 분별이 없고 단절도 없는 까닭이니라.

선현이여. 명자의 청정함이 곧 8해탈의 청정함이고 8해탈의 청정함이 곧 명자의 청정함이니라. 왜 그러한가? 이 명자의 청정함과 8해탈의 청정함은 무이이고 둘로 나눌 수 없으며 분별이 없고 단절도 없는 까닭이며, 명자의 청정함이 곧 8승처·9차제정·10변처의 청정함이고 8승처·9차제정·10변처의 청정함이 곧 명자의 청정함이니라. 왜 그러한가? 이 명자의 청정함과 8승처·9차제정·10변처의 청정함은 무이이고 둘로 나눌 수 없으며 분별이 없고 단절도 없는 까닭이니라.

선현이여. 명자의 청정함이 곧 4념주의 청정함이고 4념주의 청정함이 곧 명자의 청정함이니라. 왜 그러한가? 이 명자의 청정함과 4념주의 청정함은 무이이고 둘로 나눌 수 없으며 분별이 없고 단절도 없는 까닭이며, 명자의 청정함이 곧 4정단·4신족·5근·5력·7등각지·8성도지의 청정함이고 4정단, 나아가 8성도지의 청정함이 곧 명자의 청정함이니라. 왜 그러한가? 이 명자의 청정함과 4정단, 나아가 8성도지의 청정함은 무이이고 둘로 나눌 수 없으며 분별이 없고 단절도 없는 까닭이니라.

선현이여. 명자의 청정함이 곧 공해탈문의 청정함이고 공해탈문의 청정함이 곧 명자의 청정함이니라. 왜 그러한가? 이 명자의 청정함과 공해탈문의 청정함은 무이이고 둘로 나눌 수 없으며 분별이 없고 단절도 없는 까닭이며, 명자의 청정함이 곧 무상·무원해탈문의 청정함이고 무상·무원해탈문의 청정함이 곧 명자의 청정함이니라. 왜 그러한가? 이 명자의 청정함과 무상·무원해탈문의 청정함은 무이이고 둘로 나눌 수 없으며 분별이 없고 단절도 없는 까닭이니라.

선현이여. 명자의 청정함이 곧 보살의 10지의 청정함이고 보살의 10지의 청정함이 곧 명자의 청정함이니라. 왜 그러한가? 이 명자의 청정함과 보살의 10지의 청정함은 무이이고 둘로 나눌 수 없으며 분별이 없고 단절도 없는 까닭이니라.

선현이여. 명자의 청정함이 곧 5안의 청정함이고 5안의 청정함이 곧 명자의 청정함이니라. 왜 그러한가? 이 명자의 청정함과 5안의 청정함은 무이이고 둘로 나눌 수 없으며 분별이 없고 단절도 없는 까닭이며, 명자의 청정함이 곧 6신통의 청정함이고 6신통의 청정함이 곧 명자의 청정함이니라. 왜 그러한가? 이 명자의 청정함과 6신통의 청정함은 무이이고 둘로 나눌 수 없으며 분별이 없고 단절도 없는 까닭이니라.

선현이여. 명자의 청정함이 곧 여래의 10력의 청정함이고 여래의 10력의 청정함이 곧 명자의 청정함이니라. 왜 그러한가? 이 명자의 청정함과 여래의 10력의 청정함은 무이이고 둘로 나눌 수 없으며 분별이 없고 단절도 없는 까닭이며, 명자의 청정함이 곧 4무소외·4무애해·대자·대비·대희·대사·18불불공법의 청정함이고 4무소외, 나아가 18불불공법의 청정함이 곧 명자의 청정함이니라. 왜 그러한가? 이 명자의 청정함과 4무소외, 나아가 18불불공법의 청정함은 무이이고 둘로 나눌 수 없으며 분별이 없고 단절도 없는 까닭이니라.

선현이여. 명자의 청정함이 곧 무망실법의 청정함이고 무망실법의 청정함이 곧 명자의 청정함이니라. 왜 그러한가? 이 명자의 청정함과 무망실법의 청정함은 무이이고 둘로 나눌 수 없으며 분별이 없고 단절도 없는 까닭이며, 명자의 청정함이 곧 항주사성의 청정함이고 항주사성의 청정함이 곧 명자의 청정함이니라. 왜 그러한가? 이 명자의 청정함과 항주사성의 청정함은 무이이고 둘로 나눌 수 없으며 분별이 없고 단절도 없는 까닭이니라.

선현이여. 명자의 청정함이 곧 일체지의 청정함이고 일체지의 청정함이 곧 명자의 청정함이니라. 왜 그러한가? 이 명자의 청정함과 일체지의 청정함은 무이이고 둘로 나눌 수 없으며 분별이 없고 단절도 없는 까닭이며, 명자의 청정함이 곧 도상지·일체상지의 청정함이고 도상지·일체상지의 청정함이 곧 명자의 청정함이니라. 왜 그러한가? 이 명자의 청정함과 도상지·일체상지의 청정함은 무이이고 둘로 나눌 수 없으며 분별이 없고 단절도 없는 까닭이니라.

선현이여. 명자의 청정함이 곧 일체의 다라니문의 청정함이고 일체의 다라니문의 청정함이 곧 명자의 청정함이니라. 왜 그러한가? 이 명자의 청정함과 일체의 다라니문의 청정함은 무이이고 둘로 나눌 수 없으며 분별이 없고 단절도 없는 까닭이며, 명자의 청정함이 곧 일체의 삼마지문의 청정함이고 일체의 삼마지문의 청정함이 곧 명자의 청정함이니라. 왜 그러한가? 이 명자의 청정함과 일체의 삼마지문의 청정함은 무이이고 둘로 나눌 수 없으며 분별이 없고 단절도 없는 까닭이니라.

선현이여. 명자의 청정함이 곧 예류과의 청정함이고 예류과의 청정함이 곧 명자의 청정함이니라. 왜 그러한가? 이 명자의 청정함과 예류과의 청정함은 무이이고 둘로 나눌 수 없으며 분별이 없고 단절도 없는 까닭이며, 명자의 청정함이 곧 일래·불환·아라한과의 청정함이고 일래·불환·아라한과의 청정함이 곧 명자의 청정함이니라. 왜 그러한가? 이 명자의 청정함과 일래·불환·아라한과의 청정함은 무이이고 둘로 나눌 수 없으며 분별이 없고 단절도 없는 까닭이니라.

선현이여. 명자의 청정함이 곧 독각의 보리의 청정함이고 독각의 보리의 청정함이 곧 명자의 청정함이니라. 왜 그러한가? 이 명자의 청정함과 독각의 보리의 청정함은 무이이고 둘로 나눌 수 없으며 분별이 없고 단절도 없는 까닭이니라. 선현이여. 명자의 청정함이 곧 일체의 보살마하살의 행의 청정함이고 일체의 보살마하살의 행의 청정함이 곧 명자의 청정함이니라. 왜 그러한가? 이 명자의 청정함과 일체의 보살마하살의 행의 청정함은 무이이고 둘로 나눌 수 없으며 분별이 없고 단절도 없는 까닭이니라.

선현이여. 명자의 청정함이 곧 제불의 무상정등보리의 청정함이고 제불의 무상정등보리의 청정함이 곧 명자의 청정함이니라. 왜 그러한가? 이 명자의 청정함과 제불의 무상정등보리의 청정함은 무이이고 둘로 나눌 수 없으며 분별이 없고 단절도 없는 까닭이니라."

"다시 다음으로 선현이여. 생자(生者)의 청정함이 곧 색의 청정함이고 색의 청정함이 곧 생자의 청정함이니라. 왜 그러한가? 이 생자의 청정함과 색의 청정함은 무이이고 둘로 나눌 수 없으며 분별이 없고 단절도 없는 까닭이며, 생자의 청정함이 곧 수·상·행·식의 청정함이고 수·상·행·식의 청정함이 곧 생자의 청정함이니라. 왜 그러한가? 이 생자의 청정함과 수·상·행·식의 청정함은 무이이고 둘로 나눌 수 없으며 분별이 없고 단절도 없는 까닭이니라.

선현이여. 생자의 청정함이 곧 안처의 청정함이고 안처의 청정함이 곧 생자의 청정함이니라. 왜 그러한가? 이 생자의 청정함과 안처의 청정함은 무이이고 둘로 나눌 수 없으며 분별이 없고 단절도 없는 까닭이며, 생자의 청정함이 곧 이·비·설·신·의처의 청정함이고 이·비·설·신·의처의 청정함이 곧 생자의 청정함이니라. 왜 그러한가? 이 생자의 청정함과 이·비·설·신·의처의 청정함은 무이이고 둘로 나눌 수 없으며 분별이 없고 단절도 없는 까닭이니라.

선현이여. 생자의 청정함이 곧 색처의 청정함이고 색처의 청정함이 곧 생자의 청정함이니라. 왜 그러한가? 이 생자의 청정함과 색처의 청정함은 무이이고 둘로 나눌 수 없으며 분별이 없고 단절도 없는 까닭이며, 생자의 청정함이 곧 성·향·미·촉·법처의 청정함이고 성·향·미·촉·법처의 청정함이 곧 생자의 청정함이니라. 왜 그러한가? 이 생자의 청정함과 성·향·미·촉·법처의 청정함은 무이이고 둘로 나눌 수 없으며 분별이 없고 단절도 없는 까닭이니라.

선현이여. 생자의 청정함이 곧 안계의 청정함이고 안계의 청정함이 곧 생자의 청정함이니라. 왜 그러한가? 이 생자의 청정함과 안계의 청정함은 무이이고 둘로 나눌 수 없으며 분별이 없고 단절도 없는 까닭이며, 생자의 청정함이 곧 색계·안식계, 나아가 안촉·안촉을 인연으로 생겨난 여러 수의 청정함이고 색계, 나아가 안촉을 인연으로 생겨난 여러 수의 청정함이 곧 생자의 청정함이니라. 왜 그러한가? 이 생자의 청정함과 색계, 나아가 안촉을 인연으로 생겨난 여러 수의 청정함은 무이이고 둘로 나눌 수 없으며 분별이 없고 단절도 없는 까닭이니라.

선현이여. 생자의 청정함이 곧 이계의 청정함이고 이계의 청정함이 곧 생자의 청정함이니라. 왜 그러한가? 이 생자의 청정함과 이계의 청정함은 무이이고 둘로 나눌 수 없으며 분별이 없고 단절도 없는 까닭이며, 생자의 청정함이 곧 성계·이식계, 나아가 이촉·이촉을 인연으로 생겨난 여러 수의 청정함이고 성계, 나아가 이촉을 인연으로 생겨난 여러 수의 청정함이 곧 생자의 청정함이니라. 왜 그러한가? 이 생자의 청정함과 성계, 나아가 이촉을 인연으로 생겨난 여러 수의 청정함은 무이이고 둘로 나눌 수 없으며 분별이 없고 단절도 없는 까닭이니라.

선현이여. 생자의 청정함이 곧 비계의 청정함이고 비계의 청정함이 곧 생자의 청정함이니라. 왜 그러한가? 이 생자의 청정함과 비계의 청정함은 무이이고 둘로 나눌 수 없으며 분별이 없고 단절도 없는 까닭이며,

생자의 청정함이 곧 향계·비식계, 나아가 비촉·비촉을 인연으로 생겨난
여러 수의 청정함이고 향계, 나아가 비촉을 인연으로 생겨난 여러 수의
청정함이 곧 생자의 청정함이니라. 왜 그러한가? 이 생자의 청정함과
향계, 나아가 비촉을 인연으로 생겨난 여러 수의 청정함은 무이이고
둘로 나눌 수 없으며 분별이 없고 단절도 없는 까닭이니라.

선현이여. 생자의 청정함이 곧 설계의 청정함이고 설계의 청정함이
곧 생자의 청정함이니라. 왜 그러한가? 이 생자의 청정함과 설계의 청정함
은 무이이고 둘로 나눌 수 없으며 분별이 없고 단절도 없는 까닭이며,
생자의 청정함이 곧 미계·설식계, 나아가 설촉·설촉을 인연으로 생겨난
여러 수의 청정함이고 미계, 나아가 설촉을 인연으로 생겨난 여러 수의
청정함이 곧 생자의 청정함이니라. 왜 그러한가? 이 생자의 청정함과
미계, 나아가 설촉을 인연으로 생겨난 여러 수의 청정함은 무이이고
둘로 나눌 수 없으며 분별이 없고 단절도 없는 까닭이니라.

선현이여. 생자의 청정함이 곧 신계의 청정함이고 신계의 청정함이
곧 생자의 청정함이니라. 왜 그러한가? 이 생자의 청정함과 신계의 청정함
은 무이이고 둘로 나눌 수 없으며 분별이 없고 단절도 없는 까닭이며,
생자의 청정함이 곧 촉계·신식계, 나아가 신촉·신촉을 인연으로 생겨난
여러 수의 청정함이고 촉계, 나아가 신촉을 인연으로 생겨난 여러 수의
청정함이 곧 생자의 청정함이니라. 왜 그러한가? 이 생자의 청정함과
촉계, 나아가 신촉을 인연으로 생겨난 여러 수의 청정함은 무이이고
둘로 나눌 수 없으며 분별이 없고 단절도 없는 까닭이니라.

선현이여. 생자의 청정함이 곧 의계의 청정함이고 의계의 청정함이
곧 생자의 청정함이니라. 왜 그러한가? 이 생자의 청정함과 의계의 청정함
은 무이이고 둘로 나눌 수 없으며 분별이 없고 단절도 없는 까닭이며,
생자의 청정함이 곧 법계·의식계, 나아가 의촉·의촉을 인연으로 생겨난
여러 수의 청정함이고 법계, 나아가 의촉을 인연으로 생겨난 여러 수의
청정함이 곧 생자의 청정함이니라. 왜 그러한가? 이 생자의 청정함과
법계, 나아가 의촉을 인연으로 생겨난 여러 수의 청정함은 무이이고

둘로 나눌 수 없으며 분별이 없고 단절도 없는 까닭이니라.

선현이여. 생자의 청정함이 곧 지계의 청정함이고 지계의 청정함이 곧 생자의 청정함이니라. 왜 그러한가? 이 생자의 청정함과 지계의 청정함은 무이이고 둘로 나눌 수 없으며 분별이 없고 단절도 없는 까닭이며, 생자의 청정함이 곧 수·화·풍·공·식계의 청정함이고 수·화·풍·공·식계의 청정함이 곧 생자의 청정함이니라. 왜 그러한가? 이 생자의 청정함과 수·화·풍·공·식계의 청정함은 무이이고 둘로 나눌 수 없으며 분별이 없고 단절도 없는 까닭이니라.

선현이여. 생자의 청정함이 곧 무명의 청정함이고 무명의 청정함이 곧 생자의 청정함이니라. 왜 그러한가? 이 생자의 청정함과 무명의 청정함은 무이이고 둘로 나눌 수 없으며 분별이 없고 단절도 없는 까닭이며, 생자의 청정함이 곧 행·식·명색·육처·촉·수·애·취·유·생·노사의 수탄고우뇌의 청정함이고 행, 나아가 노사의 수탄고우뇌의 청정함이 곧 생자의 청정함이니라. 왜 그러한가? 이 생자의 청정함과 행, 나아가 노사의 수탄고우뇌의 청정함은 무이이고 둘로 나눌 수 없으며 분별이 없고 단절도 없는 까닭이니라.

선현이여. 생자의 청정함이 곧 보시바라밀다의 청정함이고 보시바라밀다의 청정함이 곧 생자의 청정함이니라. 왜 그러한가? 이 생자의 청정함과 보시바라밀다의 청정함은 무이이고 둘로 나눌 수 없으며 분별이 없고 단절도 없는 까닭이며, 생자의 청정함이 곧 정계·안인·정진·정려·반야바라밀다의 청정함이고 정계, 나아가 반야바라밀다의 청정함이 곧 생자의 청정함이니라. 왜 그러한가? 이 생자의 청정함과 정계, 나아가 반야바라밀다의 청정함은 무이이고 둘로 나눌 수 없으며 분별이 없고 단절도 없는 까닭이니라.

선현이여. 생자의 청정함이 곧 내공의 청정함이고 내공의 청정함이 곧 생자의 청정함이니라. 왜 그러한가? 이 생자의 청정함과 내공의 청정함은 무이이고 둘로 나눌 수 없으며 분별이 없고 단절도 없는 까닭이며, 생자의 청정함이 곧 외공·내외공·공공·대공·승의공·유위공·무위공·필경공·무제공·산공·무변이공·본성공·자상공·공상공·일체법공·불가득공·무성공·자성공·무성자성공의 청정함이고 외공, 나아가 무성자성공의 청정함이 곧 생자의 청정함이니라. 왜 그러한가? 이 생자의 청정함과 외공, 나아가 무성자성공의 청정함은 무이이고 둘로 나눌 수 없으며 분별이 없고 단절도 없는 까닭이니라.

선현이여. 생자의 청정함이 곧 진여의 청정함이고 진여의 청정함이 곧 생자의 청정함이니라. 왜 그러한가? 이 생자의 청정함과 진여의 청정함은 무이이고 둘로 나눌 수 없으며 분별이 없고 단절도 없는 까닭이며, 생자의 청정함이 곧 법계·법성·불허망성·불변이성·평등성·이생성·법정·법주·실제·허공계·부사의계의 청정함이고 법계, 나아가 부사의계의 청정함이 곧 생자의 청정함이니라. 왜 그러한가? 이 생자의 청정함과 법계, 나아가 부사의계의 청정함은 무이이고 둘로 나눌 수 없으며 분별이 없고 단절도 없는 까닭이니라.

선현이여. 생자의 청정함이 곧 고성제의 청정함이고 고성제의 청정함이 곧 생자의 청정함이니라. 왜 그러한가? 이 생자의 청정함과 고성제의 청정함은 무이이고 둘로 나눌 수 없으며 분별이 없고 단절도 없는 까닭이며, 생자의 청정함이 곧 집·멸·도성제의 청정함이고 집·멸·도성제의 청정함이 곧 생자의 청정함이니라. 왜 그러한가? 이 생자의 청정함과 집·멸·도성제의 청정함은 무이이고 둘로 나눌 수 없으며 분별이 없고 단절도 없는 까닭이니라.

선현이여. 생자의 청정함이 곧 4정려의 청정함이고 4정려의 청정함이 곧 생자의 청정함이니라. 왜 그러한가? 이 생자의 청정함과 4정려의 청정함은 무이이고 둘로 나눌 수 없으며 분별이 없고 단절도 없는 까닭이며, 생자의 청정함이 곧 4무량·4무색정의 청정함이고 4무량·4무색정의 청정함이 곧 생자의 청정함이니라. 왜 그러한가? 이 생자의 청정함과 4무량·4무색정의 청정함은 무이이고 둘로 나눌 수 없으며 분별이 없고 단절도 없는 까닭이니라.

선현이여. 생자의 청정함이 곧 8해탈의 청정함이고 8해탈의 청정함이 곧 생자의 청정함이니라. 왜 그러한가? 이 생자의 청정함과 8해탈의 청정함은 무이이고 둘로 나눌 수 없으며 분별이 없고 단절도 없는 까닭이

며, 생자의 청정함이 곧 8승처·9차제정·10변처의 청정함이고 8승처·9차
제정·10변처의 청정함이 곧 생자의 청정함이니라. 왜 그러한가? 이 생자
의 청정함과 8승처·9차제정·10변처의 청정함은 무이이고 둘로 나눌 수
없으며 분별이 없고 단절도 없는 까닭이니라.

선현이여. 생자의 청정함이 곧 4념주의 청정함이고 4념주의 청정함이
곧 생자의 청정함이니라. 왜 그러한가? 이 생자의 청정함과 4념주의
청정함은 무이이고 둘로 나눌 수 없으며 분별이 없고 단절도 없는 까닭이
며, 생자의 청정함이 곧 4정단·4신족·5근·5력·7등각지·8성도지의 청정
함이고 4정단, 나아가 8성도지의 청정함이 곧 생자의 청정함이니라.
왜 그러한가? 이 생자의 청정함과 4정단, 나아가 8성도지의 청정함은
무이이고 둘로 나눌 수 없으며 분별이 없고 단절도 없는 까닭이니라.

선현이여. 생자의 청정함이 곧 공해탈문의 청정함이고 공해탈문의
청정함이 곧 생자의 청정함이니라. 왜 그러한가? 이 생자의 청정함과
공해탈문의 청정함은 무이이고 둘로 나눌 수 없으며 분별이 없고 단절도
없는 까닭이며, 생자의 청정함이 곧 무상·무원해탈문의 청정함이고 무상·
무원해탈문의 청정함이 곧 생자의 청정함이니라. 왜 그러한가? 이 생자의
청정함과 무상·무원해탈문의 청정함은 무이이고 둘로 나눌 수 없으며
분별이 없고 단절도 없는 까닭이니라.

선현이여. 생자의 청정함이 곧 보살의 10지의 청정함이고 보살의 10지
의 청정함이 곧 생자의 청정함이니라. 왜 그러한가? 이 생자의 청정함과
보살의 10지의 청정함은 무이이고 둘로 나눌 수 없으며 분별이 없고
단절도 없는 까닭이니라.

선현이여. 생자의 청정함이 곧 5안의 청정함이고 5안의 청정함이 곧
생자의 청정함이니라. 왜 그러한가? 이 생자의 청정함과 5안의 청정함은
무이이고 둘로 나눌 수 없으며 분별이 없고 단절도 없는 까닭이며, 생자의
청정함이 곧 6신통의 청정함이고 6신통의 청정함이 곧 생자의 청정함이니
라. 왜 그러한가? 이 생자의 청정함과 6신통의 청정함은 무이이고 둘로
나눌 수 없으며 분별이 없고 단절도 없는 까닭이니라.

선현이여. 생자의 청정함이 곧 여래의 10력의 청정함이고 여래의 10력의 청정함이 곧 생자의 청정함이니라. 왜 그러한가? 이 생자의 청정함과 여래의 10력의 청정함은 무이이고 둘로 나눌 수 없으며 분별이 없고 단절도 없는 까닭이며, 생자의 청정함이 곧 4무소외·4무애해·대자·대비·대희·대사·18불불공법의 청정함이고 4무소외, 나아가 18불불공법의 청정함이 곧 생자의 청정함이니라. 왜 그러한가? 이 생자의 청정함과 4무소외, 나아가 18불불공법의 청정함은 무이이고 둘로 나눌 수 없으며 분별이 없고 단절도 없는 까닭이니라.

선현이여. 생자의 청정함이 곧 무망실법의 청정함이고 무망실법의 청정함이 곧 생자의 청정함이니라. 왜 그러한가? 이 생자의 청정함과 무망실법의 청정함은 무이이고 둘로 나눌 수 없으며 분별이 없고 단절도 없는 까닭이며, 생자의 청정함이 곧 항주사성의 청정함이고 항주사성의 청정함이 곧 생자의 청정함이니라. 왜 그러한가? 이 생자의 청정함과 항주사성의 청정함은 무이이고 둘로 나눌 수 없으며 분별이 없고 단절도 없는 까닭이니라.

선현이여. 생자의 청정함이 곧 일체지의 청정함이고 일체지의 청정함이 곧 생자의 청정함이니라. 왜 그러한가? 이 생자의 청정함과 일체지의 청정함은 무이이고 둘로 나눌 수 없으며 분별이 없고 단절도 없는 까닭이며, 생자의 청정함이 곧 도상지·일체상지의 청정함이고 도상지·일체상지의 청정함이 곧 생자의 청정함이니라. 왜 그러한가? 이 생자의 청정함과 도상지·일체상지의 청정함은 무이이고 둘로 나눌 수 없으며 분별이 없고 단절도 없는 까닭이니라.

선현이여. 생자의 청정함이 곧 일체의 다라니문의 청정함이고 일체의 다라니문의 청정함이 곧 생자의 청정함이니라. 왜 그러한가? 이 생자의 청정함과 일체의 다라니문의 청정함은 무이이고 둘로 나눌 수 없으며 분별이 없고 단절도 없는 까닭이며, 생자의 청정함이 곧 일체의 삼마지문의 청정함이고 일체의 삼마지문의 청정함이 곧 생자의 청정함이니라. 왜 그러한가? 이 생자의 청정함과 일체의 삼마지문의 청정함은 무이이고 둘로 나눌 수 없으며 분별이 없고 단절도 없는 까닭이니라.

선현이여. 생자의 청정함이 곧 예류과의 청정함이고 예류과의 청정함
이 곧 생자의 청정함이니라. 왜 그러한가? 이 생자의 청정함과 예류과의
청정함은 무이이고 둘로 나눌 수 없으며 분별이 없고 단절도 없는 까닭이
며, 생자의 청정함이 곧 일래·불환·아라한과의 청정함이고 일래·불환·아
라한과의 청정함이 곧 생자의 청정함이니라. 왜 그러한가? 이 생자의
청정함과 일래·불환·아라한과의 청정함은 무이이고 둘로 나눌 수 없으며
분별이 없고 단절도 없는 까닭이니라.

선현이여. 생자의 청정함이 곧 독각의 보리의 청정함이고 독각의 보리
의 청정함이 곧 생자의 청정함이니라. 왜 그러한가? 이 생자의 청정함과
독각의 보리의 청정함은 무이이고 둘로 나눌 수 없으며 분별이 없고 단절도
없는 까닭이니라. 선현이여. 생자의 청정함이 곧 일체의 보살마하살의 행의
청정함이고 일체의 보살마하살의 행의 청정함이 곧 생자의 청정함이니라.
왜 그러한가? 이 생자의 청정함과 일체의 보살마하살의 행의 청정함은
무이이고 둘로 나눌 수 없으며 분별이 없고 단절도 없는 까닭이니라.

선현이여. 생자의 청정함이 곧 제불의 무상정등보리의 청정함이고
제불의 무상정등보리의 청정함이 곧 생자의 청정함이니라. 왜 그러한가?
이 생자의 청정함과 제불의 무상정등보리의 청정함은 무이이고 둘로
나눌 수 없으며 분별이 없고 단절도 없는 까닭이니라."

"다시 다음으로 선현이여. 양육자(養育者)의 청정함이 곧 색의 청정함이
고 색의 청정함이 곧 양육자의 청정함이니라. 왜 그러한가? 이 양육자의
청정함과 색의 청정함은 무이이고 둘로 나눌 수 없으며 분별이 없고
단절도 없는 까닭이며, 양육자의 청정함이 곧 수·상·행·식의 청정함이고
수·상·행·식의 청정함이 곧 양육자의 청정함이니라. 왜 그러한가? 이
양육자의 청정함과 수·상·행·식의 청정함은 무이이고 둘로 나눌 수 없으
며 분별이 없고 단절도 없는 까닭이니라.

선현이여. 양육자의 청정함이 곧 안처의 청정함이고 안처의 청정함이
곧 양육자의 청정함이니라. 왜 그러한가? 이 양육자의 청정함과 안처의

청정함은 무이이고 둘로 나눌 수 없으며 분별이 없고 단절도 없는 까닭이며, 양육자의 청정함이 곧 이·비·설·신·의처의 청정함이고 이·비·설·신·의처의 청정함이 곧 양육자의 청정함이니라. 왜 그러한가? 이 양육자의 청정함과 이·비·설·신·의처의 청정함은 무이이고 둘로 나눌 수 없으며 분별이 없고 단절도 없는 까닭이니라.

선현이여. 양육자의 청정함이 곧 색처의 청정함이고 색처의 청정함이 곧 양육자의 청정함이니라. 왜 그러한가? 이 양육자의 청정함과 색처의 청정함은 무이이고 둘로 나눌 수 없으며 분별이 없고 단절도 없는 까닭이며, 양육자의 청정함이 곧 성·향·미·촉·법처의 청정함이고 성·향·미·촉·법처의 청정함이 곧 양육자의 청정함이니라. 왜 그러한가? 이 양육자의 청정함과 성·향·미·촉·법처의 청정함은 무이이고 둘로 나눌 수 없으며 분별이 없고 단절도 없는 까닭이니라.

선현이여. 양육자의 청정함이 곧 안계의 청정함이고 안계의 청정함이 곧 양육자의 청정함이니라. 왜 그러한가? 이 양육자의 청정함과 안계의 청정함은 무이이고 둘로 나눌 수 없으며 분별이 없고 단절도 없는 까닭이며, 양육자의 청정함이 곧 색계·안식계, 나아가 안촉·안촉을 인연으로 생겨난 여러 수의 청정함이고 색계, 나아가 안촉을 인연으로 생겨난 여러 수의 청정함이 곧 양육자의 청정함이니라. 왜 그러한가? 이 양육자의 청정함과 색계, 나아가 안촉을 인연으로 생겨난 여러 수의 청정함은 무이이고 둘로 나눌 수 없으며 분별이 없고 단절도 없는 까닭이니라.

선현이여. 양육자의 청정함이 곧 이계의 청정함이고 이계의 청정함이 곧 양육자의 청정함이니라. 왜 그러한가? 이 양육자의 청정함과 이계의 청정함은 무이이고 둘로 나눌 수 없으며 분별이 없고 단절도 없는 까닭이며, 양육자의 청정함이 곧 성계·이식계, 나아가 이촉·이촉을 인연으로 생겨난 여러 수의 청정함이고 성계, 나아가 이촉을 인연으로 생겨난 여러 수의 청정함이 곧 양육자의 청정함이니라. 왜 그러한가? 이 양육자의 청정함과 성계, 나아가 이촉을 인연으로 생겨난 여러 수의 청정함은 무이이고 둘로 나눌 수 없으며 분별이 없고 단절도 없는 까닭이니라.

선현이여. 양육자의 청정함이 곧 비계의 청정함이고 비계의 청정함이
곧 양육자의 청정함이니라. 왜 그러한가? 이 양육자의 청정함과 비계의
청정함은 무이이고 둘로 나눌 수 없으며 분별이 없고 단절도 없는 까닭이
며, 양육자의 청정함이 곧 향계·비식계, 나아가 비촉·비촉을 인연으로
생겨난 여러 수의 청정함이고 향계, 나아가 비촉을 인연으로 생겨난
여러 수의 청정함이 곧 양육자의 청정함이니라. 왜 그러한가? 이 양육자의
청정함과 향계, 나아가 비촉을 인연으로 생겨난 여러 수의 청정함은
무이이고 둘로 나눌 수 없으며 분별이 없고 단절도 없는 까닭이니라.

선현이여. 양육자의 청정함이 곧 설계의 청정함이고 설계의 청정함이
곧 양육자의 청정함이니라. 왜 그러한가? 이 양육자의 청정함과 설계의
청정함은 무이이고 둘로 나눌 수 없으며 분별이 없고 단절도 없는 까닭이
며, 양육자의 청정함이 곧 미계·설식계, 나아가 설촉·설촉을 인연으로
생겨난 여러 수의 청정함이고 미계, 나아가 설촉을 인연으로 생겨난
여러 수의 청정함이 곧 양육자의 청정함이니라. 왜 그러한가? 이 양육자의
청정함과 미계, 나아가 설촉을 인연으로 생겨난 여러 수의 청정함은
무이이고 둘로 나눌 수 없으며 분별이 없고 단절도 없는 까닭이니라.

선현이여. 양육자의 청정함이 곧 신계의 청정함이고 신계의 청정함이
곧 양육자의 청정함이니라. 왜 그러한가? 이 양육자의 청정함과 신계의
청정함은 무이이고 둘로 나눌 수 없으며 분별이 없고 단절도 없는 까닭이
며, 양육자의 청정함이 곧 촉계·신식계, 나아가 신촉·신촉을 인연으로
생겨난 여러 수의 청정함이고 촉계, 나아가 신촉을 인연으로 생겨난
여러 수의 청정함이 곧 양육자의 청정함이니라. 왜 그러한가? 이 양육자의
청정함과 촉계, 나아가 신촉을 인연으로 생겨난 여러 수의 청정함은
무이이고 둘로 나눌 수 없으며 분별이 없고 단절도 없는 까닭이니라.

선현이여. 양육자의 청정함이 곧 의계의 청정함이고 의계의 청정함이
곧 양육자의 청정함이니라. 왜 그러한가? 이 양육자의 청정함과 의계의
청정함은 무이이고 둘로 나눌 수 없으며 분별이 없고 단절도 없는 까닭이
며, 양육자의 청정함이 곧 법계·의식계, 나아가 의촉·의촉을 인연으로

생겨난 여러 수의 청정함이고 법계, 나아가 의촉을 인연으로 생겨난
여러 수의 청정함이 곧 양육자의 청정함이니라. 왜 그러한가? 이 양육자의
청정함과 법계, 나아가 의촉을 인연으로 생겨난 여러 수의 청정함은
무이이고 둘로 나눌 수 없으며 분별이 없고 단절도 없는 까닭이니라.

선현이여. 양육자의 청정함이 곧 지계의 청정함이고 지계의 청정함이
곧 양육자의 청정함이니라. 왜 그러한가? 이 양육자의 청정함과 지계의
청정함은 무이이고 둘로 나눌 수 없으며 분별이 없고 단절도 없는 까닭이
며, 양육자의 청정함이 곧 수·화·풍·공·식계의 청정함이고 수·화·풍·공·
식계의 청정함이 곧 양육자의 청정함이니라. 왜 그러한가? 이 양육자의
청정함과 수·화·풍·공·식계의 청정함은 무이이고 둘로 나눌 수 없으며
분별이 없고 단절도 없는 까닭이니라.

선현이여. 양육자의 청정함이 곧 무명의 청정함이고 무명의 청정함이
곧 양육자의 청정함이니라. 왜 그러한가? 이 양육자의 청정함과 무명의
청정함은 무이이고 둘로 나눌 수 없으며 분별이 없고 단절도 없는 까닭이
며, 양육자의 청정함이 곧 행·식·명색·육처·촉·수·애·취·유·생·노사의
수탄고우뇌의 청정함이고 행, 나아가 노사의 수탄고우뇌의 청정함이
곧 양육자의 청정함이니라. 왜 그러한가? 이 양육자의 청정함과 행,
나아가 노사의 수탄고우뇌의 청정함은 무이이고 둘로 나눌 수 없으며
분별이 없고 단절도 없는 까닭이니라.

선현이여. 양육자의 청정함이 곧 보시바라밀다의 청정함이고 보시바라
밀다의 청정함이 곧 양육자의 청정함이니라. 왜 그러한가? 이 양육자의
청정함과 보시바라밀다의 청정함은 무이이고 둘로 나눌 수 없으며 분별이
없고 단절도 없는 까닭이며, 양육자의 청정함이 곧 정계·안인·정진·정려·
반야바라밀다의 청정함이고 정계, 나아가 반야바라밀다의 청정함이 곧
양육자의 청정함이니라. 왜 그러한가? 이 양육자의 청정함과 정계, 나아가
반야바라밀다의 청정함은 무이이고 둘로 나눌 수 없으며 분별이 없고
단절도 없는 까닭이니라.

선현이여. 양육자의 청정함이 곧 내공의 청정함이고 내공의 청정함이

곧 양육자의 청정함이니라. 왜 그러한가? 이 양육자의 청정함과 내공의
청정함은 무이이고 둘로 나눌 수 없으며 분별이 없고 단절도 없는 까닭이
며, 양육자의 청정함이 곧 외공·내외공·공공·대공·승의공·유위공·무위
공·필경공·무제공·산공·무변이공·본성공·자상공·공상공·일체법공·
불가득공·무성공·자성공·무성자성공의 청정함이고 외공, 나아가 무성
자성공의 청정함이 곧 양육자의 청정함이니라. 왜 그러한가? 이 양육자의
청정함과 외공, 나아가 무성자성공의 청정함은 무이이고 둘로 나눌 수
없으며 분별이 없고 단절도 없는 까닭이니라.

　선현이여. 양육자의 청정함이 곧 진여의 청정함이고 진여의 청정함이
곧 양육자의 청정함이니라. 왜 그러한가? 이 양육자의 청정함과 진여의
청정함은 무이이고 둘로 나눌 수 없으며 분별이 없고 단절도 없는 까닭이
며, 양육자의 청정함이 곧 법계·법성·불허망성·불변이성·평등성·이생성
·법정·법주·실제·허공계·부사의계의 청정함이고 법계, 나아가 부사의계
의 청정함이 곧 양육자의 청정함이니라. 왜 그러한가? 이 양육자의 청정함
과 법계, 나아가 부사의계의 청정함은 무이이고 둘로 나눌 수 없으며
분별이 없고 단절도 없는 까닭이니라.

　선현이여. 양육자의 청정함이 곧 고성제의 청정함이고 고성제의 청정
함이 곧 양육자의 청정함이니라. 왜 그러한가? 이 양육자의 청정함과
고성제의 청정함은 무이이고 둘로 나눌 수 없으며 분별이 없고 단절도
없는 까닭이며, 양육자의 청정함이 곧 집·멸·도성제의 청정함이고 집·멸·
도성제의 청정함이 곧 양육자의 청정함이니라. 왜 그러한가? 이 양육자의
청정함과 집·멸·도성제의 청정함은 무이이고 둘로 나눌 수 없으며 분별이
없고 단절도 없는 까닭이니라.

　선현이여. 양육자의 청정함이 곧 4정려의 청정함이고 4정려의 청정함
이 곧 양육자의 청정함이니라. 왜 그러한가? 이 양육자의 청정함과 4정려
의 청정함은 무이이고 둘로 나눌 수 없으며 분별이 없고 단절도 없는
까닭이며, 양육자의 청정함이 곧 4무량·4무색정의 청정함이고 4무량·4무
색정의 청정함이 곧 양육자의 청정함이니라. 왜 그러한가? 이 양육자의

청정함과 4무량·4무색정의 청정함은 무이이고 둘로 나눌 수 없으며 분별이 없고 단절도 없는 까닭이니라.

선현이여. 양육자의 청정함이 곧 8해탈의 청정함이고 8해탈의 청정함이 곧 양육자의 청정함이니라. 왜 그러한가? 이 양육자의 청정함과 8해탈의 청정함은 무이이고 둘로 나눌 수 없으며 분별이 없고 단절도 없는 까닭이며, 양육자의 청정함이 곧 8승처·9차제정·10변처의 청정함이고 8승처·9차제정·10변처의 청정함이 곧 양육자의 청정함이니라. 왜 그러한가? 이 양육자의 청정함과 8승처·9차제정·10변처의 청정함은 무이이고 둘로 나눌 수 없으며 분별이 없고 단절도 없는 까닭이니라.

선현이여. 양육자의 청정함이 곧 4념주의 청정함이고 4념주의 청정함이 곧 양육자의 청정함이니라. 왜 그러한가? 이 양육자의 청정함과 4념주의 청정함은 무이이고 둘로 나눌 수 없으며 분별이 없고 단절도 없는 까닭이며, 양육자의 청정함이 곧 4정단·4신족·5근·5력·7등각지·8성도지의 청정함이고 4정단, 나아가 8성도지의 청정함이 곧 양육자의 청정함이니라. 왜 그러한가? 이 양육자의 청정함과 4정단, 나아가 8성도지의 청정함은 무이이고 둘로 나눌 수 없으며 분별이 없고 단절도 없는 까닭이니라.

선현이여. 양육자의 청정함이 곧 공해탈문의 청정함이고 공해탈문의 청정함이 곧 양육자의 청정함이니라. 왜 그러한가? 이 양육자의 청정함과 공해탈문의 청정함은 무이이고 둘로 나눌 수 없으며 분별이 없고 단절도 없는 까닭이며, 양육자의 청정함이 곧 무상·무원해탈문의 청정함이고 무상·무원해탈문의 청정함이 곧 양육자의 청정함이니라. 왜 그러한가? 이 양육자의 청정함과 무상·무원해탈문의 청정함은 무이이고 둘로 나눌 수 없으며 분별이 없고 단절도 없는 까닭이니라.

선현이여. 양육자의 청정함이 곧 보살의 10지의 청정함이고 보살의 10지의 청정함이 곧 양육자의 청정함이니라. 왜 그러한가? 이 양육자의 청정함과 보살의 10지의 청정함은 무이이고 둘로 나눌 수 없으며 분별이 없고 단절도 없는 까닭이니라."

마하반야바라밀다경 제192권

34. 난신해품(難信解品)(11)

"선현이여. 양육자의 청정함이 곧 5안의 청정함이고 5안의 청정함이 곧 양육자의 청정함이니라. 왜 그러한가? 이 양육자의 청정함과 5안의 청정함은 무이이고 둘로 나눌 수 없으며 분별이 없고 단절도 없는 까닭이며, 양육자의 청정함이 곧 6신통의 청정함이고 6신통의 청정함이 곧 양육자의 청정함이니라. 왜 그러한가? 이 양육자의 청정함과 6신통의 청정함은 무이이고 둘로 나눌 수 없으며 분별이 없고 단절도 없는 까닭이니라.

선현이여. 양육자의 청정함이 곧 여래의 10력의 청정함이고 여래의 10력의 청정함이 곧 양육자의 청정함이니라. 왜 그러한가? 이 양육자의 청정함과 여래의 10력의 청정함은 무이이고 둘로 나눌 수 없으며 분별이 없고 단절도 없는 까닭이며, 양육자의 청정함이 곧 4무소외·4무애해·대자·대비·대희·대사·18불불공법의 청정함이고 4무소외, 나아가 18불불공법의 청정함이 곧 양육자의 청정함이니라. 왜 그러한가? 이 양육자의 청정함과 4무소외, 나아가 18불불공법의 청정함은 무이이고 둘로 나눌 수 없으며 분별이 없고 단절도 없는 까닭이니라.

선현이여. 양육자의 청정함이 곧 무망실법의 청정함이고 무망실법의 청정함이 곧 양육자의 청정함이니라. 왜 그러한가? 이 양육자의 청정함과 무망실법의 청정함은 무이이고 둘로 나눌 수 없으며 분별이 없고 단절도 없는 까닭이며, 양육자의 청정함이 곧 항주사성의 청정함이고 항주사성의 청정함이 곧 양육자의 청정함이니라. 왜 그러한가? 이 양육자의 청정함과 항주사성의 청정함은 무이이고 둘로 나눌 수 없으며 분별이 없고 단절도 없는 까닭이니라.

선현이여. 양육자의 청정함이 곧 일체지의 청정함이고 일체지의 청정함이 곧 양육자의 청정함이니라. 왜 그러한가? 이 양육자의 청정함과 일체지의 청정함은 무이이고 둘로 나눌 수 없으며 분별이 없고 단절도 없는 까닭이며, 양육자의 청정함이 곧 도상지·일체상지의 청정함이고 도상지·일체상지의 청정함이 곧 양육자의 청정함이니라. 왜 그러한가? 이 양육자의 청정함과 도상지·일체상지의 청정함은 무이이고 둘로 나눌 수 없으며 분별이 없고 단절도 없는 까닭이니라.

선현이여. 양육자의 청정함이 곧 일체의 다라니문의 청정함이고 일체의 다라니문의 청정함이 곧 양육자의 청정함이니라. 왜 그러한가? 이 양육자의 청정함과 일체의 다라니문의 청정함은 무이이고 둘로 나눌 수 없으며 분별이 없고 단절도 없는 까닭이며, 양육자의 청정함이 곧 일체의 삼마지문의 청정함이고 일체의 삼마지문의 청정함이 곧 양육자의 청정함이니라. 왜 그러한가? 이 양육자의 청정함과 일체의 삼마지문의 청정함은 무이이고 둘로 나눌 수 없으며 분별이 없고 단절도 없는 까닭이니라.

선현이여. 양육자의 청정함이 곧 예류과의 청정함이고 예류과의 청정함이 곧 양육자의 청정함이니라. 왜 그러한가? 이 양육자의 청정함과 예류과의 청정함은 무이이고 둘로 나눌 수 없으며 분별이 없고 단절도 없는 까닭이며, 양육자의 청정함이 곧 일래·불환·아라한과의 청정함이고 일래·불환·아라한과의 청정함이 곧 양육자의 청정함이니라. 왜 그러한가? 이 양육자의 청정함과 일래·불환·아라한과의 청정함은 무이이고 둘로 나눌 수 없으며 분별이 없고 단절도 없는 까닭이니라.

선현이여. 양육자의 청정함이 곧 독각의 보리의 청정함이고 독각의 보리의 청정함이 곧 양육자의 청정함이니라. 왜 그러한가? 이 양육자의 청정함과 독각의 보리의 청정함은 무이이고 둘로 나눌 수 없으며 분별이

없고 단절도 없는 까닭이니라. 선현이여. 양육자의 청정함이 곧 일체의
보살마하살의 행의 청정함이고 일체의 보살마하살의 행의 청정함이 곧
양육자의 청정함이니라. 왜 그러한가? 이 양육자의 청정함과 일체의
보살마하살의 행의 청정함은 무이이고 둘로 나눌 수 없으며 분별이 없고
단절도 없는 까닭이니라.

　선현이여. 양육자의 청정함이 곧 제불의 무상정등보리의 청정함이고
제불의 무상정등보리의 청정함이 곧 양육자의 청정함이니라. 왜 그러한
가? 이 양육자의 청정함과 제불의 무상정등보리의 청정함은 무이이고
둘로 나눌 수 없으며 분별이 없고 단절도 없는 까닭이니라.”

　“다시 다음으로 선현이여. 사부(士夫)의 청정함이 곧 색의 청정함이고
색의 청정함이 곧 사부의 청정함이니라. 왜 그러한가? 이 사부의 청정함과
색의 청정함은 무이이고 둘로 나눌 수 없으며 분별이 없고 단절도 없는
까닭이며, 사부의 청정함이 곧 수·상·행·식의 청정함이고 수·상·행·식의
청정함이 곧 사부의 청정함이니라. 왜 그러한가? 이 사부의 청정함과
수·상·행·식의 청정함은 무이이고 둘로 나눌 수 없으며 분별이 없고
단절도 없는 까닭이니라.

　선현이여. 사부의 청정함이 곧 안처의 청정함이고 안처의 청정함이
곧 사부의 청정함이니라. 왜 그러한가? 이 사부의 청정함과 안처의 청정함
은 무이이고 둘로 나눌 수 없으며 분별이 없고 단절도 없는 까닭이며,
사부의 청정함이 곧 이·비·설·신·의처의 청정함이고 이·비·설·신·의처
의 청정함이 곧 사부의 청정함이니라. 왜 그러한가? 이 사부의 청정함과
이·비·설·신·의처의 청정함은 무이이고 둘로 나눌 수 없으며 분별이
없고 단절도 없는 까닭이니라.

　선현이여. 사부의 청정함이 곧 색처의 청정함이고 색처의 청정함이
곧 사부의 청정함이니라. 왜 그러한가? 이 사부의 청정함과 색처의 청정함
은 무이이고 둘로 나눌 수 없으며 분별이 없고 단절도 없는 까닭이며,
사부의 청정함이 곧 성·향·미·촉·법처의 청정함이고 성·향·미·촉·법처

의 청정함이 곧 사부의 청정함이니라. 왜 그러한가? 이 사부의 청정함과 성·향·미·촉·법처의 청정함은 무이이고 둘로 나눌 수 없으며 분별이 없고 단절도 없는 까닭이니라.

선현이여. 사부의 청정함이 곧 안계의 청정함이고 안계의 청정함이 곧 사부의 청정함이니라. 왜 그러한가? 이 사부의 청정함과 안계의 청정함은 무이이고 둘로 나눌 수 없으며 분별이 없고 단절도 없는 까닭이며, 사부의 청정함이 곧 색계·안식계, 나아가 안촉·안촉을 인연으로 생겨난 여러 수의 청정함이고 색계, 나아가 안촉을 인연으로 생겨난 여러 수의 청정함이 곧 사부의 청정함이니라. 왜 그러한가? 이 사부의 청정함과 색계, 나아가 안촉을 인연으로 생겨난 여러 수의 청정함은 무이이고 둘로 나눌 수 없으며 분별이 없고 단절도 없는 까닭이니라.

선현이여. 사부의 청정함이 곧 이계의 청정함이고 이계의 청정함이 곧 사부의 청정함이니라. 왜 그러한가? 이 사부의 청정함과 이계의 청정함은 무이이고 둘로 나눌 수 없으며 분별이 없고 단절도 없는 까닭이며, 사부의 청정함이 곧 성계·이식계, 나아가 이촉·이촉을 인연으로 생겨난 여러 수의 청정함이고 성계, 나아가 이촉을 인연으로 생겨난 여러 수의 청정함이 곧 사부의 청정함이니라. 왜 그러한가? 이 사부의 청정함과 성계, 나아가 이촉을 인연으로 생겨난 여러 수의 청정함은 무이이고 둘로 나눌 수 없으며 분별이 없고 단절도 없는 까닭이니라.

선현이여. 사부의 청정함이 곧 비계의 청정함이고 비계의 청정함이 곧 사부의 청정함이니라. 왜 그러한가? 이 사부의 청정함과 비계의 청정함은 무이이고 둘로 나눌 수 없으며 분별이 없고 단절도 없는 까닭이며, 사부의 청정함이 곧 향계·비식계, 나아가 비촉·비촉을 인연으로 생겨난 여러 수의 청정함이고 향계, 나아가 비촉을 인연으로 생겨난 여러 수의 청정함이 곧 사부의 청정함이니라. 왜 그러한가? 이 사부의 청정함과 향계, 나아가 비촉을 인연으로 생겨난 여러 수의 청정함은 무이이고 둘로 나눌 수 없으며 분별이 없고 단절도 없는 까닭이니라.

선현이여. 사부의 청정함이 곧 설계의 청정함이고 설계의 청정함이

곧 사부의 청정함이니라. 왜 그러한가? 이 사부의 청정함과 설계의 청정함
은 무이이고 둘로 나눌 수 없으며 분별이 없고 단절도 없는 까닭이며,
사부의 청정함이 곧 미계·설식계, 나아가 설촉·설촉을 인연으로 생겨난
여러 수의 청정함이고 미계, 나아가 설촉을 인연으로 생겨난 여러 수의
청정함이 곧 사부의 청정함이니라. 왜 그러한가? 이 사부의 청정함과
미계, 나아가 설촉을 인연으로 생겨난 여러 수의 청정함은 무이이고
둘로 나눌 수 없으며 분별이 없고 단절도 없는 까닭이니라.

선현이여. 사부의 청정함이 곧 신계의 청정함이고 신계의 청정함이
곧 사부의 청정함이니라. 왜 그러한가? 이 사부의 청정함과 신계의 청정함
은 무이이고 둘로 나눌 수 없으며 분별이 없고 단절도 없는 까닭이며,
사부의 청정함이 곧 촉계·신식계, 나아가 신촉·신촉을 인연으로 생겨난
여러 수의 청정함이고 촉계, 나아가 신촉을 인연으로 생겨난 여러 수의
청정함이 곧 사부의 청정함이니라. 왜 그러한가? 이 사부의 청정함과
촉계, 나아가 신촉을 인연으로 생겨난 여러 수의 청정함은 무이이고
둘로 나눌 수 없으며 분별이 없고 단절도 없는 까닭이니라.

선현이여. 사부의 청정함이 곧 의계의 청정함이고 의계의 청정함이
곧 사부의 청정함이니라. 왜 그러한가? 이 사부의 청정함과 의계의 청정함
은 무이이고 둘로 나눌 수 없으며 분별이 없고 단절도 없는 까닭이며,
사부의 청정함이 곧 법계·의식계, 나아가 의촉·의촉을 인연으로 생겨난
여러 수의 청정함이고 법계, 나아가 의촉을 인연으로 생겨난 여러 수의
청정함이 곧 사부의 청정함이니라. 왜 그러한가? 이 사부의 청정함과
법계, 나아가 의촉을 인연으로 생겨난 여러 수의 청정함은 무이이고
둘로 나눌 수 없으며 분별이 없고 단절도 없는 까닭이니라.

선현이여. 사부의 청정함이 곧 지계의 청정함이고 지계의 청정함이
곧 사부의 청정함이니라. 왜 그러한가? 이 사부의 청정함과 지계의 청정함
은 무이이고 둘로 나눌 수 없으며 분별이 없고 단절도 없는 까닭이며,
사부의 청정함이 곧 수·화·풍·공·식계의 청정함이고 수·화·풍·공·식계
의 청정함이 곧 사부의 청정함이니라. 왜 그러한가? 이 사부의 청정함과

수·화·풍·공·식계의 청정함은 무이이고 둘로 나눌 수 없으며 분별이 없고 단절도 없는 까닭이니라.

선현이여. 사부의 청정함이 곧 무명의 청정함이고 무명의 청정함이 곧 사부의 청정함이니라. 왜 그러한가? 이 사부의 청정함과 무명의 청정함은 무이이고 둘로 나눌 수 없으며 분별이 없고 단절도 없는 까닭이며, 사부의 청정함이 곧 행·식·명색·육처·촉·수·애·취·유·생·노사의 수탄고우뇌의 청정함이고 행, 나아가 노사의 수탄고우뇌의 청정함이 곧 사부의 청정함이니라. 왜 그러한가? 이 사부의 청정함과 행, 나아가 노사의 수탄고우뇌의 청정함은 무이이고 둘로 나눌 수 없으며 분별이 없고 단절도 없는 까닭이니라.

선현이여. 사부의 청정함이 곧 보시바라밀다의 청정함이고 보시바라밀다의 청정함이 곧 사부의 청정함이니라. 왜 그러한가? 이 사부의 청정함과 보시바라밀다의 청정함은 무이이고 둘로 나눌 수 없으며 분별이 없고 단절도 없는 까닭이며, 사부의 청정함이 곧 정계·안인·정진·정려·반야바라밀다의 청정함이고 정계, 나아가 반야바라밀다의 청정함이 곧 사부의 청정함이니라. 왜 그러한가? 이 사부의 청정함과 정계, 나아가 반야바라밀다의 청정함은 무이이고 둘로 나눌 수 없으며 분별이 없고 단절도 없는 까닭이니라.

선현이여. 사부의 청정함이 곧 내공의 청정함이고 내공의 청정함이 곧 사부의 청정함이니라. 왜 그러한가? 이 사부의 청정함과 내공의 청정함은 무이이고 둘로 나눌 수 없으며 분별이 없고 단절도 없는 까닭이며, 사부의 청정함이 곧 외공·내외공·공공·대공·승의공·유위공·무위공·필경공·무제공·산공·무변이공·본성공·자상공·공상공·일체법공·불가득공·무성공·자성공·무성자성공의 청정함이고 외공, 나아가 무성자성공의 청정함이 곧 사부의 청정함이니라. 왜 그러한가? 이 사부의 청정함과 외공, 나아가 무성자성공의 청정함은 무이이고 둘로 나눌 수 없으며 분별이 없고 단절도 없는 까닭이니라.

선현이여. 사부의 청정함이 곧 진여의 청정함이고 진여의 청정함이 곧 사부의 청정함이니라. 왜 그러한가? 이 사부의 청정함과 진여의 청정함은 무이이고 둘로 나눌 수 없으며 분별이 없고 단절도 없는 까닭이며, 사부의 청정함이 곧 법계·법성·불허망성·불변이성·평등성·이생성·법정·법주·실제·허공계·부사의계의 청정함이고 법계, 나아가 부사의계의 청정함이 곧 사부의 청정함이니라. 왜 그러한가? 이 사부의 청정함과 법계, 나아가 부사의계의 청정함은 무이이고 둘로 나눌 수 없으며 분별이 없고 단절도 없는 까닭이니라.

선현이여. 사부의 청정함이 곧 고성제의 청정함이고 고성제의 청정함이 곧 사부의 청정함이니라. 왜 그러한가? 이 사부의 청정함과 고성제의 청정함은 무이이고 둘로 나눌 수 없으며 분별이 없고 단절도 없는 까닭이며, 사부의 청정함이 곧 집·멸·도성제의 청정함이고 집·멸·도성제의 청정함이 곧 사부의 청정함이니라. 왜 그러한가? 이 사부의 청정함과 집·멸·도성제의 청정함은 무이이고 둘로 나눌 수 없으며 분별이 없고 단절도 없는 까닭이니라.

선현이여. 사부의 청정함이 곧 4정려의 청정함이고 4정려의 청정함이 곧 사부의 청정함이니라. 왜 그러한가? 이 사부의 청정함과 4정려의 청정함은 무이이고 둘로 나눌 수 없으며 분별이 없고 단절도 없는 까닭이며, 사부의 청정함이 곧 4무량·4무색정의 청정함이고 4무량·4무색정의 청정함이 곧 사부의 청정함이니라. 왜 그러한가? 이 사부의 청정함과 4무량·4무색정의 청정함은 무이이고 둘로 나눌 수 없으며 분별이 없고 단절도 없는 까닭이니라.

선현이여. 사부의 청정함이 곧 8해탈의 청정함이고 8해탈의 청정함이 곧 사부의 청정함이니라. 왜 그러한가? 이 사부의 청정함과 8해탈의 청정함은 무이이고 둘로 나눌 수 없으며 분별이 없고 단절도 없는 까닭이며, 사부의 청정함이 곧 8승처·9차제정·10변처의 청정함이고 8승처·9차제정·10변처의 청정함이 곧 사부의 청정함이니라. 왜 그러한가? 이 사부의 청정함과 8승처·9차제정·10변처의 청정함은 무이이고 둘로 나눌 수 없으며 분별이 없고 단절도 없는 까닭이니라.

선현이여. 사부의 청정함이 곧 4념주의 청정함이고 4념주의 청정함이
곧 사부의 청정함이니라. 왜 그러한가? 이 사부의 청정함과 4념주의
청정함은 무이이고 둘로 나눌 수 없으며 분별이 없고 단절도 없는 까닭이
며, 사부의 청정함이 곧 4정단·4신족·5근·5력·7등각지·8성도지의 청정
함이고 4정단, 나아가 8성도지의 청정함이 곧 사부의 청정함이니라.
왜 그러한가? 이 사부의 청정함과 4정단, 나아가 8성도지의 청정함은
무이이고 둘로 나눌 수 없으며 분별이 없고 단절도 없는 까닭이니라.

선현이여. 사부의 청정함이 곧 공해탈문의 청정함이고 공해탈문의
청정함이 곧 사부의 청정함이니라. 왜 그러한가? 이 사부의 청정함과
공해탈문의 청정함은 무이이고 둘로 나눌 수 없으며 분별이 없고 단절도
없는 까닭이며, 사부의 청정함이 곧 무상·무원해탈문의 청정함이고 무상·
무원해탈문의 청정함이 곧 사부의 청정함이니라. 왜 그러한가? 이 사부의
청정함과 무상·무원해탈문의 청정함은 무이이고 둘로 나눌 수 없으며
분별이 없고 단절도 없는 까닭이니라.

선현이여. 사부의 청정함이 곧 보살의 10지의 청정함이고 보살의 10지
의 청정함이 곧 사부의 청정함이니라. 왜 그러한가? 이 사부의 청정함과
보살의 10지의 청정함은 무이이고 둘로 나눌 수 없으며 분별이 없고
단절도 없는 까닭이니라.

선현이여. 사부의 청정함이 곧 5안의 청정함이고 5안의 청정함이 곧
사부의 청정함이니라. 왜 그러한가? 이 사부의 청정함과 5안의 청정함은
무이이고 둘로 나눌 수 없으며 분별이 없고 단절도 없는 까닭이며, 사부의
청정함이 곧 6신통의 청정함이고 6신통의 청정함이 곧 사부의 청정함이니
라. 왜 그러한가? 이 사부의 청정함과 6신통의 청정함은 무이이고 둘로
나눌 수 없으며 분별이 없고 단절도 없는 까닭이니라.

선현이여. 사부의 청정함이 곧 여래의 10력의 청정함이고 여래의 10력
의 청정함이 곧 사부의 청정함이니라. 왜 그러한가? 이 사부의 청정함과
여래의 10력의 청정함은 무이이고 둘로 나눌 수 없으며 분별이 없고
단절도 없는 까닭이며, 사부의 청정함이 곧 4무소외·4무애해·대자·대비·

대희·대사·18불불공법의 청정함이고 4무소외, 나아가 18불불공법의 청정함이 곧 사부의 청정함이니라. 왜 그러한가? 이 사부의 청정함과 4무소외, 나아가 18불불공법의 청정함은 무이이고 둘로 나눌 수 없으며 분별이 없고 단절도 없는 까닭이니라.

선현이여. 사부의 청정함이 곧 무망실법의 청정함이고 무망실법의 청정함이 곧 사부의 청정함이니라. 왜 그러한가? 이 사부의 청정함과 무망실법의 청정함은 무이이고 둘로 나눌 수 없으며 분별이 없고 단절도 없는 까닭이며, 사부의 청정함이 곧 항주사성의 청정함이고 항주사성의 청정함이 곧 사부의 청정함이니라. 왜 그러한가? 이 사부의 청정함과 항주사성의 청정함은 무이이고 둘로 나눌 수 없으며 분별이 없고 단절도 없는 까닭이니라.

선현이여. 사부의 청정함이 곧 일체지의 청정함이고 일체지의 청정함이 곧 사부의 청정함이니라. 왜 그러한가? 이 사부의 청정함과 일체지의 청정함은 무이이고 둘로 나눌 수 없으며 분별이 없고 단절도 없는 까닭이며, 사부의 청정함이 곧 도상지·일체상지의 청정함이고 도상지·일체상지의 청정함이 곧 사부의 청정함이니라. 왜 그러한가? 이 사부의 청정함과 도상지·일체상지의 청정함은 무이이고 둘로 나눌 수 없으며 분별이 없고 단절도 없는 까닭이니라.

선현이여. 사부의 청정함이 곧 일체의 다라니문의 청정함이고 일체의 다라니문의 청정함이 곧 사부의 청정함이니라. 왜 그러한가? 이 사부의 청정함과 일체의 다라니문의 청정함은 무이이고 둘로 나눌 수 없으며 분별이 없고 단절도 없는 까닭이며, 사부의 청정함이 곧 일체의 삼마지문의 청정함이고 일체의 삼마지문의 청정함이 곧 사부의 청정함이니라. 왜 그러한가? 이 사부의 청정함과 일체의 삼마지문의 청정함은 무이이고 둘로 나눌 수 없으며 분별이 없고 단절도 없는 까닭이니라.

선현이여. 사부의 청정함이 곧 예류과의 청정함이고 예류과의 청정함이 곧 사부의 청정함이니라. 왜 그러한가? 이 사부의 청정함과 예류과의 청정함은 무이이고 둘로 나눌 수 없으며 분별이 없고 단절도 없는 까닭이며, 사부의 청정함이 곧 일래·불환·아라한과의 청정함이고 일래·불환·아라한과의 청정함이 곧 사부의 청정함이니라. 왜 그러한가? 이 사부의 청정함과 일래·불환·아라한과의 청정함은 무이이고 둘로 나눌 수 없으며 분별이 없고 단절도 없는 까닭이니라.

선현이여. 사부의 청정함이 곧 독각의 보리의 청정함이고 독각의 보리의 청정함이 곧 사부의 청정함이니라. 왜 그러한가? 이 사부의 청정함과 독각의 보리의 청정함은 무이이고 둘로 나눌 수 없으며 분별이 없고 단절도 없는 까닭이니라. 선현이여. 사부의 청정함이 곧 일체의 보살마하살의 행의 청정함이고 일체의 보살마하살의 행의 청정함이 곧 사부의 청정함이니라. 왜 그러한가? 이 사부의 청정함과 일체의 보살마하살의 행의 청정함은 무이이고 둘로 나눌 수 없으며 분별이 없고 단절도 없는 까닭이니라.

선현이여. 사부의 청정함이 곧 제불의 무상정등보리의 청정함이고 제불의 무상정등보리의 청정함이 곧 사부의 청정함이니라. 왜 그러한가? 이 사부의 청정함과 제불의 무상정등보리의 청정함은 무이이고 둘로 나눌 수 없으며 분별이 없고 단절도 없는 까닭이니라.”

“다시 다음으로 선현이여. 보특가라(補特伽羅)의 청정함이 곧 색의 청정함이고 색의 청정함이 곧 보특가라의 청정함이니라. 왜 그러한가? 이 보특가라의 청정함과 색의 청정함은 무이이고 둘로 나눌 수 없으며 분별이 없고 단절도 없는 까닭이며, 보특가라의 청정함이 곧 수·상·행·식의 청정함이고 수·상·행·식의 청정함이 곧 보특가라의 청정함이니라. 왜 그러한가? 이 보특가라의 청정함과 수·상·행·식의 청정함은 무이이고 둘로 나눌 수 없으며 분별이 없고 단절도 없는 까닭이니라.

선현이여. 보특가라의 청정함이 곧 안처의 청정함이고 안처의 청정함이 곧 보특가라의 청정함이니라. 왜 그러한가? 이 보특가라의 청정함과 안처의 청정함은 무이이고 둘로 나눌 수 없으며 분별이 없고 단절도 없는 까닭이며, 보특가라의 청정함이 곧 이·비·설·신·의처의 청정함이고 이·비·설·신·의처의 청정함이 곧 보특가라의 청정함이니라. 왜 그러한 가? 이 보특가라의 청정함과 이·비·설·신·의처의 청정함은 무이이고 둘로 나눌 수 없으며 분별이 없고 단절도 없는 까닭이니라.

선현이여. 보특가라의 청정함이 곧 색처의 청정함이고 색처의 청정함 이 곧 보특가라의 청정함이니라. 왜 그러한가? 이 보특가라의 청정함과 색처의 청정함은 무이이고 둘로 나눌 수 없으며 분별이 없고 단절도 없는 까닭이며, 보특가라의 청정함이 곧 성·향·미·촉·법처의 청정함이고 성·향·미·촉·법처의 청정함이 곧 보특가라의 청정함이니라. 왜 그러한 가? 이 보특가라의 청정함과 성·향·미·촉·법처의 청정함은 무이이고 둘로 나눌 수 없으며 분별이 없고 단절도 없는 까닭이니라.

선현이여. 보특가라의 청정함이 곧 안계의 청정함이고 안계의 청정함 이 곧 보특가라의 청정함이니라. 왜 그러한가? 이 보특가라의 청정함과 안계의 청정함은 무이이고 둘로 나눌 수 없으며 분별이 없고 단절도 없는 까닭이며, 보특가라의 청정함이 곧 색계·안식계, 나아가 안촉·안촉 을 인연으로 생겨난 여러 수의 청정함이고 색계, 나아가 안촉을 인연으로 생겨난 여러 수의 청정함이 곧 보특가라의 청정함이니라. 왜 그러한가? 이 보특가라의 청정함과 색계, 나아가 안촉을 인연으로 생겨난 여러 수의 청정함은 무이이고 둘로 나눌 수 없으며 분별이 없고 단절도 없는 까닭이니라.

선현이여. 보특가라의 청정함이 곧 이계의 청정함이고 보특가라의 청정함이 곧 보특가라의 청정함이니라. 왜 그러한가? 이 생자의 청정함과 보특가라의 청정함은 무이이고 둘로 나눌 수 없으며 분별이 없고 단절도 없는 까닭이며, 보특가라의 청정함이 곧 성계·이식계, 나아가 이촉·이촉 을 인연으로 생겨난 여러 수의 청정함이고 성계, 나아가 이촉을 인연으로 생겨난 여러 수의 청정함이 곧 보특가라의 청정함이니라. 왜 그러한가? 이 보특가라의 청정함과 성계, 나아가 이촉을 인연으로 생겨난 여러 수의 청정함은 무이이고 둘로 나눌 수 없으며 분별이 없고 단절도 없는 까닭이니라.

선현이여. 보특가라의 청정함이 곧 비계의 청정함이고 비계의 청정함이 곧 보특가라의 청정함이니라. 왜 그러한가? 이 보특가라의 청정함과 비계의 청정함은 무이이고 둘로 나눌 수 없으며 분별이 없고 단절도 없는 까닭이며, 보특가라의 청정함이 곧 향계·비식계, 나아가 비촉·비촉을 인연으로 생겨난 여러 수의 청정함이고 향계, 나아가 비촉을 인연으로 생겨난 여러 수의 청정함이 곧 보특가라의 청정함이니라. 왜 그러한가? 이 보특가라의 청정함과 향계, 나아가 비촉을 인연으로 생겨난 여러 수의 청정함은 무이이고 둘로 나눌 수 없으며 분별이 없고 단절도 없는 까닭이니라.

선현이여. 보특가라의 청정함이 곧 설계의 청정함이고 설계의 청정함이 곧 보특가라의 청정함이니라. 왜 그러한가? 이 보특가라의 청정함과 설계의 청정함은 무이이고 둘로 나눌 수 없으며 분별이 없고 단절도 없는 까닭이며, 보특가라의 청정함이 곧 미계·설식계, 나아가 설촉·설촉을 인연으로 생겨난 여러 수의 청정함이고 미계, 나아가 설촉을 인연으로 생겨난 여러 수의 청정함이 곧 보특가라의 청정함이니라. 왜 그러한가? 이 보특가라의 청정함과 미계, 나아가 설촉을 인연으로 생겨난 여러 수의 청정함은 무이이고 둘로 나눌 수 없으며 분별이 없고 단절도 없는 까닭이니라.

선현이여. 보특가라의 청정함이 곧 신계의 청정함이고 신계의 청정함이 곧 보특가라의 청정함이니라. 왜 그러한가? 이 보특가라의 청정함과 신계의 청정함은 무이이고 둘로 나눌 수 없으며 분별이 없고 단절도 없는 까닭이며, 보특가라의 청정함이 곧 촉계·신식계, 나아가 신촉·신촉을 인연으로 생겨난 여러 수의 청정함이고 촉계, 나아가 신촉을 인연으로 생겨난 여러 수의 청정함이 곧 보특가라의 청정함이니라. 왜 그러한가? 이 보특가라의 청정함과 촉계, 나아가 신촉을 인연으로 생겨난 여러 수의 청정함은 무이이고 둘로 나눌 수 없으며 분별이 없고 단절도 없는 까닭이니라.

선현이여. 보특가라의 청정함이 곧 의계의 청정함이고 의계의 청정함

이 곧 보특가라의 청정함이니라. 왜 그러한가? 이 보특가라의 청정함과
의계의 청정함은 무이이고 둘로 나눌 수 없으며 분별이 없고 단절도
없는 까닭이며, 보특가라의 청정함이 곧 법계·의식계, 나아가 의촉·의촉
을 인연으로 생겨난 여러 수의 청정함이고 법계, 나아가 의촉을 인연으로
생겨난 여러 수의 청정함이 곧 보특가라의 청정함이니라. 왜 그러한가?
이 보특가라의 청정함과 법계, 나아가 의촉을 인연으로 생겨난 여러
수의 청정함은 무이이고 둘로 나눌 수 없으며 분별이 없고 단절도 없는
까닭이니라.

선현이여. 보특가라의 청정함이 곧 지계의 청정함이고 지계의 청정함
이 곧 보특가라의 청정함이니라. 왜 그러한가? 이 보특가라의 청정함과
지계의 청정함은 무이이고 둘로 나눌 수 없으며 분별이 없고 단절도
없는 까닭이며, 보특가라의 청정함이 곧 수·화·풍·공·식계의 청정함이고
수·화·풍·공·식계의 청정함이 곧 보특가라의 청정함이니라. 왜 그러한
가? 이 보특가라의 청정함과 수·화·풍·공·식계의 청정함은 무이이고
둘로 나눌 수 없으며 분별이 없고 단절도 없는 까닭이니라.

선현이여. 보특가라의 청정함이 곧 무명의 청정함이고 무명의 청정함
이 곧 보특가라의 청정함이니라. 왜 그러한가? 이 보특가라의 청정함과
무명의 청정함은 무이이고 둘로 나눌 수 없으며 분별이 없고 단절도
없는 까닭이며, 보특가라의 청정함이 곧 행·식·명색·육처·촉·수·애·취·
유·생·노사의 수탄고우뇌의 청정함이고 행, 나아가 노사의 수탄고우뇌의
청정함이 곧 보특가라의 청정함이니라. 왜 그러한가? 이 보특가라의
청정함과 행, 나아가 노사의 수탄고우뇌의 청정함은 무이이고 둘로 나눌
수 없으며 분별이 없고 단절도 없는 까닭이니라.

선현이여. 보특가라의 청정함이 곧 보시바라밀다의 청정함이고 보시바
라밀다의 청정함이 곧 보특가라의 청정함이니라. 왜 그러한가? 이 보특가
라의 청정함과 보시바라밀다의 청정함은 무이이고 둘로 나눌 수 없으며
분별이 없고 단절도 없는 까닭이며, 보특가라의 청정함이 곧 정계·안인·정
진·정려·반야바라밀다의 청정함이고 정계, 나아가 반야바라밀다의 청정

함이 곧 보특가라의 청정함이니라. 왜 그러한가? 이 보특가라의 청정함과
정계, 나아가 반야바라밀다의 청정함은 무이이고 둘로 나눌 수 없으며
분별이 없고 단절도 없는 까닭이니라.

선현이여. 보특가라의 청정함이 곧 내공의 청정함이고 내공의 청정함
이 곧 보특가라의 청정함이니라. 왜 그러한가? 이 보특가라의 청정함과
내공의 청정함은 무이이고 둘로 나눌 수 없으며 분별이 없고 단절도
없는 까닭이며, 보특가라의 청정함이 곧 외공·내외공·공공·대공·승의공·
유위공·무위공·필경공·무제공·산공·무변이공·본성공·자상공·공상공·
일체법공·불가득공·무성공·자성공·무성자성공의 청정함이고 외공, 나
아가 무성자성공의 청정함이 곧 보특가라의 청정함이니라. 왜 그러한가?
이 보특가라의 청정함과 외공, 나아가 무성자성공의 청정함은 무이이고
둘로 나눌 수 없으며 분별이 없고 단절도 없는 까닭이니라.

선현이여. 보특가라의 청정함이 곧 진여의 청정함이고 진여의 청정함
이 곧 보특가라의 청정함이니라. 왜 그러한가? 이 보특가라의 청정함과
진여의 청정함은 무이이고 둘로 나눌 수 없으며 분별이 없고 단절도
없는 까닭이며, 보특가라의 청정함이 곧 법계·법성·불허망성·불변이성·
평등성·이생성·법정·법주·실제·허공계·부사의계의 청정함이고 법계,
나아가 부사의계의 청정함이 곧 보특가라의 청정함이니라. 왜 그러한가?
이 보특가라의 청정함과 법계, 나아가 부사의계의 청정함은 무이이고
둘로 나눌 수 없으며 분별이 없고 단절도 없는 까닭이니라.

선현이여. 보특가라의 청정함이 곧 고성제의 청정함이고 고성제의
청정함이 곧 보특가라의 청정함이니라. 왜 그러한가? 이 보특가라의
청정함과 고성제의 청정함은 무이이고 둘로 나눌 수 없으며 분별이 없고
단절도 없는 까닭이며, 보특가라의 청정함이 곧 집·멸·도성제의 청정함이
고 집·멸·도성제의 청정함이 곧 보특가라의 청정함이니라. 왜 그러한가?
이 보특가라의 청정함과 집·멸·도성제의 청정함은 무이이고 둘로 나눌
수 없으며 분별이 없고 단절도 없는 까닭이니라.

선현이여. 보특가라의 청정함이 곧 4정려의 청정함이고 4정려의 청정

함이 곧 보특가라의 청정함이니라. 왜 그러한가? 이 보특가라의 청정함과 4정려의 청정함은 무이이고 둘로 나눌 수 없으며 분별이 없고 단절도 없는 까닭이며, 보특가라의 청정함이 곧 4무량·4무색정의 청정함이고 4무량·4무색정의 청정함이 곧 보특가라의 청정함이니라. 왜 그러한가? 이 보특가라의 청정함과 4무량·4무색정의 청정함은 무이이고 둘로 나눌 수 없으며 분별이 없고 단절도 없는 까닭이니라.

선현이여. 보특가라의 청정함이 곧 8해탈의 청정함이고 8해탈의 청정함이 곧 보특가라의 청정함이니라. 왜 그러한가? 이 보특가라의 청정함과 8해탈의 청정함은 무이이고 둘로 나눌 수 없으며 분별이 없고 단절도 없는 까닭이며, 보특가라의 청정함이 곧 8승처·9차제정·10변처의 청정함이고 8승처·9차제정·10변처의 청정함이 곧 보특가라의 청정함이니라. 왜 그러한가? 이 보특가라의 청정함과 8승처·9차제정·10변처의 청정함은 무이이고 둘로 나눌 수 없으며 분별이 없고 단절도 없는 까닭이니라.

선현이여. 보특가라의 청정함이 곧 4념주의 청정함이고 4념주의 청정함이 곧 보특가라의 청정함이니라. 왜 그러한가? 이 보특가라의 청정함과 4념주의 청정함은 무이이고 둘로 나눌 수 없으며 분별이 없고 단절도 없는 까닭이며, 보특가라의 청정함이 곧 4정단·4신족·5근·5력·7등각지·8성도지의 청정함이고 4정단, 나아가 8성도지의 청정함이 곧 보특가라의 청정함이니라. 왜 그러한가? 이 보특가라의 청정함과 4정단, 나아가 8성도지의 청정함은 무이이고 둘로 나눌 수 없으며 분별이 없고 단절도 없는 까닭이니라.

선현이여. 보특가라의 청정함이 곧 공해탈문의 청정함이고 공해탈문의 청정함이 곧 보특가라의 청정함이니라. 왜 그러한가? 이 보특가라의 청정함과 공해탈문의 청정함은 무이이고 둘로 나눌 수 없으며 분별이 없고 단절도 없는 까닭이며, 보특가라의 청정함이 곧 무상·무원해탈문의 청정함이고 무상·무원해탈문의 청정함이 곧 보특가라의 청정함이니라. 왜 그러한가? 이 보특가라의 청정함과 무상·무원해탈문의 청정함은 무이이고 둘로 나눌 수 없으며 분별이 없고 단절도 없는 까닭이니라.

선현이여. 보특가라의 청정함이 곧 보살의 10지의 청정함이고 보살의 10지의 청정함이 곧 보특가라의 청정함이니라. 왜 그러한가? 이 보특가라의 청정함과 보살의 10지의 청정함은 무이이고 둘로 나눌 수 없으며 분별이 없고 단절도 없는 까닭이니라.

선현이여. 보특가라의 청정함이 곧 5안의 청정함이고 5안의 청정함이 곧 보특가라의 청정함이니라. 왜 그러한가? 이 보특가라의 청정함과 5안의 청정함은 무이이고 둘로 나눌 수 없으며 분별이 없고 단절도 없는 까닭이며, 보특가라의 청정함이 곧 6신통의 청정함이고 6신통의 청정함이 곧 보특가라의 청정함이니라. 왜 그러한가? 이 보특가라의 청정함과 6신통의 청정함은 무이이고 둘로 나눌 수 없으며 분별이 없고 단절도 없는 까닭이니라.

선현이여. 보특가라의 청정함이 곧 여래의 10력의 청정함이고 여래의 10력의 청정함이 곧 보특가라의 청정함이니라. 왜 그러한가? 이 보특가라의 청정함과 여래의 10력의 청정함은 무이이고 둘로 나눌 수 없으며 분별이 없고 단절도 없는 까닭이며, 보특가라의 청정함이 곧 4무소외·4무애해·대자·대비·대희·대사·18불불공법의 청정함이고 4무소외, 나아가 18불불공법의 청정함이 곧 보특가라의 청정함이니라. 왜 그러한가? 이 보특가라의 청정함과 4무소외, 나아가 18불불공법의 청정함은 무이이고 둘로 나눌 수 없으며 분별이 없고 단절도 없는 까닭이니라.

선현이여. 보특가라의 청정함이 곧 무망실법의 청정함이고 무망실법의 청정함이 곧 보특가라의 청정함이니라. 왜 그러한가? 이 보특가라의 청정함과 무망실법의 청정함은 무이이고 둘로 나눌 수 없으며 분별이 없고 단절도 없는 까닭이며, 보특가라의 청정함이 곧 항주사성의 청정함이고 항주사성의 청정함이 곧 보특가라의 청정함이니라. 왜 그러한가? 이 보특가라의 청정함과 항주사성의 청정함은 무이이고 둘로 나눌 수 없으며 분별이 없고 단절도 없는 까닭이니라.

선현이여. 보특가라의 청정함이 곧 일체지의 청정함이고 일체지의 청정함이 곧 보특가라의 청정함이니라. 왜 그러한가? 이 보특가라의 청정함과 일체지의 청정함은 무이이고 둘로 나눌 수 없으며 분별이 없고 단절도 없는 까닭이며, 보특가라의 청정함이 곧 도상지·일체상지의 청정함이고 도상지·일체상지의 청정함이 곧 보특가라의 청정함이니라. 왜 그러한가? 이 보특가라의 청정함과 도상지·일체상지의 청정함은 무이이고 둘로 나눌 수 없으며 분별이 없고 단절도 없는 까닭이니라.

선현이여. 보특가라의 청정함이 곧 일체의 다라니문의 청정함이고 일체의 다라니문의 청정함이 곧 보특가라의 청정함이니라. 왜 그러한가? 이 보특가라의 청정함과 일체의 다라니문의 청정함은 무이이고 둘로 나눌 수 없으며 분별이 없고 단절도 없는 까닭이며, 보특가라의 청정함이 곧 일체의 삼마지문의 청정함이고 일체의 삼마지문의 청정함이 곧 보특가라의 청정함이니라. 왜 그러한가? 이 보특가라의 청정함과 일체의 삼마지문의 청정함은 무이이고 둘로 나눌 수 없으며 분별이 없고 단절도 없는 까닭이니라.

선현이여. 보특가라의 청정함이 곧 예류과의 청정함이고 예류과의 청정함이 곧 보특가라의 청정함이니라. 왜 그러한가? 이 보특가라의 청정함과 예류과의 청정함은 무이이고 둘로 나눌 수 없으며 분별이 없고 단절도 없는 까닭이며, 보특가라의 청정함이 곧 일래·불환·아라한과의 청정함이고 일래·불환·아라한과의 청정함이 곧 보특가라의 청정함이니라. 왜 그러한가? 이 보특가라의 청정함과 일래·불환·아라한과의 청정함은 무이이고 둘로 나눌 수 없으며 분별이 없고 단절도 없는 까닭이니라.

선현이여. 보특가라의 청정함이 곧 독각의 보리의 청정함이고 독각의 보리의 청정함이 곧 보특가라의 청정함이니라. 왜 그러한가? 이 보특가라의 청정함과 독각의 보리의 청정함은 무이이고 둘로 나눌 수 없으며 분별이 없고 단절도 없는 까닭이니라. 선현이여. 보특가라의 청정함이 곧 일체의 보살마하살의 행의 청정함이고 일체의 보살마하살의 행의 청정함이 곧 보특가라의 청정함이니라. 왜 그러한가? 이 보특가라의 청정함과 일체의 보살마하살의 행의 청정함은 무이이고 둘로 나눌 수 없으며 분별이 없고 단절도 없는 까닭이니라.

선현이여. 보특가라의 청정함이 곧 제불의 무상정등보리의 청정함이고 제불의 무상정등보리의 청정함이 곧 보특가라의 청정함이니라. 왜 그러한가? 이 보특가라의 청정함과 제불의 무상정등보리의 청정함은 무이이고 둘로 나눌 수 없으며 분별이 없고 단절도 없는 까닭이니라."

마하반야바라밀다경 제193권

34. 난신해품(難信解品)(12)

"다시 다음으로 선현이여. 의생(意生)의 청정함이 곧 색의 청정함이고 색의 청정함이 곧 의생의 청정함이니라. 왜 그러한가? 이 의생의 청정함과 색의 청정함은 무이이고 둘로 나눌 수 없으며 분별이 없고 단절도 없는 까닭이며, 의생의 청정함이 곧 수·상·행·식의 청정함이고 수·상·행·식의 청정함이 곧 의생의 청정함이니라. 왜 그러한가? 이 의생의 청정함과 수·상·행·식의 청정함은 무이이고 둘로 나눌 수 없으며 분별이 없고 단절도 없는 까닭이니라.

선현이여. 의생의 청정함이 곧 안처의 청정함이고 안처의 청정함이 곧 의생의 청정함이니라. 왜 그러한가? 이 의생의 청정함과 안처의 청정함은 무이이고 둘로 나눌 수 없으며 분별이 없고 단절도 없는 까닭이며, 의생의 청정함이 곧 이·비·설·신·의처의 청정함이고 이·비·설·신·의처의 청정함이 곧 의생의 청정함이니라. 왜 그러한가? 이 의생의 청정함과 이·비·설·신·의처의 청정함은 무이이고 둘로 나눌 수 없으며 분별이 없고 단절도 없는 까닭이니라.

선현이여. 의생의 청정함이 곧 색처의 청정함이고 색처의 청정함이 곧 의생의 청정함이니라. 왜 그러한가? 이 의생의 청정함과 색처의 청정함은 무이이고 둘로 나눌 수 없으며 분별이 없고 단절도 없는 까닭이며, 의생의 청정함이 곧 성·향·미·촉·법처의 청정함이고 성·향·미·촉·법처의 청정함이 곧 의생의 청정함이니라. 왜 그러한가? 이 의생의 청정함과

성·향·미·촉·법처의 청정함은 무이이고 둘로 나눌 수 없으며 분별이 없고
단절도 없는 까닭이니라.

선현이여. 의생의 청정함이 곧 안계의 청정함이고 안계의 청정함이
곧 의생의 청정함이니라. 왜 그러한가? 이 의생의 청정함과 안계의 청정함
은 무이이고 둘로 나눌 수 없으며 분별이 없고 단절도 없는 까닭이며,
의생의 청정함이 곧 색계·안식계, 나아가 안촉·안촉을 인연으로 생겨난
여러 수의 청정함이고 색계, 나아가 안촉을 인연으로 생겨난 여러 수의
청정함이 곧 의생의 청정함이니라. 왜 그러한가? 이 의생의 청정함과
색계, 나아가 안촉을 인연으로 생겨난 여러 수의 청정함은 무이이고 둘로
나눌 수 없으며 분별이 없고 단절도 없는 까닭이니라.

선현이여. 의생의 청정함이 곧 이계의 청정함이고 이계의 청정함이
곧 의생의 청정함이니라. 왜 그러한가? 이 의생의 청정함과 이계의 청정함
은 무이이고 둘로 나눌 수 없으며 분별이 없고 단절도 없는 까닭이며,
의생의 청정함이 곧 성계·이식계, 나아가 이촉·이촉을 인연으로 생겨난
여러 수의 청정함이고 성계, 나아가 이촉을 인연으로 생겨난 여러 수의
청정함이 곧 의생의 청정함이니라. 왜 그러한가? 이 의생의 청정함과
성계, 나아가 이촉을 인연으로 생겨난 여러 수의 청정함은 무이이고 둘로
나눌 수 없으며 분별이 없고 단절도 없는 까닭이니라.

선현이여. 의생의 청정함이 곧 비계의 청정함이고 비계의 청정함이
곧 의생의 청정함이니라. 왜 그러한가? 이 의생의 청정함과 비계의 청정함
은 무이이고 둘로 나눌 수 없으며 분별이 없고 단절도 없는 까닭이며,
의생의 청정함이 곧 향계·비식계, 나아가 비촉·비촉을 인연으로 생겨난
여러 수의 청정함이고 향계, 나아가 비촉을 인연으로 생겨난 여러 수의
청정함이 곧 의생의 청정함이니라. 왜 그러한가? 이 의생의 청정함과
향계, 나아가 비촉을 인연으로 생겨난 여러 수의 청정함은 무이이고
둘로 나눌 수 없으며 분별이 없고 단절도 없는 까닭이니라.

선현이여. 의생의 청정함이 곧 설계의 청정함이고 설계의 청정함이
곧 의생의 청정함이니라. 왜 그러한가? 이 의생의 청정함과 설계의 청정함

은 무이이고 둘로 나눌 수 없으며 분별이 없고 단절도 없는 까닭이며, 의생의 청정함이 곧 미계·설식계, 나아가 설촉·설촉을 인연으로 생겨난 여러 수의 청정함이고 미계, 나아가 설촉을 인연으로 생겨난 여러 수의 청정함이 곧 의생의 청정함이니라. 왜 그러한가? 이 의생의 청정함과 미계, 나아가 설촉을 인연으로 생겨난 여러 수의 청정함은 무이이고 둘로 나눌 수 없으며 분별이 없고 단절도 없는 까닭이니라.

선현이여. 의생의 청정함이 곧 신계의 청정함이고 신계의 청정함이 곧 의생의 청정함이니라. 왜 그러한가? 이 의생의 청정함과 신계의 청정함은 무이이고 둘로 나눌 수 없으며 분별이 없고 단절도 없는 까닭이며, 의생의 청정함이 곧 촉계·신식계, 나아가 신촉·신촉을 인연으로 생겨난 여러 수의 청정함이고 촉계, 나아가 신촉을 인연으로 생겨난 여러 수의 청정함이 곧 의생의 청정함이니라. 왜 그러한가? 이 의생의 청정함과 촉계, 나아가 신촉을 인연으로 생겨난 여러 수의 청정함은 무이이고 둘로 나눌 수 없으며 분별이 없고 단절도 없는 까닭이니라.

선현이여. 의생의 청정함이 곧 의계의 청정함이고 의계의 청정함이 곧 의생의 청정함이니라. 왜 그러한가? 이 의생의 청정함과 의계의 청정함은 무이이고 둘로 나눌 수 없으며 분별이 없고 단절도 없는 까닭이며, 의생의 청정함이 곧 법계·의식계, 나아가 의촉·의촉을 인연으로 생겨난 여러 수의 청정함이고 법계, 나아가 의촉을 인연으로 생겨난 여러 수의 청정함이 곧 의생의 청정함이니라. 왜 그러한가? 이 의생의 청정함과 법계, 나아가 의촉을 인연으로 생겨난 여러 수의 청정함은 무이이고 둘로 나눌 수 없으며 분별이 없고 단절도 없는 까닭이니라.

선현이여. 의생의 청정함이 곧 지계의 청정함이고 지계의 청정함이 곧 의생의 청정함이니라. 왜 그러한가? 이 의생의 청정함과 지계의 청정함은 무이이고 둘로 나눌 수 없으며 분별이 없고 단절도 없는 까닭이며, 의생의 청정함이 곧 수·화·풍·공·식계의 청정함이고 수·화·풍·공·식계의 청정함이 곧 의생의 청정함이니라. 왜 그러한가? 이 의생의 청정함과 수·화·풍·공·식계의 청정함은 무이이고 둘로 나눌 수 없으며 분별이 없고

단절도 없는 까닭이니라.

선현이여. 의생의 청정함이 곧 무명의 청정함이고 무명의 청정함이 곧 의생의 청정함이니라. 왜 그러한가? 이 의생의 청정함과 무명의 청정함은 무이이고 둘로 나눌 수 없으며 분별이 없고 단절도 없는 까닭이며, 의생의 청정함이 곧 행·식·명색·육처·촉·수·애·취·유·생·노사의 수탄고우뇌의 청정함이고 행, 나아가 노사의 수탄고우뇌의 청정함이 곧 의생의 청정함이니라. 왜 그러한가? 이 의생의 청정함과 행, 나아가 노사의 수탄고우뇌의 청정함은 무이이고 둘로 나눌 수 없으며 분별이 없고 단절도 없는 까닭이니라.

선현이여. 의생의 청정함이 곧 보시바라밀다의 청정함이고 보시바라밀다의 청정함이 곧 의생의 청정함이니라. 왜 그러한가? 이 의생의 청정함과 보시바라밀다의 청정함은 무이이고 둘로 나눌 수 없으며 분별이 없고 단절도 없는 까닭이며, 의생의 청정함이 곧 정계·안인·정진·정려·반야바라밀다의 청정함이고 정계, 나아가 반야바라밀다의 청정함이 곧 의생의 청정함이니라. 왜 그러한가? 이 의생의 청정함과 정계, 나아가 반야바라밀다의 청정함은 무이이고 둘로 나눌 수 없으며 분별이 없고 단절도 없는 까닭이니라.

선현이여. 의생의 청정함이 곧 내공의 청정함이고 내공의 청정함이 곧 의생의 청정함이니라. 왜 그러한가? 이 의생의 청정함과 내공의 청정함은 무이이고 둘로 나눌 수 없으며 분별이 없고 단절도 없는 까닭이며, 의생의 청정함이 곧 외공·내외공·공공·대공·승의공·유위공·무위공·필경공·무제공·산공·무변이공·본성공·자상공·공상공·일체법공·불가득공·무성공·자성공·무성자성공의 청정함이고 외공, 나아가 무성자성공의 청정함이 곧 의생의 청정함이니라. 왜 그러한가? 이 의생의 청정함과 외공, 나아가 무성자성공의 청정함은 무이이고 둘로 나눌 수 없으며 분별이 없고 단절도 없는 까닭이니라.

선현이여. 의생의 청정함이 곧 진여의 청정함이고 진여의 청정함이 곧 의생의 청정함이니라. 왜 그러한가? 이 의생의 청정함과 진여의 청정함은 무이이고 둘로 나눌 수 없으며 분별이 없고 단절도 없는 까닭이며, 의생의 청정함이 곧 법계·법성·불허망성·불변이성·평등성·이성성·법정·법주·실제·허공계·부사의계의 청정함이고 법계, 나아가 부사의계의 청정함이 곧 의생의 청정함이니라. 왜 그러한가? 이 의생의 청정함과 법계, 나아가 부사의계의 청정함은 무이이고 둘로 나눌 수 없으며 분별이 없고 단절도 없는 까닭이니라.

선현이여. 의생의 청정함이 곧 고성제의 청정함이고 고성제의 청정함이 곧 의생의 청정함이니라. 왜 그러한가? 이 의생의 청정함과 고성제의 청정함은 무이이고 둘로 나눌 수 없으며 분별이 없고 단절도 없는 까닭이며, 의생의 청정함이 곧 집·멸·도성제의 청정함이고 집·멸·도성제의 청정함이 곧 의생의 청정함이니라. 왜 그러한가? 이 의생의 청정함과 집·멸·도성제의 청정함은 무이이고 둘로 나눌 수 없으며 분별이 없고 단절도 없는 까닭이니라.

선현이여. 의생의 청정함이 곧 4정려의 청정함이고 4정려의 청정함이 곧 의생의 청정함이니라. 왜 그러한가? 이 의생의 청정함과 4정려의 청정함은 무이이고 둘로 나눌 수 없으며 분별이 없고 단절도 없는 까닭이며, 의생의 청정함이 곧 4무량·4무색정의 청정함이고 4무량·4무색정의 청정함이 곧 의생의 청정함이니라. 왜 그러한가? 이 의생의 청정함과 4무량·4무색정의 청정함은 무이이고 둘로 나눌 수 없으며 분별이 없고 단절도 없는 까닭이니라.

선현이여. 의생의 청정함이 곧 8해탈의 청정함이고 8해탈의 청정함이 곧 의생의 청정함이니라. 왜 그러한가? 이 의생의 청정함과 8해탈의 청정함은 무이이고 둘로 나눌 수 없으며 분별이 없고 단절도 없는 까닭이며, 의생의 청정함이 곧 8승처·9차제정·10변처의 청정함이고 8승처·9차제정·10변처의 청정함이 곧 의생의 청정함이니라. 왜 그러한가? 이 의생의 청정함과 8승처·9차제정·10변처의 청정함은 무이이고 둘로 나눌 수 없으며 분별이 없고 단절도 없는 까닭이니라.

선현이여. 의생의 청정함이 곧 4념주의 청정함이고 4념주의 청정함이 곧 의생의 청정함이니라. 왜 그러한가? 이 의생의 청정함과 4념주의 청정함은 무이이고 둘로 나눌 수 없으며 분별이 없고 단절도 없는 까닭이며, 의생의 청정함이 곧 4정단·4신족·5근·5력·7등각지·8성도지의 청정함이고 4정단, 나아가 8성도지의 청정함이 곧 의생의 청정함이니라. 왜 그러한가? 이 의생의 청정함과 4정단, 나아가 8성도지의 청정함은 무이이고 둘로 나눌 수 없으며 분별이 없고 단절도 없는 까닭이니라.

선현이여. 의생의 청정함이 곧 공해탈문의 청정함이고 공해탈문의 청정함이 곧 의생의 청정함이니라. 왜 그러한가? 이 의생의 청정함과 공해탈문의 청정함은 무이이고 둘로 나눌 수 없으며 분별이 없고 단절도 없는 까닭이며, 의생의 청정함이 곧 무상·무원해탈문의 청정함이고 무상·무원해탈문의 청정함이 곧 의생의 청정함이니라. 왜 그러한가? 이 의생의 청정함과 무상·무원해탈문의 청정함은 무이이고 둘로 나눌 수 없으며 분별이 없고 단절도 없는 까닭이니라.

선현이여. 의생의 청정함이 곧 보살의 10지의 청정함이고 보살의 10지의 청정함이 곧 의생의 청정함이니라. 왜 그러한가? 이 의생의 청정함과 보살의 10지의 청정함은 무이이고 둘로 나눌 수 없으며 분별이 없고 단절도 없는 까닭이니라.

선현이여. 의생의 청정함이 곧 5안의 청정함이고 5안의 청정함이 곧 의생의 청정함이니라. 왜 그러한가? 이 의생의 청정함과 5안의 청정함은 무이이고 둘로 나눌 수 없으며 분별이 없고 단절도 없는 까닭이며, 의생의 청정함이 곧 6신통의 청정함이고 6신통의 청정함이 곧 의생의 청정함이니라. 왜 그러한가? 이 의생의 청정함과 6신통의 청정함은 무이이고 둘로 나눌 수 없으며 분별이 없고 단절도 없는 까닭이니라.

선현이여. 의생의 청정함이 곧 여래의 10력의 청정함이고 여래의 10력의 청정함이 곧 의생의 청정함이니라. 왜 그러한가? 이 의생의 청정함과 여래의 10력의 청정함은 무이이고 둘로 나눌 수 없으며 분별이 없고 단절도 없는 까닭이며, 의생의 청정함이 곧 4무소외·4무애해·대자·대비·대희·대사·18불불공법의 청정함이고 4무소외, 나아가 18불불공법의 청

정함이 곧 의생의 청정함이니라. 왜 그러한가? 이 의생의 청정함과 4무소
외, 나아가 18불불공법의 청정함은 무이이고 둘로 나눌 수 없으며 분별이
없고 단절도 없는 까닭이니라.

선현이여. 의생의 청정함이 곧 무망실법의 청정함이고 무망실법의
청정함이 곧 의생의 청정함이니라. 왜 그러한가? 이 의생의 청정함과
무망실법의 청정함은 무이이고 둘로 나눌 수 없으며 분별이 없고 단절도
없는 까닭이며, 의생의 청정함이 곧 항주사성의 청정함이고 항주사성의
청정함이 곧 의생의 청정함이니라. 왜 그러한가? 이 의생의 청정함과
항주사성의 청정함은 무이이고 둘로 나눌 수 없으며 분별이 없고 단절도
없는 까닭이니라.

선현이여. 의생의 청정함이 곧 일체지의 청정함이고 일체지의 청정함
이 곧 의생의 청정함이니라. 왜 그러한가? 이 의생의 청정함과 일체지의
청정함은 무이이고 둘로 나눌 수 없으며 분별이 없고 단절도 없는 까닭이
며, 의생의 청정함이 곧 도상지·일체상지의 청정함이고 도상지·일체상지
의 청정함이 곧 의생의 청정함이니라. 왜 그러한가? 이 의생의 청정함과
도상지·일체상지의 청정함은 무이이고 둘로 나눌 수 없으며 분별이 없고
단절도 없는 까닭이니라.

선현이여. 의생의 청정함이 곧 일체의 다라니문의 청정함이고 일체의
다라니문의 청정함이 곧 의생의 청정함이니라. 왜 그러한가? 이 의생의
청정함과 일체의 다라니문의 청정함은 무이이고 둘로 나눌 수 없으며
분별이 없고 단절도 없는 까닭이며, 의생의 청정함이 곧 일체의 삼마지문
의 청정함이고 일체의 삼마지문의 청정함이 곧 의생의 청정함이니라.
왜 그러한가? 이 의생의 청정함과 일체의 삼마지문의 청정함은 무이이고
둘로 나눌 수 없으며 분별이 없고 단절도 없는 까닭이니라.

선현이여. 의생의 청정함이 곧 예류과의 청정함이고 예류과의 청정함
이 곧 의생의 청정함이니라. 왜 그러한가? 이 의생의 청정함과 예류과의
청정함은 무이이고 둘로 나눌 수 없으며 분별이 없고 단절도 없는 까닭이
며, 의생의 청정함이 곧 일래·불환·아라한과의 청정함이고 일래·불환·아

라한과의 청정함이 곧 의생의 청정함이니라. 왜 그러한가? 이 의생의
청정함과 일래·불환·아라한과의 청정함은 무이이고 둘로 나눌 수 없으며
분별이 없고 단절도 없는 까닭이니라.

선현이여. 의생의 청정함이 곧 독각의 보리의 청정함이고 독각의 보리
의 청정함이 곧 의생의 청정함이니라. 왜 그러한가? 이 의생의 청정함과
독각의 보리의 청정함은 무이이고 둘로 나눌 수 없으며 분별이 없고
단절도 없는 까닭이니라. 선현이여. 의생의 청정함이 곧 일체의 보살마하
살의 행의 청정함이고 일체의 보살마하살의 행의 청정함이 곧 의생의
청정함이니라. 왜 그러한가? 이 의생의 청정함과 일체의 보살마하살의
행의 청정함은 무이이고 둘로 나눌 수 없으며 분별이 없고 단절도 없는
까닭이니라.

선현이여. 의생의 청정함이 곧 제불의 무상정등보리의 청정함이고
제불의 무상정등보리의 청정함이 곧 의생의 청정함이니라. 왜 그러한가?
이 의생의 청정함과 제불의 무상정등보리의 청정함은 무이이고 둘로
나눌 수 없으며 분별이 없고 단절도 없는 까닭이니라."

"다시 다음으로 선현이여. 유동(儒童)의 청정함이 곧 색의 청정함이고
색의 청정함이 곧 유동의 청정함이니라. 왜 그러한가? 이 유동의 청정함과
색의 청정함은 무이이고 둘로 나눌 수 없으며 분별이 없고 단절도 없는
까닭이며, 유동의 청정함이 곧 수·상·행·식의 청정함이고 수·상·행·식의
청정함이 곧 유동의 청정함이니라. 왜 그러한가? 이 유동의 청정함과
수·상·행·식의 청정함은 무이이고 둘로 나눌 수 없으며 분별이 없고
단절도 없는 까닭이니라.

선현이여. 유동의 청정함이 곧 안처의 청정함이고 안처의 청정함이
곧 유동의 청정함이니라. 왜 그러한가? 이 유동의 청정함과 안처의 청정함
은 무이이고 둘로 나눌 수 없으며 분별이 없고 단절도 없는 까닭이며,
유동의 청정함이 곧 이·비·설·신·의처의 청정함이고 이·비·설·신·의처
의 청정함이 곧 유동의 청정함이니라. 왜 그러한가? 이 유동의 청정함과

이·비·설·신·의처의 청정함은 무이이고 둘로 나눌 수 없으며 분별이
없고 단절도 없는 까닭이니라.

선현이여. 유동의 청정함이 곧 색처의 청정함이고 색처의 청정함이
곧 유동의 청정함이니라. 왜 그러한가? 이 유동의 청정함과 색처의 청정함
은 무이이고 둘로 나눌 수 없으며 분별이 없고 단절도 없는 까닭이며,
유동의 청정함이 곧 성·향·미·촉·법처의 청정함이고 성·향·미·촉·법처
의 청정함이 곧 유동의 청정함이니라. 왜 그러한가? 이 유동의 청정함과
성·향·미·촉·법처의 청정함은 무이이고 둘로 나눌 수 없으며 분별이
없고 단절도 없는 까닭이니라.

선현이여. 유동의 청정함이 곧 안계의 청정함이고 안계의 청정함이
곧 유동의 청정함이니라. 왜 그러한가? 이 유동의 청정함과 안계의 청정함
은 무이이고 둘로 나눌 수 없으며 분별이 없고 단절도 없는 까닭이며,
유동의 청정함이 곧 색계·안식계, 나아가 안촉·안촉을 인연으로 생겨난
여러 수의 청정함이고 색계, 나아가 안촉을 인연으로 생겨난 여러 수의
청정함이 곧 유동의 청정함이니라. 왜 그러한가? 이 유동의 청정함과
색계, 나아가 안촉을 인연으로 생겨난 여러 수의 청정함은 무이이고
둘로 나눌 수 없으며 분별이 없고 단절도 없는 까닭이니라.

선현이여. 유동의 청정함이 곧 이계의 청정함이고 이계의 청정함이
곧 유동의 청정함이니라. 왜 그러한가? 이 유동의 청정함과 이계의 청정함
은 무이이고 둘로 나눌 수 없으며 분별이 없고 단절도 없는 까닭이며,
유동의 청정함이 곧 성계·이식계, 나아가 이촉·이촉을 인연으로 생겨난
여러 수의 청정함이고 성계, 나아가 이촉을 인연으로 생겨난 여러 수의
청정함이 곧 유동의 청정함이니라. 왜 그러한가? 이 유동의 청정함과
성계, 나아가 이촉을 인연으로 생겨난 여러 수의 청정함은 무이이고
둘로 나눌 수 없으며 분별이 없고 단절도 없는 까닭이니라.

선현이여. 유동의 청정함이 곧 비계의 청정함이고 비계의 청정함이
곧 유동의 청정함이니라. 왜 그러한가? 이 유동의 청정함과 비계의 청정함
은 무이이고 둘로 나눌 수 없으며 분별이 없고 단절도 없는 까닭이며,

유동의 청정함이 곧 향계·비식계, 나아가 비촉·비촉을 인연으로 생겨난 여러 수의 청정함이고 향계, 나아가 비촉을 인연으로 생겨난 여러 수의 청정함이 곧 유동의 청정함이니라. 왜 그러한가? 이 유동의 청정함과 향계, 나아가 비촉을 인연으로 생겨난 여러 수의 청정함은 무이이고 둘로 나눌 수 없으며 분별이 없고 단절도 없는 까닭이니라.

선현이여. 유동의 청정함이 곧 설계의 청정함이고 설계의 청정함이 곧 유동의 청정함이니라. 왜 그러한가? 이 유동의 청정함과 설계의 청정함은 무이이고 둘로 나눌 수 없으며 분별이 없고 단절도 없는 까닭이며, 유동의 청정함이 곧 미계·설식계, 나아가 설촉·설촉을 인연으로 생겨난 여러 수의 청정함이고 미계, 나아가 설촉을 인연으로 생겨난 여러 수의 청정함이 곧 유동의 청정함이니라. 왜 그러한가? 이 유동의 청정함과 미계, 나아가 설촉을 인연으로 생겨난 여러 수의 청정함은 무이이고 둘로 나눌 수 없으며 분별이 없고 단절도 없는 까닭이니라.

선현이여. 유동의 청정함이 곧 신계의 청정함이고 신계의 청정함이 곧 유동의 청정함이니라. 왜 그러한가? 이 유동의 청정함과 신계의 청정함은 무이이고 둘로 나눌 수 없으며 분별이 없고 단절도 없는 까닭이며, 유동의 청정함이 곧 촉계·신식계, 나아가 신촉·신촉을 인연으로 생겨난 여러 수의 청정함이고 촉계, 나아가 신촉을 인연으로 생겨난 여러 수의 청정함이 곧 유동의 청정함이니라. 왜 그러한가? 이 유동의 청정함과 촉계, 나아가 신촉을 인연으로 생겨난 여러 수의 청정함은 무이이고 둘로 나눌 수 없으며 분별이 없고 단절도 없는 까닭이니라.

선현이여. 유동의 청정함이 곧 의계의 청정함이고 의계의 청정함이 곧 유동의 청정함이니라. 왜 그러한가? 이 유동의 청정함과 의계의 청정함은 무이이고 둘로 나눌 수 없으며 분별이 없고 단절도 없는 까닭이며, 유동의 청정함이 곧 법계·의식계, 나아가 의촉·의촉을 인연으로 생겨난 여러 수의 청정함이고 법계, 나아가 의촉을 인연으로 생겨난 여러 수의 청정함이 곧 유동의 청정함이니라. 왜 그러한가? 이 유동의 청정함과 법계, 나아가 의촉을 인연으로 생겨난 여러 수의 청정함은 무이이고

둘로 나눌 수 없으며 분별이 없고 단절도 없는 까닭이니라.

선현이여. 유동의 청정함이 곧 지계의 청정함이고 지계의 청정함이 곧 유동의 청정함이니라. 왜 그러한가? 이 유동의 청정함과 지계의 청정함은 무이이고 둘로 나눌 수 없으며 분별이 없고 단절도 없는 까닭이며, 유동의 청정함이 곧 수·화·풍·공·식계의 청정함이고 수·화·풍·공·식계의 청정함이 곧 유동의 청정함이니라. 왜 그러한가? 이 유동의 청정함과 수·화·풍·공·식계의 청정함은 무이이고 둘로 나눌 수 없으며 분별이 없고 단절도 없는 까닭이니라.

선현이여. 유동의 청정함이 곧 무명의 청정함이고 무명의 청정함이 곧 유동의 청정함이니라. 왜 그러한가? 이 유동의 청정함과 무명의 청정함은 무이이고 둘로 나눌 수 없으며 분별이 없고 단절도 없는 까닭이며, 유동의 청정함이 곧 행·식·명색·육처·촉·수·애·취·유·생·노사의 수탄고우뇌의 청정함이고 행, 나아가 노사의 수탄고우뇌의 청정함이 곧 유동의 청정함이니라. 왜 그러한가? 이 유동의 청정함과 행, 나아가 노사의 수탄고우뇌의 청정함은 무이이고 둘로 나눌 수 없으며 분별이 없고 단절도 없는 까닭이니라.

선현이여. 유동의 청정함이 곧 보시바라밀다의 청정함이고 보시바라밀다의 청정함이 곧 유동의 청정함이니라. 왜 그러한가? 이 유동의 청정함과 보시바라밀다의 청정함은 무이이고 둘로 나눌 수 없으며 분별이 없고 단절도 없는 까닭이며, 유동의 청정함이 곧 정계·안인·정진·정려·반야바라밀다의 청정함이고 정계, 나아가 반야바라밀다의 청정함이 곧 유동의 청정함이니라. 왜 그러한가? 이 유동의 청정함과 정계, 나아가 반야바라밀다의 청정함은 무이이고 둘로 나눌 수 없으며 분별이 없고 단절도 없는 까닭이니라.

선현이여. 유동의 청정함이 곧 내공의 청정함이고 내공의 청정함이 곧 유동의 청정함이니라. 왜 그러한가? 이 유동의 청정함과 내공의 청정함은 무이이고 둘로 나눌 수 없으며 분별이 없고 단절도 없는 까닭이며, 유동의 청정함이 곧 외공·내외공·공공·대공·승의공·유위공·무위공·필

경공·무제공·산공·무변이공·본성공·자상공·공상공·일체법공·불가득
공·무성공·자성공·무성자성공의 청정함이고 외공, 나아가 무성자성공
의 청정함이 곧 유동의 청정함이니라. 왜 그러한가? 이 유동의 청정함과
외공, 나아가 무성자성공의 청정함은 무이이고 둘로 나눌 수 없으며
분별이 없고 단절도 없는 까닭이니라.

선현이여. 유동의 청정함이 곧 진여의 청정함이고 진여의 청정함이
곧 유동의 청정함이니라. 왜 그러한가? 이 유동의 청정함과 진여의 청정함
은 무이이고 둘로 나눌 수 없으며 분별이 없고 단절도 없는 까닭이며,
유동의 청정함이 곧 법계·법성·불허망성·불변이성·평등성·이생성·법정
·법주·실제·허공계·부사의계의 청정함이고 법계, 나아가 부사의계의
청정함이 곧 유동의 청정함이니라. 왜 그러한가? 이 유동의 청정함과
법계, 나아가 부사의계의 청정함은 무이이고 둘로 나눌 수 없으며 분별이
없고 단절도 없는 까닭이니라.

선현이여. 유동의 청정함이 곧 고성제의 청정함이고 고성제의 청정함
이 곧 유동의 청정함이니라. 왜 그러한가? 이 유동의 청정함과 고성제의
청정함은 무이이고 둘로 나눌 수 없으며 분별이 없고 단절도 없는 까닭이
며, 유동의 청정함이 곧 집·멸·도성제의 청정함이고 집·멸·도성제의
청정함이 곧 유동의 청정함이니라. 왜 그러한가? 이 유동의 청정함과
집·멸·도성제의 청정함은 무이이고 둘로 나눌 수 없으며 분별이 없고
단절도 없는 까닭이니라.

선현이여. 유동의 청정함이 곧 4정려의 청정함이고 4정려의 청정함이
곧 유동의 청정함이니라. 왜 그러한가? 이 유동의 청정함과 4정려의
청정함은 무이이고 둘로 나눌 수 없으며 분별이 없고 단절도 없는 까닭이
며, 유동의 청정함이 곧 4무량·4무색정의 청정함이고 4무량·4무색정의
청정함이 곧 유동의 청정함이니라. 왜 그러한가? 이 유동의 청정함과
4무량·4무색정의 청정함은 무이이고 둘로 나눌 수 없으며 분별이 없고
단절도 없는 까닭이니라.

선현이여. 유동의 청정함이 곧 8해탈의 청정함이고 8해탈의 청정함이

곧 유동의 청정함이니라. 왜 그러한가? 이 유동의 청정함과 8해탈의 청정함은 무이이고 둘로 나눌 수 없으며 분별이 없고 단절도 없는 까닭이며, 유동의 청정함이 곧 8승처·9차제정·10변처의 청정함이고 8승처·9차제정·10변처의 청정함이 곧 유동의 청정함이니라. 왜 그러한가? 이 유동의 청정함과 8승처·9차제정·10변처의 청정함은 무이이고 둘로 나눌 수 없으며 분별이 없고 단절도 없는 까닭이니라.

선현이여. 유동의 청정함이 곧 4념주의 청정함이고 4념주의 청정함이 곧 유동의 청정함이니라. 왜 그러한가? 이 유동의 청정함과 4념주의 청정함은 무이이고 둘로 나눌 수 없으며 분별이 없고 단절도 없는 까닭이며, 유동의 청정함이 곧 4정단·4신족·5근·5력·7등각지·8성도지의 청정함이고 4정단, 나아가 8성도지의 청정함이 곧 유동의 청정함이니라. 왜 그러한가? 이 유동의 청정함과 4정단, 나아가 8성도지의 청정함은 무이이고 둘로 나눌 수 없으며 분별이 없고 단절도 없는 까닭이니라.

선현이여. 유동의 청정함이 곧 공해탈문의 청정함이고 공해탈문의 청정함이 곧 유동의 청정함이니라. 왜 그러한가? 이 유동의 청정함과 공해탈문의 청정함은 무이이고 둘로 나눌 수 없으며 분별이 없고 단절도 없는 까닭이며, 유동의 청정함이 곧 무상·무원해탈문의 청정함이고 무상·무원해탈문의 청정함이 곧 유동의 청정함이니라. 왜 그러한가? 이 유동의 청정함과 무상·무원해탈문의 청정함은 무이이고 둘로 나눌 수 없으며 분별이 없고 단절도 없는 까닭이니라.

선현이여. 유동의 청정함이 곧 보살의 10지의 청정함이고 보살의 10지의 청정함이 곧 유동의 청정함이니라. 왜 그러한가? 이 유동의 청정함과 보살의 10지의 청정함은 무이이고 둘로 나눌 수 없으며 분별이 없고 단절도 없는 까닭이니라.

선현이여. 유동의 청정함이 곧 5안의 청정함이고 5안의 청정함이 곧 유동의 청정함이니라. 왜 그러한가? 이 유동의 청정함과 5안의 청정함은 무이이고 둘로 나눌 수 없으며 분별이 없고 단절도 없는 까닭이며, 유동의 청정함이 곧 6신통의 청정함이고 6신통의 청정함이 곧 유동의 청정함이니

라. 왜 그러한가? 이 유동의 청정함과 6신통의 청정함은 무이이고 둘로 나눌 수 없으며 분별이 없고 단절도 없는 까닭이니라.

선현이여. 유동의 청정함이 곧 여래의 10력의 청정함이고 여래의 10력의 청정함이 곧 유동의 청정함이니라. 왜 그러한가? 이 유동의 청정함과 여래의 10력의 청정함은 무이이고 둘로 나눌 수 없으며 분별이 없고 단절도 없는 까닭이며, 유동의 청정함이 곧 4무소외·4무애해·대자·대비·대희·대사·18불불공법의 청정함이고 4무소외, 나아가 18불불공법의 청정함이 곧 유동의 청정함이니라. 왜 그러한가? 이 유동의 청정함과 4무소외, 나아가 18불불공법의 청정함은 무이이고 둘로 나눌 수 없으며 분별이 없고 단절도 없는 까닭이니라.

선현이여. 유동의 청정함이 곧 무망실법의 청정함이고 무망실법의 청정함이 곧 유동의 청정함이니라. 왜 그러한가? 이 유동의 청정함과 무망실법의 청정함은 무이이고 둘로 나눌 수 없으며 분별이 없고 단절도 없는 까닭이며, 유동의 청정함이 곧 항주사성의 청정함이고 항주사성의 청정함이 곧 유동의 청정함이니라. 왜 그러한가? 이 유동의 청정함과 항주사성의 청정함은 무이이고 둘로 나눌 수 없으며 분별이 없고 단절도 없는 까닭이니라.

선현이여. 유동의 청정함이 곧 일체지의 청정함이고 일체지의 청정함이 곧 유동의 청정함이니라. 왜 그러한가? 이 유동의 청정함과 일체지의 청정함은 무이이고 둘로 나눌 수 없으며 분별이 없고 단절도 없는 까닭이며, 유동의 청정함이 곧 도상지·일체상지의 청정함이고 도상지·일체상지의 청정함이 곧 유동의 청정함이니라. 왜 그러한가? 이 유동의 청정함과 도상지·일체상지의 청정함은 무이이고 둘로 나눌 수 없으며 분별이 없고 단절도 없는 까닭이니라.

선현이여. 유동의 청정함이 곧 일체의 다라니문의 청정함이고 일체의 다라니문의 청정함이 곧 유동의 청정함이니라. 왜 그러한가? 이 유동의 청정함과 일체의 다라니문의 청정함은 무이이고 둘로 나눌 수 없으며 분별이 없고 단절도 없는 까닭이며, 유동의 청정함이 곧 일체의 삼마지문의 청정함이고 일체의 삼마지문의 청정함이 곧 유동의 청정함이니라. 왜 그러한가? 이 유동의 청정함과 일체의 삼마지문의 청정함은 무이이고 둘로 나눌 수 없으며 분별이 없고 단절도 없는 까닭이니라.

선현이여. 유동의 청정함이 곧 예류과의 청정함이고 예류과의 청정함이 곧 유동의 청정함이니라. 왜 그러한가? 이 유동의 청정함과 예류과의 청정함은 무이이고 둘로 나눌 수 없으며 분별이 없고 단절도 없는 까닭이며, 유동의 청정함이 곧 일래·불환·아라한과의 청정함이고 일래·불환·아라한과의 청정함이 곧 유동의 청정함이니라. 왜 그러한가? 이 유동의 청정함과 일래·불환·아라한과의 청정함은 무이이고 둘로 나눌 수 없으며 분별이 없고 단절도 없는 까닭이니라.

선현이여. 유동의 청정함이 곧 독각의 보리의 청정함이고 독각의 보리의 청정함이 곧 유동의 청정함이니라. 왜 그러한가? 이 유동의 청정함과 독각의 보리의 청정함은 무이이고 둘로 나눌 수 없으며 분별이 없고 단절도 없는 까닭이니라. 선현이여. 유동의 청정함이 곧 일체의 보살마하살의 행의 청정함이고 일체의 보살마하살의 행의 청정함이 곧 유동의 청정함이니라. 왜 그러한가? 이 유동의 청정함과 일체의 보살마하살의 행의 청정함은 무이이고 둘로 나눌 수 없으며 분별이 없고 단절도 없는 까닭이니라.

선현이여. 유동의 청정함이 곧 제불의 무상정등보리의 청정함이고 제불의 무상정등보리의 청정함이 곧 유동의 청정함이니라. 왜 그러한가? 이 유동의 청정함과 제불의 무상정등보리의 청정함은 무이이고 둘로 나눌 수 없으며 분별이 없고 단절도 없는 까닭이니라."

"다시 다음으로 선현이여. 작자(作者)의 청정함이 곧 색의 청정함이고 색의 청정함이 곧 작자의 청정함이니라. 왜 그러한가? 이 작자의 청정함과 색의 청정함은 무이이고 둘로 나눌 수 없으며 분별이 없고 단절도 없는 까닭이며, 작자의 청정함이 곧 수·상·행·식의 청정함이고 수·상·행·식의 청정함이 곧 작자의 청정함이니라. 왜 그러한가? 이 작자의 청정함과

수·상·행·식의 청정함은 무이이고 둘로 나눌 수 없으며 분별이 없고
단절도 없는 까닭이니라.

선현이여. 작자의 청정함이 곧 안처의 청정함이고 안처의 청정함이
곧 작자의 청정함이니라. 왜 그러한가? 이 작자의 청정함과 안처의 청정함
은 무이이고 둘로 나눌 수 없으며 분별이 없고 단절도 없는 까닭이며,
작자의 청정함이 곧 이·비·설·신·의처의 청정함이고 이·비·설·신·의처
의 청정함이 곧 작자의 청정함이니라. 왜 그러한가? 이 작자의 청정함과
이·비·설·신·의처의 청정함은 무이이고 둘로 나눌 수 없으며 분별이
없고 단절도 없는 까닭이니라.

선현이여. 작자의 청정함이 곧 색처의 청정함이고 색처의 청정함이
곧 작자의 청정함이니라. 왜 그러한가? 이 작자의 청정함과 색처의 청정함
은 무이이고 둘로 나눌 수 없으며 분별이 없고 단절도 없는 까닭이며,
작자의 청정함이 곧 성·향·미·촉·법처의 청정함이고 성·향·미·촉·법처
의 청정함이 곧 작자의 청정함이니라. 왜 그러한가? 이 작자의 청정함과
성·향·미·촉·법처의 청정함은 무이이고 둘로 나눌 수 없으며 분별이
없고 단절도 없는 까닭이니라.

선현이여. 작자의 청정함이 곧 안계의 청정함이고 안계의 청정함이
곧 작자의 청정함이니라. 왜 그러한가? 이 작자의 청정함과 안계의 청정함
은 무이이고 둘로 나눌 수 없으며 분별이 없고 단절도 없는 까닭이며,
작자의 청정함이 곧 색계·안식계, 나아가 안촉·안촉을 인연으로 생겨난
여러 수의 청정함이고 색계, 나아가 안촉을 인연으로 생겨난 여러 수의
청정함이 곧 작자의 청정함이니라. 왜 그러한가? 이 작자의 청정함과
색계, 나아가 안촉을 인연으로 생겨난 여러 수의 청정함은 무이이고
둘로 나눌 수 없으며 분별이 없고 단절도 없는 까닭이니라.

선현이여. 작자의 청정함이 곧 이계의 청정함이고 이계의 청정함이
곧 작자의 청정함이니라. 왜 그러한가? 이 작자의 청정함과 이계의 청정함
은 무이이고 둘로 나눌 수 없으며 분별이 없고 단절도 없는 까닭이며,
작자의 청정함이 곧 성계·이식계, 나아가 이촉·이촉을 인연으로 생겨난

여러 수의 청정함이고 성계, 나아가 이촉을 인연으로 생겨난 여러 수의 청정함이 곧 작자의 청정함이니라. 왜 그러한가? 이 작자의 청정함과 성계, 나아가 이촉을 인연으로 생겨난 여러 수의 청정함은 무이이고 둘로 나눌 수 없으며 분별이 없고 단절도 없는 까닭이니라.

선현이여. 작자의 청정함이 곧 비계의 청정함이고 비계의 청정함이 곧 작자의 청정함이니라. 왜 그러한가? 이 작자의 청정함과 비계의 청정함은 무이이고 둘로 나눌 수 없으며 분별이 없고 단절도 없는 까닭이며, 작자의 청정함이 곧 향계·비식계, 나아가 비촉·비촉을 인연으로 생겨난 여러 수의 청정함이고 향계, 나아가 비촉을 인연으로 생겨난 여러 수의 청정함이 곧 작자의 청정함이니라. 왜 그러한가? 이 작자의 청정함과 향계, 나아가 비촉을 인연으로 생겨난 여러 수의 청정함은 무이이고 둘로 나눌 수 없으며 분별이 없고 단절도 없는 까닭이니라.

선현이여. 작자의 청정함이 곧 설계의 청정함이고 설계의 청정함이 곧 작자의 청정함이니라. 왜 그러한가? 이 작자의 청정함과 설계의 청정함은 무이이고 둘로 나눌 수 없으며 분별이 없고 단절도 없는 까닭이며, 작자의 청정함이 곧 미계·설식계, 나아가 설촉·설촉을 인연으로 생겨난 여러 수의 청정함이고 미계, 나아가 설촉을 인연으로 생겨난 여러 수의 청정함이 곧 작자의 청정함이니라. 왜 그러한가? 이 작자의 청정함과 미계, 나아가 설촉을 인연으로 생겨난 여러 수의 청정함은 무이이고 둘로 나눌 수 없으며 분별이 없고 단절도 없는 까닭이니라."

마하반야바라밀다경 제194권

34. 난신해품(難信解品)(13)

"선현이여. 작자의 청정함이 곧 신계의 청정함이고 신계의 청정함이
곧 작자의 청정함이니라. 왜 그러한가? 이 작자의 청정함과 신계의 청정함
은 무이이고 둘로 나눌 수 없으며 분별이 없고 단절도 없는 까닭이며,
작자의 청정함이 곧 촉계·신식계, 나아가 신촉·신촉을 인연으로 생겨난
여러 수의 청정함이고 촉계, 나아가 신촉을 인연으로 생겨난 여러 수의
청정함이 곧 작자의 청정함이니라. 왜 그러한가? 이 작자의 청정함과
촉계, 나아가 신촉을 인연으로 생겨난 여러 수의 청정함은 무이이고
둘로 나눌 수 없으며 분별이 없고 단절도 없는 까닭이니라.

선현이여. 작자의 청정함이 곧 의계의 청정함이고 의계의 청정함이
곧 작자의 청정함이니라. 왜 그러한가? 이 작자의 청정함과 의계의 청정함
은 무이이고 둘로 나눌 수 없으며 분별이 없고 단절도 없는 까닭이며,
작자의 청정함이 곧 법계·의식계, 나아가 의촉·의촉을 인연으로 생겨난
여러 수의 청정함이고 법계, 나아가 의촉을 인연으로 생겨난 여러 수의
청정함이 곧 작자의 청정함이니라. 왜 그러한가? 이 작자의 청정함과
법계, 나아가 의촉을 인연으로 생겨난 여러 수의 청정함은 무이이고
둘로 나눌 수 없으며 분별이 없고 단절도 없는 까닭이니라.

선현이여. 작자의 청정함이 곧 지계의 청정함이고 지계의 청정함이
곧 작자의 청정함이니라. 왜 그러한가? 이 작자의 청정함과 지계의 청정함
은 무이이고 둘로 나눌 수 없으며 분별이 없고 단절도 없는 까닭이며,

작자의 청정함이 곧 수·화·풍·공·식계의 청정함이고 수·화·풍·공·식계의 청정함이 곧 작자의 청정함이니라. 왜 그러한가? 이 작자의 청정함과 수·화·풍·공·식계의 청정함은 무이이고 둘로 나눌 수 없으며 분별이 없고 단절도 없는 까닭이니라.

선현이여. 작자의 청정함이 곧 무명의 청정함이고 무명의 청정함이 곧 작자의 청정함이니라. 왜 그러한가? 이 작자의 청정함과 무명의 청정함은 무이이고 둘로 나눌 수 없으며 분별이 없고 단절도 없는 까닭이며, 작자의 청정함이 곧 행·식·명색·육처·촉·수·애·취·유·생·노사의 수탄고우뇌의 청정함이고 행, 나아가 노사의 수탄고우뇌의 청정함이 곧 작자의 청정함이니라. 왜 그러한가? 이 작자의 청정함과 행, 나아가 노사의 수탄고우뇌의 청정함은 무이이고 둘로 나눌 수 없으며 분별이 없고 단절도 없는 까닭이니라.

선현이여. 작자의 청정함이 곧 보시바라밀다의 청정함이고 보시바라밀다의 청정함이 곧 작자의 청정함이니라. 왜 그러한가? 이 작자의 청정함과 보시바라밀다의 청정함은 무이이고 둘로 나눌 수 없으며 분별이 없고 단절도 없는 까닭이며, 작자의 청정함이 곧 정계·안인·정진·정려·반야바라밀다의 청정함이고 정계, 나아가 반야바라밀다의 청정함이 곧 작자의 청정함이니라. 왜 그러한가? 이 작자의 청정함과 정계, 나아가 반야바라밀다의 청정함은 무이이고 둘로 나눌 수 없으며 분별이 없고 단절도 없는 까닭이니라.

선현이여. 작자의 청정함이 곧 내공의 청정함이고 내공의 청정함이 곧 작자의 청정함이니라. 왜 그러한가? 이 작자의 청정함과 내공의 청정함은 무이이고 둘로 나눌 수 없으며 분별이 없고 단절도 없는 까닭이며, 작자의 청정함이 곧 외공·내외공·공공·대공·승의공·유위공·무위공·필경공·무제공·산공·무변이공·본성공·자상공·공상공·일체법공·불가득공·무성공·자성공·무성자성공의 청정함이고 외공, 나아가 무성자성공의 청정함이 곧 작자의 청정함이니라. 왜 그러한가? 이 작자의 청정함과 외공, 나아가 무성자성공의 청정함은 무이이고 둘로 나눌 수 없으며

분별이 없고 단절도 없는 까닭이니라.

선현이여. 작자의 청정함이 곧 진여의 청정함이고 진여의 청정함이 곧 작자의 청정함이니라. 왜 그러한가? 이 작자의 청정함과 진여의 청정함은 무이이고 둘로 나눌 수 없으며 분별이 없고 단절도 없는 까닭이며, 작자의 청정함이 곧 법계·법성·불허망성·불변이성·평등성·이생성·법정·법주·실제·허공계·부사의계의 청정함이고 법계, 나아가 부사의계의 청정함이 곧 작자의 청정함이니라. 왜 그러한가? 이 작자의 청정함과 법계, 나아가 부사의계의 청정함은 무이이고 둘로 나눌 수 없으며 분별이 없고 단절도 없는 까닭이니라.

선현이여. 작자의 청정함이 곧 고성제의 청정함이고 고성제의 청정함이 곧 작자의 청정함이니라. 왜 그러한가? 이 작자의 청정함과 고성제의 청정함은 무이이고 둘로 나눌 수 없으며 분별이 없고 단절도 없는 까닭이며, 작자의 청정함이 곧 집·멸·도성제의 청정함이고 집·멸·도성제의 청정함이 곧 작자의 청정함이니라. 왜 그러한가? 이 작자의 청정함과 집·멸·도성제의 청정함은 무이이고 둘로 나눌 수 없으며 분별이 없고 단절도 없는 까닭이니라.

선현이여. 작자의 청정함이 곧 4정려의 청정함이고 4정려의 청정함이 곧 작자의 청정함이니라. 왜 그러한가? 이 작자의 청정함과 4정려의 청정함은 무이이고 둘로 나눌 수 없으며 분별이 없고 단절도 없는 까닭이며, 작자의 청정함이 곧 4무량·4무색정의 청정함이고 4무량·4무색정의 청정함이 곧 작자의 청정함이니라. 왜 그러한가? 이 작자의 청정함과 4무량·4무색정의 청정함은 무이이고 둘로 나눌 수 없으며 분별이 없고 단절도 없는 까닭이니라.

선현이여. 작자의 청정함이 곧 8해탈의 청정함이고 8해탈의 청정함이 곧 작자의 청정함이니라. 왜 그러한가? 이 작자의 청정함과 8해탈의 청정함은 무이이고 둘로 나눌 수 없으며 분별이 없고 단절도 없는 까닭이며, 작자의 청정함이 곧 8승처·9차제정·10변처의 청정함이고 8승처·9차제정·10변처의 청정함이 곧 작자의 청정함이니라. 왜 그러한가? 이 작자의 청정함과 8승처·9차제정·10변처의 청정함은 무이이고 둘로 나눌 수 없으며 분별이 없고 단절도 없는 까닭이니라.

선현이여. 작자의 청정함이 곧 4념주의 청정함이고 4념주의 청정함이 곧 작자의 청정함이니라. 왜 그러한가? 이 작자의 청정함과 4념주의 청정함은 무이이고 둘로 나눌 수 없으며 분별이 없고 단절도 없는 까닭이며, 작자의 청정함이 곧 4정단·4신족·5근·5력·7등각지·8성도지의 청정함이고 4정단, 나아가 8성도지의 청정함이 곧 작자의 청정함이니라. 왜 그러한가? 이 작자의 청정함과 4정단, 나아가 8성도지의 청정함은 무이이고 둘로 나눌 수 없으며 분별이 없고 단절도 없는 까닭이니라.

선현이여. 작자의 청정함이 곧 공해탈문의 청정함이고 공해탈문의 청정함이 곧 작자의 청정함이니라. 왜 그러한가? 이 작자의 청정함과 공해탈문의 청정함은 무이이고 둘로 나눌 수 없으며 분별이 없고 단절도 없는 까닭이며, 작자의 청정함이 곧 무상·무원해탈문의 청정함이고 무상·무원해탈문의 청정함이 곧 작자의 청정함이니라. 왜 그러한가? 이 작자의 청정함과 무상·무원해탈문의 청정함은 무이이고 둘로 나눌 수 없으며 분별이 없고 단절도 없는 까닭이니라.

선현이여. 작자의 청정함이 곧 보살의 10지의 청정함이고 보살의 10지의 청정함이 곧 작자의 청정함이니라. 왜 그러한가? 이 작자의 청정함과 보살의 10지의 청정함은 무이이고 둘로 나눌 수 없으며 분별이 없고 단절도 없는 까닭이니라.

선현이여. 작자의 청정함이 곧 5안의 청정함이고 5안의 청정함이 곧 작자의 청정함이니라. 왜 그러한가? 이 작자의 청정함과 5안의 청정함은 무이이고 둘로 나눌 수 없으며 분별이 없고 단절도 없는 까닭이며, 작자의 청정함이 곧 6신통의 청정함이고 6신통의 청정함이 곧 작자의 청정함이니라. 왜 그러한가? 이 작자의 청정함과 6신통의 청정함은 무이이고 둘로 나눌 수 없으며 분별이 없고 단절도 없는 까닭이니라.

선현이여. 작자의 청정함이 곧 여래의 10력의 청정함이고 여래의 10력의 청정함이 곧 작자의 청정함이니라. 왜 그러한가? 이 작자의 청정함과

여래의 10력의 청정함은 무이이고 둘로 나눌 수 없으며 분별이 없고
단절도 없는 까닭이며, 작자의 청정함이 곧 4무소외·4무애해·대자·대비·
대희·대사·18불불공법의 청정함이고 4무소외, 나아가 18불불공법의 청
정함이 곧 작자의 청정함이니라. 왜 그러한가? 이 작자의 청정함과 4무소
외, 나아가 18불불공법의 청정함은 무이이고 둘로 나눌 수 없으며 분별이
없고 단절도 없는 까닭이니라.

선현이여. 작자의 청정함이 곧 무망실법의 청정함이고 무망실법의
청정함이 곧 작자의 청정함이니라. 왜 그러한가? 이 작자의 청정함과
무망실법의 청정함은 무이이고 둘로 나눌 수 없으며 분별이 없고 단절도
없는 까닭이며, 작자의 청정함이 곧 항주사성의 청정함이고 항주사성의
청정함이 곧 작자의 청정함이니라. 왜 그러한가? 이 작자의 청정함과
항주사성의 청정함은 무이이고 둘로 나눌 수 없으며 분별이 없고 단절도
없는 까닭이니라.

선현이여. 작자의 청정함이 곧 일체지의 청정함이고 일체지의 청정함
이 곧 작자의 청정함이니라. 왜 그러한가? 이 작자의 청정함과 일체지의
청정함은 무이이고 둘로 나눌 수 없으며 분별이 없고 단절도 없는 까닭이
며, 작자의 청정함이 곧 도상지·일체상지의 청정함이고 도상지·일체상지
의 청정함이 곧 작자의 청정함이니라. 왜 그러한가? 이 작자의 청정함과
도상지·일체상지의 청정함은 무이이고 둘로 나눌 수 없으며 분별이 없고
단절도 없는 까닭이니라.

선현이여. 작자의 청정함이 곧 일체의 다라니문의 청정함이고 일체의
다라니문의 청정함이 곧 작자의 청정함이니라. 왜 그러한가? 이 작자의
청정함과 일체의 다라니문의 청정함은 무이이고 둘로 나눌 수 없으며
분별이 없고 단절도 없는 까닭이며, 작자의 청정함이 곧 일체의 삼마지문
의 청정함이고 일체의 삼마지문의 청정함이 곧 작자의 청정함이니라.
왜 그러한가? 이 작자의 청정함과 일체의 삼마지문의 청정함은 무이이고
둘로 나눌 수 없으며 분별이 없고 단절도 없는 까닭이니라.

선현이여. 작자의 청정함이 곧 예류과의 청정함이고 예류과의 청정함

이 곧 작자의 청정함이니라. 왜 그러한가? 이 작자의 청정함과 예류과의 청정함은 무이이고 둘로 나눌 수 없으며 분별이 없고 단절도 없는 까닭이며, 작자의 청정함이 곧 일래·불환·아라한과의 청정함이고 일래·불환·아라한과의 청정함이 곧 작자의 청정함이니라. 왜 그러한가? 이 작자의 청정함과 일래·불환·아라한과의 청정함은 무이이고 둘로 나눌 수 없으며 분별이 없고 단절도 없는 까닭이니라.

선현이여. 작자의 청정함이 곧 독각의 보리의 청정함이고 독각의 보리의 청정함이 곧 작자의 청정함이니라. 왜 그러한가? 이 작자의 청정함과 독각의 보리의 청정함은 무이이고 둘로 나눌 수 없으며 분별이 없고 단절도 없는 까닭이니라. 선현이여. 작자의 청정함이 곧 일체의 보살마하살의 행의 청정함이고 일체의 보살마하살의 행의 청정함이 곧 작자의 청정함이니라. 왜 그러한가? 이 작자의 청정함과 일체의 보살마하살의 행의 청정함은 무이이고 둘로 나눌 수 없으며 분별이 없고 단절도 없는 까닭이니라.

선현이여. 작자의 청정함이 곧 제불의 무상정등보리의 청정함이고 제불의 무상정등보리의 청정함이 곧 작자의 청정함이니라. 왜 그러한가? 이 작자의 청정함과 제불의 무상정등보리의 청정함은 무이이고 둘로 나눌 수 없으며 분별이 없고 단절도 없는 까닭이니라."

"다시 다음으로 선현이여. 수자(受者)의 청정함이 곧 색의 청정함이고 색의 청정함이 곧 수자의 청정함이니라. 왜 그러한가? 이 수자의 청정함과 색의 청정함은 무이이고 둘로 나눌 수 없으며 분별이 없고 단절도 없는 까닭이며, 수자의 청정함이 곧 수·상·행·식의 청정함이고 수·상·행·식의 청정함이 곧 수자의 청정함이니라. 왜 그러한가? 이 수자의 청정함과 수·상·행·식의 청정함은 무이이고 둘로 나눌 수 없으며 분별이 없고 단절도 없는 까닭이니라.

선현이여. 수자의 청정함이 곧 안처의 청정함이고 안처의 청정함이 곧 수자의 청정함이니라. 왜 그러한가? 이 수자의 청정함과 안처의 청정함은 무이이고 둘로 나눌 수 없으며 분별이 없고 단절도 없는 까닭이며, 수자의 청정함이 곧 이·비·설·신·의처의 청정함이고 이·비·설·신·의처의 청정함이 곧 수자의 청정함이니라. 왜 그러한가? 이 수자의 청정함과 이·비·설·신·의처의 청정함은 무이이고 둘로 나눌 수 없으며 분별이 없고 단절도 없는 까닭이니라.

선현이여. 수자의 청정함이 곧 색처의 청정함이고 색처의 청정함이 곧 수자의 청정함이니라. 왜 그러한가? 이 수자의 청정함과 색처의 청정함은 무이이고 둘로 나눌 수 없으며 분별이 없고 단절도 없는 까닭이며, 수자의 청정함이 곧 성·향·미·촉·법처의 청정함이고 성·향·미·촉·법처의 청정함이 곧 수자의 청정함이니라. 왜 그러한가? 이 수자의 청정함과 성·향·미·촉·법처의 청정함은 무이이고 둘로 나눌 수 없으며 분별이 없고 단절도 없는 까닭이니라.

선현이여. 수자의 청정함이 곧 안계의 청정함이고 안계의 청정함이 곧 수자의 청정함이니라. 왜 그러한가? 이 수자의 청정함과 안계의 청정함은 무이이고 둘로 나눌 수 없으며 분별이 없고 단절도 없는 까닭이며, 수자의 청정함이 곧 색계·안식계, 나아가 안촉·안촉을 인연으로 생겨난 여러 수의 청정함이고 색계, 나아가 안촉을 인연으로 생겨난 여러 수의 청정함이 곧 수자의 청정함이니라. 왜 그러한가? 이 수자의 청정함과 색계, 나아가 안촉을 인연으로 생겨난 여러 수의 청정함은 무이이고 둘로 나눌 수 없으며 분별이 없고 단절도 없는 까닭이니라.

선현이여. 수자의 청정함이 곧 이계의 청정함이고 이계의 청정함이 곧 수자의 청정함이니라. 왜 그러한가? 이 수자의 청정함과 이계의 청정함은 무이이고 둘로 나눌 수 없으며 분별이 없고 단절도 없는 까닭이며, 수자의 청정함이 곧 성계·이식계, 나아가 이촉·이촉을 인연으로 생겨난 여러 수의 청정함이고 성계, 나아가 이촉을 인연으로 생겨난 여러 수의 청정함이 곧 수자의 청정함이니라. 왜 그러한가? 이 수자의 청정함과 성계, 나아가 이촉을 인연으로 생겨난 여러 수의 청정함은 무이이고 둘로 나눌 수 없으며 분별이 없고 단절도 없는 까닭이니라.

선현이여. 수자의 청정함이 곧 비계의 청정함이고 비계의 청정함이
곧 수자의 청정함이니라. 왜 그러한가? 이 수자의 청정함과 비계의 청정함
은 무이이고 둘로 나눌 수 없으며 분별이 없고 단절도 없는 까닭이며,
수자의 청정함이 곧 향계·비식계, 나아가 비촉·비촉을 인연으로 생겨난
여러 수의 청정함이고 향계, 나아가 비촉을 인연으로 생겨난 여러 수의
청정함이 곧 수자의 청정함이니라. 왜 그러한가? 이 수자의 청정함과
향계, 나아가 비촉을 인연으로 생겨난 여러 수의 청정함은 무이이고
둘로 나눌 수 없으며 분별이 없고 단절도 없는 까닭이니라.

선현이여. 수자의 청정함이 곧 설계의 청정함이고 설계의 청정함이
곧 수자의 청정함이니라. 왜 그러한가? 이 수자의 청정함과 설계의 청정함
은 무이이고 둘로 나눌 수 없으며 분별이 없고 단절도 없는 까닭이며,
수자의 청정함이 곧 미계·설식계, 나아가 설촉·설촉을 인연으로 생겨난
여러 수의 청정함이고 미계, 나아가 설촉을 인연으로 생겨난 여러 수의
청정함이 곧 수자의 청정함이니라. 왜 그러한가? 이 수자의 청정함과
미계, 나아가 설촉을 인연으로 생겨난 여러 수의 청정함은 무이이고
둘로 나눌 수 없으며 분별이 없고 단절도 없는 까닭이니라.

선현이여. 수자의 청정함이 곧 신계의 청정함이고 신계의 청정함이
곧 수자의 청정함이니라. 왜 그러한가? 이 수자의 청정함과 신계의 청정함
은 무이이고 둘로 나눌 수 없으며 분별이 없고 단절도 없는 까닭이며,
수자의 청정함이 곧 촉계·신식계, 나아가 신촉·신촉을 인연으로 생겨난
여러 수의 청정함이고 촉계, 나아가 신촉을 인연으로 생겨난 여러 수의
청정함이 곧 수자의 청정함이니라. 왜 그러한가? 이 수자의 청정함과
촉계, 나아가 신촉을 인연으로 생겨난 여러 수의 청정함은 무이이고
둘로 나눌 수 없으며 분별이 없고 단절도 없는 까닭이니라.

선현이여. 수자의 청정함이 곧 의계의 청정함이고 의계의 청정함이
곧 수자의 청정함이니라. 왜 그러한가? 이 수자의 청정함과 의계의 청정함
은 무이이고 둘로 나눌 수 없으며 분별이 없고 단절도 없는 까닭이며,
수자의 청정함이 곧 법계·의식계, 나아가 의촉·의촉을 인연으로 생겨난

여러 수의 청정함이고 법계, 나아가 의촉을 인연으로 생겨난 여러 수의 청정함이 곧 수자의 청정함이니라. 왜 그러한가? 이 수자의 청정함과 법계, 나아가 의촉을 인연으로 생겨난 여러 수의 청정함은 무이이고 둘로 나눌 수 없으며 분별이 없고 단절도 없는 까닭이니라.

선현이여. 수자의 청정함이 곧 지계의 청정함이고 지계의 청정함이 곧 수자의 청정함이니라. 왜 그러한가? 이 수자의 청정함과 지계의 청정함은 무이이고 둘로 나눌 수 없으며 분별이 없고 단절도 없는 까닭이며, 수자의 청정함이 곧 수·화·풍·공·식계의 청정함이고 수·화·풍·공·식계의 청정함이 곧 수자의 청정함이니라. 왜 그러한가? 이 수자의 청정함과 수·화·풍·공·식계의 청정함은 무이이고 둘로 나눌 수 없으며 분별이 없고 단절도 없는 까닭이니라.

선현이여. 수자의 청정함이 곧 무명의 청정함이고 무명의 청정함이 곧 수자의 청정함이니라. 왜 그러한가? 이 수자의 청정함과 무명의 청정함은 무이이고 둘로 나눌 수 없으며 분별이 없고 단절도 없는 까닭이며, 수자의 청정함이 곧 행·식·명색·육처·촉·수·애·취·유·생·노사의 수탄고우뇌의 청정함이고 행, 나아가 노사의 수탄고우뇌의 청정함이 곧 수자의 청정함이니라. 왜 그러한가? 이 수자의 청정함과 행, 나아가 노사의 수탄고우뇌의 청정함은 무이이고 둘로 나눌 수 없으며 분별이 없고 단절도 없는 까닭이니라.

선현이여. 수자의 청정함이 곧 보시바라밀다의 청정함이고 보시바라밀다의 청정함이 곧 수자의 청정함이니라. 왜 그러한가? 이 수자의 청정함과 보시바라밀다의 청정함은 무이이고 둘로 나눌 수 없으며 분별이 없고 단절도 없는 까닭이며, 수자의 청정함이 곧 정계·안인·정진·정려·반야바라밀다의 청정함이고 정계, 나아가 반야바라밀다의 청정함이 곧 수자의 청정함이니라. 왜 그러한가? 이 수자의 청정함과 정계, 나아가 반야바라밀다의 청정함은 무이이고 둘로 나눌 수 없으며 분별이 없고 단절도 없는 까닭이니라.

선현이여. 수자의 청정함이 곧 내공의 청정함이고 내공의 청정함이 곧 수자의 청정함이니라. 왜 그러한가? 이 수자의 청정함과 내공의 청정함은 무이이고 둘로 나눌 수 없으며 분별이 없고 단절도 없는 까닭이며, 수자의 청정함이 곧 외공·내외공·공공·대공·승의공·유위공·무위공·필경공·무제공·산공·무변이공·본성공·자상공·공상공·일체법공·불가득공·무성공·자성공·무성자성공의 청정함이고 외공, 나아가 무성자성공의 청정함이 곧 수자의 청정함이니라. 왜 그러한가? 이 수자의 청정함과 외공, 나아가 무성자성공의 청정함은 무이이고 둘로 나눌 수 없으며 분별이 없고 단절도 없는 까닭이니라.

선현이여. 수자의 청정함이 곧 진여의 청정함이고 진여의 청정함이 곧 수자의 청정함이니라. 왜 그러한가? 이 수자의 청정함과 진여의 청정함은 무이이고 둘로 나눌 수 없으며 분별이 없고 단절도 없는 까닭이며, 수자의 청정함이 곧 법계·법성·불허망성·불변이성·평등성·이생성·법정·법주·실제·허공계·부사의계의 청정함이고 법계, 나아가 부사의계의 청정함이 곧 수자의 청정함이니라. 왜 그러한가? 이 수자의 청정함과 법계, 나아가 부사의계의 청정함은 무이이고 둘로 나눌 수 없으며 분별이 없고 단절도 없는 까닭이니라.

선현이여. 수자의 청정함이 곧 고성제의 청정함이고 고성제의 청정함이 곧 수자의 청정함이니라. 왜 그러한가? 이 수자의 청정함과 고성제의 청정함은 무이이고 둘로 나눌 수 없으며 분별이 없고 단절도 없는 까닭이며, 수자의 청정함이 곧 집·멸·도성제의 청정함이고 집·멸·도성제의 청정함이 곧 수자의 청정함이니라. 왜 그러한가? 이 수자의 청정함과 집·멸·도성제의 청정함은 무이이고 둘로 나눌 수 없으며 분별이 없고 단절도 없는 까닭이니라.

선현이여. 수자의 청정함이 곧 4정려의 청정함이고 4정려의 청정함이 곧 수자의 청정함이니라. 왜 그러한가? 이 수자의 청정함과 4정려의 청정함은 무이이고 둘로 나눌 수 없으며 분별이 없고 단절도 없는 까닭이며, 수자의 청정함이 곧 4무량·4무색정의 청정함이고 4무량·4무색정의 청정함이 곧 수자의 청정함이니라. 왜 그러한가? 이 수자의 청정함과

4무량·4무색정의 청정함은 무이이고 둘로 나눌 수 없으며 분별이 없고 단절도 없는 까닭이니라.

선현이여. 수자의 청정함이 곧 8해탈의 청정함이고 8해탈의 청정함이 곧 수자의 청정함이니라. 왜 그러한가? 이 수자의 청정함과 8해탈의 청정함은 무이이고 둘로 나눌 수 없으며 분별이 없고 단절도 없는 까닭이며, 수자의 청정함이 곧 8승처·9차제정·10변처의 청정함이고 8승처·9차제정·10변처의 청정함이 곧 수자의 청정함이니라. 왜 그러한가? 이 수자의 청정함과 8승처·9차제정·10변처의 청정함은 무이이고 둘로 나눌 수 없으며 분별이 없고 단절도 없는 까닭이니라.

선현이여. 수자의 청정함이 곧 4념주의 청정함이고 4념주의 청정함이 곧 수자의 청정함이니라. 왜 그러한가? 이 수자의 청정함과 4념주의 청정함은 무이이고 둘로 나눌 수 없으며 분별이 없고 단절도 없는 까닭이며, 수자의 청정함이 곧 4정단·4신족·5근·5력·7등각지·8성도지의 청정함이고 4정단, 나아가 8성도지의 청정함이 곧 수자의 청정함이니라. 왜 그러한가? 이 수자의 청정함과 4정단, 나아가 8성도지의 청정함은 무이이고 둘로 나눌 수 없으며 분별이 없고 단절도 없는 까닭이니라.

선현이여. 수자의 청정함이 곧 공해탈문의 청정함이고 공해탈문의 청정함이 곧 수자의 청정함이니라. 왜 그러한가? 이 수자의 청정함과 공해탈문의 청정함은 무이이고 둘로 나눌 수 없으며 분별이 없고 단절도 없는 까닭이며, 수자의 청정함이 곧 무상·무원해탈문의 청정함이고 무상·무원해탈문의 청정함이 곧 수자의 청정함이니라. 왜 그러한가? 이 수자의 청정함과 무상·무원해탈문의 청정함은 무이이고 둘로 나눌 수 없으며 분별이 없고 단절도 없는 까닭이니라.

선현이여. 수자의 청정함이 곧 보살의 10지의 청정함이고 보살의 10지의 청정함이 곧 수자의 청정함이니라. 왜 그러한가? 이 수자의 청정함과 보살의 10지의 청정함은 무이이고 둘로 나눌 수 없으며 분별이 없고 단절도 없는 까닭이니라.

선현이여. 수자의 청정함이 곧 5안의 청정함이고 5안의 청정함이 곧 수자의 청정함이니라. 왜 그러한가? 이 수자의 청정함과 5안의 청정함은 무이이고 둘로 나눌 수 없으며 분별이 없고 단절도 없는 까닭이며, 수자의 청정함이 곧 6신통의 청정함이고 6신통의 청정함이 곧 수자의 청정함이니라. 왜 그러한가? 이 수자의 청정함과 6신통의 청정함은 무이이고 둘로 나눌 수 없으며 분별이 없고 단절도 없는 까닭이니라.

선현이여. 수자의 청정함이 곧 여래의 10력의 청정함이고 여래의 10력의 청정함이 곧 수자의 청정함이니라. 왜 그러한가? 이 수자의 청정함과 여래의 10력의 청정함은 무이이고 둘로 나눌 수 없으며 분별이 없고 단절도 없는 까닭이며, 수자의 청정함이 곧 4무소외·4무애해·대자·대비·대희·대사·18불불공법의 청정함이고 4무소외, 나아가 18불불공법의 청정함이 곧 수자의 청정함이니라. 왜 그러한가? 이 수자의 청정함과 4무소외, 나아가 18불불공법의 청정함은 무이이고 둘로 나눌 수 없으며 분별이 없고 단절도 없는 까닭이니라.

선현이여. 수자의 청정함이 곧 무망실법의 청정함이고 무망실법의 청정함이 곧 수자의 청정함이니라. 왜 그러한가? 이 수자의 청정함과 무망실법의 청정함은 무이이고 둘로 나눌 수 없으며 분별이 없고 단절도 없는 까닭이며, 수자의 청정함이 곧 항주사성의 청정함이고 항주사성의 청정함이 곧 수자의 청정함이니라. 왜 그러한가? 이 수자의 청정함과 항주사성의 청정함은 무이이고 둘로 나눌 수 없으며 분별이 없고 단절도 없는 까닭이니라.

선현이여. 수자의 청정함이 곧 일체지의 청정함이고 일체지의 청정함이 곧 수자의 청정함이니라. 왜 그러한가? 이 수자의 청정함과 일체지의 청정함은 무이이고 둘로 나눌 수 없으며 분별이 없고 단절도 없는 까닭이며, 수자의 청정함이 곧 도상지·일체상지의 청정함이고 도상지·일체상지의 청정함이 곧 수자의 청정함이니라. 왜 그러한가? 이 수자의 청정함과 도상지·일체상지의 청정함은 무이이고 둘로 나눌 수 없으며 분별이 없고 단절도 없는 까닭이니라.

선현이여. 수자의 청정함이 곧 일체의 다라니문의 청정함이고 일체의 다라니문의 청정함이 곧 수자의 청정함이니라. 왜 그러한가? 이 수자의 청정함과 일체의 다라니문의 청정함은 무이이고 둘로 나눌 수 없으며 분별이 없고 단절도 없는 까닭이며, 수자의 청정함이 곧 일체의 삼마지문의 청정함이고 일체의 삼마지문의 청정함이 곧 수자의 청정함이니라. 왜 그러한가? 이 수자의 청정함과 일체의 삼마지문의 청정함은 무이이고 둘로 나눌 수 없으며 분별이 없고 단절도 없는 까닭이니라.

선현이여. 수자의 청정함이 곧 예류과의 청정함이고 예류과의 청정함이 곧 수자의 청정함이니라. 왜 그러한가? 이 수자의 청정함과 예류과의 청정함은 무이이고 둘로 나눌 수 없으며 분별이 없고 단절도 없는 까닭이며, 수자의 청정함이 곧 일래·불환·아라한과의 청정함이고 일래·불환·아라한과의 청정함이 곧 수자의 청정함이니라. 왜 그러한가? 이 수자의 청정함과 일래·불환·아라한과의 청정함은 무이이고 둘로 나눌 수 없으며 분별이 없고 단절도 없는 까닭이니라.

선현이여. 수자의 청정함이 곧 독각의 보리의 청정함이고 독각의 보리의 청정함이 곧 수자의 청정함이니라. 왜 그러한가? 이 수자의 청정함과 독각의 보리의 청정함은 무이이고 둘로 나눌 수 없으며 분별이 없고 단절도 없는 까닭이니라. 선현이여. 수자의 청정함이 곧 일체의 보살마하살의 행의 청정함이고 일체의 보살마하살의 행의 청정함이 곧 수자의 청정함이니라. 왜 그러한가? 이 수자의 청정함과 일체의 보살마하살의 행의 청정함은 무이이고 둘로 나눌 수 없으며 분별이 없고 단절도 없는 까닭이니라.

선현이여. 수자의 청정함이 곧 제불의 무상정등보리의 청정함이고 제불의 무상정등보리의 청정함이 곧 수자의 청정함이니라. 왜 그러한가? 이 수자의 청정함과 제불의 무상정등보리의 청정함은 무이이고 둘로 나눌 수 없으며 분별이 없고 단절도 없는 까닭이니라."

"다시 다음으로 선현이여. 지자(知者)의 청정함이 곧 색의 청정함이고 색의 청정함이 곧 지자의 청정함이니라. 왜 그러한가? 이 지자의 청정함과 색의 청정함은 무이이고 둘로 나눌 수 없으며 분별이 없고 단절도 없는 까닭이며, 지자의 청정함이 곧 수·상·행·식의 청정함이고 수·상·행·식의 청정함이 곧 지자의 청정함이니라. 왜 그러한가? 이 지자의 청정함과 수·상·행·식의 청정함은 무이이고 둘로 나눌 수 없으며 분별이 없고 단절도 없는 까닭이니라.

선현이여. 지자의 청정함이 곧 안처의 청정함이고 안처의 청정함이 곧 지자의 청정함이니라. 왜 그러한가? 이 지자의 청정함과 안처의 청정함은 무이이고 둘로 나눌 수 없으며 분별이 없고 단절도 없는 까닭이며, 지자의 청정함이 곧 이·비·설·신·의처의 청정함이고 이·비·설·신·의처의 청정함이 곧 지자의 청정함이니라. 왜 그러한가? 이 지자의 청정함과 이·비·설·신·의처의 청정함은 무이이고 둘로 나눌 수 없으며 분별이 없고 단절도 없는 까닭이니라.

선현이여. 지자의 청정함이 곧 색처의 청정함이고 색처의 청정함이 곧 지자의 청정함이니라. 왜 그러한가? 이 지자의 청정함과 색처의 청정함은 무이이고 둘로 나눌 수 없으며 분별이 없고 단절도 없는 까닭이며, 지자의 청정함이 곧 성·향·미·촉·법처의 청정함이고 성·향·미·촉·법처의 청정함이 곧 지자의 청정함이니라. 왜 그러한가? 이 지자의 청정함과 성·향·미·촉·법처의 청정함은 무이이고 둘로 나눌 수 없으며 분별이 없고 단절도 없는 까닭이니라.

선현이여. 지자의 청정함이 곧 안계의 청정함이고 안계의 청정함이 곧 지자의 청정함이니라. 왜 그러한가? 이 지자의 청정함과 안계의 청정함은 무이이고 둘로 나눌 수 없으며 분별이 없고 단절도 없는 까닭이며, 지자의 청정함이 곧 색계·안식계, 나아가 안촉·안촉을 인연으로 생겨난 여러 수의 청정함이고 색계, 나아가 안촉을 인연으로 생겨난 여러 수의 청정함이 곧 지자의 청정함이니라. 왜 그러한가? 이 지자의 청정함과 색계, 나아가 안촉을 인연으로 생겨난 여러 수의 청정함은 무이이고 둘로 나눌 수 없으며 분별이 없고 단절도 없는 까닭이니라.

선현이여. 지자의 청정함이 곧 이계의 청정함이고 이계의 청정함이

곧 지자의 청정함이니라. 왜 그러한가? 이 지자의 청정함과 이계의 청정함
은 무이이고 둘로 나눌 수 없으며 분별이 없고 단절도 없는 까닭이며,
지자의 청정함이 곧 성계·이식계, 나아가 이촉·이촉을 인연으로 생겨난
여러 수의 청정함이고 성계, 나아가 이촉을 인연으로 생겨난 여러 수의
청정함이 곧 지자의 청정함이니라. 왜 그러한가? 이 지자의 청정함과
성계, 나아가 이촉을 인연으로 생겨난 여러 수의 청정함은 무이이고
둘로 나눌 수 없으며 분별이 없고 단절도 없는 까닭이니라.

   선현이여. 지자의 청정함이 곧 비계의 청정함이고 비계의 청정함이
곧 수자의 청정함이니라. 왜 그러한가? 이 지자의 청정함과 비계의 청정함
은 무이이고 둘로 나눌 수 없으며 분별이 없고 단절도 없는 까닭이며,
지자의 청정함이 곧 향계·비식계, 나아가 비촉·비촉을 인연으로 생겨난
여러 수의 청정함이고 향계, 나아가 비촉을 인연으로 생겨난 여러 수의
청정함이 곧 지자의 청정함이니라. 왜 그러한가? 이 지자의 청정함과
향계, 나아가 비촉을 인연으로 생겨난 여러 수의 청정함은 무이이고
둘로 나눌 수 없으며 분별이 없고 단절도 없는 까닭이니라.

   선현이여. 지자의 청정함이 곧 설계의 청정함이고 설계의 청정함이
곧 지자의 청정함이니라. 왜 그러한가? 이 지자의 청정함과 설계의 청정함
은 무이이고 둘로 나눌 수 없으며 분별이 없고 단절도 없는 까닭이며,
지자의 청정함이 곧 미계·설식계, 나아가 설촉·설촉을 인연으로 생겨난
여러 수의 청정함이고 미계, 나아가 설촉을 인연으로 생겨난 여러 수의
청정함이 곧 지자의 청정함이니라. 왜 그러한가? 이 지자의 청정함과
미계, 나아가 설촉을 인연으로 생겨난 여러 수의 청정함은 무이이고
둘로 나눌 수 없으며 분별이 없고 단절도 없는 까닭이니라.

   선현이여. 지자의 청정함이 곧 신계의 청정함이고 신계의 청정함이
곧 지자의 청정함이니라. 왜 그러한가? 이 지자의 청정함과 신계의 청정함
은 무이이고 둘로 나눌 수 없으며 분별이 없고 단절도 없는 까닭이며,
지자의 청정함이 곧 촉계·신식계, 나아가 신촉·신촉을 인연으로 생겨난
여러 수의 청정함이고 촉계, 나아가 신촉을 인연으로 생겨난 여러 수의

청정함이 곧 지자의 청정함이니라. 왜 그러한가? 이 지자의 청정함과 촉계, 나아가 신촉을 인연으로 생겨난 여러 수의 청정함은 무이이고 둘로 나눌 수 없으며 분별이 없고 단절도 없는 까닭이니라.

선현이여. 지자의 청정함이 곧 의계의 청정함이고 의계의 청정함이 곧 지자의 청정함이니라. 왜 그러한가? 이 지자의 청정함과 의계의 청정함은 무이이고 둘로 나눌 수 없으며 분별이 없고 단절도 없는 까닭이며, 지자의 청정함이 곧 법계·의식계, 나아가 의촉·의촉을 인연으로 생겨난 여러 수의 청정함이고 법계, 나아가 의촉을 인연으로 생겨난 여러 수의 청정함이 곧 지자의 청정함이니라. 왜 그러한가? 이 지자의 청정함과 법계, 나아가 의촉을 인연으로 생겨난 여러 수의 청정함은 무이이고 둘로 나눌 수 없으며 분별이 없고 단절도 없는 까닭이니라.

선현이여. 지자의 청정함이 곧 지계의 청정함이고 지계의 청정함이 곧 지자의 청정함이니라. 왜 그러한가? 이 지자의 청정함과 지계의 청정함은 무이이고 둘로 나눌 수 없으며 분별이 없고 단절도 없는 까닭이며, 지자의 청정함이 곧 수·화·풍·공·식계의 청정함이고 수·화·풍·공·식계의 청정함이 곧 지자의 청정함이니라. 왜 그러한가? 이 지자의 청정함과 수·화·풍·공·식계의 청정함은 무이이고 둘로 나눌 수 없으며 분별이 없고 단절도 없는 까닭이니라.

선현이여. 지자의 청정함이 곧 무명의 청정함이고 무명의 청정함이 곧 지자의 청정함이니라. 왜 그러한가? 이 지자의 청정함과 무명의 청정함은 무이이고 둘로 나눌 수 없으며 분별이 없고 단절도 없는 까닭이며, 지자의 청정함이 곧 행·식·명색·육처·촉·수·애·취·유·생·노사의 수탄고우뇌의 청정함이고 행, 나아가 노사의 수탄고우뇌의 청정함이 곧 지자의 청정함이니라. 왜 그러한가? 이 지자의 청정함과 행, 나아가 노사의 수탄고우뇌의 청정함은 무이이고 둘로 나눌 수 없으며 분별이 없고 단절도 없는 까닭이니라.

선현이여. 지자의 청정함이 곧 보시바라밀다의 청정함이고 보시바라밀다의 청정함이 곧 지자의 청정함이니라. 왜 그러한가? 이 지자의 청정함과 보시바라밀다의 청정함은 무이이고 둘로 나눌 수 없으며 분별이 없고 단절도 없는 까닭이며, 지자의 청정함이 곧 정계·안인·정진·정려·반야바라밀다의 청정함이고 정계, 나아가 반야바라밀다의 청정함이 곧 지자의 청정함이니라. 왜 그러한가? 이 지자의 청정함과 정계, 나아가 반야바라밀다의 청정함은 무이이고 둘로 나눌 수 없으며 분별이 없고 단절도 없는 까닭이니라.

선현이여. 지자의 청정함이 곧 내공의 청정함이고 내공의 청정함이 곧 지자의 청정함이니라. 왜 그러한가? 이 지자의 청정함과 내공의 청정함은 무이이고 둘로 나눌 수 없으며 분별이 없고 단절도 없는 까닭이며, 지자의 청정함이 곧 외공·내외공·공공·대공·승의공·유위공·무위공·필경공·무제공·산공·무변이공·본성공·자상공·공상공·일체법공·불가득공·무성공·자성공·무성자성공의 청정함이고 외공, 나아가 무성자성공의 청정함이 곧 지자의 청정함이니라. 왜 그러한가? 이 지자의 청정함과 외공, 나아가 무성자성공의 청정함은 무이이고 둘로 나눌 수 없으며 분별이 없고 단절도 없는 까닭이니라.

선현이여. 지자의 청정함이 곧 진여의 청정함이고 진여의 청정함이 곧 지자의 청정함이니라. 왜 그러한가? 이 지자의 청정함과 진여의 청정함은 무이이고 둘로 나눌 수 없으며 분별이 없고 단절도 없는 까닭이며, 지자의 청정함이 곧 법계·법성·불허망성·불변이성·평등성·이생성·법정·법주·실제·허공계·부사의계의 청정함이고 법계, 나아가 부사의계의 청정함이 곧 지자의 청정함이니라. 왜 그러한가? 이 지자의 청정함과 법계, 나아가 부사의계의 청정함은 무이이고 둘로 나눌 수 없으며 분별이 없고 단절도 없는 까닭이니라.

선현이여. 지자의 청정함이 곧 고성제의 청정함이고 고성제의 청정함이 곧 지자의 청정함이니라. 왜 그러한가? 이 지자의 청정함과 고성제의 청정함은 무이이고 둘로 나눌 수 없으며 분별이 없고 단절도 없는 까닭이며, 지자의 청정함이 곧 집·멸·도성제의 청정함이고 집·멸·도성제의 청정함이 곧 지자의 청정함이니라. 왜 그러한가? 이 지자의 청정함과 집·멸·도성제의 청정함은 무이이고 둘로 나눌 수 없으며 분별이 없고 단절도 없는 까닭이니라.

선현이여. 지자의 청정함이 곧 4정려의 청정함이고 4정려의 청정함이 곧 지자의 청정함이니라. 왜 그러한가? 이 지자의 청정함과 4정려의 청정함은 무이이고 둘로 나눌 수 없으며 분별이 없고 단절도 없는 까닭이며, 지자의 청정함이 곧 4무량·4무색정의 청정함이고 4무량·4무색정의 청정함이 곧 지자의 청정함이니라. 왜 그러한가? 이 지자의 청정함과 4무량·4무색정의 청정함은 무이이고 둘로 나눌 수 없으며 분별이 없고 단절도 없는 까닭이니라.

선현이여. 지자의 청정함이 곧 8해탈의 청정함이고 8해탈의 청정함이 곧 지자의 청정함이니라. 왜 그러한가? 이 지자의 청정함과 8해탈의 청정함은 무이이고 둘로 나눌 수 없으며 분별이 없고 단절도 없는 까닭이며, 지자의 청정함이 곧 8승처·9차제정·10변처의 청정함이고 8승처·9차제정·10변처의 청정함이 곧 지자의 청정함이니라. 왜 그러한가? 이 지자의 청정함과 8승처·9차제정·10변처의 청정함은 무이이고 둘로 나눌 수 없으며 분별이 없고 단절도 없는 까닭이니라.

선현이여. 지자의 청정함이 곧 4념주의 청정함이고 4념주의 청정함이 곧 지자의 청정함이니라. 왜 그러한가? 이 지자의 청정함과 4념주의 청정함은 무이이고 둘로 나눌 수 없으며 분별이 없고 단절도 없는 까닭이며, 지자의 청정함이 곧 4정단·4신족·5근·5력·7등각지·8성도지의 청정함이고 4정단, 나아가 8성도지의 청정함이 곧 지자의 청정함이니라. 왜 그러한가? 이 지자의 청정함과 4정단, 나아가 8성도지의 청정함은 무이이고 둘로 나눌 수 없으며 분별이 없고 단절도 없는 까닭이니라.

선현이여. 지자의 청정함이 곧 공해탈문의 청정함이고 공해탈문의 청정함이 곧 지자의 청정함이니라. 왜 그러한가? 이 지자의 청정함과 공해탈문의 청정함은 무이이고 둘로 나눌 수 없으며 분별이 없고 단절도 없는 까닭이며, 지자의 청정함이 곧 무상·무원해탈문의 청정함이고 무상·무원해탈문의 청정함이 곧 지자의 청정함이니라. 왜 그러한가? 이 지자의 청정함과 무상·무원해탈문의 청정함은 무이이고 둘로 나눌 수 없으며 분별이 없고 단절도 없는 까닭이니라.

선현이여. 지자의 청정함이 곧 보살의 10지의 청정함이고 보살의 10지의 청정함이 곧 지자의 청정함이니라. 왜 그러한가? 이 지자의 청정함과 보살의 10지의 청정함은 무이이고 둘로 나눌 수 없으며 분별이 없고 단절도 없는 까닭이니라."

마하반야바라밀다경 제195권

34. 난신해품(難信解品)(14)

"선현이여. 지자의 청정함이 곧 5안의 청정함이고 5안의 청정함이 곧 지자의 청정함이니라. 왜 그러한가? 이 지자의 청정함과 5안의 청정함은 무이이고 둘로 나눌 수 없으며 분별이 없고 단절도 없는 까닭이며, 지자의 청정함이 곧 6신통의 청정함이고 6신통의 청정함이 곧 지자의 청정함이니라. 왜 그러한가? 이 지자의 청정함과 6신통의 청정함은 무이이고 둘로 나눌 수 없으며 분별이 없고 단절도 없는 까닭이니라.

선현이여. 지자의 청정함이 곧 여래의 10력의 청정함이고 여래의 10력의 청정함이 곧 지자의 청정함이니라. 왜 그러한가? 이 지자의 청정함과 여래의 10력의 청정함은 무이이고 둘로 나눌 수 없으며 분별이 없고 단절도 없는 까닭이며, 지자의 청정함이 곧 4무소외·4무애해·대자·대비·대희·대사·18불불공법의 청정함이고 4무소외, 나아가 18불불공법의 청정함이 곧 지자의 청정함이니라. 왜 그러한가? 이 지자의 청정함과 4무소외, 나아가 18불불공법의 청정함은 무이이고 둘로 나눌 수 없으며 분별이 없고 단절도 없는 까닭이니라.

선현이여. 지자의 청정함이 곧 무망실법의 청정함이고 무망실법의 청정함이 곧 지자의 청정함이니라. 왜 그러한가? 이 지자의 청정함과 무망실법의 청정함은 무이이고 둘로 나눌 수 없으며 분별이 없고 단절도 없는 까닭이며, 지자의 청정함이 곧 항주사성의 청정함이고 항주사성의 청정함이 곧 지자의 청정함이니라. 왜 그러한가? 이 지자의 청정함과 항주사성의 청정함은 무이이고 둘로 나눌 수 없으며 분별이 없고 단절도 없는 까닭이니라.

선현이여. 지자의 청정함이 곧 일체지의 청정함이고 일체지의 청정함이 곧 지자의 청정함이니라. 왜 그러한가? 이 지자의 청정함과 일체지의 청정함은 무이이고 둘로 나눌 수 없으며 분별이 없고 단절도 없는 까닭이며, 지자의 청정함이 곧 도상지·일체상지의 청정함이고 도상지·일체상지의 청정함이 곧 지자의 청정함이니라. 왜 그러한가? 이 지자의 청정함과 도상지·일체상지의 청정함은 무이이고 둘로 나눌 수 없으며 분별이 없고 단절도 없는 까닭이니라.

선현이여. 지자의 청정함이 곧 일체의 다라니문의 청정함이고 일체의 다라니문의 청정함이 곧 지자의 청정함이니라. 왜 그러한가? 이 지자의 청정함과 일체의 다라니문의 청정함은 무이이고 둘로 나눌 수 없으며 분별이 없고 단절도 없는 까닭이며, 지자의 청정함이 곧 일체의 삼마지문의 청정함이고 일체의 삼마지문의 청정함이 곧 지자의 청정함이니라. 왜 그러한가? 이 지자의 청정함과 일체의 삼마지문의 청정함은 무이이고 둘로 나눌 수 없으며 분별이 없고 단절도 없는 까닭이니라.

선현이여. 지자의 청정함이 곧 예류과의 청정함이고 예류과의 청정함이 곧 지자의 청정함이니라. 왜 그러한가? 이 지자의 청정함과 예류과의 청정함은 무이이고 둘로 나눌 수 없으며 분별이 없고 단절도 없는 까닭이며, 지자의 청정함이 곧 일래·불환·아라한과의 청정함이고 일래·불환·아라한과의 청정함이 곧 지자의 청정함이니라. 왜 그러한가? 이 지자의 청정함과 일래·불환·아라한과의 청정함은 무이이고 둘로 나눌 수 없으며 분별이 없고 단절도 없는 까닭이니라.

선현이여. 지자의 청정함이 곧 독각의 보리의 청정함이고 독각의 보리의 청정함이 곧 지자의 청정함이니라. 왜 그러한가? 이 지자의 청정함과 독각의 보리의 청정함은 무이이고 둘로 나눌 수 없으며 분별이 없고 단절도 없는 까닭이니라. 선현이여. 지자의 청정함이 곧 일체의 보살마하살의 행의 청정함이고 일체의 보살마하살의 행의 청정함이 곧 지자의 청정함이니라. 왜 그러한가? 이 지자의 청정함과 일체의 보살마하살의 행의 청정함은 무이이고 둘로 나눌 수 없으며 분별이 없고 단절도 없는 까닭이니라.

선현이여. 지자의 청정함이 곧 제불의 무상정등보리의 청정함이고 제불의 무상정등보리의 청정함이 곧 지자의 청정함이니라. 왜 그러한가? 이 지자의 청정함과 제불의 무상정등보리의 청정함은 무이이고 둘로 나눌 수 없으며 분별이 없고 단절도 없는 까닭이니라."

"다시 다음으로 선현이여. 견자(見者)의 청정함이 곧 색의 청정함이고 색의 청정함이 곧 견자의 청정함이니라. 왜 그러한가? 이 견자의 청정함과 색의 청정함은 무이이고 둘로 나눌 수 없으며 분별이 없고 단절도 없는 까닭이며, 견자의 청정함이 곧 수·상·행·식의 청정함이고 수·상·행·식의 청정함이 곧 견자의 청정함이니라. 왜 그러한가? 이 견자의 청정함과 수·상·행·식의 청정함은 무이이고 둘로 나눌 수 없으며 분별이 없고 단절도 없는 까닭이니라.

선현이여. 견자의 청정함이 곧 안처의 청정함이고 안처의 청정함이 곧 견자의 청정함이니라. 왜 그러한가? 이 견자의 청정함과 안처의 청정함은 무이이고 둘로 나눌 수 없으며 분별이 없고 단절도 없는 까닭이며, 견자의 청정함이 곧 이·비·설·신·의처의 청정함이고 이·비·설·신·의처의 청정함이 곧 견자의 청정함이니라. 왜 그러한가? 이 견자의 청정함과 이·비·설·신·의처의 청정함은 무이이고 둘로 나눌 수 없으며 분별이 없고 단절도 없는 까닭이니라.

선현이여. 견자의 청정함이 곧 색처의 청정함이고 색처의 청정함이 곧 견자의 청정함이니라. 왜 그러한가? 이 견자의 청정함과 색처의 청정함은 무이이고 둘로 나눌 수 없으며 분별이 없고 단절도 없는 까닭이며, 견자의 청정함이 곧 성·향·미·촉·법처의 청정함이고 성·향·미·촉·법처의 청정함이 곧 견자의 청정함이니라. 왜 그러한가? 이 견자의 청정함과 성·향·미·촉·법처의 청정함은 무이이고 둘로 나눌 수 없으며 분별이

없고 단절도 없는 까닭이니라.

선현이여. 견자의 청정함이 곧 안계의 청정함이고 안계의 청정함이 곧 견자의 청정함이니라. 왜 그러한가? 이 견자의 청정함과 안계의 청정함은 무이이고 둘로 나눌 수 없으며 분별이 없고 단절도 없는 까닭이며, 견자의 청정함이 곧 색계·안식계, 나아가 안촉·안촉을 인연으로 생겨난 여러 수의 청정함이고 색계, 나아가 안촉을 인연으로 생겨난 여러 수의 청정함이 곧 견자의 청정함이니라. 왜 그러한가? 이 견자의 청정함과 색계, 나아가 안촉을 인연으로 생겨난 여러 수의 청정함은 무이이고 둘로 나눌 수 없으며 분별이 없고 단절도 없는 까닭이니라.

선현이여. 견자의 청정함이 곧 이계의 청정함이고 이계의 청정함이 곧 견자의 청정함이니라. 왜 그러한가? 이 견자의 청정함과 이계의 청정함은 무이이고 둘로 나눌 수 없으며 분별이 없고 단절도 없는 까닭이며, 견자의 청정함이 곧 성계·이식계, 나아가 이촉·이촉을 인연으로 생겨난 여러 수의 청정함이고 성계, 나아가 이촉을 인연으로 생겨난 여러 수의 청정함이 곧 견자의 청정함이니라. 왜 그러한가? 이 견자의 청정함과 성계, 나아가 이촉을 인연으로 생겨난 여러 수의 청정함은 무이이고 둘로 나눌 수 없으며 분별이 없고 단절도 없는 까닭이니라.

선현이여. 견자의 청정함이 곧 비계의 청정함이고 비계의 청정함이 곧 견자의 청정함이니라. 왜 그러한가? 이 견자의 청정함과 비계의 청정함은 무이이고 둘로 나눌 수 없으며 분별이 없고 단절도 없는 까닭이며, 견자의 청정함이 곧 향계·비식계, 나아가 비촉·비촉을 인연으로 생겨난 여러 수의 청정함이고 향계, 나아가 비촉을 인연으로 생겨난 여러 수의 청정함이 곧 견자의 청정함이니라. 왜 그러한가? 이 견자의 청정함과 향계, 나아가 비촉을 인연으로 생겨난 여러 수의 청정함은 무이이고 둘로 나눌 수 없으며 분별이 없고 단절도 없는 까닭이니라.

선현이여. 견자의 청정함이 곧 설계의 청정함이고 설계의 청정함이 곧 견자의 청정함이니라. 왜 그러한가? 이 견자의 청정함과 설계의 청정함은 무이이고 둘로 나눌 수 없으며 분별이 없고 단절도 없는 까닭이며,

견자의 청정함이 곧 미계·설식계, 나아가 설촉·설촉을 인연으로 생겨난 여러 수의 청정함이고 미계, 나아가 설촉을 인연으로 생겨난 여러 수의 청정함이 곧 견자의 청정함이니라. 왜 그러한가? 이 견자의 청정함과 미계, 나아가 설촉을 인연으로 생겨난 여러 수의 청정함은 무이이고 둘로 나눌 수 없으며 분별이 없고 단절도 없는 까닭이니라.

선현이여. 견자의 청정함이 곧 신계의 청정함이고 신계의 청정함이 곧 견자의 청정함이니라. 왜 그러한가? 이 견자의 청정함과 신계의 청정함은 무이이고 둘로 나눌 수 없으며 분별이 없고 단절도 없는 까닭이며, 견자의 청정함이 곧 촉계·신식계, 나아가 신촉·신촉을 인연으로 생겨난 여러 수의 청정함이고 촉계, 나아가 신촉을 인연으로 생겨난 여러 수의 청정함이 곧 견자의 청정함이니라. 왜 그러한가? 이 견자의 청정함과 촉계, 나아가 신촉을 인연으로 생겨난 여러 수의 청정함은 무이이고 둘로 나눌 수 없으며 분별이 없고 단절도 없는 까닭이니라.

선현이여. 견자의 청정함이 곧 의계의 청정함이고 의계의 청정함이 곧 견자의 청정함이니라. 왜 그러한가? 이 견자의 청정함과 의계의 청정함은 무이이고 둘로 나눌 수 없으며 분별이 없고 단절도 없는 까닭이며, 수자의 청정함이 곧 법계·의식계, 나아가 의촉·의촉을 인연으로 생겨난 여러 수의 청정함이고 법계, 나아가 의촉을 인연으로 생겨난 여러 수의 청정함이 곧 견자의 청정함이니라. 왜 그러한가? 이 견자의 청정함과 법계, 나아가 의촉을 인연으로 생겨난 여러 수의 청정함은 무이이고 둘로 나눌 수 없으며 분별이 없고 단절도 없는 까닭이니라.

선현이여. 견자의 청정함이 곧 지계의 청정함이고 지계의 청정함이 곧 견자의 청정함이니라. 왜 그러한가? 이 견자의 청정함과 지계의 청정함은 무이이고 둘로 나눌 수 없으며 분별이 없고 단절도 없는 까닭이며, 견자의 청정함이 곧 수·화·풍·공·식계의 청정함이고 수·화·풍·공·식계의 청정함이 곧 견자의 청정함이니라. 왜 그러한가? 이 견자의 청정함과 수·화·풍·공·식계의 청정함은 무이이고 둘로 나눌 수 없으며 분별이 없고 단절도 없는 까닭이니라.

선현이여. 견자의 청정함이 곧 무명의 청정함이고 무명의 청정함이 곧 견자의 청정함이니라. 왜 그러한가? 이 견자의 청정함과 무명의 청정함은 무이이고 둘로 나눌 수 없으며 분별이 없고 단절도 없는 까닭이며, 견자의 청정함이 곧 행·식·명색·육처·촉·수·애·취·유·생·노사의 수탄고우뇌의 청정함이고 행, 나아가 노사의 수탄고우뇌의 청정함이 곧 견자의 청정함이니라. 왜 그러한가? 이 견자의 청정함과 행, 나아가 노사의 수탄고우뇌의 청정함은 무이이고 둘로 나눌 수 없으며 분별이 없고 단절도 없는 까닭이니라.

선현이여. 견자의 청정함이 곧 보시바라밀다의 청정함이고 보시바라밀다의 청정함이 곧 견자의 청정함이니라. 왜 그러한가? 이 견자의 청정함과 보시바라밀다의 청정함은 무이이고 둘로 나눌 수 없으며 분별이 없고 단절도 없는 까닭이며, 견자의 청정함이 곧 정계·안인·정진·정려·반야바라밀다의 청정함이고 정계, 나아가 반야바라밀다의 청정함이 곧 견자의 청정함이니라. 왜 그러한가? 이 견자의 청정함과 정계, 나아가 반야바라밀다의 청정함은 무이이고 둘로 나눌 수 없으며 분별이 없고 단절도 없는 까닭이니라.

선현이여. 견자의 청정함이 곧 내공의 청정함이고 내공의 청정함이 곧 견자의 청정함이니라. 왜 그러한가? 이 견자의 청정함과 내공의 청정함은 무이이고 둘로 나눌 수 없으며 분별이 없고 단절도 없는 까닭이며, 견자의 청정함이 곧 외공·내외공·공공·대공·승의공·유위공·무위공·필경공·무제공·산공·무변이공·본성공·자상공·공상공·일체법공·불가득공·무성공·자성공·무성자성공의 청정함이고 외공, 나아가 무성자성공의 청정함이 곧 견자의 청정함이니라. 왜 그러한가? 이 견자의 청정함과 외공, 나아가 무성자성공의 청정함은 무이이고 둘로 나눌 수 없으며 분별이 없고 단절도 없는 까닭이니라.

선현이여. 견자의 청정함이 곧 진여의 청정함이고 진여의 청정함이 곧 견자의 청정함이니라. 왜 그러한가? 이 견자의 청정함과 진여의 청정함은 무이이고 둘로 나눌 수 없으며 분별이 없고 단절도 없는 까닭이며,

견자의 청정함이 곧 법계·법성·불허망성·불변이성·평등성·이생성·법정·법주·실제·허공계·부사의계의 청정함이고 법계, 나아가 부사의계의 청정함이 곧 견자의 청정함이니라. 왜 그러한가? 이 견자의 청정함과 법계, 나아가 부사의계의 청정함은 무이이고 둘로 나눌 수 없으며 분별이 없고 단절도 없는 까닭이니라.

선현이여. 견자의 청정함이 곧 고성제의 청정함이고 고성제의 청정함이 곧 견자의 청정함이니라. 왜 그러한가? 이 견자의 청정함과 고성제의 청정함은 무이이고 둘로 나눌 수 없으며 분별이 없고 단절도 없는 까닭이며, 견자의 청정함이 곧 집·멸·도성제의 청정함이고 집·멸·도성제의 청정함이 곧 견자의 청정함이니라. 왜 그러한가? 이 견자의 청정함과 집·멸·도성제의 청정함은 무이이고 둘로 나눌 수 없으며 분별이 없고 단절도 없는 까닭이니라.

선현이여. 견자의 청정함이 곧 4정려의 청정함이고 4정려의 청정함이 곧 견자의 청정함이니라. 왜 그러한가? 이 견자의 청정함과 4정려의 청정함은 무이이고 둘로 나눌 수 없으며 분별이 없고 단절도 없는 까닭이며, 견자의 청정함이 곧 4무량·4무색정의 청정함이고 4무량·4무색정의 청정함이 곧 견자의 청정함이니라. 왜 그러한가? 이 견자의 청정함과 4무량·4무색정의 청정함은 무이이고 둘로 나눌 수 없으며 분별이 없고 단절도 없는 까닭이니라.

선현이여. 견자의 청정함이 곧 8해탈의 청정함이고 8해탈의 청정함이 곧 견자의 청정함이니라. 왜 그러한가? 이 견자의 청정함과 8해탈의 청정함은 무이이고 둘로 나눌 수 없으며 분별이 없고 단절도 없는 까닭이며, 견자의 청정함이 곧 8승처·9차제정·10변처의 청정함이고 8승처·9차제정·10변처의 청정함이 곧 견자의 청정함이니라. 왜 그러한가? 이 견자의 청정함과 8승처·9차제정·10변처의 청정함은 무이이고 둘로 나눌 수 없으며 분별이 없고 단절도 없는 까닭이니라.

선현이여. 견자의 청정함이 곧 4념주의 청정함이고 4념주의 청정함이 곧 견자의 청정함이니라. 왜 그러한가? 이 견자의 청정함과 4념주의 청정함은 무이이고 둘로 나눌 수 없으며 분별이 없고 단절도 없는 까닭이며, 견자의 청정함이 곧 4정단·4신족·5근·5력·7등각지·8성도지의 청정함이고 4정단, 나아가 8성도지의 청정함이 곧 견자의 청정함이니라. 왜 그러한가? 이 견자의 청정함과 4정단, 나아가 8성도지의 청정함은 무이이고 둘로 나눌 수 없으며 분별이 없고 단절도 없는 까닭이니라.

선현이여. 견자의 청정함이 곧 공해탈문의 청정함이고 공해탈문의 청정함이 곧 견자의 청정함이니라. 왜 그러한가? 이 견자의 청정함과 공해탈문의 청정함은 무이이고 둘로 나눌 수 없으며 분별이 없고 단절도 없는 까닭이며, 견자의 청정함이 곧 무상·무원해탈문의 청정함이고 무상·무원해탈문의 청정함이 곧 견자의 청정함이니라. 왜 그러한가? 이 견자의 청정함과 무상·무원해탈문의 청정함은 무이이고 둘로 나눌 수 없으며 분별이 없고 단절도 없는 까닭이니라.

선현이여. 견자의 청정함이 곧 보살의 10지의 청정함이고 보살의 10지의 청정함이 곧 견자의 청정함이니라. 왜 그러한가? 이 견자의 청정함과 보살의 10지의 청정함은 무이이고 둘로 나눌 수 없으며 분별이 없고 단절도 없는 까닭이니라.

선현이여. 견자의 청정함이 곧 5안의 청정함이고 5안의 청정함이 곧 견자의 청정함이니라. 왜 그러한가? 이 견자의 청정함과 5안의 청정함은 무이이고 둘로 나눌 수 없으며 분별이 없고 단절도 없는 까닭이며, 견자의 청정함이 곧 6신통의 청정함이고 6신통의 청정함이 곧 수자의 청정함이니라. 왜 그러한가? 이 견자의 청정함과 6신통의 청정함은 무이이고 둘로 나눌 수 없으며 분별이 없고 단절도 없는 까닭이니라.

선현이여. 견자의 청정함이 곧 여래의 10력의 청정함이고 여래의 10력의 청정함이 곧 견자의 청정함이니라. 왜 그러한가? 이 견자의 청정함과 여래의 10력의 청정함은 무이이고 둘로 나눌 수 없으며 분별이 없고 단절도 없는 까닭이며, 견자의 청정함이 곧 4무소외·4무애해·대자·대비·대희·대사·18불불공법의 청정함이고 4무소외, 나아가 18불불공법의 청정함이 곧 견자의 청정함이니라. 왜 그러한가? 이 견자의 청정함과 4무소

외, 나아가 18불불공법의 청정함은 무이이고 둘로 나눌 수 없으며 분별이
없고 단절도 없는 까닭이니라.

선현이여. 견자의 청정함이 곧 무망실법의 청정함이고 무망실법의
청정함이 곧 견자의 청정함이니라. 왜 그러한가? 이 견자의 청정함과
무망실법의 청정함은 무이이고 둘로 나눌 수 없으며 분별이 없고 단절도
없는 까닭이며, 견자의 청정함이 곧 항주사성의 청정함이고 항주사성의
청정함이 곧 견자의 청정함이니라. 왜 그러한가? 이 견자의 청정함과
항주사성의 청정함은 무이이고 둘로 나눌 수 없으며 분별이 없고 단절도
없는 까닭이니라.

선현이여. 견자의 청정함이 곧 일체지의 청정함이고 일체지의 청정함
이 곧 견자의 청정함이니라. 왜 그러한가? 이 견자의 청정함과 일체지의
청정함은 무이이고 둘로 나눌 수 없으며 분별이 없고 단절도 없는 까닭이
며, 견자의 청정함이 곧 도상지·일체상지의 청정함이고 도상지·일체상지
의 청정함이 곧 견자의 청정함이니라. 왜 그러한가? 이 견자의 청정함과
도상지·일체상지의 청정함은 무이이고 둘로 나눌 수 없으며 분별이 없고
단절도 없는 까닭이니라.

선현이여. 견자의 청정함이 곧 일체의 다라니문의 청정함이고 일체의
다라니문의 청정함이 곧 견자의 청정함이니라. 왜 그러한가? 이 견자의
청정함과 일체의 다라니문의 청정함은 무이이고 둘로 나눌 수 없으며
분별이 없고 단절도 없는 까닭이며, 견자의 청정함이 곧 일체의 삼마지문
의 청정함이고 일체의 삼마지문의 청정함이 곧 견자의 청정함이니라.
왜 그러한가? 이 견자의 청정함과 일체의 삼마지문의 청정함은 무이이고
둘로 나눌 수 없으며 분별이 없고 단절도 없는 까닭이니라.

선현이여. 견자의 청정함이 곧 예류과의 청정함이고 예류과의 청정함
이 곧 견자의 청정함이니라. 왜 그러한가? 이 견자의 청정함과 예류과의
청정함은 무이이고 둘로 나눌 수 없으며 분별이 없고 단절도 없는 까닭이
며, 견자의 청정함이 곧 일래·불환·아라한과의 청정함이고 일래·불환·아
라한과의 청정함이 곧 견자의 청정함이니라. 왜 그러한가? 이 견자의

청정함과 일래·불환·아라한과의 청정함은 무이이고 둘로 나눌 수 없으며 분별이 없고 단절도 없는 까닭이니라.

선현이여. 견자의 청정함이 곧 독각의 보리의 청정함이고 독각의 보리의 청정함이 곧 견자의 청정함이니라. 왜 그러한가? 이 견자의 청정함과 독각의 보리의 청정함은 무이이고 둘로 나눌 수 없으며 분별이 없고 단절도 없는 까닭이니라. 선현이여. 견자의 청정함이 곧 일체의 보살마하살의 행의 청정함이고 일체의 보살마하살의 행의 청정함이 곧 견자의 청정함이니라. 왜 그러한가? 이 견자의 청정함과 일체의 보살마하살의 행의 청정함은 무이이고 둘로 나눌 수 없으며 분별이 없고 단절도 없는 까닭이니라.

선현이여. 견자의 청정함이 곧 제불의 무상정등보리의 청정함이고 제불의 무상정등보리의 청정함이 곧 견자의 청정함이니라. 왜 그러한가? 이 견자의 청정함과 제불의 무상정등보리의 청정함은 무이이고 둘로 나눌 수 없으며 분별이 없고 단절도 없는 까닭이니라.”

“다시 다음으로 선현이여. 내가 청정한 까닭으로 색이 청정하고, 색이 청정한 까닭으로 일체지지(一切智智)가 청정(淸淨)하니라. 왜 그러한가? 만약 내가 청정하거나, 만약 색이 청정하거나, 만약 일체지지가 청정하다면, 무이이고 둘로 나눌 수 없으며 분별이 없고 단절도 없는 까닭이니라. 내가 청정한 까닭으로 수·상·행·식이 청정하고, 수·상·행·식이 청정한 까닭으로 일체지지가 청정하니라. 왜 그러한가? 만약 내가 청정하거나, 만약 수·상·행·식이 청정하거나, 만약 일체지지가 청정하다면, 무이이고 둘로 나눌 수 없으며 분별이 없고 단절도 없는 까닭이니라.

선현이여. 내가 청정한 까닭으로 안처가 청정하고, 안처가 청정한 까닭으로 일체지지가 청정하니라. 왜 그러한가? 만약 내가 청정하거나, 만약 안처가 청정하거나, 만약 일체지지가 청정하다면, 무이이고 둘로 나눌 수 없으며 분별이 없고 단절도 없는 까닭이니라. 내가 청정한 까닭으로 이·비·설·신·의처가 청정하고, 이·비·설·신·의처가 청정한 까닭으로 일체지지가 청정하니라. 왜 그러한가? 만약 내가 청정하거나, 만약 이·비·설·신·의처가 청정하거나, 만약 일체지지가 청정하다면, 무이이고 둘로 나눌 수 없으며 분별이 없고 단절도 없는 까닭이니라.

선현이여. 내가 청정한 까닭으로 색처가 청정하고, 색처가 청정한 까닭으로 일체지지가 청정하니라. 왜 그러한가? 만약 내가 청정하거나, 만약 색처가 청정하거나, 만약 일체지지가 청정하다면, 무이이고 둘로 나눌 수 없으며 분별이 없고 단절도 없는 까닭이니라. 내가 청정한 까닭으로 성·향·미·촉·법처가 청정하고, 성·향·미·촉·법처가 청정한 까닭으로 일체지지가 청정하니라. 왜 그러한가? 만약 내가 청정하거나, 만약 성·향·미·촉·법처가 청정하거나, 만약 일체지지가 청정하다면, 무이이고 둘로 나눌 수 없으며 분별이 없고 단절도 없는 까닭이니라.

선현이여. 내가 청정한 까닭으로 안계가 청정하고, 안계가 청정한 까닭으로 일체지지가 청정하니라. 왜 그러한가? 만약 내가 청정하거나, 만약 안계가 청정하거나, 만약 일체지지가 청정하다면, 무이이고 둘로 나눌 수 없으며 분별이 없고 단절도 없는 까닭이니라. 내가 청정한 까닭으로 색계·안식계, 나아가 안촉·안촉을 인연으로 생겨난 여러 수가 청정하고, 색계, 나아가 안촉을 인연으로 생겨난 여러 수가 청정한 까닭으로 일체지지가 청정하니라. 왜 그러한가? 만약 내가 청정하거나, 만약 색계, 나아가 안촉을 인연으로 생겨난 여러 수가 청정하거나, 만약 일체지지가 청정하다면, 무이이고 둘로 나눌 수 없으며 분별이 없고 단절도 없는 까닭이니라.

선현이여. 내가 청정한 까닭으로 이계가 청정하고, 이계가 청정한 까닭으로 일체지지가 청정하니라. 왜 그러한가? 만약 내가 청정하거나, 만약 이계가 청정하거나, 만약 일체지지가 청정하다면, 무이이고 둘로 나눌 수 없으며 분별이 없고 단절도 없는 까닭이니라. 내가 청정한 까닭으로 성계·이식계, 나아가 이촉·이촉을 인연으로 생겨난 여러 수가 청정하고, 성계, 나아가 이촉을 인연으로 생겨난 여러 수가 청정한 까닭으로 일체지지가 청정하니라. 왜 그러한가? 만약 내가 청정하거나, 만약 성계,

나아가 이촉을 인연으로 생겨난 여러 수가 청정하거나, 만약 일체지지가 청정하다면, 무이이고 둘로 나눌 수 없으며 분별이 없고 단절도 없는 까닭이니라.

선현이여. 내가 청정한 까닭으로 비계가 청정하고, 비계가 청정한 까닭으로 일체지지가 청정하니라. 왜 그러한가? 만약 내가 청정하거나, 만약 비계가 청정하거나, 만약 일체지지가 청정하다면, 무이이고 둘로 나눌 수 없으며 분별이 없고 단절도 없는 까닭이니라. 내가 청정한 까닭으로 향계·비식계, 나아가 비촉·비촉을 인연으로 생겨난 여러 수가 청정하고, 향계, 나아가 비촉을 인연으로 생겨난 여러 수가 청정한 까닭으로 일체지지가 청정하니라. 왜 그러한가? 만약 내가 청정하거나, 만약 향계, 나아가 비촉을 인연으로 생겨난 여러 수가 청정하거나, 만약 일체지지가 청정하다면, 무이이고 둘로 나눌 수 없으며 분별이 없고 단절도 없는 까닭이니라.

선현이여. 내가 청정한 까닭으로 설계가 청정하고, 설계가 청정한 까닭으로 일체지지가 청정하니라. 왜 그러한가? 만약 내가 청정하거나, 만약 설계가 청정하거나, 만약 일체지지가 청정하다면, 무이이고 둘로 나눌 수 없으며 분별이 없고 단절도 없는 까닭이니라. 내가 청정한 까닭으로 미계·설식계, 나아가 설촉·설촉을 인연으로 생겨난 여러 수가 청정하고, 미계, 나아가 설촉을 인연으로 생겨난 여러 수가 청정한 까닭으로 일체지지가 청정하니라. 왜 그러한가? 만약 내가 청정하거나, 만약 미계, 나아가 설촉을 인연으로 생겨난 여러 수가 청정하거나, 만약 일체지지가 청정하다면, 무이이고 둘로 나눌 수 없으며 분별이 없고 단절도 없는 까닭이니라.

선현이여. 내가 청정한 까닭으로 신계가 청정하고, 신계가 청정한 까닭으로 일체지지가 청정하니라. 왜 그러한가? 만약 내가 청정하거나, 만약 신계가 청정하거나, 만약 일체지지가 청정하다면, 무이이고 둘로 나눌 수 없으며 분별이 없고 단절도 없는 까닭이니라. 내가 청정한 까닭으로 촉계·신식계, 나아가 신촉·신촉을 인연으로 생겨난 여러 수가 청정하고, 촉계, 나아가 신촉을 인연으로 생겨난 여러 수가 청정한 까닭으로 일체지지가 청정하니라. 왜 그러한가? 만약 내가 청정하거나, 만약 촉계, 나아가 신촉을 인연으로 생겨난 여러 수가 청정하거나, 만약 일체지지가 청정하다면, 무이이고 둘로 나눌 수 없으며 분별이 없고 단절도 없는 까닭이니라.

선현이여. 내가 청정한 까닭으로 의계가 청정하고, 의계가 청정한 까닭으로 일체지지가 청정하니라. 왜 그러한가? 만약 내가 청정하거나, 만약 의계가 청정하거나, 만약 일체지지가 청정하다면, 무이이고 둘로 나눌 수 없으며 분별이 없고 단절도 없는 까닭이니라. 내가 청정한 까닭으로 법계·의식계, 나아가 의촉·의촉을 인연으로 생겨난 여러 수가 청정하고, 법계, 나아가 의촉을 인연으로 생겨난 여러 수가 청정한 까닭으로 일체지지가 청정하니라. 왜 그러한가? 만약 내가 청정하거나, 만약 법계, 나아가 의촉을 인연으로 생겨난 여러 수가 청정하거나, 만약 일체지지가 청정하다면, 무이이고 둘로 나눌 수 없으며 분별이 없고 단절도 없는 까닭이니라.

선현이여. 내가 청정한 까닭으로 지계가 청정하고, 지계가 청정한 까닭으로 일체지지가 청정하니라. 왜 그러한가? 만약 내가 청정하거나, 만약 지계가 청정하거나, 만약 일체지지가 청정하다면, 무이이고 둘로 나눌 수 없으며 분별이 없고 단절도 없는 까닭이니라. 내가 청정한 까닭으로 수·화·풍·공·식계가 청정하고, 수·화·풍·공·식계가 청정한 까닭으로 일체지지가 청정하니라. 왜 그러한가? 만약 내가 청정하거나, 만약 수·화·풍·공·식계가 청정하거나, 만약 일체지지가 청정하다면, 무이이고 둘로 나눌 수 없으며 분별이 없고 단절도 없는 까닭이니라.

선현이여. 내가 청정한 까닭으로 무명이 청정하고, 무명이 청정한 까닭으로 일체지지가 청정하니라. 왜 그러한가? 만약 내가 청정하거나, 만약 무명이 청정하거나, 만약 일체지지가 청정하다면, 무이이고 둘로 나눌 수 없으며 분별이 없고 단절도 없는 까닭이니라. 내가 청정한 까닭으로 행·식·명색·육처·촉·수·애·취·유·생·노사의 수탄고우뇌가 청정하고, 행, 나아가 노사의 수탄고우뇌가 청정한 까닭으로 일체지지가 청정하니라. 왜 그러한가? 만약 내가 청정하거나, 만약 행, 나아가 노사의 수탄고우뇌가 청정하거나, 만약 일체지지가 청정하다면, 무이이고 둘로 나눌 수 없으며 분별이 없고 단절도 없는 까닭이니라.

선현이여. 내가 청정한 까닭으로 보시바라밀다가 청정하고, 보시바라밀다가 청정한 까닭으로 일체지지가 청정하니라. 왜 그러한가? 만약 내가 청정하거나, 만약 보시바라밀다가 청정하거나, 만약 일체지지가 청정하다면, 무이이고 둘로 나눌 수 없으며 분별이 없고 단절도 없는 까닭이니라. 내가 청정한 까닭으로 정계·안인·정진·정려·반야바라밀다가 청정하고, 정계, 나아가 반야바라밀다가 청정한 까닭으로 일체지지가 청정하니라. 왜 그러한가? 만약 내가 청정하거나, 만약 정계, 나아가 반야바라밀다가 청정하거나, 만약 일체지지가 청정하다면, 무이이고 둘로 나눌 수 없으며 분별이 없고 단절도 없는 까닭이니라.

선현이여. 내가 청정한 까닭으로 내공이 청정하고, 내공이 청정한 까닭으로 일체지지가 청정하니라. 왜 그러한가? 만약 내가 청정하거나, 만약 내공이 청정하거나, 만약 일체지지가 청정하다면, 무이이고 둘로 나눌 수 없으며 분별이 없고 단절도 없는 까닭이니라. 내가 청정한 까닭으로 외공·내외공·공공·대공·승의공·유위공·무위공·필경공·무제공·산공·무변이공·본성공·자상공·공상공·일체법공·불가득공·무성공·자성공·무성자성공이 청정하고, 외공, 나아가 무성자성공이 청정한 까닭으로 일체지지가 청정하니라. 왜 그러한가? 만약 내가 청정하거나, 만약 외공, 나아가 무성자성공이 청정하거나, 만약 일체지지가 청정하다면, 무이이고 둘로 나눌 수 없으며 분별이 없고 단절도 없는 까닭이니라.

선현이여. 내가 청정한 까닭으로 진여가 청정하고, 진여가 청정한 까닭으로 일체지지가 청정하니라. 왜 그러한가? 만약 내가 청정하거나, 만약 진여가 청정하거나, 만약 일체지지가 청정하다면, 무이이고 둘로 나눌 수 없으며 분별이 없고 단절도 없는 까닭이니라. 내가 청정한 까닭으로 법계·법성·불허망성·불변이성·평등성·이생성·법정·법주·실제·허공계·부사의계가 청정하고 법계, 나아가 부사의계가 청정한 까닭으로 일체지지가 청정하니라. 왜 그러한가? 만약 내가 청정하거나, 만약 법계, 나아가 부사의계가 청정하거나, 만약 일체지지가 청정하다면, 무이이고 둘로 나눌 수 없으며 분별이 없고 단절도 없는 까닭이니라.

선현이여. 내가 청정한 까닭으로 고성제가 청정하고, 고성제가 청정한 까닭으로 일체지지가 청정하니라. 왜 그러한가? 만약 내가 청정하거나, 만약 고성제가 청정하거나, 만약 일체지지가 청정하다면, 무이이고 둘로 나눌 수 없으며 분별이 없고 단절도 없는 까닭이니라. 내가 청정한 까닭으로 집·멸·도성제가 청정하고, 집·멸·도성제가 청정한 까닭으로 일체지지가 청정하니라. 왜 그러한가? 만약 내가 청정하거나, 만약 집·멸·도성제가 청정하거나, 만약 일체지지가 청정하다면, 무이이고 둘로 나눌 수 없으며 분별이 없고 단절도 없는 까닭이니라.

선현이여. 내가 청정한 까닭으로 4정려가 청정하고, 4정려가 청정한 까닭으로 일체지지가 청정하니라. 왜 그러한가? 만약 내가 청정하거나, 만약 4정려가 청정하거나, 만약 일체지지가 청정하다면, 무이이고 둘로 나눌 수 없으며 분별이 없고 단절도 없는 까닭이니라. 내가 청정한 까닭으로 4무량·4무색정이 청정하고, 4무량·4무색정이 청정한 까닭으로 일체지지가 청정하니라. 왜 그러한가? 만약 내가 청정하거나, 만약 4무량·4무색정이 청정하거나, 만약 일체지지가 청정하다면, 무이이고 둘로 나눌 수 없으며 분별이 없고 단절도 없는 까닭이니라.

선현이여. 내가 청정한 까닭으로 8해탈이 청정하고, 8해탈이 청정한 까닭으로 일체지지가 청정하니라. 왜 그러한가? 만약 내가 청정하거나, 만약 8해탈이 청정하거나, 만약 일체지지가 청정하다면, 무이이고 둘로 나눌 수 없으며 분별이 없고 단절도 없는 까닭이니라. 내가 청정한 까닭으로 8승처·9차제정·10변처가 청정하고, 8승처·9차제정·10변처가 청정한 까닭으로 일체지지가 청정하니라. 왜 그러한가? 만약 내가 청정하거나, 만약 8승처·9차제정·10변처가 청정하거나, 만약 일체지지가 청정하다면, 무이이고 둘로 나눌 수 없으며 분별이 없고 단절도 없는 까닭이니라.

선현이여. 내가 청정한 까닭으로 4념주가 청정하고, 4념주가 청정한 까닭으로 일체지지가 청정하니라. 왜 그러한가? 만약 내가 청정하거나, 만약 4념주가 청정하거나, 만약 일체지지가 청정하다면, 무이이고 둘로 나눌 수 없으며 분별이 없고 단절도 없는 까닭이니라. 내가 청정한 까닭으로 4정단·4신족·5근·5력·7등각지·8성도지가 청정하고, 4정단, 나아가 8성도지가 청정한 까닭으로 일체지지가 청정하니라. 왜 그러한가? 만약 내가 청정하거나, 만약 4정단, 나아가 8성도지가 청정하거나, 만약 일체지지가 청정하다면, 무이이고 둘로 나눌 수 없으며 분별이 없고 단절도 없는 까닭이니라.

선현이여. 내가 청정한 까닭으로 공해탈문이 청정하고, 공해탈문이 청정한 까닭으로 일체지지가 청정하니라. 왜 그러한가? 만약 내가 청정하거나, 만약 공해탈문이 청정하거나, 만약 일체지지가 청정하다면, 무이이고 둘로 나눌 수 없으며 분별이 없고 단절도 없는 까닭이니라. 내가 청정한 까닭으로 무상·무원해탈문이 청정하고, 무상·무원해탈문이 청정한 까닭으로 일체지지가 청정하니라. 왜 그러한가? 만약 내가 청정하거나, 만약 무상·무원해탈문이 청정하거나, 만약 일체지지가 청정하다면, 무이이고 둘로 나눌 수 없으며 분별이 없고 단절도 없는 까닭이니라.

선현이여. 내가 청정한 까닭으로 보살의 10지가 청정하고, 보살의 10지가 청정한 까닭으로 일체지지가 청정하니라. 왜 그러한가? 만약 내가 청정하거나, 만약 보살의 10지가 청정하거나, 만약 일체지지가 청정하다면, 무이이고 둘로 나눌 수 없으며 분별이 없고 단절도 없는 까닭이니라.

선현이여. 내가 청정한 까닭으로 5안이 청정하고, 5안이 청정한 까닭으로 일체지지가 청정하니라. 왜 그러한가? 만약 내가 청정하거나, 만약 5안이 청정하거나, 만약 일체지지가 청정하다면, 무이이고 둘로 나눌 수 없으며 분별이 없고 단절도 없는 까닭이니라. 내가 청정한 까닭으로 6신통이 청정하고, 6신통이 청정한 까닭으로 일체지지가 청정하니라. 왜 그러한가? 만약 내가 청정하거나, 만약 6신통이 청정하거나, 만약 일체지지가 청정하다면, 무이이고 둘로 나눌 수 없으며 분별이 없고 단절도 없는 까닭이니라.

선현이여. 내가 청정한 까닭으로 여래의 10력이 청정하고, 여래의 10력이 청정한 까닭으로 일체지지가 청정하니라. 왜 그러한가? 만약 내가 청정하거나, 만약 여래의 10력이 청정하거나, 만약 일체지지가 청정하다면, 무이이고 둘로 나눌 수 없으며 분별이 없고 단절도 없는 까닭이니라. 내가 청정한 까닭으로 4무소외·4무애해·대자·대비·대희·대사·18불불공법이 청정하고, 4무소외, 나아가 18불불공법이 청정한 까닭으로 일체지지가 청정하니라. 왜 그러한가? 만약 내가 청정하거나, 만약 4무소외, 나아가 18불불공법이 청정하거나, 만약 일체지지가 청정하다면, 무이이고 둘로 나눌 수 없으며 분별이 없고 단절도 없는 까닭이니라.

선현이여. 내가 청정한 까닭으로 무망실법이 청정하고, 무망실법이 청정한 까닭으로 일체지지가 청정하니라. 왜 그러한가? 만약 내가 청정하거나, 만약 무망실법이 청정하거나, 만약 일체지지가 청정하다면, 무이이고 둘로 나눌 수 없으며 분별이 없고 단절도 없는 까닭이니라. 내가 청정한 까닭으로 항주사성이 청정하고, 항주사성이 청정한 까닭으로 일체지지가 청정하니라. 왜 그러한가? 만약 내가 청정하거나, 만약 항주사성이 청정하거나, 만약 일체지지가 청정하다면, 무이이고 둘로 나눌 수 없으며 분별이 없고 단절도 없는 까닭이니라.

선현이여. 내가 청정한 까닭으로 일체지가 청정하고, 일체지가 청정한 까닭으로 일체지지가 청정하니라. 왜 그러한가? 만약 내가 청정하거나, 만약 일체지가 청정하거나, 만약 일체지지가 청정하다면, 무이이고 둘로 나눌 수 없으며 분별이 없고 단절도 없는 까닭이니라. 내가 청정한 까닭으로 도상지·일체상지가 청정하고, 도상지·일체상지가 청정한 까닭으로 일체지지가 청정하니라. 왜 그러한가? 만약 내가 청정하거나, 만약 도상지·일체상지가 청정하거나, 만약 일체지지가 청정하다면, 무이이고 둘로 나눌 수 없으며 분별이 없고 단절도 없는 까닭이니라.

선현이여. 내가 청정한 까닭으로 일체의 다라니문이 청정하고, 일체의 다라니문이 청정한 까닭으로 일체지지가 청정하니라. 왜 그러한가? 만약 내가 청정하거나, 만약 일체의 다라니문이 청정하거나, 만약 일체지지가 청정하다면, 무이이고 둘로 나눌 수 없으며 분별이 없고 단절도 없는 까닭이니라. 내가 청정한 까닭으로 일체의 삼마지문이 청정하고, 일체의 삼마지문이 청정한 까닭으로 일체지지가 청정하니라. 왜 그러한가? 만약 내가 청정하거나, 만약 일체의 삼마지문이 청정하거나, 만약 일체지지가 청정하다면, 무이이고 둘로 나눌 수 없으며 분별이 없고 단절도 없는 까닭이니라.

선현이여. 내가 청정한 까닭으로 예류과가 청정하고, 예류과가 청정한 까닭으로 일체지지가 청정하니라. 왜 그러한가? 만약 내가 청정하거나, 만약 예류과가 청정하거나, 만약 일체지지가 청정하다면, 무이이고 둘로 나눌 수 없으며 분별이 없고 단절도 없는 까닭이니라. 내가 청정한 까닭으로 일래·불환·아라한과가 청정하고, 일래·불환·아라한과가 청정한 까닭으로 일체지지가 청정하니라. 왜 그러한가? 만약 내가 청정하거나, 만약 일래·불환·아라한과가 청정하거나, 만약 일체지지가 청정하다면, 무이이고 둘로 나눌 수 없으며 분별이 없고 단절도 없는 까닭이니라.

선현이여. 내가 청정한 까닭으로 독각의 보리가 청정하고, 독각의 보리가 청정한 까닭으로 일체지지가 청정하니라. 왜 그러한가? 만약 내가 청정하거나, 만약 독각의 보리가 청정하거나, 만약 일체지지가 청정하다면, 무이이고 둘로 나눌 수 없으며 분별이 없고 단절도 없는 까닭이니라.

선현이여. 내가 청정한 까닭으로 일체의 보살마하살의 행이 청정하고, 일체의 보살마하살의 행이 청정한 까닭으로 일체지지가 청정하니라. 왜 그러한가? 만약 내가 청정하거나, 만약 일체의 보살마하살의 행이 청정하거나, 만약 일체지지가 청정하다면, 무이이고 둘로 나눌 수 없으며 분별이 없고 단절도 없는 까닭이니라.

선현이여. 내가 청정한 까닭으로 제불의 무상정등보리가 청정하고, 제불의 무상정등보리가 청정한 까닭으로 일체지지가 청정하니라. 왜 그러한가? 만약 내가 청정하거나, 만약 제불의 무상정등보리가 청정하거나, 만약 일체지지가 청정하다면, 무이이고 둘로 나눌 수 없으며 분별이 없고 단절도 없는 까닭이니라."

"다시 다음으로 선현이여. 유정이 청정한 까닭으로 색이 청정하고, 색이 청정한 까닭으로 일체지지가 청정하니라. 왜 그러한가? 만약 유정이 청정하거나, 만약 색이 청정하거나, 만약 일체지지가 청정하다면, 무이이고 둘로 나눌 수 없으며 분별이 없고 단절도 없는 까닭이니라. 유정이 청정한 까닭으로 수·상·행·식이 청정하고, 수·상·행·식이 청정한 까닭으로 일체지지가 청정하니라. 왜 그러한가? 만약 유정이 청정하거나, 만약 수·상·행·식이 청정하거나, 만약 일체지지가 청정하다면, 무이이고 둘로 나눌 수 없으며 분별이 없고 단절도 없는 까닭이니라.

선현이여. 유정이 청정한 까닭으로 안처가 청정하고, 안처가 청정한 까닭으로 일체지지가 청정하니라. 왜 그러한가? 만약 유정이 청정하거나, 만약 안처가 청정하거나, 만약 일체지지가 청정하다면, 무이이고 둘로 나눌 수 없으며 분별이 없고 단절도 없는 까닭이니라. 유정이 청정한 까닭으로 이·비·설·신·의처가 청정하고, 이·비·설·신·의처가 청정한 까닭으로 일체지지가 청정하니라. 왜 그러한가? 만약 유정이 청정하거나, 만약 이·비·설·신·의처가 청정하거나, 만약 일체지지가 청정하다면, 무이이고 둘로 나눌 수 없으며 분별이 없고 단절도 없는 까닭이니라.

선현이여. 유정이 청정한 까닭으로 색처가 청정하고, 색처가 청정한 까닭으로 일체지지가 청정하니라. 왜 그러한가? 만약 유정이 청정하거나, 만약 색처가 청정하거나, 만약 일체지지가 청정하다면, 무이이고 둘로 나눌 수 없으며 분별이 없고 단절도 없는 까닭이니라. 유정이 청정한 까닭으로 성·향·미·촉·법처가 청정하고, 성·향·미·촉·법처가 청정한 까닭으로 일체지지가 청정하니라. 왜 그러한가? 만약 유정이 청정하거나, 만약 성·향·미·촉·법처가 청정하거나, 만약 일체지지가 청정하다면, 무이이고 둘로 나눌 수 없으며 분별이 없고 단절도 없는 까닭이니라.

선현이여. 유정이 청정한 까닭으로 안계가 청정하고, 안계가 청정한 까닭으로 일체지지가 청정하니라. 왜 그러한가? 만약 유정이 청정하거나, 만약 안계가 청정하거나, 만약 일체지지가 청정하다면, 무이이고 둘로 나눌 수 없으며 분별이 없고 단절도 없는 까닭이니라. 유정이 청정한 까닭으로 색계·안식계, 나아가 안촉·안촉을 인연으로 생겨난 여러 수가 청정하고, 색계, 나아가 안촉을 인연으로 생겨난 여러 수가 청정한 까닭으로 일체지지가 청정하니라. 왜 그러한가? 만약 유정이 청정하거나, 만약 색계, 나아가 안촉을 인연으로 생겨난 여러 수가 청정하거나, 만약 일체지지가 청정하다면, 무이이고 둘로 나눌 수 없으며 분별이 없고 단절도 없는 까닭이니라.

선현이여. 유정이 청정한 까닭으로 이계가 청정하고, 이계가 청정한 까닭으로 일체지지가 청정하니라. 왜 그러한가? 만약 유정이 청정하거나, 만약 이계가 청정하거나, 만약 일체지지가 청정하다면, 무이이고 둘로 나눌 수 없으며 분별이 없고 단절도 없는 까닭이니라. 유정이 청정한 까닭으로 성계·이식계, 나아가 이촉·이촉을 인연으로 생겨난 여러 수가 청정하고, 성계, 나아가 이촉을 인연으로 생겨난 여러 수가 청정한 까닭으로 일체지지가 청정하니라. 왜 그러한가? 만약 유정이 청정하거나, 만약 성계, 나아가 이촉을 인연으로 생겨난 여러 수가 청정하거나, 만약 일체지지가 청정하다면, 무이이고 둘로 나눌 수 없으며 분별이 없고 단절도 없는 까닭이니라."

마하반야바라밀다경 제196권

34. 난신해품(難信解品)(15)

"선현이여. 유정이 청정한 까닭으로 비계가 청정하고, 비계가 청정한 까닭으로 일체지지가 청정하니라. 왜 그러한가? 만약 유정이 청정하거나, 만약 비계가 청정하거나, 만약 일체지지가 청정하다면, 무이이고 둘로 나눌 수 없으며 분별이 없고 단절도 없는 까닭이니라. 유정이 청정한 까닭으로 향계·비식계, 나아가 비촉·비촉을 인연으로 생겨난 여러 수가 청정하고, 향계, 나아가 비촉을 인연으로 생겨난 여러 수가 청정한 까닭으로 일체지지가 청정하니라. 왜 그러한가? 만약 유정이 청정하거나, 만약 향계, 나아가 비촉을 인연으로 생겨난 여러 수가 청정하거나, 만약 일체지지가 청정하다면, 무이이고 둘로 나눌 수 없으며 분별이 없고 단절도 없는 까닭이니라.

선현이여. 유정이 청정한 까닭으로 설계가 청정하고, 설계가 청정한 까닭으로 일체지지가 청정하니라. 왜 그러한가? 만약 유정이 청정하거나, 만약 설계가 청정하거나, 만약 일체지지가 청정하다면, 무이이고 둘로 나눌 수 없으며 분별이 없고 단절도 없는 까닭이니라. 유정이 청정한 까닭으로 미계·설식계, 나아가 설촉·설촉을 인연으로 생겨난 여러 수가 청정하고, 미계, 나아가 설촉을 인연으로 생겨난 여러 수가 청정한 까닭으로 일체지지가 청정하니라. 왜 그러한가? 만약 유정이 청정하거나, 만약 미계, 나아가 설촉을 인연으로 생겨난 여러 수가 청정하거나, 만약 일체지지가 청정하다면, 무이이고 둘로 나눌 수 없으며 분별이 없고 단절도

없는 까닭이니라.

선현이여. 유정이 청정한 까닭으로 신계가 청정하고, 신계가 청정한 까닭으로 일체지지가 청정하니라. 왜 그러한가? 만약 유정이 청정하거나, 만약 신계가 청정하거나, 만약 일체지지가 청정하다면, 무이이고 둘로 나눌 수 없으며 분별이 없고 단절도 없는 까닭이니라. 유정이 청정한 까닭으로 촉계·신식계, 나아가 신촉·신촉을 인연으로 생겨난 여러 수가 청정하고, 촉계, 나아가 신촉을 인연으로 생겨난 여러 수가 청정한 까닭으로 일체지지가 청정하니라. 왜 그러한가? 만약 유정이 청정하거나, 만약 촉계, 나아가 신촉을 인연으로 생겨난 여러 수가 청정하거나, 만약 일체지지가 청정하다면, 무이이고 둘로 나눌 수 없으며 분별이 없고 단절도 없는 까닭이니라.

선현이여. 유정이 청정한 까닭으로 의계가 청정하고, 의계가 청정한 까닭으로 일체지지가 청정하니라. 왜 그러한가? 만약 유정이 청정하거나, 만약 의계가 청정하거나, 만약 일체지지가 청정하다면, 무이이고 둘로 나눌 수 없으며 분별이 없고 단절도 없는 까닭이니라. 유정이 청정한 까닭으로 법계·의식계, 나아가 의촉·의촉을 인연으로 생겨난 여러 수가 청정하고, 법계, 나아가 의촉을 인연으로 생겨난 여러 수가 청정한 까닭으로 일체지지가 청정하니라. 왜 그러한가? 만약 유정이 청정하거나, 만약 법계, 나아가 의촉을 인연으로 생겨난 여러 수가 청정하거나, 만약 일체지지가 청정하다면, 무이이고 둘로 나눌 수 없으며 분별이 없고 단절도 없는 까닭이니라.

선현이여. 유정이 청정한 까닭으로 지계가 청정하고, 지계가 청정한 까닭으로 일체지지가 청정하니라. 왜 그러한가? 만약 유정이 청정하거나, 만약 지계가 청정하거나, 만약 일체지지가 청정하다면, 무이이고 둘로 나눌 수 없으며 분별이 없고 단절도 없는 까닭이니라. 유정이 청정한 까닭으로 수·화·풍·공·식계가 청정하고, 수·화·풍·공·식계가 청정한 까닭으로 일체지지가 청정하니라. 왜 그러한가? 만약 유정이 청정하거나, 만약 수·화·풍·공·식계가 청정하거나, 만약 일체지지가 청정하다면, 무이

이고 둘로 나눌 수 없으며 분별이 없고 단절도 없는 까닭이니라.

선현이여. 유정이 청정한 까닭으로 무명이 청정하고, 무명이 청정한 까닭으로 일체지지가 청정하니라. 왜 그러한가? 만약 유정이 청정하거나, 만약 무명이 청정하거나, 만약 일체지지가 청정하다면, 무이이고 둘로 나눌 수 없으며 분별이 없고 단절도 없는 까닭이니라. 유정이 청정한 까닭으로 행·식·명색·육처·촉·수·애·취·유·생·노사의 수탄고우뇌가 청정하고, 행, 나아가 노사의 수탄고우뇌가 청정한 까닭으로 일체지지가 청정하니라. 왜 그러한가? 만약 유정이 청정하거나, 만약 행, 나아가 노사의 수탄고우뇌가 청정하거나, 만약 일체지지가 청정하다면, 무이이고 둘로 나눌 수 없으며 분별이 없고 단절도 없는 까닭이니라.

선현이여. 유정이 청정한 까닭으로 보시바라밀다가 청정하고, 보시바라밀다가 청정한 까닭으로 일체지지가 청정하니라. 왜 그러한가? 만약 유정이 청정하거나, 만약 보시바라밀다가 청정하거나, 만약 일체지지가 청정하다면, 무이이고 둘로 나눌 수 없으며 분별이 없고 단절도 없는 까닭이니라. 유정이 청정한 까닭으로 정계·안인·정진·정려·반야바라밀다가 청정하고, 정계, 나아가 반야바라밀다가 청정한 까닭으로 일체지지가 청정하니라. 왜 그러한가? 만약 유정이 청정하거나, 만약 정계, 나아가 반야바라밀다가 청정하거나, 만약 일체지지가 청정하다면, 무이이고 둘로 나눌 수 없으며 분별이 없고 단절도 없는 까닭이니라.

선현이여. 유정이 청정한 까닭으로 내공이 청정하고, 내공이 청정한 까닭으로 일체지지가 청정하니라. 왜 그러한가? 만약 유정이 청정하거나, 만약 내공이 청정하거나, 만약 일체지지가 청정하다면, 무이이고 둘로 나눌 수 없으며 분별이 없고 단절도 없는 까닭이니라. 유정이 청정한 까닭으로 외공·내외공·공공·대공·승의공·유위공·무위공·필경공·무제공·산공·무변이공·본성공·자상공·공상공·일체법공·불가득공·무성공·자성공·무성자성공이 청정하고, 외공, 나아가 무성자성공이 청정한 까닭으로 일체지지가 청정하니라. 왜 그러한가? 만약 유정이 청정하거나, 만약 외공, 나아가 무성자성공이 청정하거나, 만약 일체지지가 청정하다

면, 무이이고 둘로 나눌 수 없으며 분별이 없고 단절도 없는 까닭이니라.

선현이여. 유정이 청정한 까닭으로 진여가 청정하고, 진여가 청정한 까닭으로 일체지지가 청정하니라. 왜 그러한가? 만약 유정이 청정하거나, 만약 진여가 청정하거나, 만약 일체지지가 청정하다면, 무이이고 둘로 나눌 수 없으며 분별이 없고 단절도 없는 까닭이니라. 유정이 청정한 까닭으로 법계·법성·불허망성·불변이성·평등성·이생성·법정·법주·실제·허공계·부사의계가 청정하고 법계, 나아가 부사의계가 청정한 까닭으로 일체지지가 청정하니라. 왜 그러한가? 만약 유정이 청정하거나, 만약 법계, 나아가 부사의계가 청정하거나, 만약 일체지지가 청정하다면, 무이이고 둘로 나눌 수 없으며 분별이 없고 단절도 없는 까닭이니라.

선현이여. 유정이 청정한 까닭으로 고성제가 청정하고, 고성제가 청정한 까닭으로 일체지지가 청정하니라. 왜 그러한가? 만약 유정이 청정하거나, 만약 고성제가 청정하거나, 만약 일체지지가 청정하다면, 무이이고 둘로 나눌 수 없으며 분별이 없고 단절도 없는 까닭이니라. 유정이 청정한 까닭으로 집·멸·도성제가 청정하고, 집·멸·도성제가 청정한 까닭으로 일체지지가 청정하니라. 왜 그러한가? 만약 유정이 청정하거나, 만약 집·멸·도성제가 청정하거나, 만약 일체지지가 청정하다면, 무이이고 둘로 나눌 수 없으며 분별이 없고 단절도 없는 까닭이니라.

선현이여. 유정이 청정한 까닭으로 4정려가 청정하고, 4정려가 청정한 까닭으로 일체지지가 청정하니라. 왜 그러한가? 만약 유정이 청정하거나, 만약 4정려가 청정하거나, 만약 일체지지가 청정하다면, 무이이고 둘로 나눌 수 없으며 분별이 없고 단절도 없는 까닭이니라. 유정이 청정한 까닭으로 4무량·4무색정이 청정하고, 4무량·4무색정이 청정한 까닭으로 일체지지가 청정하니라. 왜 그러한가? 만약 유정이 청정하거나, 만약 4무량·4무색정이 청정하거나, 만약 일체지지가 청정하다면, 무이이고 둘로 나눌 수 없으며 분별이 없고 단절도 없는 까닭이니라.

선현이여. 유정이 청정한 까닭으로 8해탈이 청정하고, 8해탈이 청정한 까닭으로 일체지지가 청정하니라. 왜 그러한가? 만약 유정이 청정하거나,

만약 8해탈이 청정하거나, 만약 일체지지가 청정하다면, 무이이고 둘로 나눌 수 없으며 분별이 없고 단절도 없는 까닭이니라. 유정이 청정한 까닭으로 8승처·9차제정·10변처가 청정하고, 8승처·9차제정·10변처가 청정한 까닭으로 일체지지가 청정하니라. 왜 그러한가? 만약 유정이 청정하거나, 만약 8승처·9차제정·10변처가 청정하거나, 만약 일체지지가 청정하다면, 무이이고 둘로 나눌 수 없으며 분별이 없고 단절도 없는 까닭이니라.

선현이여. 유정이 청정한 까닭으로 4념주가 청정하고, 4념주가 청정한 까닭으로 일체지지가 청정하니라. 왜 그러한가? 만약 유정이 청정하거나, 만약 4념주가 청정하거나, 만약 일체지지가 청정하다면, 무이이고 둘로 나눌 수 없으며 분별이 없고 단절도 없는 까닭이니라. 유정이 청정한 까닭으로 4정단·4신족·5근·5력·7등각지·8성도지가 청정하고, 4정단, 나아가 8성도지가 청정한 까닭으로 일체지지가 청정하니라. 왜 그러한가? 만약 유정이 청정하거나, 만약 4정단, 나아가 8성도지가 청정하거나, 만약 일체지지가 청정하다면, 무이이고 둘로 나눌 수 없으며 분별이 없고 단절도 없는 까닭이니라.

선현이여. 유정이 청정한 까닭으로 공해탈문이 청정하고, 공해탈문이 청정한 까닭으로 일체지지가 청정하니라. 왜 그러한가? 만약 유정이 청정하거나, 만약 공해탈문이 청정하거나, 만약 일체지지가 청정하다면, 무이이고 둘로 나눌 수 없으며 분별이 없고 단절도 없는 까닭이니라. 유정이 청정한 까닭으로 무상·무원해탈문이 청정하고, 무상·무원해탈문이 청정한 까닭으로 일체지지가 청정하니라. 왜 그러한가? 만약 유정이 청정하거나, 만약 무상·무원해탈문이 청정하거나, 만약 일체지지가 청정하다면, 무이이고 둘로 나눌 수 없으며 분별이 없고 단절도 없는 까닭이니라.

선현이여. 유정이 청정한 까닭으로 보살의 10지가 청정하고, 보살의 10지가 청정한 까닭으로 일체지지가 청정하니라. 왜 그러한가? 만약 유정이 청정하거나, 만약 보살의 10지가 청정하거나, 만약 일체지지가 청정하다면, 무이이고 둘로 나눌 수 없으며 분별이 없고 단절도 없는 까닭이니라.

선현이여. 유정이 청정한 까닭으로 5안이 청정하고, 5안이 청정한 까닭으로 일체지지가 청정하니라. 왜 그러한가? 만약 유정이 청정하거나, 만약 5안이 청정하거나, 만약 일체지지가 청정하다면, 무이이고 둘로 나눌 수 없으며 분별이 없고 단절도 없는 까닭이니라. 유정이 청정한 까닭으로 6신통이 청정하고, 6신통이 청정한 까닭으로 일체지지가 청정하니라. 왜 그러한가? 만약 유정이 청정하거나, 만약 6신통이 청정하거나, 만약 일체지지가 청정하다면, 무이이고 둘로 나눌 수 없으며 분별이 없고 단절도 없는 까닭이니라.

선현이여. 유정이 청정한 까닭으로 여래의 10력이 청정하고, 여래의 10력이 청정한 까닭으로 일체지지가 청정하니라. 왜 그러한가? 만약 유정이 청정하거나, 만약 여래의 10력이 청정하거나, 만약 일체지지가 청정하다면, 무이이고 둘로 나눌 수 없으며 분별이 없고 단절도 없는 까닭이니라. 유정이 청정한 까닭으로 4무소외·4무애해·대자·대비·대희·대사·18불불공법이 청정하고, 4무소외, 나아가 18불불공법이 청정한 까닭으로 일체지지가 청정하니라. 왜 그러한가? 만약 유정이 청정하거나, 만약 4무소외, 나아가 18불불공법이 청정하거나, 만약 일체지지가 청정하다면, 무이이고 둘로 나눌 수 없으며 분별이 없고 단절도 없는 까닭이니라.

선현이여. 유정이 청정한 까닭으로 무망실법이 청정하고, 무망실법이 청정한 까닭으로 일체지지가 청정하니라. 왜 그러한가? 만약 유정이 청정하거나, 만약 무망실법이 청정하거나, 만약 일체지지가 청정하다면, 무이이고 둘로 나눌 수 없으며 분별이 없고 단절도 없는 까닭이니라. 유정이 청정한 까닭으로 항주사성이 청정하고, 항주사성이 청정한 까닭으로 일체지지가 청정하니라. 왜 그러한가? 만약 유정이 청정하거나, 만약 항주사성이 청정하거나, 만약 일체지지가 청정하다면, 무이이고 둘로 나눌 수 없으며 분별이 없고 단절도 없는 까닭이니라.

선현이여. 유정이 청정한 까닭으로 일체지가 청정하고, 일체지가 청정한 까닭으로 일체지지가 청정하니라. 왜 그러한가? 만약 유정이 청정하거나, 만약 일체지가 청정하거나, 만약 일체지지가 청정하다면, 무이이고 둘로 나눌 수 없으며 분별이 없고 단절도 없는 까닭이니라. 유정이 청정한 까닭으로 도상지·일체상지가 청정하고, 도상지·일체상지가 청정한 까닭으로 일체지지가 청정하니라. 왜 그러한가? 만약 유정이 청정하거나, 만약 도상지·일체상지가 청정하거나, 만약 일체지지가 청정하다면, 무이이고 둘로 나눌 수 없으며 분별이 없고 단절도 없는 까닭이니라.

선현이여. 유정이 청정한 까닭으로 일체의 다라니문이 청정하고, 일체의 다라니문이 청정한 까닭으로 일체지지가 청정하니라. 왜 그러한가? 만약 유정이 청정하거나, 만약 일체의 다라니문이 청정하거나, 만약 일체지지가 청정하다면, 무이이고 둘로 나눌 수 없으며 분별이 없고 단절도 없는 까닭이니라. 유정이 청정한 까닭으로 일체의 삼마지문이 청정하고, 일체의 삼마지문이 청정한 까닭으로 일체지지가 청정하니라. 왜 그러한가? 만약 유정이 청정하거나, 만약 일체의 삼마지문이 청정하거나, 만약 일체지지가 청정하다면, 무이이고 둘로 나눌 수 없으며 분별이 없고 단절도 없는 까닭이니라.

선현이여. 유정이 청정한 까닭으로 예류과가 청정하고, 예류과가 청정한 까닭으로 일체지지가 청정하니라. 왜 그러한가? 만약 유정이 청정하거나, 만약 예류과가 청정하거나, 만약 일체지지가 청정하다면, 무이이고 둘로 나눌 수 없으며 분별이 없고 단절도 없는 까닭이니라. 유정이 청정한 까닭으로 일래·불환·아라한과가 청정하고, 일래·불환·아라한과가 청정한 까닭으로 일체지지가 청정하니라. 왜 그러한가? 만약 유정이 청정하거나, 만약 일래·불환·아라한과가 청정하거나, 만약 일체지지가 청정하다면, 무이이고 둘로 나눌 수 없으며 분별이 없고 단절도 없는 까닭이니라.

선현이여. 유정이 청정한 까닭으로 독각의 보리가 청정하고, 독각의 보리가 청정한 까닭으로 일체지지가 청정하니라. 왜 그러한가? 만약 유정이 청정하거나, 만약 독각의 보리가 청정하거나, 만약 일체지지가 청정하다면, 무이이고 둘로 나눌 수 없으며 분별이 없고 단절도 없는 까닭이니라.

선현이여. 유정이 청정한 까닭으로 일체의 보살마하살의 행이 청정하고, 일체의 보살마하살의 행이 청정한 까닭으로 일체지지가 청정하니라. 왜 그러한가? 만약 유정이 청정하거나, 만약 일체의 보살마하살의 행이 청정하거나, 만약 일체지지가 청정하다면, 무이이고 둘로 나눌 수 없으며 분별이 없고 단절도 없는 까닭이니라.

선현이여. 유정이 청정한 까닭으로 제불의 무상정등보리가 청정하고, 제불의 무상정등보리가 청정한 까닭으로 일체지지가 청정하니라. 왜 그러한가? 만약 유정이 청정하거나, 만약 제불의 무상정등보리가 청정하거나, 만약 일체지지가 청정하다면, 무이이고 둘로 나눌 수 없으며 분별이 없고 단절도 없는 까닭이니라."

"다시 다음으로 선현이여. 명자가 청정한 까닭으로 색이 청정하고, 색이 청정한 까닭으로 일체지지가 청정하니라. 왜 그러한가? 만약 명자가 청정하거나, 만약 색이 청정하거나, 만약 일체지지가 청정하다면, 무이이고 둘로 나눌 수 없으며 분별이 없고 단절도 없는 까닭이니라. 명자가 청정한 까닭으로 수·상·행·식이 청정하고, 수·상·행·식이 청정한 까닭으로 일체지지가 청정하니라. 왜 그러한가? 만약 명자가 청정하거나, 만약 수·상·행·식이 청정하거나, 만약 일체지지가 청정하다면, 무이이고 둘로 나눌 수 없으며 분별이 없고 단절도 없는 까닭이니라.

선현이여. 명자가 청정한 까닭으로 안처가 청정하고, 안처가 청정한 까닭으로 일체지지가 청정하니라. 왜 그러한가? 만약 명자가 청정하거나, 만약 안처가 청정하거나, 만약 일체지지가 청정하다면, 무이이고 둘로 나눌 수 없으며 분별이 없고 단절도 없는 까닭이니라. 명자가 청정한 까닭으로 이·비·설·신·의처가 청정하고, 이·비·설·신·의처가 청정한 까닭으로 일체지지가 청정하니라. 왜 그러한가? 만약 명자가 청정하거나, 만약 이·비·설·신·의처가 청정하거나, 만약 일체지지가 청정하다면, 무이이고 둘로 나눌 수 없으며 분별이 없고 단절도 없는 까닭이니라.

선현이여. 명자가 청정한 까닭으로 색처가 청정하고, 색처가 청정한 까닭으로 일체지지가 청정하니라. 왜 그러한가? 만약 명자가 청정하거나, 만약 색처가 청정하거나, 만약 일체지지가 청정하다면, 무이이고 둘로 나눌 수 없으며 분별이 없고 단절도 없는 까닭이니라. 명자가 청정한 까닭으로 성·향·미·촉·법처가 청정하고, 성·향·미·촉·법처가 청정한 까닭으로 일체지지가 청정하니라. 왜 그러한가? 만약 명자가 청정하거나, 만약 성·향·미·촉·법처가 청정하거나, 만약 일체지지가 청정하다면, 무이이고 둘로 나눌 수 없으며 분별이 없고 단절도 없는 까닭이니라.

선현이여. 명자가 청정한 까닭으로 안계가 청정하고, 안계가 청정한 까닭으로 일체지지가 청정하니라. 왜 그러한가? 만약 명자가 청정하거나, 만약 안계가 청정하거나, 만약 일체지지가 청정하다면, 무이이고 둘로 나눌 수 없으며 분별이 없고 단절도 없는 까닭이니라. 명자가 청정한 까닭으로 색계·안식계, 나아가 안촉·안촉을 인연으로 생겨난 여러 수가 청정하고, 색계, 나아가 안촉을 인연으로 생겨난 여러 수가 청정한 까닭으로 일체지지가 청정하니라. 왜 그러한가? 만약 명자가 청정하거나, 만약 색계, 나아가 안촉을 인연으로 생겨난 여러 수가 청정하거나, 만약 일체지지가 청정하다면, 무이이고 둘로 나눌 수 없으며 분별이 없고 단절도 없는 까닭이니라.

선현이여. 명자가 청정한 까닭으로 이계가 청정하고, 이계가 청정한 까닭으로 일체지지가 청정하니라. 왜 그러한가? 만약 명자가 청정하거나, 만약 이계가 청정하거나, 만약 일체지지가 청정하다면, 무이이고 둘로 나눌 수 없으며 분별이 없고 단절도 없는 까닭이니라. 명자가 청정한 까닭으로 성계·이식계, 나아가 이촉·이촉을 인연으로 생겨난 여러 수가 청정하고, 성계, 나아가 이촉을 인연으로 생겨난 여러 수가 청정한 까닭으로 일체지지가 청정하니라. 왜 그러한가? 만약 명자가 청정하거나, 만약 성계, 나아가 이촉을 인연으로 생겨난 여러 수가 청정하거나, 만약 일체지지가 청정하다면, 무이이고 둘로 나눌 수 없으며 분별이 없고 단절도 없는 까닭이니라.

선현이여. 명자가 청정한 까닭으로 비계가 청정하고, 비계가 청정한

까닭으로 일체지지가 청정하니라. 왜 그러한가? 만약 명자가 청정하거나,
만약 비계가 청정하거나, 만약 일체지지가 청정하다면, 무이이고 둘로
나눌 수 없으며 분별이 없고 단절도 없는 까닭이니라. 명자가 청정한
까닭으로 향계·비식계, 나아가 비촉·비촉을 인연으로 생겨난 여러 수가
청정하고, 향계, 나아가 비촉을 인연으로 생겨난 여러 수가 청정한 까닭으
로 일체지지가 청정하니라. 왜 그러한가? 만약 명자가 청정하거나, 만약
향계, 나아가 비촉을 인연으로 생겨난 여러 수가 청정하거나, 만약 일체지
지가 청정하다면, 무이이고 둘로 나눌 수 없으며 분별이 없고 단절도
없는 까닭이니라.

　선현이여. 명자가 청정한 까닭으로 설계가 청정하고, 설계가 청정한
까닭으로 일체지지가 청정하니라. 왜 그러한가? 만약 명자가 청정하거나,
만약 설계가 청정하거나, 만약 일체지지가 청정하다면, 무이이고 둘로
나눌 수 없으며 분별이 없고 단절도 없는 까닭이니라. 명자가 청정한
까닭으로 미계·설식계, 나아가 설촉·설촉을 인연으로 생겨난 여러 수가
청정하고, 미계, 나아가 설촉을 인연으로 생겨난 여러 수가 청정한 까닭으
로 일체지지가 청정하니라. 왜 그러한가? 만약 명자가 청정하거나, 만약
미계, 나아가 설촉을 인연으로 생겨난 여러 수가 청정하거나, 만약 일체지
지가 청정하다면, 무이이고 둘로 나눌 수 없으며 분별이 없고 단절도
없는 까닭이니라.

　선현이여. 명자가 청정한 까닭으로 신계가 청정하고, 신계가 청정한
까닭으로 일체지지가 청정하니라. 왜 그러한가? 만약 명자가 청정하거나,
만약 신계가 청정하거나, 만약 일체지지가 청정하다면, 무이이고 둘로
나눌 수 없으며 분별이 없고 단절도 없는 까닭이니라. 명자가 청정한
까닭으로 촉계·신식계, 나아가 신촉·신촉을 인연으로 생겨난 여러 수가
청정하고, 촉계, 나아가 신촉을 인연으로 생겨난 여러 수가 청정한 까닭으
로 일체지지가 청정하니라. 왜 그러한가? 만약 명자가 청정하거나, 만약
촉계, 나아가 신촉을 인연으로 생겨난 여러 수가 청정하거나, 만약 일체지
지가 청정하다면, 무이이고 둘로 나눌 수 없으며 분별이 없고 단절도

없는 까닭이니라.

선현이여. 명자가 청정한 까닭으로 의계가 청정하고, 의계가 청정한 까닭으로 일체지지가 청정하니라. 왜 그러한가? 만약 명자가 청정하거나, 만약 의계가 청정하거나, 만약 일체지지가 청정하다면, 무이이고 둘로 나눌 수 없으며 분별이 없고 단절도 없는 까닭이니라. 명자가 청정한 까닭으로 법계·의식계, 나아가 의촉·의촉을 인연으로 생겨난 여러 수가 청정하고, 법계, 나아가 의촉을 인연으로 생겨난 여러 수가 청정한 까닭으로 일체지지가 청정하니라. 왜 그러한가? 만약 명자가 청정하거나, 만약 법계, 나아가 의촉을 인연으로 생겨난 여러 수가 청정하거나, 만약 일체지지가 청정하다면, 무이이고 둘로 나눌 수 없으며 분별이 없고 단절도 없는 까닭이니라.

선현이여. 명자가 청정한 까닭으로 지계가 청정하고, 지계가 청정한 까닭으로 일체지지가 청정하니라. 왜 그러한가? 만약 명자가 청정하거나, 만약 지계가 청정하거나, 만약 일체지지가 청정하다면, 무이이고 둘로 나눌 수 없으며 분별이 없고 단절도 없는 까닭이니라. 명자가 청정한 까닭으로 수·화·풍·공·식계가 청정하고, 수·화·풍·공·식계가 청정한 까닭으로 일체지지가 청정하니라. 왜 그러한가? 만약 명자가 청정하거나, 만약 수·화·풍·공·식계가 청정하거나, 만약 일체지지가 청정하다면, 무이이고 둘로 나눌 수 없으며 분별이 없고 단절도 없는 까닭이니라.

선현이여. 명자가 청정한 까닭으로 무명이 청정하고, 무명이 청정한 까닭으로 일체지지가 청정하니라. 왜 그러한가? 만약 명자가 청정하거나, 만약 무명이 청정하거나, 만약 일체지지가 청정하다면, 무이이고 둘로 나눌 수 없으며 분별이 없고 단절도 없는 까닭이니라. 명자가 청정한 까닭으로 행·식·명색·육처·촉·수·애·취·유·생·노사의 수탄고우뇌가 청정하고, 행, 나아가 노사의 수탄고우뇌가 청정한 까닭으로 일체지지가 청정하니라. 왜 그러한가? 만약 명자가 청정하거나, 만약 행, 나아가 노사의 수탄고우뇌가 청정하거나, 만약 일체지지가 청정하다면, 무이이고 둘로 나눌 수 없으며 분별이 없고 단절도 없는 까닭이니라.

선현이여. 명자가 청정한 까닭으로 보시바라밀다가 청정하고, 보시바라밀다가 청정한 까닭으로 일체지지가 청정하니라. 왜 그러한가? 만약 명자가 청정하거나, 만약 보시바라밀다가 청정하거나, 만약 일체지지가 청정하다면, 무이이고 둘로 나눌 수 없으며 분별이 없고 단절도 없는 까닭이니라. 명자가 청정한 까닭으로 정계·안인·정진·정려·반야바라밀다가 청정하고, 정계, 나아가 반야바라밀다가 청정한 까닭으로 일체지지가 청정하니라. 왜 그러한가? 만약 명자가 청정하거나, 만약 정계, 나아가 반야바라밀다가 청정하거나, 만약 일체지지가 청정하다면, 무이이고 둘로 나눌 수 없으며 분별이 없고 단절도 없는 까닭이니라.

선현이여. 명자가 청정한 까닭으로 내공이 청정하고, 내공이 청정한 까닭으로 일체지지가 청정하니라. 왜 그러한가? 만약 명자가 청정하거나, 만약 내공이 청정하거나, 만약 일체지지가 청정하다면, 무이이고 둘로 나눌 수 없으며 분별이 없고 단절도 없는 까닭이니라. 명자가 청정한 까닭으로 외공·내외공·공공·대공·승의공·유위공·무위공·필경공·무제공·산공·무변이공·본성공·자상공·공상공·일체법공·불가득공·무성공·자성공·무성자성공이 청정하고, 외공, 나아가 무성자성공이 청정한 까닭으로 일체지지가 청정하니라. 왜 그러한가? 만약 명자가 청정하거나, 만약 외공, 나아가 무성자성공이 청정하거나, 만약 일체지지가 청정하다면, 무이이고 둘로 나눌 수 없으며 분별이 없고 단절도 없는 까닭이니라.

선현이여. 명자가 청정한 까닭으로 진여가 청정하고, 진여가 청정한 까닭으로 일체지지가 청정하니라. 왜 그러한가? 만약 명자가 청정하거나, 만약 진여가 청정하거나, 만약 일체지지가 청정하다면, 무이이고 둘로 나눌 수 없으며 분별이 없고 단절도 없는 까닭이니라. 명자가 청정한 까닭으로 법계·법성·불허망성·불변이성·평등성·이생성·법정·법주·실제·허공계·부사의계가 청정하고 법계, 나아가 부사의계가 청정한 까닭으로 일체지지가 청정하니라. 왜 그러한가? 만약 명자가 청정하거나, 만약 법계, 나아가 부사의계가 청정하거나, 만약 일체지지가 청정하다면, 무이이고 둘로 나눌 수 없으며 분별이 없고 단절도 없는 까닭이니라.

선현이여. 명자가 청정한 까닭으로 고성제가 청정하고, 고성제가 청정한 까닭으로 일체지지가 청정하니라. 왜 그러한가? 만약 명자가 청정하거나, 만약 고성제가 청정하거나, 만약 일체지지가 청정하다면, 무이이고 둘로 나눌 수 없으며 분별이 없고 단절도 없는 까닭이니라. 명자가 청정한 까닭으로 집·멸·도성제가 청정하고, 집·멸·도성제가 청정한 까닭으로 일체지지가 청정하니라. 왜 그러한가? 만약 명자가 청정하거나, 만약 집·멸·도성제가 청정하거나, 만약 일체지지가 청정하다면, 무이이고 둘로 나눌 수 없으며 분별이 없고 단절도 없는 까닭이니라.

선현이여. 명자가 청정한 까닭으로 4정려가 청정하고, 4정려가 청정한 까닭으로 일체지지가 청정하니라. 왜 그러한가? 만약 명자가 청정하거나, 만약 4정려가 청정하거나, 만약 일체지지가 청정하다면, 무이이고 둘로 나눌 수 없으며 분별이 없고 단절도 없는 까닭이니라. 명자가 청정한 까닭으로 4무량·4무색정이 청정하고, 4무량·4무색정이 청정한 까닭으로 일체지지가 청정하니라. 왜 그러한가? 만약 명자가 청정하거나, 만약 4무량·4무색정이 청정하거나, 만약 일체지지가 청정하다면, 무이이고 둘로 나눌 수 없으며 분별이 없고 단절도 없는 까닭이니라.

선현이여. 명자가 청정한 까닭으로 8해탈이 청정하고, 8해탈이 청정한 까닭으로 일체지지가 청정하니라. 왜 그러한가? 만약 명자가 청정하거나, 만약 8해탈이 청정하거나, 만약 일체지지가 청정하다면, 무이이고 둘로 나눌 수 없으며 분별이 없고 단절도 없는 까닭이니라. 명자가 청정한 까닭으로 8승처·9차제정·10변처가 청정하고, 8승처·9차제정·10변처가 청정한 까닭으로 일체지지가 청정하니라. 왜 그러한가? 만약 명자가 청정하거나, 만약 8승처·9차제정·10변처가 청정하거나, 만약 일체지지가 청정하다면, 무이이고 둘로 나눌 수 없으며 분별이 없고 단절도 없는 까닭이니라.

선현이여. 명자가 청정한 까닭으로 4념주가 청정하고, 4념주가 청정한 까닭으로 일체지지가 청정하니라. 왜 그러한가? 만약 명자가 청정하거나, 만약 4념주가 청정하거나, 만약 일체지지가 청정하다면, 무이이고 둘로 나눌 수 없으며 분별이 없고 단절도 없는 까닭이니라. 명자가 청정한 까닭으로 4정단·4신족·5근·5력·7등각지·8성도지가 청정하고, 4정단, 나아가 8성도지가 청정한 까닭으로 일체지지가 청정하니라. 왜 그러한가? 만약 명자가 청정하거나, 만약 4정단, 나아가 8성도지가 청정하거나, 만약 일체지지가 청정하다면, 무이이고 둘로 나눌 수 없으며 분별이 없고 단절도 없는 까닭이니라.

선현이여. 명자가 청정한 까닭으로 공해탈문이 청정하고, 공해탈문이 청정한 까닭으로 일체지지가 청정하니라. 왜 그러한가? 만약 명자가 청정하거나, 만약 공해탈문이 청정하거나, 만약 일체지지가 청정하다면, 무이이고 둘로 나눌 수 없으며 분별이 없고 단절도 없는 까닭이니라. 명자가 청정한 까닭으로 무상·무원해탈문이 청정하고, 무상·무원해탈문이 청정한 까닭으로 일체지지가 청정하니라. 왜 그러한가? 만약 명자가 청정하거나, 만약 무상·무원해탈문이 청정하거나, 만약 일체지지가 청정하다면, 무이이고 둘로 나눌 수 없으며 분별이 없고 단절도 없는 까닭이니라.

선현이여. 명자가 청정한 까닭으로 보살의 10지가 청정하고, 보살의 10지가 청정한 까닭으로 일체지지가 청정하니라. 왜 그러한가? 만약 명자가 청정하거나, 만약 보살의 10지가 청정하거나, 만약 일체지지가 청정하다면, 무이이고 둘로 나눌 수 없으며 분별이 없고 단절도 없는 까닭이니라.

선현이여. 명자가 청정한 까닭으로 5안이 청정하고, 5안이 청정한 까닭으로 일체지지가 청정하니라. 왜 그러한가? 만약 명자가 청정하거나, 만약 5안이 청정하거나, 만약 일체지지가 청정하다면, 무이이고 둘로 나눌 수 없으며 분별이 없고 단절도 없는 까닭이니라. 명자가 청정한 까닭으로 6신통이 청정하고, 6신통이 청정한 까닭으로 일체지지가 청정하니라. 왜 그러한가? 만약 명자가 청정하거나, 만약 6신통이 청정하거나, 만약 일체지지가 청정하다면, 무이이고 둘로 나눌 수 없으며 분별이 없고 단절도 없는 까닭이니라.

선현이여. 명자가 청정한 까닭으로 여래의 10력이 청정하고, 여래의 10력이 청정한 까닭으로 일체지지가 청정하니라. 왜 그러한가? 만약 명자가 청정하거나, 만약 여래의 10력이 청정하거나, 만약 일체지지가 청정하다면, 무이이고 둘로 나눌 수 없으며 분별이 없고 단절도 없는 까닭이니라. 명자가 청정한 까닭으로 4무소외·4무애해·대자·대비·대희·대사·18불불공법이 청정하고, 4무소외, 나아가 18불불공법이 청정한 까닭으로 일체지지가 청정하니라. 왜 그러한가? 만약 명자가 청정하거나, 만약 4무소외, 나아가 18불불공법이 청정하거나, 만약 일체지지가 청정하다면, 무이이고 둘로 나눌 수 없으며 분별이 없고 단절도 없는 까닭이니라.

선현이여. 명자가 청정한 까닭으로 무망실법이 청정하고, 무망실법이 청정한 까닭으로 일체지지가 청정하니라. 왜 그러한가? 만약 명자가 청정하거나, 만약 무망실법이 청정하거나, 만약 일체지지가 청정하다면, 무이이고 둘로 나눌 수 없으며 분별이 없고 단절도 없는 까닭이니라. 명자가 청정한 까닭으로 항주사성이 청정하고, 항주사성이 청정한 까닭으로 일체지지가 청정하니라. 왜 그러한가? 만약 명자가 청정하거나, 만약 항주사성이 청정하거나, 만약 일체지지가 청정하다면, 무이이고 둘로 나눌 수 없으며 분별이 없고 단절도 없는 까닭이니라.

선현이여. 명자가 청정한 까닭으로 일체지가 청정하고, 일체지가 청정한 까닭으로 일체지지가 청정하니라. 왜 그러한가? 만약 명자가 청정하거나, 만약 일체지가 청정하거나, 만약 일체지지가 청정하다면, 무이이고 둘로 나눌 수 없으며 분별이 없고 단절도 없는 까닭이니라. 명자가 청정한 까닭으로 도상지·일체상지가 청정하고, 도상지·일체상지가 청정한 까닭으로 일체지지가 청정하니라. 왜 그러한가? 만약 명자가 청정하거나, 만약 도상지·일체상지가 청정하거나, 만약 일체지지가 청정하다면, 무이이고 둘로 나눌 수 없으며 분별이 없고 단절도 없는 까닭이니라.

선현이여. 명자가 청정한 까닭으로 일체의 다라니문이 청정하고, 일체의 다라니문이 청정한 까닭으로 일체지지가 청정하니라. 왜 그러한가? 만약 명자가 청정하거나, 만약 일체의 다라니문이 청정하거나, 만약 일체지지가 청정하다면, 무이이고 둘로 나눌 수 없으며 분별이 없고 단절도 없는 까닭이니라. 명자가 청정한 까닭으로 일체의 삼마지문이 청정하고,

일체의 삼마지문이 청정한 까닭으로 일체지지가 청정하니라. 왜 그러한가? 만약 명자가 청정하거나, 만약 일체의 삼마지문이 청정하거나, 만약 일체지지가 청정하다면, 무이이고 둘로 나눌 수 없으며 분별이 없고 단절도 없는 까닭이니라.

선현이여. 명자가 청정한 까닭으로 예류과가 청정하고, 예류과가 청정한 까닭으로 일체지지가 청정하니라. 왜 그러한가? 만약 명자가 청정하거나, 만약 예류과가 청정하거나, 만약 일체지지가 청정하다면, 무이이고 둘로 나눌 수 없으며 분별이 없고 단절도 없는 까닭이니라. 명자가 청정한 까닭으로 일래·불환·아라한과가 청정하고, 일래·불환·아라한과가 청정한 까닭으로 일체지지가 청정하니라. 왜 그러한가? 만약 명자가 청정하거나, 만약 일래·불환·아라한과가 청정하거나, 만약 일체지지가 청정하다면, 무이이고 둘로 나눌 수 없으며 분별이 없고 단절도 없는 까닭이니라.

선현이여. 명자가 청정한 까닭으로 독각의 보리가 청정하고, 독각의 보리가 청정한 까닭으로 일체지지가 청정하니라. 왜 그러한가? 만약 명자가 청정하거나, 만약 독각의 보리가 청정하거나, 만약 일체지지가 청정하다면, 무이이고 둘로 나눌 수 없으며 분별이 없고 단절도 없는 까닭이니라.

선현이여. 명자가 청정한 까닭으로 일체의 보살마하살의 행이 청정하고, 일체의 보살마하살의 행이 청정한 까닭으로 일체지지가 청정하니라. 왜 그러한가? 만약 명자가 청정하거나, 만약 일체의 보살마하살의 행이 청정하거나, 만약 일체지지가 청정하다면, 무이이고 둘로 나눌 수 없으며 분별이 없고 단절도 없는 까닭이니라.

선현이여. 명자가 청정한 까닭으로 제불의 무상정등보리가 청정하고, 제불의 무상정등보리가 청정한 까닭으로 일체지지가 청정하니라. 왜 그러한가? 만약 명자가 청정하거나, 만약 제불의 무상정등보리가 청정하거나, 만약 일체지지가 청정하다면, 무이이고 둘로 나눌 수 없으며 분별이 없고 단절도 없는 까닭이니라."

"다시 다음으로 선현이여. 생자가 청정한 까닭으로 색이 청정하고, 색이 청정한 까닭으로 일체지지가 청정하니라. 왜 그러한가? 만약 생자가 청정하거나, 만약 색이 청정하거나, 만약 일체지지가 청정하다면, 무이이고 둘로 나눌 수 없으며 분별이 없고 단절도 없는 까닭이니라. 생자가 청정한 까닭으로 수·상·행·식이 청정하고, 수·상·행·식이 청정한 까닭으로 일체지지가 청정하니라. 왜 그러한가? 만약 생자가 청정하거나, 만약 수·상·행·식이 청정하거나, 만약 일체지지가 청정하다면, 무이이고 둘로 나눌 수 없으며 분별이 없고 단절도 없는 까닭이니라.

선현이여. 생자가 청정한 까닭으로 안처가 청정하고, 안처가 청정한 까닭으로 일체지지가 청정하니라. 왜 그러한가? 만약 생자가 청정하거나, 만약 안처가 청정하거나, 만약 일체지지가 청정하다면, 무이이고 둘로 나눌 수 없으며 분별이 없고 단절도 없는 까닭이니라. 생자가 청정한 까닭으로 이·비·설·신·의처가 청정하고, 이·비·설·신·의처가 청정한 까닭으로 일체지지가 청정하니라. 왜 그러한가? 만약 생자가 청정하거나, 만약 이·비·설·신·의처가 청정하거나, 만약 일체지지가 청정하다면, 무이이고 둘로 나눌 수 없으며 분별이 없고 단절도 없는 까닭이니라.

선현이여. 생자가 청정한 까닭으로 색처가 청정하고, 색처가 청정한 까닭으로 일체지지가 청정하니라. 왜 그러한가? 만약 생자가 청정하거나, 만약 색처가 청정하거나, 만약 일체지지가 청정하다면, 무이이고 둘로 나눌 수 없으며 분별이 없고 단절도 없는 까닭이니라. 생자가 청정한 까닭으로 성·향·미·촉·법처가 청정하고, 성·향·미·촉·법처가 청정한 까닭으로 일체지지가 청정하니라. 왜 그러한가? 만약 생자가 청정하거나, 만약 성·향·미·촉·법처가 청정하거나, 만약 일체지지가 청정하다면, 무이이고 둘로 나눌 수 없으며 분별이 없고 단절도 없는 까닭이니라.

선현이여. 생자가 청정한 까닭으로 안계가 청정하고, 안계가 청정한 까닭으로 일체지지가 청정하니라. 왜 그러한가? 만약 생자가 청정하거나, 만약 안계가 청정하거나, 만약 일체지지가 청정하다면, 무이이고 둘로 나눌 수 없으며 분별이 없고 단절도 없는 까닭이니라. 생자가 청정한 까닭으로 색계·안식계, 나아가 안촉·안촉을 인연으로 생겨난 여러 수가 청정하고, 색계, 나아가 안촉을 인연으로 생겨난 여러 수가 청정한 까닭으로 일체지지가 청정하니라. 왜 그러한가? 만약 생자가 청정하거나, 만약 색계, 나아가 안촉을 인연으로 생겨난 여러 수가 청정하거나, 만약 일체지지가 청정하다면, 무이이고 둘로 나눌 수 없으며 분별이 없고 단절도 없는 까닭이니라.

선현이여. 생자가 청정한 까닭으로 이계가 청정하고, 이계가 청정한 까닭으로 일체지지가 청정하니라. 왜 그러한가? 만약 생자가 청정하거나, 만약 이계가 청정하거나, 만약 일체지지가 청정하다면, 무이이고 둘로 나눌 수 없으며 분별이 없고 단절도 없는 까닭이니라. 생자가 청정한 까닭으로 성계·이식계, 나아가 이촉·이촉을 인연으로 생겨난 여러 수가 청정하고, 성계, 나아가 이촉을 인연으로 생겨난 여러 수가 청정한 까닭으로 일체지지가 청정하니라. 왜 그러한가? 만약 생자가 청정하거나, 만약 성계, 나아가 이촉을 인연으로 생겨난 여러 수가 청정하거나, 만약 일체지지가 청정하다면, 무이이고 둘로 나눌 수 없으며 분별이 없고 단절도 없는 까닭이니라.

선현이여. 생자가 청정한 까닭으로 비계가 청정하고, 비계가 청정한 까닭으로 일체지지가 청정하니라. 왜 그러한가? 만약 생자가 청정하거나, 만약 비계가 청정하거나, 만약 일체지지가 청정하다면, 무이이고 둘로 나눌 수 없으며 분별이 없고 단절도 없는 까닭이니라. 생자가 청정한 까닭으로 향계·비식계, 나아가 비촉·비촉을 인연으로 생겨난 여러 수가 청정하고, 향계, 나아가 비촉을 인연으로 생겨난 여러 수가 청정한 까닭으로 일체지지가 청정하니라. 왜 그러한가? 만약 생자가 청정하거나, 만약 향계, 나아가 비촉을 인연으로 생겨난 여러 수가 청정하거나, 만약 일체지지가 청정하다면, 무이이고 둘로 나눌 수 없으며 분별이 없고 단절도 없는 까닭이니라.

선현이여. 생자가 청정한 까닭으로 설계가 청정하고, 설계가 청정한 까닭으로 일체지지가 청정하니라. 왜 그러한가? 만약 생자가 청정하거나,

만약 설계가 청정하거나, 만약 일체지지가 청정하다면, 무이이고 둘로 나눌 수 없으며 분별이 없고 단절도 없는 까닭이니라. 생자가 청정한 까닭으로 미계·설식계, 나아가 설촉·설촉을 인연으로 생겨난 여러 수가 청정하고, 미계, 나아가 설촉을 인연으로 생겨난 여러 수가 청정한 까닭으로 일체지지가 청정하니라. 왜 그러한가? 만약 생자가 청정하거나, 만약 미계, 나아가 설촉을 인연으로 생겨난 여러 수가 청정하거나, 만약 일체지지가 청정하다면, 무이이고 둘로 나눌 수 없으며 분별이 없고 단절도 없는 까닭이니라.

선현이여. 생자가 청정한 까닭으로 신계가 청정하고, 신계가 청정한 까닭으로 일체지지가 청정하니라. 왜 그러한가? 만약 생자가 청정하거나, 만약 신계가 청정하거나, 만약 일체지지가 청정하다면, 무이이고 둘로 나눌 수 없으며 분별이 없고 단절도 없는 까닭이니라. 생자가 청정한 까닭으로 촉계·신식계, 나아가 신촉·신촉을 인연으로 생겨난 여러 수가 청정하고, 촉계, 나아가 신촉을 인연으로 생겨난 여러 수가 청정한 까닭으로 일체지지가 청정하니라. 왜 그러한가? 만약 생자가 청정하거나, 만약 촉계, 나아가 신촉을 인연으로 생겨난 여러 수가 청정하거나, 만약 일체지지가 청정하다면, 무이이고 둘로 나눌 수 없으며 분별이 없고 단절도 없는 까닭이니라.

선현이여. 생자가 청정한 까닭으로 의계가 청정하고, 의계가 청정한 까닭으로 일체지지가 청정하니라. 왜 그러한가? 만약 생자가 청정하거나, 만약 의계가 청정하거나, 만약 일체지지가 청정하다면, 무이이고 둘로 나눌 수 없으며 분별이 없고 단절도 없는 까닭이니라. 생자가 청정한 까닭으로 법계·의식계, 나아가 의촉·의촉을 인연으로 생겨난 여러 수가 청정하고, 법계, 나아가 의촉을 인연으로 생겨난 여러 수가 청정한 까닭으로 일체지지가 청정하니라. 왜 그러한가? 만약 생자가 청정하거나, 만약 법계, 나아가 의촉을 인연으로 생겨난 여러 수가 청정하거나, 만약 일체지지가 청정하다면, 무이이고 둘로 나눌 수 없으며 분별이 없고 단절도 없는 까닭이니라.

　선현이여. 생자가 청정한 까닭으로 지계가 청정하고, 지계가 청정한 까닭으로 일체지지가 청정하니라. 왜 그러한가? 만약 생자가 청정하거나, 만약 지계가 청정하거나, 만약 일체지지가 청정하다면, 무이이고 둘로 나눌 수 없으며 분별이 없고 단절도 없는 까닭이니라. 생자가 청정한 까닭으로 수·화·풍·공·식계가 청정하고, 수·화·풍·공·식계가 청정한 까닭으로 일체지지가 청정하니라. 왜 그러한가? 만약 생자가 청정하거나, 만약 수·화·풍·공·식계가 청정하거나, 만약 일체지지가 청정하다면, 무이이고 둘로 나눌 수 없으며 분별이 없고 단절도 없는 까닭이니라.

　선현이여. 생자가 청정한 까닭으로 무명이 청정하고, 무명이 청정한 까닭으로 일체지지가 청정하니라. 왜 그러한가? 만약 생자가 청정하거나, 만약 무명이 청정하거나, 만약 일체지지가 청정하다면, 무이이고 둘로 나눌 수 없으며 분별이 없고 단절도 없는 까닭이니라. 생자가 청정한 까닭으로 행·식·명색·육처·촉·수·애·취·유·생·노사의 수탄고우뇌가 청정하고, 행, 나아가 노사의 수탄고우뇌가 청정한 까닭으로 일체지지가 청정하니라. 왜 그러한가? 만약 생자가 청정하거나, 만약 행, 나아가 노사의 수탄고우뇌가 청정하거나, 만약 일체지지가 청정하다면, 무이이고 둘로 나눌 수 없으며 분별이 없고 단절도 없는 까닭이니라."

마하반야바라밀다경 제197권

34. 난신해품(難信解品)(16)

"선현이여. 생자가 청정한 까닭으로 보시바라밀다가 청정하고, 보시바라밀다가 청정한 까닭으로 일체지지가 청정하니라. 왜 그러한가? 만약 생자가 청정하거나, 만약 보시바라밀다가 청정하거나, 만약 일체지지가 청정하다면, 무이이고 둘로 나눌 수 없으며 분별이 없고 단절도 없는 까닭이니라. 생자가 청정한 까닭으로 정계·안인·정진·정려·반야바라밀다가 청정하고, 정계, 나아가 반야바라밀다가 청정한 까닭으로 일체지지가 청정하니라. 왜 그러한가? 만약 생자가 청정하거나, 만약 정계, 나아가 반야바라밀다가 청정하거나, 만약 일체지지가 청정하다면, 무이이고 둘로 나눌 수 없으며 분별이 없고 단절도 없는 까닭이니라.

선현이여. 생자가 청정한 까닭으로 내공이 청정하고, 내공이 청정한 까닭으로 일체지지가 청정하니라. 왜 그러한가? 만약 생자가 청정하거나, 만약 내공이 청정하거나, 만약 일체지지가 청정하다면, 무이이고 둘로 나눌 수 없으며 분별이 없고 단절도 없는 까닭이니라. 생자가 청정한 까닭으로 외공·내외공·공공·대공·승의공·유위공·무위공·필경공·무제공·산공·무변이공·본성공·자상공·공상공·일체법공·불가득공·무성공·자성공·무성자성공이 청정하고, 외공, 나아가 무성자성공이 청정한 까닭으로 일체지지가 청정하니라. 왜 그러한가? 만약 생자가 청정하거나, 만약 외공, 나아가 무성자성공이 청정하거나, 만약 일체지지가 청정하다면, 무이이고 둘로 나눌 수 없으며 분별이 없고 단절도 없는 까닭이니라.

선현이여. 생자가 청정한 까닭으로 진여가 청정하고, 진여가 청정한 까닭으로 일체지지가 청정하니라. 왜 그러한가? 만약 생자가 청정하거나, 만약 진여가 청정하거나, 만약 일체지지가 청정하다면, 무이이고 둘로 나눌 수 없으며 분별이 없고 단절도 없는 까닭이니라. 생자가 청정한 까닭으로 법계·법성·불허망성·불변이성·평등성·이생성·법정·법주·실제·허공계·부사의계가 청정하고 법계, 나아가 부사의계가 청정한 까닭으로 일체지지가 청정하니라. 왜 그러한가? 만약 생자가 청정하거나, 만약 법계, 나아가 부사의계가 청정하거나, 만약 일체지지가 청정하다면, 무이이고 둘로 나눌 수 없으며 분별이 없고 단절도 없는 까닭이니라.

선현이여. 생자가 청정한 까닭으로 고성제가 청정하고, 고성제가 청정한 까닭으로 일체지지가 청정하니라. 왜 그러한가? 만약 생자가 청정하거나, 만약 고성제가 청정하거나, 만약 일체지지가 청정하다면, 무이이고 둘로 나눌 수 없으며 분별이 없고 단절도 없는 까닭이니라. 생자가 청정한 까닭으로 집·멸·도성제가 청정하고, 집·멸·도성제가 청정한 까닭으로 일체지지가 청정하니라. 왜 그러한가? 만약 생자가 청정하거나, 만약 집·멸·도성제가 청정하거나, 만약 일체지지가 청정하다면, 무이이고 둘로 나눌 수 없으며 분별이 없고 단절도 없는 까닭이니라.

선현이여. 생자가 청정한 까닭으로 4정려가 청정하고, 4정려가 청정한 까닭으로 일체지지가 청정하니라. 왜 그러한가? 만약 생자가 청정하거나, 만약 4정려가 청정하거나, 만약 일체지지가 청정하다면, 무이이고 둘로 나눌 수 없으며 분별이 없고 단절도 없는 까닭이니라. 생자가 청정한 까닭으로 4무량·4무색정이 청정하고, 4무량·4무색정이 청정한 까닭으로 일체지지가 청정하니라. 왜 그러한가? 만약 생자가 청정하거나, 만약 4무량·4무색정이 청정하거나, 만약 일체지지가 청정하다면, 무이이고 둘로 나눌 수 없으며 분별이 없고 단절도 없는 까닭이니라.

선현이여. 생자가 청정한 까닭으로 8해탈이 청정하고, 8해탈이 청정한 까닭으로 일체지지가 청정하니라. 왜 그러한가? 만약 생자가 청정하거나, 만약 8해탈이 청정하거나, 만약 일체지지가 청정하다면, 무이이고 둘로 나눌 수 없으며 분별이 없고 단절도 없는 까닭이니라. 생자가 청정한 까닭으로 8승처·9차제정·10변처가 청정하고, 8승처·9차제정·10변처가 청정한 까닭으로 일체지지가 청정하니라. 왜 그러한가? 만약 생자가 청정하거나, 만약 8승처·9차제정·10변처가 청정하거나, 만약 일체지지가 청정하다면, 무이이고 둘로 나눌 수 없으며 분별이 없고 단절도 없는 까닭이니라.

선현이여. 생자가 청정한 까닭으로 4념주가 청정하고, 4념주가 청정한 까닭으로 일체지지가 청정하니라. 왜 그러한가? 만약 생자가 청정하거나, 만약 4념주가 청정하거나, 만약 일체지지가 청정하다면, 무이이고 둘로 나눌 수 없으며 분별이 없고 단절도 없는 까닭이니라. 생자가 청정한 까닭으로 4정단·4신족·5근·5력·7등각지·8성도지가 청정하고, 4정단, 나아가 8성도지가 청정한 까닭으로 일체지지가 청정하니라. 왜 그러한가? 만약 생자가 청정하거나, 만약 4정단, 나아가 8성도지가 청정하거나, 만약 일체지지가 청정하다면, 무이이고 둘로 나눌 수 없으며 분별이 없고 단절도 없는 까닭이니라.

선현이여. 생자가 청정한 까닭으로 공해탈문이 청정하고, 공해탈문이 청정한 까닭으로 일체지지가 청정하니라. 왜 그러한가? 만약 생자가 청정하거나, 만약 공해탈문이 청정하거나, 만약 일체지지가 청정하다면, 무이이고 둘로 나눌 수 없으며 분별이 없고 단절도 없는 까닭이니라. 생자가 청정한 까닭으로 무상·무원해탈문이 청정하고, 무상·무원해탈문이 청정한 까닭으로 일체지지가 청정하니라. 왜 그러한가? 만약 생자가 청정하거나, 만약 무상·무원해탈문이 청정하거나, 만약 일체지지가 청정하다면, 무이이고 둘로 나눌 수 없으며 분별이 없고 단절도 없는 까닭이니라.

선현이여. 생자가 청정한 까닭으로 보살의 10지가 청정하고, 보살의 10지가 청정한 까닭으로 일체지지가 청정하니라. 왜 그러한가? 만약 생자가 청정하거나, 만약 보살의 10지가 청정하거나, 만약 일체지지가 청정하다면, 무이이고 둘로 나눌 수 없으며 분별이 없고 단절도 없는 까닭이니라.

선현이여. 생자가 청정한 까닭으로 5안이 청정하고, 5안이 청정한 까닭으로 일체지지가 청정하니라. 왜 그러한가? 만약 생자가 청정하거나, 만약 5안이 청정하거나, 만약 일체지지가 청정하다면, 무이이고 둘로 나눌 수 없으며 분별이 없고 단절도 없는 까닭이니라. 생자가 청정한 까닭으로 6신통이 청정하고, 6신통이 청정한 까닭으로 일체지지가 청정하니라. 왜 그러한가? 만약 생자가 청정하거나, 만약 6신통이 청정하거나, 만약 일체지지가 청정하다면, 무이이고 둘로 나눌 수 없으며 분별이 없고 단절도 없는 까닭이니라.

선현이여. 생자가 청정한 까닭으로 여래의 10력이 청정하고, 여래의 10력이 청정한 까닭으로 일체지지가 청정하니라. 왜 그러한가? 만약 생자가 청정하거나, 만약 여래의 10력이 청정하거나, 만약 일체지지가 청정하다면, 무이이고 둘로 나눌 수 없으며 분별이 없고 단절도 없는 까닭이니라. 생자가 청정한 까닭으로 4무소외·4무애해·대자·대비·대희·대사·18불불공법이 청정하고, 4무소외, 나아가 18불불공법이 청정한 까닭으로 일체지지가 청정하니라. 왜 그러한가? 만약 생자가 청정하거나, 만약 4무소외, 나아가 18불불공법이 청정하거나, 만약 일체지지가 청정하다면, 무이이고 둘로 나눌 수 없으며 분별이 없고 단절도 없는 까닭이니라.

선현이여. 생자가 청정한 까닭으로 무망실법이 청정하고, 무망실법이 청정한 까닭으로 일체지지가 청정하니라. 왜 그러한가? 만약 생자가 청정하거나, 만약 무망실법이 청정하거나, 만약 일체지지가 청정하다면, 무이이고 둘로 나눌 수 없으며 분별이 없고 단절도 없는 까닭이니라. 생자가 청정한 까닭으로 항주사성이 청정하고, 항주사성이 청정한 까닭으로 일체지지가 청정하니라. 왜 그러한가? 만약 생자가 청정하거나, 만약 항주사성이 청정하거나, 만약 일체지지가 청정하다면, 무이이고 둘로 나눌 수 없으며 분별이 없고 단절도 없는 까닭이니라.

선현이여. 생자가 청정한 까닭으로 일체지가 청정하고, 일체지가 청정한 까닭으로 일체지지가 청정하니라. 왜 그러한가? 만약 생자가 청정하거나, 만약 일체지가 청정하거나, 만약 일체지지가 청정하다면, 무이이고 둘로 나눌 수 없으며 분별이 없고 단절도 없는 까닭이니라. 생자가 청정한 까닭으로 도상지·일체상지가 청정하고, 도상지·일체상지가 청정한 까닭으로 일체지지가 청정하니라. 왜 그러한가? 만약 생자가 청정하거나, 만약 도상지·일체상지가 청정하거나, 만약 일체지지가 청정하다면, 무이이고 둘로 나눌 수 없으며 분별이 없고 단절도 없는 까닭이니라.

선현이여. 생자가 청정한 까닭으로 일체의 다라니문이 청정하고, 일체의 다라니문이 청정한 까닭으로 일체지지가 청정하니라. 왜 그러한가? 만약 생자가 청정하거나, 만약 일체의 다라니문이 청정하거나, 만약 일체지지가 청정하다면, 무이이고 둘로 나눌 수 없으며 분별이 없고 단절도 없는 까닭이니라. 생자가 청정한 까닭으로 일체의 삼마지문이 청정하고, 일체의 삼마지문이 청정한 까닭으로 일체지지가 청정하니라. 왜 그러한가? 만약 생자가 청정하거나, 만약 일체의 삼마지문이 청정하거나, 만약 일체지지가 청정하다면, 무이이고 둘로 나눌 수 없으며 분별이 없고 단절도 없는 까닭이니라.

선현이여. 생자가 청정한 까닭으로 예류과가 청정하고, 예류과가 청정한 까닭으로 일체지지가 청정하니라. 왜 그러한가? 만약 생자가 청정하거나, 만약 예류과가 청정하거나, 만약 일체지지가 청정하다면, 무이이고 둘로 나눌 수 없으며 분별이 없고 단절도 없는 까닭이니라. 생자가 청정한 까닭으로 일래·불환·아라한과가 청정하고, 일래·불환·아라한과가 청정한 까닭으로 일체지지가 청정하니라. 왜 그러한가? 만약 생자가 청정하거나, 만약 일래·불환·아라한과가 청정하거나, 만약 일체지지가 청정하다면, 무이이고 둘로 나눌 수 없으며 분별이 없고 단절도 없는 까닭이니라.

선현이여. 생자가 청정한 까닭으로 독각의 보리가 청정하고, 독각의 보리가 청정한 까닭으로 일체지지가 청정하니라. 왜 그러한가? 만약 생자가 청정하거나, 만약 독각의 보리가 청정하거나, 만약 일체지지가 청정하다면, 무이이고 둘로 나눌 수 없으며 분별이 없고 단절도 없는 까닭이니라.

선현이여. 생자가 청정한 까닭으로 일체의 보살마하살의 행이 청정하고, 일체의 보살마하살의 행이 청정한 까닭으로 일체지지가 청정하니라. 왜 그러한가? 만약 생자가 청정하거나, 만약 일체의 보살마하살의 행이 청정하거나, 만약 일체지지가 청정하다면, 무이이고 둘로 나눌 수 없으며 분별이 없고 단절도 없는 까닭이니라.

선현이여. 생자가 청정한 까닭으로 제불의 무상정등보리가 청정하고, 제불의 무상정등보리가 청정한 까닭으로 일체지지가 청정하니라. 왜 그러한가? 만약 생자가 청정하거나, 만약 제불의 무상정등보리가 청정하거나, 만약 일체지지가 청정하다면, 무이이고 둘로 나눌 수 없으며 분별이 없고 단절도 없는 까닭이니라."

"다시 다음으로 선현이여. 양육자가 청정한 까닭으로 색이 청정하고, 색이 청정한 까닭으로 일체지지가 청정하니라. 왜 그러한가? 만약 양육자가 청정하거나, 만약 색이 청정하거나, 만약 일체지지가 청정하다면, 무이이고 둘로 나눌 수 없으며 분별이 없고 단절도 없는 까닭이니라. 양육자가 청정한 까닭으로 수·상·행·식이 청정하고, 수·상·행·식이 청정한 까닭으로 일체지지가 청정하니라. 왜 그러한가? 만약 양육자가 청정하거나, 만약 수·상·행·식이 청정하거나, 만약 일체지지가 청정하다면, 무이이고 둘로 나눌 수 없으며 분별이 없고 단절도 없는 까닭이니라.

선현이여. 양육자가 청정한 까닭으로 안처가 청정하고, 안처가 청정한 까닭으로 일체지지가 청정하니라. 왜 그러한가? 만약 양육자가 청정하거나, 만약 안처가 청정하거나, 만약 일체지지가 청정하다면, 무이이고 둘로 나눌 수 없으며 분별이 없고 단절도 없는 까닭이니라. 양육자가 청정한 까닭으로 이·비·설·신·의처가 청정하고, 이·비·설·신·의처가 청정한 까닭으로 일체지지가 청정하니라. 왜 그러한가? 만약 양육자가 청정하거나, 만약 이·비·설·신·의처가 청정하거나, 만약 일체지지가 청정하다면, 무이이고 둘로 나눌 수 없으며 분별이 없고 단절도 없는 까닭이니라.

선현이여. 양육자가 청정한 까닭으로 색처가 청정하고, 색처가 청정한 까닭으로 일체지지가 청정하니라. 왜 그러한가? 만약 양육자가 청정하거나, 만약 색처가 청정하거나, 만약 일체지지가 청정하다면, 무이이고 둘로 나눌 수 없으며 분별이 없고 단절도 없는 까닭이니라. 양육자가 청정한 까닭으로 성·향·미·촉·법처가 청정하고, 성·향·미·촉·법처가 청정한 까닭으로 일체지지가 청정하니라. 왜 그러한가? 만약 양육자가 청정하거나, 만약 성·향·미·촉·법처가 청정하거나, 만약 일체지지가 청정하다면, 무이이고 둘로 나눌 수 없으며 분별이 없고 단절도 없는 까닭이니라.

선현이여. 양육자가 청정한 까닭으로 안계가 청정하고, 안계가 청정한 까닭으로 일체지지가 청정하니라. 왜 그러한가? 만약 양육자가 청정하거나, 만약 안계가 청정하거나, 만약 일체지지가 청정하다면, 무이이고 둘로 나눌 수 없으며 분별이 없고 단절도 없는 까닭이니라. 양육자가 청정한 까닭으로 색계·안식계, 나아가 안촉·안촉을 인연으로 생겨난 여러 수가 청정하고, 색계, 나아가 안촉을 인연으로 생겨난 여러 수가 청정한 까닭으로 일체지지가 청정하니라. 왜 그러한가? 만약 양육자가 청정하거나, 만약 색계, 나아가 안촉을 인연으로 생겨난 여러 수가 청정하거나, 만약 일체지지가 청정하다면, 무이이고 둘로 나눌 수 없으며 분별이 없고 단절도 없는 까닭이니라.

선현이여. 양육자가 청정한 까닭으로 이계가 청정하고, 이계가 청정한 까닭으로 일체지지가 청정하니라. 왜 그러한가? 만약 양육자가 청정하거나, 만약 이계가 청정하거나, 만약 일체지지가 청정하다면, 무이이고 둘로 나눌 수 없으며 분별이 없고 단절도 없는 까닭이니라. 양육자가 청정한 까닭으로 성계·이식계, 나아가 이촉·이촉을 인연으로 생겨난 여러 수가 청정하고, 성계, 나아가 이촉을 인연으로 생겨난 여러 수가 청정한 까닭으로 일체지지가 청정하니라. 왜 그러한가? 만약 양육자가 청정하거나, 만약 성계, 나아가 이촉을 인연으로 생겨난 여러 수가 청정하거나, 만약 일체지지가 청정하다면, 무이이고 둘로 나눌 수 없으며 분별이 없고 단절도 없는 까닭이니라.

선현이여. 양육자가 청정한 까닭으로 비계가 청정하고, 비계가 청정한 까닭으로 일체지지가 청정하니라. 왜 그러한가? 만약 양육자가 청정하거나, 만약 비계가 청정하거나, 만약 일체지지가 청정하다면, 무이이고 둘로 나눌 수 없으며 분별이 없고 단절도 없는 까닭이니라. 양육자가 청정한 까닭으로 향계·비식계, 나아가 비촉·비촉을 인연으로 생겨난 여러 수가 청정하고, 향계, 나아가 비촉을 인연으로 생겨난 여러 수가 청정한 까닭으로 일체지지가 청정하니라. 왜 그러한가? 만약 양육자가 청정하거나, 만약 향계, 나아가 비촉을 인연으로 생겨난 여러 수가 청정하거나, 만약 일체지지가 청정하다면, 무이이고 둘로 나눌 수 없으며 분별이 없고 단절도 없는 까닭이니라.

선현이여. 양육자가 청정한 까닭으로 설계가 청정하고, 설계가 청정한 까닭으로 일체지지가 청정하니라. 왜 그러한가? 만약 양육자가 청정하거나, 만약 설계가 청정하거나, 만약 일체지지가 청정하다면, 무이이고 둘로 나눌 수 없으며 분별이 없고 단절도 없는 까닭이니라. 양육자가 청정한 까닭으로 미계·설식계, 나아가 설촉·설촉을 인연으로 생겨난 여러 수가 청정하고, 미계, 나아가 설촉을 인연으로 생겨난 여러 수가 청정한 까닭으로 일체지지가 청정하니라. 왜 그러한가? 만약 양육자가 청정하거나, 만약 미계, 나아가 설촉을 인연으로 생겨난 여러 수가 청정하거나, 만약 일체지지가 청정하다면, 무이이고 둘로 나눌 수 없으며 분별이 없고 단절도 없는 까닭이니라.

선현이여. 양육자가 청정한 까닭으로 신계가 청정하고, 신계가 청정한 까닭으로 일체지지가 청정하니라. 왜 그러한가? 만약 양육자가 청정하거나, 만약 신계가 청정하거나, 만약 일체지지가 청정하다면, 무이이고 둘로 나눌 수 없으며 분별이 없고 단절도 없는 까닭이니라. 양육자가 청정한 까닭으로 촉계·신식계, 나아가 신촉·신촉을 인연으로 생겨난 여러 수가 청정하고, 촉계, 나아가 신촉을 인연으로 생겨난 여러 수가 청정한 까닭으로 일체지지가 청정하니라. 왜 그러한가? 만약 양육자가 청정하거나, 만약 촉계, 나아가 신촉을 인연으로 생겨난 여러 수가 청정하거나, 만약 일체지지가 청정하다면, 무이이고 둘로 나눌 수 없으며 분별이 없고 단절도 없는 까닭이니라.

선현이여. 양육자가 청정한 까닭으로 의계가 청정하고, 의계가 청정한 까닭으로 일체지지가 청정하니라. 왜 그러한가? 만약 양육자가 청정하거나, 만약 의계가 청정하거나, 만약 일체지지가 청정하다면, 무이이고 둘로 나눌 수 없으며 분별이 없고 단절도 없는 까닭이니라. 양육자가 청정한 까닭으로 법계·의식계, 나아가 의촉·의촉을 인연으로 생겨난 여러 수가 청정하고, 법계, 나아가 의촉을 인연으로 생겨난 여러 수가 청정한 까닭으로 일체지지가 청정하니라. 왜 그러한가? 만약 양육자가 청정하거나, 만약 법계, 나아가 의촉을 인연으로 생겨난 여러 수가 청정하거나, 만약 일체지지가 청정하다면, 무이이고 둘로 나눌 수 없으며 분별이 없고 단절도 없는 까닭이니라.

선현이여. 양육자가 청정한 까닭으로 지계가 청정하고, 지계가 청정한 까닭으로 일체지지가 청정하니라. 왜 그러한가? 만약 양육자가 청정하거나, 만약 지계가 청정하거나, 만약 일체지지가 청정하다면, 무이이고 둘로 나눌 수 없으며 분별이 없고 단절도 없는 까닭이니라. 양육자가 청정한 까닭으로 수·화·풍·공·식계가 청정하고, 수·화·풍·공·식계가 청정한 까닭으로 일체지지가 청정하니라. 왜 그러한가? 만약 양육자가 청정하거나, 만약 수·화·풍·공·식계가 청정하거나, 만약 일체지지가 청정하다면, 무이이고 둘로 나눌 수 없으며 분별이 없고 단절도 없는 까닭이니라.

선현이여. 양육자가 청정한 까닭으로 무명이 청정하고, 무명이 청정한 까닭으로 일체지지가 청정하니라. 왜 그러한가? 만약 양육자가 청정하거나, 만약 무명이 청정하거나, 만약 일체지지가 청정하다면, 무이이고 둘로 나눌 수 없으며 분별이 없고 단절도 없는 까닭이니라. 양육자가 청정한 까닭으로 행·식·명색·육처·촉·수·애·취·유·생·노사의 수탄고우뇌가 청정하고, 행, 나아가 노사의 수탄고우뇌가 청정한 까닭으로 일체지지가 청정하니라. 왜 그러한가? 만약 양육자가 청정하거나, 만약 행, 나아가 노사의 수탄고우뇌가 청정하거나, 만약 일체지지가 청정하다면, 무이이고 둘로 나눌 수 없으며 분별이 없고 단절도 없는 까닭이니라.

선현이여. 양육자가 청정한 까닭으로 보시바라밀다가 청정하고, 보시바라밀다가 청정한 까닭으로 일체지지가 청정하니라. 왜 그러한가? 만약 양육자가 청정하거나, 만약 보시바라밀다가 청정하거나, 만약 일체지지가 청정하다면, 무이이고 둘로 나눌 수 없으며 분별이 없고 단절도 없는 까닭이니라. 양육자가 청정한 까닭으로 정계·안인·정진·정려·반야바라밀다가 청정하고, 정계, 나아가 반야바라밀다가 청정한 까닭으로 일체지지가 청정하니라. 왜 그러한가? 만약 양육자가 청정하거나, 만약 정계, 나아가 반야바라밀다가 청정하거나, 만약 일체지지가 청정하다면, 무이이고 둘로 나눌 수 없으며 분별이 없고 단절도 없는 까닭이니라.

선현이여. 양육자가 청정한 까닭으로 내공이 청정하고, 내공이 청정한 까닭으로 일체지지가 청정하니라. 왜 그러한가? 만약 양육자가 청정하거나, 만약 내공이 청정하거나, 만약 일체지지가 청정하다면, 무이이고 둘로 나눌 수 없으며 분별이 없고 단절도 없는 까닭이니라. 양육자가 청정한 까닭으로 외공·내외공·공공·대공·승의공·유위공·무위공·필경공·무제공·산공·무변이공·본성공·자상공·공상공·일체법공·불가득공·무성공·자성공·무성자성공이 청정하고, 외공, 나아가 무성자성공이 청정한 까닭으로 일체지지가 청정하니라. 왜 그러한가? 만약 양육자가 청정하거나, 만약 외공, 나아가 무성자성공이 청정하거나, 만약 일체지지가 청정하다면, 무이이고 둘로 나눌 수 없으며 분별이 없고 단절도 없는 까닭이니라.

선현이여. 양육자가 청정한 까닭으로 진여가 청정하고, 진여가 청정한 까닭으로 일체지지가 청정하니라. 왜 그러한가? 만약 양육자가 청정하거나, 만약 진여가 청정하거나, 만약 일체지지가 청정하다면, 무이이고 둘로 나눌 수 없으며 분별이 없고 단절도 없는 까닭이니라. 양육자가 청정한 까닭으로 법계·법성·불허망성·불변이성·평등성·이생성·법정·법주·실제·허공계·부사의계가 청정하고 법계, 나아가 부사의계가 청정한 까닭으로 일체지지가 청정하니라. 왜 그러한가? 만약 양육자가 청정하거나, 만약 법계, 나아가 부사의계가 청정하거나, 만약 일체지지가 청정하다면, 무이이고 둘로 나눌 수 없으며 분별이 없고 단절도 없는 까닭이니라.

선현이여. 양육자가 청정한 까닭으로 고성제가 청정하고, 고성제가
청정한 까닭으로 일체지지가 청정하니라. 왜 그러한가? 만약 양육자가
청정하거나, 만약 고성제가 청정하거나, 만약 일체지지가 청정하다면,
무이이고 둘로 나눌 수 없으며 분별이 없고 단절도 없는 까닭이니라.
양육자가 청정한 까닭으로 집·멸·도성제가 청정하고, 집·멸·도성제가
청정한 까닭으로 일체지지가 청정하니라. 왜 그러한가? 만약 양육자가
청정하거나, 만약 집·멸·도성제가 청정하거나, 만약 일체지지가 청정하
다면, 무이이고 둘로 나눌 수 없으며 분별이 없고 단절도 없는 까닭이니라.

선현이여. 양육자가 청정한 까닭으로 4정려가 청정하고, 4정려가 청정
한 까닭으로 일체지지가 청정하니라. 왜 그러한가? 만약 양육자가 청정하
거나, 만약 4정려가 청정하거나, 만약 일체지지가 청정하다면, 무이이고
둘로 나눌 수 없으며 분별이 없고 단절도 없는 까닭이니라. 양육자가
청정한 까닭으로 4무량·4무색정이 청정하고, 4무량·4무색정이 청정한
까닭으로 일체지지가 청정하니라. 왜 그러한가? 만약 양육자가 청정하거
나, 만약 4무량·4무색정이 청정하거나, 만약 일체지지가 청정하다면,
무이이고 둘로 나눌 수 없으며 분별이 없고 단절도 없는 까닭이니라.

선현이여. 양육자가 청정한 까닭으로 8해탈이 청정하고, 8해탈이 청정
한 까닭으로 일체지지가 청정하니라. 왜 그러한가? 만약 양육자가 청정하
거나, 만약 8해탈이 청정하거나, 만약 일체지지가 청정하다면, 무이이고
둘로 나눌 수 없으며 분별이 없고 단절도 없는 까닭이니라. 양육자가
청정한 까닭으로 8승처·9차제정·10변처가 청정하고, 8승처·9차제정·10
변처가 청정한 까닭으로 일체지지가 청정하니라. 왜 그러한가? 만약
양육자가 청정하거나, 만약 8승처·9차제정·10변처가 청정하거나, 만약
일체지지가 청정하다면, 무이이고 둘로 나눌 수 없으며 분별이 없고
단절도 없는 까닭이니라.

선현이여. 양육자가 청정한 까닭으로 4념주가 청정하고, 4념주가 청정
한 까닭으로 일체지지가 청정하니라. 왜 그러한가? 만약 양육자가 청정하
거나, 만약 4념주가 청정하거나, 만약 일체지지가 청정하다면, 무이이고

둘로 나눌 수 없으며 분별이 없고 단절도 없는 까닭이니라. 양육자가 청정한 까닭으로 4정단·4신족·5근·5력·7등각지·8성도지가 청정하고, 4정단, 나아가 8성도지가 청정한 까닭으로 일체지지가 청정하니라. 왜 그러한가? 만약 양육자가 청정하거나, 만약 4정단, 나아가 8성도지가 청정하거나, 만약 일체지지가 청정하다면, 무이이고 둘로 나눌 수 없으며 분별이 없고 단절도 없는 까닭이니라.

선현이여. 양육자가 청정한 까닭으로 공해탈문이 청정하고, 공해탈문이 청정한 까닭으로 일체지지가 청정하니라. 왜 그러한가? 만약 양육자가 청정하거나, 만약 공해탈문이 청정하거나, 만약 일체지지가 청정하다면, 무이이고 둘로 나눌 수 없으며 분별이 없고 단절도 없는 까닭이니라. 양육자가 청정한 까닭으로 무상·무원해탈문이 청정하고, 무상·무원해탈문이 청정한 까닭으로 일체지지가 청정하니라. 왜 그러한가? 만약 양육자가 청정하거나, 만약 무상·무원해탈문이 청정하거나, 만약 일체지지가 청정하다면, 무이이고 둘로 나눌 수 없으며 분별이 없고 단절도 없는 까닭이니라.

선현이여. 양육자가 청정한 까닭으로 보살의 10지가 청정하고, 보살의 10지가 청정한 까닭으로 일체지지가 청정하니라. 왜 그러한가? 만약 양육자가 청정하거나, 만약 보살의 10지가 청정하거나, 만약 일체지지가 청정하다면, 무이이고 둘로 나눌 수 없으며 분별이 없고 단절도 없는 까닭이니라.

선현이여. 양육자가 청정한 까닭으로 5안이 청정하고, 5안이 청정한 까닭으로 일체지지가 청정하니라. 왜 그러한가? 만약 양육자가 청정하거나, 만약 5안이 청정하거나, 만약 일체지지가 청정하다면, 무이이고 둘로 나눌 수 없으며 분별이 없고 단절도 없는 까닭이니라. 양육자가 청정한 까닭으로 6신통이 청정하고, 6신통이 청정한 까닭으로 일체지지가 청정하니라. 왜 그러한가? 만약 양육자가 청정하거나, 만약 6신통이 청정하거나, 만약 일체지지가 청정하다면, 무이이고 둘로 나눌 수 없으며 분별이 없고 단절도 없는 까닭이니라.

선현이여. 양육자가 청정한 까닭으로 여래의 10력이 청정하고, 여래의 10력이 청정한 까닭으로 일체지지가 청정하니라. 왜 그러한가? 만약 양육자가 청정하거나, 만약 여래의 10력이 청정하거나, 만약 일체지지가 청정하다면, 무이이고 둘로 나눌 수 없으며 분별이 없고 단절도 없는 까닭이니라. 양육자가 청정한 까닭으로 4무소외·4무애해·대자·대비·대희·대사·18불불공법이 청정하고, 4무소외, 나아가 18불불공법이 청정한 까닭으로 일체지지가 청정하니라. 왜 그러한가? 만약 양육자가 청정하거나, 만약 4무소외, 나아가 18불불공법이 청정하거나, 만약 일체지지가 청정하다면, 무이이고 둘로 나눌 수 없으며 분별이 없고 단절도 없는 까닭이니라.

선현이여. 양육자가 청정한 까닭으로 무망실법이 청정하고, 무망실법이 청정한 까닭으로 일체지지가 청정하니라. 왜 그러한가? 만약 양육자가 청정하거나, 만약 무망실법이 청정하거나, 만약 일체지지가 청정하다면, 무이이고 둘로 나눌 수 없으며 분별이 없고 단절도 없는 까닭이니라. 양육자가 청정한 까닭으로 항주사성이 청정하고, 항주사성이 청정한 까닭으로 일체지지가 청정하니라. 왜 그러한가? 만약 양육자가 청정하거나, 만약 항주사성이 청정하거나, 만약 일체지지가 청정하다면, 무이이고 둘로 나눌 수 없으며 분별이 없고 단절도 없는 까닭이니라.

선현이여. 양육자가 청정한 까닭으로 일체지가 청정하고, 일체지가 청정한 까닭으로 일체지지가 청정하니라. 왜 그러한가? 만약 양육자가 청정하거나, 만약 일체지가 청정하거나, 만약 일체지지가 청정하다면, 무이이고 둘로 나눌 수 없으며 분별이 없고 단절도 없는 까닭이니라. 양육자가 청정한 까닭으로 도상지·일체상지가 청정하고, 도상지·일체상지가 청정한 까닭으로 일체지지가 청정하니라. 왜 그러한가? 만약 양육자가 청정하거나, 만약 도상지·일체상지가 청정하거나, 만약 일체지지가 청정하다면, 무이이고 둘로 나눌 수 없으며 분별이 없고 단절도 없는 까닭이니라.

선현이여. 양육자가 청정한 까닭으로 일체의 다라니문이 청정하고,

일체의 다라니문이 청정한 까닭으로 일체지지가 청정하니라. 왜 그러한 가? 만약 양육자가 청정하거나, 만약 일체의 다라니문이 청정하거나, 만약 일체지지가 청정하다면, 무이이고 둘로 나눌 수 없으며 분별이 없고 단절도 없는 까닭이니라. 양육자가 청정한 까닭으로 일체의 삼마지 문이 청정하고, 일체의 삼마지문이 청정한 까닭으로 일체지지가 청정하니 라. 왜 그러한가? 만약 양육자가 청정하거나, 만약 일체의 삼마지문이 청정하거나, 만약 일체지지가 청정하다면, 무이이고 둘로 나눌 수 없으며 분별이 없고 단절도 없는 까닭이니라.

선현이여. 양육자가 청정한 까닭으로 예류과가 청정하고, 예류과가 청정한 까닭으로 일체지지가 청정하니라. 왜 그러한가? 만약 양육자가 청정하거나, 만약 예류과가 청정하거나, 만약 일체지지가 청정하다면, 무이이고 둘로 나눌 수 없으며 분별이 없고 단절도 없는 까닭이니라. 양육자가 청정한 까닭으로 일래·불환·아라한과가 청정하고, 일래·불환· 아라한과가 청정한 까닭으로 일체지지가 청정하니라. 왜 그러한가? 만약 양육자가 청정하거나, 만약 일래·불환·아라한과가 청정하거나, 만약 일 체지지가 청정하다면, 무이이고 둘로 나눌 수 없으며 분별이 없고 단절도 없는 까닭이니라.

선현이여. 양육자가 청정한 까닭으로 독각의 보리가 청정하고, 독각의 보리가 청정한 까닭으로 일체지지가 청정하니라. 왜 그러한가? 만약 양육자가 청정하거나, 만약 독각의 보리가 청정하거나, 만약 일체지지가 청정하다면, 무이이고 둘로 나눌 수 없으며 분별이 없고 단절도 없는 까닭이니라.

선현이여. 양육자가 청정한 까닭으로 일체의 보살마하살의 행이 청정 하고, 일체의 보살마하살의 행이 청정한 까닭으로 일체지지가 청정하니 라. 왜 그러한가? 만약 양육자가 청정하거나, 만약 일체의 보살마하살의 행이 청정하거나, 만약 일체지지가 청정하다면, 무이이고 둘로 나눌 수 없으며 분별이 없고 단절도 없는 까닭이니라.

선현이여. 양육자가 청정한 까닭으로 제불의 무상정등보리가 청정하고, 제불의 무상정등보리가 청정한 까닭으로 일체지지가 청정하니라. 왜 그러한가? 만약 양육자가 청정하거나, 만약 제불의 무상정등보리가 청정하거나, 만약 일체지지가 청정하다면, 무이이고 둘로 나눌 수 없으며 분별이 없고 단절도 없는 까닭이니라."

"다시 다음으로 선현이여. 사부가 청정한 까닭으로 색이 청정하고, 색이 청정한 까닭으로 일체지지가 청정하니라. 왜 그러한가? 만약 사부가 청정하거나, 만약 색이 청정하거나, 만약 일체지지가 청정하다면, 무이이고 둘로 나눌 수 없으며 분별이 없고 단절도 없는 까닭이니라. 사부가 청정한 까닭으로 수·상·행·식이 청정하고, 수·상·행·식이 청정한 까닭으로 일체지지가 청정하니라. 왜 그러한가? 만약 사부가 청정하거나, 만약 수·상·행·식이 청정하거나, 만약 일체지지가 청정하다면, 무이이고 둘로 나눌 수 없으며 분별이 없고 단절도 없는 까닭이니라.

선현이여. 사부가 청정한 까닭으로 안처가 청정하고, 안처가 청정한 까닭으로 일체지지가 청정하니라. 왜 그러한가? 만약 사부가 청정하거나, 만약 안처가 청정하거나, 만약 일체지지가 청정하다면, 무이이고 둘로 나눌 수 없으며 분별이 없고 단절도 없는 까닭이니라. 사부가 청정한 까닭으로 이·비·설·신·의처가 청정하고, 이·비·설·신·의처가 청정한 까닭으로 일체지지가 청정하니라. 왜 그러한가? 만약 사부가 청정하거나, 만약 이·비·설·신·의처가 청정하거나, 만약 일체지지가 청정하다면, 무이이고 둘로 나눌 수 없으며 분별이 없고 단절도 없는 까닭이니라.

선현이여. 사부가 청정한 까닭으로 색처가 청정하고, 색처가 청정한 까닭으로 일체지지가 청정하니라. 왜 그러한가? 만약 사부가 청정하거나, 만약 색처가 청정하거나, 만약 일체지지가 청정하다면, 무이이고 둘로 나눌 수 없으며 분별이 없고 단절도 없는 까닭이니라. 사부가 청정한 까닭으로 성·향·미·촉·법처가 청정하고, 성·향·미·촉·법처가 청정한 까닭으로 일체지지가 청정하니라. 왜 그러한가? 만약 사부가 청정하거나, 만약 성·향·미·촉·법처가 청정하거나, 만약 일체지지가 청정하다면, 무이

이고 둘로 나눌 수 없으며 분별이 없고 단절도 없는 까닭이니라.

선현이여. 사부가 청정한 까닭으로 안계가 청정하고, 안계가 청정한 까닭으로 일체지지가 청정하니라. 왜 그러한가? 만약 사부가 청정하거나, 만약 안계가 청정하거나, 만약 일체지지가 청정하다면, 무이이고 둘로 나눌 수 없으며 분별이 없고 단절도 없는 까닭이니라. 사부가 청정한 까닭으로 색계·안식계, 나아가 안촉·안촉을 인연으로 생겨난 여러 수가 청정하고, 색계, 나아가 안촉을 인연으로 생겨난 여러 수가 청정한 까닭으로 일체지지가 청정하니라. 왜 그러한가? 만약 사부가 청정하거나, 만약 색계, 나아가 안촉을 인연으로 생겨난 여러 수가 청정하거나, 만약 일체지지가 청정하다면, 무이이고 둘로 나눌 수 없으며 분별이 없고 단절도 없는 까닭이니라.

선현이여. 사부가 청정한 까닭으로 이계가 청정하고, 이계가 청정한 까닭으로 일체지지가 청정하니라. 왜 그러한가? 만약 사부가 청정하거나, 만약 이계가 청정하거나, 만약 일체지지가 청정하다면, 무이이고 둘로 나눌 수 없으며 분별이 없고 단절도 없는 까닭이니라. 사부가 청정한 까닭으로 성계·이식계, 나아가 이촉·이촉을 인연으로 생겨난 여러 수가 청정하고, 성계, 나아가 이촉을 인연으로 생겨난 여러 수가 청정한 까닭으로 일체지지가 청정하니라. 왜 그러한가? 만약 사부가 청정하거나, 만약 성계, 나아가 이촉을 인연으로 생겨난 여러 수가 청정하거나, 만약 일체지지가 청정하다면, 무이이고 둘로 나눌 수 없으며 분별이 없고 단절도 없는 까닭이니라.

선현이여. 사부가 청정한 까닭으로 비계가 청정하고, 비계가 청정한 까닭으로 일체지지가 청정하니라. 왜 그러한가? 만약 사부가 청정하거나, 만약 비계가 청정하거나, 만약 일체지지가 청정하다면, 무이이고 둘로 나눌 수 없으며 분별이 없고 단절도 없는 까닭이니라. 사부가 청정한 까닭으로 향계·비식계, 나아가 비촉·비촉을 인연으로 생겨난 여러 수가 청정하고, 향계, 나아가 비촉을 인연으로 생겨난 여러 수가 청정한 까닭으로 일체지지가 청정하니라. 왜 그러한가? 만약 사부가 청정하거나, 만약

향계, 나아가 비촉을 인연으로 생겨난 여러 수가 청정하거나, 만약 일체지지가 청정하다면, 무이이고 둘로 나눌 수 없으며 분별이 없고 단절도 없는 까닭이니라.

선현이여. 사부가 청정한 까닭으로 설계가 청정하고, 설계가 청정한 까닭으로 일체지지가 청정하니라. 왜 그러한가? 만약 사부가 청정하거나, 만약 설계가 청정하거나, 만약 일체지지가 청정하다면, 무이이고 둘로 나눌 수 없으며 분별이 없고 단절도 없는 까닭이니라. 사부가 청정한 까닭으로 미계·설식계, 나아가 설촉·설촉을 인연으로 생겨난 여러 수가 청정하고, 미계, 나아가 설촉을 인연으로 생겨난 여러 수가 청정한 까닭으로 일체지지가 청정하니라. 왜 그러한가? 만약 사부가 청정하거나, 만약 미계, 나아가 설촉을 인연으로 생겨난 여러 수가 청정하거나, 만약 일체지지가 청정하다면, 무이이고 둘로 나눌 수 없으며 분별이 없고 단절도 없는 까닭이니라.

선현이여. 사부가 청정한 까닭으로 신계가 청정하고, 신계가 청정한 까닭으로 일체지지가 청정하니라. 왜 그러한가? 만약 사부가 청정하거나, 만약 신계가 청정하거나, 만약 일체지지가 청정하다면, 무이이고 둘로 나눌 수 없으며 분별이 없고 단절도 없는 까닭이니라. 사부가 청정한 까닭으로 촉계·신식계, 나아가 신촉·신촉을 인연으로 생겨난 여러 수가 청정하고, 촉계, 나아가 신촉을 인연으로 생겨난 여러 수가 청정한 까닭으로 일체지지가 청정하니라. 왜 그러한가? 만약 사부가 청정하거나, 만약 촉계, 나아가 신촉을 인연으로 생겨난 여러 수가 청정하거나, 만약 일체지지가 청정하다면, 무이이고 둘로 나눌 수 없으며 분별이 없고 단절도 없는 까닭이니라.

선현이여. 사부가 청정한 까닭으로 의계가 청정하고, 의계가 청정한 까닭으로 일체지지가 청정하니라. 왜 그러한가? 만약 사부가 청정하거나, 만약 의계가 청정하거나, 만약 일체지지가 청정하다면, 무이이고 둘로 나눌 수 없으며 분별이 없고 단절도 없는 까닭이니라. 사부가 청정한 까닭으로 법계·의식계, 나아가 의촉·의촉을 인연으로 생겨난 여러 수가 청정하고, 법계, 나아가 의촉을 인연으로 생겨난 여러 수가 청정한 까닭으로 일체지지가 청정하니라. 왜 그러한가? 만약 사부가 청정하거나, 만약 법계, 나아가 의촉을 인연으로 생겨난 여러 수가 청정하거나, 만약 일체지지가 청정하다면, 무이이고 둘로 나눌 수 없으며 분별이 없고 단절도 없는 까닭이니라.

선현이여. 사부가 청정한 까닭으로 지계가 청정하고, 지계가 청정한 까닭으로 일체지지가 청정하니라. 왜 그러한가? 만약 사부가 청정하거나, 만약 지계가 청정하거나, 만약 일체지지가 청정하다면, 무이이고 둘로 나눌 수 없으며 분별이 없고 단절도 없는 까닭이니라. 사부가 청정한 까닭으로 수·화·풍·공·식계가 청정하고, 수·화·풍·공·식계가 청정한 까닭으로 일체지지가 청정하니라. 왜 그러한가? 만약 사부가 청정하거나, 만약 수·화·풍·공·식계가 청정하거나, 만약 일체지지가 청정하다면, 무이이고 둘로 나눌 수 없으며 분별이 없고 단절도 없는 까닭이니라.

선현이여. 사부가 청정한 까닭으로 무명이 청정하고, 무명이 청정한 까닭으로 일체지지가 청정하니라. 왜 그러한가? 만약 사부가 청정하거나, 만약 무명이 청정하거나, 만약 일체지지가 청정하다면, 무이이고 둘로 나눌 수 없으며 분별이 없고 단절도 없는 까닭이니라. 사부가 청정한 까닭으로 행·식·명색·육처·촉·수·애·취·유·생·노사의 수탄고우뇌가 청정하고, 행, 나아가 노사의 수탄고우뇌가 청정한 까닭으로 일체지지가 청정하니라. 왜 그러한가? 만약 사부가 청정하거나, 만약 행, 나아가 노사의 수탄고우뇌가 청정하거나, 만약 일체지지가 청정하다면, 무이이고 둘로 나눌 수 없으며 분별이 없고 단절도 없는 까닭이니라.

마하반야바라밀다경 제198권

34. 난신해품(難信解品)(17)

"선현이여. 사부가 청정한 까닭으로 보시바라밀다가 청정하고, 보시바라밀다가 청정한 까닭으로 일체지지가 청정하니라. 왜 그러한가? 만약 사부가 청정하거나, 만약 보시바라밀다가 청정하거나, 만약 일체지지가 청정하다면, 무이이고 둘로 나눌 수 없으며 분별이 없고 단절도 없는 까닭이니라. 사부가 청정한 까닭으로 정계·안인·정진·정려·반야바라밀다가 청정하고, 정계, 나아가 반야바라밀다가 청정한 까닭으로 일체지지가 청정하니라. 왜 그러한가? 만약 사부가 청정하거나, 만약 정계, 나아가 반야바라밀다가 청정하거나, 만약 일체지지가 청정하다면, 무이이고 둘로 나눌 수 없으며 분별이 없고 단절도 없는 까닭이니라.

선현이여. 사부가 청정한 까닭으로 내공이 청정하고, 내공이 청정한 까닭으로 일체지지가 청정하니라. 왜 그러한가? 만약 사부가 청정하거나, 만약 내공이 청정하거나, 만약 일체지지가 청정하다면, 무이이고 둘로 나눌 수 없으며 분별이 없고 단절도 없는 까닭이니라. 사부가 청정한 까닭으로 외공·내외공·공공·대공·승의공·유위공·무위공·필경공·무제공·산공·무변이공·본성공·자상공·공상공·일체법공·불가득공·무성공·자성공·무성자성공이 청정하고, 외공, 나아가 무성자성공이 청정한 까닭으로 일체지지가 청정하니라. 왜 그러한가? 만약 사부가 청정하거나, 만약 외공, 나아가 무성자성공이 청정하거나, 만약 일체지지가 청정하다면, 무이이고 둘로 나눌 수 없으며 분별이 없고 단절도 없는 까닭이니라.

선현이여. 사부가 청정한 까닭으로 진여가 청정하고, 진여가 청정한 까닭으로 일체지지가 청정하니라. 왜 그러한가? 만약 사부가 청정하거나, 만약 진여가 청정하거나, 만약 일체지지가 청정하다면, 무이이고 둘로 나눌 수 없으며 분별이 없고 단절도 없는 까닭이니라. 사부가 청정한 까닭으로 법계·법성·불허망성·불변이성·평등성·이생성·법정·법주·실제·허공계·부사의계가 청정하고 법계, 나아가 부사의계가 청정한 까닭으로 일체지지가 청정하니라. 왜 그러한가? 만약 사부가 청정하거나, 만약 법계, 나아가 부사의계가 청정하거나, 만약 일체지지가 청정하다면, 무이이고 둘로 나눌 수 없으며 분별이 없고 단절도 없는 까닭이니라.

선현이여. 사부가 청정한 까닭으로 고성제가 청정하고, 고성제가 청정한 까닭으로 일체지지가 청정하니라. 왜 그러한가? 만약 사부가 청정하거나, 만약 고성제가 청정하거나, 만약 일체지지가 청정하다면, 무이이고 둘로 나눌 수 없으며 분별이 없고 단절도 없는 까닭이니라. 사부가 청정한 까닭으로 집·멸·도성제가 청정하고, 집·멸·도성제가 청정한 까닭으로 일체지지가 청정하니라. 왜 그러한가? 만약 사부가 청정하거나, 만약 집·멸·도성제가 청정하거나, 만약 일체지지가 청정하다면, 무이이고 둘로 나눌 수 없으며 분별이 없고 단절도 없는 까닭이니라.

선현이여. 사부가 청정한 까닭으로 4정려가 청정하고, 4정려가 청정한 까닭으로 일체지지가 청정하니라. 왜 그러한가? 만약 사부가 청정하거나, 만약 4정려가 청정하거나, 만약 일체지지가 청정하다면, 무이이고 둘로 나눌 수 없으며 분별이 없고 단절도 없는 까닭이니라. 사부가 청정한 까닭으로 4무량·4무색정이 청정하고, 4무량·4무색정이 청정한 까닭으로 일체지지가 청정하니라. 왜 그러한가? 만약 사부가 청정하거나, 만약 4무량·4무색정이 청정하거나, 만약 일체지지가 청정하다면, 무이이고 둘로 나눌 수 없으며 분별이 없고 단절도 없는 까닭이니라.

선현이여. 사부가 청정한 까닭으로 8해탈이 청정하고, 8해탈이 청정한 까닭으로 일체지지가 청정하니라. 왜 그러한가? 만약 사부가 청정하거나, 만약 8해탈이 청정하거나, 만약 일체지지가 청정하다면, 무이이고 둘로 나눌 수 없으며 분별이 없고 단절도 없는 까닭이니라. 사부가 청정한 까닭으로 8승처·9차제정·10변처가 청정하고, 8승처·9차제정·10변처가 청정한 까닭으로 일체지지가 청정하니라. 왜 그러한가? 만약 사부가 청정하거나, 만약 8승처·9차제정·10변처가 청정하거나, 만약 일체지지가 청정하다면, 무이이고 둘로 나눌 수 없으며 분별이 없고 단절도 없는 까닭이니라.

선현이여. 사부가 청정한 까닭으로 4념주가 청정하고, 4념주가 청정한 까닭으로 일체지지가 청정하니라. 왜 그러한가? 만약 사부가 청정하거나, 만약 4념주가 청정하거나, 만약 일체지지가 청정하다면, 무이이고 둘로 나눌 수 없으며 분별이 없고 단절도 없는 까닭이니라. 사부가 청정한 까닭으로 4정단·4신족·5근·5력·7등각지·8성도지가 청정하고, 4정단, 나아가 8성도지가 청정한 까닭으로 일체지지가 청정하니라. 왜 그러한가? 만약 사부가 청정하거나, 만약 4정단, 나아가 8성도지가 청정하거나, 만약 일체지지가 청정하다면, 무이이고 둘로 나눌 수 없으며 분별이 없고 단절도 없는 까닭이니라.

선현이여. 사부가 청정한 까닭으로 공해탈문이 청정하고, 공해탈문이 청정한 까닭으로 일체지지가 청정하니라. 왜 그러한가? 만약 사부가 청정하거나, 만약 공해탈문이 청정하거나, 만약 일체지지가 청정하다면, 무이이고 둘로 나눌 수 없으며 분별이 없고 단절도 없는 까닭이니라. 사부가 청정한 까닭으로 무상·무원해탈문이 청정하고, 무상·무원해탈문이 청정한 까닭으로 일체지지가 청정하니라. 왜 그러한가? 만약 사부가 청정하거나, 만약 무상·무원해탈문이 청정하거나, 만약 일체지지가 청정하다면, 무이이고 둘로 나눌 수 없으며 분별이 없고 단절도 없는 까닭이니라.

선현이여. 사부가 청정한 까닭으로 보살의 10지가 청정하고, 보살의 10지가 청정한 까닭으로 일체지지가 청정하니라. 왜 그러한가? 만약 사부가 청정하거나, 만약 보살의 10지가 청정하거나, 만약 일체지지가 청정하다면, 무이이고 둘로 나눌 수 없으며 분별이 없고 단절도 없는 까닭이니라.

선현이여. 사부가 청정한 까닭으로 5안이 청정하고, 5안이 청정한 까닭으로 일체지지가 청정하니라. 왜 그러한가? 만약 사부가 청정하거나, 만약 5안이 청정하거나, 만약 일체지지가 청정하다면, 무이이고 둘로 나눌 수 없으며 분별이 없고 단절도 없는 까닭이니라. 사부가 청정한 까닭으로 6신통이 청정하고, 6신통이 청정한 까닭으로 일체지지가 청정하니라. 왜 그러한가? 만약 사부가 청정하거나, 만약 6신통이 청정하거나, 만약 일체지지가 청정하다면, 무이이고 둘로 나눌 수 없으며 분별이 없고 단절도 없는 까닭이니라.

선현이여. 사부가 청정한 까닭으로 여래의 10력이 청정하고, 여래의 10력이 청정한 까닭으로 일체지지가 청정하니라. 왜 그러한가? 만약 사부가 청정하거나, 만약 여래의 10력이 청정하거나, 만약 일체지지가 청정하다면, 무이이고 둘로 나눌 수 없으며 분별이 없고 단절도 없는 까닭이니라. 사부가 청정한 까닭으로 4무소외·4무애해·대자·대비·대희·대사·18불불공법이 청정하고, 4무소외, 나아가 18불불공법이 청정한 까닭으로 일체지지가 청정하니라. 왜 그러한가? 만약 사부가 청정하거나, 만약 4무소외, 나아가 18불불공법이 청정하거나, 만약 일체지지가 청정하다면, 무이이고 둘로 나눌 수 없으며 분별이 없고 단절도 없는 까닭이니라.

선현이여. 사부가 청정한 까닭으로 무망실법이 청정하고, 무망실법이 청정한 까닭으로 일체지지가 청정하니라. 왜 그러한가? 만약 사부가 청정하거나, 만약 무망실법이 청정하거나, 만약 일체지지가 청정하다면, 무이이고 둘로 나눌 수 없으며 분별이 없고 단절도 없는 까닭이니라. 사부가 청정한 까닭으로 항주사성이 청정하고, 항주사성이 청정한 까닭으로 일체지지가 청정하니라. 왜 그러한가? 만약 사부가 청정하거나, 만약 항주사성이 청정하거나, 만약 일체지지가 청정하다면, 무이이고 둘로 나눌 수 없으며 분별이 없고 단절도 없는 까닭이니라.

선현이여. 사부가 청정한 까닭으로 일체지가 청정하고, 일체지가 청정한 까닭으로 일체지지가 청정하니라. 왜 그러한가? 만약 사부가 청정하거나, 만약 일체지가 청정하거나, 만약 일체지지가 청정하다면, 무이이고 둘로 나눌 수 없으며 분별이 없고 단절도 없는 까닭이니라. 사부가 청정한 까닭으로 도상지·일체상지가 청정하고, 도상지·일체상지가 청정한 까닭으로 일체지지가 청정하니라. 왜 그러한가? 만약 사부가 청정하거나, 만약 도상지·일체상지가 청정하거나, 만약 일체지지가 청정하다면, 무이이고 둘로 나눌 수 없으며 분별이 없고 단절도 없는 까닭이니라.

선현이여. 사부가 청정한 까닭으로 일체의 다라니문이 청정하고, 일체의 다라니문이 청정한 까닭으로 일체지지가 청정하니라. 왜 그러한가? 만약 사부가 청정하거나, 만약 일체의 다라니문이 청정하거나, 만약 일체지지가 청정하다면, 무이이고 둘로 나눌 수 없으며 분별이 없고 단절도 없는 까닭이니라. 사부가 청정한 까닭으로 일체의 삼마지문이 청정하고, 일체의 삼마지문이 청정한 까닭으로 일체지지가 청정하니라. 왜 그러한가? 만약 사부가 청정하거나, 만약 일체의 삼마지문이 청정하거나, 만약 일체지지가 청정하다면, 무이이고 둘로 나눌 수 없으며 분별이 없고 단절도 없는 까닭이니라.

선현이여. 사부가 청정한 까닭으로 예류과가 청정하고, 예류과가 청정한 까닭으로 일체지지가 청정하니라. 왜 그러한가? 만약 사부가 청정하거나, 만약 예류과가 청정하거나, 만약 일체지지가 청정하다면, 무이이고 둘로 나눌 수 없으며 분별이 없고 단절도 없는 까닭이니라. 사부가 청정한 까닭으로 일래·불환·아라한과가 청정하고, 일래·불환·아라한과가 청정한 까닭으로 일체지지가 청정하니라. 왜 그러한가? 만약 사부가 청정하거나, 만약 일래·불환·아라한과가 청정하거나, 만약 일체지지가 청정하다면, 무이이고 둘로 나눌 수 없으며 분별이 없고 단절도 없는 까닭이니라.

선현이여. 사부가 청정한 까닭으로 독각의 보리가 청정하고, 독각의 보리가 청정한 까닭으로 일체지지가 청정하니라. 왜 그러한가? 만약 사부가 청정하거나, 만약 독각의 보리가 청정하거나, 만약 일체지지가 청정하다면, 무이이고 둘로 나눌 수 없으며 분별이 없고 단절도 없는 까닭이니라.

선현이여. 사부가 청정한 까닭으로 일체의 보살마하살의 행이 청정하

고, 일체의 보살마하살의 행이 청정한 까닭으로 일체지지가 청정하니라.
왜 그러한가? 만약 사부가 청정하거나, 만약 일체의 보살마하살의 행이
청정하거나, 만약 일체지지가 청정하다면, 무이이고 둘로 나눌 수 없으며
분별이 없고 단절도 없는 까닭이니라.

　선현이여. 사부가 청정한 까닭으로 제불의 무상정등보리가 청정하고,
제불의 무상정등보리가 청정한 까닭으로 일체지지가 청정하니라. 왜
그러한가? 만약 사부가 청정하거나, 만약 제불의 무상정등보리가 청정하
거나, 만약 일체지지가 청정하다면, 무이이고 둘로 나눌 수 없으며 분별이
없고 단절도 없는 까닭이니라."

　"다시 다음으로 선현이여. 보특가라가 청정한 까닭으로 색이 청정하고,
색이 청정한 까닭으로 일체지지가 청정하니라. 왜 그러한가? 만약 보특가
라가 청정하거나, 만약 색이 청정하거나, 만약 일체지지가 청정하다면,
무이이고 둘로 나눌 수 없으며 분별이 없고 단절도 없는 까닭이니라.
보특가라가 청정한 까닭으로 수·상·행·식이 청정하고, 수·상·행·식이
청정한 까닭으로 일체지지가 청정하니라. 왜 그러한가? 만약 보특가라가
청정하거나, 만약 수·상·행·식이 청정하거나, 만약 일체지지가 청정하다
면, 무이이고 둘로 나눌 수 없으며 분별이 없고 단절도 없는 까닭이니라.

　선현이여. 보특가라가 청정한 까닭으로 안처가 청정하고, 안처가 청정
한 까닭으로 일체지지가 청정하니라. 왜 그러한가? 만약 보특가라가
청정하거나, 만약 안처가 청정하거나, 만약 일체지지가 청정하다면, 무이이
고 둘로 나눌 수 없으며 분별이 없고 단절도 없는 까닭이니라. 보특가라가
청정한 까닭으로 이·비·설·신·의처가 청정하고, 이·비·설·신·의처가 청
정한 까닭으로 일체지지가 청정하니라. 왜 그러한가? 만약 보특가라가
청정하거나, 만약 이·비·설·신·의처가 청정하거나, 만약 일체지지가 청정하
다면, 무이이고 둘로 나눌 수 없으며 분별이 없고 단절도 없는 까닭이니라.

　선현이여. 보특가라가 청정한 까닭으로 색처가 청정하고, 색처가 청정
한 까닭으로 일체지지가 청정하니라. 왜 그러한가? 만약 보특가라가

청정하거나, 만약 색처가 청정하거나, 만약 일체지지가 청정하다면, 무이이고 둘로 나눌 수 없으며 분별이 없고 단절도 없는 까닭이니라. 보특가라가 청정한 까닭으로 성·향·미·촉·법처가 청정하고, 성·향·미·촉·법처가 청정한 까닭으로 일체지지가 청정하니라. 왜 그러한가? 만약 보특가라가 청정하거나, 만약 성·향·미·촉·법처가 청정하거나, 만약 일체지지가 청정하다면, 무이이고 둘로 나눌 수 없으며 분별이 없고 단절도 없는 까닭이니라.

선현이여. 보특가라가 청정한 까닭으로 안계가 청정하고, 안계가 청정한 까닭으로 일체지지가 청정하니라. 왜 그러한가? 만약 보특가라가 청정하거나, 만약 안계가 청정하거나, 만약 일체지지가 청정하다면, 무이이고 둘로 나눌 수 없으며 분별이 없고 단절도 없는 까닭이니라. 보특가라가 청정한 까닭으로 색계·안식계, 나아가 안촉·안촉을 인연으로 생겨난 여러 수가 청정하고, 색계, 나아가 안촉을 인연으로 생겨난 여러 수가 청정한 까닭으로 일체지지가 청정하니라. 왜 그러한가? 만약 보특가라가 청정하거나, 만약 색계, 나아가 안촉을 인연으로 생겨난 여러 수가 청정하거나, 만약 일체지지가 청정하다면, 무이이고 둘로 나눌 수 없으며 분별이 없고 단절도 없는 까닭이니라.

선현이여. 보특가라가 청정한 까닭으로 이계가 청정하고, 이계가 청정한 까닭으로 일체지지가 청정하니라. 왜 그러한가? 만약 보특가라가 청정하거나, 만약 이계가 청정하거나, 만약 일체지지가 청정하다면, 무이이고 둘로 나눌 수 없으며 분별이 없고 단절도 없는 까닭이니라. 보특가라가 청정한 까닭으로 성계·이식계, 나아가 이촉·이촉을 인연으로 생겨난 여러 수가 청정하고, 성계, 나아가 이촉을 인연으로 생겨난 여러 수가 청정한 까닭으로 일체지지가 청정하니라. 왜 그러한가? 만약 보특가라가 청정하거나, 만약 성계, 나아가 이촉을 인연으로 생겨난 여러 수가 청정하거나, 만약 일체지지가 청정하다면, 무이이고 둘로 나눌 수 없으며 분별이 없고 단절도 없는 까닭이니라.

선현이여. 보특가라가 청정한 까닭으로 비계가 청정하고, 비계가 청정한 까닭으로 일체지지가 청정하니라. 왜 그러한가? 만약 보특가라가

청정하거나, 만약 비계가 청정하거나, 만약 일체지지가 청정하다면, 무이
이고 둘로 나눌 수 없으며 분별이 없고 단절도 없는 까닭이니라. 보특가라
가 청정한 까닭으로 향계·비식계, 나아가 비촉·비촉을 인연으로 생겨난
여러 수가 청정하고, 향계, 나아가 비촉을 인연으로 생겨난 여러 수가
청정한 까닭으로 일체지지가 청정하니라. 왜 그러한가? 만약 보특가라가
청정하거나, 만약 향계, 나아가 비촉을 인연으로 생겨난 여러 수가 청정하
거나, 만약 일체지지가 청정하다면, 무이이고 둘로 나눌 수 없으며 분별이
없고 단절도 없는 까닭이니라.

선현이여. 보특가라가 청정한 까닭으로 설계가 청정하고, 설계가 청정
한 까닭으로 일체지지가 청정하니라. 왜 그러한가? 만약 보특가라가
청정하거나, 만약 설계가 청정하거나, 만약 일체지지가 청정하다면, 무이
이고 둘로 나눌 수 없으며 분별이 없고 단절도 없는 까닭이니라. 보특가라
가 청정한 까닭으로 미계·설식계, 나아가 설촉·설촉을 인연으로 생겨난
여러 수가 청정하고, 미계, 나아가 설촉을 인연으로 생겨난 여러 수가
청정한 까닭으로 일체지지가 청정하니라. 왜 그러한가? 만약 보특가라가
청정하거나, 만약 미계, 나아가 설촉을 인연으로 생겨난 여러 수가 청정하
거나, 만약 일체지지가 청정하다면, 무이이고 둘로 나눌 수 없으며 분별이
없고 단절도 없는 까닭이니라.

선현이여. 보특가라가 청정한 까닭으로 신계가 청정하고, 신계가 청정
한 까닭으로 일체지지가 청정하니라. 왜 그러한가? 만약 보특가라가
청정하거나, 만약 신계가 청정하거나, 만약 일체지지가 청정하다면, 무이
이고 둘로 나눌 수 없으며 분별이 없고 단절도 없는 까닭이니라. 보특가라
가 청정한 까닭으로 촉계·신식계, 나아가 신촉·신촉을 인연으로 생겨난
여러 수가 청정하고, 촉계, 나아가 신촉을 인연으로 생겨난 여러 수가
청정한 까닭으로 일체지지가 청정하니라. 왜 그러한가? 만약 보특가라가
청정하거나, 만약 촉계, 나아가 신촉을 인연으로 생겨난 여러 수가 청정하
거나, 만약 일체지지가 청정하다면, 무이이고 둘로 나눌 수 없으며 분별이
없고 단절도 없는 까닭이니라.

선현이여. 보특가라가 청정한 까닭으로 의계가 청정하고, 의계가 청정한 까닭으로 일체지지가 청정하니라. 왜 그러한가? 만약 보특가라가 청정하거나, 만약 의계가 청정하거나, 만약 일체지지가 청정하다면, 무이이고 둘로 나눌 수 없으며 분별이 없고 단절도 없는 까닭이니라. 보특가라가 청정한 까닭으로 법계·의식계, 나아가 의촉·의촉을 인연으로 생겨난 여러 수가 청정하고, 법계, 나아가 의촉을 인연으로 생겨난 여러 수가 청정한 까닭으로 일체지지가 청정하니라. 왜 그러한가? 만약 보특가라가 청정하거나, 만약 법계, 나아가 의촉을 인연으로 생겨난 여러 수가 청정하거나, 만약 일체지지가 청정하다면, 무이이고 둘로 나눌 수 없으며 분별이 없고 단절도 없는 까닭이니라.

선현이여. 보특가라가 청정한 까닭으로 지계가 청정하고, 지계가 청정한 까닭으로 일체지지가 청정하니라. 왜 그러한가? 만약 보특가라가 청정하거나, 만약 지계가 청정하거나, 만약 일체지지가 청정하다면, 무이이고 둘로 나눌 수 없으며 분별이 없고 단절도 없는 까닭이니라. 보특가라가 청정한 까닭으로 수·화·풍·공·식계가 청정하고, 수·화·풍·공·식계가 청정한 까닭으로 일체지지가 청정하니라. 왜 그러한가? 만약 보특가라가 청정하거나, 만약 수·화·풍·공·식계가 청정하거나, 만약 일체지지가 청정하다면, 무이이고 둘로 나눌 수 없으며 분별이 없고 단절도 없는 까닭이니라.

선현이여. 보특가라가 청정한 까닭으로 무명이 청정하고, 무명이 청정한 까닭으로 일체지지가 청정하니라. 왜 그러한가? 만약 보특가라가 청정하거나, 만약 무명이 청정하거나, 만약 일체지지가 청정하다면, 무이이고 둘로 나눌 수 없으며 분별이 없고 단절도 없는 까닭이니라. 보특가라가 청정한 까닭으로 행·식·명색·육처·촉·수·애·취·유·생·노사의 수탄고우뇌가 청정하고, 행, 나아가 노사의 수탄고우뇌가 청정한 까닭으로 일체지지가 청정하니라. 왜 그러한가? 만약 보특가라가 청정하거나, 만약 행, 나아가 노사의 수탄고우뇌가 청정하거나, 만약 일체지지가 청정하다면, 무이이고 둘로 나눌 수 없으며 분별이 없고 단절도 없는 까닭이니라.

선현이여. 보특가라가 청정한 까닭으로 보시바라밀다가 청정하고,

보시바라밀다가 청정한 까닭으로 일체지지가 청정하니라. 왜 그러한가? 만약 보특가라가 청정하거나, 만약 보시바라밀다가 청정하거나, 만약 일체지지가 청정하다면, 무이이고 둘로 나눌 수 없으며 분별이 없고 단절도 없는 까닭이니라. 보특가라가 청정한 까닭으로 정계·안인·정진·정려·반야바라밀다가 청정하고, 정계, 나아가 반야바라밀다가 청정한 까닭으로 일체지지가 청정하니라. 왜 그러한가? 만약 보특가라가 청정하거나, 만약 정계, 나아가 반야바라밀다가 청정하거나, 만약 일체지지가 청정하다면, 무이이고 둘로 나눌 수 없으며 분별이 없고 단절도 없는 까닭이니라.

선현이여. 보특가라가 청정한 까닭으로 내공이 청정하고, 내공이 청정한 까닭으로 일체지지가 청정하니라. 왜 그러한가? 만약 보특가라가 청정하거나, 만약 내공이 청정하거나, 만약 일체지지가 청정하다면, 무이이고 둘로 나눌 수 없으며 분별이 없고 단절도 없는 까닭이니라. 보특가라가 청정한 까닭으로 외공·내외공·공공·대공·승의공·유위공·무위공·필경공·무제공·산공·무변이공·본성공·자상공·공상공·일체법공·불가득공·무성공·자성공·무성자성공이 청정하고, 외공, 나아가 무성자성공이 청정한 까닭으로 일체지지가 청정하니라. 왜 그러한가? 만약 보특가라가 청정하거나, 만약 외공, 나아가 무성자성공이 청정하거나, 만약 일체지지가 청정하다면, 무이이고 둘로 나눌 수 없으며 분별이 없고 단절도 없는 까닭이니라.

선현이여. 보특가라가 청정한 까닭으로 진여가 청정하고, 진여가 청정한 까닭으로 일체지지가 청정하니라. 왜 그러한가? 만약 보특가라가 청정하거나, 만약 진여가 청정하거나, 만약 일체지지가 청정하다면, 무이이고 둘로 나눌 수 없으며 분별이 없고 단절도 없는 까닭이니라. 보특가라가 청정한 까닭으로 법계·법성·불허망성·불변이성·평등성·이생성·법정·법주·실제·허공계·부사의계가 청정하고 법계, 나아가 부사의계가 청정한 까닭으로 일체지지가 청정하니라. 왜 그러한가? 만약 보특가라가 청정하거나, 만약 법계, 나아가 부사의계가 청정하거나, 만약 일체지지가 청정하다면, 무이이고 둘로 나눌 수 없으며 분별이 없고 단절도 없는 까닭이니라.

선현이여. 보특가라가 청정한 까닭으로 고성제가 청정하고, 고성제가 청정한 까닭으로 일체지지가 청정하니라. 왜 그러한가? 만약 보특가라가 청정하거나, 만약 고성제가 청정하거나, 만약 일체지지가 청정하다면, 무이이고 둘로 나눌 수 없으며 분별이 없고 단절도 없는 까닭이니라. 보특가라가 청정한 까닭으로 집·멸·도성제가 청정하고, 집·멸·도성제가 청정한 까닭으로 일체지지가 청정하니라. 왜 그러한가? 만약 보특가라가 청정하거나, 만약 집·멸·도성제가 청정하거나, 만약 일체지지가 청정하다면, 무이이고 둘로 나눌 수 없으며 분별이 없고 단절도 없는 까닭이니라.

선현이여. 보특가라가 청정한 까닭으로 4정려가 청정하고, 4정려가 청정한 까닭으로 일체지지가 청정하니라. 왜 그러한가? 만약 보특가라가 청정하거나, 만약 4정려가 청정하거나, 만약 일체지지가 청정하다면, 무이이고 둘로 나눌 수 없으며 분별이 없고 단절도 없는 까닭이니라. 보특가라가 청정한 까닭으로 4무량·4무색정이 청정하고, 4무량·4무색정이 청정한 까닭으로 일체지지가 청정하니라. 왜 그러한가? 만약 보특가라가 청정하거나, 만약 4무량·4무색정이 청정하거나, 만약 일체지지가 청정하다면, 무이이고 둘로 나눌 수 없으며 분별이 없고 단절도 없는 까닭이니라.

선현이여. 보특가라가 청정한 까닭으로 8해탈이 청정하고, 8해탈이 청정한 까닭으로 일체지지가 청정하니라. 왜 그러한가? 만약 보특가라가 청정하거나, 만약 8해탈이 청정하거나, 만약 일체지지가 청정하다면, 무이이고 둘로 나눌 수 없으며 분별이 없고 단절도 없는 까닭이니라. 보특가라가 청정한 까닭으로 8승처·9차제정·10변처가 청정하고, 8승처·9차제정·10변처가 청정한 까닭으로 일체지지가 청정하니라. 왜 그러한가? 만약 보특가라가 청정하거나, 만약 8승처·9차제정·10변처가 청정하거나, 만약 일체지지가 청정하다면, 무이이고 둘로 나눌 수 없으며 분별이 없고 단절도 없는 까닭이니라.

선현이여. 보특가라가 청정한 까닭으로 4념주가 청정하고, 4념주가 청정한 까닭으로 일체지지가 청정하니라. 왜 그러한가? 만약 보특가라가 청정하거나, 만약 4념주가 청정하거나, 만약 일체지지가 청정하다면, 무이이고 둘로 나눌 수 없으며 분별이 없고 단절도 없는 까닭이니라. 보특가라가 청정한 까닭으로 4정단·4신족·5근·5력·7등각지·8성도지가 청정하고, 4정단, 나아가 8성도지가 청정한 까닭으로 일체지지가 청정하니라. 왜 그러한가? 만약 보특가라가 청정하거나, 만약 4정단, 나아가 8성도지가 청정하거나, 만약 일체지지가 청정하다면, 무이이고 둘로 나눌 수 없으며 분별이 없고 단절도 없는 까닭이니라.

선현이여. 보특가라가 청정한 까닭으로 공해탈문이 청정하고, 공해탈문이 청정한 까닭으로 일체지지가 청정하니라. 왜 그러한가? 만약 보특가라가 청정하거나, 만약 공해탈문이 청정하거나, 만약 일체지지가 청정하다면, 무이이고 둘로 나눌 수 없으며 분별이 없고 단절도 없는 까닭이니라. 보특가라가 청정한 까닭으로 무상·무원해탈문이 청정하고, 무상·무원해탈문이 청정한 까닭으로 일체지지가 청정하니라. 왜 그러한가? 만약 보특가라가 청정하거나, 만약 무상·무원해탈문이 청정하거나, 만약 일체지지가 청정하다면, 무이이고 둘로 나눌 수 없으며 분별이 없고 단절도 없는 까닭이니라.

선현이여. 보특가라가 청정한 까닭으로 보살의 10지가 청정하고, 보살의 10지가 청정한 까닭으로 일체지지가 청정하니라. 왜 그러한가? 만약 보특가라가 청정하거나, 만약 보살의 10지가 청정하거나, 만약 일체지지가 청정하다면, 무이이고 둘로 나눌 수 없으며 분별이 없고 단절도 없는 까닭이니라.

선현이여. 보특가라가 청정한 까닭으로 5안이 청정하고, 5안이 청정한 까닭으로 일체지지가 청정하니라. 왜 그러한가? 만약 보특가라가 청정하거나, 만약 5안이 청정하거나, 만약 일체지지가 청정하다면, 무이이고 둘로 나눌 수 없으며 분별이 없고 단절도 없는 까닭이니라. 보특가라가 청정한 까닭으로 6신통이 청정하고, 6신통이 청정한 까닭으로 일체지지가 청정하니라. 왜 그러한가? 만약 보특가라가 청정하거나, 만약 6신통이 청정하거나, 만약 일체지지가 청정하다면, 무이이고 둘로 나눌 수 없으며 분별이 없고 단절도 없는 까닭이니라.

선현이여. 보특가라가 청정한 까닭으로 여래의 10력이 청정하고, 여래의 10력이 청정한 까닭으로 일체지지가 청정하니라. 왜 그러한가? 만약 보특가라가 청정하거나, 만약 여래의 10력이 청정하거나, 만약 일체지지가 청정하다면, 무이이고 둘로 나눌 수 없으며 분별이 없고 단절도 없는 까닭이니라. 보특가라가 청정한 까닭으로 4무소외·4무애해·대자·대비·대희·대사·18불불공법이 청정하고, 4무소외, 나아가 18불불공법이 청정한 까닭으로 일체지지가 청정하니라. 왜 그러한가? 만약 보특가라가 청정하거나, 만약 4무소외, 나아가 18불불공법이 청정하거나, 만약 일체지지가 청정하다면, 무이이고 둘로 나눌 수 없으며 분별이 없고 단절도 없는 까닭이니라.

선현이여. 보특가라가 청정한 까닭으로 무망실법이 청정하고, 무망실법이 청정한 까닭으로 일체지지가 청정하니라. 왜 그러한가? 만약 보특가라가 청정하거나, 만약 무망실법이 청정하거나, 만약 일체지지가 청정하다면, 무이이고 둘로 나눌 수 없으며 분별이 없고 단절도 없는 까닭이니라. 보특가라가 청정한 까닭으로 항주사성이 청정하고, 항주사성이 청정한 까닭으로 일체지지가 청정하니라. 왜 그러한가? 만약 보특가라가 청정하거나, 만약 항주사성이 청정하거나, 만약 일체지지가 청정하다면, 무이이고 둘로 나눌 수 없으며 분별이 없고 단절도 없는 까닭이니라.

선현이여. 보특가라가 청정한 까닭으로 일체지가 청정하고, 일체지가 청정한 까닭으로 일체지지가 청정하니라. 왜 그러한가? 만약 보특가라가 청정하거나, 만약 일체지가 청정하거나, 만약 일체지지가 청정하다면, 무이이고 둘로 나눌 수 없으며 분별이 없고 단절도 없는 까닭이니라. 보특가라가 청정한 까닭으로 도상지·일체상지가 청정하고, 도상지·일체상지가 청정한 까닭으로 일체지지가 청정하니라. 왜 그러한가? 만약 보특가라가 청정하거나, 만약 도상지·일체상지가 청정하거나, 만약 일체지지가 청정하다면, 무이이고 둘로 나눌 수 없으며 분별이 없고 단절도

없는 까닭이니라.

　선현이여. 보특가라가 청정한 까닭으로 일체의 다라니문이 청정하고, 일체의 다라니문이 청정한 까닭으로 일체지지가 청정하니라. 왜 그러한가? 만약 보특가라가 청정하거나, 만약 일체의 다라니문이 청정하거나, 만약 일체지지가 청정하다면, 무이이고 둘로 나눌 수 없으며 분별이 없고 단절도 없는 까닭이니라. 보특가라가 청정한 까닭으로 일체의 삼마지문이 청정하고, 일체의 삼마지문이 청정한 까닭으로 일체지지가 청정하니라. 왜 그러한가? 만약 보특가라가 청정하거나, 만약 일체의 삼마지문이 청정하거나, 만약 일체지지가 청정하다면, 무이이고 둘로 나눌 수 없으며 분별이 없고 단절도 없는 까닭이니라.

　선현이여. 보특가라가 청정한 까닭으로 예류과가 청정하고, 예류과가 청정한 까닭으로 일체지지가 청정하니라. 왜 그러한가? 만약 보특가라가 청정하거나, 만약 예류과가 청정하거나, 만약 일체지지가 청정하다면, 무이이고 둘로 나눌 수 없으며 분별이 없고 단절도 없는 까닭이니라. 보특가라가 청정한 까닭으로 일래·불환·아라한과가 청정하고, 일래·불환·아라한과가 청정한 까닭으로 일체지지가 청정하니라. 왜 그러한가? 만약 보특가라가 청정하거나, 만약 일래·불환·아라한과가 청정하거나, 만약 일체지지가 청정하다면, 무이이고 둘로 나눌 수 없으며 분별이 없고 단절도 없는 까닭이니라.

　선현이여. 보특가라가 청정한 까닭으로 독각의 보리가 청정하고, 독각의 보리가 청정한 까닭으로 일체지지가 청정하니라. 왜 그러한가? 만약 보특가라가 청정하거나, 만약 독각의 보리가 청정하거나, 만약 일체지지가 청정하다면, 무이이고 둘로 나눌 수 없으며 분별이 없고 단절도 없는 까닭이니라.

　선현이여. 보특가라가 청정한 까닭으로 일체의 보살마하살의 행이 청정하고, 일체의 보살마하살의 행이 청정한 까닭으로 일체지지가 청정하니라. 왜 그러한가? 만약 보특가라가 청정하거나, 만약 일체의 보살마하살의 행이 청정하거나, 만약 일체지지가 청정하다면, 무이이고 둘로 나눌

수 없으며 분별이 없고 단절도 없는 까닭이니라.

선현이여. 보특가라가 청정한 까닭으로 제불의 무상정등보리가 청정하고, 제불의 무상정등보리가 청정한 까닭으로 일체지지가 청정하니라. 왜 그러한가? 만약 보특가라가 청정하거나, 만약 제불의 무상정등보리가 청정하거나, 만약 일체지지가 청정하다면, 무이이고 둘로 나눌 수 없으며 분별이 없고 단절도 없는 까닭이니라."

"다시 다음으로 선현이여. 의생이 청정한 까닭으로 색이 청정하고, 색이 청정한 까닭으로 일체지지가 청정하니라. 왜 그러한가? 만약 의생이 청정하거나, 만약 색이 청정하거나, 만약 일체지지가 청정하다면, 무이이고 둘로 나눌 수 없으며 분별이 없고 단절도 없는 까닭이니라. 의생이 청정한 까닭으로 수·상·행·식이 청정하고, 수·상·행·식이 청정한 까닭으로 일체지지가 청정하니라. 왜 그러한가? 만약 의생이 청정하거나, 만약 수·상·행·식이 청정하거나, 만약 일체지지가 청정하다면, 무이이고 둘로 나눌 수 없으며 분별이 없고 단절도 없는 까닭이니라.

선현이여. 의생이 청정한 까닭으로 안처가 청정하고, 안처가 청정한 까닭으로 일체지지가 청정하니라. 왜 그러한가? 만약 의생이 청정하거나, 만약 안처가 청정하거나, 만약 일체지지가 청정하다면, 무이이고 둘로 나눌 수 없으며 분별이 없고 단절도 없는 까닭이니라. 의생이 청정한 까닭으로 이·비·설·신·의처가 청정하고, 이·비·설·신·의처가 청정한 까닭으로 일체지지가 청정하니라. 왜 그러한가? 만약 의생이 청정하거나, 만약 이·비·설·신·의처가 청정하거나, 만약 일체지지가 청정하다면, 무이이고 둘로 나눌 수 없으며 분별이 없고 단절도 없는 까닭이니라.

선현이여. 의생이 청정한 까닭으로 색처가 청정하고, 색처가 청정한 까닭으로 일체지지가 청정하니라. 왜 그러한가? 만약 의생이 청정하거나, 만약 색처가 청정하거나, 만약 일체지지가 청정하다면, 무이이고 둘로 나눌 수 없으며 분별이 없고 단절도 없는 까닭이니라. 의생이 청정한 까닭으로 성·향·미·촉·법처가 청정하고, 성·향·미·촉·법처가 청정한 까닭으로 일체지지가 청정하니라. 왜 그러한가? 만약 의생이 청정하거나, 만약 성·향·미·촉·법처가 청정하거나, 만약 일체지지가 청정하다면, 무이이고 둘로 나눌 수 없으며 분별이 없고 단절도 없는 까닭이니라.

　선현이여. 의생이 청정한 까닭으로 안계가 청정하고, 안계가 청정한 까닭으로 일체지지가 청정하니라. 왜 그러한가? 만약 의생이 청정하거나, 만약 안계가 청정하거나, 만약 일체지지가 청정하다면, 무이이고 둘로 나눌 수 없으며 분별이 없고 단절도 없는 까닭이니라. 의생이 청정한 까닭으로 색계·안식계, 나아가 안촉·안촉을 인연으로 생겨난 여러 수가 청정하고, 색계, 나아가 안촉을 인연으로 생겨난 여러 수가 청정한 까닭으로 일체지지가 청정하니라. 왜 그러한가? 만약 의생이 청정하거나, 만약 색계, 나아가 안촉을 인연으로 생겨난 여러 수가 청정하거나, 만약 일체지지가 청정하다면, 무이이고 둘로 나눌 수 없으며 분별이 없고 단절도 없는 까닭이니라.

　선현이여. 의생이 청정한 까닭으로 이계가 청정하고, 이계가 청정한 까닭으로 일체지지가 청정하니라. 왜 그러한가? 만약 의생이 청정하거나, 만약 이계가 청정하거나, 만약 일체지지가 청정하다면, 무이이고 둘로 나눌 수 없으며 분별이 없고 단절도 없는 까닭이니라. 의생이 청정한 까닭으로 성계·이식계, 나아가 이촉·이촉을 인연으로 생겨난 여러 수가 청정하고, 성계, 나아가 이촉을 인연으로 생겨난 여러 수가 청정한 까닭으로 일체지지가 청정하니라. 왜 그러한가? 만약 의생이 청정하거나, 만약 성계, 나아가 이촉을 인연으로 생겨난 여러 수가 청정하거나, 만약 일체지지가 청정하다면, 무이이고 둘로 나눌 수 없으며 분별이 없고 단절도 없는 까닭이니라.

　선현이여. 의생이 청정한 까닭으로 비계가 청정하고, 비계가 청정한 까닭으로 일체지지가 청정하니라. 왜 그러한가? 만약 의생이 청정하거나, 만약 비계가 청정하거나, 만약 일체지지가 청정하다면, 무이이고 둘로 나눌 수 없으며 분별이 없고 단절도 없는 까닭이니라. 의생이 청정한 까닭으로 향계·비식계, 나아가 비촉·비촉을 인연으로 생겨난 여러 수가 청정하고, 향계, 나아가 비촉을 인연으로 생겨난 여러 수가 청정한 까닭으로 일체지지가 청정하니라. 왜 그러한가? 만약 의생이 청정하거나, 만약 향계, 나아가 비촉을 인연으로 생겨난 여러 수가 청정하거나, 만약 일체지지가 청정하다면, 무이이고 둘로 나눌 수 없으며 분별이 없고 단절도 없는 까닭이니라.

선현이여. 의생이 청정한 까닭으로 설계가 청정하고, 설계가 청정한 까닭으로 일체지지가 청정하니라. 왜 그러한가? 만약 의생이 청정하거나, 만약 설계가 청정하거나, 만약 일체지지가 청정하다면, 무이이고 둘로 나눌 수 없으며 분별이 없고 단절도 없는 까닭이니라. 의생이 청정한 까닭으로 미계·설식계, 나아가 설촉·설촉을 인연으로 생겨난 여러 수가 청정하고, 미계, 나아가 설촉을 인연으로 생겨난 여러 수가 청정한 까닭으로 일체지지가 청정하니라. 왜 그러한가? 만약 의생이 청정하거나, 만약 미계, 나아가 설촉을 인연으로 생겨난 여러 수가 청정하거나, 만약 일체지지가 청정하다면, 무이이고 둘로 나눌 수 없으며 분별이 없고 단절도 없는 까닭이니라.

선현이여. 의생이 청정한 까닭으로 신계가 청정하고, 신계가 청정한 까닭으로 일체지지가 청정하니라. 왜 그러한가? 만약 의생이 청정하거나, 만약 신계가 청정하거나, 만약 일체지지가 청정하다면, 무이이고 둘로 나눌 수 없으며 분별이 없고 단절도 없는 까닭이니라. 의생이 청정한 까닭으로 촉계·신식계, 나아가 신촉·신촉을 인연으로 생겨난 여러 수가 청정하고, 촉계, 나아가 신촉을 인연으로 생겨난 여러 수가 청정한 까닭으로 일체지지가 청정하니라. 왜 그러한가? 만약 의생이 청정하거나, 만약 촉계, 나아가 신촉을 인연으로 생겨난 여러 수가 청정하거나, 만약 일체지지가 청정하다면, 무이이고 둘로 나눌 수 없으며 분별이 없고 단절도 없는 까닭이니라.

선현이여. 의생이 청정한 까닭으로 의계가 청정하고, 의계가 청정한 까닭으로 일체지지가 청정하니라. 왜 그러한가? 만약 의생이 청정하거나, 만약 의계가 청정하거나, 만약 일체지지가 청정하다면, 무이이고 둘로 나눌 수 없으며 분별이 없고 단절도 없는 까닭이니라. 의생이 청정한 까닭으로 법계·의식계, 나아가 의촉·의촉을 인연으로 생겨난 여러 수가 청정하고, 법계, 나아가 의촉을 인연으로 생겨난 여러 수가 청정한 까닭으로 일체지지가 청정하니라. 왜 그러한가? 만약 의생이 청정하거나, 만약 법계, 나아가 의촉을 인연으로 생겨난 여러 수가 청정하거나, 만약 일체지지가 청정하다면, 무이이고 둘로 나눌 수 없으며 분별이 없고 단절도 없는 까닭이니라.

선현이여. 의생이 청정한 까닭으로 지계가 청정하고, 지계가 청정한 까닭으로 일체지지가 청정하니라. 왜 그러한가? 만약 의생이 청정하거나, 만약 지계가 청정하거나, 만약 일체지지가 청정하다면, 무이이고 둘로 나눌 수 없으며 분별이 없고 단절도 없는 까닭이니라. 의생이 청정한 까닭으로 수·화·풍·공·식계가 청정하고, 수·화·풍·공·식계가 청정한 까닭으로 일체지지가 청정하니라. 왜 그러한가? 만약 의생이 청정하거나, 만약 수·화·풍·공·식계가 청정하거나, 만약 일체지지가 청정하다면, 무이이고 둘로 나눌 수 없으며 분별이 없고 단절도 없는 까닭이니라.

선현이여. 의생이 청정한 까닭으로 무명이 청정하고, 무명이 청정한 까닭으로 일체지지가 청정하니라. 왜 그러한가? 만약 의생이 청정하거나, 만약 무명이 청정하거나, 만약 일체지지가 청정하다면, 무이이고 둘로 나눌 수 없으며 분별이 없고 단절도 없는 까닭이니라. 의생이 청정한 까닭으로 행·식·명색·육처·촉·수·애·취·유·생·노사의 수탄고우뇌가 청정하고, 행, 나아가 노사의 수탄고우뇌가 청정한 까닭으로 일체지지가 청정하니라. 왜 그러한가? 만약 의생이 청정하거나, 만약 행, 나아가 노사의 수탄고우뇌가 청정하거나, 만약 일체지지가 청정하다면, 무이이고 둘로 나눌 수 없으며 분별이 없고 단절도 없는 까닭이니라.

선현이여. 의생이 청정한 까닭으로 보시바라밀다가 청정하고, 보시바라밀다가 청정한 까닭으로 일체지지가 청정하니라. 왜 그러한가? 만약 의생이 청정하거나, 만약 보시바라밀다가 청정하거나, 만약 일체지지가 청정하다면, 무이이고 둘로 나눌 수 없으며 분별이 없고 단절도 없는

까닭이니라. 의생이 청정한 까닭으로 정계·안인·정진·정려·반야바라밀
다가 청정하고, 정계, 나아가 반야바라밀다가 청정한 까닭으로 일체지지
가 청정하니라. 왜 그러한가? 만약 의생이 청정하거나, 만약 정계, 나아가
반야바라밀다가 청정하거나, 만약 일체지지가 청정하다면, 무이이고 둘
로 나눌 수 없으며 분별이 없고 단절도 없는 까닭이니라.

선현이여. 의생이 청정한 까닭으로 내공이 청정하고, 내공이 청정한
까닭으로 일체지지가 청정하니라. 왜 그러한가? 만약 의생이 청정하거나,
만약 내공이 청정하거나, 만약 일체지지가 청정하다면, 무이이고 둘로
나눌 수 없으며 분별이 없고 단절도 없는 까닭이니라. 의생이 청정한
까닭으로 외공·내외공·공공·대공·승의공·유위공·무위공·필경공·무제
공·산공·무변이공·본성공·자상공·공상공·일체법공·불가득공·무성공·
자성공·무성자성공이 청정하고, 외공, 나아가 무성자성공이 청정한 까닭
으로 일체지지가 청정하니라. 왜 그러한가? 만약 의생이 청정하거나,
만약 외공, 나아가 무성자성공이 청정하거나, 만약 일체지지가 청정하다
면, 무이이고 둘로 나눌 수 없으며 분별이 없고 단절도 없는 까닭이니라.

선현이여. 의생이 청정한 까닭으로 진여가 청정하고, 진여가 청정한
까닭으로 일체지지가 청정하니라. 왜 그러한가? 만약 의생이 청정하거나,
만약 진여가 청정하거나, 만약 일체지지가 청정하다면, 무이이고 둘로
나눌 수 없으며 분별이 없고 단절도 없는 까닭이니라. 의생이 청정한
까닭으로 법계·법성·불허망성·불변이성·평등성·이생성·법정·법주·실
제·허공계·부사의계가 청정하고 법계, 나아가 부사의계가 청정한 까닭으
로 일체지지가 청정하니라. 왜 그러한가? 만약 의생이 청정하거나, 만약
법계, 나아가 부사의계가 청정하거나, 만약 일체지지가 청정하다면, 무이
이고 둘로 나눌 수 없으며 분별이 없고 단절도 없는 까닭이니라.

선현이여. 의생이 청정한 까닭으로 고성제가 청정하고, 고성제가 청정
한 까닭으로 일체지지가 청정하니라. 왜 그러한가? 만약 의생이 청정하거
나, 만약 고성제가 청정하거나, 만약 일체지지가 청정하다면, 무이이고
둘로 나눌 수 없으며 분별이 없고 단절도 없는 까닭이니라. 의생이 청정한

까닭으로 집·멸·도성제가 청정하고, 집·멸·도성제가 청정한 까닭으로 일체지지가 청정하니라. 왜 그러한가? 만약 의생이 청정하거나, 만약 집·멸·도성제가 청정하거나, 만약 일체지지가 청정하다면, 무이이고 둘로 나눌 수 없으며 분별이 없고 단절도 없는 까닭이니라.

선현이여. 의생이 청정한 까닭으로 4정려가 청정하고, 4정려가 청정한 까닭으로 일체지지가 청정하니라. 왜 그러한가? 만약 의생이 청정하거나, 만약 4정려가 청정하거나, 만약 일체지지가 청정하다면, 무이이고 둘로 나눌 수 없으며 분별이 없고 단절도 없는 까닭이니라. 의생이 청정한 까닭으로 4무량·4무색정이 청정하고, 4무량·4무색정이 청정한 까닭으로 일체지지가 청정하니라. 왜 그러한가? 만약 의생이 청정하거나, 만약 4무량·4무색정이 청정하거나, 만약 일체지지가 청정하다면, 무이이고 둘로 나눌 수 없으며 분별이 없고 단절도 없는 까닭이니라.

선현이여. 의생이 청정한 까닭으로 8해탈이 청정하고, 8해탈이 청정한 까닭으로 일체지지가 청정하니라. 왜 그러한가? 만약 의생이 청정하거나, 만약 8해탈이 청정하거나, 만약 일체지지가 청정하다면, 무이이고 둘로 나눌 수 없으며 분별이 없고 단절도 없는 까닭이니라. 의생이 청정한 까닭으로 8승처·9차제정·10변처가 청정하고, 8승처·9차제정·10변처가 청정한 까닭으로 일체지지가 청정하니라. 왜 그러한가? 만약 의생이 청정하거나, 만약 8승처·9차제정·10변처가 청정하거나, 만약 일체지지가 청정하다면, 무이이고 둘로 나눌 수 없으며 분별이 없고 단절도 없는 까닭이니라.

선현이여. 의생이 청정한 까닭으로 4념주가 청정하고, 4념주가 청정한 까닭으로 일체지지가 청정하니라. 왜 그러한가? 만약 의생이 청정하거나, 만약 4념주가 청정하거나, 만약 일체지지가 청정하다면, 무이이고 둘로 나눌 수 없으며 분별이 없고 단절도 없는 까닭이니라. 의생이 청정한 까닭으로 4정단·4신족·5근·5력·7등각지·8성도지가 청정하고, 4정단, 나아가 8성도지가 청정한 까닭으로 일체지지가 청정하니라. 왜 그러한가? 만약 의생이 청정하거나, 만약 4정단, 나아가 8성도지가 청정하거나,

만약 일체지지가 청정하다면, 무이이고 둘로 나눌 수 없으며 분별이 없고 단절도 없는 까닭이니라.

선현이여. 의생이 청정한 까닭으로 공해탈문이 청정하고, 공해탈문이 청정한 까닭으로 일체지지가 청정하니라. 왜 그러한가? 만약 의생이 청정하거나, 만약 공해탈문이 청정하거나, 만약 일체지지가 청정하다면, 무이이고 둘로 나눌 수 없으며 분별이 없고 단절도 없는 까닭이니라. 의생이 청정한 까닭으로 무상·무원해탈문이 청정하고, 무상·무원해탈문이 청정한 까닭으로 일체지지가 청정하니라. 왜 그러한가? 만약 의생이 청정하거나, 만약 무상·무원해탈문이 청정하거나, 만약 일체지지가 청정하다면, 무이이고 둘로 나눌 수 없으며 분별이 없고 단절도 없는 까닭이니라.

선현이여. 의생이 청정한 까닭으로 보살의 10지가 청정하고, 보살의 10지가 청정한 까닭으로 일체지지가 청정하니라. 왜 그러한가? 만약 의생이 청정하거나, 만약 보살의 10지가 청정하거나, 만약 일체지지가 청정하다면, 무이이고 둘로 나눌 수 없으며 분별이 없고 단절도 없는 까닭이니라."

마하반야바라밀다경 제199권

34. 난신해품(難信解品)(18)

"선현이여. 의생이 청정한 까닭으로 5안이 청정하고, 5안이 청정한 까닭으로 일체지지가 청정하니라. 왜 그러한가? 만약 의생이 청정하거나, 만약 5안이 청정하거나, 만약 일체지지가 청정하다면, 무이이고 둘로 나눌 수 없으며 분별이 없고 단절도 없는 까닭이니라. 의생이 청정한 까닭으로 6신통이 청정하고, 6신통이 청정한 까닭으로 일체지지가 청정하니라. 왜 그러한가? 만약 의생이 청정하거나, 만약 6신통이 청정하거나, 만약 일체지지가 청정하다면, 무이이고 둘로 나눌 수 없으며 분별이 없고 단절도 없는 까닭이니라.

선현이여. 의생이 청정한 까닭으로 여래의 10력이 청정하고, 여래의 10력이 청정한 까닭으로 일체지지가 청정하니라. 왜 그러한가? 만약 의생이 청정하거나, 만약 여래의 10력이 청정하거나, 만약 일체지지가 청정하다면, 무이이고 둘로 나눌 수 없으며 분별이 없고 단절도 없는 까닭이니라. 의생이 청정한 까닭으로 4무소외·4무애해·대자·대비·대희·대사·18불불공법이 청정하고, 4무소외, 나아가 18불불공법이 청정한 까닭으로 일체지지가 청정하니라. 왜 그러한가? 만약 의생이 청정하거나, 만약 4무소외, 나아가 18불불공법이 청정하거나, 만약 일체지지가 청정하다면, 무이이고 둘로 나눌 수 없으며 분별이 없고 단절도 없는 까닭이니라.

선현이여. 의생이 청정한 까닭으로 무망실법이 청정하고, 무망실법이 청정한 까닭으로 일체지지가 청정하니라. 왜 그러한가? 만약 의생이 청정하거나, 만약 무망실법이 청정하거나, 만약 일체지지가 청정하다면, 무이이고 둘로 나눌 수 없으며 분별이 없고 단절도 없는 까닭이니라. 의생이 청정한 까닭으로 항주사성이 청정하고, 항주사성이 청정한 까닭으로 일체지지가 청정하니라. 왜 그러한가? 만약 의생이 청정하거나, 만약 항주사성이 청정하거나, 만약 일체지지가 청정하다면, 무이이고 둘로 나눌 수 없으며 분별이 없고 단절도 없는 까닭이니라.

선현이여. 의생이 청정한 까닭으로 일체지가 청정하고, 일체지가 청정한 까닭으로 일체지지가 청정하니라. 왜 그러한가? 만약 의생이 청정하거나, 만약 일체지가 청정하거나, 만약 일체지지가 청정하다면, 무이이고 둘로 나눌 수 없으며 분별이 없고 단절도 없는 까닭이니라. 의생이 청정한 까닭으로 도상지·일체상지가 청정하고, 도상지·일체상지가 청정한 까닭으로 일체지지가 청정하니라. 왜 그러한가? 만약 의생이 청정하거나, 만약 도상지·일체상지가 청정하거나, 만약 일체지지가 청정하다면, 무이이고 둘로 나눌 수 없으며 분별이 없고 단절도 없는 까닭이니라.

선현이여. 의생이 청정한 까닭으로 일체의 다라니문이 청정하고, 일체의 다라니문이 청정한 까닭으로 일체지지가 청정하니라. 왜 그러한가? 만약 의생이 청정하거나, 만약 일체의 다라니문이 청정하거나, 만약 일체지지가 청정하다면, 무이이고 둘로 나눌 수 없으며 분별이 없고 단절도 없는 까닭이니라. 의생이 청정한 까닭으로 일체의 삼마지문이 청정하고, 일체의 삼마지문이 청정한 까닭으로 일체지지가 청정하니라. 왜 그러한가? 만약 의생이 청정하거나, 만약 일체의 삼마지문이 청정하거나, 만약 일체지지가 청정하다면, 무이이고 둘로 나눌 수 없으며 분별이 없고 단절도 없는 까닭이니라.

선현이여. 의생이 청정한 까닭으로 예류과가 청정하고, 예류과가 청정한 까닭으로 일체지지가 청정하니라. 왜 그러한가? 만약 의생이 청정하거나, 만약 예류과가 청정하거나, 만약 일체지지가 청정하다면, 무이이고 둘로 나눌 수 없으며 분별이 없고 단절도 없는 까닭이니라. 의생이 청정한 까닭으로 일래·불환·아라한과가 청정하고, 일래·불환·아라한과가 청정한 까닭으로 일체지지가 청정하니라. 왜 그러한가? 만약 의생이 청정하거나, 만약 일래·불환·아라한과가 청정하거나, 만약 일체지지가 청정하다면, 무이이고 둘로 나눌 수 없으며 분별이 없고 단절도 없는 까닭이니라.

선현이여. 의생이 청정한 까닭으로 독각의 보리가 청정하고, 독각의 보리가 청정한 까닭으로 일체지지가 청정하니라. 왜 그러한가? 만약 의생이 청정하거나, 만약 독각의 보리가 청정하거나, 만약 일체지지가 청정하다면, 무이이고 둘로 나눌 수 없으며 분별이 없고 단절도 없는 까닭이니라.

선현이여. 의생이 청정한 까닭으로 일체의 보살마하살의 행이 청정하고, 일체의 보살마하살의 행이 청정한 까닭으로 일체지지가 청정하니라. 왜 그러한가? 만약 의생이 청정하거나, 만약 일체의 보살마하살의 행이 청정하거나, 만약 일체지지가 청정하다면, 무이이고 둘로 나눌 수 없으며 분별이 없고 단절도 없는 까닭이니라.

선현이여. 의생이 청정한 까닭으로 제불의 무상정등보리가 청정하고, 제불의 무상정등보리가 청정한 까닭으로 일체지지가 청정하니라. 왜 그러한가? 만약 의생이 청정하거나, 만약 제불의 무상정등보리가 청정하거나, 만약 일체지지가 청정하다면, 무이이고 둘로 나눌 수 없으며 분별이 없고 단절도 없는 까닭이니라."

"다시 다음으로 선현이여. 유동이 청정한 까닭으로 색이 청정하고, 색이 청정한 까닭으로 일체지지가 청정하니라. 왜 그러한가? 만약 유동이 청정하거나, 만약 색이 청정하거나, 만약 일체지지가 청정하다면, 무이이고 둘로 나눌 수 없으며 분별이 없고 단절도 없는 까닭이니라. 유동이 청정한 까닭으로 수·상·행·식이 청정하고, 수·상·행·식이 청정한 까닭으로 일체지지가 청정하니라. 왜 그러한가? 만약 유동이 청정하거나, 만약 수·상·행·식이 청정하거나, 만약 일체지지가 청정하다면, 무이이고 둘로 나눌 수 없으며 분별이 없고 단절도 없는 까닭이니라.

선현이여. 유동이 청정한 까닭으로 안처가 청정하고, 안처가 청정한 까닭으로 일체지지가 청정하니라. 왜 그러한가? 만약 유동이 청정하거나, 만약 안처가 청정하거나, 만약 일체지지가 청정하다면, 무이이고 둘로 나눌 수 없으며 분별이 없고 단절도 없는 까닭이니라. 유동이 청정한 까닭으로 이·비·설·신·의처가 청정하고, 이·비·설·신·의처가 청정한 까닭으로 일체지지가 청정하니라. 왜 그러한가? 만약 유동이 청정하거나, 만약 이·비·설·신·의처가 청정하거나, 만약 일체지지가 청정하다면, 무이이고 둘로 나눌 수 없으며 분별이 없고 단절도 없는 까닭이니라.

선현이여. 유동이 청정한 까닭으로 색처가 청정하고, 색처가 청정한 까닭으로 일체지지가 청정하니라. 왜 그러한가? 만약 유동이 청정하거나, 만약 색처가 청정하거나, 만약 일체지지가 청정하다면, 무이이고 둘로 나눌 수 없으며 분별이 없고 단절도 없는 까닭이니라. 유동이 청정한 까닭으로 성·향·미·촉·법처가 청정하고, 성·향·미·촉·법처가 청정한 까닭으로 일체지지가 청정하니라. 왜 그러한가? 만약 유동이 청정하거나, 만약 성·향·미·촉·법처가 청정하거나, 만약 일체지지가 청정하다면, 무이이고 둘로 나눌 수 없으며 분별이 없고 단절도 없는 까닭이니라.

선현이여. 유동이 청정한 까닭으로 안계가 청정하고, 안계가 청정한 까닭으로 일체지지가 청정하니라. 왜 그러한가? 만약 유동이 청정하거나, 만약 안계가 청정하거나, 만약 일체지지가 청정하다면, 무이이고 둘로 나눌 수 없으며 분별이 없고 단절도 없는 까닭이니라. 유동이 청정한 까닭으로 색계·안식계, 나아가 안촉·안촉을 인연으로 생겨난 여러 수가 청정하고, 색계, 나아가 안촉을 인연으로 생겨난 여러 수가 청정한 까닭으로 일체지지가 청정하니라. 왜 그러한가? 만약 유동이 청정하거나, 만약 색계, 나아가 안촉을 인연으로 생겨난 여러 수가 청정하거나, 만약 일체지지가 청정하다면, 무이이고 둘로 나눌 수 없으며 분별이 없고 단절도 없는 까닭이니라.

선현이여. 유동이 청정한 까닭으로 이계가 청정하고, 이계가 청정한 까닭으로 일체지지가 청정하니라. 왜 그러한가? 만약 유동이 청정하거나, 만약 이계가 청정하거나, 만약 일체지지가 청정하다면, 무이이고 둘로 나눌 수 없으며 분별이 없고 단절도 없는 까닭이니라. 유동이 청정한 까닭으로 성계·이식계, 나아가 이촉·이촉을 인연으로 생겨난 여러 수가 청정하고, 성계, 나아가 이촉을 인연으로 생겨난 여러 수가 청정한 까닭으로 일체지지가 청정하니라. 왜 그러한가? 만약 유동이 청정하거나, 만약 성계, 나아가 이촉을 인연으로 생겨난 여러 수가 청정하거나, 만약 일체지지가 청정하다면, 무이이고 둘로 나눌 수 없으며 분별이 없고 단절도 없는 까닭이니라.

  선현이여. 유동이 청정한 까닭으로 비계가 청정하고, 비계가 청정한 까닭으로 일체지지가 청정하니라. 왜 그러한가? 만약 유동이 청정하거나, 만약 비계가 청정하거나, 만약 일체지지가 청정하다면, 무이이고 둘로 나눌 수 없으며 분별이 없고 단절 없는 까닭이니라. 유동이 청정한 까닭으로 향계·비식계, 나아가 비촉·비촉을 인연으로 생겨난 여러 수가 청정하고, 향계, 나아가 비촉을 인연으로 생겨난 여러 수가 청정한 까닭으로 일체지지가 청정하니라. 왜 그러한가? 만약 유동이 청정하거나, 만약 향계, 나아가 비촉을 인연으로 생겨난 여러 수가 청정하거나, 만약 일체지지가 청정하다면, 무이이고 둘로 나눌 수 없으며 분별이 없고 단절도 없는 까닭이니라.

  선현이여. 유동이 청정한 까닭으로 설계가 청정하고, 설계가 청정한 까닭으로 일체지지가 청정하니라. 왜 그러한가? 만약 유동이 청정하거나, 만약 설계가 청정하거나, 만약 일체지지가 청정하다면, 무이이고 둘로 나눌 수 없으며 분별이 없고 단절도 없는 까닭이니라. 유동이 청정한 까닭으로 미계·설식계, 나아가 설촉·설촉을 인연으로 생겨난 여러 수가 청정하고, 미계, 나아가 설촉을 인연으로 생겨난 여러 수가 청정한 까닭으로 일체지지가 청정하니라. 왜 그러한가? 만약 유동이 청정하거나, 만약 미계, 나아가 설촉을 인연으로 생겨난 여러 수가 청정하거나, 만약 일체지지가 청정하다면, 무이이고 둘로 나눌 수 없으며 분별이 없고 단절도 없는 까닭이니라.

  선현이여. 유동이 청정한 까닭으로 신계가 청정하고, 신계가 청정한 까닭으로 일체지지가 청정하니라. 왜 그러한가? 만약 유동이 청정하거나, 만약 신계가 청정하거나, 만약 일체지지가 청정하다면, 무이이고 둘로 나눌 수 없으며 분별이 없고 단절도 없는 까닭이니라. 유동이 청정한 까닭으로 촉계·신식계, 나아가 신촉·신촉을 인연으로 생겨난 여러 수가 청정하고, 촉계, 나아가 신촉을 인연으로 생겨난 여러 수가 청정한 까닭으로 일체지지가 청정하니라. 왜 그러한가? 만약 유동이 청정하거나, 만약 촉계, 나아가 신촉을 인연으로 생겨난 여러 수가 청정하거나, 만약 일체지지가 청정하다면, 무이이고 둘로 나눌 수 없으며 분별이 없고 단절도 없는 까닭이니라.

선현이여. 유동이 청정한 까닭으로 의계가 청정하고, 의계가 청정한 까닭으로 일체지지가 청정하니라. 왜 그러한가? 만약 유동이 청정하거나, 만약 의계가 청정하거나, 만약 일체지지가 청정하다면, 무이이고 둘로 나눌 수 없으며 분별이 없고 단절도 없는 까닭이니라. 유동이 청정한 까닭으로 법계·의식계, 나아가 의촉·의촉을 인연으로 생겨난 여러 수가 청정하고, 법계, 나아가 의촉을 인연으로 생겨난 여러 수가 청정한 까닭으로 일체지지가 청정하니라. 왜 그러한가? 만약 유동이 청정하거나, 만약 법계, 나아가 의촉을 인연으로 생겨난 여러 수가 청정하거나, 만약 일체지지가 청정하다면, 무이이고 둘로 나눌 수 없으며 분별이 없고 단절도 없는 까닭이니라.

선현이여. 유동이 청정한 까닭으로 지계가 청정하고, 지계가 청정한 까닭으로 일체지지가 청정하니라. 왜 그러한가? 만약 유동이 청정하거나, 만약 지계가 청정하거나, 만약 일체지지가 청정하다면, 무이이고 둘로 나눌 수 없으며 분별이 없고 단절도 없는 까닭이니라. 유동이 청정한 까닭으로 수·화·풍·공·식계가 청정하고, 수·화·풍·공·식계가 청정한 까닭으로 일체지지가 청정하니라. 왜 그러한가? 만약 유동이 청정하거나, 만약 수·화·풍·공·식계가 청정하거나, 만약 일체지지가 청정하다면, 무이이고 둘로 나눌 수 없으며 분별이 없고 단절도 없는 까닭이니라.

선현이여. 유동이 청정한 까닭으로 무명이 청정하고, 무명이 청정한 까닭으로 일체지지가 청정하니라. 왜 그러한가? 만약 유동이 청정하거나, 만약 무명이 청정하거나, 만약 일체지지가 청정하다면, 무이이고 둘로 나눌 수 없으며 분별이 없고 단절도 없는 까닭이니라. 유동이 청정한 까닭으로 행·식·명색·육처·촉·수·애·취·유·생·노사의 수탄고우뇌가 청정하고, 행, 나아가 노사의 수탄고우뇌가 청정한 까닭으로 일체지지가 청정하니라. 왜 그러한가? 만약 유동이 청정하거나, 만약 행, 나아가 노사의 수탄고우뇌가 청정하거나, 만약 일체지지가 청정하다면, 무이이고 둘로 나눌 수 없으며 분별이 없고 단절도 없는 까닭이니라.

선현이여. 유동이 청정한 까닭으로 보시바라밀다가 청정하고, 보시바라밀다가 청정한 까닭으로 일체지지가 청정하니라. 왜 그러한가? 만약 유동이 청정하거나, 만약 보시바라밀다가 청정하거나, 만약 일체지지가 청정하다면, 무이이고 둘로 나눌 수 없으며 분별이 없고 단절도 없는 까닭이니라. 유동이 청정한 까닭으로 정계·안인·정진·정려·반야바라밀다가 청정하고, 정계, 나아가 반야바라밀다가 청정한 까닭으로 일체지지가 청정하니라. 왜 그러한가? 만약 유동이 청정하거나, 만약 정계, 나아가 반야바라밀다가 청정하거나, 만약 일체지지가 청정하다면, 무이이고 둘로 나눌 수 없으며 분별이 없고 단절도 없는 까닭이니라.

선현이여. 유동이 청정한 까닭으로 내공이 청정하고, 내공이 청정한 까닭으로 일체지지가 청정하니라. 왜 그러한가? 만약 유동이 청정하거나, 만약 내공이 청정하거나, 만약 일체지지가 청정하다면, 무이이고 둘로 나눌 수 없으며 분별이 없고 단절도 없는 까닭이니라. 유동이 청정한 까닭으로 외공·내외공·공공·대공·승의공·유위공·무위공·필경공·무제공·산공·무변이공·본성공·자상공·공상공·일체법공·불가득공·무성공·자성공·무성자성공이 청정하고, 외공, 나아가 무성자성공이 청정한 까닭으로 일체지지가 청정하니라. 왜 그러한가? 만약 유동이 청정하거나, 만약 외공, 나아가 무성자성공이 청정하거나, 만약 일체지지가 청정하다면, 무이이고 둘로 나눌 수 없으며 분별이 없고 단절도 없는 까닭이니라.

선현이여. 유동이 청정한 까닭으로 진여가 청정하고, 진여가 청정한 까닭으로 일체지지가 청정하니라. 왜 그러한가? 만약 유동이 청정하거나, 만약 진여가 청정하거나, 만약 일체지지가 청정하다면, 무이이고 둘로 나눌 수 없으며 분별이 없고 단절도 없는 까닭이니라. 유동이 청정한 까닭으로 법계·법성·불허망성·불변이성·평등성·이생성·법정·법주·실제·허공계·부사의계가 청정하고 법계, 나아가 부사의계가 청정한 까닭으로 일체지지가 청정하니라. 왜 그러한가? 만약 유동이 청정하거나, 만약 법계, 나아가 부사의계가 청정하거나, 만약 일체지지가 청정하다면, 무이이고 둘로 나눌 수 없으며 분별이 없고 단절도 없는 까닭이니라.

선현이여. 유동이 청정한 까닭으로 고성제가 청정하고, 고성제가 청정한 까닭으로 일체지지가 청정하니라. 왜 그러한가? 만약 유동이 청정하거나, 만약 고성제가 청정하거나, 만약 일체지지가 청정하다면, 무이이고 둘로 나눌 수 없으며 분별이 없고 단절도 없는 까닭이니라. 유동이 청정한 까닭으로 집·멸·도성제가 청정하고, 집·멸·도성제가 청정한 까닭으로 일체지지가 청정하니라. 왜 그러한가? 만약 유동이 청정하거나, 만약 집·멸·도성제가 청정하거나, 만약 일체지지가 청정하다면, 무이이고 둘로 나눌 수 없으며 분별이 없고 단절도 없는 까닭이니라.

선현이여. 유동이 청정한 까닭으로 4정려가 청정하고, 4정려가 청정한 까닭으로 일체지지가 청정하니라. 왜 그러한가? 만약 유동이 청정하거나, 만약 4정려가 청정하거나, 만약 일체지지가 청정하다면, 무이이고 둘로 나눌 수 없으며 분별이 없고 단절도 없는 까닭이니라. 유동이 청정한 까닭으로 4무량·4무색정이 청정하고, 4무량·4무색정이 청정한 까닭으로 일체지지가 청정하니라. 왜 그러한가? 만약 유동이 청정하거나, 만약 4무량·4무색정이 청정하거나, 만약 일체지지가 청정하다면, 무이이고 둘로 나눌 수 없으며 분별이 없고 단절도 없는 까닭이니라.

선현이여. 유동이 청정한 까닭으로 8해탈이 청정하고, 8해탈이 청정한 까닭으로 일체지지가 청정하니라. 왜 그러한가? 만약 유동이 청정하거나, 만약 8해탈이 청정하거나, 만약 일체지지가 청정하다면, 무이이고 둘로 나눌 수 없으며 분별이 없고 단절도 없는 까닭이니라. 유동이 청정한 까닭으로 8승처·9차제정·10변처가 청정하고, 8승처·9차제정·10변처가 청정한 까닭으로 일체지지가 청정하니라. 왜 그러한가? 만약 유동이 청정하거나, 만약 8승처·9차제정·10변처가 청정하거나, 만약 일체지지가 청정하다면, 무이이고 둘로 나눌 수 없으며 분별이 없고 단절도 없는 까닭이니라.

선현이여. 유동이 청정한 까닭으로 4념주가 청정하고, 4념주가 청정한 까닭으로 일체지지가 청정하니라. 왜 그러한가? 만약 유동이 청정하거나, 만약 4념주가 청정하거나, 만약 일체지지가 청정하다면, 무이이고 둘로 나눌 수 없으며 분별이 없고 단절도 없는 까닭이니라. 유동이 청정한 까닭으로 4정단·4신족·5근·5력·7등각지·8성도지가 청정하고, 4정단, 나아가 8성도지가 청정한 까닭으로 일체지지가 청정하니라. 왜 그러한가? 만약 유동이 청정하거나, 만약 4정단, 나아가 8성도지가 청정하거나, 만약 일체지지가 청정하다면, 무이이고 둘로 나눌 수 없으며 분별이 없고 단절도 없는 까닭이니라.

선현이여. 유동이 청정한 까닭으로 공해탈문이 청정하고, 공해탈문이 청정한 까닭으로 일체지지가 청정하니라. 왜 그러한가? 만약 유동이 청정하거나, 만약 공해탈문이 청정하거나, 만약 일체지지가 청정하다면, 무이이고 둘로 나눌 수 없으며 분별이 없고 단절도 없는 까닭이니라. 유동이 청정한 까닭으로 무상·무원해탈문이 청정하고, 무상·무원해탈문이 청정한 까닭으로 일체지지가 청정하니라. 왜 그러한가? 만약 유동이 청정하거나, 만약 무상·무원해탈문이 청정하거나, 만약 일체지지가 청정하다면, 무이이고 둘로 나눌 수 없으며 분별이 없고 단절도 없는 까닭이니라.

선현이여. 유동이 청정한 까닭으로 보살의 10지가 청정하고, 보살의 10지가 청정한 까닭으로 일체지지가 청정하니라. 왜 그러한가? 만약 유동이 청정하거나, 만약 보살의 10지가 청정하거나, 만약 일체지지가 청정하다면, 무이이고 둘로 나눌 수 없으며 분별이 없고 단절도 없는 까닭이니라.

선현이여. 유동이 청정한 까닭으로 5안이 청정하고, 5안이 청정한 까닭으로 일체지지가 청정하니라. 왜 그러한가? 만약 유동이 청정하거나, 만약 5안이 청정하거나, 만약 일체지지가 청정하다면, 무이이고 둘로 나눌 수 없으며 분별이 없고 단절도 없는 까닭이니라. 유동이 청정한 까닭으로 6신통이 청정하고, 6신통이 청정한 까닭으로 일체지지가 청정하니라. 왜 그러한가? 만약 유동이 청정하거나, 만약 6신통이 청정하거나, 만약 일체지지가 청정하다면, 무이이고 둘로 나눌 수 없으며 분별이 없고 단절도 없는 까닭이니라.

선현이여. 유동이 청정한 까닭으로 여래의 10력이 청정하고, 여래의 10력이 청정한 까닭으로 일체지지가 청정하니라. 왜 그러한가? 만약 유동이 청정하거나, 만약 여래의 10력이 청정하거나, 만약 일체지지가 청정하다면, 무이이고 둘로 나눌 수 없으며 분별이 없고 단절도 없는 까닭이니라. 유동이 청정한 까닭으로 4무소외·4무애해·대자·대비·대희·대사·18불불공법이 청정하고, 4무소외, 나아가 18불불공법이 청정한 까닭으로 일체지지가 청정하니라. 왜 그러한가? 만약 유동이 청정하거나, 만약 4무소외, 나아가 18불불공법이 청정하거나, 만약 일체지지가 청정하다면, 무이이고 둘로 나눌 수 없으며 분별이 없고 단절도 없는 까닭이니라.

선현이여. 유동이 청정한 까닭으로 무망실법이 청정하고, 무망실법이 청정한 까닭으로 일체지지가 청정하니라. 왜 그러한가? 만약 유동이 청정하거나, 만약 무망실법이 청정하거나, 만약 일체지지가 청정하다면, 무이이고 둘로 나눌 수 없으며 분별이 없고 단절도 없는 까닭이니라. 유동이 청정한 까닭으로 항주사성이 청정하고, 항주사성이 청정한 까닭으로 일체지지가 청정하니라. 왜 그러한가? 만약 유동이 청정하거나, 만약 항주사성이 청정하거나, 만약 일체지지가 청정하다면, 무이이고 둘로 나눌 수 없으며 분별이 없고 단절도 없는 까닭이니라.

선현이여. 유동이 청정한 까닭으로 일체지가 청정하고, 일체지가 청정한 까닭으로 일체지지가 청정하니라. 왜 그러한가? 만약 유동이 청정하거나, 만약 일체지가 청정하거나, 만약 일체지지가 청정하다면, 무이이고 둘로 나눌 수 없으며 분별이 없고 단절도 없는 까닭이니라. 유동이 청정한

까닭으로 도상지·일체상지가 청정하고, 도상지·일체상지가 청정한 까닭
으로 일체지지가 청정하니라. 왜 그러한가? 만약 유동이 청정하거나,
만약 도상지·일체상지가 청정하거나, 만약 일체지지가 청정하다면, 무이
이고 둘로 나눌 수 없으며 분별이 없고 단절도 없는 까닭이니라.

선현이여. 유동이 청정한 까닭으로 일체의 다라니문이 청정하고, 일체
의 다라니문이 청정한 까닭으로 일체지지가 청정하니라. 왜 그러한가?
만약 유동이 청정하거나, 만약 일체의 다라니문이 청정하거나, 만약 일체
지지가 청정하다면, 무이이고 둘로 나눌 수 없으며 분별이 없고 단절도
없는 까닭이니라. 유동이 청정한 까닭으로 일체의 삼마지문이 청정하고,
일체의 삼마지문이 청정한 까닭으로 일체지지가 청정하니라. 왜 그러한
가? 만약 유동이 청정하거나, 만약 일체의 삼마지문이 청정하거나, 만약
일체지지가 청정하다면, 무이이고 둘로 나눌 수 없으며 분별이 없고
단절도 없는 까닭이니라.

선현이여. 유동이 청정한 까닭으로 예류과가 청정하고, 예류과가 청정
한 까닭으로 일체지지가 청정하니라. 왜 그러한가? 만약 유동이 청정하거
나, 만약 예류과가 청정하거나, 만약 일체지지가 청정하다면, 무이이고
둘로 나눌 수 없으며 분별이 없고 단절도 없는 까닭이니라. 유동이 청정한
까닭으로 일래·불환·아라한과가 청정하고, 일래·불환·아라한과가 청정
한 까닭으로 일체지지가 청정하니라. 왜 그러한가? 만약 유동이 청정하거
나, 만약 일래·불환·아라한과가 청정하거나, 만약 일체지지가 청정하다
면, 무이이고 둘로 나눌 수 없으며 분별이 없고 단절도 없는 까닭이니라.

선현이여. 유동이 청정한 까닭으로 독각의 보리가 청정하고, 독각의
보리가 청정한 까닭으로 일체지지가 청정하니라. 왜 그러한가? 만약
유동이 청정하거나, 만약 독각의 보리가 청정하거나, 만약 일체지지가
청정하다면, 무이이고 둘로 나눌 수 없으며 분별이 없고 단절도 없는
까닭이니라.

선현이여. 유동이 청정한 까닭으로 일체의 보살마하살의 행이 청정하
고, 일체의 보살마하살의 행이 청정한 까닭으로 일체지지가 청정하니라.

왜 그러한가? 만약 유동이 청정하거나, 만약 일체의 보살마하살의 행이 청정하거나, 만약 일체지지가 청정하다면, 무이이고 둘로 나눌 수 없으며 분별이 없고 단절도 없는 까닭이니라.

선현이여. 유동이 청정한 까닭으로 제불의 무상정등보리가 청정하고, 제불의 무상정등보리가 청정한 까닭으로 일체지지가 청정하니라. 왜 그러한가? 만약 유동이 청정하거나, 만약 제불의 무상정등보리가 청정하거나, 만약 일체지지가 청정하다면, 무이이고 둘로 나눌 수 없으며 분별이 없고 단절도 없는 까닭이니라.”

“다시 다음으로 선현이여. 작자가 청정한 까닭으로 색이 청정하고, 색이 청정한 까닭으로 일체지지가 청정하니라. 왜 그러한가? 만약 작자가 청정하거나, 만약 색이 청정하거나, 만약 일체지지가 청정하다면, 무이이고 둘로 나눌 수 없으며 분별이 없고 단절도 없는 까닭이니라. 작자가 청정한 까닭으로 수·상·행·식이 청정하고, 수·상·행·식이 청정한 까닭으로 일체지지가 청정하니라. 왜 그러한가? 만약 작자가 청정하거나, 만약 수·상·행·식이 청정하거나, 만약 일체지지가 청정하다면, 무이이고 둘로 나눌 수 없으며 분별이 없고 단절도 없는 까닭이니라.

선현이여. 작자가 청정한 까닭으로 안처가 청정하고, 안처가 청정한 까닭으로 일체지지가 청정하니라. 왜 그러한가? 만약 작자가 청정하거나, 만약 안처가 청정하거나, 만약 일체지지가 청정하다면, 무이이고 둘로 나눌 수 없으며 분별이 없고 단절도 없는 까닭이니라. 작자가 청정한 까닭으로 이·비·설·신·의처가 청정하고, 이·비·설·신·의처가 청정한 까닭으로 일체지지가 청정하니라. 왜 그러한가? 만약 작자가 청정하거나, 만약 이·비·설·신·의처가 청정하거나, 만약 일체지지가 청정하다면, 무이이고 둘로 나눌 수 없으며 분별이 없고 단절도 없는 까닭이니라.

선현이여. 작자가 청정한 까닭으로 색처가 청정하고, 색처가 청정한 까닭으로 일체지지가 청정하니라. 왜 그러한가? 만약 작자가 청정하거나, 만약 색처가 청정하거나, 만약 일체지지가 청정하다면, 무이이고 둘로 나눌 수 없으며 분별이 없고 단절도 없는 까닭이니라. 작자가 청정한 까닭으로 성·향·미·촉·법처가 청정하고, 성·향·미·촉·법처가 청정한 까닭으로 일체지지가 청정하니라. 왜 그러한가? 만약 작자가 청정하거나, 만약 성·향·미·촉·법처가 청정하거나, 만약 일체지지가 청정하다면, 무이이고 둘로 나눌 수 없으며 분별이 없고 단절도 없는 까닭이니라.

선현이여. 작자가 청정한 까닭으로 안계가 청정하고, 안계가 청정한 까닭으로 일체지지가 청정하니라. 왜 그러한가? 만약 작자가 청정하거나, 만약 안계가 청정하거나, 만약 일체지지가 청정하다면, 무이이고 둘로 나눌 수 없으며 분별이 없고 단절도 없는 까닭이니라. 작자가 청정한 까닭으로 색계·안식계, 나아가 안촉·안촉을 인연으로 생겨난 여러 수가 청정하고, 색계, 나아가 안촉을 인연으로 생겨난 여러 수가 청정한 까닭으로 일체지지가 청정하니라. 왜 그러한가? 만약 작자가 청정하거나, 만약 색계, 나아가 안촉을 인연으로 생겨난 여러 수가 청정하거나, 만약 일체지지가 청정하다면, 무이이고 둘로 나눌 수 없으며 분별이 없고 단절도 없는 까닭이니라.

선현이여. 작자가 청정한 까닭으로 이계가 청정하고, 이계가 청정한 까닭으로 일체지지가 청정하니라. 왜 그러한가? 만약 작자가 청정하거나, 만약 이계가 청정하거나, 만약 일체지지가 청정하다면, 무이이고 둘로 나눌 수 없으며 분별이 없고 단절도 없는 까닭이니라. 작자가 청정한 까닭으로 성계·이식계, 나아가 이촉·이촉을 인연으로 생겨난 여러 수가 청정하고, 성계, 나아가 이촉을 인연으로 생겨난 여러 수가 청정한 까닭으로 일체지지가 청정하니라. 왜 그러한가? 만약 작자가 청정하거나, 만약 성계, 나아가 이촉을 인연으로 생겨난 여러 수가 청정하거나, 만약 일체지지가 청정하다면, 무이이고 둘로 나눌 수 없으며 분별이 없고 단절도 없는 까닭이니라.

선현이여. 작자가 청정한 까닭으로 비계가 청정하고, 비계가 청정한 까닭으로 일체지지가 청정하니라. 왜 그러한가? 만약 작자가 청정하거나, 만약 비계가 청정하거나, 만약 일체지지가 청정하다면, 무이이고 둘로

나눌 수 없으며 분별이 없고 단절도 없는 까닭이니라. 작자가 청정한
까닭으로 향계·비식계, 나아가 비촉·비촉을 인연으로 생겨난 여러 수가
청정하고, 향계, 나아가 비촉을 인연으로 생겨난 여러 수가 청정한 까닭으
로 일체지지가 청정하니라. 왜 그러한가? 만약 작자가 청정하거나, 만약
향계, 나아가 비촉을 인연으로 생겨난 여러 수가 청정하거나, 만약 일체지
지가 청정하다면, 무이이고 둘로 나눌 수 없으며 분별이 없고 단절도
없는 까닭이니라.

선현이여. 작자가 청정한 까닭으로 설계가 청정하고, 설계가 청정한
까닭으로 일체지지가 청정하니라. 왜 그러한가? 만약 작자가 청정하거나,
만약 설계가 청정하거나, 만약 일체지지가 청정하다면, 무이이고 둘로
나눌 수 없으며 분별이 없고 단절도 없는 까닭이니라. 작자가 청정한
까닭으로 미계·설식계, 나아가 설촉·설촉을 인연으로 생겨난 여러 수가
청정하고, 미계, 나아가 설촉을 인연으로 생겨난 여러 수가 청정한 까닭으
로 일체지지가 청정하니라. 왜 그러한가? 만약 작자가 청정하거나, 만약
미계, 나아가 설촉을 인연으로 생겨난 여러 수가 청정하거나, 만약 일체지
지가 청정하다면, 무이이고 둘로 나눌 수 없으며 분별이 없고 단절도
없는 까닭이니라.

선현이여. 작자가 청정한 까닭으로 신계가 청정하고, 신계가 청정한
까닭으로 일체지지가 청정하니라. 왜 그러한가? 만약 작자가 청정하거나,
만약 신계가 청정하거나, 만약 일체지지가 청정하다면, 무이이고 둘로
나눌 수 없으며 분별이 없고 단절도 없는 까닭이니라. 작자가 청정한
까닭으로 촉계·신식계, 나아가 신촉·신촉을 인연으로 생겨난 여러 수가
청정하고, 촉계, 나아가 신촉을 인연으로 생겨난 여러 수가 청정한 까닭으
로 일체지지가 청정하니라. 왜 그러한가? 만약 작자가 청정하거나, 만약
촉계, 나아가 신촉을 인연으로 생겨난 여러 수가 청정하거나, 만약 일체지
지가 청정하다면, 무이이고 둘로 나눌 수 없으며 분별이 없고 단절도
없는 까닭이니라.

선현이여. 작자가 청정한 까닭으로 의계가 청정하고, 의계가 청정한

까닭으로 일체지지가 청정하니라. 왜 그러한가? 만약 작자가 청정하거나,
만약 의계가 청정하거나, 만약 일체지지가 청정하다면, 무이이고 둘로
나눌 수 없으며 분별이 없고 단절도 없는 까닭이니라. 작자가 청정한
까닭으로 법계·의식계, 나아가 의촉·의촉을 인연으로 생겨난 여러 수가
청정하고, 법계, 나아가 의촉을 인연으로 생겨난 여러 수가 청정한 까닭으
로 일체지지가 청정하니라. 왜 그러한가? 만약 작자가 청정하거나, 만약
법계, 나아가 의촉을 인연으로 생겨난 여러 수가 청정하거나, 만약 일체지
지가 청정하다면, 무이이고 둘로 나눌 수 없으며 분별이 없고 단절도
없는 까닭이니라.

선현이여. 작자가 청정한 까닭으로 지계가 청정하고, 지계가 청정한
까닭으로 일체지지가 청정하니라. 왜 그러한가? 만약 작자가 청정하거나,
만약 지계가 청정하거나, 만약 일체지지가 청정하다면, 무이이고 둘로
나눌 수 없으며 분별이 없고 단절도 없는 까닭이니라. 작자가 청정한
까닭으로 수·화·풍·공·식계가 청정하고, 수·화·풍·공·식계가 청정한 까
닭으로 일체지지가 청정하니라. 왜 그러한가? 만약 작자가 청정하거나,
만약 수·화·풍·공·식계가 청정하거나, 만약 일체지지가 청정하다면, 무이
이고 둘로 나눌 수 없으며 분별이 없고 단절도 없는 까닭이니라.

선현이여. 작자가 청정한 까닭으로 무명이 청정하고, 무명이 청정한
까닭으로 일체지지가 청정하니라. 왜 그러한가? 만약 작자가 청정하거나,
만약 무명이 청정하거나, 만약 일체지지가 청정하다면, 무이이고 둘로
나눌 수 없으며 분별이 없고 단절도 없는 까닭이니라. 작자가 청정한
까닭으로 행·식·명색·육처·촉·수·애·취·유·생·노사의 수탄고우뇌가 청
정하고, 행, 나아가 노사의 수탄고우뇌가 청정한 까닭으로 일체지지가
청정하니라. 왜 그러한가? 만약 작자가 청정하거나, 만약 행, 나아가
노사의 수탄고우뇌가 청정하거나, 만약 일체지지가 청정하다면, 무이이
고 둘로 나눌 수 없으며 분별이 없고 단절도 없는 까닭이니라.

선현이여. 작자가 청정한 까닭으로 보시바라밀다가 청정하고, 보시바
라밀다가 청정한 까닭으로 일체지지가 청정하니라. 왜 그러한가? 만약

작자가 청정하거나, 만약 보시바라밀다가 청정하거나, 만약 일체지지가 청정하다면, 무이이고 둘로 나눌 수 없으며 분별이 없고 단절도 없는 까닭이니라. 작자가 청정한 까닭으로 정계·안인·정진·정려·반야바라밀다가 청정하고, 정계, 나아가 반야바라밀다가 청정한 까닭으로 일체지지가 청정하니라. 왜 그러한가? 만약 작자가 청정하거나, 만약 정계, 나아가 반야바라밀다가 청정하거나, 만약 일체지지가 청정하다면, 무이이고 둘로 나눌 수 없으며 분별이 없고 단절도 없는 까닭이니라.

선현이여. 작자가 청정한 까닭으로 내공이 청정하고, 내공이 청정한 까닭으로 일체지지가 청정하니라. 왜 그러한가? 만약 작자가 청정하거나, 만약 내공이 청정하거나, 만약 일체지지가 청정하다면, 무이이고 둘로 나눌 수 없으며 분별이 없고 단절도 없는 까닭이니라. 작자가 청정한 까닭으로 외공·내외공·공공·대공·승의공·유위공·무위공·필경공·무제공·산공·무변이공·본성공·자상공·공상공·일체법공·불가득공·무성공·자성공·무성자성공이 청정하고, 외공, 나아가 무성자성공이 청정한 까닭으로 일체지지가 청정하니라. 왜 그러한가? 만약 작자가 청정하거나, 만약 외공, 나아가 무성자성공이 청정하거나, 만약 일체지지가 청정하다면, 무이이고 둘로 나눌 수 없으며 분별이 없고 단절도 없는 까닭이니라.

선현이여. 작자가 청정한 까닭으로 진여가 청정하고, 진여가 청정한 까닭으로 일체지지가 청정하니라. 왜 그러한가? 만약 작자가 청정하거나, 만약 진여가 청정하거나, 만약 일체지지가 청정하다면, 무이이고 둘로 나눌 수 없으며 분별이 없고 단절도 없는 까닭이니라. 작자가 청정한 까닭으로 법계·법성·불허망성·불변이성·평등성·이생성·법정·법주·실제·허공계·부사의계가 청정하고 법계, 나아가 부사의계가 청정한 까닭으로 일체지지가 청정하니라. 왜 그러한가? 만약 작자가 청정하거나, 만약 법계, 나아가 부사의계가 청정하거나, 만약 일체지지가 청정하다면, 무이이고 둘로 나눌 수 없으며 분별이 없고 단절도 없는 까닭이니라.

선현이여. 작자가 청정한 까닭으로 고성제가 청정하고, 고성제가 청정한 까닭으로 일체지지가 청정하니라. 왜 그러한가? 만약 작자가 청정하거나, 만약 고성제가 청정하거나, 만약 일체지지가 청정하다면, 무이이고 둘로 나눌 수 없으며 분별이 없고 단절도 없는 까닭이니라. 작자가 청정한 까닭으로 집·멸·도성제가 청정하고, 집·멸·도성제가 청정한 까닭으로 일체지지가 청정하니라. 왜 그러한가? 만약 작자가 청정하거나, 만약 집·멸·도성제가 청정하거나, 만약 일체지지가 청정하다면, 무이이고 둘로 나눌 수 없으며 분별이 없고 단절도 없는 까닭이니라.

선현이여. 작자가 청정한 까닭으로 4정려가 청정하고, 4정려가 청정한 까닭으로 일체지지가 청정하니라. 왜 그러한가? 만약 작자가 청정하거나, 만약 4정려가 청정하거나, 만약 일체지지가 청정하다면, 무이이고 둘로 나눌 수 없으며 분별이 없고 단절도 없는 까닭이니라. 작자가 청정한 까닭으로 4무량·4무색정이 청정하고, 4무량·4무색정이 청정한 까닭으로 일체지지가 청정하니라. 왜 그러한가? 만약 작자가 청정하거나, 만약 4무량·4무색정이 청정하거나, 만약 일체지지가 청정하다면, 무이이고 둘로 나눌 수 없으며 분별이 없고 단절도 없는 까닭이니라.

선현이여. 작자가 청정한 까닭으로 8해탈이 청정하고, 8해탈이 청정한 까닭으로 일체지지가 청정하니라. 왜 그러한가? 만약 작자가 청정하거나, 만약 8해탈이 청정하거나, 만약 일체지지가 청정하다면, 무이이고 둘로 나눌 수 없으며 분별이 없고 단절도 없는 까닭이니라. 작자가 청정한 까닭으로 8승처·9차제정·10변처가 청정하고, 8승처·9차제정·10변처가 청정한 까닭으로 일체지지가 청정하니라. 왜 그러한가? 만약 작자가 청정하거나, 만약 8승처·9차제정·10변처가 청정하거나, 만약 일체지지가 청정하다면, 무이이고 둘로 나눌 수 없으며 분별이 없고 단절도 없는 까닭이니라.

선현이여. 작자가 청정한 까닭으로 4념주가 청정하고, 4념주가 청정한 까닭으로 일체지지가 청정하니라. 왜 그러한가? 만약 작자가 청정하거나, 만약 4념주가 청정하거나, 만약 일체지지가 청정하다면, 무이이고 둘로 나눌 수 없으며 분별이 없고 단절도 없는 까닭이니라. 작자가 청정한 까닭으로 4정단·4신족·5근·5력·7등각지·8성도지가 청정하고, 4정단, 나아가 8성도지가 청정한 까닭으로 일체지지가 청정하니라. 왜 그러한가? 만약 작자가 청정하거나, 만약 4정단, 나아가 8성도지가 청정하거나, 만약 일체지지가 청정하다면, 무이이고 둘로 나눌 수 없으며 분별이 없고 단절도 없는 까닭이니라.

선현이여. 작자가 청정한 까닭으로 공해탈문이 청정하고, 공해탈문이 청정한 까닭으로 일체지지가 청정하니라. 왜 그러한가? 만약 작자가 청정하거나, 만약 공해탈문이 청정하거나, 만약 일체지지가 청정하다면, 무이이고 둘로 나눌 수 없으며 분별이 없고 단절도 없는 까닭이니라. 작자가 청정한 까닭으로 무상·무원해탈문이 청정하고, 무상·무원해탈문이 청정한 까닭으로 일체지지가 청정하니라. 왜 그러한가? 만약 작자가 청정하거나, 만약 무상·무원해탈문이 청정하거나, 만약 일체지지가 청정하다면, 무이이고 둘로 나눌 수 없으며 분별이 없고 단절도 없는 까닭이니라.

선현이여. 작자가 청정한 까닭으로 보살의 10지가 청정하고, 보살의 10지가 청정한 까닭으로 일체지지가 청정하니라. 왜 그러한가? 만약 작자가 청정하거나, 만약 보살의 10지가 청정하거나, 만약 일체지지가 청정하다면, 무이이고 둘로 나눌 수 없으며 분별이 없고 단절도 없는 까닭이니라.

선현이여. 작자가 청정한 까닭으로 5안이 청정하고, 5안이 청정한 까닭으로 일체지지가 청정하니라. 왜 그러한가? 만약 작자가 청정하거나, 만약 5안이 청정하거나, 만약 일체지지가 청정하다면, 무이이고 둘로 나눌 수 없으며 분별이 없고 단절도 없는 까닭이니라. 작자가 청정한 까닭으로 6신통이 청정하고, 6신통이 청정한 까닭으로 일체지지가 청정하니라. 왜 그러한가? 만약 작자가 청정하거나, 만약 6신통이 청정하거나, 만약 일체지지가 청정하다면, 무이이고 둘로 나눌 수 없으며 분별이 없고 단절도 없는 까닭이니라.

선현이여. 작자가 청정한 까닭으로 여래의 10력이 청정하고, 여래의 10력이 청정한 까닭으로 일체지지가 청정하니라. 왜 그러한가? 만약 작자가 청정하거나, 만약 여래의 10력이 청정하거나, 만약 일체지지가 청정하다면, 무이이고 둘로 나눌 수 없으며 분별이 없고 단절도 없는 까닭이니라. 작자가 청정한 까닭으로 4무소외·4무애해·대자·대비·대희·대사·18불불공법이 청정하고, 4무소외, 나아가 18불불공법이 청정한 까닭으로 일체지지가 청정하니라. 왜 그러한가? 만약 작자가 청정하거나, 만약 4무소외, 나아가 18불불공법이 청정하거나, 만약 일체지지가 청정하다면, 무이이고 둘로 나눌 수 없으며 분별이 없고 단절도 없는 까닭이니라.

선현이여. 작자가 청정한 까닭으로 무망실법이 청정하고, 무망실법이 청정한 까닭으로 일체지지가 청정하니라. 왜 그러한가? 만약 작자가 청정하거나, 만약 무망실법이 청정하거나, 만약 일체지지가 청정하다면, 무이이고 둘로 나눌 수 없으며 분별이 없고 단절도 없는 까닭이니라. 작자가 청정한 까닭으로 항주사성이 청정하고, 항주사성이 청정한 까닭으로 일체지지가 청정하니라. 왜 그러한가? 만약 작자가 청정하거나, 만약 항주사성이 청정하거나, 만약 일체지지가 청정하다면, 무이이고 둘로 나눌 수 없으며 분별이 없고 단절도 없는 까닭이니라.

선현이여. 작자가 청정한 까닭으로 일체지가 청정하고, 일체지가 청정한 까닭으로 일체지지가 청정하니라. 왜 그러한가? 만약 작자가 청정하거나, 만약 일체지가 청정하거나, 만약 일체지지가 청정하다면, 무이이고 둘로 나눌 수 없으며 분별이 없고 단절도 없는 까닭이니라. 작자가 청정한 까닭으로 도상지·일체상지가 청정하고, 도상지·일체상지가 청정한 까닭으로 일체지지가 청정하니라. 왜 그러한가? 만약 작자가 청정하거나, 만약 도상지·일체상지가 청정하거나, 만약 일체지지가 청정하다면, 무이이고 둘로 나눌 수 없으며 분별이 없고 단절도 없는 까닭이니라.

선현이여. 작자가 청정한 까닭으로 일체의 다라니문이 청정하고, 일체의 다라니문이 청정한 까닭으로 일체지지가 청정하니라. 왜 그러한가? 만약 작자가 청정하거나, 만약 일체의 다라니문이 청정하거나, 만약 일체지지가 청정하다면, 무이이고 둘로 나눌 수 없으며 분별이 없고 단절도 없는 까닭이니라. 작자가 청정한 까닭으로 일체의 삼마지문이 청정하고, 일체의 삼마지문이 청정한 까닭으로 일체지지가 청정하니라. 왜 그러한가? 만약 작자가 청정하거나, 만약 일체의 삼마지문이 청정하거나, 만약 일체지지가 청정하다면, 무이이고 둘로 나눌 수 없으며 분별이 없고 단절도 없는 까닭이니라.

선현이여. 작자가 청정한 까닭으로 예류과가 청정하고, 예류과가 청정한 까닭으로 일체지지가 청정하니라. 왜 그러한가? 만약 작자가 청정하거나, 만약 예류과가 청정하거나, 만약 일체지지가 청정하다면, 무이이고 둘로 나눌 수 없으며 분별이 없고 단절도 없는 까닭이니라. 작자가 청정한 까닭으로 일래·불환·아라한과가 청정하고, 일래·불환·아라한과가 청정한 까닭으로 일체지지가 청정하니라. 왜 그러한가? 만약 작자가 청정하거나, 만약 일래·불환·아라한과가 청정하거나, 만약 일체지지가 청정하다면, 무이이고 둘로 나눌 수 없으며 분별이 없고 단절도 없는 까닭이니라.

선현이여. 작자가 청정한 까닭으로 독각의 보리가 청정하고, 독각의 보리가 청정한 까닭으로 일체지지가 청정하니라. 왜 그러한가? 만약 작자가 청정하거나, 만약 독각의 보리가 청정하거나, 만약 일체지지가 청정하다면, 무이이고 둘로 나눌 수 없으며 분별이 없고 단절도 없는 까닭이니라.

선현이여. 작자가 청정한 까닭으로 일체의 보살마하살의 행이 청정하고, 일체의 보살마하살의 행이 청정한 까닭으로 일체지지가 청정하니라. 왜 그러한가? 만약 작자가 청정하거나, 만약 일체의 보살마하살의 행이 청정하거나, 만약 일체지지가 청정하다면, 무이이고 둘로 나눌 수 없으며 분별이 없고 단절도 없는 까닭이니라.

선현이여. 작자가 청정한 까닭으로 제불의 무상정등보리가 청정하고, 제불의 무상정등보리가 청정한 까닭으로 일체지지가 청정하니라. 왜 그러한가? 만약 작자가 청정하거나, 만약 제불의 무상정등보리가 청정하거나, 만약 일체지지가 청정하다면, 무이이고 둘로 나눌 수 없으며 분별이 없고 단절도 없는 까닭이니라."

마하반야바라밀다경 제200권

34. 난신해품(難信解品)(19)

"다시 다음으로 선현이여. 수자가 청정한 까닭으로 색이 청정하고, 색이 청정한 까닭으로 일체지지가 청정하니라. 왜 그러한가? 만약 수자가 청정하거나, 만약 색이 청정하거나, 만약 일체지지가 청정하다면, 무이이고 둘로 나눌 수 없으며 분별이 없고 단절도 없는 까닭이니라. 수자가 청정한 까닭으로 수·상·행·식이 청정하고, 수·상·행·식이 청정한 까닭으로 일체지지가 청정하니라. 왜 그러한가? 만약 수자가 청정하거나, 만약 수·상·행·식이 청정하거나, 만약 일체지지가 청정하다면, 무이이고 둘로 나눌 수 없으며 분별이 없고 단절도 없는 까닭이니라.

선현이여. 수자가 청정한 까닭으로 안처가 청정하고, 안처가 청정한 까닭으로 일체지지가 청정하니라. 왜 그러한가? 만약 수자가 청정하거나, 만약 안처가 청정하거나, 만약 일체지지가 청정하다면, 무이이고 둘로 나눌 수 없으며 분별이 없고 단절도 없는 까닭이니라. 수자가 청정한 까닭으로 이·비·설·신·의처가 청정하고, 이·비·설·신·의처가 청정한 까닭으로 일체지지가 청정하니라. 왜 그러한가? 만약 수자가 청정하거나, 만약 이·비·설·신·의처가 청정하거나, 만약 일체지지가 청정하다면, 무이이고 둘로 나눌 수 없으며 분별이 없고 단절도 없는 까닭이니라.

선현이여. 수자가 청정한 까닭으로 색처가 청정하고, 색처가 청정한 까닭으로 일체지지가 청정하니라. 왜 그러한가? 만약 수자가 청정하거나, 만약 색처가 청정하거나, 만약 일체지지가 청정하다면, 무이이고 둘로 나눌 수 없으며 분별이 없고 단절도 없는 까닭이니라. 수자가 청정한 까닭으로 성·향·미·촉·법처가 청정하고, 성·향·미·촉·법처가 청정한 까닭으로 일체지지가 청정하니라. 왜 그러한가? 만약 수자가 청정하거나, 만약 성·향·미·촉·법처가 청정하거나, 만약 일체지지가 청정하다면, 무이이고 둘로 나눌 수 없으며 분별이 없고 단절도 없는 까닭이니라.

선현이여. 수자가 청정한 까닭으로 안계가 청정하고, 안계가 청정한 까닭으로 일체지지가 청정하니라. 왜 그러한가? 만약 수자가 청정하거나, 만약 안계가 청정하거나, 만약 일체지지가 청정하다면, 무이이고 둘로 나눌 수 없으며 분별이 없고 단절도 없는 까닭이니라. 수자가 청정한 까닭으로 색계·안식계, 나아가 안촉·안촉을 인연으로 생겨난 여러 수가 청정하고, 색계, 나아가 안촉을 인연으로 생겨난 여러 수가 청정한 까닭으로 일체지지가 청정하니라. 왜 그러한가? 만약 수자가 청정하거나, 만약 색계, 나아가 안촉을 인연으로 생겨난 여러 수가 청정하거나, 만약 일체지지가 청정하다면, 무이이고 둘로 나눌 수 없으며 분별이 없고 단절도 없는 까닭이니라.

선현이여. 수자가 청정한 까닭으로 이계가 청정하고, 이계가 청정한 까닭으로 일체지지가 청정하니라. 왜 그러한가? 만약 수자가 청정하거나, 만약 이계가 청정하거나, 만약 일체지지가 청정하다면, 무이이고 둘로 나눌 수 없으며 분별이 없고 단절도 없는 까닭이니라. 수자가 청정한 까닭으로 성계·이식계, 나아가 이촉·이촉을 인연으로 생겨난 여러 수가 청정하고, 성계, 나아가 이촉을 인연으로 생겨난 여러 수가 청정한 까닭으로 일체지지가 청정하니라. 왜 그러한가? 만약 수자가 청정하거나, 만약 성계, 나아가 이촉을 인연으로 생겨난 여러 수가 청정하거나, 만약 일체지지가 청정하다면, 무이이고 둘로 나눌 수 없으며 분별이 없고 단절도 없는 까닭이니라.

선현이여. 수자가 청정한 까닭으로 비계가 청정하고, 비계가 청정한 까닭으로 일체지지가 청정하니라. 왜 그러한가? 만약 수자가 청정하거나, 만약 비계가 청정하거나, 만약 일체지지가 청정하다면, 무이이고 둘로 나눌 수 없으며 분별이 없고 단절도 없는 까닭이니라. 수자가 청정한 까닭으로 향계·비식계, 나아가 비촉·비촉을 인연으로 생겨난 여러 수가 청정하고, 향계, 나아가 비촉을 인연으로 생겨난 여러 수가 청정한 까닭으로 일체지지가 청정하니라. 왜 그러한가? 만약 수자가 청정하거나, 만약 향계, 나아가 비촉을 인연으로 생겨난 여러 수가 청정하거나, 만약 일체지지가 청정하다면, 무이이고 둘로 나눌 수 없으며 분별이 없고 단절도 없는 까닭이니라.

선현이여. 수자가 청정한 까닭으로 설계가 청정하고, 설계가 청정한 까닭으로 일체지지가 청정하니라. 왜 그러한가? 만약 수자가 청정하거나, 만약 설계가 청정하거나, 만약 일체지지가 청정하다면, 무이이고 둘로 나눌 수 없으며 분별이 없고 단절도 없는 까닭이니라. 수자가 청정한 까닭으로 미계·설식계, 나아가 설촉·설촉을 인연으로 생겨난 여러 수가 청정하고, 미계, 나아가 설촉을 인연으로 생겨난 여러 수가 청정한 까닭으로 일체지지가 청정하니라. 왜 그러한가? 만약 수자가 청정하거나, 만약 미계, 나아가 설촉을 인연으로 생겨난 여러 수가 청정하거나, 만약 일체지지가 청정하다면, 무이이고 둘로 나눌 수 없으며 분별이 없고 단절도 없는 까닭이니라.

선현이여. 수자가 청정한 까닭으로 신계가 청정하고, 신계가 청정한 까닭으로 일체지지가 청정하니라. 왜 그러한가? 만약 수자가 청정하거나, 만약 신계가 청정하거나, 만약 일체지지가 청정하다면, 무이이고 둘로 나눌 수 없으며 분별이 없고 단절도 없는 까닭이니라. 수자가 청정한 까닭으로 촉계·신식계, 나아가 신촉·신촉을 인연으로 생겨난 여러 수가 청정하고, 촉계, 나아가 신촉을 인연으로 생겨난 여러 수가 청정한 까닭으로 일체지지가 청정하니라. 왜 그러한가? 만약 수자가 청정하거나, 만약 촉계, 나아가 신촉을 인연으로 생겨난 여러 수가 청정하거나, 만약 일체지지가 청정하다면, 무이이고 둘로 나눌 수 없으며 분별이 없고 단절도 없는 까닭이니라.

선현이여. 수자가 청정한 까닭으로 의계가 청정하고, 의계가 청정한 까닭으로 일체지지가 청정하니라. 왜 그러한가? 만약 수자가 청정하거나, 만약 의계가 청정하거나, 만약 일체지지가 청정하다면, 무이이고 둘로 나눌 수 없으며 분별이 없고 단절도 없는 까닭이니라. 수자가 청정한 까닭으로 법계·의식계, 나아가 의촉·의촉을 인연으로 생겨난 여러 수가 청정하고, 법계, 나아가 의촉을 인연으로 생겨난 여러 수가 청정한 까닭으로 일체지지가 청정하니라. 왜 그러한가? 만약 수자가 청정하거나, 만약 법계, 나아가 의촉을 인연으로 생겨난 여러 수가 청정하거나, 만약 일체지지가 청정하다면, 무이이고 둘로 나눌 수 없으며 분별이 없고 단절도 없는 까닭이니라.

선현이여. 수자가 청정한 까닭으로 지계가 청정하고, 지계가 청정한 까닭으로 일체지지가 청정하니라. 왜 그러한가? 만약 수자가 청정하거나, 만약 지계가 청정하거나, 만약 일체지지가 청정하다면, 무이이고 둘로 나눌 수 없으며 분별이 없고 단절도 없는 까닭이니라. 수자가 청정한 까닭으로 수·화·풍·공·식계가 청정하고, 수·화·풍·공·식계가 청정한 까닭으로 일체지지가 청정하니라. 왜 그러한가? 만약 수자가 청정하거나, 만약 수·화·풍·공·식계가 청정하거나, 만약 일체지지가 청정하다면, 무이이고 둘로 나눌 수 없으며 분별이 없고 단절도 없는 까닭이니라.

선현이여. 수자가 청정한 까닭으로 무명이 청정하고, 무명이 청정한 까닭으로 일체지지가 청정하니라. 왜 그러한가? 만약 수자가 청정하거나, 만약 무명이 청정하거나, 만약 일체지지가 청정하다면, 무이이고 둘로 나눌 수 없으며 분별이 없고 단절도 없는 까닭이니라. 수자가 청정한 까닭으로 행·식·명색·육처·촉·수·애·취·유·생·노사의 수탄고우뇌가 청정하고, 행, 나아가 노사의 수탄고우뇌가 청정한 까닭으로 일체지지가 청정하니라. 왜 그러한가? 만약 수자가 청정하거나, 만약 행, 나아가 노사의 수탄고우뇌가 청정하거나, 만약 일체지지가 청정하다면, 무이이고 둘로 나눌 수 없으며 분별이 없고 단절도 없는 까닭이니라.

선현이여. 수자가 청정한 까닭으로 보시바라밀다가 청정하고, 보시바라밀다가 청정한 까닭으로 일체지지가 청정하니라. 왜 그러한가? 만약 수자가 청정하거나, 만약 보시바라밀다가 청정하거나, 만약 일체지지가 청정하다면, 무이이고 둘로 나눌 수 없으며 분별이 없고 단절도 없는 까닭이니라. 수자가 청정한 까닭으로 정계·안인·정진·정려·반야바라밀 다가 청정하고, 정계, 나아가 반야바라밀다가 청정한 까닭으로 일체지지 가 청정하니라. 왜 그러한가? 만약 수자가 청정하거나, 만약 정계, 나아가 반야바라밀다가 청정하거나, 만약 일체지지가 청정하다면, 무이이고 둘 로 나눌 수 없으며 분별이 없고 단절도 없는 까닭이니라.

선현이여. 수자가 청정한 까닭으로 내공이 청정하고, 내공이 청정한 까닭으로 일체지지가 청정하니라. 왜 그러한가? 만약 수자가 청정하거나, 만약 내공이 청정하거나, 만약 일체지지가 청정하다면, 무이이고 둘로 나눌 수 없으며 분별이 없고 단절도 없는 까닭이니라. 수자가 청정한 까닭으로 외공·내외공·공공·대공·승의공·유위공·무위공·필경공·무제 공·산공·무변이공·본성공·자상공·공상공·일체법공·불가득공·무성공· 자성공·무성자성공이 청정하고, 외공, 나아가 무성자성공이 청정한 까닭 으로 일체지지가 청정하니라. 왜 그러한가? 만약 수자가 청정하거나, 만약 외공, 나아가 무성자성공이 청정하거나, 만약 일체지지가 청정하다 면, 무이이고 둘로 나눌 수 없으며 분별이 없고 단절도 없는 까닭이니라.

선현이여. 수자가 청정한 까닭으로 진여가 청정하고, 진여가 청정한 까닭으로 일체지지가 청정하니라. 왜 그러한가? 만약 수자가 청정하거나, 만약 진여가 청정하거나, 만약 일체지지가 청정하다면, 무이이고 둘로 나눌 수 없으며 분별이 없고 단절도 없는 까닭이니라. 수자가 청정한 까닭으로 법계·법성·불허망성·불변이성·평등성·이생성·법정·법주·실 제·허공계·부사의계가 청정하고 법계, 나아가 부사의계가 청정한 까닭으 로 일체지지가 청정하니라. 왜 그러한가? 만약 수자가 청정하거나, 만약 법계, 나아가 부사의계가 청정하거나, 만약 일체지지가 청정하다면, 무이 이고 둘로 나눌 수 없으며 분별이 없고 단절도 없는 까닭이니라.

선현이여. 수자가 청정한 까닭으로 고성제가 청정하고, 고성제가 청정 한 까닭으로 일체지지가 청정하니라. 왜 그러한가? 만약 수자가 청정하거나, 만약 고성제가 청정하거나, 만약 일체지지가 청정하다면, 무이이고 둘로 나눌 수 없으며 분별이 없고 단절도 없는 까닭이니라. 수자가 청정한 까닭으로 집·멸·도성제가 청정하고, 집·멸·도성제가 청정한 까닭으로 일체지지가 청정하니라. 왜 그러한가? 만약 수자가 청정하거나, 만약 집·멸·도성제가 청정하거나, 만약 일체지지가 청정하다면, 무이이고 둘로 나눌 수 없으며 분별이 없고 단절도 없는 까닭이니라.

선현이여. 수자가 청정한 까닭으로 4정려가 청정하고, 4정려가 청정한 까닭으로 일체지지가 청정하니라. 왜 그러한가? 만약 수자가 청정하거나, 만약 4정려가 청정하거나, 만약 일체지지가 청정하다면, 무이이고 둘로 나눌 수 없으며 분별이 없고 단절도 없는 까닭이니라. 수자가 청정한 까닭으로 4무량·4무색정이 청정하고, 4무량·4무색정이 청정한 까닭으로 일체지지가 청정하니라. 왜 그러한가? 만약 수자가 청정하거나, 만약 4무량·4무색정이 청정하거나, 만약 일체지지가 청정하다면, 무이이고 둘로 나눌 수 없으며 분별이 없고 단절도 없는 까닭이니라.

선현이여. 수자가 청정한 까닭으로 8해탈이 청정하고, 8해탈이 청정한 까닭으로 일체지지가 청정하니라. 왜 그러한가? 만약 수자가 청정하거나, 만약 8해탈이 청정하거나, 만약 일체지지가 청정하다면, 무이이고 둘로 나눌 수 없으며 분별이 없고 단절도 없는 까닭이니라. 수자가 청정한 까닭으로 8승처·9차제정·10변처가 청정하고, 8승처·9차제정·10변처가 청정한 까닭으로 일체지지가 청정하니라. 왜 그러한가? 만약 수자가 청정하거나, 만약 8승처·9차제정·10변처가 청정하거나, 만약 일체지지가 청정하다면, 무이이고 둘로 나눌 수 없으며 분별이 없고 단절도 없는 까닭이니라.

선현이여. 수자가 청정한 까닭으로 4념주가 청정하고, 4념주가 청정한 까닭으로 일체지지가 청정하니라. 왜 그러한가? 만약 수자가 청정하거나, 만약 4념주가 청정하거나, 만약 일체지지가 청정하다면, 무이이고 둘로 나눌 수 없으며 분별이 없고 단절도 없는 까닭이니라. 수자가 청정한 까닭으로 4정단·4신족·5근·5력·7등각지·8성도지가 청정하고, 4정단, 나아가 8성도지가 청정한 까닭으로 일체지지가 청정하니라. 왜 그러한가? 만약 수자가 청정하거나, 만약 4정단, 나아가 8성도지가 청정하거나, 만약 일체지지가 청정하다면, 무이이고 둘로 나눌 수 없으며 분별이 없고 단절도 없는 까닭이니라.

선현이여. 수자가 청정한 까닭으로 공해탈문이 청정하고, 공해탈문이 청정한 까닭으로 일체지지가 청정하니라. 왜 그러한가? 만약 수자가 청정하거나, 만약 공해탈문이 청정하거나, 만약 일체지지가 청정하다면, 무이이고 둘로 나눌 수 없으며 분별이 없고 단절도 없는 까닭이니라. 수자가 청정한 까닭으로 무상·무원해탈문이 청정하고, 무상·무원해탈문이 청정한 까닭으로 일체지지가 청정하니라. 왜 그러한가? 만약 수자가 청정하거나, 만약 무상·무원해탈문이 청정하거나, 만약 일체지지가 청정하다면, 무이이고 둘로 나눌 수 없으며 분별이 없고 단절도 없는 까닭이니라.

선현이여. 수자가 청정한 까닭으로 보살의 10지가 청정하고, 보살의 10지가 청정한 까닭으로 일체지지가 청정하니라. 왜 그러한가? 만약 수자가 청정하거나, 만약 보살의 10지가 청정하거나, 만약 일체지지가 청정하다면, 무이이고 둘로 나눌 수 없으며 분별이 없고 단절도 없는 까닭이니라.

선현이여. 수자가 청정한 까닭으로 5안이 청정하고, 5안이 청정한 까닭으로 일체지지가 청정하니라. 왜 그러한가? 만약 수자가 청정하거나, 만약 5안이 청정하거나, 만약 일체지지가 청정하다면, 무이이고 둘로 나눌 수 없으며 분별이 없고 단절도 없는 까닭이니라. 수자가 청정한 까닭으로 6신통이 청정하고, 6신통이 청정한 까닭으로 일체지지가 청정하니라. 왜 그러한가? 만약 수자가 청정하거나, 만약 6신통이 청정하거나, 만약 일체지지가 청정하다면, 무이이고 둘로 나눌 수 없으며 분별이 없고 단절도 없는 까닭이니라.

선현이여. 수자가 청정한 까닭으로 여래의 10력이 청정하고, 여래의 10력이 청정한 까닭으로 일체지지가 청정하니라. 왜 그러한가? 만약 수자가 청정하거나, 만약 여래의 10력이 청정하거나, 만약 일체지지가 청정하다면, 무이이고 둘로 나눌 수 없으며 분별이 없고 단절도 없는 까닭이니라. 수자가 청정한 까닭으로 4무소외·4무애해·대자·대비·대희·대사·18불불공법이 청정하고, 4무소외, 나아가 18불불공법이 청정한 까닭으로 일체지지가 청정하니라. 왜 그러한가? 만약 수자가 청정하거나, 만약 4무소외, 나아가 18불불공법이 청정하거나, 만약 일체지지가 청정하다면, 무이이고 둘로 나눌 수 없으며 분별이 없고 단절도 없는 까닭이니라.

선현이여. 수자가 청정한 까닭으로 무망실법이 청정하고, 무망실법이 청정한 까닭으로 일체지지가 청정하니라. 왜 그러한가? 만약 수자가 청정하거나, 만약 무망실법이 청정하거나, 만약 일체지지가 청정하다면, 무이이고 둘로 나눌 수 없으며 분별이 없고 단절도 없는 까닭이니라. 수자가 청정한 까닭으로 항주사성이 청정하고, 항주사성이 청정한 까닭으로 일체지지가 청정하니라. 왜 그러한가? 만약 수자가 청정하거나, 만약 항주사성이 청정하거나, 만약 일체지지가 청정하다면, 무이이고 둘로 나눌 수 없으며 분별이 없고 단절도 없는 까닭이니라.

선현이여. 수자가 청정한 까닭으로 일체지가 청정하고, 일체지가 청정한 까닭으로 일체지지가 청정하니라. 왜 그러한가? 만약 수자가 청정하거나, 만약 일체지가 청정하거나, 만약 일체지지가 청정하다면, 무이이고 둘로 나눌 수 없으며 분별이 없고 단절도 없는 까닭이니라. 수자가 청정한 까닭으로 도상지·일체상지가 청정하고, 도상지·일체상지가 청정한 까닭으로 일체지지가 청정하니라. 왜 그러한가? 만약 수자가 청정하거나, 만약 도상지·일체상지가 청정하거나, 만약 일체지지가 청정하다면, 무이이고 둘로 나눌 수 없으며 분별이 없고 단절도 없는 까닭이니라.

선현이여. 수자가 청정한 까닭으로 일체의 다라니문이 청정하고, 일체의 다라니문이 청정한 까닭으로 일체지지가 청정하니라. 왜 그러한가? 만약 수자가 청정하거나, 만약 일체의 다라니문이 청정하거나, 만약 일체지지가 청정하다면, 무이이고 둘로 나눌 수 없으며 분별이 없고 단절도 없는 까닭이니라. 수자가 청정한 까닭으로 일체의 삼마지문이 청정하고, 일체의 삼마지문이 청정한 까닭으로 일체지지가 청정하니라. 왜 그러한가? 만약 수자가 청정하거나, 만약 일체의 삼마지문이 청정하거나, 만약 일체지지가 청정하다면, 무이이고 둘로 나눌 수 없으며 분별이 없고 단절도 없는 까닭이니라.

선현이여. 수자가 청정한 까닭으로 예류과가 청정하고, 예류과가 청정한 까닭으로 일체지지가 청정하니라. 왜 그러한가? 만약 수자가 청정하거나, 만약 예류과가 청정하거나, 만약 일체지지가 청정하다면, 무이이고 둘로 나눌 수 없으며 분별이 없고 단절도 없는 까닭이니라. 수자가 청정한 까닭으로 일래·불환·아라한과가 청정하고, 일래·불환·아라한과가 청정한 까닭으로 일체지지가 청정하니라. 왜 그러한가? 만약 수자가 청정하거나, 만약 일래·불환·아라한과가 청정하거나, 만약 일체지지가 청정하다면, 무이이고 둘로 나눌 수 없으며 분별이 없고 단절도 없는 까닭이니라.

선현이여. 수자가 청정한 까닭으로 독각의 보리가 청정하고, 독각의 보리가 청정한 까닭으로 일체지지가 청정하니라. 왜 그러한가? 만약 수자가 청정하거나, 만약 독각의 보리가 청정하거나, 만약 일체지지가 청정하다면, 무이이고 둘로 나눌 수 없으며 분별이 없고 단절도 없는 까닭이니라.

선현이여. 수자가 청정한 까닭으로 일체의 보살마하살의 행이 청정하고, 일체의 보살마하살의 행이 청정한 까닭으로 일체지지가 청정하니라. 왜 그러한가? 만약 수자가 청정하거나, 만약 일체의 보살마하살의 행이 청정하거나, 만약 일체지지가 청정하다면, 무이이고 둘로 나눌 수 없으며 분별이 없고 단절도 없는 까닭이니라.

선현이여. 수자가 청정한 까닭으로 제불의 무상정등보리가 청정하고, 제불의 무상정등보리가 청정한 까닭으로 일체지지가 청정하니라. 왜 그러한가? 만약 수자가 청정하거나, 만약 제불의 무상정등보리가 청정하거나, 만약 일체지지가 청정하다면, 무이이고 둘로 나눌 수 없으며 분별이 없고 단절도 없는 까닭이니라."

"다시 다음으로 선현이여. 지자가 청정한 까닭으로 색이 청정하고,

색이 청정한 까닭으로 일체지지가 청정하니라. 왜 그러한가? 만약 지자가 청정하거나, 만약 색이 청정하거나, 만약 일체지지가 청정하다면, 무이이고 둘로 나눌 수 없으며 분별이 없고 단절도 없는 까닭이니라. 지자가 청정한 까닭으로 수·상·행·식이 청정하고, 수·상·행·식이 청정한 까닭으로 일체지지가 청정하니라. 왜 그러한가? 만약 지자가 청정하거나, 만약 수·상·행·식이 청정하거나, 만약 일체지지가 청정하다면, 무이이고 둘로 나눌 수 없으며 분별이 없고 단절도 없는 까닭이니라.

선현이여. 지자가 청정한 까닭으로 안처가 청정하고, 안처가 청정한 까닭으로 일체지지가 청정하니라. 왜 그러한가? 만약 지자가 청정하거나, 만약 안처가 청정하거나, 만약 일체지지가 청정하다면, 무이이고 둘로 나눌 수 없으며 분별이 없고 단절도 없는 까닭이니라. 지자가 청정한 까닭으로 이·비·설·신·의처가 청정하고, 이·비·설·신·의처가 청정한 까닭으로 일체지지가 청정하니라. 왜 그러한가? 만약 지자가 청정하거나, 만약 이·비·설·신·의처가 청정하거나, 만약 일체지지가 청정하다면, 무이이고 둘로 나눌 수 없으며 분별이 없고 단절도 없는 까닭이니라.

선현이여. 지자가 청정한 까닭으로 색처가 청정하고, 색처가 청정한 까닭으로 일체지지가 청정하니라. 왜 그러한가? 만약 지자가 청정하거나, 만약 색처가 청정하거나, 만약 일체지지가 청정하다면, 무이이고 둘로 나눌 수 없으며 분별이 없고 단절도 없는 까닭이니라. 지자가 청정한 까닭으로 성·향·미·촉·법처가 청정하고, 성·향·미·촉·법처가 청정한 까닭으로 일체지지가 청정하니라. 왜 그러한가? 만약 지자가 청정하거나, 만약 성·향·미·촉·법처가 청정하거나, 만약 일체지지가 청정하다면, 무이이고 둘로 나눌 수 없으며 분별이 없고 단절도 없는 까닭이니라.

선현이여. 지자가 청정한 까닭으로 안계가 청정하고, 안계가 청정한 까닭으로 일체지지가 청정하니라. 왜 그러한가? 만약 지자가 청정하거나, 만약 안계가 청정하거나, 만약 일체지지가 청정하다면, 무이이고 둘로 나눌 수 없으며 분별이 없고 단절도 없는 까닭이니라. 지자가 청정한 까닭으로 색계·안식계, 나아가 안촉·안촉을 인연으로 생겨난 여러 수가 청정하고, 색계, 나아가 안촉을 인연으로 생겨난 여러 수가 청정한 까닭으로 일체지지가 청정하니라. 왜 그러한가? 만약 지자가 청정하거나, 만약 색계, 나아가 안촉을 인연으로 생겨난 여러 수가 청정하거나, 만약 일체지지가 청정하다면, 무이이고 둘로 나눌 수 없으며 분별이 없고 단절도 없는 까닭이니라.

선현이여. 지자가 청정한 까닭으로 이계가 청정하고, 이계가 청정한 까닭으로 일체지지가 청정하니라. 왜 그러한가? 만약 지자가 청정하거나, 만약 이계가 청정하거나, 만약 일체지지가 청정하다면, 무이이고 둘로 나눌 수 없으며 분별이 없고 단절도 없는 까닭이니라. 지자가 청정한 까닭으로 성계·이식계, 나아가 이촉·이촉을 인연으로 생겨난 여러 수가 청정하고, 성계, 나아가 이촉을 인연으로 생겨난 여러 수가 청정한 까닭으로 일체지지가 청정하니라. 왜 그러한가? 만약 지자가 청정하거나, 만약 성계, 나아가 이촉을 인연으로 생겨난 여러 수가 청정하거나, 만약 일체지지가 청정하다면, 무이이고 둘로 나눌 수 없으며 분별이 없고 단절도 없는 까닭이니라.

선현이여. 지자가 청정한 까닭으로 비계가 청정하고, 비계가 청정한 까닭으로 일체지지가 청정하니라. 왜 그러한가? 만약 지자가 청정하거나, 만약 비계가 청정하거나, 만약 일체지지가 청정하다면, 무이이고 둘로 나눌 수 없으며 분별이 없고 단절도 없는 까닭이니라. 지자가 청정한 까닭으로 향계·비식계, 나아가 비촉·비촉을 인연으로 생겨난 여러 수가 청정하고, 향계, 나아가 비촉을 인연으로 생겨난 여러 수가 청정한 까닭으로 일체지지가 청정하니라. 왜 그러한가? 만약 지자가 청정하거나, 만약 향계, 나아가 비촉을 인연으로 생겨난 여러 수가 청정하거나, 만약 일체지지가 청정하다면, 무이이고 둘로 나눌 수 없으며 분별이 없고 단절도 없는 까닭이니라.

선현이여. 지자가 청정한 까닭으로 설계가 청정하고, 설계가 청정한 까닭으로 일체지지가 청정하니라. 왜 그러한가? 만약 지자가 청정하거나, 만약 설계가 청정하거나, 만약 일체지지가 청정하다면, 무이이고 둘로 나눌 수 없으며 분별이 없고 단절도 없는 까닭이니라. 지자가 청정한 까닭으로 미계·설식계, 나아가 설촉·설촉을 인연으로 생겨난 여러 수가 청정하고, 미계, 나아가 설촉을 인연으로 생겨난 여러 수가 청정한 까닭으로 일체지지가 청정하니라. 왜 그러한가? 만약 지자가 청정하거나, 만약 미계, 나아가 설촉을 인연으로 생겨난 여러 수가 청정하거나, 만약 일체지지가 청정하다면, 무이이고 둘로 나눌 수 없으며 분별이 없고 단절도 없는 까닭이니라.

선현이여. 지자가 청정한 까닭으로 신계가 청정하고, 신계가 청정한 까닭으로 일체지지가 청정하니라. 왜 그러한가? 만약 지자가 청정하거나, 만약 신계가 청정하거나, 만약 일체지지가 청정하다면, 무이이고 둘로 나눌 수 없으며 분별이 없고 단절도 없는 까닭이니라. 지자가 청정한 까닭으로 촉계·신식계, 나아가 신촉·신촉을 인연으로 생겨난 여러 수가 청정하고, 촉계, 나아가 신촉을 인연으로 생겨난 여러 수가 청정한 까닭으로 일체지지가 청정하니라. 왜 그러한가? 만약 지자가 청정하거나, 만약 촉계, 나아가 신촉을 인연으로 생겨난 여러 수가 청정하거나, 만약 일체지지가 청정하다면, 무이이고 둘로 나눌 수 없으며 분별이 없고 단절도 없는 까닭이니라.

선현이여. 지자가 청정한 까닭으로 의계가 청정하고, 의계가 청정한 까닭으로 일체지지가 청정하니라. 왜 그러한가? 만약 지자가 청정하거나, 만약 의계가 청정하거나, 만약 일체지지가 청정하다면, 무이이고 둘로 나눌 수 없으며 분별이 없고 단절도 없는 까닭이니라. 지자가 청정한 까닭으로 법계·의식계, 나아가 의촉·의촉을 인연으로 생겨난 여러 수가 청정하고, 법계, 나아가 의촉을 인연으로 생겨난 여러 수가 청정한 까닭으로 일체지지가 청정하니라. 왜 그러한가? 만약 지자가 청정하거나, 만약 법계, 나아가 의촉을 인연으로 생겨난 여러 수가 청정하거나, 만약 일체지지가 청정하다면, 무이이고 둘로 나눌 수 없으며 분별이 없고 단절도 없는 까닭이니라.

선현이여. 지자가 청정한 까닭으로 지계가 청정하고, 지계가 청정한

까닭으로 일체지지가 청정하니라. 왜 그러한가? 만약 지자가 청정하거나,
만약 지계가 청정하거나, 만약 일체지지가 청정하다면, 무이이고 둘로
나눌 수 없으며 분별이 없고 단절도 없는 까닭이니라. 지자가 청정한
까닭으로 수·화·풍·공·식계가 청정하고, 수·화·풍·공·식계가 청정한 까
닭으로 일체지지가 청정하니라. 왜 그러한가? 만약 지자가 청정하거나,
만약 수·화·풍·공·식계가 청정하거나, 만약 일체지지가 청정하다면, 무이
이고 둘로 나눌 수 없으며 분별이 없고 단절도 없는 까닭이니라.

　선현이여. 지자가 청정한 까닭으로 무명이 청정하고, 무명이 청정한
까닭으로 일체지지가 청정하니라. 왜 그러한가? 만약 지자가 청정하거나,
만약 무명이 청정하거나, 만약 일체지지가 청정하다면, 무이이고 둘로
나눌 수 없으며 분별이 없고 단절도 없는 까닭이니라. 지자가 청정한
까닭으로 행·식·명색·육처·촉·수·애·취·유·생·노사의 수탄고우뇌가 청
정하고, 행, 나아가 노사의 수탄고우뇌가 청정한 까닭으로 일체지지가
청정하니라. 왜 그러한가? 만약 지자가 청정하거나, 만약 행, 나아가
노사의 수탄고우뇌가 청정하거나, 만약 일체지지가 청정하다면, 무이이
고 둘로 나눌 수 없으며 분별이 없고 단절도 없는 까닭이니라.

　선현이여. 지자가 청정한 까닭으로 보시바라밀다가 청정하고, 보시바
라밀다가 청정한 까닭으로 일체지지가 청정하니라. 왜 그러한가? 만약
지자가 청정하거나, 만약 보시바라밀다가 청정하거나, 만약 일체지지가
청정하다면, 무이이고 둘로 나눌 수 없으며 분별이 없고 단절도 없는
까닭이니라. 지자가 청정한 까닭으로 정계·안인·정진·정려·반야바라밀
다가 청정하고, 정계, 나아가 반야바라밀다가 청정한 까닭으로 일체지지
가 청정하니라. 왜 그러한가? 만약 지자가 청정하거나, 만약 정계, 나아가
반야바라밀다가 청정하거나, 만약 일체지지가 청정하다면, 무이이고 둘
로 나눌 수 없으며 분별이 없고 단절도 없는 까닭이니라.

　선현이여. 지자가 청정한 까닭으로 내공이 청정하고, 내공이 청정한
까닭으로 일체지지가 청정하니라. 왜 그러한가? 만약 지자가 청정하거나,
만약 내공이 청정하거나, 만약 일체지지가 청정하다면, 무이이고 둘로

나눌 수 없으며 분별이 없고 단절도 없는 까닭이니라. 지자가 청정한 까닭으로 외공·내외공·공공·대공·승의공·유위공·무위공·필경공·무제공·산공·무변이공·본성공·자상공·공상공·일체법공·불가득공·무성공·자성공·무성자성공이 청정하고, 외공, 나아가 무성자성공이 청정한 까닭으로 일체지지가 청정하니라. 왜 그러한가? 만약 지자가 청정하거나, 만약 외공, 나아가 무성자성공이 청정하거나, 만약 일체지지가 청정하다면, 무이이고 둘로 나눌 수 없으며 분별이 없고 단절도 없는 까닭이니라.

선현이여. 지자가 청정한 까닭으로 진여가 청정하고, 진여가 청정한 까닭으로 일체지지가 청정하니라. 왜 그러한가? 만약 지자가 청정하거나, 만약 진여가 청정하거나, 만약 일체지지가 청정하다면, 무이이고 둘로 나눌 수 없으며 분별이 없고 단절도 없는 까닭이니라. 지자가 청정한 까닭으로 법계·법성·불허망성·불변이성·평등성·이생성·법정·법주·실제·허공계·부사의계가 청정하고 법계, 나아가 부사의계가 청정한 까닭으로 일체지지가 청정하니라. 왜 그러한가? 만약 지자가 청정하거나, 만약 법계, 나아가 부사의계가 청정하거나, 만약 일체지지가 청정하다면, 무이이고 둘로 나눌 수 없으며 분별이 없고 단절도 없는 까닭이니라.

선현이여. 지자가 청정한 까닭으로 고성제가 청정하고, 고성제가 청정한 까닭으로 일체지지가 청정하니라. 왜 그러한가? 만약 지자가 청정하거나, 만약 고성제가 청정하거나, 만약 일체지지가 청정하다면, 무이이고 둘로 나눌 수 없으며 분별이 없고 단절도 없는 까닭이니라. 지자가 청정한 까닭으로 집·멸·도성제가 청정하고, 집·멸·도성제가 청정한 까닭으로 일체지지가 청정하니라. 왜 그러한가? 만약 지자가 청정하거나, 만약 집·멸·도성제가 청정하거나, 만약 일체지지가 청정하다면, 무이이고 둘로 나눌 수 없으며 분별이 없고 단절도 없는 까닭이니라.

선현이여. 지자가 청정한 까닭으로 4정려가 청정하고, 4정려가 청정한 까닭으로 일체지지가 청정하니라. 왜 그러한가? 만약 지자가 청정하거나, 만약 4정려가 청정하거나, 만약 일체지지가 청정하다면, 무이이고 둘로 나눌 수 없으며 분별이 없고 단절도 없는 까닭이니라. 지자가 청정한 까닭으로 4무량·4무색정이 청정하고, 4무량·4무색정이 청정한 까닭으로 일체지지가 청정하니라. 왜 그러한가? 만약 지자가 청정하거나, 만약 4무량·4무색정이 청정하거나, 만약 일체지지가 청정하다면, 무이이고 둘로 나눌 수 없으며 분별이 없고 단절도 없는 까닭이니라.

선현이여. 지자가 청정한 까닭으로 8해탈이 청정하고, 8해탈이 청정한 까닭으로 일체지지가 청정하니라. 왜 그러한가? 만약 지자가 청정하거나, 만약 8해탈이 청정하거나, 만약 일체지지가 청정하다면, 무이이고 둘로 나눌 수 없으며 분별이 없고 단절도 없는 까닭이니라. 지자가 청정한 까닭으로 8승처·9차제정·10변처가 청정하고, 8승처·9차제정·10변처가 청정한 까닭으로 일체지지가 청정하니라. 왜 그러한가? 만약 지자가 청정하거나, 만약 8승처·9차제정·10변처가 청정하거나, 만약 일체지지가 청정하다면, 무이이고 둘로 나눌 수 없으며 분별이 없고 단절도 없는 까닭이니라.

선현이여. 지자가 청정한 까닭으로 4념주가 청정하고, 4념주가 청정한 까닭으로 일체지지가 청정하니라. 왜 그러한가? 만약 지자가 청정하거나, 만약 4념주가 청정하거나, 만약 일체지지가 청정하다면, 무이이고 둘로 나눌 수 없으며 분별이 없고 단절도 없는 까닭이니라. 지자가 청정한 까닭으로 4정단·4신족·5근·5력·7등각지·8성도지가 청정하고, 4정단, 나아가 8성도지가 청정한 까닭으로 일체지지가 청정하니라. 왜 그러한가? 만약 지자가 청정하거나, 만약 4정단, 나아가 8성도지가 청정하거나, 만약 일체지지가 청정하다면, 무이이고 둘로 나눌 수 없으며 분별이 없고 단절도 없는 까닭이니라.

선현이여. 지자가 청정한 까닭으로 공해탈문이 청정하고, 공해탈문이 청정한 까닭으로 일체지지가 청정하니라. 왜 그러한가? 만약 지자가 청정하거나, 만약 공해탈문이 청정하거나, 만약 일체지지가 청정하다면, 무이이고 둘로 나눌 수 없으며 분별이 없고 단절도 없는 까닭이니라. 지자가 청정한 까닭으로 무상·무원해탈문이 청정하고, 무상·무원해탈문이 청정한 까닭으로 일체지지가 청정하니라. 왜 그러한가? 만약 지자가 청정하거나, 만약 무상·무원해탈문이 청정하거나, 만약 일체지지가 청정하다면, 무이이고 둘로 나눌 수 없으며 분별이 없고 단절도 없는 까닭이니라.

선현이여. 지자가 청정한 까닭으로 보살의 10지가 청정하고, 보살의 10지가 청정한 까닭으로 일체지지가 청정하니라. 왜 그러한가? 만약 지자가 청정하거나, 만약 보살의 10지가 청정하거나, 만약 일체지지가 청정하다면, 무이이고 둘로 나눌 수 없으며 분별이 없고 단절도 없는 까닭이니라.

선현이여. 지자가 청정한 까닭으로 5안이 청정하고, 5안이 청정한 까닭으로 일체지지가 청정하니라. 왜 그러한가? 만약 지자가 청정하거나, 만약 5안이 청정하거나, 만약 일체지지가 청정하다면, 무이이고 둘로 나눌 수 없으며 분별이 없고 단절도 없는 까닭이니라. 지자가 청정한 까닭으로 6신통이 청정하고, 6신통이 청정한 까닭으로 일체지지가 청정하니라. 왜 그러한가? 만약 지자가 청정하거나, 만약 6신통이 청정하거나, 만약 일체지지가 청정하다면, 무이이고 둘로 나눌 수 없으며 분별이 없고 단절도 없는 까닭이니라.

선현이여. 지자가 청정한 까닭으로 여래의 10력이 청정하고, 여래의 10력이 청정한 까닭으로 일체지지가 청정하니라. 왜 그러한가? 만약 지자가 청정하거나, 만약 여래의 10력이 청정하거나, 만약 일체지지가 청정하다면, 무이이고 둘로 나눌 수 없으며 분별이 없고 단절도 없는 까닭이니라. 지자가 청정한 까닭으로 4무소외·4무애해·대자·대비·대희·대사·18불불공법이 청정하고, 4무소외, 나아가 18불불공법이 청정한 까닭으로 일체지지가 청정하니라. 왜 그러한가? 만약 지자가 청정하거나, 만약 4무소외, 나아가 18불불공법이 청정하거나, 만약 일체지지가 청정하다면, 무이이고 둘로 나눌 수 없으며 분별이 없고 단절도 없는 까닭이니라.

선현이여. 지자가 청정한 까닭으로 무망실법이 청정하고, 무망실법이 청정한 까닭으로 일체지지가 청정하니라. 왜 그러한가? 만약 지자가 청정하거나, 만약 무망실법이 청정하거나, 만약 일체지지가 청정하다면, 무이이고 둘로 나눌 수 없으며 분별이 없고 단절도 없는 까닭이니라.

지자가 청정한 까닭으로 항주사성이 청정하고, 항주사성이 청정한 까닭으로 일체지지가 청정하니라. 왜 그러한가? 만약 지자가 청정하거나, 만약 항주사성이 청정하거나, 만약 일체지지가 청정하다면, 무이이고 둘로 나눌 수 없으며 분별이 없고 단절도 없는 까닭이니라.

선현이여. 지자가 청정한 까닭으로 일체지가 청정하고, 일체지가 청정한 까닭으로 일체지지가 청정하니라. 왜 그러한가? 만약 지자가 청정하거나, 만약 일체지가 청정하거나, 만약 일체지지가 청정하다면, 무이이고 둘로 나눌 수 없으며 분별이 없고 단절도 없는 까닭이니라. 지자가 청정한 까닭으로 도상지·일체상지가 청정하고, 도상지·일체상지가 청정한 까닭으로 일체지지가 청정하니라. 왜 그러한가? 만약 지자가 청정하거나, 만약 도상지·일체상지가 청정하거나, 만약 일체지지가 청정하다면, 무이이고 둘로 나눌 수 없으며 분별이 없고 단절도 없는 까닭이니라.

선현이여. 지자가 청정한 까닭으로 일체의 다라니문이 청정하고, 일체의 다라니문이 청정한 까닭으로 일체지지가 청정하니라. 왜 그러한가? 만약 지자가 청정하거나, 만약 일체의 다라니문이 청정하거나, 만약 일체지지가 청정하다면, 무이이고 둘로 나눌 수 없으며 분별이 없고 단절도 없는 까닭이니라. 지자가 청정한 까닭으로 일체의 삼마지문이 청정하고, 일체의 삼마지문이 청정한 까닭으로 일체지지가 청정하니라. 왜 그러한가? 만약 지자가 청정하거나, 만약 일체의 삼마지문이 청정하거나, 만약 일체지지가 청정하다면, 무이이고 둘로 나눌 수 없으며 분별이 없고 단절도 없는 까닭이니라.

선현이여. 지자가 청정한 까닭으로 예류과가 청정하고, 예류과가 청정한 까닭으로 일체지지가 청정하니라. 왜 그러한가? 만약 지자가 청정하거나, 만약 예류과가 청정하거나, 만약 일체지지가 청정하다면, 무이이고 둘로 나눌 수 없으며 분별이 없고 단절도 없는 까닭이니라. 지자가 청정한 까닭으로 일래·불환·아라한과가 청정하고, 일래·불환·아라한과가 청정한 까닭으로 일체지지가 청정하니라. 왜 그러한가? 만약 지자가 청정하거나, 만약 일래·불환·아라한과가 청정하거나, 만약 일체지지가 청정하다

면, 무이이고 둘로 나눌 수 없으며 분별이 없고 단절도 없는 까닭이니라.

선현이여. 지자가 청정한 까닭으로 독각의 보리가 청정하고, 독각의 보리가 청정한 까닭으로 일체지지가 청정하니라. 왜 그러한가? 만약 지자가 청정하거나, 만약 독각의 보리가 청정하거나, 만약 일체지지가 청정하다면, 무이이고 둘로 나눌 수 없으며 분별이 없고 단절도 없는 까닭이니라.

선현이여. 지자가 청정한 까닭으로 일체의 보살마하살의 행이 청정하고, 일체의 보살마하살의 행이 청정한 까닭으로 일체지지가 청정하니라. 왜 그러한가? 만약 지자가 청정하거나, 만약 일체의 보살마하살의 행이 청정하거나, 만약 일체지지가 청정하다면, 무이이고 둘로 나눌 수 없으며 분별이 없고 단절도 없는 까닭이니라.

선현이여. 지자가 청정한 까닭으로 제불의 무상정등보리가 청정하고, 제불의 무상정등보리가 청정한 까닭으로 일체지지가 청정하니라. 왜 그러한가? 만약 지자가 청정하거나, 만약 제불의 무상정등보리가 청정하거나, 만약 일체지지가 청정하다면, 무이이고 둘로 나눌 수 없으며 분별이 없고 단절도 없는 까닭이니라.”

마하반야바라밀다경 제201권

34. 난신해품(難信解品)(20)

"다시 다음으로 선현이여. 견자가 청정한 까닭으로 색이 청정하고, 색이 청정한 까닭으로 일체지지가 청정하니라. 왜 그러한가? 만약 견자가 청정하거나, 만약 색이 청정하거나, 만약 일체지지가 청정하다면, 무이이 고 둘로 나눌 수 없으며 분별이 없고 단절도 없는 까닭이니라. 견자가 청정한 까닭으로 수·상·행·식이 청정하고, 수·상·행·식이 청정한 까닭으 로 일체지지가 청정하니라. 왜 그러한가? 만약 견자가 청정하거나, 만약 수·상·행·식이 청정하거나, 만약 일체지지가 청정하다면, 무이이고 둘로 나눌 수 없으며 분별이 없고 단절도 없는 까닭이니라.

선현이여. 견자가 청정한 까닭으로 안처가 청정하고, 안처가 청정한 까닭으로 일체지지가 청정하니라. 왜 그러한가? 만약 견자가 청정하거나, 만약 안처가 청정하거나, 만약 일체지지가 청정하다면, 무이이고 둘로 나눌 수 없으며 분별이 없고 단절도 없는 까닭이니라. 견자가 청정한 까닭으로 이·비·설·신·의처가 청정하고, 이·비·설·신·의처가 청정한 까 닭으로 일체지지가 청정하니라. 왜 그러한가? 만약 견자가 청정하거나, 만약 이·비·설·신·의처가 청정하거나, 만약 일체지지가 청정하다면, 무이 이고 둘로 나눌 수 없으며 분별이 없고 단절도 없는 까닭이니라.

선현이여. 견자가 청정한 까닭으로 색처가 청정하고, 색처가 청정한 까닭으로 일체지지가 청정하니라. 왜 그러한가? 만약 견자가 청정하거나, 만약 색처가 청정하거나, 만약 일체지지가 청정하다면, 무이이고 둘로 나눌 수 없으며 분별이 없고 단절도 없는 까닭이니라. 견자가 청정한 까닭으로 성·향·미·촉·법처가 청정하고, 성·향·미·촉·법처가 청정한 까닭으로 일체지지가 청정하니라. 왜 그러한가? 만약 견자가 청정하거나, 만약 성·향·미·촉·법처가 청정하거나, 만약 일체지지가 청정하다면, 무이이고 둘로 나눌 수 없으며 분별이 없고 단절도 없는 까닭이니라.

선현이여. 견자가 청정한 까닭으로 안계가 청정하고, 안계가 청정한 까닭으로 일체지지가 청정하니라. 왜 그러한가? 만약 견자가 청정하거나, 만약 안계가 청정하거나, 만약 일체지지가 청정하다면, 무이이고 둘로 나눌 수 없으며 분별이 없고 단절 없는 까닭이니라. 견자가 청정한 까닭으로 색계·안식계, 나아가 안촉·안촉을 인연으로 생겨난 여러 수가 청정하고, 색계, 나아가 안촉을 인연으로 생겨난 여러 수가 청정한 까닭으로 일체지지가 청정하니라. 왜 그러한가? 만약 견자가 청정하거나, 만약 색계, 나아가 안촉을 인연으로 생겨난 여러 수가 청정하거나, 만약 일체지지가 청정하다면, 무이이고 둘로 나눌 수 없으며 분별이 없고 단절도 없는 까닭이니라.

선현이여. 견자가 청정한 까닭으로 이계가 청정하고, 이계가 청정한 까닭으로 일체지지가 청정하니라. 왜 그러한가? 만약 견자가 청정하거나, 만약 이계가 청정하거나, 만약 일체지지가 청정하다면, 무이이고 둘로 나눌 수 없으며 분별이 없고 단절도 없는 까닭이니라. 견자가 청정한 까닭으로 성계·이식계, 나아가 이촉·이촉을 인연으로 생겨난 여러 수가 청정하고, 성계, 나아가 이촉을 인연으로 생겨난 여러 수가 청정한 까닭으로 일체지지가 청정하니라. 왜 그러한가? 만약 견자가 청정하거나, 만약 성계, 나아가 이촉을 인연으로 생겨난 여러 수가 청정하거나, 만약 일체지지가 청정하다면, 무이이고 둘로 나눌 수 없으며 분별이 없고 단절도 없는 까닭이니라.

선현이여. 견자가 청정한 까닭으로 비계가 청정하고, 비계가 청정한 까닭으로 일체지지가 청정하니라. 왜 그러한가? 만약 견자가 청정하거나, 만약 비계가 청정하거나, 만약 일체지지가 청정하다면, 무이이고 둘로 나눌 수 없으며 분별이 없고 단절도 없는 까닭이니라. 견자가 청정한 까닭으로 향계·비식계, 나아가 비촉·비촉을 인연으로 생겨난 여러 수가 청정하고, 향계, 나아가 비촉을 인연으로 생겨난 여러 수가 청정한 까닭으로 일체지지가 청정하니라. 왜 그러한가? 만약 견자가 청정하거나, 만약 향계, 나아가 비촉을 인연으로 생겨난 여러 수가 청정하거나, 만약 일체지지가 청정하다면, 무이이고 둘로 나눌 수 없으며 분별이 없고 단절도 없는 까닭이니라.

선현이여. 견자가 청정한 까닭으로 설계가 청정하고, 설계가 청정한 까닭으로 일체지지가 청정하니라. 왜 그러한가? 만약 견자가 청정하거나, 만약 설계가 청정하거나, 만약 일체지지가 청정하다면, 무이이고 둘로 나눌 수 없으며 분별이 없고 단절도 없는 까닭이니라. 견자가 청정한 까닭으로 미계·설식계, 나아가 설촉·설촉을 인연으로 생겨난 여러 수가 청정하고, 미계, 나아가 설촉을 인연으로 생겨난 여러 수가 청정한 까닭으로 일체지지가 청정하니라. 왜 그러한가? 만약 견자가 청정하거나, 만약 미계, 나아가 설촉을 인연으로 생겨난 여러 수가 청정하거나, 만약 일체지지가 청정하다면, 무이이고 둘로 나눌 수 없으며 분별이 없고 단절도 없는 까닭이니라.

선현이여. 견자가 청정한 까닭으로 신계가 청정하고, 신계가 청정한 까닭으로 일체지지가 청정하니라. 왜 그러한가? 만약 견자가 청정하거나, 만약 신계가 청정하거나, 만약 일체지지가 청정하다면, 무이이고 둘로 나눌 수 없으며 분별이 없고 단절도 없는 까닭이니라. 견자가 청정한 까닭으로 촉계·신식계, 나아가 신촉·신촉을 인연으로 생겨난 여러 수가 청정하고, 촉계, 나아가 신촉을 인연으로 생겨난 여러 수가 청정한 까닭으로 일체지지가 청정하니라. 왜 그러한가? 만약 견자가 청정하거나, 만약 촉계, 나아가 신촉을 인연으로 생겨난 여러 수가 청정하거나, 만약 일체지지가 청정하다면, 무이이고 둘로 나눌 수 없으며 분별이 없고 단절도 없는 까닭이니라.

선현이여. 견자가 청정한 까닭으로 의계가 청정하고, 의계가 청정한

까닭으로 일체지지가 청정하니라. 왜 그러한가? 만약 견자가 청정하거나,
만약 의계가 청정하거나, 만약 일체지지가 청정하다면, 무이이고 둘로
나눌 수 없으며 분별이 없고 단절도 없는 까닭이니라. 견자가 청정한
까닭으로 법계·의식계, 나아가 의촉·의촉을 인연으로 생겨난 여러 수가
청정하고, 법계, 나아가 의촉을 인연으로 생겨난 여러 수가 청정한 까닭으
로 일체지지가 청정하니라. 왜 그러한가? 만약 견자가 청정하거나, 만약
법계, 나아가 의촉을 인연으로 생겨난 여러 수가 청정하거나, 만약 일체지
지가 청정하다면, 무이이고 둘로 나눌 수 없으며 분별이 없고 단절도
없는 까닭이니라.

　선현이여. 견자가 청정한 까닭으로 지계가 청정하고, 지계가 청정한
까닭으로 일체지지가 청정하니라. 왜 그러한가? 만약 견자가 청정하거나,
만약 지계가 청정하거나, 만약 일체지지가 청정하다면, 무이이고 둘로
나눌 수 없으며 분별이 없고 단절도 없는 까닭이니라. 견자가 청정한
까닭으로 수·화·풍·공·식계가 청정하고, 수·화·풍·공·식계가 청정한 까
닭으로 일체지지가 청정하니라. 왜 그러한가? 만약 견자가 청정하거나,
만약 수·화·풍·공·식계가 청정하거나, 만약 일체지지가 청정하다면, 무이
이고 둘로 나눌 수 없으며 분별이 없고 단절도 없는 까닭이니라.

　선현이여. 견자가 청정한 까닭으로 무명이 청정하고, 무명이 청정한
까닭으로 일체지지가 청정하니라. 왜 그러한가? 만약 견자가 청정하거나,
만약 무명이 청정하거나, 만약 일체지지가 청정하다면, 무이이고 둘로
나눌 수 없으며 분별이 없고 단절도 없는 까닭이니라. 견자가 청정한
까닭으로 행·식·명색·육처·촉·수·애·취·유·생·노사의 수탄고우뇌가 청
정하고, 행, 나아가 노사의 수탄고우뇌가 청정한 까닭으로 일체지지가
청정하니라. 왜 그러한가? 만약 견자가 청정하거나, 만약 행, 나아가
노사의 수탄고우뇌가 청정하거나, 만약 일체지지가 청정하다면, 무이이
고 둘로 나눌 수 없으며 분별이 없고 단절도 없는 까닭이니라.

　선현이여. 견자가 청정한 까닭으로 보시바라밀다가 청정하고, 보시바
라밀다가 청정한 까닭으로 일체지지가 청정하니라. 왜 그러한가? 만약

견자가 청정하거나, 만약 보시바라밀다가 청정하거나, 만약 일체지지가 청정하다면, 무이이고 둘로 나눌 수 없으며 분별이 없고 단절도 없는 까닭이니라. 견자가 청정한 까닭으로 정계·안인·정진·정려·반야바라밀다가 청정하고, 정계, 나아가 반야바라밀다가 청정한 까닭으로 일체지지가 청정하니라. 왜 그러한가? 만약 견자가 청정하거나, 만약 정계, 나아가 반야바라밀다가 청정하거나, 만약 일체지지가 청정하다면, 무이이고 둘로 나눌 수 없으며 분별이 없고 단절도 없는 까닭이니라.

선현이여. 견자가 청정한 까닭으로 내공이 청정하고, 내공이 청정한 까닭으로 일체지지가 청정하니라. 왜 그러한가? 만약 견자가 청정하거나, 만약 내공이 청정하거나, 만약 일체지지가 청정하다면, 무이이고 둘로 나눌 수 없으며 분별이 없고 단절도 없는 까닭이니라. 견자가 청정한 까닭으로 외공·내외공·공공·대공·승의공·유위공·무위공·필경공·무제공·산공·무변이공·본성공·자상공·공상공·일체법공·불가득공·무성공·자성공·무성자성공이 청정하고, 외공, 나아가 무성자성공이 청정한 까닭으로 일체지지가 청정하니라. 왜 그러한가? 만약 견자가 청정하거나, 만약 외공, 나아가 무성자성공이 청정하거나, 만약 일체지지가 청정하다면, 무이이고 둘로 나눌 수 없으며 분별이 없고 단절도 없는 까닭이니라.

선현이여. 견자가 청정한 까닭으로 진여가 청정하고, 진여가 청정한 까닭으로 일체지지가 청정하니라. 왜 그러한가? 만약 견자가 청정하거나, 만약 진여가 청정하거나, 만약 일체지지가 청정하다면, 무이이고 둘로 나눌 수 없으며 분별이 없고 단절도 없는 까닭이니라. 견자가 청정한 까닭으로 법계·법성·불허망성·불변이성·평등성·이생성·법정·법주·실제·허공계·부사의계가 청정하고 법계, 나아가 부사의계가 청정한 까닭으로 일체지지가 청정하니라. 왜 그러한가? 만약 견자가 청정하거나, 만약 법계, 나아가 부사의계가 청정하거나, 만약 일체지지가 청정하다면, 무이이고 둘로 나눌 수 없으며 분별이 없고 단절도 없는 까닭이니라.

선현이여. 견자가 청정한 까닭으로 고성제가 청정하고, 고성제가 청정한 까닭으로 일체지지가 청정하니라. 왜 그러한가? 만약 견자가 청정하거나, 만약 고성제가 청정하거나, 만약 일체지지가 청정하다면, 무이이고 둘로 나눌 수 없으며 분별이 없고 단절도 없는 까닭이니라. 견자가 청정한 까닭으로 집·멸·도성제가 청정하고, 집·멸·도성제가 청정한 까닭으로 일체지지가 청정하니라. 왜 그러한가? 만약 견자가 청정하거나, 만약 집·멸·도성제가 청정하거나, 만약 일체지지가 청정하다면, 무이이고 둘로 나눌 수 없으며 분별이 없고 단절도 없는 까닭이니라.

선현이여. 견자가 청정한 까닭으로 4정려가 청정하고, 4정려가 청정한 까닭으로 일체지지가 청정하니라. 왜 그러한가? 만약 견자가 청정하거나, 만약 4정려가 청정하거나, 만약 일체지지가 청정하다면, 무이이고 둘로 나눌 수 없으며 분별이 없고 단절도 없는 까닭이니라. 견자가 청정한 까닭으로 4무량·4무색정이 청정하고, 4무량·4무색정이 청정한 까닭으로 일체지지가 청정하니라. 왜 그러한가? 만약 견자가 청정하거나, 만약 4무량·4무색정이 청정하거나, 만약 일체지지가 청정하다면, 무이이고 둘로 나눌 수 없으며 분별이 없고 단절도 없는 까닭이니라.

선현이여. 견자가 청정한 까닭으로 8해탈이 청정하고, 8해탈이 청정한 까닭으로 일체지지가 청정하니라. 왜 그러한가? 만약 견자가 청정하거나, 만약 8해탈이 청정하거나, 만약 일체지지가 청정하다면, 무이이고 둘로 나눌 수 없으며 분별이 없고 단절도 없는 까닭이니라. 견자가 청정한 까닭으로 8승처·9차제정·10변처가 청정하고, 8승처·9차제정·10변처가 청정한 까닭으로 일체지지가 청정하니라. 왜 그러한가? 만약 견자가 청정하거나, 만약 8승처·9차제정·10변처가 청정하거나, 만약 일체지지가 청정하다면, 무이이고 둘로 나눌 수 없으며 분별이 없고 단절도 없는 까닭이니라.

선현이여. 견자가 청정한 까닭으로 4념주가 청정하고, 4념주가 청정한 까닭으로 일체지지가 청정하니라. 왜 그러한가? 만약 견자가 청정하거나, 만약 4념주가 청정하거나, 만약 일체지지가 청정하다면, 무이이고 둘로 나눌 수 없으며 분별이 없고 단절도 없는 까닭이니라. 견자가 청정한 까닭으로 4정단·4신족·5근·5력·7등각지·8성도지가 청정하고, 4정단, 나아가 8성도지가 청정한 까닭으로 일체지지가 청정하니라. 왜 그러한가? 만약 견자가 청정하거나, 만약 4정단, 나아가 8성도지가 청정하거나, 만약 일체지지가 청정하다면, 무이이고 둘로 나눌 수 없으며 분별이 없고 단절도 없는 까닭이니라.

선현이여. 견자가 청정한 까닭으로 공해탈문이 청정하고, 공해탈문이 청정한 까닭으로 일체지지가 청정하니라. 왜 그러한가? 만약 견자가 청정하거나, 만약 공해탈문이 청정하거나, 만약 일체지지가 청정하다면, 무이이고 둘로 나눌 수 없으며 분별이 없고 단절도 없는 까닭이니라. 견자가 청정한 까닭으로 무상·무원해탈문이 청정하고, 무상·무원해탈문이 청정한 까닭으로 일체지지가 청정하니라. 왜 그러한가? 만약 견자가 청정하거나, 만약 무상·무원해탈문이 청정하거나, 만약 일체지지가 청정하다면, 무이이고 둘로 나눌 수 없으며 분별이 없고 단절도 없는 까닭이니라.

선현이여. 견자가 청정한 까닭으로 보살의 10지가 청정하고, 보살의 10지가 청정한 까닭으로 일체지지가 청정하니라. 왜 그러한가? 만약 견자가 청정하거나, 만약 보살의 10지가 청정하거나, 만약 일체지지가 청정하다면, 무이이고 둘로 나눌 수 없으며 분별이 없고 단절도 없는 까닭이니라.

선현이여. 견자가 청정한 까닭으로 5안이 청정하고, 5안이 청정한 까닭으로 일체지지가 청정하니라. 왜 그러한가? 만약 견자가 청정하거나, 만약 5안이 청정하거나, 만약 일체지지가 청정하다면, 무이이고 둘로 나눌 수 없으며 분별이 없고 단절도 없는 까닭이니라. 견자가 청정한 까닭으로 6신통이 청정하고, 6신통이 청정한 까닭으로 일체지지가 청정하니라. 왜 그러한가? 만약 견자가 청정하거나, 만약 6신통이 청정하거나, 만약 일체지지가 청정하다면, 무이이고 둘로 나눌 수 없으며 분별이 없고 단절도 없는 까닭이니라.

선현이여. 견자가 청정한 까닭으로 여래의 10력이 청정하고, 여래의 10력이 청정한 까닭으로 일체지지가 청정하니라. 왜 그러한가? 만약 견자가 청정하거나, 만약 여래의 10력이 청정하거나, 만약 일체지지가 청정하다면, 무이이고 둘로 나눌 수 없으며 분별이 없고 단절도 없는 까닭이니라. 견자가 청정한 까닭으로 4무소외·4무애해·대자·대비·대희·대사·18불불공법이 청정하고, 4무소외, 나아가 18불불공법이 청정한 까닭으로 일체지지가 청정하니라. 왜 그러한가? 만약 견자가 청정하거나, 만약 4무소외, 나아가 18불불공법이 청정하거나, 만약 일체지지가 청정하다면, 무이이고 둘로 나눌 수 없으며 분별이 없고 단절도 없는 까닭이니라.

선현이여. 견자가 청정한 까닭으로 무망실법이 청정하고, 무망실법이 청정한 까닭으로 일체지지가 청정하니라. 왜 그러한가? 만약 견자가 청정하거나, 만약 무망실법이 청정하거나, 만약 일체지지가 청정하다면, 무이이고 둘로 나눌 수 없으며 분별이 없고 단절도 없는 까닭이니라. 견자가 청정한 까닭으로 항주사성이 청정하고, 항주사성이 청정한 까닭으로 일체지지가 청정하니라. 왜 그러한가? 만약 견자가 청정하거나, 만약 항주사성이 청정하거나, 만약 일체지지가 청정하다면, 무이이고 둘로 나눌 수 없으며 분별이 없고 단절도 없는 까닭이니라.

선현이여. 견자가 청정한 까닭으로 일체지가 청정하고, 일체지가 청정한 까닭으로 일체지지가 청정하니라. 왜 그러한가? 만약 견자가 청정하거나, 만약 일체지가 청정하거나, 만약 일체지지가 청정하다면, 무이이고 둘로 나눌 수 없으며 분별이 없고 단절도 없는 까닭이니라. 견자가 청정한 까닭으로 도상지·일체상지가 청정하고, 도상지·일체상지가 청정한 까닭으로 일체지지가 청정하니라. 왜 그러한가? 만약 견자가 청정하거나, 만약 도상지·일체상지가 청정하거나, 만약 일체지지가 청정하다면, 무이이고 둘로 나눌 수 없으며 분별이 없고 단절도 없는 까닭이니라.

선현이여. 견자가 청정한 까닭으로 일체의 다라니문이 청정하고, 일체의 다라니문이 청정한 까닭으로 일체지지가 청정하니라. 왜 그러한가? 만약 견자가 청정하거나, 만약 일체의 다라니문이 청정하거나, 만약 일체지지가 청정하다면, 무이이고 둘로 나눌 수 없으며 분별이 없고 단절도 없는 까닭이니라. 견자가 청정한 까닭으로 일체의 삼마지문이 청정하고, 일체의 삼마지문이 청정한 까닭으로 일체지지가 청정하니라. 왜 그러한가? 만약 견자가 청정하거나, 만약 일체의 삼마지문이 청정하거나, 만약 일체지지가 청정하다면, 무이이고 둘로 나눌 수 없으며 분별이 없고 단절도 없는 까닭이니라.

선현이여. 견자가 청정한 까닭으로 예류과가 청정하고, 예류과가 청정한 까닭으로 일체지지가 청정하니라. 왜 그러한가? 만약 견자가 청정하거나, 만약 예류과가 청정하거나, 만약 일체지지가 청정하다면, 무이이고 둘로 나눌 수 없으며 분별이 없고 단절도 없는 까닭이니라. 견자가 청정한 까닭으로 일래·불환·아라한과가 청정하고, 일래·불환·아라한과가 청정한 까닭으로 일체지지가 청정하니라. 왜 그러한가? 만약 견자가 청정하거나, 만약 일래·불환·아라한과가 청정하거나, 만약 일체지지가 청정하다면, 무이이고 둘로 나눌 수 없으며 분별이 없고 단절도 없는 까닭이니라.

선현이여. 견자가 청정한 까닭으로 독각의 보리가 청정하고, 독각의 보리가 청정한 까닭으로 일체지지가 청정하니라. 왜 그러한가? 만약 견자가 청정하거나, 만약 독각의 보리가 청정하거나, 만약 일체지지가 청정하다면, 무이이고 둘로 나눌 수 없으며 분별이 없고 단절도 없는 까닭이니라.

선현이여. 견자가 청정한 까닭으로 일체의 보살마하살의 행이 청정하고, 일체의 보살마하살의 행이 청정한 까닭으로 일체지지가 청정하니라. 왜 그러한가? 만약 견자가 청정하거나, 만약 일체의 보살마하살의 행이 청정하거나, 만약 일체지지가 청정하다면, 무이이고 둘로 나눌 수 없으며 분별이 없고 단절도 없는 까닭이니라.

선현이여. 견자가 청정한 까닭으로 제불의 무상정등보리가 청정하고, 제불의 무상정등보리가 청정한 까닭으로 일체지지가 청정하니라. 왜 그러한가? 만약 견자가 청정하거나, 만약 제불의 무상정등보리가 청정하거나, 만약 일체지지가 청정하다면, 무이이고 둘로 나눌 수 없으며 분별이 없고 단절도 없는 까닭이니라."

"다시 다음으로 선현이여. 탐욕(貪欲)이 청정하다면 나아가서(卽) 색이 청정(淸淨)하고, 색(色)이 청정하다면 나아가서 탐욕이 청정하니라. 왜 그러한가? 이 탐욕과 색이 청정하다면, 무이(無二)이고 둘로 나눌 수 없으며(無二分) 분별이 없고(無別) 단절도 없는(無斷) 까닭이니라. 탐욕이 청정하다면 나아가서 수(受)·상(想)·행(行)·식(識)이 청정하고, 수·상·행·식이 청정하다면 나아가서 탐욕이 청정하니라. 왜 그러한가? 이 탐욕과 수·상·행·식이 청정하다면, 무이이고 둘로 나눌 수 없으며 분별이 없고 단절도 없는 까닭이니라.

선현이여. 탐욕이 청정하다면 나아가서 안처(眼處)가 청정하고, 안처가 청정하다면 나아가서 탐욕이 청정하니라. 왜 그러한가? 이 탐욕과 안처가 청정하다면, 무이이고 둘로 나눌 수 없으며 분별이 없고 단절도 없는 까닭이니라. 탐욕이 청정하다면 나아가서 이(耳)·비(鼻)·설(舌)·신(身)·의처(意處)가 청정하고, 이·비·설·신·의처가 청정하다면 나아가서 탐욕이 청정하니라. 왜 그러한가? 이 탐욕과 이·비·설·신·의처가 청정하다면, 무이이고 둘로 나눌 수 없으며 분별이 없고 단절도 없는 까닭이니라.

선현이여. 탐욕이 청정하다면 나아가서 색처(色處)가 청정하고, 색처가 청정하다면 나아가서 탐욕이 청정하니라. 왜 그러한가? 이 탐욕과 색처가 청정하다면, 무이이고 둘로 나눌 수 없으며 분별이 없고 단절도 없는 까닭이니라. 탐욕이 청정하다면 나아가서 성(聲)·향(香)·미(味)·촉(觸)·법처(法處)가 청정하고, 성·향·미·촉·법처가 청정하다면 나아가서 탐욕이 청정하니라. 왜 그러한가? 이 탐욕과 성·향·미·촉·법처가 청정하다면, 무이이고 둘로 나눌 수 없으며 분별이 없고 단절도 없는 까닭이니라.

선현이여. 탐욕이 청정하다면 나아가서 안계가 청정하고, 안계(眼界)가 청정하다면 나아가서 탐욕이 청정하니라. 왜 그러한가? 이 탐욕과 안계가 청정하다면, 무이이고 둘로 나눌 수 없으며 분별이 없고 단절도 없는 까닭이니라. 탐욕이 청정하다면 나아가서 색계(色界)·안식계(眼識界), …… 나아가 …… 안촉(眼觸)·안촉을 인연으로 생겨나는 여러 수(受)가 청정하고, 색계, 나아가 안촉을 인연으로 생겨난 여러 수가 청정하다면 나아가서 탐욕이 청정하니라. 왜 그러한가? 이 탐욕과 색계, 나아가 안촉을 인연으로 생겨난 여러 수가 청정하다면, 무이이고 둘로 나눌 수 없으며 분별이 없고 단절도 없는 까닭이니라.

선현이여. 탐욕이 청정하다면 나아가서 이계(耳界)가 청정하고, 이계가 청정하다면 나아가서 탐욕이 청정하니라. 왜 그러한가? 이 탐욕과 이계가 청정하다면, 무이이고 둘로 나눌 수 없으며 분별이 없고 단절도 없는 까닭이니라. 탐욕이 청정하다면 나아가서 성계(聲界)·이식계(耳識界), …… 나아가 …… 이촉(耳觸)·이촉을 인연으로 생겨난 여러 수가 청정하고, 성계, 나아가 이촉을 인연으로 생겨난 여러 수가 청정하다면 나아가서 탐욕이 청정하니라. 왜 그러한가? 이 탐욕과 성계, 나아가 이촉을 인연으로 생겨난 여러 수가 청정하다면, 무이이고 둘로 나눌 수 없으며 분별이 없고 단절도 없는 까닭이니라.

선현이여. 탐욕이 청정하다면 나아가서 비계(鼻界)가 청정하고, 비계가 청정하다면 나아가서 탐욕이 청정하니라. 왜 그러한가? 이 탐욕과 비계가 청정하다면, 무이이고 둘로 나눌 수 없으며 분별이 없고 단절도 없는 까닭이니라. 탐욕이 청정하다면 나아가서 향계(香界)·비식계(鼻識界), …… 나아가 …… 비촉(鼻觸)·비촉을 인연으로 생겨난 여러 수가 청정하고, 향계, 나아가 비촉을 인연으로 생겨난 여러 수가 청정하다면 나아가서 탐욕이 청정하니라. 왜 그러한가? 이 탐욕과 향계, 나아가 비촉을 인연으로 생겨난 여러 수가 청정하다면, 무이이고 둘로 나눌 수 없으며 분별이 없고 단절도 없는 까닭이니라.

선현이여. 탐욕이 청정하다면 나아가서 설계(舌界)가 청정하고, 설계가 청정하다면 나아가서 탐욕이 청정하니라. 왜 그러한가? 이 탐욕과 설계가 청정하다면, 무이이고 둘로 나눌 수 없으며 분별이 없고 단절도 없는 까닭이니라. 탐욕이 청정하다면 나아가서 미계(味界)·설식계(舌識界), …… 나아가 …… 설촉(舌觸)·설촉을 인연으로 생겨난 여러 수가 청정하고, 미계, 나아가 설촉을 인연으로 생겨난 여러 수가 청정하다면 나아가서 탐욕이 청정하니라. 왜 그러한가? 이 탐욕과 미계, 나아가 설촉을 인연으로 생겨난 여러 수가 청정하다면, 무이이고 둘로 나눌 수 없으며 분별이

없고 단절도 없는 까닭이니라.

　선현이여. 탐욕이 청정하다면 나아가서 신계(身界)가 청정하고, 신계가 청정하다면 나아가서 탐욕이 청정하니라. 왜 그러한가? 이 탐욕과 신계가 청정하다면, 무이이고 둘로 나눌 수 없으며 분별이 없고 단절도 없는 까닭이니라. 탐욕이 청정하다면 나아가서 촉계(觸界)·신식계(身識界), …… 나아가 …… 신촉(身觸)·신촉을 인연으로 생겨난 여러 수가 청정하고, 촉계, 나아가 신촉을 인연으로 생겨난 여러 수가 청정하다면 나아가서 탐욕이 청정하니라. 왜 그러한가? 이 탐욕과 촉계, 나아가 신촉을 인연으로 생겨난 여러 수가 청정하다면, 무이이고 둘로 나눌 수 없으며 분별이 없고 단절도 없는 까닭이니라.

　선현이여. 탐욕이 청정하다면 나아가서 의계(意界)가 청정하고, 의계가 청정하다면 나아가서 탐욕이 청정하니라. 왜 그러한가? 이 탐욕과 의계가 청정하다면, 무이이고 둘로 나눌 수 없으며 분별이 없고 단절도 없는 까닭이니라. 탐욕이 청정하다면 나아가서 법계(法界)·의식계(意識界), …… 나아가 …… 의촉(意觸)·의촉을 인연으로 생겨난 여러 수가 청정하고, 법계, 나아가 의촉을 인연으로 생겨난 여러 수가 청정하다면 나아가서 탐욕이 청정하니라. 왜 그러한가? 이 탐욕과 법계, 나아가 의촉을 인연으로 생겨난 여러 수가 청정하다면, 무이이고 둘로 나눌 수 없으며 분별이 없고 단절도 없는 까닭이니라.

　선현이여. 탐욕이 청정하다면 나아가서 지계(地界)가 청정하고, 지계가 청정하다면 나아가서 탐욕이 청정하니라. 왜 그러한가? 이 탐욕과 지계가 청정하다면, 무이이고 둘로 나눌 수 없으며 분별이 없고 단절도 없는 까닭이니라. 탐욕이 청정하다면 나아가서 수(水)·화(火)·풍(風)·공(空)·식계(識界)가 청정하고, 수·화·풍·공·식계가 청정하다면 나아가서 탐욕이 청정하니라. 왜 그러한가? 이 탐욕과 수·화·풍·공·식계가 청정하다면, 무이이고 둘로 나눌 수 없으며 분별이 없고 단절도 없는 까닭이니라.

　선현이여. 탐욕이 청정하다면 나아가서 무명(無明)이 청정하고, 무명이 청정하다면 나아가서 탐욕이 청정하니라. 왜 그러한가? 이 탐욕과 무명이 청정하다면, 무이이고 둘로 나눌 수 없으며 분별이 없고 단절도 없는 까닭이니라. 탐욕이 청정하다면 나아가서 행(行)·식(識)·명색(名色)·육처 (六處)·촉(觸)·수(受)·애(愛)·취(取)·유(有)·생(生)·노사(老死)의 수탄고우 뇌(愁歎苦憂惱)가 청정하고, 행, 나아가 노사의 수탄고우뇌가 청정하다면 나아가서 탐욕이 청정하니라. 왜 그러한가? 이 탐욕과 행, 나아가 노사의 수탄고우뇌가 청정하다면, 무이이고 둘로 나눌 수 없으며 분별이 없고 단절도 없는 까닭이니라.

선현이여. 탐욕이 청정하다면 나아가서 보시바라밀다(布施波羅蜜多)가 청정하고, 보시바라밀다가 청정하다면 나아가서 탐욕이 청정하니라. 왜 그러한가? 이 탐욕과 보시바라밀다가 청정하다면, 무이이고 둘로 나눌 수 없으며 분별이 없고 단절도 없는 까닭이니라. 탐욕이 청정하다면 나아가서 정계(淨戒)·안인(安忍)·정진(精進)·정려(靜慮)·반야바라밀다(般若波羅蜜 多)가 청정하고, 정계, 나아가 반야바라밀다가 청정하다면 나아가서 탐욕 이 청정하니라. 왜 그러한가? 이 탐욕과 정계, 나아가 반야바라밀다가 청정하다면, 무이이고 둘로 나눌 수 없으며 분별이 없고 단절도 없는 까닭이니라.

선현이여. 탐욕이 청정하다면 나아가서 내공(內空)이 청정하고, 내공이 청정하다면 나아가서 탐욕이 청정하니라. 왜 그러한가? 이 탐욕과 내공이 청정하다면, 무이이고 둘로 나눌 수 없으며 분별이 없고 단절도 없는 까닭이니라. 탐욕이 청정하다면 나아가서 외공(外空)·내외공(內外空)·공 공(空空)·대공(大空)·승의공(勝義空)·유위공(有爲空)·무위공(無爲空)·필 경공(畢竟空)·무제공(無際空)·산공(散空)·무변이공(無變異空)·본성공(本 性空)·자상공(自相空)·공상공(共相空)·일체법공(一切法空)·불가득공(不 可得空)·무성공(無性空)·자성공(自性空)·무성자성공(無性自性空)이 청정 하고, 외공, 나아가 무성자성공이 청정하다면 나아가서 탐욕이 청정하니 라. 왜 그러한가? 이 탐욕과 외공, 나아가 무성자성공이 청정하다면, 무이이고 둘로 나눌 수 없으며 분별이 없고 단절도 없는 까닭이니라.

선현이여. 탐욕이 청정하다면 나아가서 진여(眞如)가 청정하고, 진여가 청정하다면 나아가서 탐욕이 청정하니라. 왜 그러한가? 이 탐욕과 진여가 청정하다면, 무이이고 둘로 나눌 수 없으며 분별이 없고 단절도 없는 까닭이니라. 탐욕이 청정하다면 나아가서 법계(法界)·법성(法性)·불허망성(不虛妄性)·불변이성(不變異性)·평등성(平等性)·이생성(離生性)·법정(法定)·법주(法住)·실제(實際)·허공계(虛空界)·부사의계(不思議界)가 청정하고 법계, 나아가 부사의계가 청정하다면 나아가서 탐욕이 청정하니라. 왜 그러한가? 이 탐욕과 법계, 나아가 부사의계가 청정하다면, 무이이고 둘로 나눌 수 없으며 분별이 없고 단절도 없는 까닭이니라.

선현이여. 탐욕이 청정하다면 나아가서 고성제(苦聖諦)가 청정하고, 고성제가 청정하다면 나아가서 탐욕이 청정하니라. 왜 그러한가? 이 탐욕과 고성제가 청정하다면, 무이이고 둘로 나눌 수 없으며 분별이 없고 단절도 없는 까닭이니라. 탐욕이 청정하다면 나아가서 집(集)·멸(滅)·도성제(道聖諦)가 청정하고 집·멸·도성제가 청정하다면 나아가서 탐욕이 청정하니라. 왜 그러한가? 이 탐욕과 집·멸·도성제가 청정하다면, 무이이고 둘로 나눌 수 없으며 분별이 없고 단절도 없는 까닭이니라.

선현이여. 탐욕이 청정하다면 나아가서 4정려(四靜慮)가 청정하고, 4정려가 청정하다면 나아가서 탐욕이 청정하니라. 왜 그러한가? 이 탐욕과 4정려가 청정하다면, 무이이고 둘로 나눌 수 없으며 분별이 없고 단절도 없는 까닭이니라. 탐욕이 청정하다면 나아가서 4무량(四無量)·4무색정(四無色定)이 청정하고 4무량·4무색정이 청정하다면 나아가서 탐욕이 청정하니라. 왜 그러한가? 이 탐욕과 4무량·4무색정이 청정하다면, 무이이고 둘로 나눌 수 없으며 분별이 없고 단절도 없는 까닭이니라.

선현이여. 탐욕이 청정하다면 나아가서 8해탈(八解脫)이 청정하고, 8해탈이 청정하다면 나아가서 탐욕이 청정하니라. 왜 그러한가? 이 탐욕과 8해탈이 청정하다면, 무이이고 둘로 나눌 수 없으며 분별이 없고 단절도 없는 까닭이니라. 탐욕이 청정하다면 나아가서 8승처(八勝處)·9차제정(九次第定)·10변처(十遍處)가 청정하고 8승처·9차제정·10변처가 청정하다면 나아가서 탐욕이 청정하니라. 왜 그러한가? 이 탐욕과 8승처·9

차제정·10변처가 청정하다면, 무이이고 둘로 나눌 수 없으며 분별이 없고 단절도 없는 까닭이니라.

선현이여. 탐욕이 청정하다면 나아가서 4념주(四念住)가 청정하고, 4념주가 청정하다면 나아가서 탐욕이 청정하니라. 왜 그러한가? 이 탐욕과 4념주가 청정하다면, 무이이고 둘로 나눌 수 없으며 분별이 없고 단절도 없는 까닭이니라. 탐욕이 청정하다면 나아가서 4정단(四正斷)·4신족(四神足)·5근(五根)·5력(五力)·7등각지(七等覺支)·8성도지(八聖道支)가 청정하고 4정단, 나아가 8성도지가 청정하다면 나아가서 탐욕이 청정하니라. 왜 그러한가? 이 탐욕과 4정단, 나아가 8성도지가 청정하다면, 무이이고 둘로 나눌 수 없으며 분별이 없고 단절도 없는 까닭이니라.

선현이여. 탐욕이 청정하다면 나아가서 공해탈문(空解脫門)이 청정하고, 공해탈문이 청정하다면 나아가서 탐욕이 청정하니라. 왜 그러한가? 이 탐욕과 공해탈문이 청정하다면, 무이이고 둘로 나눌 수 없으며 분별이 없고 단절도 없는 까닭이니라. 탐욕이 청정하다면 나아가서 무상(無相)·무원해탈문(無願解脫門)이 청정하고 무상·무원해탈문이 청정하다면 나아가서 탐욕이 청정하니라. 왜 그러한가? 이 탐욕과 무상·무원해탈문이 청정하다면, 무이이고 둘로 나눌 수 없으며 분별이 없고 단절도 없는 까닭이니라.

선현이여. 탐욕이 청정하다면 나아가서 보살(菩薩)의 10지(十地)가 청정하고, 보살의 10지가 청정하다면 나아가서 탐욕이 청정하니라. 왜 그러한가? 이 탐욕과 보살의 10지가 청정하다면, 무이이고 둘로 나눌 수 없으며 분별이 없고 단절도 없는 까닭이니라.

선현이여. 탐욕이 청정하다면 나아가서 5안(五眼)이 청정하고, 5안이 청정하다면 나아가서 탐욕이 청정하니라. 왜 그러한가? 이 탐욕과 5안이 청정하다면, 무이이고 둘로 나눌 수 없으며 분별이 없고 단절도 없는 까닭이니라. 탐욕이 청정하다면 나아가서 6신통(六神通)이 청정하고 6신통이 청정하다면 나아가서 탐욕이 청정하니라. 왜 그러한가? 이 탐욕과 6신통이 청정하다면, 무이이고 둘로 나눌 수 없으며 분별이 없고 단절도

없는 까닭이니라.

선현이여. 탐욕이 청정하다면 나아가서 여래(佛)의 10력(十力)이 청정하고, 여래의 10력이 청정하다면 나아가서 탐욕이 청정하니라. 왜 그러한가? 이 탐욕과 여래의 10력이 청정하다면, 무이이고 둘로 나눌 수 없으며 분별이 없고 단절도 없는 까닭이니라. 탐욕이 청정하다면 나아가서 4무소외(四無所畏)·4무애해(四無礙解)·대자(大慈)·대비(大悲)·대희(大喜)·대사(大捨)·18불불공법(十八佛不共法)이 청정하고 4무소외, 나아가서 18불불공법이 청정하다면 나아가 탐욕이 청정하니라. 왜 그러한가? 이 탐욕과 4무소외, 나아가 18불불공법이 청정하다면, 무이이고 둘로 나눌 수 없으며 분별이 없고 단절도 없는 까닭이니라.

선현이여. 탐욕이 청정하다면 나아가서 무망실법(無忘失法)이 청정하고, 무망실법이 청정하다면 나아가서 탐욕이 청정하니라. 왜 그러한가? 이 탐욕과 무망실법이 청정하다면, 무이이고 둘로 나눌 수 없으며 분별이 없고 단절도 없는 까닭이니라. 탐욕이 청정하다면 나아가서 항주사성(恒住捨性)이 청정하고 항주사성이 청정하다면 나아가서 탐욕이 청정하니라. 왜 그러한가? 이 탐욕과 항주사성이 청정하다면, 무이이고 둘로 나눌 수 없으며 분별이 없고 단절도 없는 까닭이니라.

선현이여. 탐욕이 청정하다면 나아가서 일체지(一切智)가 청정하고, 일체지가 청정하다면 나아가서 탐욕이 청정하니라. 왜 그러한가? 이 탐욕과 일체지가 청정하다면, 무이이고 둘로 나눌 수 없으며 분별이 없고 단절도 없는 까닭이니라. 탐욕이 청정하다면 나아가서 도상지(道相智)·일체상지(一切相智)가 청정하고 도상지·일체상지가 청정하다면 나아가서 탐욕이 청정하니라. 왜 그러한가? 이 탐욕과 도상지·일체상지가 청정하다면, 무이이고 둘로 나눌 수 없으며 분별이 없고 단절도 없는 까닭이니라.

선현이여. 탐욕이 청정하다면 나아가서 일체(一切)의 다라니문(陀羅尼門)이 청정하고, 일체의 다라니문이 청정하다면 나아가서 탐욕이 청정하니라. 왜 그러한가? 이 탐욕과 일체의 다라니문이 청정하다면, 무이이고 둘로 나눌 수 없으며 분별이 없고 단절도 없는 까닭이니라. 탐욕이 청정하다면 나아가서 일체의 삼마지문(三摩地門)이 청정하고 일체의 삼마지문이 청정하다면 나아가서 탐욕이 청정하니라. 왜 그러한가? 이 탐욕과 일체의 삼마지문이 청정하다면, 무이이고 둘로 나눌 수 없으며 분별이 없고 단절도 없는 까닭이니라.

선현이여. 탐욕이 청정하다면 나아가서 예류과(預流果)가 청정하고, 예류과가 청정하다면 나아가서 탐욕이 청정하니라. 왜 그러한가? 이 탐욕과 예류과가 청정하다면, 무이이고 둘로 나눌 수 없으며 분별이 없고 단절도 없는 까닭이니라. 탐욕이 청정하다면 나아가서 일래(一來)·불환(不還)·아라한과(阿羅漢果)가 청정하고 일래·불환·아라한과가 청정하다면 나아가서 탐욕이 청정하니라. 왜 그러한가? 이 탐욕과 일래·불환·아라한과가 청정하다면, 무이이고 둘로 나눌 수 없으며 분별이 없고 단절도 없는 까닭이니라.

선현이여. 탐욕이 청정하다면 나아가서 독각(獨覺)의 보리(菩提)가 청정하고, 독각의 보리가 청정하다면 나아가서 탐욕이 청정하니라. 왜 그러한가? 이 탐욕과 독각의 보리가 청정하다면, 무이이고 둘로 나눌 수 없으며 분별이 없고 단절도 없는 까닭이니라.

선현이여. 탐욕이 청정하다면 나아가서 일체의 보살마하살(菩薩摩訶薩)의 행(行)이 청정하고, 일체의 보살마하살의 행이 청정하다면 나아가서 탐욕이 청정하니라. 왜 그러한가? 이 탐욕과 일체의 보살마하살의 행이 청정하다면, 무이이고 둘로 나눌 수 없으며 분별이 없고 단절도 없는 까닭이니라.

선현이여. 탐욕이 청정하다면 나아가서 제불(諸佛)의 무상정등보리(無上正等菩提)가 청정하고, 제불의 무상정등보리가 청정하다면 나아가서 탐욕이 청정하니라. 왜 그러한가? 이 탐욕과 제불의 무상정등보리가 청정하다면, 무이이고 둘로 나눌 수 없으며 분별이 없고 단절도 없는 까닭이니라."

"다시 다음으로 선현이여. 진에(瞋恚)가 청정하다면 나아가서(即) 색이 청정하고, 색이 청정하다면 나아가서 진에가 청정하니라. 왜 그러한가? 이 진에와 색이 청정하다면, 무이이고 둘로 나눌 수 없으며 분별이 없고 단절도 없는 까닭이니라. 진에가 청정하다면 나아가서 수·상·행·식이 청정하고, 수·상·행·식이 청정하다면 나아가서 진에가 청정하니라. 왜 그러한가? 이 진에와 수·상·행·식이 청정하다면, 무이이고 둘로 나눌 수 없으며 분별이 없고 단절도 없는 까닭이니라.

선현이여. 진에가 청정하다면 나아가서 안처가 청정하고, 안처가 청정하다면 나아가서 진에가 청정하니라. 왜 그러한가? 이 진에와 안처가 청정하다면, 무이이고 둘로 나눌 수 없으며 분별이 없고 단절도 없는 까닭이니라. 진에가 청정하다면 나아가서 이·비·설·신·의처가 청정하고, 이·비·설·신·의처가 청정하다면 나아가서 진에가 청정하니라. 왜 그러한가? 이 진에와 이·비·설·신·의처가 청정하다면, 무이이고 둘로 나눌 수 없으며 분별이 없고 단절도 없는 까닭이니라.

선현이여. 진에가 청정하다면 나아가서 색처가 청정하고, 색처가 청정하다면 나아가서 진에가 청정하니라. 왜 그러한가? 이 진에와 색처가 청정하다면, 무이이고 둘로 나눌 수 없으며 분별이 없고 단절도 없는 까닭이니라. 진에가 청정하다면 나아가서 성·향·미·촉·법처가 청정하고, 성·향·미·촉·법처가 청정하다면 나아가서 진에가 청정하니라. 왜 그러한가? 이 진에와 성·향·미·촉·법처가 청정하다면, 무이이고 둘로 나눌 수 없으며 분별이 없고 단절도 없는 까닭이니라.

선현이여. 진에가 청정하다면 나아가서 안계가 청정하고, 안계가 청정하다면 나아가서 진에가 청정하니라. 왜 그러한가? 이 진에와 안계가 청정하다면, 무이이고 둘로 나눌 수 없으며 분별이 없고 단절도 없는 까닭이니라. 진에가 청정하다면 나아가서 색계·안식계, 나아가 안촉·안촉을 인연으로 생겨난 여러 수가 청정하고, 색계, 나아가 안촉을 인연으로 생겨난 여러 수가 청정하다면 나아가서 진에가 청정하니라. 왜 그러한가? 이 진에와 색계, 나아가 안촉을 인연으로 생겨난 여러 수가 청정하다면,

무이이고 둘로 나눌 수 없으며 분별이 없고 단절도 없는 까닭이니라.

선현이여. 진에가 청정하다면 나아가서 이계가 청정하고, 이계가 청정하다면 나아가서 진에가 청정하니라. 왜 그러한가? 이 진에와 이계가 청정하다면, 무이이고 둘로 나눌 수 없으며 분별이 없고 단절도 없는 까닭이니라. 진에가 청정하다면 나아가서 성계·이식계, 나아가 이촉·이촉을 인연으로 생겨난 여러 수가 청정하고, 성계, 나아가 이촉을 인연으로 생겨난 여러 수가 청정하다면 나아가서 진에가 청정하니라. 왜 그러한가? 이 진에와 성계, 나아가 이촉을 인연으로 생겨난 여러 수가 청정하다면, 무이이고 둘로 나눌 수 없으며 분별이 없고 단절도 없는 까닭이니라.

선현이여. 진에가 청정하다면 나아가서 비계가 청정하고, 비계가 청정하다면 나아가서 진에가 청정하니라. 왜 그러한가? 이 진에와 비계가 청정하다면, 무이이고 둘로 나눌 수 없으며 분별이 없고 단절도 없는 까닭이니라. 진에가 청정하다면 나아가서 향계·비식계, 나아가 비촉·비촉을 인연으로 생겨난 여러 수가 청정하고, 향계, 나아가 비촉을 인연으로 생겨난 여러 수가 청정하다면 나아가서 진에가 청정하니라. 왜 그러한가? 이 진에와 향계, 나아가 비촉을 인연으로 생겨난 여러 수가 청정하다면, 무이이고 둘로 나눌 수 없으며 분별이 없고 단절도 없는 까닭이니라.

선현이여. 진에가 청정하다면 나아가서 설계가 청정하고, 설계가 청정하다면 나아가서 진에가 청정하니라. 왜 그러한가? 이 진에와 설계가 청정하다면, 무이이고 둘로 나눌 수 없으며 분별이 없고 단절도 없는 까닭이니라. 진에가 청정하다면 나아가 미계·설식계, 나아가 설촉·설촉을 인연으로 생겨난 여러 수가 청정하고, 미계, 나아가 설촉을 인연으로 생겨난 여러 수가 청정하다면 나아가서 진에가 청정하니라. 왜 그러한가? 이 진에와 미계, 나아가 설촉을 인연으로 생겨난 여러 수가 청정하다면, 무이이고 둘로 나눌 수 없으며 분별이 없고 단절도 없는 까닭이니라.

선현이여. 진에가 청정하다면 나아가서 신계가 청정하고, 신계가 청정하다면 나아가서 진에가 청정하니라. 왜 그러한가? 이 진에와 신계가 청정하다면, 무이이고 둘로 나눌 수 없으며 분별이 없고 단절도 없는 까닭이니라. 진에가 청정하다면 나아가서 촉계·신식계, 나아가 신촉·신촉을 인연으로 생겨난 여러 수가 청정하고, 촉계, 나아가 신촉을 인연으로 생겨난 여러 수가 청정하다면 나아가서 진에가 청정하니라. 왜 그러한가? 이 진에와 촉계, 나아가 신촉을 인연으로 생겨난 여러 수가 청정하다면, 무이이고 둘로 나눌 수 없으며 분별이 없고 단절도 없는 까닭이니라.

선현이여. 진에가 청정하다면 나아가서 의계가 청정하고, 의계가 청정하다면 나아가서 진에가 청정하니라. 왜 그러한가? 이 진에와 의계가 청정하다면, 무이이고 둘로 나눌 수 없으며 분별이 없고 단절도 없는 까닭이니라. 진에가 청정하다면 나아가서 법계·의식계, 나아가 의촉·의촉을 인연으로 생겨난 여러 수가 청정하고, 법계, 나아가 의촉을 인연으로 생겨난 여러 수가 청정하다면 나아가서 진에가 청정하니라. 왜 그러한가? 이 진에와 법계, 나아가 의촉을 인연으로 생겨난 여러 수가 청정하다면, 무이이고 둘로 나눌 수 없으며 분별이 없고 단절도 없는 까닭이니라.

선현이여. 진에가 청정하다면 나아가서 지계가 청정하고, 지계가 청정하다면 나아가서 진에가 청정하니라. 왜 그러한가? 이 진에와 지계가 청정하다면, 무이이고 둘로 나눌 수 없으며 분별이 없고 단절도 없는 까닭이니라. 진에가 청정하다면 나아가서 수·화·풍·공·식계가 청정하고, 수·화·풍·공·식계가 청정하다면 나아가서 진에가 청정하니라. 왜 그러한가? 이 진에와 수·화·풍·공·식계가 청정하다면, 무이이고 둘로 나눌 수 없으며 분별이 없고 단절도 없는 까닭이니라.

선현이여. 진에가 청정하다면 나아가서 무명이 청정하고, 무명이 청정하다면 나아가서 진에가 청정하니라. 왜 그러한가? 이 진에와 무명이 청정하다면, 무이이고 둘로 나눌 수 없으며 분별이 없고 단절도 없는 까닭이니라. 진에가 청정하다면 나아가서 행·식·명색·육처·촉·수·애·취·유·생·노사의 수탄고우뇌가 청정하고, 행, 나아가 노사의 수탄고우뇌가 청정하다면 나아가서 진에가 청정하니라. 왜 그러한가? 이 진에와 행, 나아가 노사의 수탄고우뇌가 청정하다면, 무이이고 둘로 나눌 수 없으며 분별이 없고 단절도 없는 까닭이니라."

마하반야바라밀다경 제202권

34. 난신해품(難信解品)(21)

"선현이여. 진에가 청정하다면 나아가서 보시바라밀다가 청정하고, 보시바라밀다가 청정하다면 나아가서 진에가 청정하니라. 왜 그러한가? 이 진에와 보시바라밀다가 청정하다면, 무이이고 둘로 나눌 수 없으며 분별이 없고 단절도 없는 까닭이니라. 진에가 청정하다면 나아가서 정계·안인·정진·정려·반야바라밀다가 청정하고, 정계, 나아가 반야바라밀다가 청정하다면 나아가서 진에가 청정하니라. 왜 그러한가? 이 진에와 정계, 나아가 반야바라밀다가 청정하다면, 무이이고 둘로 나눌 수 없으며 분별이 없고 단절도 없는 까닭이니라.

선현이여. 진에가 청정하다면 나아가서 내공이 청정하고, 내공이 청정하다면 나아가서 진에가 청정하니라. 왜 그러한가? 이 진에와 내공이 청정하다면, 무이이고 둘로 나눌 수 없으며 분별이 없고 단절도 없는 까닭이니라. 진에가 청정하다면 나아가서 외공·내외공·공공·대공·승의공·유위공·무위공·필경공·무제공·산공·무변이공·본성공·자상공·공상공·일체법공·불가득공·무성공·자성공·무성자성공이 청정하고, 외공, 나아가 무성자성공이 청정하다면 나아가서 진에가 청정하니라. 왜 그러한가? 이 진에와 외공, 나아가 무성자성공이 청정하다면, 무이이고 둘로 나눌 수 없으며 분별이 없고 단절도 없는 까닭이니라.

선현이여. 진에가 청정하다면 나아가서 진여가 청정하고, 진여가 청정하다면 나아가서 진에가 청정하니라. 왜 그러한가? 이 진에와 진여가 청정하다면, 무이이고 둘로 나눌 수 없으며 분별이 없고 단절도 없는 까닭이니라. 진에가 청정하다면 나아가서 법계·법성·불허망성·불변이성·평등성·이생성·법정·법주·실제·허공계·부사의계가 청정하고 법계, 나아가 부사의계가 청정하다면 나아가서 진에가 청정하니라. 왜 그러한가? 이 진에와 법계, 나아가 부사의계가 청정하다면, 무이이고 둘로 나눌 수 없으며 분별이 없고 단절도 없는 까닭이니라.

선현이여. 진에가 청정하다면 나아가서 고성제가 청정하고, 고성제가 청정하다면 나아가서 진에가 청정하니라. 왜 그러한가? 이 진에와 고성제가 청정하다면, 무이이고 둘로 나눌 수 없으며 분별이 없고 단절도 없는 까닭이니라. 진에가 청정하다면 나아가서 집·멸·도성제가 청정하고 집·멸·도성제가 청정하다면 나아가서 진에가 청정하니라. 왜 그러한가? 이 진에와 집·멸·도성제가 청정하다면, 무이이고 둘로 나눌 수 없으며 분별이 없고 단절도 없는 까닭이니라.

선현이여. 진에가 청정하다면 나아가서 4정려가 청정하고, 4정려가 청정하다면 나아가서 진에가 청정하니라. 왜 그러한가? 이 진에와 4정려가 청정하다면, 무이이고 둘로 나눌 수 없으며 분별이 없고 단절도 없는 까닭이니라. 진에가 청정하다면 나아가서 4무량·4무색정이 청정하고 4무량·4무색정이 청정하다면 나아가서 진에가 청정하니라. 왜 그러한가? 이 진에와 4무량·4무색정이 청정하다면, 무이이고 둘로 나눌 수 없으며 분별이 없고 단절도 없는 까닭이니라.

선현이여. 진에가 청정하다면 나아가서 8해탈이 청정하고, 8해탈이 청정하다면 나아가서 진에가 청정하니라. 왜 그러한가? 이 진에와 8해탈이 청정하다면, 무이이고 둘로 나눌 수 없으며 분별이 없고 단절도 없는 까닭이니라. 진에가 청정하다면 나아가서 8승처·9차제정·10변처가 청정하고 8승처·9차제정·10변처가 청정하다면 나아가서 진에가 청정하니라. 왜 그러한가? 이 진에와 8승처·9차제정·10변처가 청정하다면, 무이이고 둘로 나눌 수 없으며 분별이 없고 단절도 없는 까닭이니라.

선현이여. 진에가 청정하다면 나아가서 4념주가 청정하고, 4념주가

청정하다면 나아가서 진에가 청정하니라. 왜 그러한가? 이 진에와 4념주
가 청정하다면, 무이이고 둘로 나눌 수 없으며 분별이 없고 단절도 없는
까닭이니라. 진에가 청정하다면 나아가서 4정단·4신족·5근·5력·7등각
지·8성도지가 청정하고 4정단, 나아가 8성도지가 청정하다면 나아가서
진에가 청정하니라. 왜 그러한가? 이 진에와 4정단, 나아가 8성도지가
청정하다면, 무이이고 둘로 나눌 수 없으며 분별이 없고 단절도 없는
까닭이니라.

선현이여. 진에가 청정하다면 나아가서 공해탈문이 청정하고, 공해탈
문이 청정하다면 나아가서 진에가 청정하니라. 왜 그러한가? 이 진에와
공해탈문이 청정하다면, 무이이고 둘로 나눌 수 없으며 분별이 없고
단절도 없는 까닭이니라. 진에가 청정하다면 나아가서 무상·무원해탈문
이 청정하고 무상·무원해탈문이 청정하다면 나아가서 진에가 청정하니
라. 왜 그러한가? 이 진에와 무상·무원해탈문이 청정하다면, 무이이고
둘로 나눌 수 없으며 분별이 없고 단절도 없는 까닭이니라.

선현이여. 진에가 청정하다면 나아가서 보살의 10지가 청정하고, 보살
의 10지가 청정하다면 나아가서 진에가 청정하니라. 왜 그러한가? 이
진에와 보살의 10지가 청정하다면, 무이이고 둘로 나눌 수 없으며 분별이
없고 단절도 없는 까닭이니라.

선현이여. 진에가 청정하다면 나아가 5안이 청정하고, 5안이 청정하다
면 나아가서 진에가 청정하니라. 왜 그러한가? 이 진에와 5안이 청정하다
면, 무이이고 둘로 나눌 수 없으며 분별이 없고 단절도 없는 까닭이니라.
진에가 청정하다면 나아가 6신통이 청정하고 6신통이 청정하다면 나아가
서 진에가 청정하니라. 왜 그러한가? 이 진에와 6신통이 청정하다면,
무이이고 둘로 나눌 수 없으며 분별이 없고 단절도 없는 까닭이니라.

선현이여. 진에가 청정하다면 나아가서 여래의 10력이 청정하고, 여래
의 10력이 청정하다면 나아가서 진에가 청정하니라. 왜 그러한가? 이
진에와 여래의 10력이 청정하다면, 무이이고 둘로 나눌 수 없으며 분별이
없고 단절도 없는 까닭이니라. 진에가 청정하다면 나아가서 4무소외·4무

애해·대자·대비·대희·대사·18불불공법이 청정하고 4무소외, 나아가 18 불불공법이 청정하다면 나아가서 진에가 청정하니라. 왜 그러한가? 이 진에와 4무소외, 나아가 18불불공법이 청정하다면, 무이이고 둘로 나눌 수 없으며 분별이 없고 단절도 없는 까닭이니라.

선현이여. 진에가 청정하다면 나아가서 무망실법이 청정하고, 무망실 법이 청정하다면 나아가서 진에가 청정하니라. 왜 그러한가? 이 진에와 무망실법이 청정하다면, 무이이고 둘로 나눌 수 없으며 분별이 없고 단절도 없는 까닭이니라. 진에가 청정하다면 나아가서 항주사성이 청정 하고 항주사성이 청정하다면 나아가서 진에가 청정하니라. 왜 그러한가? 이 진에와 항주사성이 청정하다면, 무이이고 둘로 나눌 수 없으며 분별이 없고 단절도 없는 까닭이니라.

선현이여. 진에가 청정하다면 나아가서 일체지가 청정하고, 일체지가 청정하다면 나아가서 진에가 청정하니라. 왜 그러한가? 이 진에와 일체지 가 청정하다면, 무이이고 둘로 나눌 수 없으며 분별이 없고 단절도 없는 까닭이니라. 진에가 청정하다면 나아가서 도상지·일체상지가 청정하고 도상지·일체상지가 청정하다면 나아가서 진에가 청정하니라. 왜 그러한 가? 이 진에와 도상지·일체상지가 청정하다면, 무이이고 둘로 나눌 수 없으며 분별이 없고 단절도 없는 까닭이니라.

선현이여. 진에가 청정하다면 나아가서 일체의 다라니문이 청정하고, 일체의 다라니문이 청정하다면 나아가서 진에가 청정하니라. 왜 그러한 가? 이 진에와 일체의 다라니문이 청정하다면, 무이이고 둘로 나눌 수 없으며 분별이 없고 단절도 없는 까닭이니라. 진에가 청정하다면 나아가 서 일체의 삼마지문이 청정하고 일체의 삼마지문이 청정하다면 나아가서 진에가 청정하니라. 왜 그러한가? 이 진에와 일체의 삼마지문이 청정하다 면, 무이이고 둘로 나눌 수 없으며 분별이 없고 단절도 없는 까닭이니라.

선현이여. 진에가 청정하다면 나아가서 예류과가 청정하고, 예류과가 청정하다면 나아가서 진에가 청정하니라. 왜 그러한가? 이 진에와 예류과 가 청정하다면, 무이이고 둘로 나눌 수 없으며 분별이 없고 단절도 없는 까닭이니라. 진에가 청정하다면 나아가서 일래·불환·아라한과가 청정하고 일래·불환·아라한과가 청정하다면 나아가서 진에가 청정하니라. 왜 그러한가? 이 진에와 일래·불환·아라한과가 청정하다면, 무이이고 둘로 나눌 수 없으며 분별이 없고 단절도 없는 까닭이니라.

선현이여. 진에가 청정하다면 나아가서 독각의 보리가 청정하고, 독각의 보리가 청정하다면 나아가서 진에가 청정하니라. 왜 그러한가? 이 진에와 독각의 보리가 청정하다면, 무이이고 둘로 나눌 수 없으며 분별이 없고 단절도 없는 까닭이니라.

선현이여. 진에가 청정하다면 나아가서 일체의 보살마하살의 행이 청정하고, 일체의 보살마하살의 행이 청정하다면 나아가서 진에가 청정하니라. 왜 그러한가? 이 진에와 일체의 보살마하살의 행이 청정하다면, 무이이고 둘로 나눌 수 없으며 분별이 없고 단절도 없는 까닭이니라.

선현이여. 진에가 청정하다면 나아가서 제불의 무상정등보리가 청정하고, 제불의 무상정등보리가 청정하다면 나아가서 진에가 청정하니라. 왜 그러한가? 이 진에와 제불의 무상정등보리가 청정하다면, 무이이고 둘로 나눌 수 없으며 분별이 없고 단절도 없는 까닭이니라.”

“다시 다음으로 선현이여. 우치(愚癡)가 청정하다면 나아가서 색이 청정하고, 색이 청정하다면 나아가서 우치가 청정하니라. 왜 그러한가? 이 우치와 색이 청정하다면, 무이이고 둘로 나눌 수 없으며 분별이 없고 단절도 없는 까닭이니라. 우치가 청정하다면 나아가서 수·상·행·식이 청정하고, 수·상·행·식이 청정하다면 나아가서 우치가 청정하니라. 왜 그러한가? 이 우치와 수·상·행·식이 청정하다면, 무이이고 둘로 나눌 수 없으며 분별이 없고 단절도 없는 까닭이니라.

선현이여. 우치가 청정하다면 나아가서 안처가 청정하고, 안처가 청정하다면 나아가서 우치가 청정하니라. 왜 그러한가? 이 우치와 안처가 청정하다면, 무이이고 둘로 나눌 수 없으며 분별이 없고 단절도 없는 까닭이니라. 우치가 청정하다면 나아가서 이·비·설·신·의처가 청정하고,

이·비·설·신·의처가 청정하다면 나아가서 우치가 청정하니라. 왜 그러한가? 이 우치와 이·비·설·신·의처가 청정하다면, 무이이고 둘로 나눌 수 없으며 분별이 없고 단절도 없는 까닭이니라.

선현이여. 우치가 청정하다면 나아가서 색처가 청정하고, 색처가 청정하다면 나아가서 우치가 청정하니라. 왜 그러한가? 이 우치와 색처가 청정하다면, 무이이고 둘로 나눌 수 없으며 분별이 없고 단절도 없는 까닭이니라. 우치가 청정하다면 나아가서 성·향·미·촉·법처가 청정하고, 성·향·미·촉·법처가 청정하다면 나아가서 우치가 청정하니라. 왜 그러한가? 이 우치와 성·향·미·촉·법처가 청정하다면, 무이이고 둘로 나눌 수 없으며 분별이 없고 단절도 없는 까닭이니라.

선현이여. 우치가 청정하다면 나아가서 안계가 청정하고, 안계가 청정하다면 나아가서 우치가 청정하니라. 왜 그러한가? 이 우치와 안계가 청정하다면, 무이이고 둘로 나눌 수 없으며 분별이 없고 단절도 없는 까닭이니라. 우치가 청정하다면 나아가서 색계·안식계, 나아가 안촉·안촉을 인연으로 생겨난 여러 수가 청정하고, 색계, 나아가 안촉을 인연으로 생겨난 여러 수가 청정하다면 나아가서 우치가 청정하니라. 왜 그러한가? 이 우치와 색계, 나아가 안촉을 인연으로 생겨난 여러 수가 청정하다면, 무이이고 둘로 나눌 수 없으며 분별이 없고 단절도 없는 까닭이니라.

선현이여. 우치가 청정하다면 나아가서 이계가 청정하고, 이계가 청정하다면 나아가서 우치가 청정하니라. 왜 그러한가? 이 우치와 이계가 청정하다면, 무이이고 둘로 나눌 수 없으며 분별이 없고 단절도 없는 까닭이니라. 우치가 청정하다면 나아가서 성계·이식계, 나아가 이촉·이촉을 인연으로 생겨난 여러 수가 청정하고, 성계, 나아가 이촉을 인연으로 생겨난 여러 수가 청정하다면 나아가서 우치가 청정하니라. 왜 그러한가? 이 우치와 성계, 나아가 이촉을 인연으로 생겨난 여러 수가 청정하다면, 무이이고 둘로 나눌 수 없으며 분별이 없고 단절도 없는 까닭이니라.

선현이여. 우치가 청정하다면 나아가서 이계가 청정하고, 이계가 청정하다면 나아가서 우치가 청정하니라. 왜 그러한가? 이 우치와 이계가 청정하다면, 무이이고 둘로 나눌 수 없으며 분별이 없고 단절도 없는 까닭이니라. 우치가 청정하다면 나아가서 성계·이식계, 나아가 이촉·이촉을 인연으로 생겨난 여러 수가 청정하고, 성계, 나아가 이촉을 인연으로 생겨난 여러 수가 청정하다면 나아가서 우치가 청정하니라. 왜 그러한가? 이 우치와 성계, 나아가 이촉을 인연으로 생겨난 여러 수가 청정하다면, 무이이고 둘로 나눌 수 없으며 분별이 없고 단절도 없는 까닭이니라.

선현이여. 우치가 청정하다면 나아가서 비계가 청정하고, 비계가 청정하다면 나아가서 우치가 청정하니라. 왜 그러한가? 이 우치와 비계가 청정하다면, 무이이고 둘로 나눌 수 없으며 분별이 없고 단절도 없는 까닭이니라. 우치가 청정하다면 나아가서 향계·비식계, 나아가 비촉·비촉을 인연으로 생겨난 여러 수가 청정하고, 향계, 나아가 비촉을 인연으로 생겨난 여러 수가 청정하다면 나아가서 우치가 청정하니라. 왜 그러한가? 이 우치와 향계, 나아가 비촉을 인연으로 생겨난 여러 수가 청정하다면, 무이이고 둘로 나눌 수 없으며 분별이 없고 단절도 없는 까닭이니라.

선현이여. 우치가 청정하다면 나아가서 설계가 청정하고, 설계가 청정하다면 나아가서 우치가 청정하니라. 왜 그러한가? 이 우치와 설계가 청정하다면, 무이이고 둘로 나눌 수 없으며 분별이 없고 단절도 없는 까닭이니라. 우치가 청정하다면 나아가 미계·설식계, 나아가서 설촉·설촉을 인연으로 생겨난 여러 수가 청정하고, 미계, 나아가 설촉을 인연으로 생겨난 여러 수가 청정하다면 나아가서 우치가 청정하니라. 왜 그러한가? 이 우치와 미계, 나아가 설촉을 인연으로 생겨난 여러 수가 청정하다면, 무이이고 둘로 나눌 수 없으며 분별이 없고 단절도 없는 까닭이니라.

선현이여. 우치가 청정하다면 나아가서 신계가 청정하고, 신계가 청정하다면 나아가서 우치가 청정하니라. 왜 그러한가? 이 우치와 신계가 청정하다면, 무이이고 둘로 나눌 수 없으며 분별이 없고 단절도 없는 까닭이니라. 우치가 청정하다면 나아가서 촉계·신식계, 나아가 신촉·신촉을 인연으로 생겨난 여러 수가 청정하고, 촉계, 나아가 신촉을 인연으로 생겨난 여러 수가 청정하다면 나아가서 우치가 청정하니라. 왜 그러한가?

이 우치와 촉계, 나아가 신촉을 인연으로 생겨난 여러 수가 청정하다면, 무이이고 둘로 나눌 수 없으며 분별이 없고 단절도 없는 까닭이니라.

선현이여. 우치가 청정하다면 나아가서 의계가 청정하고, 의계가 청정하다면 나아가서 우치가 청정하니라. 왜 그러한가? 이 우치와 의계가 청정하다면, 무이이고 둘로 나눌 수 없으며 분별이 없고 단절도 없는 까닭이니라. 우치가 청정하다면 나아가서 법계·의식계, 나아가 의촉·의촉을 인연으로 생겨난 여러 수가 청정하고, 법계, 나아가 의촉을 인연으로 생겨난 여러 수가 청정하다면 나아가서 우치가 청정하니라. 왜 그러한가? 이 우치와 법계, 나아가 의촉을 인연으로 생겨난 여러 수가 청정하다면, 무이이고 둘로 나눌 수 없으며 분별이 없고 단절도 없는 까닭이니라.

선현이여. 우치가 청정하다면 나아가서 지계가 청정하고, 지계가 청정하다면 나아가서 우치가 청정하니라. 왜 그러한가? 이 우치와 지계가 청정하다면, 무이이고 둘로 나눌 수 없으며 분별이 없고 단절도 없는 까닭이니라. 우치가 청정하다면 나아가서 수·화·풍·공·식계가 청정하고, 수·화·풍·공·식계가 청정하다면 나아가서 우치가 청정하니라. 왜 그러한가? 이 우치와 수·화·풍·공·식계가 청정하다면, 무이이고 둘로 나눌 수 없으며 분별이 없고 단절도 없는 까닭이니라.

선현이여. 우치가 청정하다면 나아가서 무명이 청정하고, 무명이 청정하다면 나아가서 우치가 청정하니라. 왜 그러한가? 이 우치와 무명이 청정하다면, 무이이고 둘로 나눌 수 없으며 분별이 없고 단절도 없는 까닭이니라. 우치가 청정하다면 나아가서 행·식·명색·육처·촉·수·애·취·유·생·노사의 수탄고우뇌가 청정하고, 행, 나아가 노사의 수탄고우뇌가 청정하다면 나아가서 우치가 청정하니라. 왜 그러한가? 이 우치와 행, 나아가 노사의 수탄고우뇌가 청정하다면, 무이이고 둘로 나눌 수 없으며 분별이 없고 단절도 없는 까닭이니라.

선현이여. 우치가 청정하다면 나아가서 보시바라밀다가 청정하고, 보시바라밀다가 청정하다면 나아가서 우치가 청정하니라. 왜 그러한가? 이 우치와 보시바라밀다가 청정하다면, 무이이고 둘로 나눌 수 없으며

분별이 없고 단절도 없는 까닭이니라. 우치가 청정하다면 나아가서 정계·
안인·정진·정려·반야바라밀다가 청정하고, 정계, 나아가 반야바라밀다
가 청정하다면 나아가서 우치가 청정하니라. 왜 그러한가? 이 우치와
정계, 나아가 반야바라밀다가 청정하다면, 무이이고 둘로 나눌 수 없으며
분별이 없고 단절도 없는 까닭이니라.

　선현이여. 우치가 청정하다면 나아가서 내공이 청정하고, 내공이 청정
하다면 나아가서 우치가 청정하니라. 왜 그러한가? 이 우치와 내공이
청정하다면, 무이이고 둘로 나눌 수 없으며 분별이 없고 단절도 없는
까닭이니라. 우치가 청정하다면 나아가서 외공·내외공·공공·대공·승의
공·유위공·무위공·필경공·무제공·산공·무변이공·본성공·자상공·공
상공·일체법공·불가득공·무성공·자성공·무성자성공이 청정하고, 외공,
나아가 무성자성공이 청정하다면 나아가서 우치가 청정하니라. 왜 그러
한가? 이 우치와 외공, 나아가 무성자성공이 청정하다면, 무이이고 둘로
나눌 수 없으며 분별이 없고 단절도 없는 까닭이니라.

　선현이여. 우치가 청정하다면 나아가서 진여가 청정하고, 진여가 청정
하다면 나아가서 우치가 청정하니라. 왜 그러한가? 이 우치와 진여가
청정하다면, 무이이고 둘로 나눌 수 없으며 분별이 없고 단절도 없는
까닭이니라. 우치가 청정하다면 나아가서 법계·법성·불허망성·불변이
성·평등성·이생성·법정·법주·실제·허공계·부사의계가 청정하고 법계,
나아가 부사의계가 청정하다면 나아가서 우치가 청정하니라. 왜 그러한
가? 이 우치와 법계, 나아가 부사의계가 청정하다면, 무이이고 둘로
나눌 수 없으며 분별이 없고 단절도 없는 까닭이니라.

　선현이여. 우치가 청정하다면 나아가서 고성제가 청정하고, 고성제가
청정하다면 나아가서 우치가 청정하니라. 왜 그러한가? 이 우치와 고성제
가 청정하다면, 무이이고 둘로 나눌 수 없으며 분별이 없고 단절도 없는
까닭이니라. 우치가 청정하다면 나아가서 집·멸·도성제가 청정하고 집·
멸·도성제가 청정하다면 나아가서 우치가 청정하니라. 왜 그러한가?
이 우치와 집·멸·도성제가 청정하다면, 무이이고 둘로 나눌 수 없으며

분별이 없고 단절도 없는 까닭이니라.

선현이여. 우치가 청정하다면 나아가서 4정려가 청정하고, 4정려가 청정하다면 나아가서 우치가 청정하니라. 왜 그러한가? 이 우치와 4정려가 청정하다면, 무이이고 둘로 나눌 수 없으며 분별이 없고 단절도 없는 까닭이니라. 우치가 청정하다면 나아가서 4무량·4무색정이 청정하고 4무량·4무색정이 청정하다면 나아가서 우치가 청정하니라. 왜 그러한가? 이 우치와 4무량·4무색정이 청정하다면, 무이이고 둘로 나눌 수 없으며 분별이 없고 단절도 없는 까닭이니라.

선현이여. 우치가 청정하다면 나아가서 8해탈이 청정하고, 8해탈이 청정하다면 나아가서 우치가 청정하니라. 왜 그러한가? 이 우치와 8해탈이 청정하다면, 무이이고 둘로 나눌 수 없으며 분별이 없고 단절도 없는 까닭이니라. 우치가 청정하다면 나아가서 8승처·9차제정·10변처가 청정하고 8승처·9차제정·10변처가 청정하다면 나아가서 우치가 청정하니라. 왜 그러한가? 이 우치와 8승처·9차제정·10변처가 청정하다면, 무이이고 둘로 나눌 수 없으며 분별이 없고 단절도 없는 까닭이니라.

선현이여. 우치가 청정하다면 나아가서 4념주가 청정하고, 4념주가 청정하다면 나아가서 우치가 청정하니라. 왜 그러한가? 이 우치와 4념주가 청정하다면, 무이이고 둘로 나눌 수 없으며 분별이 없고 단절도 없는 까닭이니라. 우치가 청정하다면 나아가서 4정단·4신족·5근·5력·7등각지·8성도지가 청정하고 4정단, 나아가 8성도지가 청정하다면 나아가서 우치가 청정하니라. 왜 그러한가? 이 우치와 4정단, 나아가 8성도지가 청정하다면, 무이이고 둘로 나눌 수 없으며 분별이 없고 단절도 없는 까닭이니라.

선현이여. 우치가 청정하다면 나아가서 공해탈문이 청정하고, 공해탈문이 청정하다면 나아가서 우치가 청정하니라. 왜 그러한가? 이 우치와 공해탈문이 청정하다면, 무이이고 둘로 나눌 수 없으며 분별이 없고 단절도 없는 까닭이니라. 우치가 청정하다면 나아가서 무상·무원해탈문이 청정하고 무상·무원해탈문이 청정하다면 나아가서 우치가 청정하니

라. 왜 그러한가? 이 우치와 무상·무원해탈문이 청정하다면, 무이이고 둘로 나눌 수 없으며 분별이 없고 단절도 없는 까닭이니라.

선현이여. 우치가 청정하다면 나아가서 보살의 10지가 청정하고, 보살의 10지가 청정하다면 나아가서 우치가 청정하니라. 왜 그러한가? 이 우치와 보살의 10지가 청정하다면, 무이이고 둘로 나눌 수 없으며 분별이 없고 단절도 없는 까닭이니라.

선현이여. 우치가 청정하다면 나아가서 5안이 청정하고, 5안이 청정하다면 나아가서 우치가 청정하니라. 왜 그러한가? 이 우치와 5안이 청정하다면, 무이이고 둘로 나눌 수 없으며 분별이 없고 단절도 없는 까닭이니라. 우치가 청정하다면 나아가서 6신통이 청정하고 6신통이 청정하다면 나아가서 우치가 청정하니라. 왜 그러한가? 이 우치와 6신통이 청정하다면, 무이이고 둘로 나눌 수 없으며 분별이 없고 단절도 없는 까닭이니라.

선현이여. 우치가 청정하다면 나아가서 여래의 10력이 청정하고, 여래의 10력이 청정하다면 나아가서 우치가 청정하니라. 왜 그러한가? 이 우치와 여래의 10력이 청정하다면, 무이이고 둘로 나눌 수 없으며 분별이 없고 단절도 없는 까닭이니라. 우치가 청정하다면 나아가서 4무소외·4무애해·대자·대비·대희·대사·18불불공법이 청정하고 4무소외, 나아가 18불불공법이 청정하다면 나아가서 우치가 청정하니라. 왜 그러한가? 이 우치와 4무소외, 나아가 18불불공법이 청정하다면, 무이이고 둘로 나눌 수 없으며 분별이 없고 단절도 없는 까닭이니라.

선현이여. 우치가 청정하다면 나아가서 무망실법이 청정하고, 무망실법이 청정하다면 나아가서 우치가 청정하니라. 왜 그러한가? 이 우치와 무망실법이 청정하다면, 무이이고 둘로 나눌 수 없으며 분별이 없고 단절도 없는 까닭이니라. 우치가 청정하다면 나아가서 항주사성이 청정하고 항주사성이 청정하다면 나아가서 우치가 청정하니라. 왜 그러한가? 이 우치와 항주사성이 청정하다면, 무이이고 둘로 나눌 수 없으며 분별이 없고 단절도 없는 까닭이니라.

선현이여. 우치가 청정하다면 나아가서 일체지가 청정하고, 일체지가 청정하다면 나아가서 우치가 청정하니라. 왜 그러한가? 이 우치와 일체지가 청정하다면, 무이이고 둘로 나눌 수 없으며 분별이 없고 단절도 없는 까닭이니라. 우치가 청정하다면 나아가서 도상지·일체상지가 청정하고 도상지·일체상지가 청정하다면 나아가서 우치가 청정하니라. 왜 그러한가? 이 우치와 도상지·일체상지가 청정하다면, 무이이고 둘로 나눌 수 없으며 분별이 없고 단절도 없는 까닭이니라.

선현이여. 우치가 청정하다면 나아가서 일체의 다라니문이 청정하고, 일체의 다라니문이 청정하다면 나아가서 우치가 청정하니라. 왜 그러한가? 이 우치와 일체의 다라니문이 청정하다면, 무이이고 둘로 나눌 수 없으며 분별이 없고 단절도 없는 까닭이니라. 우치가 청정하다면 나아가서 일체의 삼마지문이 청정하고 일체의 삼마지문이 청정하다면 나아가서 우치가 청정하니라. 왜 그러한가? 이 우치와 일체의 삼마지문이 청정하다면, 무이이고 둘로 나눌 수 없으며 분별이 없고 단절도 없는 까닭이니라.

선현이여. 우치가 청정하다면 나아가서 예류과가 청정하고, 예류과가 청정하다면 나아가서 우치가 청정하니라. 왜 그러한가? 이 우치와 예류과가 청정하다면, 무이이고 둘로 나눌 수 없으며 분별이 없고 단절도 없는 까닭이니라. 우치가 청정하다면 나아가서 일래·불환·아라한과가 청정하고 일래·불환·아라한과가 청정하다면 나아가서 우치가 청정하니라. 왜 그러한가? 이 우치와 일래·불환·아라한과가 청정하다면, 무이이고 둘로 나눌 수 없으며 분별이 없고 단절도 없는 까닭이니라.

선현이여. 우치가 청정하다면 나아가서 독각의 보리가 청정하고, 독각의 보리가 청정하다면 나아가서 우치가 청정하니라. 왜 그러한가? 이 우치와 독각의 보리가 청정하다면, 무이이고 둘로 나눌 수 없으며 분별이 없고 단절도 없는 까닭이니라.

선현이여. 우치가 청정하다면 나아가서 일체의 보살마하살의 행이 청정하고, 일체의 보살마하살의 행이 청정하다면 나아가서 우치가 청정하니라. 왜 그러한가? 이 우치와 일체의 보살마하살의 행이 청정하다면, 무이이고 둘로 나눌 수 없으며 분별이 없고 단절도 없는 까닭이니라.

선현이여. 우치가 청정하다면 나아가서 제불의 무상정등보리가 청정하고, 제불의 무상정등보리가 청정하다면 나아가서 우치가 청정하니라. 왜 그러한가? 이 우치와 제불의 무상정등보리가 청정하다면, 무이이고 둘로 나눌 수 없으며 분별이 없고 단절도 없는 까닭이니라."

"다시 다음으로 선현이여. 탐욕이 청정한 까닭으로 색이 청정하고, 색이 청정한 까닭으로 일체지지가 청정하니라. 왜 그러한가? 만약 탐욕이 청정하거나, 만약 색이 청정하거나, 만약 일체지지가 청정하다면, 무이이고 둘로 나눌 수 없으며 분별이 없고 단절도 없는 까닭이니라. 탐욕이 청정한 까닭으로 수·상·행·식이 청정하고, 수·상·행·식이 청정한 까닭으로 일체지지가 청정하니라. 왜 그러한가? 만약 탐욕이 청정하거나, 만약 수·상·행·식이 청정하거나, 만약 일체지지가 청정하다면, 무이이고 둘로 나눌 수 없으며 분별이 없고 단절도 없는 까닭이니라.

선현이여. 탐욕이 청정한 까닭으로 안처가 청정하고, 안처가 청정한 까닭으로 일체지지가 청정하니라. 왜 그러한가? 만약 탐욕이 청정하거나, 만약 안처가 청정하거나, 만약 일체지지가 청정하다면, 무이이고 둘로 나눌 수 없으며 분별이 없고 단절도 없는 까닭이니라. 탐욕이 청정한 까닭으로 이·비·설·신·의처가 청정하고, 이·비·설·신·의처가 청정한 까닭으로 일체지지가 청정하니라. 왜 그러한가? 만약 탐욕이 청정하거나, 만약 이·비·설·신·의처가 청정하거나, 만약 일체지지가 청정하다면, 무이이고 둘로 나눌 수 없으며 분별이 없고 단절도 없는 까닭이니라.

선현이여. 탐욕이 청정한 까닭으로 색처가 청정하고, 색처가 청정한 까닭으로 일체지지가 청정하니라. 왜 그러한가? 만약 탐욕이 청정하거나, 만약 색처가 청정하거나, 만약 일체지지가 청정하다면, 무이이고 둘로 나눌 수 없으며 분별이 없고 단절도 없는 까닭이니라. 탐욕이 청정한 까닭으로 성·향·미·촉·법처가 청정하고, 성·향·미·촉·법처가 청정한 까닭으로 일체지지가 청정하니라. 왜 그러한가? 만약 탐욕이 청정하거나, 만약 성·향·미·촉·법처가 청정하거나, 만약 일체지지가 청정하다면, 무이

이고 둘로 나눌 수 없으며 분별이 없고 단절도 없는 까닭이니라.

선현이여. 탐욕이 청정한 까닭으로 안계가 청정하고, 안계가 청정한 까닭으로 일체지지가 청정하니라. 왜 그러한가? 만약 탐욕이 청정하거나, 만약 안계가 청정하거나, 만약 일체지지가 청정하다면, 무이이고 둘로 나눌 수 없으며 분별이 없고 단절도 없는 까닭이니라. 탐욕이 청정한 까닭으로 색계·안식계, 나아가 안촉·안촉을 인연으로 생겨난 여러 수가 청정하고, 색계, 나아가 안촉을 인연으로 생겨난 여러 수가 청정한 까닭으로 일체지지가 청정하니라. 왜 그러한가? 만약 탐욕이 청정하거나, 만약 색계, 나아가 안촉을 인연으로 생겨난 여러 수가 청정하거나, 만약 일체지지가 청정하다면, 무이이고 둘로 나눌 수 없으며 분별이 없고 단절도 없는 까닭이니라.

선현이여. 탐욕이 청정한 까닭으로 이계가 청정하고, 이계가 청정한 까닭으로 일체지지가 청정하니라. 왜 그러한가? 만약 탐욕이 청정하거나, 만약 이계가 청정하거나, 만약 일체지지가 청정하다면, 무이이고 둘로 나눌 수 없으며 분별이 없고 단절도 없는 까닭이니라. 탐욕이 청정한 까닭으로 성계·이식계, 나아가 이촉·이촉을 인연으로 생겨난 여러 수가 청정하고, 성계, 나아가 이촉을 인연으로 생겨난 여러 수가 청정한 까닭으로 일체지지가 청정하니라. 왜 그러한가? 만약 탐욕이 청정하거나, 만약 성계, 나아가 이촉을 인연으로 생겨난 여러 수가 청정하거나, 만약 일체지지가 청정하다면, 무이이고 둘로 나눌 수 없으며 분별이 없고 단절도 없는 까닭이니라.

선현이여. 탐욕이 청정한 까닭으로 비계가 청정하고, 비계가 청정한 까닭으로 일체지지가 청정하니라. 왜 그러한가? 만약 탐욕이 청정하거나, 만약 비계가 청정하거나, 만약 일체지지가 청정하다면, 무이이고 둘로 나눌 수 없으며 분별이 없고 단절도 없는 까닭이니라. 탐욕이 청정한 까닭으로 향계·비식계, 나아가 비촉·비촉을 인연으로 생겨난 여러 수가 청정하고, 향계, 나아가 비촉을 인연으로 생겨난 여러 수가 청정한 까닭으로 일체지지가 청정하니라. 왜 그러한가? 만약 탐욕이 청정하거나, 만약

향계, 나아가 비촉을 인연으로 생겨난 여러 수가 청정하거나, 만약 일체지지가 청정하다면, 무이이고 둘로 나눌 수 없으며 분별이 없고 단절도 없는 까닭이니라.

선현이여. 탐욕이 청정한 까닭으로 설계가 청정하고, 설계가 청정한 까닭으로 일체지지가 청정하니라. 왜 그러한가? 만약 탐욕이 청정하거나, 만약 설계가 청정하거나, 만약 일체지지가 청정하다면, 무이이고 둘로 나눌 수 없으며 분별이 없고 단절도 없는 까닭이니라. 탐욕이 청정한 까닭으로 미계·설식계, 나아가 설촉·설촉을 인연으로 생겨난 여러 수가 청정하고, 미계, 나아가 설촉을 인연으로 생겨난 여러 수가 청정한 까닭으로 일체지지가 청정하니라. 왜 그러한가? 만약 탐욕이 청정하거나, 만약 미계, 나아가 설촉을 인연으로 생겨난 여러 수가 청정하거나, 만약 일체지지가 청정하다면, 무이이고 둘로 나눌 수 없으며 분별이 없고 단절도 없는 까닭이니라.

선현이여. 탐욕이 청정한 까닭으로 신계가 청정하고, 신계가 청정한 까닭으로 일체지지가 청정하니라. 왜 그러한가? 만약 탐욕이 청정하거나, 만약 신계가 청정하거나, 만약 일체지지가 청정하다면, 무이이고 둘로 나눌 수 없으며 분별이 없고 단절도 없는 까닭이니라. 탐욕이 청정한 까닭으로 촉계·신식계, 나아가 신촉·신촉을 인연으로 생겨난 여러 수가 청정하고, 촉계, 나아가 신촉을 인연으로 생겨난 여러 수가 청정한 까닭으로 일체지지가 청정하니라. 왜 그러한가? 만약 탐욕이 청정하거나, 만약 촉계, 나아가 신촉을 인연으로 생겨난 여러 수가 청정하거나, 만약 일체지지가 청정하다면, 무이이고 둘로 나눌 수 없으며 분별이 없고 단절도 없는 까닭이니라.

선현이여. 탐욕이 청정한 까닭으로 의계가 청정하고, 의계가 청정한 까닭으로 일체지지가 청정하니라. 왜 그러한가? 만약 탐욕이 청정하거나, 만약 의계가 청정하거나, 만약 일체지지가 청정하다면, 무이이고 둘로 나눌 수 없으며 분별이 없고 단절도 없는 까닭이니라. 탐욕이 청정한 까닭으로 법계·의식계, 나아가 의촉·의촉을 인연으로 생겨난 여러 수가 청정하고, 법계, 나아가 의촉을 인연으로 생겨난 여러 수가 청정한 까닭으로 일체지지가 청정하니라. 왜 그러한가? 만약 탐욕이 청정하거나, 만약 법계, 나아가 의촉을 인연으로 생겨난 여러 수가 청정하거나, 만약 일체지지가 청정하다면, 무이이고 둘로 나눌 수 없으며 분별이 없고 단절도 없는 까닭이니라.

선현이여. 탐욕이 청정한 까닭으로 지계가 청정하고, 지계가 청정한 까닭으로 일체지지가 청정하니라. 왜 그러한가? 만약 탐욕이 청정하거나, 만약 지계가 청정하거나, 만약 일체지지가 청정하다면, 무이이고 둘로 나눌 수 없으며 분별이 없고 단절도 없는 까닭이니라. 탐욕이 청정한 까닭으로 수·화·풍·공·식계가 청정하고, 수·화·풍·공·식계가 청정한 까닭으로 일체지지가 청정하니라. 왜 그러한가? 만약 탐욕이 청정하거나, 만약 수·화·풍·공·식계가 청정하거나, 만약 일체지지가 청정하다면, 무이이고 둘로 나눌 수 없으며 분별이 없고 단절도 없는 까닭이니라.

선현이여. 탐욕이 청정한 까닭으로 무명이 청정하고, 무명이 청정한 까닭으로 일체지지가 청정하니라. 왜 그러한가? 만약 탐욕이 청정하거나, 만약 무명이 청정하거나, 만약 일체지지가 청정하다면, 무이이고 둘로 나눌 수 없으며 분별이 없고 단절도 없는 까닭이니라. 탐욕이 청정한 까닭으로 행·식·명색·육처·촉·수·애·취·유·생·노사의 수탄고우뇌가 청정하고, 행, 나아가 노사의 수탄고우뇌가 청정한 까닭으로 일체지지가 청정하니라. 왜 그러한가? 만약 탐욕이 청정하거나, 만약 행, 나아가 노사의 수탄고우뇌가 청정하거나, 만약 일체지지가 청정하다면, 무이이고 둘로 나눌 수 없으며 분별이 없고 단절도 없는 까닭이니라.

선현이여. 탐욕이 청정한 까닭으로 보시바라밀다가 청정하고, 보시바라밀다가 청정한 까닭으로 일체지지가 청정하니라. 왜 그러한가? 만약 탐욕이 청정하거나, 만약 보시바라밀다가 청정하거나, 만약 일체지지가 청정하다면, 무이이고 둘로 나눌 수 없으며 분별이 없고 단절도 없는 까닭이니라. 탐욕이 청정한 까닭으로 정계·안인·정진·정려·반야바라밀다가 청정하고, 정계, 나아가 반야바라밀다가 청정한 까닭으로 일체지지가 청정하니라. 왜 그러한가? 만약 탐욕이 청정하거나, 만약 정계, 나아가 반야바라밀다가 청정하거나, 만약 일체지지가 청정하다면, 무이이고 둘로 나눌 수 없으며 분별이 없고 단절도 없는 까닭이니라.

선현이여. 탐욕이 청정한 까닭으로 내공이 청정하고, 내공이 청정한 까닭으로 일체지지가 청정하니라. 왜 그러한가? 만약 탐욕이 청정하거나, 만약 내공이 청정하거나, 만약 일체지지가 청정하다면, 무이이고 둘로 나눌 수 없으며 분별이 없고 단절도 없는 까닭이니라. 탐욕이 청정한 까닭으로 외공·내외공·공공·대공·승의공·유위공·무위공·필경공·무제공·산공·무변이공·본성공·자상공·공상공·일체법공·불가득공·무성공·자성공·무성자성공이 청정하고, 외공, 나아가 무성자성공이 청정한 까닭으로 일체지지가 청정하니라. 왜 그러한가? 만약 탐욕이 청정하거나, 만약 외공, 나아가 무성자성공이 청정하거나, 만약 일체지지가 청정하다면, 무이이고 둘로 나눌 수 없으며 분별이 없고 단절도 없는 까닭이니라.

선현이여. 탐욕이 청정한 까닭으로 진여가 청정하고, 진여가 청정한 까닭으로 일체지지가 청정하니라. 왜 그러한가? 만약 탐욕이 청정하거나, 만약 진여가 청정하거나, 만약 일체지지가 청정하다면, 무이이고 둘로 나눌 수 없으며 분별이 없고 단절도 없는 까닭이니라. 탐욕이 청정한 까닭으로 법계·법성·불허망성·불변이성·평등성·이생성·법정·법주·실제·허공계·부사의계가 청정하고 법계, 나아가 부사의계가 청정한 까닭으로 일체지지가 청정하니라. 왜 그러한가? 만약 탐욕이 청정하거나, 만약 법계, 나아가 부사의계가 청정하거나, 만약 일체지지가 청정하다면, 무이이고 둘로 나눌 수 없으며 분별이 없고 단절도 없는 까닭이니라.

선현이여. 탐욕이 청정한 까닭으로 고성제가 청정하고, 고성제가 청정한 까닭으로 일체지지가 청정하니라. 왜 그러한가? 만약 탐욕이 청정하거나, 만약 고성제가 청정하거나, 만약 일체지지가 청정하다면, 무이이고 둘로 나눌 수 없으며 분별이 없고 단절도 없는 까닭이니라. 탐욕이 청정한 까닭으로 집·멸·도성제가 청정하고, 집·멸·도성제가 청정한 까닭으로 일체지지가 청정하니라. 왜 그러한가? 만약 탐욕이 청정하거나, 만약 집·멸·도성제가 청정하거나, 만약 일체지지가 청정하다면, 무이이고 둘로 나눌 수 없으며 분별이 없고 단절도 없는 까닭이니라.

선현이여. 탐욕이 청정한 까닭으로 4정려가 청정하고, 4정려가 청정한 까닭으로 일체지지가 청정하니라. 왜 그러한가? 만약 탐욕이 청정하거나, 만약 4정려가 청정하거나, 만약 일체지지가 청정하다면, 무이이고 둘로 나눌 수 없으며 분별이 없고 단절도 없는 까닭이니라. 탐욕이 청정한 까닭으로 4무량·4무색정이 청정하고, 4무량·4무색정이 청정한 까닭으로 일체지지가 청정하니라. 왜 그러한가? 만약 탐욕이 청정하거나, 만약 4무량·4무색정이 청정하거나, 만약 일체지지가 청정하다면, 무이이고 둘로 나눌 수 없으며 분별이 없고 단절도 없는 까닭이니라.

선현이여. 탐욕이 청정한 까닭으로 8해탈이 청정하고, 8해탈이 청정한 까닭으로 일체지지가 청정하니라. 왜 그러한가? 만약 탐욕이 청정하거나, 만약 8해탈이 청정하거나, 만약 일체지지가 청정하다면, 무이이고 둘로 나눌 수 없으며 분별이 없고 단절도 없는 까닭이니라. 탐욕이 청정한 까닭으로 8승처·9차제정·10변처가 청정하고, 8승처·9차제정·10변처가 청정한 까닭으로 일체지지가 청정하니라. 왜 그러한가? 만약 탐욕이 청정하거나, 만약 8승처·9차제정·10변처가 청정하거나, 만약 일체지지가 청정하다면, 무이이고 둘로 나눌 수 없으며 분별이 없고 단절도 없는 까닭이니라.

선현이여. 탐욕이 청정한 까닭으로 4념주가 청정하고, 4념주가 청정한 까닭으로 일체지지가 청정하니라. 왜 그러한가? 만약 탐욕이 청정하거나, 만약 4념주가 청정하거나, 만약 일체지지가 청정하다면, 무이이고 둘로 나눌 수 없으며 분별이 없고 단절도 없는 까닭이니라. 탐욕이 청정한 까닭으로 4정단·4신족·5근·5력·7등각지·8성도지가 청정하고, 4정단, 나아가 8성도지가 청정한 까닭으로 일체지지가 청정하니라. 왜 그러한가? 만약 탐욕이 청정하거나, 만약 4정단, 나아가 8성도지가 청정하거나, 만약 일체지지가 청정하다면, 무이이고 둘로 나눌 수 없으며 분별이 없고 단절도 없는 까닭이니라.

선현이여. 탐욕이 청정한 까닭으로 공해탈문이 청정하고, 공해탈문이 청정한 까닭으로 일체지지가 청정하니라. 왜 그러한가? 만약 탐욕이 청정하거나, 만약 공해탈문이 청정하거나, 만약 일체지지가 청정하다면, 무이이고 둘로 나눌 수 없으며 분별이 없고 단절도 없는 까닭이니라. 탐욕이 청정한 까닭으로 무상·무원해탈문이 청정하고, 무상·무원해탈문이 청정한 까닭으로 일체지지가 청정하니라. 왜 그러한가? 만약 탐욕이 청정하거나, 만약 무상·무원해탈문이 청정하거나, 만약 일체지지가 청정하다면, 무이이고 둘로 나눌 수 없으며 분별이 없고 단절도 없는 까닭이니라.

선현이여. 탐욕이 청정한 까닭으로 보살의 10지가 청정하고, 보살의 10지가 청정한 까닭으로 일체지지가 청정하니라. 왜 그러한가? 만약 탐욕이 청정하거나, 만약 보살의 10지가 청정하거나, 만약 일체지지가 청정하다면, 무이이고 둘로 나눌 수 없으며 분별이 없고 단절도 없는 까닭이니라."

마하반야바라밀다경 제203권

34. 난신해품(難信解品)(22)

"선현이여. 탐욕이 청정한 까닭으로 5안이 청정하고, 5안이 청정한 까닭으로 일체지지가 청정하니라. 왜 그러한가? 만약 탐욕이 청정하거나, 만약 5안이 청정하거나, 만약 일체지지가 청정하다면, 무이이고 둘로 나눌 수 없으며 분별이 없고 단절도 없는 까닭이니라. 탐욕이 청정한 까닭으로 6신통이 청정하고, 6신통이 청정한 까닭으로 일체지지가 청정하니라. 왜 그러한가? 만약 탐욕이 청정하거나, 만약 6신통이 청정하거나, 만약 일체지지가 청정하다면, 무이이고 둘로 나눌 수 없으며 분별이 없고 단절도 없는 까닭이니라.

선현이여. 탐욕이 청정한 까닭으로 여래의 10력이 청정하고, 여래의 10력이 청정한 까닭으로 일체지지가 청정하니라. 왜 그러한가? 만약 탐욕이 청정하거나, 만약 여래의 10력이 청정하거나, 만약 일체지지가 청정하다면, 무이이고 둘로 나눌 수 없으며 분별이 없고 단절도 없는 까닭이니라. 탐욕이 청정한 까닭으로 4무소외·4무애해·대자·대비·대희·대사·18불불공법이 청정하고, 4무소외, 나아가 18불불공법이 청정한 까닭으로 일체지지가 청정하니라. 왜 그러한가? 만약 탐욕이 청정하거나, 만약 4무소외, 나아가 18불불공법이 청정하거나, 만약 일체지지가 청정하다면, 무이이고 둘로 나눌 수 없으며 분별이 없고 단절도 없는 까닭이니라.

선현이여. 탐욕이 청정한 까닭으로 무망실법이 청정하고, 무망실법이 청정한 까닭으로 일체지지가 청정하니라. 왜 그러한가? 만약 탐욕이 청정하거나, 만약 무망실법이 청정하거나, 만약 일체지지가 청정하다면, 무이이고 둘로 나눌 수 없으며 분별이 없고 단절도 없는 까닭이니라. 탐욕이 청정한 까닭으로 항주사성이 청정하고, 항주사성이 청정한 까닭으로 일체지지가 청정하니라. 왜 그러한가? 만약 탐욕이 청정하거나, 만약 항주사성이 청정하거나, 만약 일체지지가 청정하다면, 무이이고 둘로 나눌 수 없으며 분별이 없고 단절도 없는 까닭이니라.

선현이여. 탐욕이 청정한 까닭으로 일체지가 청정하고, 일체지가 청정한 까닭으로 일체지지가 청정하니라. 왜 그러한가? 만약 탐욕이 청정하거나, 만약 일체지가 청정하거나, 만약 일체지지가 청정하다면, 무이이고 둘로 나눌 수 없으며 분별이 없고 단절도 없는 까닭이니라. 탐욕이 청정한 까닭으로 도상지·일체상지가 청정하고, 도상지·일체상지가 청정한 까닭으로 일체지지가 청정하니라. 왜 그러한가? 만약 탐욕이 청정하거나, 만약 도상지·일체상지가 청정하거나, 만약 일체지지가 청정하다면, 무이이고 둘로 나눌 수 없으며 분별이 없고 단절도 없는 까닭이니라.

선현이여. 탐욕이 청정한 까닭으로 일체의 다라니문이 청정하고, 일체의 다라니문이 청정한 까닭으로 일체지지가 청정하니라. 왜 그러한가? 만약 탐욕이 청정하거나, 만약 일체의 다라니문이 청정하거나, 만약 일체지지가 청정하다면, 무이이고 둘로 나눌 수 없으며 분별이 없고 단절도 없는 까닭이니라. 탐욕이 청정한 까닭으로 일체의 삼마지문이 청정하고, 일체의 삼마지문이 청정한 까닭으로 일체지지가 청정하니라. 왜 그러한가? 만약 탐욕이 청정하거나, 만약 일체의 삼마지문이 청정하거나, 만약 일체지지가 청정하다면, 무이이고 둘로 나눌 수 없으며 분별이 없고 단절도 없는 까닭이니라.

선현이여. 탐욕이 청정한 까닭으로 예류과가 청정하고, 예류과가 청정한 까닭으로 일체지지가 청정하니라. 왜 그러한가? 만약 탐욕이 청정하거나, 만약 예류과가 청정하거나, 만약 일체지지가 청정하다면, 무이이고 둘로 나눌 수 없으며 분별이 없고 단절도 없는 까닭이니라. 탐욕이 청정한 까닭으로 일래·불환·아라한과가 청정하고, 일래·불환·아라한과가 청정한 까닭으로 일체지지가 청정하니라. 왜 그러한가? 만약 탐욕이 청정하거나, 만약 일래·불환·아라한과가 청정하거나, 만약 일체지지가 청정하다면, 무이이고 둘로 나눌 수 없으며 분별이 없고 단절도 없는 까닭이니라.

선현이여. 탐욕이 청정한 까닭으로 독각의 보리가 청정하고, 독각의 보리가 청정한 까닭으로 일체지지가 청정하니라. 왜 그러한가? 만약 탐욕이 청정하거나, 만약 독각의 보리가 청정하거나, 만약 일체지지가 청정하다면, 무이이고 둘로 나눌 수 없으며 분별이 없고 단절도 없는 까닭이니라.

선현이여. 탐욕이 청정한 까닭으로 일체의 보살마하살의 행이 청정하고, 일체의 보살마하살의 행이 청정한 까닭으로 일체지지가 청정하니라. 왜 그러한가? 만약 탐욕이 청정하거나, 만약 일체의 보살마하살의 행이 청정하거나, 만약 일체지지가 청정하다면, 무이이고 둘로 나눌 수 없으며 분별이 없고 단절도 없는 까닭이니라.

선현이여. 탐욕이 청정한 까닭으로 제불의 무상정등보리가 청정하고, 제불의 무상정등보리가 청정한 까닭으로 일체지지가 청정하니라. 왜 그러한가? 만약 탐욕이 청정하거나, 만약 제불의 무상정등보리가 청정하거나, 만약 일체지지가 청정하다면, 무이이고 둘로 나눌 수 없으며 분별이 없고 단절도 없는 까닭이니라."

"다시 다음으로 선현이여. 진에가 청정한 까닭으로 색이 청정하고, 색이 청정한 까닭으로 일체지지가 청정하니라. 왜 그러한가? 만약 진에가 청정하거나, 만약 색이 청정하거나, 만약 일체지지가 청정하다면, 무이이고 둘로 나눌 수 없으며 분별이 없고 단절도 없는 까닭이니라. 진에가 청정한 까닭으로 수·상·행·식이 청정하고, 수·상·행·식이 청정한 까닭으로 일체지지가 청정하니라. 왜 그러한가? 만약 진에가 청정하거나, 만약 수·상·행·식이 청정하거나, 만약 일체지지가 청정하다면, 무이이고 둘로 나눌 수 없으며 분별이 없고 단절도 없는 까닭이니라.

선현이여. 진에가 청정한 까닭으로 안처가 청정하고, 안처가 청정한

까닭으로 일체지지가 청정하니라. 왜 그러한가? 만약 진에가 청정하거나,
만약 안처가 청정하거나, 만약 일체지지가 청정하다면, 무이이고 둘로
나눌 수 없으며 분별이 없고 단절도 없는 까닭이니라. 진에가 청정한
까닭으로 이·비·설·신·의처가 청정하고, 이·비·설·신·의처가 청정한 까
닭으로 일체지지가 청정하니라. 왜 그러한가? 만약 진에가 청정하거나,
만약 이·비·설·신·의처가 청정하거나, 만약 일체지지가 청정하다면, 무이
이고 둘로 나눌 수 없으며 분별이 없고 단절도 없는 까닭이니라.

　선현이여. 진에가 청정한 까닭으로 색처가 청정하고, 색처가 청정한
까닭으로 일체지지가 청정하니라. 왜 그러한가? 만약 진에가 청정하거나,
만약 색처가 청정하거나, 만약 일체지지가 청정하다면, 무이이고 둘로
나눌 수 없으며 분별이 없고 단절도 없는 까닭이니라. 진에가 청정한
까닭으로 성·향·미·촉·법처가 청정하고, 성·향·미·촉·법처가 청정한 까
닭으로 일체지지가 청정하니라. 왜 그러한가? 만약 진에가 청정하거나,
만약 성·향·미·촉·법처가 청정하거나, 만약 일체지지가 청정하다면, 무이
이고 둘로 나눌 수 없으며 분별이 없고 단절도 없는 까닭이니라.

　선현이여. 진에가 청정한 까닭으로 안계가 청정하고, 안계가 청정한
까닭으로 일체지지가 청정하니라. 왜 그러한가? 만약 진에가 청정하거나,
만약 안계가 청정하거나, 만약 일체지지가 청정하다면, 무이이고 둘로
나눌 수 없으며 분별이 없고 단절도 없는 까닭이니라. 진에가 청정한
까닭으로 색계·안식계, 나아가 안촉·안촉을 인연으로 생겨난 여러 수가
청정하고, 색계, 나아가 안촉을 인연으로 생겨난 여러 수가 청정한 까닭으
로 일체지지가 청정하니라. 왜 그러한가? 만약 진에가 청정하거나, 만약
색계, 나아가 안촉을 인연으로 생겨난 여러 수가 청정하거나, 만약 일체지
지가 청정하다면, 무이이고 둘로 나눌 수 없으며 분별이 없고 단절도
없는 까닭이니라.

　선현이여. 진에가 청정한 까닭으로 이계가 청정하고, 이계가 청정한
까닭으로 일체지지가 청정하니라. 왜 그러한가? 만약 진에가 청정하거나,
만약 이계가 청정하거나, 만약 일체지지가 청정하다면, 무이이고 둘로

나눌 수 없으며 분별이 없고 단절도 없는 까닭이니라. 진에가 청정한
까닭으로 성계·이식계, 나아가 이촉·이촉을 인연으로 생겨난 여러 수가
청정하고, 성계, 나아가 이촉을 인연으로 생겨난 여러 수가 청정한 까닭으
로 일체지지가 청정하니라. 왜 그러한가? 만약 진에가 청정하거나, 만약
성계, 나아가 이촉을 인연으로 생겨난 여러 수가 청정하거나, 만약 일체지
지가 청정하다면, 무이이고 둘로 나눌 수 없으며 분별이 없고 단절도
없는 까닭이니라.

선현이여. 진에가 청정한 까닭으로 비계가 청정하고, 비계가 청정한
까닭으로 일체지지가 청정하니라. 왜 그러한가? 만약 진에가 청정하거나,
만약 비계가 청정하거나, 만약 일체지지가 청정하다면, 무이이고 둘로
나눌 수 없으며 분별이 없고 단절도 없는 까닭이니라. 진에가 청정한
까닭으로 향계·비식계, 나아가 비촉·비촉을 인연으로 생겨난 여러 수가
청정하고, 향계, 나아가 비촉을 인연으로 생겨난 여러 수가 청정한 까닭으
로 일체지지가 청정하니라. 왜 그러한가? 만약 진에가 청정하거나, 만약
향계, 나아가 비촉을 인연으로 생겨난 여러 수가 청정하거나, 만약 일체지
지가 청정하다면, 무이이고 둘로 나눌 수 없으며 분별이 없고 단절도
없는 까닭이니라.

선현이여. 진에가 청정한 까닭으로 설계가 청정하고, 설계가 청정한
까닭으로 일체지지가 청정하니라. 왜 그러한가? 만약 진에가 청정하거나,
만약 설계가 청정하거나, 만약 일체지지가 청정하다면, 무이이고 둘로
나눌 수 없으며 분별이 없고 단절도 없는 까닭이니라. 진에가 청정한
까닭으로 미계·설식계, 나아가 설촉·설촉을 인연으로 생겨난 여러 수가
청정하고, 미계, 나아가 설촉을 인연으로 생겨난 여러 수가 청정한 까닭으
로 일체지지가 청정하니라. 왜 그러한가? 만약 진에가 청정하거나, 만약
미계, 나아가 설촉을 인연으로 생겨난 여러 수가 청정하거나, 만약 일체지
지가 청정하다면, 무이이고 둘로 나눌 수 없으며 분별이 없고 단절도
없는 까닭이니라.

선현이여. 진에가 청정한 까닭으로 신계가 청정하고, 신계가 청정한

까닭으로 일체지지가 청정하니라. 왜 그러한가? 만약 진에가 청정하거나, 만약 신계가 청정하거나, 만약 일체지지가 청정하다면, 무이이고 둘로 나눌 수 없으며 분별이 없고 단절도 없는 까닭이니라. 진에가 청정한 까닭으로 촉계·신식계, 나아가 신촉·신촉을 인연으로 생겨난 여러 수가 청정하고, 촉계, 나아가 신촉을 인연으로 생겨난 여러 수가 청정한 까닭으로 일체지지가 청정하니라. 왜 그러한가? 만약 진에가 청정하거나, 만약 촉계, 나아가 신촉을 인연으로 생겨난 여러 수가 청정하거나, 만약 일체지지가 청정하다면, 무이이고 둘로 나눌 수 없으며 분별이 없고 단절도 없는 까닭이니라.

선현이여. 진에가 청정한 까닭으로 의계가 청정하고, 의계가 청정한 까닭으로 일체지지가 청정하니라. 왜 그러한가? 만약 진에가 청정하거나, 만약 의계가 청정하거나, 만약 일체지지가 청정하다면, 무이이고 둘로 나눌 수 없으며 분별이 없고 단절도 없는 까닭이니라. 진에가 청정한 까닭으로 법계·의식계, 나아가 의촉·의촉을 인연으로 생겨난 여러 수가 청정하고, 법계, 나아가 의촉을 인연으로 생겨난 여러 수가 청정한 까닭으로 일체지지가 청정하니라. 왜 그러한가? 만약 진에가 청정하거나, 만약 법계, 나아가 의촉을 인연으로 생겨난 여러 수가 청정하거나, 만약 일체지지가 청정하다면, 무이이고 둘로 나눌 수 없으며 분별이 없고 단절도 없는 까닭이니라.

선현이여. 진에가 청정한 까닭으로 지계가 청정하고, 지계가 청정한 까닭으로 일체지지가 청정하니라. 왜 그러한가? 만약 진에가 청정하거나, 만약 지계가 청정하거나, 만약 일체지지가 청정하다면, 무이이고 둘로 나눌 수 없으며 분별이 없고 단절도 없는 까닭이니라. 진에가 청정한 까닭으로 수·화·풍·공·식계가 청정하고, 수·화·풍·공·식계가 청정한 까닭으로 일체지지가 청정하니라. 왜 그러한가? 만약 진에가 청정하거나, 만약 수·화·풍·공·식계가 청정하거나, 만약 일체지지가 청정하다면, 무이이고 둘로 나눌 수 없으며 분별이 없고 단절도 없는 까닭이니라.

선현이여. 진에가 청정한 까닭으로 무명이 청정하고, 무명이 청정한 까닭으로 일체지지가 청정하니라. 왜 그러한가? 만약 진에가 청정하거나, 만약 무명이 청정하거나, 만약 일체지지가 청정하다면, 무이이고 둘로 나눌 수 없으며 분별이 없고 단절도 없는 까닭이니라. 진에가 청정한 까닭으로 행·식·명색·육처·촉·수·애·취·유·생·노사의 수탄고우뇌가 청정하고, 행, 나아가 노사의 수탄고우뇌가 청정한 까닭으로 일체지지가 청정하니라. 왜 그러한가? 만약 진에가 청정하거나, 만약 행, 나아가 노사의 수탄고우뇌가 청정하거나, 만약 일체지지가 청정하다면, 무이이고 둘로 나눌 수 없으며 분별이 없고 단절도 없는 까닭이니라.

선현이여. 진에가 청정한 까닭으로 보시바라밀다가 청정하고, 보시바라밀다가 청정한 까닭으로 일체지지가 청정하니라. 왜 그러한가? 만약 진에가 청정하거나, 만약 보시바라밀다가 청정하거나, 만약 일체지지가 청정하다면, 무이이고 둘로 나눌 수 없으며 분별이 없고 단절도 없는 까닭이니라. 진에가 청정한 까닭으로 정계·안인·정진·정려·반야바라밀다가 청정하고, 정계, 나아가 반야바라밀다가 청정한 까닭으로 일체지지가 청정하니라. 왜 그러한가? 만약 진에가 청정하거나, 만약 정계, 나아가 반야바라밀다가 청정하거나, 만약 일체지지가 청정하다면, 무이이고 둘로 나눌 수 없으며 분별이 없고 단절도 없는 까닭이니라.

선현이여. 진에가 청정한 까닭으로 내공이 청정하고, 내공이 청정한 까닭으로 일체지지가 청정하니라. 왜 그러한가? 만약 진에가 청정하거나, 만약 내공이 청정하거나, 만약 일체지지가 청정하다면, 무이이고 둘로 나눌 수 없으며 분별이 없고 단절도 없는 까닭이니라. 진에가 청정한 까닭으로 외공·내외공·공공·대공·승의공·유위공·무위공·필경공·무제공·산공·무변이공·본성공·자상공·공상공·일체법공·불가득공·무성공·자성공·무성자성공이 청정하고, 외공, 나아가 무성자성공이 청정한 까닭으로 일체지지가 청정하니라. 왜 그러한가? 만약 진에가 청정하거나, 만약 외공, 나아가 무성자성공이 청정하거나, 만약 일체지지가 청정하다면, 무이이고 둘로 나눌 수 없으며 분별이 없고 단절도 없는 까닭이니라.

선현이여. 진에가 청정한 까닭으로 진여가 청정하고, 진여가 청정한

까닭으로 일체지지가 청정하니라. 왜 그러한가? 만약 진에가 청정하거나,
만약 진여가 청정하거나, 만약 일체지지가 청정하다면, 무이이고 둘로
나눌 수 없으며 분별이 없고 단절도 없는 까닭이니라. 진에가 청정한
까닭으로 법계·법성·불허망성·불변이성·평등성·이생성·법정·법주·실
제·허공계·부사의계가 청정하고 법계, 나아가 부사의계가 청정한 까닭으
로 일체지지가 청정하니라. 왜 그러한가? 만약 진에가 청정하거나, 만약
법계, 나아가 부사의계가 청정하거나, 만약 일체지지가 청정하다면, 무이
이고 둘로 나눌 수 없으며 분별이 없고 단절도 없는 까닭이니라.

선현이여. 진에가 청정한 까닭으로 고성제가 청정하고, 고성제가 청정
한 까닭으로 일체지지가 청정하니라. 왜 그러한가? 만약 진에가 청정하거
나, 만약 고성제가 청정하거나, 만약 일체지지가 청정하다면, 무이이고
둘로 나눌 수 없으며 분별이 없고 단절도 없는 까닭이니라. 진에가 청정한
까닭으로 집·멸·도성제가 청정하고, 집·멸·도성제가 청정한 까닭으로
일체지지가 청정하니라. 왜 그러한가? 만약 진에가 청정하거나, 만약
집·멸·도성제가 청정하거나, 만약 일체지지가 청정하다면, 무이이고 둘
로 나눌 수 없으며 분별이 없고 단절도 없는 까닭이니라.

선현이여. 진에가 청정한 까닭으로 4정려가 청정하고, 4정려가 청정한
까닭으로 일체지지가 청정하니라. 왜 그러한가? 만약 진에가 청정하거나,
만약 4정려가 청정하거나, 만약 일체지지가 청정하다면, 무이이고 둘로
나눌 수 없으며 분별이 없고 단절도 없는 까닭이니라. 진에가 청정한
까닭으로 4무량·4무색정이 청정하고, 4무량·4무색정이 청정한 까닭으로
일체지지가 청정하니라. 왜 그러한가? 만약 진에가 청정하거나, 만약
4무량·4무색정이 청정하거나, 만약 일체지지가 청정하다면, 무이이고
둘로 나눌 수 없으며 분별이 없고 단절도 없는 까닭이니라.

선현이여. 진에가 청정한 까닭으로 8해탈이 청정하고, 8해탈이 청정한
까닭으로 일체지지가 청정하니라. 왜 그러한가? 만약 진에가 청정하거나,
만약 8해탈이 청정하거나, 만약 일체지지가 청정하다면, 무이이고 둘로
나눌 수 없으며 분별이 없고 단절도 없는 까닭이니라. 진에가 청정한

까닭으로 8승처·9차제정·10변처가 청정하고, 8승처·9차제정·10변처가 청정한 까닭으로 일체지지가 청정하니라. 왜 그러한가? 만약 진에가 청정하거나, 만약 8승처·9차제정·10변처가 청정하거나, 만약 일체지지가 청정하다면, 무이이고 둘로 나눌 수 없으며 분별이 없고 단절도 없는 까닭이니라.

선현이여. 진에가 청정한 까닭으로 4념주가 청정하고, 4념주가 청정한 까닭으로 일체지지가 청정하니라. 왜 그러한가? 만약 진에가 청정하거나, 만약 4념주가 청정하거나, 만약 일체지지가 청정하다면, 무이이고 둘로 나눌 수 없으며 분별이 없고 단절도 없는 까닭이니라. 진에가 청정한 까닭으로 4정단·4신족·5근·5력·7등각지·8성도지가 청정하고, 4정단, 나아가 8성도지가 청정한 까닭으로 일체지지가 청정하니라. 왜 그러한가? 만약 진에가 청정하거나, 만약 4정단, 나아가 8성도지가 청정하거나, 만약 일체지지가 청정하다면, 무이이고 둘로 나눌 수 없으며 분별이 없고 단절도 없는 까닭이니라.

선현이여. 진에가 청정한 까닭으로 공해탈문이 청정하고, 공해탈문이 청정한 까닭으로 일체지지가 청정하니라. 왜 그러한가? 만약 진에가 청정하거나, 만약 공해탈문이 청정하거나, 만약 일체지지가 청정하다면, 무이이고 둘로 나눌 수 없으며 분별이 없고 단절도 없는 까닭이니라. 진에가 청정한 까닭으로 무상·무원해탈문이 청정하고, 무상·무원해탈문이 청정한 까닭으로 일체지지가 청정하니라. 왜 그러한가? 만약 진에가 청정하거나, 만약 무상·무원해탈문이 청정하거나, 만약 일체지지가 청정하다면, 무이이고 둘로 나눌 수 없으며 분별이 없고 단절도 없는 까닭이니라.

선현이여. 진에가 청정한 까닭으로 보살의 10지가 청정하고, 보살의 10지가 청정한 까닭으로 일체지지가 청정하니라. 왜 그러한가? 만약 진에가 청정하거나, 만약 보살의 10지가 청정하거나, 만약 일체지지가 청정하다면, 무이이고 둘로 나눌 수 없으며 분별이 없고 단절도 없는 까닭이니라.

선현이여. 진에가 청정한 까닭으로 5안이 청정하고, 5안이 청정한

까닭으로 일체지지가 청정하니라. 왜 그러한가? 만약 진에가 청정하거나,
만약 5안이 청정하거나, 만약 일체지지가 청정하다면, 무이이고 둘로
나눌 수 없으며 분별이 없고 단절도 없는 까닭이니라. 진에가 청정한
까닭으로 6신통이 청정하고, 6신통이 청정한 까닭으로 일체지지가 청정하
니라. 왜 그러한가? 만약 진에가 청정하거나, 만약 6신통이 청정하거나,
만약 일체지지가 청정하다면, 무이이고 둘로 나눌 수 없으며 분별이
없고 단절도 없는 까닭이니라.

　선현이여. 진에가 청정한 까닭으로 여래의 10력이 청정하고, 여래의
10력이 청정한 까닭으로 일체지지가 청정하니라. 왜 그러한가? 만약
진에가 청정하거나, 만약 여래의 10력이 청정하거나, 만약 일체지지가
청정하다면, 무이이고 둘로 나눌 수 없으며 다분별이 없고 단절도 없는
까닭이니라. 진에가 청정한 까닭으로 4무소외·4무애해·대자·대비·대희·
대사·18불불공법이 청정하고, 4무소외, 나아가 18불불공법이 청정한 까
닭으로 일체지지가 청정하니라. 왜 그러한가? 만약 진에가 청정하거나,
만약 4무소외, 나아가 18불불공법이 청정하거나, 만약 일체지지가 청정하
다면, 무이이고 둘로 나눌 수 없으며 분별이 없고 단절도 없는 까닭이니라.

　선현이여. 진에가 청정한 까닭으로 무망실법이 청정하고, 무망실법이
청정한 까닭으로 일체지지가 청정하니라. 왜 그러한가? 만약 진에가
청정하거나, 만약 무망실법이 청정하거나, 만약 일체지지가 청정하다면,
무이이고 둘로 나눌 수 없으며 분별이 없고 단절도 없는 까닭이니라.
진에가 청정한 까닭으로 항주사성이 청정하고, 항주사성이 청정한 까닭으
로 일체지지가 청정하니라. 왜 그러한가? 만약 진에가 청정하거나, 만약
항주사성이 청정하거나, 만약 일체지지가 청정하다면, 무이이고 둘로
나눌 수 없으며 분별이 없고 단절도 없는 까닭이니라.

　선현이여. 진에가 청정한 까닭으로 일체지가 청정하고, 일체지가 청정
한 까닭으로 일체지지가 청정하니라. 왜 그러한가? 만약 진에가 청정하거
나, 만약 일체지가 청정하거나, 만약 일체지지가 청정하다면, 무이이고
둘로 나눌 수 없으며 분별이 없고 단절도 없는 까닭이니라. 진에가 청정한

까닭으로 도상지·일체상지가 청정하고, 도상지·일체상지가 청정한 까닭
으로 일체지지가 청정하니라. 왜 그러한가? 만약 진에가 청정하거나,
만약 도상지·일체상지가 청정하거나, 만약 일체지지가 청정하다면, 무이
이고 둘로 나눌 수 없으며 분별이 없고 단절도 없는 까닭이니라.

　선현이여. 진에가 청정한 까닭으로 일체의 다라니문이 청정하고, 일체
의 다라니문이 청정한 까닭으로 일체지지가 청정하니라. 왜 그러한가?
만약 진에가 청정하거나, 만약 일체의 다라니문이 청정하거나, 만약 일체
지지가 청정하다면, 무이이고 둘로 나눌 수 없으며 분별이 없고 단절도
없는 까닭이니라. 진에가 청정한 까닭으로 일체의 삼마지문이 청정하고,
일체의 삼마지문이 청정한 까닭으로 일체지지가 청정하니라. 왜 그러한
가? 만약 진에가 청정하거나, 만약 일체의 삼마지문이 청정하거나, 만약
일체지지가 청정하다면, 무이이고 둘로 나눌 수 없으며 분별이 없고
단절도 없는 까닭이니라.

　선현이여. 진에가 청정한 까닭으로 예류과가 청정하고, 예류과가 청정
한 까닭으로 일체지지가 청정하니라. 왜 그러한가? 만약 진에가 청정하거
나, 만약 예류과가 청정하거나, 만약 일체지지가 청정하다면, 무이이고
둘로 나눌 수 없으며 분별이 없고 단절도 없는 까닭이니라. 진에가 청정한
까닭으로 일래·불환·아라한과가 청정하고, 일래·불환·아라한과가 청정
한 까닭으로 일체지지가 청정하니라. 왜 그러한가? 만약 진에가 청정하거
나, 만약 일래·불환·아라한과가 청정하거나, 만약 일체지지가 청정하다
면, 무이이고 둘로 나눌 수 없으며 분별이 없고 단절도 없는 까닭이니라.

　선현이여. 진에가 청정한 까닭으로 독각의 보리가 청정하고, 독각의
보리가 청정한 까닭으로 일체지지가 청정하니라. 왜 그러한가? 만약
진에가 청정하거나, 만약 독각의 보리가 청정하거나, 만약 일체지지가
청정하다면, 무이이고 둘로 나눌 수 없으며 분별이 없고 단절도 없는
까닭이니라.

　선현이여. 진에가 청정한 까닭으로 일체의 보살마하살의 행이 청정하
고, 일체의 보살마하살의 행이 청정한 까닭으로 일체지지가 청정하니라.

왜 그러한가? 만약 진에가 청정하거나, 만약 일체의 보살마하살의 행이 청정하거나, 만약 일체지지가 청정하다면, 무이이고 둘로 나눌 수 없으며 분별이 없고 단절도 없는 까닭이니라.

선현이여. 진에가 청정한 까닭으로 제불의 무상정등보리가 청정하고, 제불의 무상정등보리가 청정한 까닭으로 일체지지가 청정하니라. 왜 그러한가? 만약 진에가 청정하거나, 만약 제불의 무상정등보리가 청정하거나, 만약 일체지지가 청정하다면, 무이이고 둘로 나눌 수 없으며 분별이 없고 단절도 없는 까닭이니라."

"다시 다음으로 선현이여. 우치가 청정한 까닭으로 색이 청정하고, 색이 청정한 까닭으로 일체지지가 청정하니라. 왜 그러한가? 만약 우치가 청정하거나, 만약 색이 청정하거나, 만약 일체지지가 청정하다면, 무이이고 둘로 나눌 수 없으며 분별이 없고 단절도 없는 까닭이니라. 우치가 청정한 까닭으로 수·상·행·식이 청정하고, 수·상·행·식이 청정한 까닭으로 일체지지가 청정하니라. 왜 그러한가? 만약 우치가 청정하거나, 만약 수·상·행·식이 청정하거나, 만약 일체지지가 청정하다면, 무이이고 둘로 나눌 수 없으며 분별이 없고 단절도 없는 까닭이니라.

선현이여. 우치가 청정한 까닭으로 안처가 청정하고, 안처가 청정한 까닭으로 일체지지가 청정하니라. 왜 그러한가? 만약 우치가 청정하거나, 만약 안처가 청정하거나, 만약 일체지지가 청정하다면, 무이이고 둘로 나눌 수 없으며 분별이 없고 단절도 없는 까닭이니라. 우치가 청정한 까닭으로 이·비·설·신·의처가 청정하고, 이·비·설·신·의처가 청정한 까닭으로 일체지지가 청정하니라. 왜 그러한가? 만약 우치가 청정하거나, 만약 이·비·설·신·의처가 청정하거나, 만약 일체지지가 청정하다면, 무이이고 둘로 나눌 수 없으며 분별이 없고 단절도 없는 까닭이니라.

선현이여. 우치가 청정한 까닭으로 색처가 청정하고, 색처가 청정한 까닭으로 일체지지가 청정하니라. 왜 그러한가? 만약 우치가 청정하거나, 만약 색처가 청정하거나, 만약 일체지지가 청정하다면, 무이이고 둘로 나눌 수 없으며 분별이 없고 단절도 없는 까닭이니라. 우치가 청정한 까닭으로 성·향·미·촉·법처가 청정하고, 성·향·미·촉·법처가 청정한 까닭으로 일체지지가 청정하니라. 왜 그러한가? 만약 우치가 청정하거나, 만약 성·향·미·촉·법처가 청정하거나, 만약 일체지지가 청정하다면, 무이이고 둘로 나눌 수 없으며 분별이 없고 단절도 없는 까닭이니라.

　선현이여. 우치가 청정한 까닭으로 안계가 청정하고, 안계가 청정한 까닭으로 일체지지가 청정하니라. 왜 그러한가? 만약 우치가 청정하거나, 만약 안계가 청정하거나, 만약 일체지지가 청정하다면, 무이이고 둘로 나눌 수 없으며 분별이 없고 단절도 없는 까닭이니라. 우치가 청정한 까닭으로 색계·안식계, 나아가 안촉·안촉을 인연으로 생겨난 여러 수가 청정하고, 색계, 나아가 안촉을 인연으로 생겨난 여러 수가 청정한 까닭으로 일체지지가 청정하니라. 왜 그러한가? 만약 우치가 청정하거나, 만약 색계, 나아가 안촉을 인연으로 생겨난 여러 수가 청정하거나, 만약 일체지지가 청정하다면, 무이이고 둘로 나눌 수 없으며 분별이 없고 단절도 없는 까닭이니라.

　선현이여. 우치가 청정한 까닭으로 이계가 청정하고, 이계가 청정한 까닭으로 일체지지가 청정하니라. 왜 그러한가? 만약 우치가 청정하거나, 만약 이계가 청정하거나, 만약 일체지지가 청정하다면, 무이이고 둘로 나눌 수 없으며 분별이 없고 단절도 없는 까닭이니라. 우치가 청정한 까닭으로 성계·이식계, 나아가 이촉·이촉을 인연으로 생겨난 여러 수가 청정하고, 성계, 나아가 이촉을 인연으로 생겨난 여러 수가 청정한 까닭으로 일체지지가 청정하니라. 왜 그러한가? 만약 우치가 청정하거나, 만약 성계, 나아가 이촉을 인연으로 생겨난 여러 수가 청정하거나, 만약 일체지지가 청정하다면, 무이이고 둘로 나눌 수 없으며 분별이 없고 단절도 없는 까닭이니라.

　선현이여. 우치가 청정한 까닭으로 비계가 청정하고, 비계가 청정한 까닭으로 일체지지가 청정하니라. 왜 그러한가? 만약 우치가 청정하거나, 만약 비계가 청정하거나, 만약 일체지지가 청정하다면, 무이이고 둘로 나눌 수 없으며 분별이 없고 단절도 없는 까닭이니라. 우치가 청정한 까닭으로 향계·비식계, 나아가 비촉·비촉을 인연으로 생겨난 여러 수가 청정하고, 향계, 나아가 비촉을 인연으로 생겨난 여러 수가 청정한 까닭으로 일체지지가 청정하니라. 왜 그러한가? 만약 우치가 청정하거나, 만약 향계, 나아가 비촉을 인연으로 생겨난 여러 수가 청정하거나, 만약 일체지지가 청정하다면, 무이이고 둘로 나눌 수 없으며 분별이 없고 단절도 없는 까닭이니라.

선현이여. 우치가 청정한 까닭으로 설계가 청정하고, 설계가 청정한 까닭으로 일체지지가 청정하니라. 왜 그러한가? 만약 우치가 청정하거나, 만약 설계가 청정하거나, 만약 일체지지가 청정하다면, 무이이고 둘로 나눌 수 없으며 분별이 없고 단절도 없는 까닭이니라. 우치가 청정한 까닭으로 미계·설식계, 나아가 설촉·설촉을 인연으로 생겨난 여러 수가 청정하고, 미계, 나아가 설촉을 인연으로 생겨난 여러 수가 청정한 까닭으로 일체지지가 청정하니라. 왜 그러한가? 만약 우치가 청정하거나, 만약 미계, 나아가 설촉을 인연으로 생겨난 여러 수가 청정하거나, 만약 일체지지가 청정하다면, 무이이고 둘로 나눌 수 없으며 분별이 없고 단절도 없는 까닭이니라.

선현이여. 우치가 청정한 까닭으로 신계가 청정하고, 신계가 청정한 까닭으로 일체지지가 청정하니라. 왜 그러한가? 만약 우치가 청정하거나, 만약 신계가 청정하거나, 만약 일체지지가 청정하다면, 무이이고 둘로 나눌 수 없으며 분별이 없고 단절도 없는 까닭이니라. 우치가 청정한 까닭으로 촉계·신식계, 나아가 신촉·신촉을 인연으로 생겨난 여러 수가 청정하고, 촉계, 나아가 신촉을 인연으로 생겨난 여러 수가 청정한 까닭으로 일체지지가 청정하니라. 왜 그러한가? 만약 우치가 청정하거나, 만약 촉계, 나아가 신촉을 인연으로 생겨난 여러 수가 청정하거나, 만약 일체지지가 청정하다면, 무이이고 둘로 나눌 수 없으며 분별이 없고 단절도 없는 까닭이니라.

선현이여. 우치가 청정한 까닭으로 의계가 청정하고, 의계가 청정한 까닭으로 일체지지가 청정하니라. 왜 그러한가? 만약 우치가 청정하거나, 만약 의계가 청정하거나, 만약 일체지지가 청정하다면, 무이이고 둘로 나눌 수 없으며 분별이 없고 단절도 없는 까닭이니라. 우치가 청정한 까닭으로 법계·의식계, 나아가 의촉·의촉을 인연으로 생겨난 여러 수가 청정하고, 법계, 나아가 의촉을 인연으로 생겨난 여러 수가 청정한 까닭으로 일체지지가 청정하니라. 왜 그러한가? 만약 우치가 청정하거나, 만약 법계, 나아가 의촉을 인연으로 생겨난 여러 수가 청정하거나, 만약 일체지지가 청정하다면, 무이이고 둘로 나눌 수 없으며 분별이 없고 단절도 없는 까닭이니라.

선현이여. 우치가 청정한 까닭으로 지계가 청정하고, 지계가 청정한 까닭으로 일체지지가 청정하니라. 왜 그러한가? 만약 우치가 청정하거나, 만약 지계가 청정하거나, 만약 일체지지가 청정하다면, 무이이고 둘로 나눌 수 없으며 분별이 없고 단절도 없는 까닭이니라. 우치가 청정한 까닭으로 수·화·풍·공·식계가 청정하고, 수·화·풍·공·식계가 청정한 까닭으로 일체지지가 청정하니라. 왜 그러한가? 만약 우치가 청정하거나, 만약 수·화·풍·공·식계가 청정하거나, 만약 일체지지가 청정하다면, 무이이고 둘로 나눌 수 없으며 분별이 없고 단절도 없는 까닭이니라.

선현이여. 우치가 청정한 까닭으로 무명이 청정하고, 무명이 청정한 까닭으로 일체지지가 청정하니라. 왜 그러한가? 만약 우치가 청정하거나, 만약 무명이 청정하거나, 만약 일체지지가 청정하다면, 무이이고 둘로 나눌 수 없으며 분별이 없고 단절도 없는 까닭이니라. 우치가 청정한 까닭으로 행·식·명색·육처·촉·수·애·취·유·생·노사의 수탄고우뇌가 청정하고, 행, 나아가 노사의 수탄고우뇌가 청정한 까닭으로 일체지지가 청정하니라. 왜 그러한가? 만약 우치가 청정하거나, 만약 행, 나아가 노사의 수탄고우뇌가 청정하거나, 만약 일체지지가 청정하다면, 무이이고 둘로 나눌 수 없으며 분별이 없고 단절도 없는 까닭이니라.

선현이여. 우치가 청정한 까닭으로 보시바라밀다가 청정하고, 보시바라밀다가 청정한 까닭으로 일체지지가 청정하니라. 왜 그러한가? 만약 우치가 청정하거나, 만약 보시바라밀다가 청정하거나, 만약 일체지지가 청정하다면, 무이이고 둘로 나눌 수 없으며 분별이 없고 단절도 없는 까닭이니라. 우치가 청정한 까닭으로 정계·안인·정진·정려·반야바라밀다가 청정하고, 정계, 나아가 반야바라밀다가 청정한 까닭으로 일체지지가 청정하니라. 왜 그러한가? 만약 우치가 청정하거나, 만약 정계, 나아가 반야바라밀다가 청정하거나, 만약 일체지지가 청정하다면, 무이이고 둘로 나눌 수 없으며 분별이 없고 단절도 없는 까닭이니라.

선현이여. 우치가 청정한 까닭으로 내공이 청정하고, 내공이 청정한 까닭으로 일체지지가 청정하니라. 왜 그러한가? 만약 우치가 청정하거나, 만약 내공이 청정하거나, 만약 일체지지가 청정하다면, 무이이고 둘로 나눌 수 없으며 분별이 없고 단절도 없는 까닭이니라. 우치가 청정한 까닭으로 외공·내외공·공공·대공·승의공·유위공·무위공·필경공·무제공·산공·무변이공·본성공·자상공·공상공·일체법공·불가득공·무성공·자성공·무성자성공이 청정하고, 외공, 나아가 무성자성공이 청정한 까닭으로 일체지지가 청정하니라. 왜 그러한가? 만약 우치가 청정하거나, 만약 외공, 나아가 무성자성공이 청정하거나, 만약 일체지지가 청정하다면, 무이이고 둘로 나눌 수 없으며 분별이 없고 단절도 없는 까닭이니라.

선현이여. 우치가 청정한 까닭으로 진여가 청정하고, 진여가 청정한 까닭으로 일체지지가 청정하니라. 왜 그러한가? 만약 우치가 청정하거나, 만약 진여가 청정하거나, 만약 일체지지가 청정하다면, 무이이고 둘로 나눌 수 없으며 분별이 없고 단절도 없는 까닭이니라. 우치가 청정한 까닭으로 법계·법성·불허망성·불변이성·평등성·이생성·법정·법주·실제·허공계·부사의계가 청정하고 법계, 나아가 부사의계가 청정한 까닭으로 일체지지가 청정하니라. 왜 그러한가? 만약 우치가 청정하거나, 만약 법계, 나아가 부사의계가 청정하거나, 만약 일체지지가 청정하다면, 무이이고 둘로 나눌 수 없으며 분별이 없고 단절도 없는 까닭이니라.

선현이여. 우치가 청정한 까닭으로 고성제가 청정하고, 고성제가 청정한 까닭으로 일체지지가 청정하니라. 왜 그러한가? 만약 우치가 청정하거나, 만약 고성제가 청정하거나, 만약 일체지지가 청정하다면, 무이이고 둘로 나눌 수 없으며 분별이 없고 단절도 없는 까닭이니라. 우치가 청정한 까닭으로 집·멸·도성제가 청정하고, 집·멸·도성제가 청정한 까닭으로 일체지지가 청정하니라. 왜 그러한가? 만약 우치가 청정하거나, 만약 집·멸·도성제가 청정하거나, 만약 일체지지가 청정하다면, 무이이고 둘로 나눌 수 없으며 분별이 없고 단절도 없는 까닭이니라.

선현이여. 우치가 청정한 까닭으로 4정려가 청정하고, 4정려가 청정한 까닭으로 일체지지가 청정하니라. 왜 그러한가? 만약 우치가 청정하거나, 만약 4정려가 청정하거나, 만약 일체지지가 청정하다면, 무이이고 둘로 나눌 수 없으며 분별이 없고 단절도 없는 까닭이니라. 우치가 청정한 까닭으로 4무량·4무색정이 청정하고, 4무량·4무색정이 청정한 까닭으로 일체지지가 청정하니라. 왜 그러한가? 만약 우치가 청정하거나, 만약 4무량·4무색정이 청정하거나, 만약 일체지지가 청정하다면, 무이이고 둘로 나눌 수 없으며 분별이 없고 단절도 없는 까닭이니라.

선현이여. 우치가 청정한 까닭으로 8해탈이 청정하고, 8해탈이 청정한 까닭으로 일체지지가 청정하니라. 왜 그러한가? 만약 우치가 청정하거나, 만약 8해탈이 청정하거나, 만약 일체지지가 청정하다면, 무이이고 둘로 나눌 수 없으며 분별이 없고 단절도 없는 까닭이니라. 우치가 청정한 까닭으로 8승처·9차제정·10변처가 청정하고, 8승처·9차제정·10변처가 청정한 까닭으로 일체지지가 청정하니라. 왜 그러한가? 만약 우치가 청정하거나, 만약 8승처·9차제정·10변처가 청정하거나, 만약 일체지지가 청정하다면, 무이이고 둘로 나눌 수 없으며 분별이 없고 단절도 없는 까닭이니라.

선현이여. 우치가 청정한 까닭으로 4념주가 청정하고, 4념주가 청정한 까닭으로 일체지지가 청정하니라. 왜 그러한가? 만약 우치가 청정하거나, 만약 4념주가 청정하거나, 만약 일체지지가 청정하다면, 무이이고 둘로 나눌 수 없으며 분별이 없고 단절도 없는 까닭이니라. 우치가 청정한 까닭으로 4정단·4신족·5근·5력·7등각지·8성도지가 청정하고, 4정단, 나아가 8성도지가 청정한 까닭으로 일체지지가 청정하니라. 왜 그러한가?
만약 우치가 청정하거나, 만약 4정단, 나아가 8성도지가 청정하거나,
만약 일체지지가 청정하다면, 무이이고 둘로 나눌 수 없으며 분별이
없고 단절도 없는 까닭이니라.

선현이여. 우치가 청정한 까닭으로 공해탈문이 청정하고, 공해탈문이
청정한 까닭으로 일체지지가 청정하니라. 왜 그러한가? 만약 우치가
청정하거나, 만약 공해탈문이 청정하거나, 만약 일체지지가 청정하다면,
무이이고 둘로 나눌 수 없으며 분별이 없고 단절도 없는 까닭이니라. 우치가
청정한 까닭으로 무상·무원해탈문이 청정하고, 무상·무원해탈문이 청정
한 까닭으로 일체지지가 청정하니라. 왜 그러한가? 만약 우치가 청정하거
나, 만약 무상·무원해탈문이 청정하거나, 만약 일체지지가 청정하다면,
무이이고 둘로 나눌 수 없으며 분별이 없고 단절도 없는 까닭이니라.

선현이여. 우치가 청정한 까닭으로 보살의 10지가 청정하고, 보살의
10지가 청정한 까닭으로 일체지지가 청정하니라. 왜 그러한가? 만약
우치가 청정하거나, 만약 보살의 10지가 청정하거나, 만약 일체지지가
청정하다면, 무이이고 둘로 나눌 수 없으며 분별이 없고 단절도 없는
까닭이니라.

선현이여. 우치가 청정한 까닭으로 5안이 청정하고, 5안이 청정한
까닭으로 일체지지가 청정하니라. 왜 그러한가? 만약 우치가 청정하거나,
만약 5안이 청정하거나, 만약 일체지지가 청정하다면, 무이이고 둘로
나눌 수 없으며 분별이 없고 단절도 없는 까닭이니라. 우치가 청정한
까닭으로 6신통이 청정하고, 6신통이 청정한 까닭으로 일체지지가 청정하
니라. 왜 그러한가? 만약 우치가 청정하거나, 만약 6신통이 청정하거나,
만약 일체지지가 청정하다면, 무이이고 둘로 나눌 수 없으며 분별이
없고 단절도 없는 까닭이니라.

선현이여. 우치가 청정한 까닭으로 여래의 10력이 청정하고, 여래의
10력이 청정한 까닭으로 일체지지가 청정하니라. 왜 그러한가? 만약
우치가 청정하거나, 만약 여래의 10력이 청정하거나, 만약 일체지지가

청정하다면, 무이이고 둘로 나눌 수 없으며 분별이 없고 단절도 없는 까닭이니라. 우치가 청정한 까닭으로 4무소외·4무애해·대자·대비·대희·대사·18불불공법이 청정하고, 4무소외, 나아가 18불불공법이 청정한 까닭으로 일체지지가 청정하니라. 왜 그러한가? 만약 우치가 청정하거나, 만약 4무소외, 나아가 18불불공법이 청정하거나, 만약 일체지지가 청정하다면, 무이이고 둘로 나눌 수 없으며 분별이 없고 단절도 없는 까닭이니라.

선현이여. 우치가 청정한 까닭으로 무망실법이 청정하고, 무망실법이 청정한 까닭으로 일체지지가 청정하니라. 왜 그러한가? 만약 우치가 청정하거나, 만약 무망실법이 청정하거나, 만약 일체지지가 청정하다면, 무이이고 둘로 나눌 수 없으며 분별이 없고 단절도 없는 까닭이니라. 우치가 청정한 까닭으로 항주사성이 청정하고, 항주사성이 청정한 까닭으로 일체지지가 청정하니라. 왜 그러한가? 만약 우치가 청정하거나, 만약 항주사성이 청정하거나, 만약 일체지지가 청정하다면, 무이이고 둘로 나눌 수 없으며 분별이 없고 단절도 없는 까닭이니라.

선현이여. 우치가 청정한 까닭으로 일체지가 청정하고, 일체지가 청정한 까닭으로 일체지지가 청정하니라. 왜 그러한가? 만약 우치가 청정하거나, 만약 일체지가 청정하거나, 만약 일체지지가 청정하다면, 무이이고 둘로 나눌 수 없으며 분별이 없고 단절도 없는 까닭이니라. 우치가 청정한 까닭으로 도상지·일체상지가 청정하고, 도상지·일체상지가 청정한 까닭으로 일체지지가 청정하니라. 왜 그러한가? 만약 우치가 청정하거나, 만약 도상지·일체상지가 청정하거나, 만약 일체지지가 청정하다면, 무이이고 둘로 나눌 수 없으며 분별이 없고 단절도 없는 까닭이니라.

선현이여. 우치가 청정한 까닭으로 일체의 다라니문이 청정하고, 일체의 다라니문이 청정한 까닭으로 일체지지가 청정하니라. 왜 그러한가? 만약 우치가 청정하거나, 만약 일체의 다라니문이 청정하거나, 만약 일체지지가 청정하다면, 무이이고 둘로 나눌 수 없으며 분별이 없고 단절도 없는 까닭이니라. 우치가 청정한 까닭으로 일체의 삼마지문이 청정하고, 일체의 삼마지문이 청정한 까닭으로 일체지지가 청정하니라. 왜 그러한가? 만약 우치가 청정하거나, 만약 일체의 삼마지문이 청정하거나, 만약 일체지지가 청정하다면, 무이이고 둘로 나눌 수 없으며 분별이 없고 단절도 없는 까닭이니라.

선현이여. 우치가 청정한 까닭으로 예류과가 청정하고, 예류과가 청정한 까닭으로 일체지지가 청정하니라. 왜 그러한가? 만약 우치가 청정하거나, 만약 예류과가 청정하거나, 만약 일체지지가 청정하다면, 무이이고 둘로 나눌 수 없으며 분별이 없고 단절도 없는 까닭이니라. 우치가 청정한 까닭으로 일래·불환·아라한과가 청정하고, 일래·불환·아라한과가 청정한 까닭으로 일체지지가 청정하니라. 왜 그러한가? 만약 우치가 청정하거나, 만약 일래·불환·아라한과가 청정하거나, 만약 일체지지가 청정하다면, 무이이고 둘로 나눌 수 없으며 분별이 없고 단절도 없는 까닭이니라.

선현이여. 우치가 청정한 까닭으로 독각의 보리가 청정하고, 독각의 보리가 청정한 까닭으로 일체지지가 청정하니라. 왜 그러한가? 만약 우치가 청정하거나, 만약 독각의 보리가 청정하거나, 만약 일체지지가 청정하다면, 무이이고 둘로 나눌 수 없으며 분별이 없고 단절도 없는 까닭이니라.

선현이여. 우치가 청정한 까닭으로 일체의 보살마하살의 행이 청정하고, 일체의 보살마하살의 행이 청정한 까닭으로 일체지지가 청정하니라. 왜 그러한가? 만약 우치가 청정하거나, 만약 일체의 보살마하살의 행이 청정하거나, 만약 일체지지가 청정하다면, 무이이고 둘로 나눌 수 없으며 분별이 없고 단절도 없는 까닭이니라.

선현이여. 우치가 청정한 까닭으로 제불의 무상정등보리가 청정하고, 제불의 무상정등보리가 청정한 까닭으로 일체지지가 청정하니라. 왜 그러한가? 만약 우치가 청정하거나, 만약 제불의 무상정등보리가 청정하거나, 만약 일체지지가 청정하다면, 무이이고 둘로 나눌 수 없으며 분별이 없고 단절도 없는 까닭이니라."

마하반야바라밀다경 제204권

34. 난신해품(難信解品)(23)

"다시 다음으로 선현이여. 색(色)이 청정한 까닭으로 수(受)가 청정하고 수가 청정한 까닭으로 색이 청정하니라. 왜 그러한가? 이 색의 청정함과 수의 청정함은 무이이고 둘로 나눌 수 없으며 분별이 없고 단절도 없는 까닭이니라. 수가 청정한 까닭으로 상(想)이 청정하고 상이 청정한 까닭으로 수가 청정하니라. 왜 그러한가? 이 수의 청정함과 상의 청정함은 무이이고 둘로 나눌 수 없으며 분별이 없고 단절도 없는 까닭이니라.

상이 청정한 까닭으로 행(行)이 청정하고 행이 청정한 까닭으로 상이 청정하니라. 왜 그러한가? 이 상의 청정함과 행의 청정함은 무이이고 둘로 나눌 수 없으며 분별이 없고 단절도 없는 까닭이니라. 행이 청정한 까닭으로 식(識)이 청정하고 식이 청정한 까닭으로 행이 청정하니라. 왜 그러한가? 이 행의 청정함과 식의 청정함은 무이이고 둘로 나눌 수 없으며 분별이 없고 단절도 없는 까닭이니라.

식이 청정한 까닭으로 안처(眼處)가 청정하고 안처가 청정한 까닭으로 식이 청정하니라. 왜 그러한가? 이 식의 청정함과 안처의 청정함은 무이이고 둘로 나눌 수 없으며 분별이 없고 단절도 없는 까닭이니라. 안처가 청정한 까닭으로 이처(耳處)가 청정하고 이처가 청정한 까닭으로 안처가 청정하니라. 왜 그러한가? 이 안처의 청정함과 이처의 청정함은 무이이고 둘로 나눌 수 없으며 분별이 없고 단절도 없는 까닭이니라.

이처가 청정한 까닭으로 비처(鼻處)가 청정하고 비처가 청정한 까닭으로 이처가 청정하니라. 왜 그러한가? 이 이처의 청정함과 비처의 청정함은 무이이고 둘로 나눌 수 없으며 분별이 없고 단절도 없는 까닭이니라. 비처가 청정한 까닭으로 설처(舌處)가 청정하고 설처가 청정한 까닭으로 비처가 청정하니라. 왜 그러한가? 이 비처의 청정함과 설처의 청정함은 무이이고 둘로 나눌 수 없으며 분별이 없고 단절도 없는 까닭이니라.

설처가 청정한 까닭으로 신처(身處)가 청정하고 신처가 청정한 까닭으로 설처가 청정하니라. 왜 그러한가? 이 설처의 청정함과 신처의 청정함은 무이이고 둘로 나눌 수 없으며 분별이 없고 단절도 없는 까닭이니라. 신처가 청정한 까닭으로 의처(意處)가 청정하고 의처가 청정한 까닭으로 신처가 청정하니라. 왜 그러한가? 이 신처의 청정함과 의처의 청정함은 무이이고 둘로 나눌 수 없으며 분별이 없고 단절도 없는 까닭이니라.

의처가 청정한 까닭으로 색처(色處)가 청정하고 색처가 청정한 까닭으로 의처가 청정하니라. 왜 그러한가? 이 의처의 청정함과 색처의 청정함은 무이이고 둘로 나눌 수 없으며 분별이 없고 단절도 없는 까닭이니라. 색처가 청정한 까닭으로 성처(聲處)가 청정하고 성처가 청정한 까닭으로 색처가 청정하니라. 왜 그러한가? 이 색처의 청정함과 성처의 청정함은 무이이고 둘로 나눌 수 없으며 분별이 없고 단절도 없는 까닭이니라.

성처가 청정한 까닭으로 향처(香處)가 청정하고 향처가 청정한 까닭으로 성처가 청정하니라. 왜 그러한가? 이 성처의 청정함과 향처의 청정함은 무이이고 둘로 나눌 수 없으며 분별이 없고 단절도 없는 까닭이니라. 향처가 청정한 까닭으로 미처(味處)가 청정하고 미처가 청정한 까닭으로 향처가 청정하니라. 왜 그러한가? 이 향처의 청정함과 미처의 청정함은 무이이고 둘로 나눌 수 없으며 분별이 없고 단절도 없는 까닭이니라.

미처가 청정한 까닭으로 촉처(觸處)가 청정하고 촉처가 청정한 까닭으로 미처가 청정하니라. 왜 그러한가? 이 미처의 청정함과 촉처의 청정함은 무이이고 둘로 나눌 수 없으며 분별이 없고 단절도 없는 까닭이니라. 촉처가 청정한 까닭으로 법처(法處)가 청정하고 법처가 청정한 까닭으로 촉처가 청정하니라. 왜 그러한가? 이 촉처의 청정함과 법처의 청정함은

무이이고 둘로 나눌 수 없으며 분별이 없고 단절도 없는 까닭이니라.

법처가 청정한 까닭으로 안계(眼界)가 청정하고 안계가 청정한 까닭으로 법처가 청정하니라. 왜 그러한가? 이 법처의 청정함과 안계의 청정함은 무이이고 둘로 나눌 수 없으며 분별이 없고 단절도 없는 까닭이니라. 안계가 청정한 까닭으로 색계(色界)가 청정하고 색계가 청정한 까닭으로 안계가 청정하니라. 왜 그러한가? 이 안계의 청정함과 색계의 청정함은 무이이고 둘로 나눌 수 없으며 분별이 없고 단절도 없는 까닭이니라.

색계가 청정한 까닭으로 안식계(眼識界)가 청정하고 안식계가 청정한 까닭으로 색계가 청정하니라. 왜 그러한가? 이 색계의 청정함과 안식계의 청정함은 무이이고 둘로 나눌 수 없으며 분별이 없고 단절도 없는 까닭이니라. 안식계가 청정한 까닭으로 안촉(眼觸)이 청정하고 안촉이 청정한 까닭으로 안식계가 청정하니라. 왜 그러한가? 이 안식계의 청정함과 안촉의 청정함은 무이이고 둘로 나눌 수 없으며 분별이 없고 단절도 없는 까닭이니라.

안촉이 청정한 까닭으로 안촉을 인연으로 생겨나는 여러 수가 청정하고 안촉을 인연으로 생겨나는 여러 수가 청정한 까닭으로 안촉이 청정하니라. 왜 그러한가? 이 안촉의 청정함과 안촉을 인연으로 생겨나는 여러 수의 청정함은 무이이고 둘로 나눌 수 없으며 분별이 없고 단절도 없는 까닭이니라. 안촉을 인연으로 생겨나는 여러 수가 청정한 까닭으로 이계(耳界)가 청정하고 이계가 청정한 까닭으로 안촉을 인연으로 생겨나는 여러 수가 청정하니라. 왜 그러한가? 이 안촉을 인연으로 생겨나는 여러 수의 청정함과 이계의 청정함은 무이이고 둘로 나눌 수 없으며 분별이 없고 단절도 없는 까닭이니라.

이계가 청정한 까닭으로 성계(聲界)가 청정하고 성계가 청정한 까닭으로 이계가 청정하니라. 왜 그러한가? 이 이계의 청정함과 성계의 청정함은 무이이고 둘로 나눌 수 없으며 분별이 없고 단절도 없는 까닭이니라. 성계가 청정한 까닭으로 이식계(耳識界)가 청정하고 이식계가 청정한 까닭으로 성계가 청정하니라. 왜 그러한가? 이 성계의 청정함과 이식계의 청정함은 무이이고 둘로 나눌 수 없으며 분별이 없고 단절도 없는 까닭이니라.

이식계가 청정한 까닭으로 이촉(耳觸)이 청정하고 이촉이 청정한 까닭으로 이식계가 청정하니라. 왜 그러한가? 이 이식계의 청정함과 이촉의 청정함은 무이이고 둘로 나눌 수 없으며 분별이 없고 단절도 없는 까닭이니라. 이촉을 인연으로 생겨나는 여러 수가 청정한 까닭으로 비계(鼻界)가 청정하고 비계가 청정한 까닭으로 이촉을 인연으로 생겨나는 여러 수가 청정하니라. 왜 그러한가? 이 이촉을 인연으로 생겨나는 여러 수의 청정함과 비계의 청정함은 무이이고 둘로 나눌 수 없으며 분별이 없고 단절도 없는 까닭이니라.

비계가 청정한 까닭으로 향계(香界)가 청정하고 향계가 청정한 까닭으로 비계가 청정하니라. 왜 그러한가? 이 비계의 청정함과 향계의 청정함은 무이이고 둘로 나눌 수 없으며 분별이 없고 단절도 없는 까닭이니라. 향계가 청정한 까닭으로 비식계(鼻識界)가 청정하고 비식계가 청정한 까닭으로 향계가 청정하니라. 왜 그러한가? 이 향계의 청정함과 비식계의 청정함은 무이이고 둘로 나눌 수 없으며 분별이 없고 단절도 없는 까닭이니라.

비식계가 청정한 까닭으로 비촉(鼻觸)이 청정하고 비촉이 청정한 까닭으로 비식계가 청정하니라. 왜 그러한가? 이 비식계의 청정함과 비촉의 청정함은 무이이고 둘로 나눌 수 없으며 분별이 없고 단절도 없는 까닭이니라. 비촉을 인연으로 생겨나는 여러 수가 청정한 까닭으로 설계(舌界)가 청정하고 설계가 청정한 까닭으로 비촉을 인연으로 생겨나는 여러 수가 청정하니라. 왜 그러한가? 이 비촉을 인연으로 생겨나는 여러 수의 청정함과 설계의 청정함은 무이이고 둘로 나눌 수 없으며 분별이 없고 단절도 없는 까닭이니라.

설계가 청정한 까닭으로 미계(味界)가 청정하고 미계가 청정한 까닭으로 설계가 청정하니라. 왜 그러한가? 이 설계의 청정함과 미계의 청정함은 무이이고 둘로 나눌 수 없으며 분별이 없고 단절도 없는 까닭이니라. 미계가 청정한 까닭으로 설식계(舌識界)가 청정하고 설식계가 청정한 까닭으로 미계가 청정하니라. 왜 그러한가? 이 미계의 청정함과 설식계의 청정함은 무이이고 둘로 나눌 수 없으며 분별이 없고 단절도 없는 까닭이니라.

설식계가 청정한 까닭으로 설촉(舌觸)이 청정하고 설촉이 청정한 까닭으로 설식계가 청정하니라. 왜 그러한가? 이 설식계의 청정함과 설촉의 청정함은 무이이고 둘로 나눌 수 없으며 분별이 없고 단절도 없는 까닭이니라. 설촉을 인연으로 생겨나는 여러 수가 청정한 까닭으로 신계(身界)가 청정하고 신계가 청정한 까닭으로 설촉을 인연으로 생겨나는 여러 수가 청정하니라. 왜 그러한가? 이 설촉을 인연으로 생겨나는 여러 수의 청정함과 신계의 청정함은 무이이고 둘로 나눌 수 없으며 분별이 없고 단절도 없는 까닭이니라.

신계가 청정한 까닭으로 촉계(觸界)가 청정하고 촉계가 청정한 까닭으로 신계가 청정하니라. 왜 그러한가? 이 신계의 청정함과 촉계의 청정함은 무이이고 둘로 나눌 수 없으며 분별이 없고 단절도 없는 까닭이니라. 촉계가 청정한 까닭으로 신식계(身識界)가 청정하고 신식계가 청정한 까닭으로 촉계가 청정하니라. 왜 그러한가? 이 촉계의 청정함과 신식계의 청정함은 무이이고 둘로 나눌 수 없으며 분별이 없고 단절도 없는 까닭이니라.

신식계가 청정한 까닭으로 신촉(身觸)이 청정하고 신촉이 청정한 까닭으로 신식계가 청정하니라. 왜 그러한가? 이 신식계의 청정함과 신촉의 청정함은 무이이고 둘로 나눌 수 없으며 분별이 없고 단절도 없는 까닭이니라. 신촉을 인연으로 생겨나는 여러 수가 청정한 까닭으로 의계(意界)가 청정하고 의계가 청정한 까닭으로 신촉을 인연으로 생겨나는 여러 수가 청정하니라. 왜 그러한가? 이 신촉을 인연으로 생겨나는 여러 수의 청정함과 의계의 청정함은 무이이고 둘로 나눌 수 없으며 분별이 없고 단절도 없는 까닭이니라.

의계가 청정한 까닭으로 법계(法界)가 청정하고 법계가 청정한 까닭으로 의계가 청정하니라. 왜 그러한가? 이 의계의 청정함과 법계의 청정함은 무이이고 둘로 나눌 수 없으며 분별이 없고 단절도 없는 까닭이니라. 법계가 청정한 까닭으로 의식계(意識界)가 청정하고 의식계가 청정한 까닭으로

법계가 청정하니라. 왜 그러한가? 이 법계의 청정함과 의식계의 청정함은
무이이고 둘로 나눌 수 없으며 분별이 없고 단절도 없는 까닭이니라.

의식계가 청정한 까닭으로 의촉(意觸)이 청정하고 의촉이 청정한 까닭
으로 의식계가 청정하니라. 왜 그러한가? 이 의식계의 청정함과 의촉의
청정함은 무이이고 둘로 나눌 수 없으며 분별이 없고 단절도 없는 까닭이
니라. 의촉을 인연으로 생겨나는 여러 수가 청정한 까닭으로 지계(地界)가
청정하고 지계가 청정한 까닭으로 의촉을 인연으로 생겨나는 여러 수가
청정하니라. 왜 그러한가? 이 의촉을 인연으로 생겨나는 여러 수의 청정함
과 지계의 청정함은 무이이고 둘로 나눌 수 없으며 분별이 없고 단절도
없는 까닭이니라.

지계가 청정한 까닭으로 수계(水界)가 청정하고 수계가 청정한 까닭으
로 지계가 청정하니라. 왜 그러한가? 이 지계의 청정함과 수계의 청정함은
무이이고 둘로 나눌 수 없으며 분별이 없고 단절도 없는 까닭이니라.
수계가 청정한 까닭으로 화계(火界)가 청정하고 화계가 청정한 까닭으로
수계가 청정하니라. 왜 그러한가? 이 수계의 청정함과 화계의 청정함은
무이이고 둘로 나눌 수 없으며 분별이 없고 단절도 없는 까닭이니라.

화계가 청정한 까닭으로 풍계(風界)가 청정하고 풍계가 청정한 까닭으
로 화계가 청정하니라. 왜 그러한가? 이 화계의 청정함과 풍계의 청정함은
무이이고 둘로 나눌 수 없으며 분별이 없고 단절도 없는 까닭이니라.
풍계가 청정한 까닭으로 공계(空界)가 청정하고 공계가 청정한 까닭으로
풍계가 청정하니라. 왜 그러한가? 이 풍계의 청정함과 공계의 청정함은
무이이고 둘로 나눌 수 없으며 분별이 없고 단절도 없는 까닭이니라.

공계가 청정한 까닭으로 식계(識界)가 청정하고 식계가 청정한 까닭으
로 공계가 청정하니라. 왜 그러한가? 이 공계의 청정함과 식계의 청정함은
무이이고 둘로 나눌 수 없으며 분별이 없고 단절도 없는 까닭이니라.
식계가 청정한 까닭으로 무명(無明)이 청정하고 무명이 청정한 까닭으로
식계가 청정하니라. 왜 그러한가? 이 식계의 청정함과 무명의 청정함은
무이이고 둘로 나눌 수 없으며 분별이 없고 단절도 없는 까닭이니라.

　무명이 청정한 까닭으로 행(行)이 청정하고 행이 청정한 까닭으로 무명이 청정하니라. 왜 그러한가? 이 무명의 청정함과 행의 청정함은 무이이고 둘로 나눌 수 없으며 분별이 없고 단절도 없는 까닭이니라. 행이 청정한 까닭으로 식(識)이 청정하고 식이 청정한 까닭으로 행이 청정하니라. 왜 그러한가? 이 행의 청정함과 식의 청정함은 무이이고 둘로 나눌 수 없으며 분별이 없고 단절도 없는 까닭이니라.

　식이 청정한 까닭으로 명색(名色)이 청정하고 명색이 청정한 까닭으로 식이 청정하니라. 왜 그러한가? 이 식의 청정함과 명색의 청정함은 무이이고 둘로 나눌 수 없으며 분별이 없고 단절도 없는 까닭이니라. 명색이 청정한 까닭으로 육처(六處)가 청정하고 육처가 청정한 까닭으로 명색이 청정하니라. 왜 그러한가? 이 명색의 청정함과 육처의 청정함은 무이이고 둘로 나눌 수 없으며 분별이 없고 단절도 없는 까닭이니라.

　육처가 청정한 까닭으로 촉(觸)이 청정하고 촉이 청정한 까닭으로 육처가 청정하니라. 왜 그러한가? 이 육처의 청정함과 촉의 청정함은 무이이고 둘로 나눌 수 없으며 분별이 없고 단절도 없는 까닭이니라. 촉이 청정한 까닭으로 수(受)가 청정하고 수가 청정한 까닭으로 촉이 청정하니라. 왜 그러한가? 이 촉의 청정함과 수의 청정함은 무이이고 둘로 나눌 수 없으며 분별이 없고 단절도 없는 까닭이니라.

　수가 청정한 까닭으로 애(愛)가 청정하고 애가 청정한 까닭으로 수가 청정하니라. 왜 그러한가? 이 수의 청정함과 애의 청정함은 무이이고 둘로 나눌 수 없으며 분별이 없고 단절도 없는 까닭이니라. 애가 청정한 까닭으로 유(有)가 청정하고 유가 청정한 까닭으로 애가 청정하니라. 왜 그러한가? 이 애의 청정함과 유의 청정함은 무이이고 둘로 나눌 수 없으며 분별이 없고 단절도 없는 까닭이니라.

　유가 청정한 까닭으로 생(生)이 청정하고 생이 청정한 까닭으로 유가 청정하니라. 왜 그러한가? 이 유의 청정함과 생의 청정함은 무이이고 둘로 나눌 수 없으며 분별이 없고 단절도 없는 까닭이니라. 생이 청정한 까닭으로 노사(老死)의 수탄고우뇌(愁歎苦憂惱)가 청정하고 노사의 수탄

고우뇌가 청정한 까닭으로 생이 청정하니라. 왜 그러한가? 이 생의 청정함
과 노사의 수탄고우뇌의 청정함은 무이이고 둘로 나눌 수 없으며 분별이
없고 단절도 없는 까닭이니라.

노사의 수탄고우뇌가 청정한 까닭으로 보시바라밀다(布施波羅蜜多)가
청정하고 보시바라밀다가 청정한 까닭으로 노사의 수탄고우뇌가 청정하
니라. 왜 그러한가? 이 노사의 수탄고우뇌의 청정함과 보시바라밀다의
청정함은 무이이고 둘로 나눌 수 없으며 분별이 없고 단절도 없는 까닭이
니라. 보시바라밀다가 청정한 까닭으로 정계바라밀다(淨戒波羅蜜多)가
청정하고 정계바라밀다가 청정한 까닭으로 보시바라밀다가 청정하니라.
왜 그러한가? 이 보시바라밀다의 청정함과 정계바라밀다의 청정함은
무이이고 둘로 나눌 수 없으며 분별이 없고 단절도 없는 까닭이니라.

정계바라밀다가 청정한 까닭으로 안인바라밀다(安忍波羅蜜多)가 청정
하고 안인바라밀다가 청정한 까닭으로 정계바라밀다가 청정하니라. 왜
그러한가? 이 정계바라밀다의 청정함과 안인바라밀다의 청정함은 무이
이고 둘로 나눌 수 없으며 분별이 없고 단절도 없는 까닭이니라. 안인바라
밀다가 청정한 까닭으로 정진바라밀다(精進波羅蜜多)가 청정하고 정진바
라밀다가 청정한 까닭으로 안인바라밀다가 청정하니라. 왜 그러한가?
이 안인바라밀다의 청정함과 정진바라밀다의 청정함은 무이이고 둘로
나눌 수 없으며 분별이 없고 단절도 없는 까닭이니라.

정진바라밀다가 청정한 까닭으로 정려바라밀다(靜慮波羅蜜多)가 청정
하고 정려바라밀다가 청정한 까닭으로 정진바라밀다가 청정하니라. 왜
그러한가? 이 정진바라밀다의 청정함과 정려바라밀다의 청정함은 무이
이고 둘로 나눌 수 없으며 분별이 없고 단절도 없는 까닭이니라. 정려바라
밀다가 청정한 까닭으로 반야바라밀다(般若波羅蜜多)가 청정하고 반야바
라밀다가 청정한 까닭으로 정려바라밀다가 청정하니라. 왜 그러한가?
이 정려바라밀다의 청정함과 반야바라밀다의 청정함은 무이이고 둘로
나눌 수 없으며 분별이 없고 단절도 없는 까닭이니라.

반야바라밀다가 청정한 까닭으로 내공(內空)이 청정하고 내공이 청정

한 까닭으로 반야바라밀다가 청정하니라. 왜 그러한가? 이 반야바라밀다의 청정함과 내공의 청정함은 무이이고 둘로 나눌 수 없으며 분별이 없고 단절도 없는 까닭이니라. 내공이 청정한 까닭으로 외공(外空)이 청정하고 외공이 청정한 까닭으로 내공이 청정하니라. 왜 그러한가? 이 내공의 청정함과 외공의 청정함은 무이이고 둘로 나눌 수 없으며 분별이 없고 단절도 없는 까닭이니라.

외공이 청정한 까닭으로 내외공(內外空)이 청정하고 내외공이 청정한 까닭으로 외공이 청정하니라. 왜 그러한가? 이 외공의 청정함과 내외공의 청정함은 무이이고 둘로 나눌 수 없으며 분별이 없고 단절도 없는 까닭이니라. 내외공이 청정한 까닭으로 공공(空空)이 청정하고 공공이 청정한 까닭으로 내외공이 청정하니라. 왜 그러한가? 이 내외공의 청정함과 공공의 청정함은 무이이고 둘로 나눌 수 없으며 분별이 없고 단절도 없는 까닭이니라.

공공이 청정한 까닭으로 대공(大空)이 청정하고 대공이 청정한 까닭으로 공공이 청정하니라. 왜 그러한가? 이 공공의 청정함과 대공의 청정함은 무이이고 둘로 나눌 수 없으며 분별이 없고 단절도 없는 까닭이니라. 대공이 청정한 까닭으로 승의공(勝義空)이 청정하고 승의공이 청정한 까닭으로 대공이 청정하니라. 왜 그러한가? 이 대공의 청정함과 승의공의 청정함은 무이이고 둘로 나눌 수 없으며 분별이 없고 단절도 없는 까닭이니라.

승의공이 청정한 까닭으로 유위공(有爲空)이 청정하고 유위공이 청정한 까닭으로 승의공이 청정하니라. 왜 그러한가? 이 승의공의 청정함과 유위공의 청정함은 무이이고 둘로 나눌 수 없으며 분별이 없고 단절도 없는 까닭이니라. 유위공이 청정한 까닭으로 무위공(無爲空)이 청정하고 무위공이 청정한 까닭으로 유위공이 청정하니라. 왜 그러한가? 이 유위공의 청정함과 무위공의 청정함은 무이이고 둘로 나눌 수 없으며 분별이 없고 단절도 없는 까닭이니라.

무위공이 청정한 까닭으로 필경공(畢竟空)이 청정하고 필경공이 청정한 까닭으로 무위공이 청정하니라. 왜 그러한가? 이 무위공의 청정함과 필경공의 청정함은 무이이고 둘로 나눌 수 없으며 분별이 없고 단절도 없는 까닭이니라. 필경공이 청정한 까닭으로 무제공(無際空)이 청정하고 무제공이 청정한 까닭으로 필경공이 청정하니라. 왜 그러한가? 이 필경공의 청정함과 무제공의 청정함은 무이이고 둘로 나눌 수 없으며 분별이 없고 단절도 없는 까닭이니라.

무제공이 청정한 까닭으로 산공(散空)이 청정하고 산공이 청정한 까닭으로 무제공이 청정하니라. 왜 그러한가? 이 무제공의 청정함과 산공의 청정함은 무이이고 둘로 나눌 수 없으며 분별이 없고 단절도 없는 까닭이니라. 산공이 청정한 까닭으로 무변이공(無變異空)이 청정하고 무변이공이 청정한 까닭으로 산공이 청정하니라. 왜 그러한가? 이 산공의 청정함과 무변이공의 청정함은 무이이고 둘로 나눌 수 없으며 분별이 없고 단절도 없는 까닭이니라.

무변이공이 청정한 까닭으로 본성공(本性空)이 청정하고 본성공이 청정한 까닭으로 무변이공이 청정하니라. 왜 그러한가? 이 무변이공의 청정함과 본성공의 청정함은 무이이고 둘로 나눌 수 없으며 분별이 없고 단절도 없는 까닭이니라. 본성공이 청정한 까닭으로 자상공(自相空)이 청정하고 자상공이 청정한 까닭으로 본성공이 청정하니라. 왜 그러한가? 이 본성공의 청정함과 자상공의 청정함은 무이이고 둘로 나눌 수 없으며 분별이 없고 단절도 없는 까닭이니라.

자상공이 청정한 까닭으로 공상공(共相空)이 청정하고 공상공이 청정한 까닭으로 자상공이 청정하니라. 왜 그러한가? 이 자상공의 청정함과 공상공의 청정함은 무이이고 둘로 나눌 수 없으며 분별이 없고 단절도 없는 까닭이니라. 공상공이 청정한 까닭으로 일체법공(一切法空)이 청정하고 일체법공이 청정한 까닭으로 공상공이 청정하니라. 왜 그러한가? 이 공상공의 청정함과 일체법공의 청정함은 무이이고 둘로 나눌 수 없으며 분별이 없고 단절도 없는 까닭이니라.

일체법공이 청정한 까닭으로 불가득공(不可得空)이 청정하고 불가득공이 청정한 까닭으로 일체법공이 청정하니라. 왜 그러한가? 이 일체법공의 청정함과 불가득공의 청정함은 무이이고 둘로 나눌 수 없으며 분별이 없고 단절도 없는 까닭이니라. 불가득공이 청정한 까닭으로 무성공(無性空)이 청정하고 무성공이 청정한 까닭으로 불가득공이 청정하니라. 왜 그러한가? 이 불가득공의 청정함과 무성공의 청정함은 무이이고 둘로 나눌 수 없으며 분별이 없고 단절도 없는 까닭이니라.

무성공이 청정한 까닭으로 자성공(自性空)이 청정하고 자성공이 청정한 까닭으로 무성공이 청정하니라. 왜 그러한가? 이 무성공의 청정함과 자성공의 청정함은 무이이고 둘로 나눌 수 없으며 분별이 없고 단절도 없는 까닭이니라. 자성공이 청정한 까닭으로 무성자성공(無性自性空)이 청정하고 무성자성공이 청정한 까닭으로 자성공이 청정하니라. 왜 그러한가? 이 자성공의 청정함과 무성자성공의 청정함은 무이이고 둘로 나눌 수 없으며 분별이 없고 단절도 없는 까닭이니라.

무성자성공이 청정한 까닭으로 진여(眞如)가 청정하고 진여가 청정한 까닭으로 무성자성공이 청정하니라. 왜 그러한가? 이 무성자성공의 청정함과 진여의 청정함은 무이이고 둘로 나눌 수 없으며 분별이 없고 단절도 없는 까닭이니라. 진여가 청정한 까닭으로 법계(法界)가 청정하고 법계가 청정한 까닭으로 진여가 청정하니라. 왜 그러한가? 이 진여의 청정함과 법계의 청정함은 무이이고 둘로 나눌 수 없으며 분별이 없고 단절도 없는 까닭이니라.

법계가 청정한 까닭으로 법성(法性)이 청정하고 법성이 청정한 까닭으로 법계가 청정하니라. 왜 그러한가? 이 법계의 청정함과 법성의 청정함은 무이이고 둘로 나눌 수 없으며 분별이 없고 단절도 없는 까닭이니라. 법성이 청정한 까닭으로 불허망성(不虛妄性)이 청정하고 불허망성이 청정한 까닭으로 법성이 청정하니라. 왜 그러한가? 이 법성의 청정함과 불허망성의 청정함은 무이이고 둘로 나눌 수 없으며 분별이 없고 단절도 없는 까닭이니라.

불허망성이 청정한 까닭으로 불변이성(不變異性)이 청정하고 불변이성이 청정한 까닭으로 불허망성이 청정하니라. 왜 그러한가? 이 불허망성의 청정함과 불변이성의 청정함은 무이이고 둘로 나눌 수 없으며 분별이 없고 단절도 없는 까닭이니라. 불변이성이 청정한 까닭으로 평등성(平等性)이 청정하고 평등성이 청정한 까닭으로 불변이성이 청정하니라. 왜 그러한가? 이 불변이성의 청정함과 평등성의 청정함은 무이이고 둘로 나눌 수 없으며 분별이 없고 단절도 없는 까닭이니라.

평등성이 청정한 까닭으로 이생성(離生性)이 청정하고 이생성이 청정한 까닭으로 평등성이 청정하니라. 왜 그러한가? 이 평등성의 청정함과 이생성의 청정함은 무이이고 둘로 나눌 수 없으며 분별이 없고 단절도 없는 까닭이니라. 이생성이 청정한 까닭으로 법정(法定)이 청정하고 법정이 청정한 까닭으로 이생성이 청정하니라. 왜 그러한가? 이 이생성의 청정함과 법정의 청정함은 무이이고 둘로 나눌 수 없으며 분별이 없고 단절도 없는 까닭이니라.

법정이 청정한 까닭으로 법주(法住)가 청정하고 법주가 청정한 까닭으로 법정이 청정하니라. 왜 그러한가? 이 법정의 청정함과 법주의 청정함은 무이이고 둘로 나눌 수 없으며 분별이 없고 단절도 없는 까닭이니라. 법주가 청정한 까닭으로 실제(實際)가 청정하고 실제가 청정한 까닭으로 법주가 청정하니라. 왜 그러한가? 이 법주의 청정함과 실제의 청정함은 무이이고 둘로 나눌 수 없으며 분별이 없고 단절도 없는 까닭이니라.

실제가 청정한 까닭으로 허공계(虛空界)가 청정하고 허공계가 청정한 까닭으로 실제가 청정하니라. 왜 그러한가? 이 실제의 청정함과 허공계의 청정함은 무이이고 둘로 나눌 수 없으며 분별이 없고 단절도 없는 까닭이니라. 허공계가 청정한 까닭으로 부사의계(不思議界)가 청정하고 부사의계가 청정한 까닭으로 허공계가 청정하니라. 왜 그러한가? 이 허공계의 청정함과 부사의계의 청정함은 무이이고 둘로 나눌 수 없으며 분별이 없고 단절도 없는 까닭이니라.

부사의계가 청정한 까닭으로 고성제(苦聖諦)가 청정하고 고성제가 청정한 까닭으로 부사의계가 청정하니라. 왜 그러한가? 이 부사의계의 청정함과 고성제의 청정함은 무이이고 둘로 나눌 수 없으며 분별이 없고 단절도 없는 까닭이니라. 고성제가 청정한 까닭으로 집성제(集聖諦)가 청정하고 집성제가 청정한 까닭으로 고성제가 청정하니라. 왜 그러한가? 이 고성제의 청정함과 집성제의 청정함은 무이이고 둘로 나눌 수 없으며 분별이 없고 단절도 없는 까닭이니라.

집성제가 청정한 까닭으로 멸성제(滅聖諦)가 청정하고 멸성제가 청정한 까닭으로 집성제가 청정하니라. 왜 그러한가? 이 집성제의 청정함과 멸성제의 청정함은 무이이고 둘로 나눌 수 없으며 분별이 없고 단절도 없는 까닭이니라. 멸성제가 청정한 까닭으로 도성제(道聖諦)가 청정하고 도성제가 청정한 까닭으로 멸성제가 청정하니라. 왜 그러한가? 이 멸성제의 청정함과 도성제의 청정함은 무이이고 둘로 나눌 수 없으며 분별이 없고 단절도 없는 까닭이니라.

도성제가 청정한 까닭으로 4정려(四靜慮)가 청정하고 4정려가 청정한 까닭으로 도성제가 청정하니라. 왜 그러한가? 이 도성제의 청정함과 4정려의 청정함은 무이이고 둘로 나눌 수 없으며 분별이 없고 단절도 없는 까닭이니라. 4정려가 청정한 까닭으로 4무량(四無量)이 청정하고 4무량이 청정한 까닭으로 4정려가 청정하니라. 왜 그러한가? 이 4정려의 청정함과 4무량의 청정함은 무이이고 둘로 나눌 수 없으며 분별이 없고 단절도 없는 까닭이니라.

4무량이 청정한 까닭으로 4무색정(四無色定)이 청정하고 4무색정이 청정한 까닭으로 4무량이 청정하니라. 왜 그러한가? 이 4무량의 청정함과 4무색정의 청정함은 무이이고 둘로 나눌 수 없으며 분별이 없고 단절도 없는 까닭이니라. 4무색정이 청정한 까닭으로 8해탈(八解脫)이 청정하고 8해탈이 청정한 까닭으로 4무색정이 청정하니라. 왜 그러한가? 이 4무색정의 청정함과 8해탈의 청정함은 무이이고 둘로 나눌 수 없으며 분별이 없고 단절도 없는 까닭이니라.

8해탈이 청정한 까닭으로 8승처(八勝處)가 청정하고 8승처가 청정한 까닭으로 8해탈이 청정하니라. 왜 그러한가? 이 8해탈의 청정함과 8승처의 청정함은 무이이고 둘로 나눌 수 없으며 분별이 없고 단절도 없는 까닭이니라. 8승처가 청정한 까닭으로 9차제정(九次第定)이 청정하고 9차제정이 청정한 까닭으로 8승처가 청정하니라. 왜 그러한가? 이 8승처의 청정함과 9차제정의 청정함은 무이이고 둘로 나눌 수 없으며 분별이 없고 단절도 없는 까닭이니라.

9차제정이 청정한 까닭으로 10변처(十遍處)가 청정하고 10변처가 청정한 까닭으로 9차제정이 청정하니라. 왜 그러한가? 이 9차제정의 청정함과 10변처의 청정함은 무이이고 둘로 나눌 수 없으며 분별이 없고 단절도 없는 까닭이니라. 10변처가 청정한 까닭으로 4념주(四念住)가 청정하고 4념주가 청정한 까닭으로 10변처가 청정하니라. 왜 그러한가? 이 10변처의 청정함과 4념주의 청정함은 무이이고 둘로 나눌 수 없으며 분별이 없고 단절도 없는 까닭이니라.

4념주가 청정한 까닭으로 4정단(四正斷)이 청정하고 4정단이 청정한 까닭으로 4념주가 청정하니라. 왜 그러한가? 이 4념주의 청정함과 4정단의 청정함은 무이이고 둘로 나눌 수 없으며 분별이 없고 단절도 없는 까닭이니라. 4정단이 청정한 까닭으로 4신족(四神足)이 청정하고 4신족이 청정한 까닭으로 4정단이 청정하니라. 왜 그러한가? 이 4정단의 청정함과 4신족의 청정함은 무이이고 둘로 나눌 수 없으며 분별이 없고 단절도 없는 까닭이니라.

4신족이 청정한 까닭으로 5근(五根)이 청정하고 5근이 청정한 까닭으로 4신족이 청정하니라. 왜 그러한가? 이 4신족의 청정함과 5근의 청정함은 무이이고 둘로 나눌 수 없으며 분별이 없고 단절도 없는 까닭이니라. 5근이 청정한 까닭으로 5력(五力)이 청정하고 5력이 청정한 까닭으로 5근이 청정하니라. 왜 그러한가? 이 5근의 청정함과 5력의 청정함은 무이이고 둘로 나눌 수 없으며 분별이 없고 단절도 없는 까닭이니라.

5력이 청정한 까닭으로 7등각지(七等覺支)가 청정하고 7등각지가 청정한 까닭으로 5력이 청정하니라. 왜 그러한가? 이 5력의 청정함과 7등각지의 청정함은 무이이고 둘로 나눌 수 없으며 분별이 없고 단절도 없는 까닭이니라.

　7등각지가 청정한 까닭으로 8성도지(八聖道支)가 청정하고 8성도지가 청정한 까닭으로 7등각지가 청정하니라. 왜 그러한가? 이 7등각지의 청정함과 8성도지의 청정함은 무이이고 둘로 나눌 수 없으며 분별이 없고 단절도 없는 까닭이니라. 8성도지가 청정한 까닭으로 공해탈문(空解脫門)이 청정하고 공해탈문이 청정한 까닭으로 8성도지가 청정하니라. 왜 그러한가? 이 8성도지의 청정함과 공해탈문의 청정함은 무이이고 둘로 나눌 수 없으며 분별이 없고 단절도 없는 까닭이니라.

　공해탈문이 청정한 까닭으로 무상해탈문(無相解脫門)이 청정하고 무상해탈문이 청정한 까닭으로 공해탈문이 청정하니라. 왜 그러한가? 이 공해탈문의 청정함과 무상해탈문의 청정함은 무이이고 둘로 나눌 수 없으며 분별이 없고 단절도 없는 까닭이니라. 무상해탈문이 청정한 까닭으로 무원해탈문(無願解脫門)이 청정하고 무원해탈문이 청정한 까닭으로 무상해탈문이 청정하니라. 왜 그러한가? 이 무상해탈문의 청정함과 무원해탈문의 청정함은 무이이고 둘로 나눌 수 없으며 분별이 없고 단절도 없는 까닭이니라.

　무원해탈문이 청정한 까닭으로 보살(菩薩)의 10지(十地)가 청정하고 보살의 10지가 청정한 까닭으로 무원해탈문이 청정하니라. 왜 그러한가? 이 무원해탈문의 청정함과 보살의 10지의 청정함은 무이이고 둘로 나눌 수 없으며 분별이 없고 단절도 없는 까닭이니라. 보살의 10지가 청정한 까닭으로 5안(五眼)이 청정하고 5안이 청정한 까닭으로 보살의 10지가 청정하니라. 왜 그러한가? 이 보살의 10지의 청정함과 5안의 청정함은 무이이고 둘로 나눌 수 없으며 분별이 없고 단절도 없는 까닭이니라.

　5안이 청정한 까닭으로 6신통(六神通)이 청정하고 6신통이 청정한 까닭으로 5안이 청정하니라. 왜 그러한가? 이 5안의 청정함과 6신통의 청정함은 무이이고 둘로 나눌 수 없으며 분별이 없고 단절도 없는 까닭이니라. 6신통이 청정한 까닭으로 여래(佛)의 10력(十力)이 청정하고 여래의 10력이 청정한 까닭으로 6신통이 청정하니라. 왜 그러한가? 이 6신통의 청정함과 여래의 10력의 청정함은 무이이고 둘로 나눌 수 없으며 분별이 없고

단절도 없는 까닭이니라.

여래의 10력이 청정한 까닭으로 4무소외(四無所畏)가 청정하고 4무소외가 청정한 까닭으로 여래의 10력이 청정하니라. 왜 그러한가? 이 여래의 10력의 청정함과 4무소외의 청정함은 무이이고 둘로 나눌 수 없으며 분별이 없고 단절도 없는 까닭이니라. 4무소외가 청정한 까닭으로 4무애해(四無礙解)가 청정하고 4무애해가 청정한 까닭으로 4무소외가 청정하니라. 왜 그러한가? 이 4무소외의 청정함과 4무애해의 청정함은 무이이고 둘로 나눌 수 없으며 분별이 없고 단절도 없는 까닭이니라.

4무애해가 청정한 까닭으로 대자(大慈)가 청정하고 대자가 청정한 까닭으로 4무애해가 청정하니라. 왜 그러한가? 이 4무애해의 청정함과 대자의 청정함은 무이이고 둘로 나눌 수 없으며 분별이 없고 단절도 없는 까닭이니라. 대자가 청정한 까닭으로 대비(大悲)가 청정하고 대비가 청정한 까닭으로 대자가 청정하니라. 왜 그러한가? 이 대자의 청정함과 대비의 청정함은 무이이고 둘로 나눌 수 없으며 분별이 없고 단절도 없는 까닭이니라.

대비가 청정한 까닭으로 대희(大喜)가 청정하고 대희가 청정한 까닭으로 대비가 청정하니라. 왜 그러한가? 이 대비의 청정함과 대희의 청정함은 무이이고 둘로 나눌 수 없으며 분별이 없고 단절도 없는 까닭이니라. 대희가 청정한 까닭으로 대사(大捨)가 청정하고 대사가 청정한 까닭으로 대희가 청정하니라. 왜 그러한가? 이 대희의 청정함과 대사의 청정함은 무이이고 둘로 나눌 수 없으며 분별이 없고 단절도 없는 까닭이니라.

대사가 청정한 까닭으로 18불불공법(十八佛不共法)이 청정하고 18불불공법이 청정한 까닭으로 대사가 청정하니라. 왜 그러한가? 이 대사의 청정함과 18불불공법의 청정함은 무이이고 둘로 나눌 수 없으며 분별이 없고 단절도 없는 까닭이니라. 18불불공법이 청정한 까닭으로 무망실법(無忘失法)이 청정하고 무망실법이 청정한 까닭으로 18불불공법이 청정하니라. 왜 그러한가? 이 18불불공법의 청정함과 무망실법의 청정함은 무이이고 둘로 나눌 수 없으며 분별이 없고 단절도 없는 까닭이니라.

무망실법이 청정한 까닭으로 항주사성(恒住捨性)이 청정하고 항주사성이 청정한 까닭으로 무망실법이 청정하니라. 왜 그러한가? 이 무망실법의 청정함과 항주사성의 청정함은 무이이고 둘로 나눌 수 없으며 분별이 없고 단절도 없는 까닭이니라. 항주사성이 청정한 까닭으로 일체지(一切智)가 청정하고 일체지가 청정한 까닭으로 항주사성이 청정하니라. 왜 그러한가? 이 항주사성의 청정함과 일체지의 청정함은 무이이고 둘로 나눌 수 없으며 분별이 없고 단절도 없는 까닭이니라.

일체지가 청정한 까닭으로 도상지(道相智)가 청정하고 도상지가 청정한 까닭으로 일체지가 청정하니라. 왜 그러한가? 이 일체지의 청정함과 도상지의 청정함은 무이이고 둘로 나눌 수 없으며 분별이 없고 단절도 없는 까닭이니라. 도상지가 청정한 까닭으로 일체상지(一切相智)가 청정하고 일체상지가 청정한 까닭으로 도상지가 청정하니라. 왜 그러한가? 이 도상지의 청정함과 일체상지의 청정함은 무이이고 둘로 나눌 수 없으며 분별이 없고 단절도 없는 까닭이니라.

일체상지가 청정한 까닭으로 일체의 다라니문(陀羅尼門)이 청정하고 일체의 다라니문이 청정한 까닭으로 일체상지가 청정하니라. 왜 그러한가? 이 일체상지의 청정함과 일체의 다라니문의 청정함은 무이이고 둘로 나눌 수 없으며 분별이 없고 단절도 없는 까닭이니라. 일체의 다라니문이 청정한 까닭으로 일체의 삼마지문(三摩地門)이 청정하고 일체의 삼마지문이 청정한 까닭으로 일체의 다라니문이 청정하니라. 왜 그러한가? 이 일체의 다라니문의 청정함과 일체의 삼마지문의 청정함은 무이이고 둘로 나눌 수 없으며 분별이 없고 단절도 없는 까닭이니라.

일체의 삼마지문이 청정한 까닭으로 예류과(預流果)가 청정하고 예류과가 청정한 까닭으로 일체의 삼마지문이 청정하니라. 왜 그러한가? 이 일체의 삼마지문의 청정함과 예류과의 청정함은 무이이고 둘로 나눌 수 없으며 분별이 없고 단절도 없는 까닭이니라. 예류과가 청정한 까닭으로 일래과(一來果)가 청정하고 일래과가 청정한 까닭으로 예류과가 청정하니라. 왜 그러한가? 이 예류과의 청정함과 일래과의 청정함은 무이이고

둘로 나눌 수 없으며 분별이 없고 단절도 없는 까닭이니라.

일래과가 청정한 까닭으로 불환과(不還果)가 청정하고 불환과가 청정한 까닭으로 일래과가 청정하니라. 왜 그러한가? 이 일래과의 청정함과 불환과의 청정함은 무이이고 둘로 나눌 수 없으며 분별이 없고 단절도 없는 까닭이니라. 불환과가 청정한 까닭으로 아라한과(阿羅漢果)가 청정하고 아라한과가 청정한 까닭으로 불환과가 청정하니라. 왜 그러한가? 이 불환과의 청정함과 아라한과의 청정함은 무이이고 둘로 나눌 수 없으며 분별이 없고 단절도 없는 까닭이니라.

아라한과가 청정한 까닭으로 독각(獨覺)의 보리(菩提)가 청정하고 독각의 보리가 청정한 까닭으로 아라한과가 청정하니라. 왜 그러한가? 이 아라한과의 청정함과 독각의 보리의 청정함은 무이이고 둘로 나눌 수 없으며 분별이 없고 단절도 없는 까닭이니라. 독각의 보리가 청정한 까닭으로 일체의 보살마하살(菩薩摩訶薩)의 행(行)이 청정하고 일체의 보살마하살의 행이 청정한 까닭으로 독각의 보리가 청정하니라. 왜 그러한가? 이 독각의 보리의 청정함과 일체의 보살마하살의 행의 청정함은 무이이고 둘로 나눌 수 없으며 분별이 없고 단절도 없는 까닭이니라.

일체의 보살마하살의 행이 청정한 까닭으로 제불(諸佛)의 무상정등보리(無上正等菩提)가 청정하고 제불의 무상정등보리가 청정한 까닭으로 일체의 보살마하살의 행이 청정하니라. 왜 그러한가? 이 일체의 보살마하살의 행의 청정함과 제불의 무상정등보리의 청정함은 무이이고 둘로 나눌 수 없으며 분별이 없고 단절도 없는 까닭이니라.”

마하반야바라밀다경 제205권

34. 난신해품(難信解品)(24)

"다시 다음으로 선현이여. 반야바라밀다(般若波羅蜜多)가 청정한 까닭으로 색이 청정하고, 색이 청정한 까닭으로 일체지지가 청정하니라. 왜 그러한가? 만약 반야바라밀다가 청정하거나, 만약 색이 청정하거나, 만약 일체지지가 청정하다면, 무이이고 둘로 나눌 수 없으며 분별이 없고 단절도 없는 까닭이니라. 반야바라밀다가 청정한 까닭으로 수·상·행·식이 청정하고, 수·상·행·식이 청정한 까닭으로 일체지지가 청정하니라. 왜 그러한가? 만약 반야바라밀다가 청정하거나, 만약 수·상·행·식이 청정하거나, 만약 일체지지가 청정하다면, 무이이고 둘로 나눌 수 없으며 분별이 없고 단절도 없는 까닭이니라.

선현이여. 반야바라밀다가 청정한 까닭으로 안처가 청정하고, 안처가 청정한 까닭으로 일체지지가 청정하니라. 왜 그러한가? 만약 반야바라밀다가 청정하거나, 만약 안처가 청정하거나, 만약 일체지지가 청정하다면, 무이이고 둘로 나눌 수 없으며 분별이 없고 단절도 없는 까닭이니라. 반야바라밀다가 청정한 까닭으로 이·비·설·신·의처가 청정하고, 이·비·설·신·의처가 청정한 까닭으로 일체지지가 청정하니라. 왜 그러한가? 만약 반야바라밀다가 청정하거나, 만약 이·비·설·신·의처가 청정하거나, 만약 일체지지가 청정하다면, 무이이고 둘로 나눌 수 없으며 분별이 없고 단절도 없는 까닭이니라.

선현이여. 반야바라밀다가 청정한 까닭으로 색처가 청정하고, 색처가

청정한 까닭으로 일체지지가 청정하니라. 왜 그러한가? 만약 반야바라밀
다가 청정하거나, 만약 색처가 청정하거나, 만약 일체지지가 청정하다면,
무이이고 둘로 나눌 수 없으며 분별이 없고 단절도 없는 까닭이니라.
반야바라밀다가 청정한 까닭으로 성·향·미·촉·법처가 청정하고, 성·향·
미·촉·법처가 청정한 까닭으로 일체지지가 청정하니라. 왜 그러한가?
만약 반야바라밀다가 청정하거나, 만약 성·향·미·촉·법처가 청정하거나,
만약 일체지지가 청정하다면, 무이이고 둘로 나눌 수 없으며 분별이
없고 단절도 없는 까닭이니라.

　선현이여. 반야바라밀다가 청정한 까닭으로 안계가 청정하고, 안계가
청정한 까닭으로 일체지지가 청정하니라. 왜 그러한가? 만약 반야바라밀
다가 청정하거나, 만약 안계가 청정하거나, 만약 일체지지가 청정하다면,
무이이고 둘로 나눌 수 없으며 분별이 없고 단절도 없는 까닭이니라.
반야바라밀다가 청정한 까닭으로 색계·안식계, 나아가 안촉·안촉을 인연
으로 생겨난 여러 수가 청정하고, 색계, 나아가 안촉을 인연으로 생겨난
여러 수가 청정한 까닭으로 일체지지가 청정하니라. 왜 그러한가? 만약
반야바라밀다가 청정하거나, 만약 색계, 나아가 안촉을 인연으로 생겨난
여러 수가 청정하거나, 만약 일체지지가 청정하다면, 무이이고 둘로 나눌
수 없으며 분별이 없고 단절도 없는 까닭이니라.

　선현이여. 반야바라밀다가 청정한 까닭으로 이계가 청정하고, 이계가
청정한 까닭으로 일체지지가 청정하니라. 왜 그러한가? 만약 반야바라밀
다가 청정하거나, 만약 이계가 청정하거나, 만약 일체지지가 청정하다면,
무이이고 둘로 나눌 수 없으며 분별이 없고 단절도 없는 까닭이니라.
반야바라밀다가 청정한 까닭으로 성계·이식계, 나아가 이촉·이촉을 인연
으로 생겨난 여러 수가 청정하고, 성계, 나아가 이촉을 인연으로 생겨난
여러 수가 청정한 까닭으로 일체지지가 청정하니라. 왜 그러한가? 만약
반야바라밀다가 청정하거나, 만약 성계, 나아가 이촉을 인연으로 생겨난
여러 수가 청정하거나, 만약 일체지지가 청정하다면, 무이이고 둘로 나눌
수 없으며 분별이 없고 단절도 없는 까닭이니라.

선현이여. 반야바라밀다가 청정한 까닭으로 비계가 청정하고, 비계가 청정한 까닭으로 일체지지가 청정하니라. 왜 그러한가? 만약 반야바라밀다가 청정하거나, 만약 비계가 청정하거나, 만약 일체지지가 청정하다면, 무이이고 둘로 나눌 수 없으며 분별이 없고 단절도 없는 까닭이니라. 반야바라밀다가 청정한 까닭으로 향계·비식계, 나아가 비촉·비촉을 인연으로 생겨난 여러 수가 청정하고, 향계, 나아가 비촉을 인연으로 생겨난 여러 수가 청정한 까닭으로 일체지지가 청정하니라. 왜 그러한가? 만약 반야바라밀다가 청정하거나, 만약 향계, 나아가 비촉을 인연으로 생겨난 여러 수가 청정하거나, 만약 일체지지가 청정하다면, 무이이고 둘로 나눌 수 없으며 분별이 없고 단절도 없는 까닭이니라.

선현이여. 반야바라밀다가 청정한 까닭으로 설계가 청정하고, 설계가 청정한 까닭으로 일체지지가 청정하니라. 왜 그러한가? 만약 반야바라밀다가 청정하거나, 만약 설계가 청정하거나, 만약 일체지지가 청정하다면, 무이이고 둘로 나눌 수 없으며 분별이 없고 단절도 없는 까닭이니라. 반야바라밀다가 청정한 까닭으로 미계·설식계, 나아가 설촉·설촉을 인연으로 생겨난 여러 수가 청정하고, 미계, 나아가 설촉을 인연으로 생겨난 여러 수가 청정한 까닭으로 일체지지가 청정하니라. 왜 그러한가? 만약 반야바라밀다가 청정하거나, 만약 미계, 나아가 설촉을 인연으로 생겨난 여러 수가 청정하거나, 만약 일체지지가 청정하다면, 무이이고 둘로 나눌 수 없으며 분별이 없고 단절도 없는 까닭이니라.

선현이여. 반야바라밀다가 청정한 까닭으로 신계가 청정하고, 신계가 청정한 까닭으로 일체지지가 청정하니라. 왜 그러한가? 만약 반야바라밀다가 청정하거나, 만약 신계가 청정하거나, 만약 일체지지가 청정하다면, 무이이고 둘로 나눌 수 없으며 분별이 없고 단절도 없는 까닭이니라. 반야바라밀다가 청정한 까닭으로 촉계·신식계, 나아가 신촉·신촉을 인연으로 생겨난 여러 수가 청정하고, 촉계, 나아가 신촉을 인연으로 생겨난 여러 수가 청정한 까닭으로 일체지지가 청정하니라. 왜 그러한가? 만약 반야바라밀다가 청정하거나, 만약 촉계, 나아가 신촉을 인연으로 생겨난 여러 수가 청정하거나, 만약 일체지지가 청정하다면, 무이이고 둘로 나눌 수 없으며 분별이 없고 단절도 없는 까닭이니라.

선현이여. 반야바라밀다가 청정한 까닭으로 의계가 청정하고, 의계가 청정한 까닭으로 일체지지가 청정하니라. 왜 그러한가? 만약 반야바라밀다가 청정하거나, 만약 의계가 청정하거나, 만약 일체지지가 청정하다면, 무이이고 둘로 나눌 수 없으며 분별이 없고 단절도 없는 까닭이니라. 반야바라밀다가 청정한 까닭으로 법계·의식계, 나아가 의촉·의촉을 인연으로 생겨난 여러 수가 청정하고, 법계, 나아가 의촉을 인연으로 생겨난 여러 수가 청정한 까닭으로 일체지지가 청정하니라. 왜 그러한가? 만약 반야바라밀다가 청정하거나, 만약 법계, 나아가 의촉을 인연으로 생겨난 여러 수가 청정하거나, 만약 일체지지가 청정하다면, 무이이고 둘로 나눌 수 없으며 분별이 없고 단절도 없는 까닭이니라.

선현이여. 반야바라밀다가 청정한 까닭으로 지계가 청정하고, 지계가 청정한 까닭으로 일체지지가 청정하니라. 왜 그러한가? 만약 반야바라밀다가 청정하거나, 만약 지계가 청정하거나, 만약 일체지지가 청정하다면, 무이이고 둘로 나눌 수 없으며 분별이 없고 단절도 없는 까닭이니라. 반야바라밀다가 청정한 까닭으로 수·화·풍·공·식계가 청정하고, 수·화·풍·공·식계가 청정한 까닭으로 일체지지가 청정하니라. 왜 그러한가? 만약 반야바라밀다가 청정하거나, 만약 수·화·풍·공·식계가 청정하거나, 만약 일체지지가 청정하다면, 무이이고 둘로 나눌 수 없으며 분별이 없고 단절도 없는 까닭이니라.

선현이여. 반야바라밀다가 청정한 까닭으로 무명이 청정하고, 무명이 청정한 까닭으로 일체지지가 청정하니라. 왜 그러한가? 만약 반야바라밀다가 청정하거나, 만약 무명이 청정하거나, 만약 일체지지가 청정하다면, 무이이고 둘로 나눌 수 없으며 분별이 없고 단절도 없는 까닭이니라. 반야바라밀다가 청정한 까닭으로 행·식·명색·육처·촉·수·애·취·유·생·노사의 수탄고우뇌가 청정하고, 행, 나아가 노사의 수탄고우뇌가 청정한 까닭으로 일체지지가 청정하니라. 왜 그러한가? 만약 반야바라밀다가

청정하거나, 만약 행, 나아가 노사의 수탄고우뇌가 청정하거나, 만약 일체지지가 청정하다면, 무이이고 둘로 나눌 수 없으며 분별이 없고 단절도 없는 까닭이니라.

선현이여. 반야바라밀다가 청정한 까닭으로 보시바라밀다가 청정하고, 보시바라밀다가 청정한 까닭으로 일체지지가 청정하니라. 왜 그러한가? 만약 반야바라밀다가 청정하거나, 만약 보시바라밀다가 청정하거나, 만약 일체지지가 청정하다면, 무이이고 둘로 나눌 수 없으며 분별이 없고 단절도 없는 까닭이니라. 반야바라밀다가 청정한 까닭으로 정계·안인·정진·정려바라밀다가 청정하고, 정계, 나아가 반야바라밀다가 청정한 까닭으로 일체지지가 청정하니라. 왜 그러한가? 만약 반야바라밀다가 청정하거나, 만약 정계, 나아가 정려바라밀다가 청정하거나, 만약 일체지지가 청정하다면, 무이이고 둘로 나눌 수 없으며 분별이 없고 단절도 없는 까닭이니라.

선현이여. 반야바라밀다가 청정한 까닭으로 내공이 청정하고, 내공이 청정한 까닭으로 일체지지가 청정하니라. 왜 그러한가? 만약 반야바라밀다가 청정하거나, 만약 내공이 청정하거나, 만약 일체지지가 청정하다면, 무이이고 둘로 나눌 수 없으며 분별이 없고 단절도 없는 까닭이니라. 반야바라밀다가 청정한 까닭으로 외공·내외공·공공·대공·승의공·유위공·무위공·필경공·무제공·산공·무변이공·본성공·자상공·공상공·일체법공·불가득공·무성공·자성공·무성자성공이 청정하고, 외공, 나아가 무성자성공이 청정한 까닭으로 일체지지가 청정하니라. 왜 그러한가? 만약 반야바라밀다가 청정하거나, 만약 외공, 나아가 무성자성공이 청정하거나, 만약 일체지지가 청정하다면, 무이이고 둘로 나눌 수 없으며 분별이 없고 단절도 없는 까닭이니라.

선현이여. 반야바라밀다가 청정한 까닭으로 진여가 청정하고, 진여가 청정한 까닭으로 일체지지가 청정하니라. 왜 그러한가? 만약 반야바라밀다가 청정하거나, 만약 진여가 청정하거나, 만약 일체지지가 청정하다면, 무이이고 둘로 나눌 수 없으며 분별이 없고 단절도 없는 까닭이니라.

반야바라밀다가 청정한 까닭으로 법계·법성·불허망성·불변이성·평등성·이생성·법정·법주·실제·허공계·부사의계가 청정하고 법계, 나아가 부사의계가 청정한 까닭으로 일체지지가 청정하니라. 왜 그러한가? 만약 반야바라밀다가 청정하거나, 만약 법계, 나아가 부사의계가 청정하거나, 만약 일체지지가 청정하다면, 무이이고 둘로 나눌 수 없으며 분별이 없고 단절도 없는 까닭이니라.

선현이여. 반야바라밀다가 청정한 까닭으로 고성제가 청정하고, 고성제가 청정한 까닭으로 일체지지가 청정하니라. 왜 그러한가? 만약 반야바라밀다가 청정하거나, 만약 고성제가 청정하거나, 만약 일체지지가 청정하다면, 무이이고 둘로 나눌 수 없으며 분별이 없고 단절도 없는 까닭이니라. 반야바라밀다가 청정한 까닭으로 집·멸·도성제가 청정하고, 집·멸·도성제가 청정한 까닭으로 일체지지가 청정하니라. 왜 그러한가? 만약 반야바라밀다가 청정하거나, 만약 집·멸·도성제가 청정하거나, 만약 일체지지가 청정하다면, 무이이고 둘로 나눌 수 없으며 분별이 없고 단절도 없는 까닭이니라.

선현이여. 반야바라밀다가 청정한 까닭으로 4정려가 청정하고, 4정려가 청정한 까닭으로 일체지지가 청정하니라. 왜 그러한가? 만약 반야바라밀다가 청정하거나, 만약 4정려가 청정하거나, 만약 일체지지가 청정하다면, 무이이고 둘로 나눌 수 없으며 분별이 없고 단절도 없는 까닭이니라. 반야바라밀다가 청정한 까닭으로 4무량·4무색정이 청정하고, 4무량·4무색정이 청정한 까닭으로 일체지지가 청정하니라. 왜 그러한가? 만약 반야바라밀다가 청정하거나, 만약 4무량·4무색정이 청정하거나, 만약 일체지지가 청정하다면, 무이이고 둘로 나눌 수 없으며 분별이 없고 단절도 없는 까닭이니라.

선현이여. 반야바라밀다가 청정한 까닭으로 8해탈이 청정하고, 8해탈이 청정한 까닭으로 일체지지가 청정하니라. 왜 그러한가? 만약 반야바라밀다가 청정하거나, 만약 8해탈이 청정하거나, 만약 일체지지가 청정하다면, 무이이고 둘로 나눌 수 없으며 분별이 없고 단절도 없는 까닭이니라.

반야바라밀다가 청정한 까닭으로 8승처·9차제정·10변처가 청정하고, 8승처·9차제정·10변처가 청정한 까닭으로 일체지지가 청정하니라. 왜 그러한가? 만약 반야바라밀다가 청정하거나, 만약 8승처·9차제정·10변처가 청정하거나, 만약 일체지지가 청정하다면, 무이이고 둘로 나눌 수 없으며 분별이 없고 단절도 없는 까닭이니라.

선현이여. 반야바라밀다가 청정한 까닭으로 4념주가 청정하고, 4념주가 청정한 까닭으로 일체지지가 청정하니라. 왜 그러한가? 만약 반야바라밀다가 청정하거나, 만약 4념주가 청정하거나, 만약 일체지지가 청정하다면, 무이이고 둘로 나눌 수 없으며 분별이 없고 단절도 없는 까닭이니라. 반야바라밀다가 청정한 까닭으로 4정단·4신족·5근·5력·7등각지·8성도지가 청정하고, 4정단, 나아가 8성도지가 청정한 까닭으로 일체지지가 청정하니라. 왜 그러한가? 만약 반야바라밀다가 청정하거나, 만약 4정단, 나아가 8성도지가 청정하거나, 만약 일체지지가 청정하다면, 무이이고 둘로 나눌 수 없으며 분별이 없고 단절도 없는 까닭이니라.

선현이여. 반야바라밀다가 청정한 까닭으로 공해탈문이 청정하고, 공해탈문이 청정한 까닭으로 일체지지가 청정하니라. 왜 그러한가? 만약 반야바라밀다가 청정하거나, 만약 공해탈문이 청정하거나, 만약 일체지지가 청정하다면, 무이이고 둘로 나눌 수 없으며 분별이 없고 단절도 없는 까닭이니라. 반야바라밀다가 청정한 까닭으로 무상·무원해탈문이 청정하고, 무상·무원해탈문이 청정한 까닭으로 일체지지가 청정하니라. 왜 그러한가? 만약 반야바라밀다가 청정하거나, 만약 무상·무원해탈문이 청정하거나, 만약 일체지지가 청정하다면, 무이이고 둘로 나눌 수 없으며 분별이 없고 단절도 없는 까닭이니라.

선현이여. 반야바라밀다가 청정한 까닭으로 보살의 10지가 청정하고, 보살의 10지가 청정한 까닭으로 일체지지가 청정하니라. 왜 그러한가? 만약 반야바라밀다가 청정하거나, 만약 보살의 10지가 청정하거나, 만약 일체지지가 청정하다면, 무이이고 둘로 나눌 수 없으며 분별이 없고 단절도 없는 까닭이니라.

선현이여. 반야바라밀다가 청정한 까닭으로 5안이 청정하고, 5안이 청정한 까닭으로 일체지지가 청정하니라. 왜 그러한가? 만약 반야바라밀다가 청정하거나, 만약 5안이 청정하거나, 만약 일체지지가 청정하다면, 무이이고 둘로 나눌 수 없으며 분별이 없고 단절도 없는 까닭이니라. 반야바라밀다가 청정한 까닭으로 6신통이 청정하고, 6신통이 청정한 까닭으로 일체지지가 청정하니라. 왜 그러한가? 만약 반야바라밀다가 청정하거나, 만약 6신통이 청정하거나, 만약 일체지지가 청정하다면, 무이이고 둘로 나눌 수 없으며 분별이 없고 단절도 없는 까닭이니라.

선현이여. 반야바라밀다가 청정한 까닭으로 여래의 10력이 청정하고, 여래의 10력이 청정한 까닭으로 일체지지가 청정하니라. 왜 그러한가? 만약 반야바라밀다가 청정하거나, 만약 여래의 10력이 청정하거나, 만약 일체지지가 청정하다면, 무이이고 둘로 나눌 수 없으며 분별이 없고 단절도 없는 까닭이니라. 반야바라밀다가 청정한 까닭으로 4무소외·4무애해·대자·대비·대희·대사·18불불공법이 청정하고, 4무소외, 나아가 18불불공법이 청정한 까닭으로 일체지지가 청정하니라. 왜 그러한가? 만약 반야바라밀다가 청정하거나, 만약 4무소외, 나아가 18불불공법이 청정하거나, 만약 일체지지가 청정하다면, 무이이고 둘로 나눌 수 없으며 분별이 없고 단절도 없는 까닭이니라.

선현이여. 반야바라밀다가 청정한 까닭으로 무망실법이 청정하고, 무망실법이 청정한 까닭으로 일체지지가 청정하니라. 왜 그러한가? 만약 반야바라밀다가 청정하거나, 만약 무망실법이 청정하거나, 만약 일체지지가 청정하다면, 무이이고 둘로 나눌 수 없으며 분별이 없고 단절도 없는 까닭이니라. 반야바라밀다가 청정한 까닭으로 항주사성이 청정하고, 항주사성이 청정한 까닭으로 일체지지가 청정하니라. 왜 그러한가? 만약 반야바라밀다가 청정하거나, 만약 항주사성이 청정하거나, 만약 일체지지가 청정하다면, 무이이고 둘로 나눌 수 없으며 분별이 없고 단절도 없는 까닭이니라.

선현이여. 반야바라밀다가 청정한 까닭으로 일체지가 청정하고, 일체지가 청정한 까닭으로 일체지지가 청정하니라. 왜 그러한가? 만약 반야바라밀다가 청정하거나, 만약 일체지가 청정하거나, 만약 일체지지가 청정하다면, 무이이고 둘로 나눌 수 없으며 분별이 없고 단절도 없는 까닭이니라. 반야바라밀다가 청정한 까닭으로 도상지·일체상지가 청정하고, 도상지·일체상지가 청정한 까닭으로 일체지지가 청정하니라. 왜 그러한가? 만약 반야바라밀다가 청정하거나, 만약 도상지·일체상지가 청정하거나, 만약 일체지지가 청정하다면, 무이이고 둘로 나눌 수 없으며 분별이 없고 단절도 없는 까닭이니라.

선현이여. 반야바라밀다가 청정한 까닭으로 일체의 다라니문이 청정하고, 일체의 다라니문이 청정한 까닭으로 일체지지가 청정하니라. 왜 그러한가? 만약 반야바라밀다가 청정하거나, 만약 일체의 다라니문이 청정하거나, 만약 일체지지가 청정하다면, 무이이고 둘로 나눌 수 없으며 분별이 없고 단절도 없는 까닭이니라. 반야바라밀다가 청정한 까닭으로 일체의 삼마지문이 청정하고, 일체의 삼마지문이 청정한 까닭으로 일체지지가 청정하니라. 왜 그러한가? 만약 반야바라밀다가 청정하거나, 만약 일체의 삼마지문이 청정하거나, 만약 일체지지가 청정하다면, 무이이고 둘로 나눌 수 없으며 분별이 없고 단절도 없는 까닭이니라.

선현이여. 반야바라밀다가 청정한 까닭으로 예류과가 청정하고, 예류과가 청정한 까닭으로 일체지지가 청정하니라. 왜 그러한가? 만약 반야바라밀다가 청정하거나, 만약 예류과가 청정하거나, 만약 일체지지가 청정하다면, 무이이고 둘로 나눌 수 없으며 분별이 없고 단절도 없는 까닭이니라. 반야바라밀다가 청정한 까닭으로 일래·불환·아라한과가 청정하고, 일래·불환·아라한과가 청정한 까닭으로 일체지지가 청정하니라. 왜 그러한가? 만약 반야바라밀다가 청정하거나, 만약 일래·불환·아라한과가 청정하거나, 만약 일체지지가 청정하다면, 무이이고 둘로 나눌 수 없으며 분별이 없고 단절도 없는 까닭이니라.

선현이여. 반야바라밀다가 청정한 까닭으로 독각의 보리가 청정하고, 독각의 보리가 청정한 까닭으로 일체지지가 청정하니라. 왜 그러한가?

만약 반야바라밀다가 청정하거나, 만약 독각의 보리가 청정하거나, 만약 일체지지가 청정하다면, 무이이고 둘로 나눌 수 없으며 분별이 없고 단절도 없는 까닭이니라.

선현이여. 반야바라밀다가 청정한 까닭으로 일체의 보살마하살의 행이 청정하고, 일체의 보살마하살의 행이 청정한 까닭으로 일체지지가 청정하니라. 왜 그러한가? 만약 반야바라밀다가 청정하거나, 만약 일체의 보살마하살의 행이 청정하거나, 만약 일체지지가 청정하다면, 무이이고 둘로 나눌 수 없으며 분별이 없고 단절도 없는 까닭이니라.

선현이여. 반야바라밀다가 청정한 까닭으로 제불의 무상정등보리가 청정하고, 제불의 무상정등보리가 청정한 까닭으로 일체지지가 청정하니라. 왜 그러한가? 만약 반야바라밀다가 청정하거나, 만약 제불의 무상정등보리가 청정하거나, 만약 일체지지가 청정하다면, 무이이고 둘로 나눌 수 없으며 분별이 없고 단절도 없는 까닭이니라."

"다시 다음으로 선현이여. 정려바라밀다(靜慮波羅蜜多)가 청정한 까닭으로 색이 청정하고, 색이 청정한 까닭으로 일체지지가 청정하니라. 왜 그러한가? 만약 정려바라밀다가 청정하거나, 만약 색이 청정하거나, 만약 일체지지가 청정하다면, 무이이고 둘로 나눌 수 없으며 분별이 없고 단절도 없는 까닭이니라. 정려바라밀다가 청정한 까닭으로 수·상·행·식이 청정하고, 수·상·행·식이 청정한 까닭으로 일체지지가 청정하니라. 왜 그러한가? 만약 정려바라밀다가 청정하거나, 만약 수·상·행·식이 청정하거나, 만약 일체지지가 청정하다면, 무이이고 둘로 나눌 수 없으며 분별이 없고 단절도 없는 까닭이니라.

선현이여. 정려바라밀다가 청정한 까닭으로 안처가 청정하고, 안처가 청정한 까닭으로 일체지지가 청정하니라. 왜 그러한가? 만약 정려바라밀다가 청정하거나, 만약 안처가 청정하거나, 만약 일체지지가 청정하다면, 무이이고 둘로 나눌 수 없으며 분별이 없고 단절도 없는 까닭이니라. 정려바라밀다가 청정한 까닭으로 이·비·설·신·의처가 청정하고, 이·비·

설·신·의처가 청정한 까닭으로 일체지지가 청정하니라. 왜 그러한가? 만약 정려바라밀다가 청정하거나, 만약 이·비·설·신·의처가 청정하거나, 만약 일체지지가 청정하다면, 무이이고 둘로 나눌 수 없으며 분별이 없고 단절도 없는 까닭이니라.

　선현이여. 정려바라밀다가 청정한 까닭으로 색처가 청정하고, 색처가 청정한 까닭으로 일체지지가 청정하니라. 왜 그러한가? 만약 정려바라밀다가 청정하거나, 만약 색처가 청정하거나, 만약 일체지지가 청정하다면, 무이이고 둘로 나눌 수 없으며 분별이 없고 단절도 없는 까닭이니라. 정려바라밀다가 청정한 까닭으로 성·향·미·촉·법처가 청정하고, 성·향·미·촉·법처가 청정한 까닭으로 일체지지가 청정하니라. 왜 그러한가? 만약 정려바라밀다가 청정하거나, 만약 성·향·미·촉·법처가 청정하거나, 만약 일체지지가 청정하다면, 무이이고 둘로 나눌 수 없으며 분별이 없고 단절도 없는 까닭이니라.

　선현이여. 정려바라밀다가 청정한 까닭으로 안계가 청정하고, 안계가 청정한 까닭으로 일체지지가 청정하니라. 왜 그러한가? 만약 정려바라밀다가 청정하거나, 만약 안계가 청정하거나, 만약 일체지지가 청정하다면, 무이이고 둘로 나눌 수 없으며 분별이 없고 단절도 없는 까닭이니라. 정려바라밀다가 청정한 까닭으로 색계·안식계, 나아가 안촉·안촉을 인연으로 생겨난 여러 수가 청정하고, 색계, 나아가 안촉을 인연으로 생겨난 여러 수가 청정한 까닭으로 일체지지가 청정하니라. 왜 그러한가? 만약 정려바라밀다가 청정하거나, 만약 색계, 나아가 안촉을 인연으로 생겨난 여러 수가 청정하거나, 만약 일체지지가 청정하다면, 무이이고 둘로 나눌 수 없으며 분별이 없고 단절도 없는 까닭이니라.

　선현이여. 정려바라밀다가 청정한 까닭으로 이계가 청정하고, 이계가 청정한 까닭으로 일체지지가 청정하니라. 왜 그러한가? 만약 정려바라밀다가 청정하거나, 만약 이계가 청정하거나, 만약 일체지지가 청정하다면, 무이이고 둘로 나눌 수 없으며 분별이 없고 단절도 없는 까닭이니라. 정려바라밀다가 청정한 까닭으로 성계·이식계, 나아가 이촉·이촉을 인연으로 생겨난 여러 수가 청정하고, 성계, 나아가 이촉을 인연으로 생겨난 여러 수가 청정한 까닭으로 일체지지가 청정하니라. 왜 그러한가? 만약 정려바라밀다가 청정하거나, 만약 성계, 나아가 이촉을 인연으로 생겨난 여러 수가 청정하거나, 만약 일체지지가 청정하다면, 무이이고 둘로 나눌 수 없으며 분별이 없고 단절도 없는 까닭이니라.

선현이여. 정려바라밀다가 청정한 까닭으로 비계가 청정하고, 비계가 청정한 까닭으로 일체지지가 청정하니라. 왜 그러한가? 만약 정려바라밀 다가 청정하거나, 만약 비계가 청정하거나, 만약 일체지지가 청정하다면, 무이이고 둘로 나눌 수 없으며 분별이 없고 단절도 없는 까닭이니라. 정려바라밀다가 청정한 까닭으로 향계·비식계, 나아가 비촉·비촉을 인연 으로 생겨난 여러 수가 청정하고, 향계, 나아가 비촉을 인연으로 생겨난 여러 수가 청정한 까닭으로 일체지지가 청정하니라. 왜 그러한가? 만약 정려바라밀다가 청정하거나, 만약 향계, 나아가 비촉을 인연으로 생겨난 여러 수가 청정하거나, 만약 일체지지가 청정하다면, 무이이고 둘로 나눌 수 없으며 분별이 없고 단절도 없는 까닭이니라.

선현이여. 정려바라밀다가 청정한 까닭으로 설계가 청정하고, 설계가 청정한 까닭으로 일체지지가 청정하니라. 왜 그러한가? 만약 정려바라밀 다가 청정하거나, 만약 설계가 청정하거나, 만약 일체지지가 청정하다면, 무이이고 둘로 나눌 수 없으며 분별이 없고 단절도 없는 까닭이니라. 정려바라밀다가 청정한 까닭으로 미계·설식계, 나아가 설촉·설촉을 인연 으로 생겨난 여러 수가 청정하고, 미계, 나아가 설촉을 인연으로 생겨난 여러 수가 청정한 까닭으로 일체지지가 청정하니라. 왜 그러한가? 만약 정려바라밀다가 청정하거나, 만약 미계, 나아가 설촉을 인연으로 생겨난 여러 수가 청정하거나, 만약 일체지지가 청정하다면, 무이이고 둘로 나눌 수 없으며 분별이 없고 단절도 없는 까닭이니라.

선현이여. 정려바라밀다가 청정한 까닭으로 신계가 청정하고, 신계가 청정한 까닭으로 일체지지가 청정하니라. 왜 그러한가? 만약 정려바라밀 다가 청정하거나, 만약 신계가 청정하거나, 만약 일체지지가 청정하다면,

무이이고 둘로 나눌 수 없으며 분별이 없고 단절도 없는 까닭이니라.
정려바라밀다가 청정한 까닭으로 촉계·신식계, 나아가 신촉·신촉을 인연
으로 생겨난 여러 수가 청정하고, 촉계, 나아가 신촉을 인연으로 생겨난
여러 수가 청정한 까닭으로 일체지지가 청정하니라. 왜 그러한가? 만약
정려바라밀다가 청정하거나, 만약 촉계, 나아가 신촉을 인연으로 생겨난
여러 수가 청정하거나, 만약 일체지지가 청정하다면, 무이이고 둘로 나눌
수 없으며 분별이 없고 단절도 없는 까닭이니라.

　선현이여. 정려바라밀다가 청정한 까닭으로 의계가 청정하고, 의계가
청정한 까닭으로 일체지지가 청정하니라. 왜 그러한가? 만약 정려바라밀
다가 청정하거나, 만약 의계가 청정하거나, 만약 일체지지가 청정하다면,
무이이고 둘로 나눌 수 없으며 분별이 없고 단절도 없는 까닭이니라.
정려바라밀다가 청정한 까닭으로 법계·의식계, 나아가 의촉·의촉을 인연
으로 생겨난 여러 수가 청정하고, 법계, 나아가 의촉을 인연으로 생겨난
여러 수가 청정한 까닭으로 일체지지가 청정하니라. 왜 그러한가? 만약
정려바라밀다가 청정하거나, 만약 법계, 나아가 의촉을 인연으로 생겨난
여러 수가 청정하거나, 만약 일체지지가 청정하다면, 무이이고 둘로 나눌
수 없으며 분별이 없고 단절도 없는 까닭이니라.

　선현이여. 정려바라밀다가 청정한 까닭으로 지계가 청정하고, 지계가
청정한 까닭으로 일체지지가 청정하니라. 왜 그러한가? 만약 정려바라밀
다가 청정하거나, 만약 지계가 청정하거나, 만약 일체지지가 청정하다면,
무이이고 둘로 나눌 수 없으며 분별이 없고 단절도 없는 까닭이니라.
정려바라밀다가 청정한 까닭으로 수·화·풍·공·식계가 청정하고, 수·화·
풍·공·식계가 청정한 까닭으로 일체지지가 청정하니라. 왜 그러한가?
만약 정려바라밀다가 청정하거나, 만약 수·화·풍·공·식계가 청정하거나,
만약 일체지지가 청정하다면, 무이이고 둘로 나눌 수 없으며 분별이
없고 단절도 없는 까닭이니라.

　선현이여. 정려바라밀다가 청정한 까닭으로 무명이 청정하고, 무명이
청정한 까닭으로 일체지지가 청정하니라. 왜 그러한가? 만약 정려바라밀

다가 청정하거나, 만약 무명이 청정하거나, 만약 일체지지가 청정하다면, 무이이고 둘로 나눌 수 없으며 분별이 없고 단절도 없는 까닭이니라. 정려바라밀다가 청정한 까닭으로 행·식·명색·육처·촉·수·애·취·유·생·노사의 수탄고우뇌가 청정하고, 행, 나아가 노사의 수탄고우뇌가 청정한 까닭으로 일체지지가 청정하니라. 왜 그러한가? 만약 정려바라밀다가 청정하거나, 만약 행, 나아가 노사의 수탄고우뇌가 청정하거나, 만약 일체지지가 청정하다면, 무이이고 둘로 나눌 수 없으며 분별이 없고 단절도 없는 까닭이니라.

선현이여. 정려바라밀다가 청정한 까닭으로 보시바라밀다가 청정하고, 보시바라밀다가 청정한 까닭으로 일체지지가 청정하니라. 왜 그러한가? 만약 정려바라밀다가 청정하거나, 만약 보시바라밀다가 청정하거나, 만약 일체지지가 청정하다면, 무이이고 둘로 나눌 수 없으며 분별이 없고 단절도 없는 까닭이니라. 정려바라밀다가 청정한 까닭으로 정계·안인·정진·반야바라밀다가 청정하고, 정계, 나아가 반야바라밀다가 청정한 까닭으로 일체지지가 청정하니라. 왜 그러한가? 만약 정려바라밀다가 청정하거나, 만약 정계, 나아가 반야바라밀다가 청정하거나, 만약 일체지지가 청정하다면, 무이이고 둘로 나눌 수 없으며 분별이 없고 단절도 없는 까닭이니라.

선현이여. 정려바라밀다가 청정한 까닭으로 내공이 청정하고, 내공이 청정한 까닭으로 일체지지가 청정하니라. 왜 그러한가? 만약 정려바라밀다가 청정하거나, 만약 내공이 청정하거나, 만약 일체지지가 청정하다면, 무이이고 둘로 나눌 수 없으며 분별이 없고 단절도 없는 까닭이니라. 정려바라밀다가 청정한 까닭으로 외공·내외공·공공·대공·승의공·유위공·무위공·필경공·무제공·산공·무변이공·본성공·자상공·공상공·일체법공·불가득공·무성공·자성공·무성자성공이 청정하고, 외공, 나아가 무성자성공이 청정한 까닭으로 일체지지가 청정하니라. 왜 그러한가? 만약 정려바라밀다가 청정하거나, 만약 외공, 나아가 무성자성공이 청정하거나, 만약 일체지지가 청정하다면, 무이이고 둘로 나눌 수 없으며

분별이 없고 단절도 없는 까닭이니라.

선현이여. 정려바라밀다가 청정한 까닭으로 진여가 청정하고, 진여가 청정한 까닭으로 일체지지가 청정하니라. 왜 그러한가? 만약 정려바라밀다가 청정하거나, 만약 진여가 청정하거나, 만약 일체지지가 청정하다면, 무이이고 둘로 나눌 수 없으며 분별이 없고 단절도 없는 까닭이니라. 정려바라밀다가 청정한 까닭으로 법계·법성·불허망성·불변이성·평등성·이생성·법정·법주·실제·허공계·부사의계가 청정하고 법계, 나아가 부사의계가 청정한 까닭으로 일체지지가 청정하니라. 왜 그러한가? 만약 정려바라밀다가 청정하거나, 만약 법계, 나아가 부사의계가 청정하거나, 만약 일체지지가 청정하다면, 무이이고 둘로 나눌 수 없으며 분별이 없고 단절도 없는 까닭이니라.

선현이여. 정려바라밀다가 청정한 까닭으로 고성제가 청정하고, 고성제가 청정한 까닭으로 일체지지가 청정하니라. 왜 그러한가? 만약 정려바라밀다가 청정하거나, 만약 고성제가 청정하거나, 만약 일체지지가 청정하다면, 무이이고 둘로 나눌 수 없으며 분별이 없고 단절도 없는 까닭이니라. 정려바라밀다가 청정한 까닭으로 집·멸·도성제가 청정하고, 집·멸·도성제가 청정한 까닭으로 일체지지가 청정하니라. 왜 그러한가? 만약 정려바라밀다가 청정하거나, 만약 집·멸·도성제가 청정하거나, 만약 일체지지가 청정하다면, 무이이고 둘로 나눌 수 없으며 분별이 없고 단절도 없는 까닭이니라.

선현이여. 정려바라밀다가 청정한 까닭으로 4정려가 청정하고, 4정려가 청정한 까닭으로 일체지지가 청정하니라. 왜 그러한가? 만약 정려바라밀다가 청정하거나, 만약 4정려가 청정하거나, 만약 일체지지가 청정하다면, 무이이고 둘로 나눌 수 없으며 분별이 없고 단절도 없는 까닭이니라. 정려바라밀다가 청정한 까닭으로 4무량·4무색정이 청정하고, 4무량·4무색정이 청정한 까닭으로 일체지지가 청정하니라. 왜 그러한가? 만약 정려바라밀다가 청정하거나, 만약 4무량·4무색정이 청정하거나, 만약 일체지지가 청정하다면, 무이이고 둘로 나눌 수 없으며 분별이 없고

단절도 없는 까닭이니라.

　선현이여. 정려바라밀다가 청정한 까닭으로 8해탈이 청정하고, 8해탈이 청정한 까닭으로 일체지지가 청정하니라. 왜 그러한가? 만약 정려바라밀다가 청정하거나, 만약 8해탈이 청정하거나, 만약 일체지지가 청정하다면, 무이이고 둘로 나눌 수 없으며 분별이 없고 단절도 없는 까닭이니라. 정려바라밀다가 청정한 까닭으로 8승처·9차제정·10변처가 청정하고, 8승처·9차제정·10변처가 청정한 까닭으로 일체지지가 청정하니라. 왜 그러한가? 만약 정려바라밀다가 청정하거나, 만약 8승처·9차제정·10변처가 청정하거나, 만약 일체지지가 청정하다면, 무이이고 둘로 나눌 수 없으며 분별이 없고 단절도 없는 까닭이니라.

　선현이여. 정려바라밀다가 청정한 까닭으로 4념주가 청정하고, 4념주가 청정한 까닭으로 일체지지가 청정하니라. 왜 그러한가? 만약 정려바라밀다가 청정하거나, 만약 4념주가 청정하거나, 만약 일체지지가 청정하다면, 무이이고 둘로 나눌 수 없으며 분별이 없고 단절도 없는 까닭이니라. 정려바라밀다가 청정한 까닭으로 4정단·4신족·5근·5력·7등각지·8성도지가 청정하고, 4정단, 나아가 8성도지가 청정한 까닭으로 일체지지가 청정하니라. 왜 그러한가? 만약 정려바라밀다가 청정하거나, 만약 4정단, 나아가 8성도지가 청정하거나, 만약 일체지지가 청정하다면, 무이이고 둘로 나눌 수 없으며 분별이 없고 단절도 없는 까닭이니라.

　선현이여. 정려바라밀다가 청정한 까닭으로 공해탈문이 청정하고, 공해탈문이 청정한 까닭으로 일체지지가 청정하니라. 왜 그러한가? 만약 정려바라밀다가 청정하거나, 만약 공해탈문이 청정하거나, 만약 일체지지가 청정하다면, 무이이고 둘로 나눌 수 없으며 분별이 없고 단절도 없는 까닭이니라. 정려바라밀다가 청정한 까닭으로 무상·무원해탈문이 청정하고, 무상·무원해탈문이 청정한 까닭으로 일체지지가 청정하니라. 왜 그러한가? 만약 정려바라밀다가 청정하거나, 만약 무상·무원해탈문이 청정하거나, 만약 일체지지가 청정하다면, 무이이고 둘로 나눌 수 없으며 분별이 없고 단절도 없는 까닭이니라.

　선현이여. 정려바라밀다가 청정한 까닭으로 보살의 10지가 청정하고, 보살의 10지가 청정한 까닭으로 일체지지가 청정하니라. 왜 그러한가? 만약 정려바라밀다가 청정하거나, 만약 보살의 10지가 청정하거나, 만약 일체지지가 청정하다면, 무이이고 둘로 나눌 수 없으며 분별이 없고 단절도 없는 까닭이니라.

　선현이여. 정려바라밀다가 청정한 까닭으로 5안이 청정하고, 5안이 청정한 까닭으로 일체지지가 청정하니라. 왜 그러한가? 만약 정려바라밀다가 청정하거나, 만약 5안이 청정하거나, 만약 일체지지가 청정하다면, 무이이고 둘로 나눌 수 없으며 분별이 없고 단절도 없는 까닭이니라. 정려바라밀다가 청정한 까닭으로 6신통이 청정하고, 6신통이 청정한 까닭으로 일체지지가 청정하니라. 왜 그러한가? 만약 정려바라밀다가 청정하거나, 만약 6신통이 청정하거나, 만약 일체지지가 청정하다면, 무이이고 둘로 나눌 수 없으며 분별이 없고 단절도 없는 까닭이니라.

　선현이여. 정려바라밀다가 청정한 까닭으로 여래의 10력이 청정하고, 여래의 10력이 청정한 까닭으로 일체지지가 청정하니라. 왜 그러한가? 만약 정려바라밀다가 청정하거나, 만약 여래의 10력이 청정하거나, 만약 일체지지가 청정하다면, 무이이고 둘로 나눌 수 없으며 분별이 없고 단절도 없는 까닭이니라. 정려바라밀다가 청정한 까닭으로 4무소외·4무애해·대자·대비·대희·대사·18불불공법이 청정하고, 4무소외, 나아가 18불불공법이 청정한 까닭으로 일체지지가 청정하니라. 왜 그러한가? 만약 정려바라밀다가 청정하거나, 만약 4무소외, 나아가 18불불공법이 청정하거나, 만약 일체지지가 청정하다면, 무이이고 둘로 나눌 수 없으며 분별이 없고 단절도 없는 까닭이니라.

　선현이여. 정려바라밀다가 청정한 까닭으로 무망실법이 청정하고, 무망실법이 청정한 까닭으로 일체지지가 청정하니라. 왜 그러한가? 만약 정려바라밀다가 청정하거나, 만약 무망실법이 청정하거나, 만약 일체지지가 청정하다면, 무이이고 둘로 나눌 수 없으며 분별이 없고 단절도 없는 까닭이니라. 정려바라밀다가 청정한 까닭으로 항주사성이 청정하고, 항주사성이 청정한 까닭으로 일체지지가 청정하니라. 왜 그러한가? 만약 정려바라밀다가 청정하거나, 만약 항주사성이 청정하거나, 만약 일체지지가 청정하다면, 무이이고 둘로 나눌 수 없으며 분별이 없고 단절도 없는 까닭이니라.

선현이여. 정려바라밀다가 청정한 까닭으로 일체지가 청정하고, 일체지가 청정한 까닭으로 일체지지가 청정하니라. 왜 그러한가? 만약 정려바라밀다가 청정하거나, 만약 일체지가 청정하거나, 만약 일체지지가 청정하다면, 무이이고 둘로 나눌 수 없으며 분별이 없고 단절도 없는 까닭이니라. 정려바라밀다가 청정한 까닭으로 도상지·일체상지가 청정하고, 도상지·일체상지가 청정한 까닭으로 일체지지가 청정하니라. 왜 그러한가? 만약 정려바라밀다가 청정하거나, 만약 도상지·일체상지가 청정하거나, 만약 일체지지가 청정하다면, 무이이고 둘로 나눌 수 없으며 분별이 없고 단절도 없는 까닭이니라.

선현이여. 정려바라밀다가 청정한 까닭으로 일체의 다라니문이 청정하고, 일체의 다라니문이 청정한 까닭으로 일체지지가 청정하니라. 왜 그러한가? 만약 정려바라밀다가 청정하거나, 만약 일체의 다라니문이 청정하거나, 만약 일체지지가 청정하다면, 무이이고 둘로 나눌 수 없으며 분별이 없고 단절도 없는 까닭이니라. 정려바라밀다가 청정한 까닭으로 일체의 삼마지문이 청정하고, 일체의 삼마지문이 청정한 까닭으로 일체지지가 청정하니라. 왜 그러한가? 만약 정려바라밀다가 청정하거나, 만약 일체의 삼마지문이 청정하거나, 만약 일체지지가 청정하다면, 무이이고 둘로 나눌 수 없으며 분별이 없고 단절도 없는 까닭이니라.

선현이여. 정려바라밀다가 청정한 까닭으로 예류과가 청정하고, 예류과가 청정한 까닭으로 일체지지가 청정하니라. 왜 그러한가? 만약 정려바라밀다가 청정하거나, 만약 예류과가 청정하거나, 만약 일체지지가 청정하다면, 무이이고 둘로 나눌 수 없으며 분별이 없고 단절도 없는 까닭이니라. 정려바라밀다가 청정한 까닭으로 일래·불환·아라한과가 청정하고, 일래·불환·아라한과가 청정한 까닭으로 일체지지가 청정하니라. 왜 그러한가? 만약 정려바라밀다가 청정하거나, 만약 일래·불환·아라한과가 청정하거나, 만약 일체지지가 청정하다면, 무이이고 둘로 나눌 수 없으며 분별이 없고 단절도 없는 까닭이니라.

선현이여. 정려바라밀다가 청정한 까닭으로 독각의 보리가 청정하고, 독각의 보리가 청정한 까닭으로 일체지지가 청정하니라. 왜 그러한가? 만약 정려바라밀다가 청정하거나, 만약 독각의 보리가 청정하거나, 만약 일체지지가 청정하다면, 무이이고 둘로 나눌 수 없으며 분별이 없고 단절도 없는 까닭이니라.

선현이여. 정려바라밀다가 청정한 까닭으로 일체의 보살마하살의 행이 청정하고, 일체의 보살마하살의 행이 청정한 까닭으로 일체지지가 청정하니라. 왜 그러한가? 만약 정려바라밀다가 청정하거나, 만약 일체의 보살마하살의 행이 청정하거나, 만약 일체지지가 청정하다면, 무이이고 둘로 나눌 수 없으며 분별이 없고 단절도 없는 까닭이니라.

선현이여. 정려바라밀다가 청정한 까닭으로 제불의 무상정등보리가 청정하고, 제불의 무상정등보리가 청정한 까닭으로 일체지지가 청정하니라. 왜 그러한가? 만약 정려바라밀다가 청정하거나, 만약 제불의 무상정등보리가 청정하거나, 만약 일체지지가 청정하다면, 무이이고 둘로 나눌 수 없으며 분별이 없고 단절도 없는 까닭이니라."

마하반야바라밀다경 제206권

34. 난신해품(難信解品)(25)

"다시 다음으로 선현이여. 정진바라밀다(精進波羅蜜多)가 청정한 까닭으로 색이 청정하고, 색이 청정한 까닭으로 일체지지가 청정하니라. 왜 그러한가? 만약 정진바라밀다가 청정하거나, 만약 색이 청정하거나, 만약 일체지지가 청정하다면, 무이이고 둘로 나눌 수 없으며 분별이 없고 단절도 없는 까닭이니라. 정진바라밀다가 청정한 까닭으로 수·상·행·식이 청정하고, 수·상·행·식이 청정한 까닭으로 일체지지가 청정하니라. 왜 그러한가? 만약 정진바라밀다가 청정하거나, 만약 수·상·행·식이 청정하거나, 만약 일체지지가 청정하다면, 무이이고 둘로 나눌 수 없으며 분별이 없고 단절도 없는 까닭이니라.

선현이여. 정진바라밀다가 청정한 까닭으로 안처가 청정하고, 안처가 청정한 까닭으로 일체지지가 청정하니라. 왜 그러한가? 만약 정진바라밀다가 청정하거나, 만약 안처가 청정하거나, 만약 일체지지가 청정하다면, 무이이고 둘로 나눌 수 없으며 분별이 없고 단절도 없는 까닭이니라. 정진바라밀다가 청정한 까닭으로 이·비·설·신·의처가 청정하고, 이·비·설·신·의처가 청정한 까닭으로 일체지지가 청정하니라. 왜 그러한가? 만약 정진바라밀다가 청정하거나, 만약 이·비·설·신·의처가 청정하거나, 만약 일체지지가 청정하다면, 무이이고 둘로 나눌 수 없으며 분별이 없고 단절도 없는 까닭이니라.

선현이여. 정진바라밀다가 청정한 까닭으로 색처가 청정하고, 색처가 청정한 까닭으로 일체지지가 청정하니라. 왜 그러한가? 만약 정진바라밀다가 청정하거나, 만약 색처가 청정하거나, 만약 일체지지가 청정하다면, 무이이고 둘로 나눌 수 없으며 분별이 없고 단절도 없는 까닭이니라. 정진바라밀다가 청정한 까닭으로 성·향·미·촉·법처가 청정하고, 성·향·미·촉·법처가 청정한 까닭으로 일체지지가 청정하니라. 왜 그러한가? 만약 정진바라밀다가 청정하거나, 만약 성·향·미·촉·법처가 청정하거나, 만약 일체지지가 청정하다면, 무이이고 둘로 나눌 수 없으며 분별이 없고 단절도 없는 까닭이니라.

선현이여. 정진바라밀다가 청정한 까닭으로 안계가 청정하고, 안계가 청정한 까닭으로 일체지지가 청정하니라. 왜 그러한가? 만약 정진바라밀다가 청정하거나, 만약 안계가 청정하거나, 만약 일체지지가 청정하다면, 무이이고 둘로 나눌 수 없으며 분별이 없고 단절도 없는 까닭이니라. 정진바라밀다가 청정한 까닭으로 색계·안식계, 나아가 안촉·안촉을 인연으로 생겨난 여러 수가 청정하고, 색계, 나아가 안촉을 인연으로 생겨난 여러 수가 청정한 까닭으로 일체지지가 청정하니라. 왜 그러한가? 만약 정진바라밀다가 청정하거나, 만약 색계, 나아가 안촉을 인연으로 생겨난 여러 수가 청정하거나, 만약 일체지지가 청정하다면, 무이이고 둘로 나눌 수 없으며 분별이 없고 단절도 없는 까닭이니라.

선현이여. 정진바라밀다가 청정한 까닭으로 이계가 청정하고, 이계가 청정한 까닭으로 일체지지가 청정하니라. 왜 그러한가? 만약 정진바라밀다가 청정하거나, 만약 이계가 청정하거나, 만약 일체지지가 청정하다면, 무이이고 둘로 나눌 수 없으며 분별이 없고 단절도 없는 까닭이니라. 정진바라밀다가 청정한 까닭으로 성계·이식계, 나아가 이촉·이촉을 인연으로 생겨난 여러 수가 청정하고, 성계, 나아가 이촉을 인연으로 생겨난 여러 수가 청정한 까닭으로 일체지지가 청정하니라. 왜 그러한가? 만약 정진바라밀다가 청정하거나, 만약 성계, 나아가 이촉을 인연으로 생겨난 여러 수가 청정하거나, 만약 일체지지가 청정하다면, 무이이고 둘로 나눌 수 없으며 분별이 없고 단절도 없는 까닭이니라.

선현이여. 정진바라밀다가 청정한 까닭으로 비계가 청정하고, 비계가 청정한 까닭으로 일체지지가 청정하니라. 왜 그러한가? 만약 정진바라밀다가 청정하거나, 만약 비계가 청정하거나, 만약 일체지지가 청정하다면, 무이이고 둘로 나눌 수 없으며 분별이 없고 단절도 없는 까닭이니라. 정진바라밀다가 청정한 까닭으로 향계·비식계, 나아가 비촉·비촉을 인연으로 생겨난 여러 수가 청정하고, 향계, 나아가 비촉을 인연으로 생겨난 여러 수가 청정한 까닭으로 일체지지가 청정하니라. 왜 그러한가? 만약 정진바라밀다가 청정하거나, 만약 향계, 나아가 비촉을 인연으로 생겨난 여러 수가 청정하거나, 만약 일체지지가 청정하다면, 무이이고 둘로 나눌 수 없으며 분별이 없고 단절도 없는 까닭이니라.

선현이여. 정진바라밀다가 청정한 까닭으로 설계가 청정하고, 설계가 청정한 까닭으로 일체지지가 청정하니라. 왜 그러한가? 만약 정진바라밀다가 청정하거나, 만약 설계가 청정하거나, 만약 일체지지가 청정하다면, 무이이고 둘로 나눌 수 없으며 분별이 없고 단절도 없는 까닭이니라. 정진바라밀다가 청정한 까닭으로 미계·설식계, 나아가 설촉·설촉을 인연으로 생겨난 여러 수가 청정하고, 미계, 나아가 설촉을 인연으로 생겨난 여러 수가 청정한 까닭으로 일체지지가 청정하니라. 왜 그러한가? 만약 정진바라밀다가 청정하거나, 만약 미계, 나아가 설촉을 인연으로 생겨난 여러 수가 청정하거나, 만약 일체지지가 청정하다면, 무이이고 둘로 나눌 수 없으며 분별이 없고 단절도 없는 까닭이니라.

선현이여. 정진바라밀다가 청정한 까닭으로 신계가 청정하고, 신계가 청정한 까닭으로 일체지지가 청정하니라. 왜 그러한가? 만약 정진바라밀다가 청정하거나, 만약 신계가 청정하거나, 만약 일체지지가 청정하다면, 무이이고 둘로 나눌 수 없으며 분별이 없고 단절도 없는 까닭이니라. 정진바라밀다가 청정한 까닭으로 촉계·신식계, 나아가 신촉·신촉을 인연으로 생겨난 여러 수가 청정하고, 촉계, 나아가 신촉을 인연으로 생겨난 여러 수가 청정한 까닭으로 일체지지가 청정하니라. 왜 그러한가? 만약 정진바라밀다가 청정하거나, 만약 촉계, 나아가 신촉을 인연으로 생겨난 여러 수가 청정하거나, 만약 일체지지가 청정하다면, 무이이고 둘로 나눌 수 없으며 분별이 없고 단절도 없는 까닭이니라.

선현이여. 정진바라밀다가 청정한 까닭으로 의계가 청정하고, 의계가 청정한 까닭으로 일체지지가 청정하니라. 왜 그러한가? 만약 정진바라밀다가 청정하거나, 만약 의계가 청정하거나, 만약 일체지지가 청정하다면, 무이이고 둘로 나눌 수 없으며 분별이 없고 단절도 없는 까닭이니라. 정진바라밀다가 청정한 까닭으로 법계·의식계, 나아가 의촉·의촉을 인연으로 생겨난 여러 수가 청정하고, 법계, 나아가 의촉을 인연으로 생겨난 여러 수가 청정한 까닭으로 일체지지가 청정하니라. 왜 그러한가? 만약 정진바라밀다가 청정하거나, 만약 법계, 나아가 의촉을 인연으로 생겨난 여러 수가 청정하거나, 만약 일체지지가 청정하다면, 무이이고 둘로 나눌 수 없으며 분별이 없고 단절도 없는 까닭이니라.

선현이여. 정진바라밀다가 청정한 까닭으로 지계가 청정하고, 지계가 청정한 까닭으로 일체지지가 청정하니라. 왜 그러한가? 만약 정진바라밀다가 청정하거나, 만약 지계가 청정하거나, 만약 일체지지가 청정하다면, 무이이고 둘로 나눌 수 없으며 분별이 없고 단절도 없는 까닭이니라. 정진바라밀다가 청정한 까닭으로 수·화·풍·공·식계가 청정하고, 수·화·풍·공·식계가 청정한 까닭으로 일체지지가 청정하니라. 왜 그러한가? 만약 정진바라밀다가 청정하거나, 만약 수·화·풍·공·식계가 청정하거나, 만약 일체지지가 청정하다면, 무이이고 둘로 나눌 수 없으며 분별이 없고 단절도 없는 까닭이니라.

선현이여. 정진바라밀다가 청정한 까닭으로 무명이 청정하고, 무명이 청정한 까닭으로 일체지지가 청정하니라. 왜 그러한가? 만약 정진바라밀다가 청정하거나, 만약 무명이 청정하거나, 만약 일체지지가 청정하다면, 무이이고 둘로 나눌 수 없으며 분별이 없고 단절도 없는 까닭이니라. 정진바라밀다가 청정한 까닭으로 행·식·명색·육처·촉·수·애·취·유·생·노사의 수탄고우뇌가 청정하고, 행, 나아가 노사의 수탄고우뇌가 청정한 까닭으로 일체지지가 청정하니라. 왜 그러한가? 만약 정진바라밀다가

청정하거나, 만약 행, 나아가 노사의 수탄고우뇌가 청정하거나, 만약 일체지지가 청정하다면, 무이이고 둘로 나눌 수 없으며 분별이 없고 단절도 없는 까닭이니라.

　선현이여. 정진바라밀다가 청정한 까닭으로 보시바라밀다가 청정하고, 보시바라밀다가 청정한 까닭으로 일체지지가 청정하니라. 왜 그러한가? 만약 정진바라밀다가 청정하거나, 만약 보시바라밀다가 청정하거나, 만약 일체지지가 청정하다면, 무이이고 둘로 나눌 수 없으며 분별이 없고 단절도 없는 까닭이니라. 정진바라밀다가 청정한 까닭으로 정계·안인·정려·반야바라밀다가 청정하고, 정계, 나아가 반야바라밀다가 청정한 까닭으로 일체지지가 청정하니라. 왜 그러한가? 만약 정진바라밀다가 청정하거나, 만약 정계, 나아가 반야바라밀다가 청정하거나, 만약 일체지지가 청정하다면, 무이이고 둘로 나눌 수 없으며 분별이 없고 단절도 없는 까닭이니라.

　선현이여. 정진바라밀다가 청정한 까닭으로 내공이 청정하고, 내공이 청정한 까닭으로 일체지지가 청정하니라. 왜 그러한가? 만약 정진바라밀다가 청정하거나, 만약 내공이 청정하거나, 만약 일체지지가 청정하다면, 무이이고 둘로 나눌 수 없으며 분별이 없고 단절도 없는 까닭이니라. 정진바라밀다가 청정한 까닭으로 외공·내외공·공공·대공·승의공·유위공·무위공·필경공·무제공·산공·무변이공·본성공·자상공·공상공·일체법공·불가득공·무성공·자성공·무성자성공이 청정하고, 외공, 나아가 무성자성공이 청정한 까닭으로 일체지지가 청정하니라. 왜 그러한가? 만약 정진바라밀다가 청정하거나, 만약 외공, 나아가 무성자성공이 청정하거나, 만약 일체지지가 청정하다면, 무이이고 둘로 나눌 수 없으며 분별이 없고 단절도 없는 까닭이니라.

　선현이여. 정진바라밀다가 청정한 까닭으로 진여가 청정하고, 진여가 청정한 까닭으로 일체지지가 청정하니라. 왜 그러한가? 만약 정진바라밀다가 청정하거나, 만약 진여가 청정하거나, 만약 일체지지가 청정하다면, 무이이고 둘로 나눌 수 없으며 분별이 없고 단절도 없는 까닭이니라.

정진바라밀다가 청정한 까닭으로 법계·법성·불허망성·불변이성·평등
성·이생성·법정·법주·실제·허공계·부사의계가 청정하고 법계, 나아가
부사의계가 청정한 까닭으로 일체지지가 청정하니라. 왜 그러한가? 만약
정진바라밀다가 청정하거나, 만약 법계, 나아가 부사의계가 청정하거나,
만약 일체지지가 청정하다면, 무이이고 둘로 나눌 수 없으며 분별이
없고 단절도 없는 까닭이니라.

　선현이여. 정진바라밀다가 청정한 까닭으로 고성제가 청정하고, 고성
제가 청정한 까닭으로 일체지지가 청정하니라. 왜 그러한가? 만약 정진바
라밀다가 청정하거나, 만약 고성제가 청정하거나, 만약 일체지지가 청정
하다면, 무이이고 둘로 나눌 수 없으며 분별이 없고 단절도 없는 까닭이니
라. 정진바라밀다가 청정한 까닭으로 집·멸·도성제가 청정하고, 집·멸·
도성제가 청정한 까닭으로 일체지지가 청정하니라. 왜 그러한가? 만약
정진바라밀다가 청정하거나, 만약 집·멸·도성제가 청정하거나, 만약 일
체지지가 청정하다면, 무이이고 둘로 나눌 수 없으며 분별이 없고 단절도
없는 까닭이니라.

　선현이여. 정진바라밀다가 청정한 까닭으로 4정려가 청정하고, 4정려
가 청정한 까닭으로 일체지지가 청정하니라. 왜 그러한가? 만약 정진바라
밀다가 청정하거나, 만약 4정려가 청정하거나, 만약 일체지지가 청정하다
면, 무이이고 둘로 나눌 수 없으며 분별이 없고 단절도 없는 까닭이니라.
정진바라밀다가 청정한 까닭으로 4무량·4무색정이 청정하고, 4무량·4무
색정이 청정한 까닭으로 일체지지가 청정하니라. 왜 그러한가? 만약
정진바라밀다가 청정하거나, 만약 4무량·4무색정이 청정하거나, 만약
일체지지가 청정하다면, 무이이고 둘로 나눌 수 없으며 분별이 없고
단절도 없는 까닭이니라.

　선현이여. 정진바라밀다가 청정한 까닭으로 8해탈이 청정하고, 8해탈
이 청정한 까닭으로 일체지지가 청정하니라. 왜 그러한가? 만약 정진바라
밀다가 청정하거나, 만약 8해탈이 청정하거나, 만약 일체지지가 청정하다
면, 무이이고 둘로 나눌 수 없으며 분별이 없고 단절도 없는 까닭이니라.

정진바라밀다가 청정한 까닭으로 8승처·9차제정·10변처가 청정하고, 8승처·9차제정·10변처가 청정한 까닭으로 일체지지가 청정하니라. 왜 그러한가? 만약 정진바라밀다가 청정하거나, 만약 8승처·9차제정·10변처가 청정하거나, 만약 일체지지가 청정하다면, 무이이고 둘로 나눌 수 없으며 분별이 없고 단절도 없는 까닭이니라.

선현이여. 정진바라밀다가 청정한 까닭으로 4념주가 청정하고, 4념주가 청정한 까닭으로 일체지지가 청정하니라. 왜 그러한가? 만약 정진바라밀다가 청정하거나, 만약 4념주가 청정하거나, 만약 일체지지가 청정하다면, 무이이고 둘로 나눌 수 없으며 분별이 없고 단절도 없는 까닭이니라. 정진바라밀다가 청정한 까닭으로 4정단·4신족·5근·5력·7등각지·8성도지가 청정하고, 4정단, 나아가 8성도지가 청정한 까닭으로 일체지지가 청정하니라. 왜 그러한가? 만약 정진바라밀다가 청정하거나, 만약 4정단, 나아가 8성도지가 청정하거나, 만약 일체지지가 청정하다면, 무이이고 둘로 나눌 수 없으며 분별이 없고 단절도 없는 까닭이니라.

선현이여. 정진바라밀다가 청정한 까닭으로 공해탈문이 청정하고, 공해탈문이 청정한 까닭으로 일체지지가 청정하니라. 왜 그러한가? 만약 정진바라밀다가 청정하거나, 만약 공해탈문이 청정하거나, 만약 일체지지가 청정하다면, 무이이고 둘로 나눌 수 없으며 분별이 없고 단절도 없는 까닭이니라. 정진바라밀다가 청정한 까닭으로 무상·무원해탈문이 청정하고, 무상·무원해탈문이 청정한 까닭으로 일체지지가 청정하니라. 왜 그러한가? 만약 정진바라밀다가 청정하거나, 만약 무상·무원해탈문이 청정하거나, 만약 일체지지가 청정하다면, 무이이고 둘로 나눌 수 없으며 분별이 없고 단절도 없는 까닭이니라.

선현이여. 정진바라밀다가 청정한 까닭으로 보살의 10지가 청정하고, 보살의 10지가 청정한 까닭으로 일체지지가 청정하니라. 왜 그러한가? 만약 정진바라밀다가 청정하거나, 만약 보살의 10지가 청정하거나, 만약 일체지지가 청정하다면, 무이이고 둘로 나눌 수 없으며 분별이 없고 단절도 없는 까닭이니라.

선현이여. 정진바라밀다가 청정한 까닭으로 5안이 청정하고, 5안이 청정한 까닭으로 일체지지가 청정하니라. 왜 그러한가? 만약 정진바라밀다가 청정하거나, 만약 5안이 청정하거나, 만약 일체지지가 청정하다면, 무이이고 둘로 나눌 수 없으며 분별이 없고 단절도 없는 까닭이니라. 정진바라밀다가 청정한 까닭으로 6신통이 청정하고, 6신통이 청정한 까닭으로 일체지지가 청정하니라. 왜 그러한가? 만약 정진바라밀다가 청정하거나, 만약 6신통이 청정하거나, 만약 일체지지가 청정하다면, 무이이고 둘로 나눌 수 없으며 분별이 없고 단절도 없는 까닭이니라.

선현이여. 정진바라밀다가 청정한 까닭으로 여래의 10력이 청정하고, 여래의 10력이 청정한 까닭으로 일체지지가 청정하니라. 왜 그러한가? 만약 정진바라밀다가 청정하거나, 만약 여래의 10력이 청정하거나, 만약 일체지지가 청정하다면, 무이이고 둘로 나눌 수 없으며 분별이 없고 단절도 없는 까닭이니라. 정진바라밀다가 청정한 까닭으로 4무소외·4무애해·대자·대비·대희·대사·18불불공법이 청정하고, 4무소외, 나아가 18불불공법이 청정한 까닭으로 일체지지가 청정하니라. 왜 그러한가? 만약 정진바라밀다가 청정하거나, 만약 4무소외, 나아가 18불불공법이 청정하거나, 만약 일체지지가 청정하다면, 무이이고 둘로 나눌 수 없으며 분별이 없고 단절도 없는 까닭이니라.

선현이여. 정진바라밀다가 청정한 까닭으로 무망실법이 청정하고, 무망실법이 청정한 까닭으로 일체지지가 청정하니라. 왜 그러한가? 만약 정진바라밀다가 청정하거나, 만약 무망실법이 청정하거나, 만약 일체지지가 청정하다면, 무이이고 둘로 나눌 수 없으며 분별이 없고 단절도 없는 까닭이니라. 정진바라밀다가 청정한 까닭으로 항주사성이 청정하고, 항주사성이 청정한 까닭으로 일체지지가 청정하니라. 왜 그러한가? 만약 정진바라밀다가 청정하거나, 만약 항주사성이 청정하거나, 만약 일체지지가 청정하다면, 무이이고 둘로 나눌 수 없으며 분별이 없고 단절도 없는 까닭이니라.

선현이여. 정진바라밀다가 청정한 까닭으로 일체지가 청정하고, 일체지가 청정한 까닭으로 일체지지가 청정하니라. 왜 그러한가? 만약 정진바라밀다가 청정하거나, 만약 일체지가 청정하거나, 만약 일체지지가 청정하다면, 무이이고 둘로 나눌 수 없으며 분별이 없고 단절도 없는 까닭이니라. 정진바라밀다가 청정한 까닭으로 도상지·일체상지가 청정하고, 도상지·일체상지가 청정한 까닭으로 일체지지가 청정하니라. 왜 그러한가? 만약 정진바라밀다가 청정하거나, 만약 도상지·일체상지가 청정하거나, 만약 일체지지가 청정하다면, 무이이고 둘로 나눌 수 없으며 분별이 없고 단절도 없는 까닭이니라.

선현이여. 정진바라밀다가 청정한 까닭으로 일체의 다라니문이 청정하고, 일체의 다라니문이 청정한 까닭으로 일체지지가 청정하니라. 왜 그러한가? 만약 정진바라밀다가 청정하거나, 만약 일체의 다라니문이 청정하거나, 만약 일체지지가 청정하다면, 무이이고 둘로 나눌 수 없으며 분별이 없고 단절도 없는 까닭이니라. 정진바라밀다가 청정한 까닭으로 일체의 삼마지문이 청정하고, 일체의 삼마지문이 청정한 까닭으로 일체지지가 청정하니라. 왜 그러한가? 만약 정진바라밀다가 청정하거나, 만약 일체의 삼마지문이 청정하거나, 만약 일체지지가 청정하다면, 무이이고 둘로 나눌 수 없으며 분별이 없고 단절도 없는 까닭이니라.

선현이여. 정진바라밀다가 청정한 까닭으로 예류과가 청정하고, 예류과가 청정한 까닭으로 일체지지가 청정하니라. 왜 그러한가? 만약 정진바라밀다가 청정하거나, 만약 예류과가 청정하거나, 만약 일체지지가 청정하다면, 무이이고 둘로 나눌 수 없으며 분별이 없고 단절도 없는 까닭이니라. 정진바라밀다가 청정한 까닭으로 일래·불환·아라한과가 청정하고, 일래·불환·아라한과가 청정한 까닭으로 일체지지가 청정하니라. 왜 그러한가? 만약 정진바라밀다가 청정하거나, 만약 일래·불환·아라한과가 청정하거나, 만약 일체지지가 청정하다면, 무이이고 둘로 나눌 수 없으며 분별이 없고 단절도 없는 까닭이니라.

선현이여. 정진바라밀다가 청정한 까닭으로 독각의 보리가 청정하고, 독각의 보리가 청정한 까닭으로 일체지지가 청정하니라. 왜 그러한가?

만약 정진바라밀다가 청정하거나, 만약 독각의 보리가 청정하거나, 만약 일체지지가 청정하다면, 무이이고 둘로 나눌 수 없으며 분별이 없고 단절도 없는 까닭이니라.

선현이여. 정진바라밀다가 청정한 까닭으로 일체의 보살마하살의 행이 청정하고, 일체의 보살마하살의 행이 청정한 까닭으로 일체지지가 청정하니라. 왜 그러한가? 만약 정진바라밀다가 청정하거나, 만약 일체의 보살마하살의 행이 청정하거나, 만약 일체지지가 청정하다면, 무이이고 둘로 나눌 수 없으며 분별이 없고 단절도 없는 까닭이니라.

선현이여. 정진바라밀다가 청정한 까닭으로 제불의 무상정등보리가 청정하고, 제불의 무상정등보리가 청정한 까닭으로 일체지지가 청정하니라. 왜 그러한가? 만약 정진바라밀다가 청정하거나, 만약 제불의 무상정등보리가 청정하거나, 만약 일체지지가 청정하다면, 무이이고 둘로 나눌 수 없으며 분별이 없고 단절도 없는 까닭이니라."

"다시 다음으로 선현이여. 안인바라밀다(安忍波羅蜜多)가 청정한 까닭으로 색이 청정하고, 색이 청정한 까닭으로 일체지지가 청정하니라. 왜 그러한가? 만약 안인바라밀다가 청정하거나, 만약 색이 청정하거나, 만약 일체지지가 청정하다면, 무이이고 둘로 나눌 수 없으며 분별이 없고 단절도 없는 까닭이니라. 안인바라밀다가 청정한 까닭으로 수·상·행·식이 청정하고, 수·상·행·식이 청정한 까닭으로 일체지지가 청정하니라. 왜 그러한가? 만약 안인바라밀다가 청정하거나, 만약 수·상·행·식이 청정하거나, 만약 일체지지가 청정하다면, 무이이고 둘로 나눌 수 없으며 분별이 없고 단절도 없는 까닭이니라.

선현이여. 안인바라밀다가 청정한 까닭으로 안처가 청정하고, 안처가 청정한 까닭으로 일체지지가 청정하니라. 왜 그러한가? 만약 안인바라밀다가 청정하거나, 만약 안처가 청정하거나, 만약 일체지지가 청정하다면, 무이이고 둘로 나눌 수 없으며 분별이 없고 단절도 없는 까닭이니라. 안인바라밀다가 청정한 까닭으로 이·비·설·신·의처가 청정하고, 이·비·

설·신·의처가 청정한 까닭으로 일체지지가 청정하니라. 왜 그러한가? 만약 안인바라밀다가 청정하거나, 만약 이·비·설·신·의처가 청정하거나, 만약 일체지지가 청정하다면, 무이이고 둘로 나눌 수 없으며 분별이 없고 단절도 없는 까닭이니라.

선현이여. 안인바라밀다가 청정한 까닭으로 색처가 청정하고, 색처가 청정한 까닭으로 일체지지가 청정하니라. 왜 그러한가? 만약 안인바라밀다가 청정하거나, 만약 색처가 청정하거나, 만약 일체지지가 청정하다면, 무이이고 둘로 나눌 수 없으며 분별이 없고 단절도 없는 까닭이니라. 안인바라밀다가 청정한 까닭으로 성·향·미·촉·법처가 청정하고, 성·향·미·촉·법처가 청정한 까닭으로 일체지지가 청정하니라. 왜 그러한가? 만약 안인바라밀다가 청정하거나, 만약 성·향·미·촉·법처가 청정하거나, 만약 일체지지가 청정하다면, 무이이고 둘로 나눌 수 없으며 분별이 없고 단절도 없는 까닭이니라.

선현이여. 안인바라밀다가 청정한 까닭으로 안계가 청정하고, 안계가 청정한 까닭으로 일체지지가 청정하니라. 왜 그러한가? 만약 안인바라밀다가 청정하거나, 만약 안계가 청정하거나, 만약 일체지지가 청정하다면, 무이이고 둘로 나눌 수 없으며 분별이 없고 단절도 없는 까닭이니라. 안인바라밀다가 청정한 까닭으로 색계·안식계, 나아가 안촉·안촉을 인연으로 생겨난 여러 수가 청정하고, 색계, 나아가 안촉을 인연으로 생겨난 여러 수가 청정한 까닭으로 일체지지가 청정하니라. 왜 그러한가? 만약 안인바라밀다가 청정하거나, 만약 색계, 나아가 안촉을 인연으로 생겨난 여러 수가 청정하거나, 만약 일체지지가 청정하다면, 무이이고 둘로 나눌 수 없으며 분별이 없고 단절도 없는 까닭이니라.

선현이여. 안인바라밀다가 청정한 까닭으로 이계가 청정하고, 이계가 청정한 까닭으로 일체지지가 청정하니라. 왜 그러한가? 만약 안인바라밀다가 청정하거나, 만약 이계가 청정하거나, 만약 일체지지가 청정하다면, 무이이고 둘로 나눌 수 없으며 분별이 없고 단절도 없는 까닭이니라. 안인바라밀다가 청정한 까닭으로 성계·이식계, 나아가 이촉·이촉을 인연으로 생겨난 여러 수가 청정하고, 성계, 나아가 이촉을 인연으로 생겨난 여러 수가 청정한 까닭으로 일체지지가 청정하니라. 왜 그러한가? 만약 안인바라밀다가 청정하거나, 만약 성계, 나아가 이촉을 인연으로 생겨난 여러 수가 청정하거나, 만약 일체지지가 청정하다면, 무이이고 둘로 나눌 수 없으며 분별이 없고 단절도 없는 까닭이니라.

선현이여. 안인바라밀다가 청정한 까닭으로 비계가 청정하고, 비계가 청정한 까닭으로 일체지지가 청정하니라. 왜 그러한가? 만약 안인바라밀다가 청정하거나, 만약 비계가 청정하거나, 만약 일체지지가 청정하다면, 무이이고 둘로 나눌 수 없으며 분별이 없고 단절도 없는 까닭이니라. 안인바라밀다가 청정한 까닭으로 향계·비식계, 나아가 비촉·비촉을 인연으로 생겨난 여러 수가 청정하고, 향계, 나아가 비촉을 인연으로 생겨난 여러 수가 청정한 까닭으로 일체지지가 청정하니라. 왜 그러한가? 만약 안인바라밀다가 청정하거나, 만약 향계, 나아가 비촉을 인연으로 생겨난 여러 수가 청정하거나, 만약 일체지지가 청정하다면, 무이이고 둘로 나눌 수 없으며 분별이 없고 단절도 없는 까닭이니라.

선현이여. 안인바라밀다가 청정한 까닭으로 설계가 청정하고, 설계가 청정한 까닭으로 일체지지가 청정하니라. 왜 그러한가? 만약 안인바라밀다가 청정하거나, 만약 설계가 청정하거나, 만약 일체지지가 청정하다면, 무이이고 둘로 나눌 수 없으며 분별이 없고 단절도 없는 까닭이니라. 안인바라밀다가 청정한 까닭으로 미계·설식계, 나아가 설촉·설촉을 인연으로 생겨난 여러 수가 청정하고, 미계, 나아가 설촉을 인연으로 생겨난 여러 수가 청정한 까닭으로 일체지지가 청정하니라. 왜 그러한가? 만약 안인바라밀다가 청정하거나, 만약 미계, 나아가 설촉을 인연으로 생겨난 여러 수가 청정하거나, 만약 일체지지가 청정하다면, 무이이고 둘로 나눌 수 없으며 분별이 없고 단절도 없는 까닭이니라.

선현이여. 안인바라밀다가 청정한 까닭으로 신계가 청정하고, 신계가 청정한 까닭으로 일체지지가 청정하니라. 왜 그러한가? 만약 안인바라밀다가 청정하거나, 만약 신계가 청정하거나, 만약 일체지지가 청정하다면,

무이이고 둘로 나눌 수 없으며 분별이 없고 단절도 없는 까닭이니라. 안인바라밀다가 청정한 까닭으로 촉계·신식계, 나아가 신촉·신촉을 인연으로 생겨난 여러 수가 청정하고, 촉계, 나아가 신촉을 인연으로 생겨난 여러 수가 청정한 까닭으로 일체지지가 청정하니라. 왜 그러한가? 만약 안인바라밀다가 청정하거나, 만약 촉계, 나아가 신촉을 인연으로 생겨난 여러 수가 청정하거나, 만약 일체지지가 청정하다면, 무이이고 둘로 나눌 수 없으며 분별이 없고 단절도 없는 까닭이니라.

선현이여. 안인바라밀다가 청정한 까닭으로 의계가 청정하고, 의계가 청정한 까닭으로 일체지지가 청정하니라. 왜 그러한가? 만약 안인바라밀다가 청정하거나, 만약 의계가 청정하거나, 만약 일체지지가 청정하다면, 무이이고 둘로 나눌 수 없으며 분별이 없고 단절도 없는 까닭이니라. 안인바라밀다가 청정한 까닭으로 법계·의식계, 나아가 의촉·의촉을 인연으로 생겨난 여러 수가 청정하고, 법계, 나아가 의촉을 인연으로 생겨난 여러 수가 청정한 까닭으로 일체지지가 청정하니라. 왜 그러한가? 만약 안인바라밀다가 청정하거나, 만약 법계, 나아가 의촉을 인연으로 생겨난 여러 수가 청정하거나, 만약 일체지지가 청정하다면, 무이이고 둘로 나눌 수 없으며 분별이 없고 단절도 없는 까닭이니라.

선현이여. 안인바라밀다가 청정한 까닭으로 지계가 청정하고, 지계가 청정한 까닭으로 일체지지가 청정하니라. 왜 그러한가? 만약 안인바라밀다가 청정하거나, 만약 지계가 청정하거나, 만약 일체지지가 청정하다면, 무이이고 둘로 나눌 수 없으며 분별이 없고 단절도 없는 까닭이니라. 안인바라밀다가 청정한 까닭으로 수·화·풍·공·식계가 청정하고, 수·화·풍·공·식계가 청정한 까닭으로 일체지지가 청정하니라. 왜 그러한가? 만약 안인바라밀다가 청정하거나, 만약 수·화·풍·공·식계가 청정하거나, 만약 일체지지가 청정하다면, 무이이고 둘로 나눌 수 없으며 분별이 없고 단절도 없는 까닭이니라.

선현이여. 안인바라밀다가 청정한 까닭으로 무명이 청정하고, 무명이 청정한 까닭으로 일체지지가 청정하니라. 왜 그러한가? 만약 안인바라밀다가 청정하거나, 만약 무명이 청정하거나, 만약 일체지지가 청정하다면, 무이이고 둘로 나눌 수 없으며 분별이 없고 단절도 없는 까닭이니라. 안인바라밀다가 청정한 까닭으로 행·식·명색·육처·촉·수·애·취·유·생· 노사의 수탄고우뇌가 청정하고, 행, 나아가 노사의 수탄고우뇌가 청정한 까닭으로 일체지지가 청정하니라. 왜 그러한가? 만약 안인바라밀다가 청정하거나, 만약 행, 나아가 노사의 수탄고우뇌가 청정하거나, 만약 일체지지가 청정하다면, 무이이고 둘로 나눌 수 없으며 분별이 없고 단절도 없는 까닭이니라.

선현이여. 안인바라밀다가 청정한 까닭으로 보시바라밀다가 청정하고, 보시바라밀다가 청정한 까닭으로 일체지지가 청정하니라. 왜 그러한가? 만약 안인바라밀다가 청정하거나, 만약 보시바라밀다가 청정하거나, 만약 일체지지가 청정하다면, 무이이고 둘로 나눌 수 없으며 분별이 없고 단절도 없는 까닭이니라. 안인바라밀다가 청정한 까닭으로 정계·정진·정려·반야바라밀다가 청정하고, 정계, 나아가 반야바라밀다가 청정한 까닭으로 일체지지가 청정하니라. 왜 그러한가? 만약 안인바라밀다가 청정하거나, 만약 정계, 나아가 반야바라밀다가 청정하거나, 만약 일체지지가 청정하다면, 무이이고 둘로 나눌 수 없으며 분별이 없고 단절도 없는 까닭이니라.

선현이여. 안인바라밀다가 청정한 까닭으로 내공이 청정하고, 내공이 청정한 까닭으로 일체지지가 청정하니라. 왜 그러한가? 만약 안인바라밀다가 청정하거나, 만약 내공이 청정하거나, 만약 일체지지가 청정하다면, 무이이고 둘로 나눌 수 없으며 분별이 없고 단절도 없는 까닭이니라. 안인바라밀다가 청정한 까닭으로 외공·내외공·공공·대공·승의공·유위공·무위공·필경공·무제공·산공·무변이공·본성공·자상공·공상공·일체법공·불가득공·무성공·자성공·무성자성공이 청정하고, 외공, 나아가 무성자성공이 청정한 까닭으로 일체지지가 청정하니라. 왜 그러한가? 만약 안인바라밀다가 청정하거나, 만약 외공, 나아가 무성자성공이 청정하거나, 만약 일체지지가 청정하다면, 무이이고 둘로 나눌 수 없으며

분별이 없고 단절도 없는 까닭이니라.

　선현이여. 안인바라밀다가 청정한 까닭으로 진여가 청정하고, 진여가 청정한 까닭으로 일체지지가 청정하니라. 왜 그러한가? 만약 안인바라밀다가 청정하거나, 만약 진여가 청정하거나, 만약 일체지지가 청정하다면, 무이이고 둘로 나눌 수 없으며 분별이 없고 단절도 없는 까닭이니라. 안인바라밀다가 청정한 까닭으로 법계·법성·불허망성·불변이성·평등성·이생성·법정·법주·실제·허공계·부사의계가 청정하고 법계, 나아가 부사의계가 청정한 까닭으로 일체지지가 청정하니라. 왜 그러한가? 만약 안인바라밀다가 청정하거나, 만약 법계, 나아가 부사의계가 청정하거나, 만약 일체지지가 청정하다면, 무이이고 둘로 나눌 수 없으며 분별이 없고 단절도 없는 까닭이니라.

　선현이여. 안인바라밀다가 청정한 까닭으로 고성제가 청정하고, 고성제가 청정한 까닭으로 일체지지가 청정하니라. 왜 그러한가? 만약 안인바라밀다가 청정하거나, 만약 고성제가 청정하거나, 만약 일체지지가 청정하다면, 무이이고 둘로 나눌 수 없으며 분별이 없고 단절도 없는 까닭이니라. 안인바라밀다가 청정한 까닭으로 집·멸·도성제가 청정하고, 집·멸·도성제가 청정한 까닭으로 일체지지가 청정하니라. 왜 그러한가? 만약 안인바라밀다가 청정하거나, 만약 집·멸·도성제가 청정하거나, 만약 일체지지가 청정하다면, 무이이고 둘로 나눌 수 없으며 분별이 없고 단절도 없는 까닭이니라.

　선현이여. 안인바라밀다가 청정한 까닭으로 4정려가 청정하고, 4정려가 청정한 까닭으로 일체지지가 청정하니라. 왜 그러한가? 만약 안인바라밀다가 청정하거나, 만약 4정려가 청정하거나, 만약 일체지지가 청정하다면, 무이이고 둘로 나눌 수 없으며 분별이 없고 단절도 없는 까닭이니라. 안인바라밀다가 청정한 까닭으로 4무량·4무색정이 청정하고, 4무량·4무색정이 청정한 까닭으로 일체지지가 청정하니라. 왜 그러한가? 만약 안인바라밀다가 청정하거나, 만약 4무량·4무색정이 청정하거나, 만약 일체지지가 청정하다면, 무이이고 둘로 나눌 수 없으며 분별이 없고

단절도 없는 까닭이니라.

선현이여. 안인바라밀다가 청정한 까닭으로 8해탈이 청정하고, 8해탈이 청정한 까닭으로 일체지지가 청정하니라. 왜 그러한가? 만약 안인바라밀다가 청정하거나, 만약 8해탈이 청정하거나, 만약 일체지지가 청정하다면, 무이이고 둘로 나눌 수 없으며 분별이 없고 단절도 없는 까닭이니라. 안인바라밀다가 청정한 까닭으로 8승처·9차제정·10변처가 청정하고, 8승처·9차제정·10변처가 청정한 까닭으로 일체지지가 청정하니라. 왜 그러한가? 만약 안인바라밀다가 청정하거나, 만약 8승처·9차제정·10변처가 청정하거나, 만약 일체지지가 청정하다면, 무이이고 둘로 나눌 수 없으며 분별이 없고 단절도 없는 까닭이니라.

선현이여. 안인바라밀다가 청정한 까닭으로 4념주가 청정하고, 4념주가 청정한 까닭으로 일체지지가 청정하니라. 왜 그러한가? 만약 안인바라밀다가 청정하거나, 만약 4념주가 청정하거나, 만약 일체지지가 청정하다면, 무이이고 둘로 나눌 수 없으며 분별이 없고 단절도 없는 까닭이니라. 안인바라밀다가 청정한 까닭으로 4정단·4신족·5근·5력·7등각지·8성도지가 청정하고, 4정단, 나아가 8성도지가 청정한 까닭으로 일체지지가 청정하니라. 왜 그러한가? 만약 안인바라밀다가 청정하거나, 만약 4정단, 나아가 8성도지가 청정하거나, 만약 일체지지가 청정하다면, 무이이고 둘로 나눌 수 없으며 분별이 없고 단절도 없는 까닭이니라.

선현이여. 안인바라밀다가 청정한 까닭으로 공해탈문이 청정하고, 공해탈문이 청정한 까닭으로 일체지지가 청정하니라. 왜 그러한가? 만약 안인바라밀다가 청정하거나, 만약 공해탈문이 청정하거나, 만약 일체지지가 청정하다면, 무이이고 둘로 나눌 수 없으며 분별이 없고 단절도 없는 까닭이니라. 안인바라밀다가 청정한 까닭으로 무상·무원해탈문이 청정하고, 무상·무원해탈문이 청정한 까닭으로 일체지지가 청정하니라. 왜 그러한가? 만약 안인바라밀다가 청정하거나, 만약 무상·무원해탈문이 청정하거나, 만약 일체지지가 청정하다면, 무이이고 둘로 나눌 수 없으며 분별이 없고 단절도 없는 까닭이니라.

선현이여. 안인바라밀다가 청정한 까닭으로 보살의 10지가 청정하고, 보살의 10지가 청정한 까닭으로 일체지지가 청정하니라. 왜 그러한가? 만약 안인바라밀다가 청정하거나, 만약 보살의 10지가 청정하거나, 만약 일체지지가 청정하다면, 무이이고 둘로 나눌 수 없으며 분별이 없고 단절도 없는 까닭이니라.

선현이여. 안인바라밀다가 청정한 까닭으로 5안이 청정하고, 5안이 청정한 까닭으로 일체지지가 청정하니라. 왜 그러한가? 만약 안인바라밀다가 청정하거나, 만약 5안이 청정하거나, 만약 일체지지가 청정하다면, 무이이고 둘로 나눌 수 없으며 분별이 없고 단절도 없는 까닭이니라. 안인바라밀다가 청정한 까닭으로 6신통이 청정하고, 6신통이 청정한 까닭으로 일체지지가 청정하니라. 왜 그러한가? 만약 안인바라밀다가 청정하거나, 만약 6신통이 청정하거나, 만약 일체지지가 청정하다면, 무이이고 둘로 나눌 수 없으며 분별이 없고 단절도 없는 까닭이니라.

선현이여. 안인바라밀다가 청정한 까닭으로 여래의 10력이 청정하고, 여래의 10력이 청정한 까닭으로 일체지지가 청정하니라. 왜 그러한가? 만약 안인바라밀다가 청정하거나, 만약 여래의 10력이 청정하거나, 만약 일체지지가 청정하다면, 무이이고 둘로 나눌 수 없으며 분별이 없고 단절도 없는 까닭이니라. 안인바라밀다가 청정한 까닭으로 4무소외·4무애해·대자·대비·대희·대사·18불불공법이 청정하고, 4무소외, 나아가 18불불공법이 청정한 까닭으로 일체지지가 청정하니라. 왜 그러한가? 만약 안인바라밀다가 청정하거나, 만약 4무소외, 나아가 18불불공법이 청정하거나, 만약 일체지지가 청정하다면, 무이이고 둘로 나눌 수 없으며 분별이 없고 단절도 없는 까닭이니라.

선현이여. 안인바라밀다가 청정한 까닭으로 무망실법이 청정하고, 무망실법이 청정한 까닭으로 일체지지가 청정하니라. 왜 그러한가? 만약 안인바라밀다가 청정하거나, 만약 무망실법이 청정하거나, 만약 일체지지가 청정하다면, 무이이고 둘로 나눌 수 없으며 분별이 없고 단절도 없는 까닭이니라. 안인바라밀다가 청정한 까닭으로 항주사성이 청정하고, 항주사성이 청정한 까닭으로 일체지지가 청정하니라. 왜 그러한가? 만약 안인바라밀다가 청정하거나, 만약 항주사성이 청정하거나, 만약 일체지지가 청정하다면, 무이이고 둘로 나눌 수 없으며 분별이 없고 단절도 없는 까닭이니라.

선현이여. 안인바라밀다가 청정한 까닭으로 일체지가 청정하고, 일체지가 청정한 까닭으로 일체지지가 청정하니라. 왜 그러한가? 만약 안인바라밀다가 청정하거나, 만약 일체지가 청정하거나, 만약 일체지지가 청정하다면, 무이이고 둘로 나눌 수 없으며 분별이 없고 단절도 없는 까닭이니라. 안인바라밀다가 청정한 까닭으로 도상지·일체상지가 청정하고, 도상지·일체상지가 청정한 까닭으로 일체지지가 청정하니라. 왜 그러한가? 만약 안인바라밀다가 청정하거나, 만약 도상지·일체상지가 청정하거나, 만약 일체지지가 청정하다면, 무이이고 둘로 나눌 수 없으며 분별이 없고 단절도 없는 까닭이니라.

선현이여. 안인바라밀다가 청정한 까닭으로 일체의 다라니문이 청정하고, 일체의 다라니문이 청정한 까닭으로 일체지지가 청정하니라. 왜 그러한가? 만약 안인바라밀다가 청정하거나, 만약 일체의 다라니문이 청정하거나, 만약 일체지지가 청정하다면, 무이이고 둘로 나눌 수 없으며 분별이 없고 단절도 없는 까닭이니라. 안인바라밀다가 청정한 까닭으로 일체의 삼마지문이 청정하고, 일체의 삼마지문이 청정한 까닭으로 일체지지가 청정하니라. 왜 그러한가? 만약 안인바라밀다가 청정하거나, 만약 일체의 삼마지문이 청정하거나, 만약 일체지지가 청정하다면, 무이이고 둘로 나눌 수 없으며 분별이 없고 단절도 없는 까닭이니라.

선현이여. 안인바라밀다가 청정한 까닭으로 예류과가 청정하고, 예류과가 청정한 까닭으로 일체지지가 청정하니라. 왜 그러한가? 만약 안인바라밀다가 청정하거나, 만약 예류과가 청정하거나, 만약 일체지지가 청정하다면, 무이이고 둘로 나눌 수 없으며 분별이 없고 단절도 없는 까닭이니라. 안인바라밀다가 청정한 까닭으로 일래·불환·아라한과가 청정하고, 일래·불환·아라한과가 청정한 까닭으로 일체지지가 청정하니라. 왜 그러한가? 만약 안인바라밀다가 청정하거나, 만약 일래·불환·아라한과가 청정하거나, 만약 일체지지가 청정하다면, 무이이고 둘로 나눌 수 없으며 분별이 없고 단절도 없는 까닭이니라.

선현이여. 안인바라밀다가 청정한 까닭으로 독각의 보리가 청정하고, 독각의 보리가 청정한 까닭으로 일체지지가 청정하니라. 왜 그러한가? 만약 안인바라밀다가 청정하거나, 만약 독각의 보리가 청정하거나, 만약 일체지지가 청정하다면, 무이이고 둘로 나눌 수 없으며 분별이 없고 단절도 없는 까닭이니라.

선현이여. 안인바라밀다가 청정한 까닭으로 일체의 보살마하살의 행이 청정하고, 일체의 보살마하살의 행이 청정한 까닭으로 일체지지가 청정하니라. 왜 그러한가? 만약 안인바라밀다가 청정하거나, 만약 일체의 보살마하살의 행이 청정하거나, 만약 일체지지가 청정하다면, 무이이고 둘로 나눌 수 없으며 분별이 없고 단절도 없는 까닭이니라.

선현이여. 안인바라밀다가 청정한 까닭으로 제불의 무상정등보리가 청정하고, 제불의 무상정등보리가 청정한 까닭으로 일체지지가 청정하니라. 왜 그러한가? 만약 안인바라밀다가 청정하거나, 만약 제불의 무상정등보리가 청정하거나, 만약 일체지지가 청정하다면, 무이이고 둘로 나눌 수 없으며 분별이 없고 단절도 없는 까닭이니라.”

마하반야바라밀다경 제207권

34. 난신해품(難信解品)(26)

"다시 다음으로 선현이여. 정계바라밀다(淨戒波羅蜜多)가 청정한 까닭으로 색이 청정하고, 색이 청정한 까닭으로 일체지지가 청정하니라. 왜 그러한가? 만약 정계바라밀다가 청정하거나, 만약 색이 청정하거나, 만약 일체지지가 청정하다면, 무이이고 둘로 나눌 수 없으며 분별이 없고 단절도 없는 까닭이니라. 정계바라밀다가 청정한 까닭으로 수·상·행·식이 청정하고, 수·상·행·식이 청정한 까닭으로 일체지지가 청정하니라. 왜 그러한가? 만약 정계바라밀다가 청정하거나, 만약 수·상·행·식이 청정하거나, 만약 일체지지가 청정하다면, 무이이고 둘로 나눌 수 없으며 분별이 없고 단절도 없는 까닭이니라.

선현이여. 정계바라밀다가 청정한 까닭으로 안처가 청정하고, 안처가 청정한 까닭으로 일체지지가 청정하니라. 왜 그러한가? 만약 정계바라밀다가 청정하거나, 만약 안처가 청정하거나, 만약 일체지지가 청정하다면, 무이이고 둘로 나눌 수 없으며 분별이 없고 단절도 없는 까닭이니라. 정계바라밀다가 청정한 까닭으로 이·비·설·신·의처가 청정하고, 이·비·설·신·의처가 청정한 까닭으로 일체지지가 청정하니라. 왜 그러한가? 만약 정계바라밀다가 청정하거나, 만약 이·비·설·신·의처가 청정하거나, 만약 일체지지가 청정하다면, 무이이고 둘로 나눌 수 없으며 분별이 없고 단절도 없는 까닭이니라.

선현이여. 정계바라밀다가 청정한 까닭으로 색처가 청정하고, 색처가

청정한 까닭으로 일체지지가 청정하니라. 왜 그러한가? 만약 정계바라밀
다가 청정하거나, 만약 색처가 청정하거나, 만약 일체지지가 청정하다면,
무이이고 둘로 나눌 수 없으며 분별이 없고 단절도 없는 까닭이니라.
정계바라밀다가 청정한 까닭으로 성·향·미·촉·법처가 청정하고, 성·향·
미·촉·법처가 청정한 까닭으로 일체지지가 청정하니라. 왜 그러한가?
만약 정계바라밀다가 청정하거나, 만약 성·향·미·촉·법처가 청정하거나,
만약 일체지지가 청정하다면, 무이이고 둘로 나눌 수 없으며 분별이
없고 단절도 없는 까닭이니라.

　선현이여. 정계바라밀다가 청정한 까닭으로 안계가 청정하고, 안계가
청정한 까닭으로 일체지지가 청정하니라. 왜 그러한가? 만약 정계바라밀
다가 청정하거나, 만약 안계가 청정하거나, 만약 일체지지가 청정하다면,
무이이고 둘로 나눌 수 없으며 분별이 없고 단절도 없는 까닭이니라.
정계바라밀다가 청정한 까닭으로 색계·안식계, 나아가 안촉·안촉을 인연
으로 생겨난 여러 수가 청정하고, 색계, 나아가 안촉을 인연으로 생겨난
여러 수가 청정한 까닭으로 일체지지가 청정하니라. 왜 그러한가? 만약
정계바라밀다가 청정하거나, 만약 색계, 나아가 안촉을 인연으로 생겨난
여러 수가 청정하거나, 만약 일체지지가 청정하다면, 무이이고 둘로 나눌
수 없으며 분별이 없고 단절도 없는 까닭이니라.

　선현이여. 정계바라밀다가 청정한 까닭으로 이계가 청정하고, 이계가
청정한 까닭으로 일체지지가 청정하니라. 왜 그러한가? 만약 정계바라밀
다가 청정하거나, 만약 이계가 청정하거나, 만약 일체지지가 청정하다면,
무이이고 둘로 나눌 수 없으며 분별이 없고 단절도 없는 까닭이니라.
정계바라밀다가 청정한 까닭으로 성계·이식계, 나아가 이촉·이촉을 인연
으로 생겨난 여러 수가 청정하고, 성계, 나아가 이촉을 인연으로 생겨난
여러 수가 청정한 까닭으로 일체지지가 청정하니라. 왜 그러한가? 만약
정계바라밀다가 청정하거나, 만약 성계, 나아가 이촉을 인연으로 생겨난
여러 수가 청정하거나, 만약 일체지지가 청정하다면, 무이이고 둘로 나눌
수 없으며 분별이 없고 단절도 없는 까닭이니라.

선현이여. 정계바라밀다가 청정한 까닭으로 비계가 청정하고, 비계가 청정한 까닭으로 일체지지가 청정하니라. 왜 그러한가? 만약 정계바라밀다가 청정하거나, 만약 비계가 청정하거나, 만약 일체지지가 청정하다면, 무이이고 둘로 나눌 수 없으며 분별이 없고 단절도 없는 까닭이니라. 정계바라밀다가 청정한 까닭으로 향계·비식계, 나아가 비촉·비촉을 인연으로 생겨난 여러 수가 청정하고, 향계, 나아가 비촉을 인연으로 생겨난 여러 수가 청정한 까닭으로 일체지지가 청정하니라. 왜 그러한가? 만약 정계바라밀다가 청정하거나, 만약 향계, 나아가 비촉을 인연으로 생겨난 여러 수가 청정하거나, 만약 일체지지가 청정하다면, 무이이고 둘로 나눌 수 없으며 분별이 없고 단절도 없는 까닭이니라.

선현이여. 정계바라밀다가 청정한 까닭으로 설계가 청정하고, 설계가 청정한 까닭으로 일체지지가 청정하니라. 왜 그러한가? 만약 정계바라밀다가 청정하거나, 만약 설계가 청정하거나, 만약 일체지지가 청정하다면, 무이이고 둘로 나눌 수 없으며 분별이 없고 단절도 없는 까닭이니라. 정계바라밀다가 청정한 까닭으로 미계·설식계, 나아가 설촉·설촉을 인연으로 생겨난 여러 수가 청정하고, 미계, 나아가 설촉을 인연으로 생겨난 여러 수가 청정한 까닭으로 일체지지가 청정하니라. 왜 그러한가? 만약 정계바라밀다가 청정하거나, 만약 미계, 나아가 설촉을 인연으로 생겨난 여러 수가 청정하거나, 만약 일체지지가 청정하다면, 무이이고 둘로 나눌 수 없으며 분별이 없고 단절도 없는 까닭이니라.

선현이여. 정계바라밀다가 청정한 까닭으로 신계가 청정하고, 신계가 청정한 까닭으로 일체지지가 청정하니라. 왜 그러한가? 만약 정계바라밀다가 청정하거나, 만약 신계가 청정하거나, 만약 일체지지가 청정하다면, 무이이고 둘로 나눌 수 없으며 분별이 없고 단절도 없는 까닭이니라. 정계바라밀다가 청정한 까닭으로 촉계·신식계, 나아가 신촉·신촉을 인연으로 생겨난 여러 수가 청정하고, 촉계, 나아가 신촉을 인연으로 생겨난 여러 수가 청정한 까닭으로 일체지지가 청정하니라. 왜 그러한가? 만약 정계바라밀다가 청정하거나, 만약 촉계, 나아가 신촉을 인연으로 생겨난 여러 수가 청정하거나, 만약 일체지지가 청정하다면, 무이이고 둘로 나눌수 없으며 분별이 없고 단절도 없는 까닭이니라.

선현이여. 정계바라밀다가 청정한 까닭으로 의계가 청정하고, 의계가 청정한 까닭으로 일체지지가 청정하니라. 왜 그러한가? 만약 정계바라밀다가 청정하거나, 만약 의계가 청정하거나, 만약 일체지지가 청정하다면, 무이이고 둘로 나눌 수 없으며 분별이 없고 단절도 없는 까닭이니라. 정계바라밀다가 청정한 까닭으로 법계·의식계, 나아가 의촉·의촉을 인연으로 생겨난 여러 수가 청정하고, 법계, 나아가 의촉을 인연으로 생겨난 여러 수가 청정한 까닭으로 일체지지가 청정하니라. 왜 그러한가? 만약 정계바라밀다가 청정하거나, 만약 법계, 나아가 의촉을 인연으로 생겨난 여러 수가 청정하거나, 만약 일체지지가 청정하다면, 무이이고 둘로 나눌 수 없으며 분별이 없고 단절도 없는 까닭이니라.

선현이여. 정계바라밀다가 청정한 까닭으로 지계가 청정하고, 지계가 청정한 까닭으로 일체지지가 청정하니라. 왜 그러한가? 만약 정계바라밀다가 청정하거나, 만약 지계가 청정하거나, 만약 일체지지가 청정하다면, 무이이고 둘로 나눌 수 없으며 분별이 없고 단절도 없는 까닭이니라. 정계바라밀다가 청정한 까닭으로 수·화·풍·공·식계가 청정하고, 수·화·풍·공·식계가 청정한 까닭으로 일체지지가 청정하니라. 왜 그러한가? 만약 정계바라밀다가 청정하거나, 만약 수·화·풍·공·식계가 청정하거나, 만약 일체지지가 청정하다면, 무이이고 둘로 나눌 수 없으며 분별이 없고 단절도 없는 까닭이니라.

선현이여. 정계바라밀다가 청정한 까닭으로 무명이 청정하고, 무명이 청정한 까닭으로 일체지지가 청정하니라. 왜 그러한가? 만약 정계바라밀다가 청정하거나, 만약 무명이 청정하거나, 만약 일체지지가 청정하다면, 무이이고 둘로 나눌 수 없으며 분별이 없고 단절도 없는 까닭이니라. 정계바라밀다가 청정한 까닭으로 행·식·명색·육처·촉·수·애·취·유·생·노사의 수탄고우뇌가 청정하고, 행, 나아가 노사의 수탄고우뇌가 청정한 까닭으로 일체지지가 청정하니라. 왜 그러한가? 만약 정계바라밀다가

청정하거나, 만약 행, 나아가 노사의 수탄고우뇌가 청정하거나, 만약 일체지지가 청정하다면, 무이이고 둘로 나눌 수 없으며 분별이 없고 단절도 없는 까닭이니라.

선현이여. 정계바라밀다가 청정한 까닭으로 보시바라밀다가 청정하고, 보시바라밀다가 청정한 까닭으로 일체지지가 청정하니라. 왜 그러한가? 만약 정계바라밀다가 청정하거나, 만약 보시바라밀다가 청정하거나, 만약 일체지지가 청정하다면, 무이이고 둘로 나눌 수 없으며 분별이 없고 단절도 없는 까닭이니라. 정계바라밀다가 청정한 까닭으로 안인·정진·정려·반야바라밀다가 청정하고, 안인, 나아가 반야바라밀다가 청정한 까닭으로 일체지지가 청정하니라. 왜 그러한가? 만약 정계바라밀다가 청정하거나, 만약 안인, 나아가 반야바라밀다가 청정하거나, 만약 일체지지가 청정하다면, 무이이고 둘로 나눌 수 없으며 분별이 없고 단절도 없는 까닭이니라.

선현이여. 정계바라밀다가 청정한 까닭으로 내공이 청정하고, 내공이 청정한 까닭으로 일체지지가 청정하니라. 왜 그러한가? 만약 정계바라밀다가 청정하거나, 만약 내공이 청정하거나, 만약 일체지지가 청정하다면, 무이이고 둘로 나눌 수 없으며 분별이 없고 단절도 없는 까닭이니라. 정계바라밀다가 청정한 까닭으로 외공·내외공·공공·대공·승의공·유위공·무위공·필경공·무제공·산공·무변이공·본성공·자상공·공상공·일체법공·불가득공·무성공·자성공·무성자성공이 청정하고, 외공, 나아가 무성자성공이 청정한 까닭으로 일체지지가 청정하니라. 왜 그러한가? 만약 정계바라밀다가 청정하거나, 만약 외공, 나아가 무성자성공이 청정하거나, 만약 일체지지가 청정하다면, 무이이고 둘로 나눌 수 없으며 분별이 없고 단절도 없는 까닭이니라.

선현이여. 정계바라밀다가 청정한 까닭으로 진여가 청정하고, 진여가 청정한 까닭으로 일체지지가 청정하니라. 왜 그러한가? 만약 정계바라밀다가 청정하거나, 만약 진여가 청정하거나, 만약 일체지지가 청정하다면, 무이이고 둘로 나눌 수 없으며 분별이 없고 단절도 없는 까닭이니라.

정계바라밀다가 청정한 까닭으로 법계·법성·불허망성·불변이성·평등성·이생성·법정·법주·실제·허공계·부사의계가 청정하고 법계, 나아가 부사의계가 청정한 까닭으로 일체지지가 청정하니라. 왜 그러한가? 만약 정계바라밀다가 청정하거나, 만약 법계, 나아가 부사의계가 청정하거나, 만약 일체지지가 청정하다면, 무이이고 둘로 나눌 수 없으며 분별이 없고 단절도 없는 까닭이니라.

선현이여. 정계바라밀다가 청정한 까닭으로 고성제가 청정하고, 고성제가 청정한 까닭으로 일체지지가 청정하니라. 왜 그러한가? 만약 정계바라밀다가 청정하거나, 만약 고성제가 청정하거나, 만약 일체지지가 청정하다면, 무이이고 둘로 나눌 수 없으며 분별이 없고 단절도 없는 까닭이니라. 정계바라밀다가 청정한 까닭으로 집·멸·도성제가 청정하고, 집·멸·도성제가 청정한 까닭으로 일체지지가 청정하니라. 왜 그러한가? 만약 정계바라밀다가 청정하거나, 만약 집·멸·도성제가 청정하거나, 만약 일체지지가 청정하다면, 무이이고 둘로 나눌 수 없으며 분별이 없고 단절도 없는 까닭이니라.

선현이여. 정계바라밀다가 청정한 까닭으로 4정려가 청정하고, 4정려가 청정한 까닭으로 일체지지가 청정하니라. 왜 그러한가? 만약 정계바라밀다가 청정하거나, 만약 4정려가 청정하거나, 만약 일체지지가 청정하다면, 무이이고 둘로 나눌 수 없으며 분별이 없고 단절도 없는 까닭이니라. 정계바라밀다가 청정한 까닭으로 4무량·4무색정이 청정하고, 4무량·4무색정이 청정한 까닭으로 일체지지가 청정하니라. 왜 그러한가? 만약 정계바라밀다가 청정하거나, 만약 4무량·4무색정이 청정하거나, 만약 일체지지가 청정하다면, 무이이고 둘로 나눌 수 없으며 분별이 없고 단절도 없는 까닭이니라.

선현이여. 정계바라밀다가 청정한 까닭으로 8해탈이 청정하고, 8해탈이 청정한 까닭으로 일체지지가 청정하니라. 왜 그러한가? 만약 정계바라밀다가 청정하거나, 만약 8해탈이 청정하거나, 만약 일체지지가 청정하다면, 무이이고 둘로 나눌 수 없으며 분별이 없고 단절도 없는 까닭이니라.

정계바라밀다가 청정한 까닭으로 8승처·9차제정·10변처가 청정하고, 8승처·9차제정·10변처가 청정한 까닭으로 일체지지가 청정하니라. 왜 그러한가? 만약 정계바라밀다가 청정하거나, 만약 8승처·9차제정·10변처가 청정하거나, 만약 일체지지가 청정하다면, 무이이고 둘로 나눌 수 없으며 분별이 없고 단절도 없는 까닭이니라.

선현이여. 정계바라밀다가 청정한 까닭으로 4념주가 청정하고, 4념주가 청정한 까닭으로 일체지지가 청정하니라. 왜 그러한가? 만약 정계바라밀다가 청정하거나, 만약 4념주가 청정하거나, 만약 일체지지가 청정하다면, 무이이고 둘로 나눌 수 없으며 분별이 없고 단절도 없는 까닭이니라. 정계바라밀다가 청정한 까닭으로 4정단·4신족·5근·5력·7등각지·8성도지가 청정하고, 4정단, 나아가 8성도지가 청정한 까닭으로 일체지지가 청정하니라. 왜 그러한가? 만약 정계바라밀다가 청정하거나, 만약 4정단, 나아가 8성도지가 청정하거나, 만약 일체지지가 청정하다면, 무이이고 둘로 나눌 수 없으며 분별이 없고 단절도 없는 까닭이니라.

선현이여. 정계바라밀다가 청정한 까닭으로 공해탈문이 청정하고, 공해탈문이 청정한 까닭으로 일체지지가 청정하니라. 왜 그러한가? 만약 정계바라밀다가 청정하거나, 만약 공해탈문이 청정하거나, 만약 일체지지가 청정하다면, 무이이고 둘로 나눌 수 없으며 분별이 없고 단절도 없는 까닭이니라. 정계바라밀다가 청정한 까닭으로 무상·무원해탈문이 청정하고, 무상·무원해탈문이 청정한 까닭으로 일체지지가 청정하니라. 왜 그러한가? 만약 정계바라밀다가 청정하거나, 만약 무상·무원해탈문이 청정하거나, 만약 일체지지가 청정하다면, 무이이고 둘로 나눌 수 없으며 분별이 없고 단절도 없는 까닭이니라.

선현이여. 정계바라밀다가 청정한 까닭으로 보살의 10지가 청정하고, 보살의 10지가 청정한 까닭으로 일체지지가 청정하니라. 왜 그러한가? 만약 정계바라밀다가 청정하거나, 만약 보살의 10지가 청정하거나, 만약 일체지지가 청정하다면, 무이이고 둘로 나눌 수 없으며 분별이 없고 단절도 없는 까닭이니라.

　선현이여. 정계바라밀다가 청정한 까닭으로 5안이 청정하고, 5안이 청정한 까닭으로 일체지지가 청정하니라. 왜 그러한가? 만약 정계바라밀다가 청정하거나, 만약 5안이 청정하거나, 만약 일체지지가 청정하다면, 무이이고 둘로 나눌 수 없으며 분별이 없고 단절도 없는 까닭이니라. 정계바라밀다가 청정한 까닭으로 6신통이 청정하고, 6신통이 청정한 까닭으로 일체지지가 청정하니라. 왜 그러한가? 만약 정계바라밀다가 청정하거나, 만약 6신통이 청정하거나, 만약 일체지지가 청정하다면, 무이이고 둘로 나눌 수 없으며 분별이 없고 단절도 없는 까닭이니라.

　선현이여. 정계바라밀다가 청정한 까닭으로 여래의 10력이 청정하고, 여래의 10력이 청정한 까닭으로 일체지지가 청정하니라. 왜 그러한가? 만약 정계바라밀다가 청정하거나, 만약 여래의 10력이 청정하거나, 만약 일체지지가 청정하다면, 무이이고 둘로 나눌 수 없으며 분별이 없고 단절도 없는 까닭이니라. 정계바라밀다가 청정한 까닭으로 4무소외·4무애해·대자·대비·대희·대사·18불불공법이 청정하고, 4무소외, 나아가 18불불공법이 청정한 까닭으로 일체지지가 청정하니라. 왜 그러한가? 만약 정계바라밀다가 청정하거나, 만약 4무소외, 나아가 18불불공법이 청정하거나, 만약 일체지지가 청정하다면, 무이이고 둘로 나눌 수 없으며 분별이 없고 단절도 없는 까닭이니라.

　선현이여. 정계바라밀다가 청정한 까닭으로 무망실법이 청정하고, 무망실법이 청정한 까닭으로 일체지지가 청정하니라. 왜 그러한가? 만약 정계바라밀다가 청정하거나, 만약 무망실법이 청정하거나, 만약 일체지지가 청정하다면, 무이이고 둘로 나눌 수 없으며 분별이 없고 단절도 없는 까닭이니라. 정계바라밀다가 청정한 까닭으로 항주사성이 청정하고, 항주사성이 청정한 까닭으로 일체지지가 청정하니라. 왜 그러한가? 만약 정계바라밀다가 청정하거나, 만약 항주사성이 청정하거나, 만약 일체지지가 청정하다면, 무이이고 둘로 나눌 수 없으며 분별이 없고 단절도 없는 까닭이니라.

　선현이여. 정계바라밀다가 청정한 까닭으로 일체지가 청정하고, 일체지가 청정한 까닭으로 일체지지가 청정하니라. 왜 그러한가? 만약 정계바라밀다가 청정하거나, 만약 일체지가 청정하거나, 만약 일체지지가 청정하다면, 무이이고 둘로 나눌 수 없으며 분별이 없고 단절도 없는 까닭이니라. 정계바라밀다가 청정한 까닭으로 도상지·일체상지가 청정하고, 도상지·일체상지가 청정한 까닭으로 일체지지가 청정하니라. 왜 그러한가? 만약 정계바라밀다가 청정하거나, 만약 도상지·일체상지가 청정하거나, 만약 일체지지가 청정하다면, 무이이고 둘로 나눌 수 없으며 분별이 없고 단절도 없는 까닭이니라.

선현이여. 정계바라밀다가 청정한 까닭으로 일체의 다라니문이 청정하고, 일체의 다라니문이 청정한 까닭으로 일체지지가 청정하니라. 왜 그러한가? 만약 정계바라밀다가 청정하거나, 만약 일체의 다라니문이 청정하거나, 만약 일체지지가 청정하다면, 무이이고 둘로 나눌 수 없으며 분별이 없고 단절도 없는 까닭이니라. 정계바라밀다가 청정한 까닭으로 일체의 삼마지문이 청정하고, 일체의 삼마지문이 청정한 까닭으로 일체지지가 청정하니라. 왜 그러한가? 만약 정계바라밀다가 청정하거나, 만약 일체의 삼마지문이 청정하거나, 만약 일체지지가 청정하다면, 무이이고 둘로 나눌 수 없으며 분별이 없고 단절도 없는 까닭이니라.

선현이여. 정계바라밀다가 청정한 까닭으로 예류과가 청정하고, 예류과가 청정한 까닭으로 일체지지가 청정하니라. 왜 그러한가? 만약 정계바라밀다가 청정하거나, 만약 예류과가 청정하거나, 만약 일체지지가 청정하다면, 무이이고 둘로 나눌 수 없으며 분별이 없고 단절도 없는 까닭이니라. 정계바라밀다가 청정한 까닭으로 일래·불환·아라한과가 청정하고, 일래·불환·아라한과가 청정한 까닭으로 일체지지가 청정하니라. 왜 그러한가? 만약 정계바라밀다가 청정하거나, 만약 일래·불환·아라한과가 청정하거나, 만약 일체지지가 청정하다면, 무이이고 둘로 나눌 수 없으며 분별이 없고 단절도 없는 까닭이니라.

선현이여. 정계바라밀다가 청정한 까닭으로 독각의 보리가 청정하고, 독각의 보리가 청정한 까닭으로 일체지지가 청정하니라. 왜 그러한가?

만약 정계바라밀다가 청정하거나, 만약 독각의 보리가 청정하거나, 만약 일체지지가 청정하다면, 무이이고 둘로 나눌 수 없으며 분별이 없고 단절도 없는 까닭이니라.

선현이여. 정계바라밀다가 청정한 까닭으로 일체의 보살마하살의 행이 청정하고, 일체의 보살마하살의 행이 청정한 까닭으로 일체지지가 청정하니라. 왜 그러한가? 만약 정계바라밀다가 청정하거나, 만약 일체의 보살마하살의 행이 청정하거나, 만약 일체지지가 청정하다면, 무이이고 둘로 나눌 수 없으며 분별이 없고 단절도 없는 까닭이니라.

선현이여. 정계바라밀다가 청정한 까닭으로 제불의 무상정등보리가 청정하고, 제불의 무상정등보리가 청정한 까닭으로 일체지지가 청정하니라. 왜 그러한가? 만약 정계바라밀다가 청정하거나, 만약 제불의 무상정등보리가 청정하거나, 만약 일체지지가 청정하다면, 무이이고 둘로 나눌 수 없으며 분별이 없고 단절도 없는 까닭이니라."

"다시 다음으로 선현이여. 보시바라밀다(布施波羅蜜多)가 청정한 까닭으로 색이 청정하고, 색이 청정한 까닭으로 일체지지가 청정하니라. 왜 그러한가? 만약 보시바라밀다가 청정하거나, 만약 색이 청정하거나, 만약 일체지지가 청정하다면, 무이이고 둘로 나눌 수 없으며 분별이 없고 단절도 없는 까닭이니라. 보시바라밀다가 청정한 까닭으로 수·상·행·식이 청정하고, 수·상·행·식이 청정한 까닭으로 일체지지가 청정하니라. 왜 그러한가? 만약 보시바라밀다가 청정하거나, 만약 수·상·행·식이 청정하거나, 만약 일체지지가 청정하다면, 무이이고 둘로 나눌 수 없으며 분별이 없고 단절도 없는 까닭이니라.

선현이여. 보시바라밀다가 청정한 까닭으로 안처가 청정하고, 안처가 청정한 까닭으로 일체지지가 청정하니라. 왜 그러한가? 만약 보시바라밀다가 청정하거나, 만약 안처가 청정하거나, 만약 일체지지가 청정하다면, 무이이고 둘로 나눌 수 없으며 분별이 없고 단절도 없는 까닭이니라. 보시바라밀다가 청정한 까닭으로 이·비·설·신·의처가 청정하고, 이·비·

설·신·의처가 청정한 까닭으로 일체지지가 청정하니라. 왜 그러한가? 만약 보시바라밀다가 청정하거나, 만약 이·비·설·신·의처가 청정하거나, 만약 일체지지가 청정하다면, 무이이고 둘로 나눌 수 없으며 분별이 없고 단절도 없는 까닭이니라.

선현이여. 보시바라밀다가 청정한 까닭으로 색처가 청정하고, 색처가 청정한 까닭으로 일체지지가 청정하니라. 왜 그러한가? 만약 보시바라밀다가 청정하거나, 만약 색처가 청정하거나, 만약 일체지지가 청정하다면, 무이이고 둘로 나눌 수 없으며 분별이 없고 단절도 없는 까닭이니라. 보시바라밀다가 청정한 까닭으로 성·향·미·촉·법처가 청정하고, 성·향·미·촉·법처가 청정한 까닭으로 일체지지가 청정하니라. 왜 그러한가? 만약 보시바라밀다가 청정하거나, 만약 성·향·미·촉·법처가 청정하거나, 만약 일체지지가 청정하다면, 무이이고 둘로 나눌 수 없으며 분별이 없고 단절도 없는 까닭이니라.

선현이여. 보시바라밀다가 청정한 까닭으로 안계가 청정하고, 안계가 청정한 까닭으로 일체지지가 청정하니라. 왜 그러한가? 만약 보시바라밀다가 청정하거나, 만약 안계가 청정하거나, 만약 일체지지가 청정하다면, 무이이고 둘로 나눌 수 없으며 분별이 없고 단절도 없는 까닭이니라. 보시바라밀다가 청정한 까닭으로 색계·안식계, 나아가 안촉·안촉을 인연으로 생겨난 여러 수가 청정하고, 색계, 나아가 안촉을 인연으로 생겨난 여러 수가 청정한 까닭으로 일체지지가 청정하니라. 왜 그러한가? 만약 보시바라밀다가 청정하거나, 만약 색계, 나아가 안촉을 인연으로 생겨난 여러 수가 청정하거나, 만약 일체지지가 청정하다면, 무이이고 둘로 나눌 수 없으며 분별이 없고 단절도 없는 까닭이니라.

선현이여. 보시바라밀다가 청정한 까닭으로 이계가 청정하고, 이계가 청정한 까닭으로 일체지지가 청정하니라. 왜 그러한가? 만약 보시바라밀다가 청정하거나, 만약 이계가 청정하거나, 만약 일체지지가 청정하다면, 무이이고 둘로 나눌 수 없으며 분별이 없고 단절도 없는 까닭이니라. 보시바라밀다가 청정한 까닭으로 성계·이식계, 나아가 이촉·이촉을 인연

으로 생겨난 여러 수가 청정하고, 성계, 나아가 이촉을 인연으로 생겨난
여러 수가 청정한 까닭으로 일체지지가 청정하니라. 왜 그러한가? 만약
보시바라밀다가 청정하거나, 만약 성계, 나아가 이촉을 인연으로 생겨난
여러 수가 청정하거나, 만약 일체지지가 청정하다면, 무이이고 둘로 나눌
수 없으며 분별이 없고 단절도 없는 까닭이니라.

선현이여. 보시바라밀다가 청정한 까닭으로 비계가 청정하고, 비계가
청정한 까닭으로 일체지지가 청정하니라. 왜 그러한가? 만약 보시바라밀
다가 청정하거나, 만약 비계가 청정하거나, 만약 일체지지가 청정하다면,
무이이고 둘로 나눌 수 없으며 분별이 없고 단절도 없는 까닭이니라.
보시바라밀다가 청정한 까닭으로 향계·비식계, 나아가 비촉·비촉을 인연
으로 생겨난 여러 수가 청정하고, 향계, 나아가 비촉을 인연으로 생겨난
여러 수가 청정한 까닭으로 일체지지가 청정하니라. 왜 그러한가? 만약
보시바라밀다가 청정하거나, 만약 향계, 나아가 비촉을 인연으로 생겨난
여러 수가 청정하거나, 만약 일체지지가 청정하다면, 무이이고 둘로 나눌
수 없으며 분별이 없고 단절도 없는 까닭이니라.

선현이여. 보시바라밀다가 청정한 까닭으로 설계가 청정하고, 설계가
청정한 까닭으로 일체지지가 청정하니라. 왜 그러한가? 만약 보시바라밀
다가 청정하거나, 만약 설계가 청정하거나, 만약 일체지지가 청정하다면,
무이이고 둘로 나눌 수 없으며 분별이 없고 단절도 없는 까닭이니라.
보시바라밀다가 청정한 까닭으로 미계·설식계, 나아가 설촉·설촉을 인연
으로 생겨난 여러 수가 청정하고, 미계, 나아가 설촉을 인연으로 생겨난
여러 수가 청정한 까닭으로 일체지지가 청정하니라. 왜 그러한가? 만약
보시바라밀다가 청정하거나, 만약 미계, 나아가 설촉을 인연으로 생겨난
여러 수가 청정하거나, 만약 일체지지가 청정하다면, 무이이고 둘로 나눌
수 없으며 분별이 없고 단절도 없는 까닭이니라.

선현이여. 보시바라밀다가 청정한 까닭으로 신계가 청정하고, 신계가
청정한 까닭으로 일체지지가 청정하니라. 왜 그러한가? 만약 보시바라밀
다가 청정하거나, 만약 신계가 청정하거나, 만약 일체지지가 청정하다면,

무이이고 둘로 나눌 수 없으며 분별이 없고 단절도 없는 까닭이니라.
보시바라밀다가 청정한 까닭으로 촉계·신식계, 나아가 신촉·신촉을 인연
으로 생겨난 여러 수가 청정하고, 촉계, 나아가 신촉을 인연으로 생겨난
여러 수가 청정한 까닭으로 일체지지가 청정하니라. 왜 그러한가? 만약
보시바라밀다가 청정하거나, 만약 촉계, 나아가 신촉을 인연으로 생겨난
여러 수가 청정하거나, 만약 일체지지가 청정하다면, 무이이고 둘로 나눌
수 없으며 분별이 없고 단절도 없는 까닭이니라.

선현이여. 보시바라밀다가 청정한 까닭으로 의계가 청정하고, 의계가
청정한 까닭으로 일체지지가 청정하니라. 왜 그러한가? 만약 보시바라밀
다가 청정하거나, 만약 의계가 청정하거나, 만약 일체지지가 청정하다면,
무이이고 둘로 나눌 수 없으며 분별이 없고 단절도 없는 까닭이니라.
보시바라밀다가 청정한 까닭으로 법계·의식계, 나아가 의촉·의촉을 인연
으로 생겨난 여러 수가 청정하고, 법계, 나아가 의촉을 인연으로 생겨난
여러 수가 청정한 까닭으로 일체지지가 청정하니라. 왜 그러한가? 만약
보시바라밀다가 청정하거나, 만약 법계, 나아가 의촉을 인연으로 생겨난
여러 수가 청정하거나, 만약 일체지지가 청정하다면, 무이이고 둘로 나눌
수 없으며 분별이 없고 단절도 없는 까닭이니라.

선현이여. 보시바라밀다가 청정한 까닭으로 지계가 청정하고, 지계가
청정한 까닭으로 일체지지가 청정하니라. 왜 그러한가? 만약 보시바라밀
다가 청정하거나, 만약 지계가 청정하거나, 만약 일체지지가 청정하다면,
무이이고 둘로 나눌 수 없으며 분별이 없고 단절도 없는 까닭이니라.
보시바라밀다가 청정한 까닭으로 수·화·풍·공·식계가 청정하고, 수·화·
풍·공·식계가 청정한 까닭으로 일체지지가 청정하니라. 왜 그러한가?
만약 보시바라밀다가 청정하거나, 만약 수·화·풍·공·식계가 청정하거나,
만약 일체지지가 청정하다면, 무이이고 둘로 나눌 수 없으며 분별이
없고 단절도 없는 까닭이니라.

선현이여. 보시바라밀다가 청정한 까닭으로 무명이 청정하고, 무명이
청정한 까닭으로 일체지지가 청정하니라. 왜 그러한가? 만약 보시바라밀

다가 청정하거나, 만약 무명이 청정하거나, 만약 일체지지가 청정하다면, 무이이고 둘로 나눌 수 없으며 분별이 없고 단절도 없는 까닭이니라. 보시바라밀다가 청정한 까닭으로 행·식·명색·육처·촉·수·애·취·유·생·노사의 수탄고우뇌가 청정하고, 행, 나아가 노사의 수탄고우뇌가 청정한 까닭으로 일체지지가 청정하니라. 왜 그러한가? 만약 보시바라밀다가 청정하거나, 만약 행, 나아가 노사의 수탄고우뇌가 청정하거나, 만약 일체지지가 청정하다면, 무이이고 둘로 나눌 수 없으며 분별이 없고 단절도 없는 까닭이니라.

선현이여. 보시바라밀다가 청정한 까닭으로 정계바라밀다가 청정하고, 정계바라밀다가 청정한 까닭으로 일체지지가 청정하니라. 왜 그러한가? 만약 보시바라밀다가 청정하거나, 만약 정계바라밀다가 청정하거나, 만약 일체지지가 청정하다면, 무이이고 둘로 나눌 수 없으며 분별이 없고 단절도 없는 까닭이니라. 보시바라밀다가 청정한 까닭으로 정계·안인·정진·정려·반야바라밀다가 청정하고, 정계, 나아가 반야바라밀다가 청정한 까닭으로 일체지지가 청정하니라. 왜 그러한가? 만약 보시바라밀다가 청정하거나, 만약 정계, 나아가 반야바라밀다가 청정하거나, 만약 일체지지가 청정하다면, 무이이고 둘로 나눌 수 없으며 분별이 없고 단절도 없는 까닭이니라.

선현이여. 보시바라밀다가 청정한 까닭으로 내공이 청정하고, 내공이 청정한 까닭으로 일체지지가 청정하니라. 왜 그러한가? 만약 보시바라밀다가 청정하거나, 만약 내공이 청정하거나, 만약 일체지지가 청정하다면, 무이이고 둘로 나눌 수 없으며 분별이 없고 단절도 없는 까닭이니라. 보시바라밀다가 청정한 까닭으로 외공·내외공·공공·대공·승의공·유위공·무위공·필경공·무제공·산공·무변이공·본성공·자상공·공상공·일체법공·불가득공·무성공·자성공·무성자성공이 청정하고, 외공, 나아가 무성자성공이 청정한 까닭으로 일체지지가 청정하니라. 왜 그러한가? 만약 보시바라밀다가 청정하거나, 만약 외공, 나아가 무성자성공이 청정하거나, 만약 일체지지가 청정하다면, 무이이고 둘로 나눌 수 없으며

분별이 없고 단절도 없는 까닭이니라.

　선현이여. 보시바라밀다가 청정한 까닭으로 진여가 청정하고, 진여가 청정한 까닭으로 일체지지가 청정하니라. 왜 그러한가? 만약 보시바라밀다가 청정하거나, 만약 진여가 청정하거나, 만약 일체지지가 청정하다면, 무이이고 둘로 나눌 수 없으며 분별이 없고 단절도 없는 까닭이니라. 보시바라밀다가 청정한 까닭으로 법계·법성·불허망성·불변이성·평등성·이생성·법정·법주·실제·허공계·부사의계가 청정하고 법계, 나아가 부사의계가 청정한 까닭으로 일체지지가 청정하니라. 왜 그러한가? 만약 정계바라밀다가 청정하거나, 만약 법계, 나아가 부사의계가 청정하거나, 만약 일체지지가 청정하다면, 무이이고 둘로 나눌 수 없으며 분별이 없고 단절도 없는 까닭이니라.

　선현이여. 보시바라밀다가 청정한 까닭으로 고성제가 청정하고, 고성제가 청정한 까닭으로 일체지지가 청정하니라. 왜 그러한가? 만약 보시바라밀다가 청정하거나, 만약 고성제가 청정하거나, 만약 일체지지가 청정하다면, 무이이고 둘로 나눌 수 없으며 분별이 없고 단절도 없는 까닭이니라. 보시바라밀다가 청정한 까닭으로 집·멸·도성제가 청정하고, 집·멸·도성제가 청정한 까닭으로 일체지지가 청정하니라. 왜 그러한가? 만약 보시바라밀다가 청정하거나, 만약 집·멸·도성제가 청정하거나, 만약 일체지지가 청정하다면, 무이이고 둘로 나눌 수 없으며 분별이 없고 단절도 없는 까닭이니라.

　선현이여. 보시바라밀다가 청정한 까닭으로 4정려가 청정하고, 4정려가 청정한 까닭으로 일체지지가 청정하니라. 왜 그러한가? 만약 보시바라밀다가 청정하거나, 만약 4정려가 청정하거나, 만약 일체지지가 청정하다면, 무이이고 둘로 나눌 수 없으며 분별이 없고 단절도 없는 까닭이니라. 보시바라밀다가 청정한 까닭으로 4무량·4무색정이 청정하고, 4무량·4무색정이 청정한 까닭으로 일체지지가 청정하니라. 왜 그러한가? 만약 보시바라밀다가 청정하거나, 만약 4무량·4무색정이 청정하거나, 만약 일체지지가 청정하다면, 무이이고 둘로 나눌 수 없으며 분별이 없고

단절도 없는 까닭이니라.

선현이여. 보시바라밀다가 청정한 까닭으로 8해탈이 청정하고, 8해탈이 청정한 까닭으로 일체지지가 청정하니라. 왜 그러한가? 만약 보시바라밀다가 청정하거나, 만약 8해탈이 청정하거나, 만약 일체지지가 청정하다면, 무이이고 둘로 나눌 수 없으며 분별이 없고 단절도 없는 까닭이니라. 보시바라밀다가 청정한 까닭으로 8승처·9차제정·10변처가 청정하고, 8승처·9차제정·10변처가 청정한 까닭으로 일체지지가 청정하니라. 왜 그러한가? 만약 보시바라밀다가 청정하거나, 만약 8승처·9차제정·10변처가 청정하거나, 만약 일체지지가 청정하다면, 무이이고 둘로 나눌 수 없으며 분별이 없고 단절도 없는 까닭이니라.

선현이여. 보시바라밀다가 청정한 까닭으로 4념주가 청정하고, 4념주가 청정한 까닭으로 일체지지가 청정하니라. 왜 그러한가? 만약 보시바라밀다가 청정하거나, 만약 4념주가 청정하거나, 만약 일체지지가 청정하다면, 무이이고 둘로 나눌 수 없으며 분별이 없고 단절도 없는 까닭이니라. 보시바라밀다가 청정한 까닭으로 4정단·4신족·5근·5력·7등각지·8성도지가 청정하고, 4정단, 나아가 8성도지가 청정한 까닭으로 일체지지가 청정하니라. 왜 그러한가? 만약 보시바라밀다가 청정하거나, 만약 4정단, 나아가 8성도지가 청정하거나, 만약 일체지지가 청정하다면, 무이이고 둘로 나눌 수 없으며 분별이 없고 단절도 없는 까닭이니라.

선현이여. 보시바라밀다가 청정한 까닭으로 공해탈문이 청정하고, 공해탈문이 청정한 까닭으로 일체지지가 청정하니라. 왜 그러한가? 만약 보시바라밀다가 청정하거나, 만약 공해탈문이 청정하거나, 만약 일체지지가 청정하다면, 무이이고 둘로 나눌 수 없으며 분별이 없고 단절도 없는 까닭이니라. 보시바라밀다가 청정한 까닭으로 무상·무원해탈문이 청정하고, 무상·무원해탈문이 청정한 까닭으로 일체지지가 청정하니라. 왜 그러한가? 만약 보시바라밀다가 청정하거나, 만약 무상·무원해탈문이 청정하거나, 만약 일체지지가 청정하다면, 무이이고 둘로 나눌 수 없으며 분별이 없고 단절도 없는 까닭이니라.

선현이여. 보시바라밀다가 청정한 까닭으로 보살의 10지가 청정하고, 보살의 10지가 청정한 까닭으로 일체지지가 청정하니라. 왜 그러한가? 만약 보시바라밀다가 청정하거나, 만약 보살의 10지가 청정하거나, 만약 일체지지가 청정하다면, 무이이고 둘로 나눌 수 없으며 분별이 없고 단절도 없는 까닭이니라.

선현이여. 보시바라밀다가 청정한 까닭으로 5안이 청정하고, 5안이 청정한 까닭으로 일체지지가 청정하니라. 왜 그러한가? 만약 보시바라밀다가 청정하거나, 만약 5안이 청정하거나, 만약 일체지지가 청정하다면, 무이이고 둘로 나눌 수 없으며 분별이 없고 단절도 없는 까닭이니라. 보시바라밀다가 청정한 까닭으로 6신통이 청정하고, 6신통이 청정한 까닭으로 일체지지가 청정하니라. 왜 그러한가? 만약 보시바라밀다가 청정하거나, 만약 6신통이 청정하거나, 만약 일체지지가 청정하다면, 무이이고 둘로 나눌 수 없으며 분별이 없고 단절도 없는 까닭이니라.

선현이여. 보시바라밀다가 청정한 까닭으로 여래의 10력이 청정하고, 여래의 10력이 청정한 까닭으로 일체지지가 청정하니라. 왜 그러한가? 만약 보시바라밀다가 청정하거나, 만약 여래의 10력이 청정하거나, 만약 일체지지가 청정하다면, 무이이고 둘로 나눌 수 없으며 분별이 없고 단절도 없는 까닭이니라. 보시바라밀다가 청정한 까닭으로 4무소외·4무애해·대자·대비·대희·대사·18불불공법이 청정하고, 4무소외, 나아가 18불불공법이 청정한 까닭으로 일체지지가 청정하니라. 왜 그러한가? 만약 보시바라밀다가 청정하거나, 만약 4무소외, 나아가 18불불공법이 청정하거나, 만약 일체지지가 청정하다면, 무이이고 둘로 나눌 수 없으며 분별이 없고 단절도 없는 까닭이니라.

선현이여. 보시바라밀다가 청정한 까닭으로 무망실법이 청정하고, 무망실법이 청정한 까닭으로 일체지지가 청정하니라. 왜 그러한가? 만약 보시바라밀다가 청정하거나, 만약 무망실법이 청정하거나, 만약 일체지지가 청정하다면, 무이이고 둘로 나눌 수 없으며 분별이 없고 단절도 없는 까닭이니라. 보시바라밀다가 청정한 까닭으로 항주사성이 청정하고, 항주사성이 청정한 까닭으로 일체지지가 청정하니라. 왜 그러한가? 만약 보시바라밀다가 청정하거나, 만약 항주사성이 청정하거나, 만약 일체지지가 청정하다면, 무이이고 둘로 나눌 수 없으며 분별이 없고 단절도 없는 까닭이니라.

선현이여. 보시바라밀다가 청정한 까닭으로 일체지가 청정하고, 일체지가 청정한 까닭으로 일체지지가 청정하니라. 왜 그러한가? 만약 보시바라밀다가 청정하거나, 만약 일체지가 청정하거나, 만약 일체지지가 청정하다면, 무이이고 둘로 나눌 수 없으며 분별이 없고 단절도 없는 까닭이니라. 보시바라밀다가 청정한 까닭으로 도상지·일체상지가 청정하고, 도상지·일체상지가 청정한 까닭으로 일체지지가 청정하니라. 왜 그러한가? 만약 보시바라밀다가 청정하거나, 만약 도상지·일체상지가 청정하거나, 만약 일체지지가 청정하다면, 무이이고 둘로 나눌 수 없으며 분별이 없고 단절도 없는 까닭이니라.

선현이여. 보시바라밀다가 청정한 까닭으로 일체의 다라니문이 청정하고, 일체의 다라니문이 청정한 까닭으로 일체지지가 청정하니라. 왜 그러한가? 만약 보시바라밀다가 청정하거나, 만약 일체의 다라니문이 청정하거나, 만약 일체지지가 청정하다면, 무이이고 둘로 나눌 수 없으며 분별이 없고 단절도 없는 까닭이니라. 보시바라밀다가 청정한 까닭으로 일체의 삼마지문이 청정하고, 일체의 삼마지문이 청정한 까닭으로 일체지지가 청정하니라. 왜 그러한가? 만약 보시바라밀다가 청정하거나, 만약 일체의 삼마지문이 청정하거나, 만약 일체지지가 청정하다면, 무이이고 둘로 나눌 수 없으며 분별이 없고 단절도 없는 까닭이니라.

선현이여. 보시바라밀다가 청정한 까닭으로 예류과가 청정하고, 예류과가 청정한 까닭으로 일체지지가 청정하니라. 왜 그러한가? 만약 보시바라밀다가 청정하거나, 만약 예류과가 청정하거나, 만약 일체지지가 청정하다면, 무이이고 둘로 나눌 수 없으며 분별이 없고 단절도 없는 까닭이니라. 보시바라밀다가 청정한 까닭으로 일래·불환·아라한과가 청정하고, 일래·불환·아라한과가 청정한 까닭으로 일체지지가 청정하니라. 왜 그러한가? 만약 보시바라밀다가 청정하거나, 만약 일래·불환·아라한과가 청정하거나, 만약 일체지지가 청정하다면, 무이이고 둘로 나눌 수 없으며 분별이 없고 단절도 없는 까닭이니라.

선현이여. 보시바라밀다가 청정한 까닭으로 독각의 보리가 청정하고, 독각의 보리가 청정한 까닭으로 일체지지가 청정하니라. 왜 그러한가? 만약 보시바라밀다가 청정하거나, 만약 독각의 보리가 청정하거나, 만약 일체지지가 청정하다면, 무이이고 둘로 나눌 수 없으며 분별이 없고 단절도 없는 까닭이니라.

선현이여. 보시바라밀다가 청정한 까닭으로 일체의 보살마하살의 행이 청정하고, 일체의 보살마하살의 행이 청정한 까닭으로 일체지지가 청정하니라. 왜 그러한가? 만약 보시바라밀다가 청정하거나, 만약 일체의 보살마하살의 행이 청정하거나, 만약 일체지지가 청정하다면, 무이이고 둘로 나눌 수 없으며 분별이 없고 단절도 없는 까닭이니라.

선현이여. 보시바라밀다가 청정한 까닭으로 제불의 무상정등보리가 청정하고, 제불의 무상정등보리가 청정한 까닭으로 일체지지가 청정하니라. 왜 그러한가? 만약 보시바라밀다가 청정하거나, 만약 제불의 무상정등보리가 청정하거나, 만약 일체지지가 청정하다면, 무이이고 둘로 나눌 수 없으며 분별이 없고 단절도 없는 까닭이니라.”

마하반야바라밀다경 제208권

34. 난신해품(難信解品)(27)

"다시 다음으로 선현이여. 내공(內空)이 청정한 까닭으로 색이 청정하고, 색이 청정한 까닭으로 일체지지가 청정하니라. 왜 그러한가? 만약 내공이 청정하거나, 만약 색이 청정하거나, 만약 일체지지가 청정하다면, 무이이고 둘로 나눌 수 없으며 분별이 없고 단절도 없는 까닭이니라. 내공이 청정한 까닭으로 수·상·행·식이 청정하고, 수·상·행·식이 청정한 까닭으로 일체지지가 청정하니라. 왜 그러한가? 만약 내공이 청정하거나, 만약 수·상·행·식이 청정하거나, 만약 일체지지가 청정하다면, 무이이고 둘로 나눌 수 없으며 분별이 없고 단절도 없는 까닭이니라.

선현이여. 내공이 청정한 까닭으로 안처가 청정하고, 안처가 청정한 까닭으로 일체지지가 청정하니라. 왜 그러한가? 만약 내공이 청정하거나, 만약 안처가 청정하거나, 만약 일체지지가 청정하다면, 무이이고 둘로 나눌 수 없으며 분별이 없고 단절도 없는 까닭이니라. 내공이 청정한 까닭으로 이·비·설·신·의처가 청정하고, 이·비·설·신·의처가 청정한 까닭으로 일체지지가 청정하니라. 왜 그러한가? 만약 내공이 청정하거나, 만약 이·비·설·신·의처가 청정하거나, 만약 일체지지가 청정하다면, 무이이고 둘로 나눌 수 없으며 분별이 없고 단절도 없는 까닭이니라.

선현이여. 내공이 청정한 까닭으로 색처가 청정하고, 색처가 청정한 까닭으로 일체지지가 청정하니라. 왜 그러한가? 만약 내공이 청정하거나, 만약 색처가 청정하거나, 만약 일체지지가 청정하다면, 무이이고 둘로 나눌 수 없으며 분별이 없고 단절도 없는 까닭이니라. 내공이 청정한 까닭으로 성·향·미·촉·법처가 청정하고, 성·향·미·촉·법처가 청정한 까닭으로 일체지지가 청정하니라. 왜 그러한가? 만약 내공이 청정하거나, 만약 성·향·미·촉·법처가 청정하거나, 만약 일체지지가 청정하다면, 무이이고 둘로 나눌 수 없으며 분별이 없고 단절도 없는 까닭이니라.

선현이여. 내공이 청정한 까닭으로 안계가 청정하고, 안계가 청정한 까닭으로 일체지지가 청정하니라. 왜 그러한가? 만약 내공이 청정하거나, 만약 안계가 청정하거나, 만약 일체지지가 청정하다면, 무이이고 둘로 나눌 수 없으며 분별이 없고 단절도 없는 까닭이니라. 내공이 청정한 까닭으로 색계·안식계, 나아가 안촉·안촉을 인연으로 생겨난 여러 수가 청정하고, 색계, 나아가 안촉을 인연으로 생겨난 여러 수가 청정한 까닭으로 일체지지가 청정하니라. 왜 그러한가? 만약 내공이 청정하거나, 만약 색계, 나아가 안촉을 인연으로 생겨난 여러 수가 청정하거나, 만약 일체지지가 청정하다면, 무이이고 둘로 나눌 수 없으며 분별이 없고 단절도 없는 까닭이니라.

선현이여. 내공이 청정한 까닭으로 이계가 청정하고, 이계가 청정한 까닭으로 일체지지가 청정하니라. 왜 그러한가? 만약 내공이 청정하거나, 만약 이계가 청정하거나, 만약 일체지지가 청정하다면, 무이이고 둘로 나눌 수 없으며 분별이 없고 단절도 없는 까닭이니라. 내공이 청정한 까닭으로 성계·이식계, 나아가 이촉·이촉을 인연으로 생겨난 여러 수가 청정하고, 성계, 나아가 이촉을 인연으로 생겨난 여러 수가 청정한 까닭으로 일체지지가 청정하니라. 왜 그러한가? 만약 내공이 청정하거나, 만약 성계, 나아가 이촉을 인연으로 생겨난 여러 수가 청정하거나, 만약 일체지지가 청정하다면, 무이이고 둘로 나눌 수 없으며 분별이 없고 단절도 없는 까닭이니라.

선현이여. 내공이 청정한 까닭으로 비계가 청정하고, 비계가 청정한 까닭으로 일체지지가 청정하니라. 왜 그러한가? 만약 내공이 청정하거나, 만약 비계가 청정하거나, 만약 일체지지가 청정하다면, 무이이고 둘로 나눌 수 없으며 분별이 없고 단절도 없는 까닭이니라. 내공이 청정한 까닭으로 향계·비식계, 나아가 비촉·비촉을 인연으로 생겨난 여러 수가 청정하고, 향계, 나아가 비촉을 인연으로 생겨난 여러 수가 청정한 까닭으로 일체지지가 청정하니라. 왜 그러한가? 만약 내공이 청정하거나, 만약 향계, 나아가 비촉을 인연으로 생겨난 여러 수가 청정하거나, 만약 일체지지가 청정하다면, 무이이고 둘로 나눌 수 없으며 분별이 없고 단절도 없는 까닭이니라.

선현이여. 내공이 청정한 까닭으로 설계가 청정하고, 설계가 청정한 까닭으로 일체지지가 청정하니라. 왜 그러한가? 만약 내공이 청정하거나, 만약 설계가 청정하거나, 만약 일체지지가 청정하다면, 무이이고 둘로 나눌 수 없으며 분별이 없고 단절도 없는 까닭이니라. 내공이 청정한 까닭으로 미계·설식계, 나아가 설촉·설촉을 인연으로 생겨난 여러 수가 청정하고, 미계, 나아가 설촉을 인연으로 생겨난 여러 수가 청정한 까닭으로 일체지지가 청정하니라. 왜 그러한가? 만약 내공이 청정하거나, 만약 미계, 나아가 설촉을 인연으로 생겨난 여러 수가 청정하거나, 만약 일체지지가 청정하다면, 무이이고 둘로 나눌 수 없으며 분별이 없고 단절도 없는 까닭이니라.

선현이여. 내공이 청정한 까닭으로 신계가 청정하고, 신계가 청정한 까닭으로 일체지지가 청정하니라. 왜 그러한가? 만약 내공이 청정하거나, 만약 신계가 청정하거나, 만약 일체지지가 청정하다면, 무이이고 둘로 나눌 수 없으며 분별이 없고 단절도 없는 까닭이니라. 내공이 청정한 까닭으로 촉계·신식계, 나아가 신촉·신촉을 인연으로 생겨난 여러 수가 청정하고, 촉계, 나아가 신촉을 인연으로 생겨난 여러 수가 청정한 까닭으로 일체지지가 청정하니라. 왜 그러한가? 만약 내공이 청정하거나, 만약 촉계, 나아가 신촉을 인연으로 생겨난 여러 수가 청정하거나, 만약 일체지지가 청정하다면, 무이이고 둘로 나눌 수 없으며 분별이 없고 단절도 없는 까닭이니라.

선현이여. 내공이 청정한 까닭으로 의계가 청정하고, 의계가 청정한 까닭으로 일체지지가 청정하니라. 왜 그러한가? 만약 내공이 청정하거나, 만약 의계가 청정하거나, 만약 일체지지가 청정하다면, 무이이고 둘로 나눌 수 없으며 분별이 없고 단절도 없는 까닭이니라. 내공이 청정한 까닭으로 법계·의식계, 나아가 의촉·의촉을 인연으로 생겨난 여러 수가 청정하고, 법계, 나아가 의촉을 인연으로 생겨난 여러 수가 청정한 까닭으로 일체지지가 청정하니라. 왜 그러한가? 만약 내공이 청정하거나, 만약 법계, 나아가 의촉을 인연으로 생겨난 여러 수가 청정하거나, 만약 일체지지가 청정하다면, 무이이고 둘로 나눌 수 없으며 분별이 없고 단절도 없는 까닭이니라.

선현이여. 내공이 청정한 까닭으로 지계가 청정하고, 지계가 청정한 까닭으로 일체지지가 청정하니라. 왜 그러한가? 만약 내공이 청정하거나, 만약 지계가 청정하거나, 만약 일체지지가 청정하다면, 무이이고 둘로 나눌 수 없으며 분별이 없고 단절도 없는 까닭이니라. 내공이 청정한 까닭으로 수·화·풍·공·식계가 청정하고, 수·화·풍·공·식계가 청정한 까닭으로 일체지지가 청정하니라. 왜 그러한가? 만약 내공이 청정하거나, 만약 수·화·풍·공·식계가 청정하거나, 만약 일체지지가 청정하다면, 무이이고 둘로 나눌 수 없으며 분별이 없고 단절도 없는 까닭이니라.

선현이여. 내공이 청정한 까닭으로 무명이 청정하고, 무명이 청정한 까닭으로 일체지지가 청정하니라. 왜 그러한가? 만약 내공이 청정하거나, 만약 무명이 청정하거나, 만약 일체지지가 청정하다면, 무이이고 둘로 나눌 수 없으며 분별이 없고 단절도 없는 까닭이니라. 내공이 청정한 까닭으로 행·식·명색·육처·촉·수·애·취·유·생·노사의 수탄고우뇌가 청정하고, 행, 나아가 노사의 수탄고우뇌가 청정한 까닭으로 일체지지가 청정하니라. 왜 그러한가? 만약 내공이 청정하거나, 만약 행, 나아가 노사의 수탄고우뇌가 청정하거나, 만약 일체지지가 청정하다면, 무이이고 둘로 나눌 수 없으며 분별이 없고 단절도 없는 까닭이니라.

선현이여. 내공이 청정한 까닭으로 보시바라밀다가 청정하고, 보시바라밀다가 청정한 까닭으로 일체지지가 청정하니라. 왜 그러한가? 만약 내공이 청정하거나, 만약 보시바라밀다가 청정하거나, 만약 일체지지가 청정하다면, 무이이고 둘로 나눌 수 없으며 분별이 없고 단절도 없는 까닭이니라. 내공이 청정한 까닭으로 정계·안인·정진·정려·반야바라밀다가 청정하고, 정계, 나아가 반야바라밀다가 청정한 까닭으로 일체지지가 청정하니라. 왜 그러한가? 만약 내공이 청정하거나, 만약 정계, 나아가 반야바라밀다가 청정하거나, 만약 일체지지가 청정하다면, 무이이고 둘로 나눌 수 없으며 분별이 없고 단절도 없는 까닭이니라.

선현이여. 내공이 청정한 까닭으로 외공이 청정하고, 외공이 청정한 까닭으로 일체지지가 청정하니라. 왜 그러한가? 만약 내공이 청정하거나, 만약 외공이 청정하거나, 만약 일체지지가 청정하다면, 무이이고 둘로 나눌 수 없으며 분별이 없고 단절도 없는 까닭이니라. 내공이 청정한 까닭으로 내외공·공공·대공·승의공·유위공·무위공·필경공·무제공·산공·무변이공·본성공·자상공·공상공·일체법공·불가득공·무성공·자성공·무성자성공이 청정하고, 내외공, 나아가 무성자성공이 청정한 까닭으로 일체지지가 청정하니라. 왜 그러한가? 만약 내공이 청정하거나, 만약 내외공, 나아가 무성자성공이 청정하거나, 만약 일체지지가 청정하다면, 무이이고 둘로 나눌 수 없으며 분별이 없고 단절도 없는 까닭이니라.

선현이여. 내공이 청정한 까닭으로 진여가 청정하고, 진여가 청정한 까닭으로 일체지지가 청정하니라. 왜 그러한가? 만약 내공이 청정하거나, 만약 진여가 청정하거나, 만약 일체지지가 청정하다면, 무이이고 둘로 나눌 수 없으며 분별이 없고 단절도 없는 까닭이니라. 내공이 청정한 까닭으로 법계·법성·불허망성·불변이성·평등성·이생성·법정·법주·실제·허공계·부사의계가 청정하고 법계, 나아가 부사의계가 청정한 까닭으로 일체지지가 청정하니라. 왜 그러한가? 만약 내공이 청정하거나, 만약 법계, 나아가 부사의계가 청정하거나, 만약 일체지지가 청정하다면, 무이이고 둘로 나눌 수 없으며 분별이 없고 단절도 없는 까닭이니라.

선현이여. 내공이 청정한 까닭으로 고성제가 청정하고, 고성제가 청정한 까닭으로 일체지지가 청정하니라. 왜 그러한가? 만약 내공이 청정하거나, 만약 고성제가 청정하거나, 만약 일체지지가 청정하다면, 무이이고 둘로 나눌 수 없으며 분별이 없고 단절도 없는 까닭이니라. 내공이 청정한 까닭으로 집·멸·도성제가 청정하고, 집·멸·도성제가 청정한 까닭으로 일체지지가 청정하니라. 왜 그러한가? 만약 내공이 청정하거나, 만약 집·멸·도성제가 청정하거나, 만약 일체지지가 청정하다면, 무이이고 둘로 나눌 수 없으며 분별이 없고 단절도 없는 까닭이니라.

선현이여. 내공이 청정한 까닭으로 4정려가 청정하고, 4정려가 청정한 까닭으로 일체지지가 청정하니라. 왜 그러한가? 만약 내공이 청정하거나, 만약 4정려가 청정하거나, 만약 일체지지가 청정하다면, 무이이고 둘로 나눌 수 없으며 분별이 없고 단절도 없는 까닭이니라. 내공이 청정한 까닭으로 4무량·4무색정이 청정하고, 4무량·4무색정이 청정한 까닭으로 일체지지가 청정하니라. 왜 그러한가? 만약 내공이 청정하거나, 만약 4무량·4무색정이 청정하거나, 만약 일체지지가 청정하다면, 무이이고 둘로 나눌 수 없으며 분별이 없고 단절도 없는 까닭이니라.

선현이여. 내공이 청정한 까닭으로 8해탈이 청정하고, 8해탈이 청정한 까닭으로 일체지지가 청정하니라. 왜 그러한가? 만약 내공이 청정하거나, 만약 8해탈이 청정하거나, 만약 일체지지가 청정하다면, 무이이고 둘로 나눌 수 없으며 분별이 없고 단절도 없는 까닭이니라. 내공이 청정한 까닭으로 8승처·9차제정·10변처가 청정하고, 8승처·9차제정·10변처가 청정한 까닭으로 일체지지가 청정하니라. 왜 그러한가? 만약 내공이 청정하거나, 만약 8승처·9차제정·10변처가 청정하거나, 만약 일체지지가 청정하다면, 무이이고 둘로 나눌 수 없으며 분별이 없고 단절도 없는 까닭이니라.

선현이여. 내공이 청정한 까닭으로 4념주가 청정하고, 4념주가 청정한 까닭으로 일체지지가 청정하니라. 왜 그러한가? 만약 내공이 청정하거나, 만약 4념주가 청정하거나, 만약 일체지지가 청정하다면, 무이이고 둘로 나눌 수 없으며 분별이 없고 단절도 없는 까닭이니라. 내공이 청정한 까닭으로 4정단·4신족·5근·5력·7등각지·8성도지가 청정하고, 4정단, 나아가 8성도지가 청정한 까닭으로 일체지지가 청정하니라. 왜 그러한가?
만약 내공이 청정하거나, 만약 4정단, 나아가 8성도지가 청정하거나,
만약 일체지지가 청정하다면, 무이이고 둘로 나눌 수 없으며 분별이
없고 단절도 없는 까닭이니라.

　선현이여. 내공이 청정한 까닭으로 공해탈문이 청정하고, 공해탈문이
청정한 까닭으로 일체지지가 청정하니라. 왜 그러한가? 만약 내공이
청정하거나, 만약 공해탈문이 청정하거나, 만약 일체지지가 청정하다면,
무이이고 둘로 나눌 수 없으며 분별이 없고 단절도 없는 까닭이니라. 내공이
청정한 까닭으로 무상·무원해탈문이 청정하고, 무상·무원해탈문이 청정
한 까닭으로 일체지지가 청정하니라. 왜 그러한가? 만약 내공이 청정하거
나, 만약 무상·무원해탈문이 청정하거나, 만약 일체지지가 청정하다면,
무이이고 둘로 나눌 수 없으며 분별이 없고 단절도 없는 까닭이니라.

　선현이여. 내공이 청정한 까닭으로 보살의 10지가 청정하고, 보살의
10지가 청정한 까닭으로 일체지지가 청정하니라. 왜 그러한가? 만약
내공이 청정하거나, 만약 보살의 10지가 청정하거나, 만약 일체지지가
청정하다면, 무이이고 둘로 나눌 수 없으며 분별이 없고 단절도 없는
까닭이니라.

　선현이여. 내공이 청정한 까닭으로 5안이 청정하고, 5안이 청정한
까닭으로 일체지지가 청정하니라. 왜 그러한가? 만약 내공이 청정하거나,
만약 5안이 청정하거나, 만약 일체지지가 청정하다면, 무이이고 둘로
나눌 수 없으며 분별이 없고 단절도 없는 까닭이니라. 내공이 청정한
까닭으로 6신통이 청정하고, 6신통이 청정한 까닭으로 일체지지가 청정하
니라. 왜 그러한가? 만약 내공이 청정하거나, 만약 6신통이 청정하거나,
만약 일체지지가 청정하다면, 무이이고 둘로 나눌 수 없으며 분별이
없고 단절도 없는 까닭이니라.

　선현이여. 내공이 청정한 까닭으로 여래의 10력이 청정하고, 여래의
10력이 청정한 까닭으로 일체지지가 청정하니라. 왜 그러한가? 만약
내공이 청정하거나, 만약 여래의 10력이 청정하거나, 만약 일체지지가

청정하다면, 무이이고 둘로 나눌 수 없으며 분별이 없고 단절도 없는 까닭이니라. 내공이 청정한 까닭으로 4무소외·4무애해·대자·대비·대희·대사·18불불공법이 청정하고, 4무소외, 나아가 18불불공법이 청정한 까닭으로 일체지지가 청정하니라. 왜 그러한가? 만약 내공이 청정하거나, 만약 4무소외, 나아가 18불불공법이 청정하거나, 만약 일체지지가 청정하다면, 무이이고 둘로 나눌 수 없으며 분별이 없고 단절도 없는 까닭이니라.

　선현이여. 내공이 청정한 까닭으로 무망실법이 청정하고, 무망실법이 청정한 까닭으로 일체지지가 청정하니라. 왜 그러한가? 만약 내공이 청정하거나, 만약 무망실법이 청정하거나, 만약 일체지지가 청정하다면, 무이이고 둘로 나눌 수 없으며 분별이 없고 단절도 없는 까닭이니라. 내공이 청정한 까닭으로 항주사성이 청정하고, 항주사성이 청정한 까닭으로 일체지지가 청정하니라. 왜 그러한가? 만약 내공이 청정하거나, 만약 항주사성이 청정하거나, 만약 일체지지가 청정하다면, 무이이고 둘로 나눌 수 없으며 분별이 없고 단절도 없는 까닭이니라.

　선현이여. 내공이 청정한 까닭으로 일체지가 청정하고, 일체지가 청정한 까닭으로 일체지지가 청정하니라. 왜 그러한가? 만약 내공이 청정하거나, 만약 일체지가 청정하거나, 만약 일체지지가 청정하다면, 무이이고 둘로 나눌 수 없으며 분별이 없고 단절도 없는 까닭이니라. 내공이 청정한 까닭으로 도상지·일체상지가 청정하고, 도상지·일체상지가 청정한 까닭으로 일체지지가 청정하니라. 왜 그러한가? 만약 내공이 청정하거나, 만약 도상지·일체상지가 청정하거나, 만약 일체지지가 청정하다면, 무이이고 둘로 나눌 수 없으며 분별이 없고 단절도 없는 까닭이니라.

　선현이여. 내공이 청정한 까닭으로 일체의 다라니문이 청정하고, 일체의 다라니문이 청정한 까닭으로 일체지지가 청정하니라. 왜 그러한가? 만약 내공이 청정하거나, 만약 일체의 다라니문이 청정하거나, 만약 일체지지가 청정하다면, 무이이고 둘로 나눌 수 없으며 분별이 없고 단절도 없는 까닭이니라. 내공이 청정한 까닭으로 일체의 삼마지문이 청정하고, 일체의 삼마지문이 청정한 까닭으로 일체지지가 청정하니라. 왜 그러한가? 만약 내공이 청정하거나, 만약 일체의 삼마지문이 청정하거나, 만약 일체지지가 청정하다면, 무이이고 둘로 나눌 수 없으며 분별이 없고 단절도 없는 까닭이니라.

선현이여. 내공이 청정한 까닭으로 예류과가 청정하고, 예류과가 청정한 까닭으로 일체지지가 청정하니라. 왜 그러한가? 만약 내공이 청정하거나, 만약 예류과가 청정하거나, 만약 일체지지가 청정하다면, 무이이고 둘로 나눌 수 없으며 분별이 없고 단절도 없는 까닭이니라. 내공이 청정한 까닭으로 일래·불환·아라한과가 청정하고, 일래·불환·아라한과가 청정한 까닭으로 일체지지가 청정하니라. 왜 그러한가? 만약 내공이 청정하거나, 만약 일래·불환·아라한과가 청정하거나, 만약 일체지지가 청정하다면, 무이이고 둘로 나눌 수 없으며 분별이 없고 단절도 없는 까닭이니라.

선현이여. 내공이 청정한 까닭으로 독각의 보리가 청정하고, 독각의 보리가 청정한 까닭으로 일체지지가 청정하니라. 왜 그러한가? 만약 내공이 청정하거나, 만약 독각의 보리가 청정하거나, 만약 일체지지가 청정하다면, 무이이고 둘로 나눌 수 없으며 분별이 없고 단절도 없는 까닭이니라.

선현이여. 내공이 청정한 까닭으로 일체의 보살마하살의 행이 청정하고, 일체의 보살마하살의 행이 청정한 까닭으로 일체지지가 청정하니라. 왜 그러한가? 만약 내공이 청정하거나, 만약 일체의 보살마하살의 행이 청정하거나, 만약 일체지지가 청정하다면, 무이이고 둘로 나눌 수 없으며 분별이 없고 단절도 없는 까닭이니라.

선현이여. 내공이 청정한 까닭으로 제불의 무상정등보리가 청정하고, 제불의 무상정등보리가 청정한 까닭으로 일체지지가 청정하니라. 왜 그러한가? 만약 내공이 청정하거나, 만약 제불의 무상정등보리가 청정하거나, 만약 일체지지가 청정하다면, 무이이고 둘로 나눌 수 없으며 분별이 없고 단절도 없는 까닭이니라."

"다시 다음으로 선현이여. 외공(外空)이 청정한 까닭으로 색이 청정하고, 색이 청정한 까닭으로 일체지지가 청정하니라. 왜 그러한가? 만약 외공이 청정하거나, 만약 색이 청정하거나, 만약 일체지지가 청정하다면, 무이이고 둘로 나눌 수 없으며 분별이 없고 단절도 없는 까닭이니라. 외공이 청정한 까닭으로 수·상·행·식이 청정하고, 수·상·행·식이 청정한 까닭으로 일체지지가 청정하니라. 왜 그러한가? 만약 외공이 청정하거나, 만약 수·상·행·식이 청정하거나, 만약 일체지지가 청정하다면, 무이이고 둘로 나눌 수 없으며 분별이 없고 단절도 없는 까닭이니라.

선현이여. 외공이 청정한 까닭으로 안처가 청정하고, 안처가 청정한 까닭으로 일체지지가 청정하니라. 왜 그러한가? 만약 외공이 청정하거나, 만약 안처가 청정하거나, 만약 일체지지가 청정하다면, 무이이고 둘로 나눌 수 없으며 분별이 없고 단절도 없는 까닭이니라. 외공이 청정한 까닭으로 이·비·설·신·의처가 청정하고, 이·비·설·신·의처가 청정한 까닭으로 일체지지가 청정하니라. 왜 그러한가? 만약 외공이 청정하거나, 만약 이·비·설·신·의처가 청정하거나, 만약 일체지지가 청정하다면, 무이이고 둘로 나눌 수 없으며 분별이 없고 단절도 없는 까닭이니라.

선현이여. 외공이 청정한 까닭으로 색처가 청정하고, 색처가 청정한 까닭으로 일체지지가 청정하니라. 왜 그러한가? 만약 외공이 청정하거나, 만약 색처가 청정하거나, 만약 일체지지가 청정하다면, 무이이고 둘로 나눌 수 없으며 분별이 없고 단절도 없는 까닭이니라. 외공이 청정한 까닭으로 성·향·미·촉·법처가 청정하고, 성·향·미·촉·법처가 청정한 까닭으로 일체지지가 청정하니라. 왜 그러한가? 만약 외공이 청정하거나, 만약 성·향·미·촉·법처가 청정하거나, 만약 일체지지가 청정하다면, 무이이고 둘로 나눌 수 없으며 분별이 없고 단절도 없는 까닭이니라.

선현이여. 외공이 청정한 까닭으로 안계가 청정하고, 안계가 청정한 까닭으로 일체지지가 청정하니라. 왜 그러한가? 만약 외공이 청정하거나, 만약 안계가 청정하거나, 만약 일체지지가 청정하다면, 무이이고 둘로 나눌 수 없으며 분별이 없고 단절도 없는 까닭이니라. 외공이 청정한 까닭으로 색계·안식계, 나아가 안촉·안촉을 인연으로 생겨난 여러 수가 청정하고, 색계, 나아가 안촉을 인연으로 생겨난 여러 수가 청정한 까닭으로 일체지지가 청정하니라. 왜 그러한가? 만약 외공이 청정하거나, 만약 색계, 나아가 안촉을 인연으로 생겨난 여러 수가 청정하거나, 만약 일체지지가 청정하다면, 무이이고 둘로 나눌 수 없으며 분별이 없고 단절도 없는 까닭이니라.

선현이여. 외공이 청정한 까닭으로 이계가 청정하고, 이계가 청정한 까닭으로 일체지지가 청정하니라. 왜 그러한가? 만약 외공이 청정하거나, 만약 이계가 청정하거나, 만약 일체지지가 청정하다면, 무이이고 둘로 나눌 수 없으며 분별이 없고 단절도 없는 까닭이니라. 외공이 청정한 까닭으로 성계·이식계, 나아가 이촉·이촉을 인연으로 생겨난 여러 수가 청정하고, 성계, 나아가 이촉을 인연으로 생겨난 여러 수가 청정한 까닭으로 일체지지가 청정하니라. 왜 그러한가? 만약 외공이 청정하거나, 만약 성계, 나아가 이촉을 인연으로 생겨난 여러 수가 청정하거나, 만약 일체지지가 청정하다면, 무이이고 둘로 나눌 수 없으며 분별이 없고 단절도 없는 까닭이니라.

선현이여. 외공이 청정한 까닭으로 비계가 청정하고, 비계가 청정한 까닭으로 일체지지가 청정하니라. 왜 그러한가? 만약 외공이 청정하거나, 만약 비계가 청정하거나, 만약 일체지지가 청정하다면, 무이이고 둘로 나눌 수 없으며 분별이 없고 단절도 없는 까닭이니라. 외공이 청정한 까닭으로 향계·비식계, 나아가 비촉·비촉을 인연으로 생겨난 여러 수가 청정하고, 향계, 나아가 비촉을 인연으로 생겨난 여러 수가 청정한 까닭으로 일체지지가 청정하니라. 왜 그러한가? 만약 외공이 청정하거나, 만약 향계, 나아가 비촉을 인연으로 생겨난 여러 수가 청정하거나, 만약 일체지지가 청정하다면, 무이이고 둘로 나눌 수 없으며 분별이 없고 단절도 없는 까닭이니라.

선현이여. 외공이 청정한 까닭으로 설계가 청정하고, 설계가 청정한 까닭으로 일체지지가 청정하니라. 왜 그러한가? 만약 외공이 청정하거나, 만약 설계가 청정하거나, 만약 일체지지가 청정하다면, 무이이고 둘로 나눌 수 없으며 분별이 없고 단절도 없는 까닭이니라. 외공이 청정한 까닭으로 미계·설식계, 나아가 설촉·설촉을 인연으로 생겨난 여러 수가 청정하고, 미계, 나아가 설촉을 인연으로 생겨난 여러 수가 청정한 까닭으로 일체지지가 청정하니라. 왜 그러한가? 만약 외공이 청정하거나, 만약 미계, 나아가 설촉을 인연으로 생겨난 여러 수가 청정하거나, 만약 일체지지가 청정하다면, 무이이고 둘로 나눌 수 없으며 분별이 없고 단절도 없는 까닭이니라.

선현이여. 외공이 청정한 까닭으로 신계가 청정하고, 신계가 청정한 까닭으로 일체지지가 청정하니라. 왜 그러한가? 만약 외공이 청정하거나, 만약 신계가 청정하거나, 만약 일체지지가 청정하다면, 무이이고 둘로 나눌 수 없으며 분별이 없고 단절도 없는 까닭이니라. 외공이 청정한 까닭으로 촉계·신식계, 나아가 신촉·신촉을 인연으로 생겨난 여러 수가 청정하고, 촉계, 나아가 신촉을 인연으로 생겨난 여러 수가 청정한 까닭으로 일체지지가 청정하니라. 왜 그러한가? 만약 외공이 청정하거나, 만약 촉계, 나아가 신촉을 인연으로 생겨난 여러 수가 청정하거나, 만약 일체지지가 청정하다면, 무이이고 둘로 나눌 수 없으며 분별이 없고 단절도 없는 까닭이니라.

선현이여. 외공이 청정한 까닭으로 의계가 청정하고, 의계가 청정한 까닭으로 일체지지가 청정하니라. 왜 그러한가? 만약 외공이 청정하거나, 만약 의계가 청정하거나, 만약 일체지지가 청정하다면, 무이이고 둘로 나눌 수 없으며 분별이 없고 단절도 없는 까닭이니라. 외공이 청정한 까닭으로 법계·의식계, 나아가 의촉·의촉을 인연으로 생겨난 여러 수가 청정하고, 법계, 나아가 의촉을 인연으로 생겨난 여러 수가 청정한 까닭으로 일체지지가 청정하니라. 왜 그러한가? 만약 외공이 청정하거나, 만약 법계, 나아가 의촉을 인연으로 생겨난 여러 수가 청정하거나, 만약 일체지지가 청정하다면, 무이이고 둘로 나눌 수 없으며 분별이 없고 단절도 없는 까닭이니라.

선현이여. 외공이 청정한 까닭으로 지계가 청정하고, 지계가 청정한

까닭으로 일체지지가 청정하니라. 왜 그러한가? 만약 외공이 청정하거나,
만약 지계가 청정하거나, 만약 일체지지가 청정하다면, 무이이고 둘로
나눌 수 없으며 분별이 없고 단절도 없는 까닭이니라. 외공이 청정한
까닭으로 수·화·풍·공·식계가 청정하고, 수·화·풍·공·식계가 청정한 까
닭으로 일체지지가 청정하니라. 왜 그러한가? 만약 외공이 청정하거나,
만약 수·화·풍·공·식계가 청정하거나, 만약 일체지지가 청정하다면, 무이
이고 둘로 나눌 수 없으며 분별이 없고 단절도 없는 까닭이니라.

선현이여. 외공이 청정한 까닭으로 무명이 청정하고, 무명이 청정한
까닭으로 일체지지가 청정하니라. 왜 그러한가? 만약 외공이 청정하거나,
만약 무명이 청정하거나, 만약 일체지지가 청정하다면, 무이이고 둘로 나눌
수 없으며 분별이 없고 단절도 없는 까닭이니라. 외공이 청정한 까닭으로
행·식·명색·육처·촉·수·애·취·유·생·노사의 수탄고우뇌가 청정하고,
행, 나아가 노사의 수탄고우뇌가 청정한 까닭으로 일체지지가 청정하니
라. 왜 그러한가? 만약 외공이 청정하거나, 만약 행, 나아가 노사의 수탄고
우뇌가 청정하거나, 만약 일체지지가 청정하다면, 무이이고 둘로 나눌
수 없으며 분별이 없고 단절도 없는 까닭이니라.

선현이여. 외공이 청정한 까닭으로 보시바라밀다가 청정하고, 보시바
라밀다가 청정한 까닭으로 일체지지가 청정하니라. 왜 그러한가? 만약
외공이 청정하거나, 만약 보시바라밀다가 청정하거나, 만약 일체지지가
청정하다면, 무이이고 둘로 나눌 수 없으며 분별이 없고 단절도 없는
까닭이니라. 외공이 청정한 까닭으로 정계·안인·정진·정려·반야바라밀
다가 청정하고, 정계, 나아가 반야바라밀다가 청정한 까닭으로 일체지지
가 청정하니라. 왜 그러한가? 만약 외공이 청정하거나, 만약 정계, 나아가
반야바라밀다가 청정하거나, 만약 일체지지가 청정하다면, 무이이고 둘
로 나눌 수 없으며 분별이 없고 단절도 없는 까닭이니라.

선현이여. 외공이 청정한 까닭으로 내공이 청정하고, 내공이 청정한
까닭으로 일체지지가 청정하니라. 왜 그러한가? 만약 외공이 청정하거나,
만약 내공이 청정하거나, 만약 일체지지가 청정하다면, 무이이고 둘로

나눌 수 없으며 분별이 없고 단절도 없는 까닭이니라. 외공이 청정한 까닭으로 내외공·공공·대공·승의공·유위공·무위공·필경공·무제공·산공·무변이공·본성공·자상공·공상공·일체법공·불가득공·무성공·자성공·무성자성공이 청정하고, 내외공, 나아가 무성자성공이 청정한 까닭으로 일체지지가 청정하니라. 왜 그러한가? 만약 외공이 청정하거나, 만약 내외공, 나아가 무성자성공이 청정하거나, 만약 일체지지가 청정하다면, 무이이고 둘로 나눌 수 없으며 분별이 없고 단절도 없는 까닭이니라.

　선현이여. 외공이 청정한 까닭으로 진여가 청정하고, 진여가 청정한 까닭으로 일체지지가 청정하니라. 왜 그러한가? 만약 외공이 청정하거나, 만약 진여가 청정하거나, 만약 일체지지가 청정하다면, 무이이고 둘로 나눌 수 없으며 분별이 없고 단절도 없는 까닭이니라. 외공이 청정한 까닭으로 법계·법성·불허망성·불변이성·평등성·이생성·법정·법주·실제·허공계·부사의계가 청정하고 법계, 나아가 부사의계가 청정한 까닭으로 일체지지가 청정하니라. 왜 그러한가? 만약 외공이 청정하거나, 만약 법계, 나아가 부사의계가 청정하거나, 만약 일체지지가 청정하다면, 무이이고 둘로 나눌 수 없으며 분별이 없고 단절도 없는 까닭이니라.

　선현이여. 외공이 청정한 까닭으로 고성제가 청정하고, 고성제가 청정한 까닭으로 일체지지가 청정하니라. 왜 그러한가? 만약 외공이 청정하거나, 만약 고성제가 청정하거나, 만약 일체지지가 청정하다면, 무이이고 둘로 나눌 수 없으며 분별이 없고 단절도 없는 까닭이니라. 외공이 청정한 까닭으로 집·멸·도성제가 청정하고, 집·멸·도성제가 청정한 까닭으로 일체지지가 청정하니라. 왜 그러한가? 만약 외공이 청정하거나, 만약 집·멸·도성제가 청정하거나, 만약 일체지지가 청정하다면, 무이이고 둘로 나눌 수 없으며 분별이 없고 단절도 없는 까닭이니라.

　선현이여. 외공이 청정한 까닭으로 4정려가 청정하고, 4정려가 청정한 까닭으로 일체지지가 청정하니라. 왜 그러한가? 만약 외공이 청정하거나, 만약 4정려가 청정하거나, 만약 일체지지가 청정하다면, 무이이고 둘로 나눌 수 없으며 분별이 없고 단절도 없는 까닭이니라. 외공이 청정한 까닭으로 4무량·4무색정이 청정하고, 4무량·4무색정이 청정한 까닭으로 일체지지가 청정하니라. 왜 그러한가? 만약 외공이 청정하거나, 만약 4무량·4무색정이 청정하거나, 만약 일체지지가 청정하다면, 무이이고 둘로 나눌 수 없으며 분별이 없고 단절도 없는 까닭이니라.

선현이여. 외공이 청정한 까닭으로 8해탈이 청정하고, 8해탈이 청정한 까닭으로 일체지지가 청정하니라. 왜 그러한가? 만약 외공이 청정하거나, 만약 8해탈이 청정하거나, 만약 일체지지가 청정하다면, 무이이고 둘로 나눌 수 없으며 분별이 없고 단절도 없는 까닭이니라. 외공이 청정한 까닭으로 8승처·9차제정·10변처가 청정하고, 8승처·9차제정·10변처가 청정한 까닭으로 일체지지가 청정하니라. 왜 그러한가? 만약 외공이 청정하거나, 만약 8승처·9차제정·10변처가 청정하거나, 만약 일체지지가 청정하다면, 무이이고 둘로 나눌 수 없으며 분별이 없고 단절도 없는 까닭이니라.

선현이여. 외공이 청정한 까닭으로 4념주가 청정하고, 4념주가 청정한 까닭으로 일체지지가 청정하니라. 왜 그러한가? 만약 외공이 청정하거나, 만약 4념주가 청정하거나, 만약 일체지지가 청정하다면, 무이이고 둘로 나눌 수 없으며 분별이 없고 단절도 없는 까닭이니라. 외공이 청정한 까닭으로 4정단·4신족·5근·5력·7등각지·8성도지가 청정하고, 4정단, 나아가 8성도지가 청정한 까닭으로 일체지지가 청정하니라. 왜 그러한가? 만약 외공이 청정하거나, 만약 4정단, 나아가 8성도지가 청정하거나, 만약 일체지지가 청정하다면, 무이이고 둘로 나눌 수 없으며 분별이 없고 단절도 없는 까닭이니라.

선현이여. 외공이 청정한 까닭으로 공해탈문이 청정하고, 공해탈문이 청정한 까닭으로 일체지지가 청정하니라. 왜 그러한가? 만약 외공이 청정하거나, 만약 공해탈문이 청정하거나, 만약 일체지지가 청정하다면, 무이이고 둘로 나눌 수 없으며 분별이 없고 단절도 없는 까닭이니라. 외공이 청정한 까닭으로 무상·무원해탈문이 청정하고, 무상·무원해탈문이 청정한 까닭으로 일체지지가 청정하니라. 왜 그러한가? 만약 외공이 청정하거나, 만약 무상·무원해탈문이 청정하거나, 만약 일체지지가 청정하다면, 무이이고 둘로 나눌 수 없으며 분별이 없고 단절도 없는 까닭이니라.

선현이여. 외공이 청정한 까닭으로 보살의 10지가 청정하고, 보살의 10지가 청정한 까닭으로 일체지지가 청정하니라. 왜 그러한가? 만약 외공이 청정하거나, 만약 보살의 10지가 청정하거나, 만약 일체지지가 청정하다면, 무이이고 둘로 나눌 수 없으며 분별이 없고 단절도 없는 까닭이니라.

선현이여. 외공이 청정한 까닭으로 5안이 청정하고, 5안이 청정한 까닭으로 일체지지가 청정하니라. 왜 그러한가? 만약 외공이 청정하거나, 만약 5안이 청정하거나, 만약 일체지지가 청정하다면, 무이이고 둘로 나눌 수 없으며 분별이 없고 단절도 없는 까닭이니라. 외공이 청정한 까닭으로 6신통이 청정하고, 6신통이 청정한 까닭으로 일체지지가 청정하니라. 왜 그러한가? 만약 외공이 청정하거나, 만약 6신통이 청정하거나, 만약 일체지지가 청정하다면, 무이이고 둘로 나눌 수 없으며 분별이 없고 단절도 없는 까닭이니라.

선현이여. 외공이 청정한 까닭으로 여래의 10력이 청정하고, 여래의 10력이 청정한 까닭으로 일체지지가 청정하니라. 왜 그러한가? 만약 외공이 청정하거나, 만약 여래의 10력이 청정하거나, 만약 일체지지가 청정하다면, 무이이고 둘로 나눌 수 없으며 분별이 없고 단절도 없는 까닭이니라. 외공이 청정한 까닭으로 4무소외·4무애해·대자·대비·대희·대사·18불불공법이 청정하고, 4무소외, 나아가 18불불공법이 청정한 까닭으로 일체지지가 청정하니라. 왜 그러한가? 만약 외공이 청정하거나, 만약 4무소외, 나아가 18불불공법이 청정하거나, 만약 일체지지가 청정하다면, 무이이고 둘로 나눌 수 없으며 분별이 없고 단절도 없는 까닭이니라.

선현이여. 외공이 청정한 까닭으로 무망실법이 청정하고, 무망실법이 청정한 까닭으로 일체지지가 청정하니라. 왜 그러한가? 만약 외공이 청정하거나, 만약 무망실법이 청정하거나, 만약 일체지지가 청정하다면,

무이이고 둘로 나눌 수 없으며 분별이 없고 단절도 없는 까닭이니라. 외공이 청정한 까닭으로 항주사성이 청정하고, 항주사성이 청정한 까닭으로 일체지지가 청정하니라. 왜 그러한가? 만약 외공이 청정하거나, 만약 항주사성이 청정하거나, 만약 일체지지가 청정하다면, 무이이고 둘로 나눌 수 없으며 분별이 없고 단절도 없는 까닭이니라.

선현이여. 외공이 청정한 까닭으로 일체지가 청정하고, 일체지가 청정한 까닭으로 일체지지가 청정하니라. 왜 그러한가? 만약 외공이 청정하거나, 만약 일체지가 청정하거나, 만약 일체지지가 청정하다면, 무이이고 둘로 나눌 수 없으며 분별이 없고 단절도 없는 까닭이니라. 외공이 청정한 까닭으로 도상지·일체상지가 청정하고, 도상지·일체상지가 청정한 까닭으로 일체지지가 청정하니라. 왜 그러한가? 만약 외공이 청정하거나, 만약 도상지·일체상지가 청정하거나, 만약 일체지지가 청정하다면, 무이이고 둘로 나눌 수 없으며 분별이 없고 단절도 없는 까닭이니라.

선현이여. 외공이 청정한 까닭으로 일체의 다라니문이 청정하고, 일체의 다라니문이 청정한 까닭으로 일체지지가 청정하니라. 왜 그러한가? 만약 외공이 청정하거나, 만약 일체의 다라니문이 청정하거나, 만약 일체지지가 청정하다면, 무이이고 둘로 나눌 수 없으며 분별이 없고 단절도 없는 까닭이니라. 외공이 청정한 까닭으로 일체의 삼마지문이 청정하고, 일체의 삼마지문이 청정한 까닭으로 일체지지가 청정하니라. 왜 그러한가? 만약 외공이 청정하거나, 만약 일체의 삼마지문이 청정하거나, 만약 일체지지가 청정하다면, 무이이고 둘로 나눌 수 없으며 분별이 없고 단절도 없는 까닭이니라.

선현이여. 외공이 청정한 까닭으로 예류과가 청정하고, 예류과가 청정한 까닭으로 일체지지가 청정하니라. 왜 그러한가? 만약 외공이 청정하거나, 만약 예류과가 청정하거나, 만약 일체지지가 청정하다면, 무이이고 둘로 나눌 수 없으며 분별이 없고 단절도 없는 까닭이니라. 외공이 청정한 까닭으로 일래·불환·아라한과가 청정하고, 일래·불환·아라한과가 청정한 까닭으로 일체지지가 청정하니라. 왜 그러한가? 만약 외공이 청정하거

나, 만약 일래·불환·아라한과가 청정하거나, 만약 일체지지가 청정하다
면, 무이이고 둘로 나눌 수 없으며 분별이 없고 단절도 없는 까닭이니라.

선현이여. 외공이 청정한 까닭으로 독각의 보리가 청정하고, 독각의
보리가 청정한 까닭으로 일체지지가 청정하니라. 왜 그러한가? 만약
외공이 청정하거나, 만약 독각의 보리가 청정하거나, 만약 일체지지가
청정하다면, 무이이고 둘로 나눌 수 없으며 분별이 없고 단절도 없는
까닭이니라.

선현이여. 외공이 청정한 까닭으로 일체의 보살마하살의 행이 청정하
고, 일체의 보살마하살의 행이 청정한 까닭으로 일체지지가 청정하니라.
왜 그러한가? 만약 외공이 청정하거나, 만약 일체의 보살마하살의 행이
청정하거나, 만약 일체지지가 청정하다면, 무이이고 둘로 나눌 수 없으며
분별이 없고 단절도 없는 까닭이니라.

선현이여. 외공이 청정한 까닭으로 제불의 무상정등보리가 청정하고,
제불의 무상정등보리가 청정한 까닭으로 일체지지가 청정하니라. 왜
그러한가? 만약 외공이 청정하거나, 만약 제불의 무상정등보리가 청정하
거나, 만약 일체지지가 청정하다면, 무이이고 둘로 나눌 수 없으며 분별이
없고 단절도 없는 까닭이니라."

"다시 다음으로 선현이여. 내외공(內外空)이 청정한 까닭으로 색이
청정하고, 색이 청정한 까닭으로 일체지지가 청정하니라. 왜 그러한가?
만약 내외공이 청정하거나, 만약 색이 청정하거나, 만약 일체지지가 청정
하다면, 무이이고 둘로 나눌 수 없으며 분별이 없고 단절도 없는 까닭이니
라. 내외공이 청정한 까닭으로 수·상·행·식이 청정하고, 수·상·행·식이
청정한 까닭으로 일체지지가 청정하니라. 왜 그러한가? 만약 내외공이
청정하거나, 만약 수·상·행·식이 청정하거나, 만약 일체지지가 청정하다
면, 무이이고 둘로 나눌 수 없으며 분별이 없고 단절도 없는 까닭이니라.

선현이여. 내외공이 청정한 까닭으로 안처가 청정하고, 안처가 청정한
까닭으로 일체지지가 청정하니라. 왜 그러한가? 만약 내외공이 청정하거

나, 만약 안처가 청정하거나, 만약 일체지지가 청정하다면, 무이이고 둘로 나눌 수 없으며 분별이 없고 단절도 없는 까닭이니라. 내외공이 청정한 까닭으로 이·비·설·신·의처가 청정하고, 이·비·설·신·의처가 청정한 까닭으로 일체지지가 청정하니라. 왜 그러한가? 만약 내외공이 청정하거나, 만약 이·비·설·신·의처가 청정하거나, 만약 일체지지가 청정하다면, 무이이고 둘로 나눌 수 없으며 분별이 없고 단절도 없는 까닭이니라.

선현이여. 내외공이 청정한 까닭으로 색처가 청정하고, 색처가 청정한 까닭으로 일체지지가 청정하니라. 왜 그러한가? 만약 내외공이 청정하거나, 만약 색처가 청정하거나, 만약 일체지지가 청정하다면, 무이이고 둘로 나눌 수 없으며 분별이 없고 단절도 없는 까닭이니라. 내외공이 청정한 까닭으로 성·향·미·촉·법처가 청정하고, 성·향·미·촉·법처가 청정한 까닭으로 일체지지가 청정하니라. 왜 그러한가? 만약 내외공이 청정하거나, 만약 성·향·미·촉·법처가 청정하거나, 만약 일체지지가 청정하다면, 무이이고 둘로 나눌 수 없으며 분별이 없고 단절도 없는 까닭이니라.

선현이여. 내외공이 청정한 까닭으로 안계가 청정하고, 안계가 청정한 까닭으로 일체지지가 청정하니라. 왜 그러한가? 만약 내외공이 청정하거나, 만약 안계가 청정하거나, 만약 일체지지가 청정하다면, 무이이고 둘로 나눌 수 없으며 분별이 없고 단절도 없는 까닭이니라. 내외공이 청정한 까닭으로 색계·안식계, 나아가 안촉·안촉을 인연으로 생겨난 여러 수가 청정하고, 색계, 나아가 안촉을 인연으로 생겨난 여러 수가 청정한 까닭으로 일체지지가 청정하니라. 왜 그러한가? 만약 내외공이 청정하거나, 만약 색계, 나아가 안촉을 인연으로 생겨난 여러 수가 청정하거나, 만약 일체지지가 청정하다면, 무이이고 둘로 나눌 수 없으며 분별이 없고 단절도 없는 까닭이니라.

선현이여. 내외공이 청정한 까닭으로 이계가 청정하고, 이계가 청정한 까닭으로 일체지지가 청정하니라. 왜 그러한가? 만약 내외공이 청정하거나, 만약 이계가 청정하거나, 만약 일체지지가 청정하다면, 무이이고 둘로 나눌 수 없으며 분별이 없고 단절도 없는 까닭이니라. 내외공이

청정한 까닭으로 성계·이식계, 나아가 이촉·이촉을 인연으로 생겨난
여러 수가 청정하고, 성계, 나아가 이촉을 인연으로 생겨난 여러 수가
청정한 까닭으로 일체지지가 청정하니라. 왜 그러한가? 만약 내외공이
청정하거나, 만약 성계, 나아가 이촉을 인연으로 생겨난 여러 수가 청정하
거나, 만약 일체지지가 청정하다면, 무이이고 둘로 나눌 수 없으며 분별이
없고 단절도 없는 까닭이니라.

　선현이여. 내외공이 청정한 까닭으로 비계가 청정하고, 비계가 청정한
까닭으로 일체지지가 청정하니라. 왜 그러한가? 만약 내외공이 청정하거
나, 만약 비계가 청정하거나, 만약 일체지지가 청정하다면, 무이이고
둘로 나눌 수 없으며 분별이 없고 단절도 없는 까닭이니라. 내외공이
청정한 까닭으로 향계·비식계, 나아가 비촉·비촉을 인연으로 생겨난
여러 수가 청정하고, 향계, 나아가 비촉을 인연으로 생겨난 여러 수가
청정한 까닭으로 일체지지가 청정하니라. 왜 그러한가? 만약 내외공이
청정하거나, 만약 향계, 나아가 비촉을 인연으로 생겨난 여러 수가 청정하
거나, 만약 일체지지가 청정하다면, 무이이고 둘로 나눌 수 없으며 분별이
없고 단절도 없는 까닭이니라."

마하반야바라밀다경 제209권

34. 난신해품(難信解品)(28)

"선현이여. 내외공이 청정한 까닭으로 설계가 청정하고, 설계가 청정한 까닭으로 일체지지가 청정하니라. 왜 그러한가? 만약 내외공이 청정하거나, 만약 설계가 청정하거나, 만약 일체지지가 청정하다면, 무이이고 둘로 나눌 수 없으며 분별이 없고 단절도 없는 까닭이니라. 내외공이 청정한 까닭으로 미계·설식계, 나아가 설촉·설촉을 인연으로 생겨난 여러 수가 청정하고, 미계, 나아가 설촉을 인연으로 생겨난 여러 수가 청정한 까닭으로 일체지지가 청정하니라. 왜 그러한가? 만약 내외공이 청정하거나, 만약 미계, 나아가 설촉을 인연으로 생겨난 여러 수가 청정하거나, 만약 일체지지가 청정하다면, 무이이고 둘로 나눌 수 없으며 분별이 없고 단절도 없는 까닭이니라.

선현이여. 내외공이 청정한 까닭으로 신계가 청정하고, 신계가 청정한 까닭으로 일체지지가 청정하니라. 왜 그러한가? 만약 내외공이 청정하거나, 만약 신계가 청정하거나, 만약 일체지지가 청정하다면, 무이이고 둘로 나눌 수 없으며 분별이 없고 단절도 없는 까닭이니라. 내외공이 청정한 까닭으로 촉계·신식계, 나아가 신촉·신촉을 인연으로 생겨난 여러 수가 청정하고, 촉계, 나아가 신촉을 인연으로 생겨난 여러 수가 청정한 까닭으로 일체지지가 청정하니라. 왜 그러한가? 만약 내외공이 청정하거나, 만약 촉계, 나아가 신촉을 인연으로 생겨난 여러 수가 청정하거나, 만약 일체지지가 청정하다면, 무이이고 둘로 나눌 수 없으며 분별이

없고 단절도 없는 까닭이니라.

　선현이여. 내외공이 청정한 까닭으로 의계가 청정하고, 의계가 청정한 까닭으로 일체지지가 청정하니라. 왜 그러한가? 만약 내외공이 청정하거나, 만약 의계가 청정하거나, 만약 일체지지가 청정하다면, 무이이고 둘로 나눌 수 없으며 분별이 없고 단절도 없는 까닭이니라. 내외공이 청정한 까닭으로 법계·의식계, 나아가 의촉·의촉을 인연으로 생겨난 여러 수가 청정하고, 법계, 나아가 의촉을 인연으로 생겨난 여러 수가 청정한 까닭으로 일체지지가 청정하니라. 왜 그러한가? 만약 내외공이 청정하거나, 만약 법계, 나아가 의촉을 인연으로 생겨난 여러 수가 청정하거나, 만약 일체지지가 청정하다면, 무이이고 둘로 나눌 수 없으며 분별이 없고 단절도 없는 까닭이니라.

　선현이여. 내외공이 청정한 까닭으로 지계가 청정하고, 지계가 청정한 까닭으로 일체지지가 청정하니라. 왜 그러한가? 만약 내외공이 청정하거나, 만약 지계가 청정하거나, 만약 일체지지가 청정하다면, 무이이고 둘로 나눌 수 없으며 분별이 없고 단절도 없는 까닭이니라. 내외공이 청정한 까닭으로 수·화·풍·공·식계가 청정하고, 수·화·풍·공·식계가 청정한 까닭으로 일체지지가 청정하니라. 왜 그러한가? 만약 내외공이 청정하거나, 만약 수·화·풍·공·식계가 청정하거나, 만약 일체지지가 청정하다면, 무이이고 둘로 나눌 수 없으며 분별이 없고 단절도 없는 까닭이니라.

　선현이여. 내외공이 청정한 까닭으로 무명이 청정하고, 무명이 청정한 까닭으로 일체지지가 청정하니라. 왜 그러한가? 만약 내외공이 청정하거나, 만약 무명이 청정하거나, 만약 일체지지가 청정하다면, 무이이고 둘로 나눌 수 없으며 분별이 없고 단절도 없는 까닭이니라. 내외공이 청정한 까닭으로 행·식·명색·육처·촉·수·애·취·유·생·노사의 수탄고우뇌가 청정하고, 행, 나아가 노사의 수탄고우뇌가 청정한 까닭으로 일체지지가 청정하니라. 왜 그러한가? 만약 내외공이 청정하거나, 만약 행, 나아가 노사의 수탄고우뇌가 청정하거나, 만약 일체지지가 청정하다면, 무이이고 둘로 나눌 수 없으며 분별이 없고 단절도 없는 까닭이니라.

선현이여. 내외공이 청정한 까닭으로 보시바라밀다가 청정하고, 보시
바라밀다가 청정한 까닭으로 일체지지가 청정하니라. 왜 그러한가? 만약
내외공이 청정하거나, 만약 보시바라밀다가 청정하거나, 만약 일체지지
가 청정하다면, 무이이고 둘로 나눌 수 없으며 분별이 없고 단절도 없는
까닭이니라. 내외공이 청정한 까닭으로 정계·안인·정진·정려·반야바라
밀다가 청정하고, 정계, 나아가 반야바라밀다가 청정한 까닭으로 일체지
지가 청정하니라. 왜 그러한가? 만약 내외공이 청정하거나, 만약 정계,
나아가 반야바라밀다가 청정하거나, 만약 일체지지가 청정하다면, 무이
이고 둘로 나눌 수 없으며 분별이 없고 단절도 없는 까닭이니라.

선현이여. 내외공이 청정한 까닭으로 내공이 청정하고, 내공이 청정한
까닭으로 일체지지가 청정하니라. 왜 그러한가? 만약 내공이 청정하거나,
만약 내외공이 청정하거나, 만약 일체지지가 청정하다면, 무이이고 둘로
나눌 수 없으며 분별이 없고 단절도 없는 까닭이니라. 내외공이 청정한
까닭으로 외공·공공·대공·승의공·유위공·무위공·필경공·무제공·산공
·무변이공·본성공·자상공·공상공·일체법공·불가득공·무성공·자성공·
무성자성공이 청정하고, 외공, 나아가 무성자성공이 청정한 까닭으로
일체지지가 청정하니라. 왜 그러한가? 만약 내외공이 청정하거나, 만약
외공, 나아가 무성자성공이 청정하거나, 만약 일체지지가 청정하다면,
무이이고 둘로 나눌 수 없으며 분별이 없고 단절도 없는 까닭이니라.

선현이여. 내외공이 청정한 까닭으로 진여가 청정하고, 진여가 청정한
까닭으로 일체지지가 청정하니라. 왜 그러한가? 만약 내외공이 청정하거
나, 만약 진여가 청정하거나, 만약 일체지지가 청정하다면, 무이이고
둘로 나눌 수 없으며 분별이 없고 단절도 없는 까닭이니라. 내외공이
청정한 까닭으로 법계·법성·불허망성·불변이성·평등성·이생성·법정·
법주·실제·허공계·부사의계가 청정하고 법계, 나아가 부사의계가 청정
한 까닭으로 일체지지가 청정하니라. 왜 그러한가? 만약 내외공이 청정하
거나, 만약 법계, 나아가 부사의계가 청정하거나, 만약 일체지지가 청정하
다면, 무이이고 둘로 나눌 수 없으며 분별이 없고 단절도 없는 까닭이니라.

선현이여. 내외공이 청정한 까닭으로 고성제가 청정하고, 고성제가 청정한 까닭으로 일체지지가 청정하니라. 왜 그러한가? 만약 내외공이 청정하거나, 만약 고성제가 청정하거나, 만약 일체지지가 청정하다면, 무이이고 둘로 나눌 수 없으며 분별이 없고 단절도 없는 까닭이니라. 내외공이 청정한 까닭으로 집·멸·도성제가 청정하고, 집·멸·도성제가 청정한 까닭으로 일체지지가 청정하니라. 왜 그러한가? 만약 내외공이 청정하거나, 만약 집·멸·도성제가 청정하거나, 만약 일체지지가 청정하다면, 무이이고 둘로 나눌 수 없으며 분별이 없고 단절도 없는 까닭이니라.

선현이여. 내외공이 청정한 까닭으로 4정려가 청정하고, 4정려가 청정한 까닭으로 일체지지가 청정하니라. 왜 그러한가? 만약 내외공이 청정하거나, 만약 4정려가 청정하거나, 만약 일체지지가 청정하다면, 무이이고 둘로 나눌 수 없으며 분별이 없고 단절도 없는 까닭이니라. 내외공이 청정한 까닭으로 4무량·4무색정이 청정하고, 4무량·4무색정이 청정한 까닭으로 일체지지가 청정하니라. 왜 그러한가? 만약 내외공이 청정하거나, 만약 4무량·4무색정이 청정하거나, 만약 일체지지가 청정하다면, 무이이고 둘로 나눌 수 없으며 분별이 없고 단절도 없는 까닭이니라.

선현이여. 내외공이 청정한 까닭으로 8해탈이 청정하고, 8해탈이 청정한 까닭으로 일체지지가 청정하니라. 왜 그러한가? 만약 내외공이 청정하거나, 만약 8해탈이 청정하거나, 만약 일체지지가 청정하다면, 무이이고 둘로 나눌 수 없으며 분별이 없고 단절도 없는 까닭이니라. 내외공이 청정한 까닭으로 8승처·9차제정·10변처가 청정하고, 8승처·9차제정·10변처가 청정한 까닭으로 일체지지가 청정하니라. 왜 그러한가? 만약 내외공이 청정하거나, 만약 8승처·9차제정·10변처가 청정하거나, 만약 일체지지가 청정하다면, 무이이고 둘로 나눌 수 없으며 분별이 없고 단절도 없는 까닭이니라.

선현이여. 내외공이 청정한 까닭으로 4념주가 청정하고, 4념주가 청정한 까닭으로 일체지지가 청정하니라. 왜 그러한가? 만약 내외공이 청정하거나, 만약 4념주가 청정하거나, 만약 일체지지가 청정하다면, 무이이고 둘로 나눌 수 없으며 분별이 없고 단절도 없는 까닭이니라. 내외공이 청정한 까닭으로 4정단·4신족·5근·5력·7등각지·8성도지가 청정하고, 4정단, 나아가 8성도지가 청정한 까닭으로 일체지지가 청정하니라. 왜 그러한가? 만약 내외공이 청정하거나, 만약 4정단, 나아가 8성도지가 청정하거나, 만약 일체지지가 청정하다면, 무이이고 둘로 나눌 수 없으며 분별이 없고 단절도 없는 까닭이니라.

선현이여. 내외공이 청정한 까닭으로 공해탈문이 청정하고, 공해탈문이 청정한 까닭으로 일체지지가 청정하니라. 왜 그러한가? 만약 내외공이 청정하거나, 만약 공해탈문이 청정하거나, 만약 일체지지가 청정하다면, 무이이고 둘로 나눌 수 없으며 분별이 없고 단절도 없는 까닭이니라. 내외공이 청정한 까닭으로 무상·무원해탈문이 청정하고, 무상·무원해탈문이 청정한 까닭으로 일체지지가 청정하니라. 왜 그러한가? 만약 내외공이 청정하거나, 만약 무상·무원해탈문이 청정하거나, 만약 일체지지가 청정하다면, 무이이고 둘로 나눌 수 없으며 분별이 없고 단절도 없는 까닭이니라.

선현이여. 내외공이 청정한 까닭으로 보살의 10지가 청정하고, 보살의 10지가 청정한 까닭으로 일체지지가 청정하니라. 왜 그러한가? 만약 내외공이 청정하거나, 만약 보살의 10지가 청정하거나, 만약 일체지지가 청정하다면, 무이이고 둘로 나눌 수 없으며 분별이 없고 단절도 없는 까닭이니라.

선현이여. 내외공이 청정한 까닭으로 5안이 청정하고, 5안이 청정한 까닭으로 일체지지가 청정하니라. 왜 그러한가? 만약 내외공이 청정하거나, 만약 5안이 청정하거나, 만약 일체지지가 청정하다면, 무이이고 둘로 나눌 수 없으며 분별이 없고 단절도 없는 까닭이니라. 내외공이 청정한 까닭으로 6신통이 청정하고, 6신통이 청정한 까닭으로 일체지지가 청정하니라. 왜 그러한가? 만약 내외공이 청정하거나, 만약 6신통이 청정하거나, 만약 일체지지가 청정하다면, 무이이고 둘로 나눌 수 없으며 분별이 없고 단절도 없는 까닭이니라.

선현이여. 내외공이 청정한 까닭으로 여래의 10력이 청정하고, 여래의 10력이 청정한 까닭으로 일체지지가 청정하니라. 왜 그러한가? 만약 내외공이 청정하거나, 만약 여래의 10력이 청정하거나, 만약 일체지지가 청정하다면, 무이이고 둘로 나눌 수 없으며 분별이 없고 단절도 없는 까닭이니라. 내외공이 청정한 까닭으로 4무소외·4무애해·대자·대비·대희·대사·18불불공법이 청정하고, 4무소외, 나아가 18불불공법이 청정한 까닭으로 일체지지가 청정하니라. 왜 그러한가? 만약 내외공이 청정하거나, 만약 4무소외, 나아가 18불불공법이 청정하거나, 만약 일체지지가 청정하다면, 무이이고 둘로 나눌 수 없으며 분별이 없고 단절도 없는 까닭이니라.

선현이여. 내외공이 청정한 까닭으로 무망실법이 청정하고, 무망실법이 청정한 까닭으로 일체지지가 청정하니라. 왜 그러한가? 만약 내외공이 청정하거나, 만약 무망실법이 청정하거나, 만약 일체지지가 청정하다면, 무이이고 둘로 나눌 수 없으며 분별이 없고 단절도 없는 까닭이니라. 내외공이 청정한 까닭으로 항주사성이 청정하고, 항주사성이 청정한 까닭으로 일체지지가 청정하니라. 왜 그러한가? 만약 내외공이 청정하거나, 만약 항주사성이 청정하거나, 만약 일체지지가 청정하다면, 무이이고 둘로 나눌 수 없으며 분별이 없고 단절도 없는 까닭이니라.

선현이여. 내외공이 청정한 까닭으로 일체지가 청정하고, 일체지가 청정한 까닭으로 일체지지가 청정하니라. 왜 그러한가? 만약 내외공이 청정하거나, 만약 일체지가 청정하거나, 만약 일체지지가 청정하다면, 무이이고 둘로 나눌 수 없으며 분별이 없고 단절도 없는 까닭이니라. 내외공이 청정한 까닭으로 도상지·일체상지가 청정하고, 도상지·일체상지가 청정한 까닭으로 일체지지가 청정하니라. 왜 그러한가? 만약 내외공이 청정하거나, 만약 도상지·일체상지가 청정하거나, 만약 일체지지가 청정하다면, 무이이고 둘로 나눌 수 없으며 분별이 없고 단절도 없는 까닭이니라.

선현이여. 내외공이 청정한 까닭으로 일체의 다라니문이 청정하고,

일체의 다라니문이 청정한 까닭으로 일체지지가 청정하니라. 왜 그러한
가? 만약 내외공이 청정하거나, 만약 일체의 다라니문이 청정하거나,
만약 일체지지가 청정하다면, 무이이고 둘로 나눌 수 없으며 분별이
없고 단절도 없는 까닭이니라. 내외공이 청정한 까닭으로 일체의 삼마지
문이 청정하고, 일체의 삼마지문이 청정한 까닭으로 일체지지가 청정하니
라. 왜 그러한가? 만약 내외공이 청정하거나, 만약 일체의 삼마지문이
청정하거나, 만약 일체지지가 청정하다면, 무이이고 둘로 나눌 수 없으며
분별이 없고 단절도 없는 까닭이니라.

　선현이여. 내외공이 청정한 까닭으로 예류과가 청정하고, 예류과가
청정한 까닭으로 일체지지가 청정하니라. 왜 그러한가? 만약 내외공이
청정하거나, 만약 예류과가 청정하거나, 만약 일체지지가 청정하다면,
무이이고 둘로 나눌 수 없으며 분별이 없고 단절도 없는 까닭이니라.
내외공이 청정한 까닭으로 일래·불환·아라한과가 청정하고, 일래·불환·
아라한과가 청정한 까닭으로 일체지지가 청정하니라. 왜 그러한가? 만약
내외공이 청정하거나, 만약 일래·불환·아라한과가 청정하거나, 만약 일
체지지가 청정하다면, 무이이고 둘로 나눌 수 없으며 분별이 없고 단절도
없는 까닭이니라.

　선현이여. 내외공이 청정한 까닭으로 독각의 보리가 청정하고, 독각의
보리가 청정한 까닭으로 일체지지가 청정하니라. 왜 그러한가? 만약
내외공이 청정하거나, 만약 독각의 보리가 청정하거나, 만약 일체지지가
청정하다면, 무이이고 둘로 나눌 수 없으며 분별이 없고 단절도 없는
까닭이니라.

　선현이여. 내외공이 청정한 까닭으로 일체의 보살마하살의 행이 청정
하고, 일체의 보살마하살의 행이 청정한 까닭으로 일체지지가 청정하니
라. 왜 그러한가? 만약 내외공이 청정하거나, 만약 일체의 보살마하살의
행이 청정하거나, 만약 일체지지가 청정하다면, 무이이고 둘로 나눌 수
없으며 분별이 없고 단절도 없는 까닭이니라.

　선현이여. 내외공이 청정한 까닭으로 제불의 무상정등보리가 청정하

고, 제불의 무상정등보리가 청정한 까닭으로 일체지지가 청정하니라. 왜 그러한가? 만약 내외공이 청정하거나, 만약 제불의 무상정등보리가 청정하거나, 만약 일체지지가 청정하다면, 무이이고 둘로 나눌 수 없으며 분별이 없고 단절도 없는 까닭이니라."

"다시 다음으로 선현이여. 공공(空空)이 청정한 까닭으로 색이 청정하고, 색이 청정한 까닭으로 일체지지가 청정하니라. 왜 그러한가? 만약 공공이 청정하거나, 만약 색이 청정하거나, 만약 일체지지가 청정하다면, 무이이고 둘로 나눌 수 없으며 분별이 없고 단절도 없는 까닭이니라. 공공이 청정한 까닭으로 수·상·행·식이 청정하고, 수·상·행·식이 청정한 까닭으로 일체지지가 청정하니라. 왜 그러한가? 만약 공공이 청정하거나, 만약 수·상·행·식이 청정하거나, 만약 일체지지가 청정하다면, 무이이고 둘로 나눌 수 없으며 분별이 없고 단절도 없는 까닭이니라.

선현이여. 공공이 청정한 까닭으로 안처가 청정하고, 안처가 청정한 까닭으로 일체지지가 청정하니라. 왜 그러한가? 만약 공공이 청정하거나, 만약 안처가 청정하거나, 만약 일체지지가 청정하다면, 무이이고 둘로 나눌 수 없으며 분별이 없고 단절도 없는 까닭이니라. 공공이 청정한 까닭으로 이·비·설·신·의처가 청정하고, 이·비·설·신·의처가 청정한 까닭으로 일체지지가 청정하니라. 왜 그러한가? 만약 공공이 청정하거나, 만약 이·비·설·신·의처가 청정하거나, 만약 일체지지가 청정하다면, 무이이고 둘로 나눌 수 없으며 분별이 없고 단절도 없는 까닭이니라.

선현이여. 공공이 청정한 까닭으로 색처가 청정하고, 색처가 청정한 까닭으로 일체지지가 청정하니라. 왜 그러한가? 만약 공공이 청정하거나, 만약 색처가 청정하거나, 만약 일체지지가 청정하다면, 무이이고 둘로 나눌 수 없으며 분별이 없고 단절도 없는 까닭이니라. 공공이 청정한 까닭으로 성·향·미·촉·법처가 청정하고, 성·향·미·촉·법처가 청정한 까닭으로 일체지지가 청정하니라. 왜 그러한가? 만약 공공이 청정하거나, 만약 성·향·미·촉·법처가 청정하거나, 만약 일체지지가 청정하다면, 무이

이고 둘로 나눌 수 없으며 분별이 없고 단절도 없는 까닭이니라.

선현이여. 공공이 청정한 까닭으로 안계가 청정하고, 안계가 청정한 까닭으로 일체지지가 청정하니라. 왜 그러한가? 만약 공공이 청정하거나, 만약 안계가 청정하거나, 만약 일체지지가 청정하다면, 무이이고 둘로 나눌 수 없으며 분별이 없고 단절도 없는 까닭이니라. 공공이 청정한 까닭으로 색계·안식계, 나아가 안촉·안촉을 인연으로 생겨난 여러 수가 청정하고, 색계, 나아가 안촉을 인연으로 생겨난 여러 수가 청정한 까닭으로 일체지지가 청정하니라. 왜 그러한가? 만약 공공이 청정하거나, 만약 색계, 나아가 안촉을 인연으로 생겨난 여러 수가 청정하거나, 만약 일체지지가 청정하다면, 무이이고 둘로 나눌 수 없으며 분별이 없고 단절도 없는 까닭이니라.

선현이여. 공공이 청정한 까닭으로 이계가 청정하고, 이계가 청정한 까닭으로 일체지지가 청정하니라. 왜 그러한가? 만약 공공이 청정하거나, 만약 이계가 청정하거나, 만약 일체지지가 청정하다면, 무이이고 둘로 나눌 수 없으며 분별이 없고 단절도 없는 까닭이니라. 공공이 청정한 까닭으로 성계·이식계, 나아가 이촉·이촉을 인연으로 생겨난 여러 수가 청정하고, 성계, 나아가 이촉을 인연으로 생겨난 여러 수가 청정한 까닭으로 일체지지가 청정하니라. 왜 그러한가? 만약 공공이 청정하거나, 만약 성계, 나아가 이촉을 인연으로 생겨난 여러 수가 청정하거나, 만약 일체지지가 청정하다면, 무이이고 둘로 나눌 수 없으며 분별이 없고 단절도 없는 까닭이니라.

선현이여. 공공이 청정한 까닭으로 비계가 청정하고, 비계가 청정한 까닭으로 일체지지가 청정하니라. 왜 그러한가? 만약 공공이 청정하거나, 만약 비계가 청정하거나, 만약 일체지지가 청정하다면, 무이이고 둘로 나눌 수 없으며 분별이 없고 단절도 없는 까닭이니라. 공공이 청정한 까닭으로 향계·비식계, 나아가 비촉·비촉을 인연으로 생겨난 여러 수가 청정하고, 향계, 나아가 비촉을 인연으로 생겨난 여러 수가 청정한 까닭으로 일체지지가 청정하니라. 왜 그러한가? 만약 공공이 청정하거나, 만약

향계, 나아가 비촉을 인연으로 생겨난 여러 수가 청정하거나, 만약 일체지지가 청정하다면, 무이이고 둘로 나눌 수 없으며 분별이 없고 단절도 없는 까닭이니라.

선현이여. 공공이 청정한 까닭으로 설계가 청정하고, 설계가 청정한 까닭으로 일체지지가 청정하니라. 왜 그러한가? 만약 공공이 청정하거나, 만약 설계가 청정하거나, 만약 일체지지가 청정하다면, 무이이고 둘로 나눌 수 없으며 분별이 없고 단절도 없는 까닭이니라. 공공이 청정한 까닭으로 미계·설식계, 나아가 설촉·설촉을 인연으로 생겨난 여러 수가 청정하고, 미계, 나아가 설촉을 인연으로 생겨난 여러 수가 청정한 까닭으로 일체지지가 청정하니라. 왜 그러한가? 만약 공공이 청정하거나, 만약 미계, 나아가 설촉을 인연으로 생겨난 여러 수가 청정하거나, 만약 일체지지가 청정하다면, 무이이고 둘로 나눌 수 없으며 분별이 없고 단절도 없는 까닭이니라.

선현이여. 공공이 청정한 까닭으로 신계가 청정하고, 신계가 청정한 까닭으로 일체지지가 청정하니라. 왜 그러한가? 만약 공공이 청정하거나, 만약 신계가 청정하거나, 만약 일체지지가 청정하다면, 무이이고 둘로 나눌 수 없으며 분별이 없고 단절도 없는 까닭이니라. 공공이 청정한 까닭으로 촉계·신식계, 나아가 신촉·신촉을 인연으로 생겨난 여러 수가 청정하고, 촉계, 나아가 신촉을 인연으로 생겨난 여러 수가 청정한 까닭으로 일체지지가 청정하니라. 왜 그러한가? 만약 공공이 청정하거나, 만약 촉계, 나아가 신촉을 인연으로 생겨난 여러 수가 청정하거나, 만약 일체지지가 청정하다면, 무이이고 둘로 나눌 수 없으며 분별이 없고 단절도 없는 까닭이니라.

선현이여. 공공이 청정한 까닭으로 의계가 청정하고, 의계가 청정한 까닭으로 일체지지가 청정하니라. 왜 그러한가? 만약 공공이 청정하거나, 만약 의계가 청정하거나, 만약 일체지지가 청정하다면, 무이이고 둘로 나눌 수 없으며 분별이 없고 단절도 없는 까닭이니라. 공공이 청정한 까닭으로 법계·의식계, 나아가 의촉·의촉을 인연으로 생겨난 여러 수가 청정하고, 법계, 나아가 의촉을 인연으로 생겨난 여러 수가 청정한 까닭으로 일체지지가 청정하니라. 왜 그러한가? 만약 공공이 청정하거나, 만약 법계, 나아가 의촉을 인연으로 생겨난 여러 수가 청정하거나, 만약 일체지지가 청정하다면, 무이이고 둘로 나눌 수 없으며 분별이 없고 단절도 없는 까닭이니라.

선현이여. 공공이 청정한 까닭으로 지계가 청정하고, 지계가 청정한 까닭으로 일체지지가 청정하니라. 왜 그러한가? 만약 공공이 청정하거나, 만약 지계가 청정하거나, 만약 일체지지가 청정하다면, 무이이고 둘로 나눌 수 없으며 분별이 없고 단절도 없는 까닭이니라. 공공이 청정한 까닭으로 수·화·풍·공·식계가 청정하고, 수·화·풍·공·식계가 청정한 까닭으로 일체지지가 청정하니라. 왜 그러한가? 만약 공공이 청정하거나, 만약 수·화·풍·공·식계가 청정하거나, 만약 일체지지가 청정하다면, 무이이고 둘로 나눌 수 없으며 분별이 없고 단절도 없는 까닭이니라.

선현이여. 공공이 청정한 까닭으로 무명이 청정하고, 무명이 청정한 까닭으로 일체지지가 청정하니라. 왜 그러한가? 만약 공공이 청정하거나, 만약 무명이 청정하거나, 만약 일체지지가 청정하다면, 무이이고 둘로 나눌 수 없으며 분별이 없고 단절도 없는 까닭이니라. 공공이 청정한 까닭으로 행·식·명색·육처·촉·수·애·취·유·생·노사의 수탄고우뇌가 청정하고, 행, 나아가 노사의 수탄고우뇌가 청정한 까닭으로 일체지지가 청정하니라. 왜 그러한가? 만약 공공이 청정하거나, 만약 행, 나아가 노사의 수탄고우뇌가 청정하거나, 만약 일체지지가 청정하다면, 무이이고 둘로 나눌 수 없으며 분별이 없고 단절도 없는 까닭이니라.

선현이여. 공공이 청정한 까닭으로 보시바라밀다가 청정하고, 보시바라밀다가 청정한 까닭으로 일체지지가 청정하니라. 왜 그러한가? 만약 공공이 청정하거나, 만약 보시바라밀다가 청정하거나, 만약 일체지지가 청정하다면, 무이이고 둘로 나눌 수 없으며 분별이 없고 단절도 없는 까닭이니라. 공공이 청정한 까닭으로 정계·안인·정진·정려·반야바라밀다가 청정하고, 정계, 나아가 반야바라밀다가 청정한 까닭으로 일체지지가 청정하니라. 왜 그러한가? 만약 공공이 청정하거나, 만약 정계, 나아가 반야바라밀다가 청정하거나, 만약 일체지지가 청정하다면, 무이이고 둘로 나눌 수 없으며 분별이 없고 단절도 없는 까닭이니라.

선현이여. 공공이 청정한 까닭으로 내공이 청정하고, 내공이 청정한 까닭으로 일체지지가 청정하니라. 왜 그러한가? 만약 공공이 청정하거나, 만약 내공이 청정하거나, 만약 일체지지가 청정하다면, 무이이고 둘로 나눌 수 없으며 분별이 없고 단절도 없는 까닭이니라. 공공이 청정한 까닭으로 외공·내외공·공공·대공·승의공·유위공·무위공·필경공·무제공·산공·무변이공·본성공·자상공·공상공·일체법공·불가득공·무성공·자성공·무성자성공이 청정하고, 외공, 나아가 무성자성공이 청정한 까닭으로 일체지지가 청정하니라. 왜 그러한가? 만약 공공이 청정하거나, 만약 외공, 나아가 무성자성공이 청정하거나, 만약 일체지지가 청정하다면, 무이이고 둘로 나눌 수 없으며 분별이 없고 단절도 없는 까닭이니라.

선현이여. 공공이 청정한 까닭으로 진여가 청정하고, 진여가 청정한 까닭으로 일체지지가 청정하니라. 왜 그러한가? 만약 공공이 청정하거나, 만약 진여가 청정하거나, 만약 일체지지가 청정하다면, 무이이고 둘로 나눌 수 없으며 분별이 없고 단절도 없는 까닭이니라. 공공이 청정한 까닭으로 법계·법성·불허망성·불변이성·평등성·이생성·법정·법주·실제·허공계·부사의계가 청정하고 법계, 나아가 부사의계가 청정한 까닭으로 일체지지가 청정하니라. 왜 그러한가? 만약 공공이 청정하거나, 만약 법계, 나아가 부사의계가 청정하거나, 만약 일체지지가 청정하다면, 무이이고 둘로 나눌 수 없으며 분별이 없고 단절도 없는 까닭이니라.

선현이여. 공공이 청정한 까닭으로 고성제가 청정하고, 고성제가 청정한 까닭으로 일체지지가 청정하니라. 왜 그러한가? 만약 공공이 청정하거나, 만약 고성제가 청정하거나, 만약 일체지지가 청정하다면, 무이이고 둘로 나눌 수 없으며 분별이 없고 단절도 없는 까닭이니라. 공공이 청정한 까닭으로 집·멸·도성제가 청정하고, 집·멸·도성제가 청정한 까닭으로 일체지지가 청정하니라. 왜 그러한가? 만약 공공이 청정하거나, 만약 집·멸·도성제가 청정하거나, 만약 일체지지가 청정하다면, 무이이고 둘로 나눌 수 없으며 분별이 없고 단절도 없는 까닭이니라.

선현이여. 공공이 청정한 까닭으로 4정려가 청정하고, 4정려가 청정한 까닭으로 일체지지가 청정하니라. 왜 그러한가? 만약 공공이 청정하거나, 만약 4정려가 청정하거나, 만약 일체지지가 청정하다면, 무이이고 둘로 나눌 수 없으며 분별이 없고 단절도 없는 까닭이니라. 공공이 청정한 까닭으로 4무량·4무색정이 청정하고, 4무량·4무색정이 청정한 까닭으로 일체지지가 청정하니라. 왜 그러한가? 만약 공공이 청정하거나, 만약 4무량·4무색정이 청정하거나, 만약 일체지지가 청정하다면, 무이이고 둘로 나눌 수 없으며 분별이 없고 단절도 없는 까닭이니라.

선현이여. 공공이 청정한 까닭으로 8해탈이 청정하고, 8해탈이 청정한 까닭으로 일체지지가 청정하니라. 왜 그러한가? 만약 공공이 청정하거나, 만약 8해탈이 청정하거나, 만약 일체지지가 청정하다면, 무이이고 둘로 나눌 수 없으며 분별이 없고 단절도 없는 까닭이니라. 공공이 청정한 까닭으로 8승처·9차제정·10변처가 청정하고, 8승처·9차제정·10변처가 청정한 까닭으로 일체지지가 청정하니라. 왜 그러한가? 만약 공공이 청정하거나, 만약 8승처·9차제정·10변처가 청정하거나, 만약 일체지지가 청정하다면, 무이이고 둘로 나눌 수 없으며 분별이 없고 단절도 없는 까닭이니라.

선현이여. 공공이 청정한 까닭으로 4념주가 청정하고, 4념주가 청정한 까닭으로 일체지지가 청정하니라. 왜 그러한가? 만약 공공이 청정하거나, 만약 4념주가 청정하거나, 만약 일체지지가 청정하다면, 무이이고 둘로 나눌 수 없으며 분별이 없고 단절도 없는 까닭이니라. 공공이 청정한 까닭으로 4정단·4신족·5근·5력·7등각지·8성도지가 청정하고, 4정단, 나아가 8성도지가 청정한 까닭으로 일체지지가 청정하니라. 왜 그러한가? 만약 공공이 청정하거나, 만약 4정단, 나아가 8성도지가 청정하거나, 만약 일체지지가 청정하다면, 무이이고 둘로 나눌 수 없으며 분별이 없고 단절도 없는 까닭이니라.

선현이여. 공공이 청정한 까닭으로 공해탈문이 청정하고, 공해탈문이 청정한 까닭으로 일체지지가 청정하니라. 왜 그러한가? 만약 공공이 청정하거나, 만약 공해탈문이 청정하거나, 만약 일체지지가 청정하다면, 무이이고 둘로 나눌 수 없으며 분별이 없고 단절도 없는 까닭이니라. 공공이 청정한 까닭으로 무상·무원해탈문이 청정하고, 무상·무원해탈문이 청정한 까닭으로 일체지지가 청정하니라. 왜 그러한가? 만약 공공이 청정하거나, 만약 무상·무원해탈문이 청정하거나, 만약 일체지지가 청정하다면, 무이이고 둘로 나눌 수 없으며 분별이 없고 단절도 없는 까닭이니라.

선현이여. 공공이 청정한 까닭으로 보살의 10지가 청정하고, 보살의 10지가 청정한 까닭으로 일체지지가 청정하니라. 왜 그러한가? 만약 공공이 청정하거나, 만약 보살의 10지가 청정하거나, 만약 일체지지가 청정하다면, 무이이고 둘로 나눌 수 없으며 분별이 없고 단절도 없는 까닭이니라.

선현이여. 공공이 청정한 까닭으로 5안이 청정하고, 5안이 청정한 까닭으로 일체지지가 청정하니라. 왜 그러한가? 만약 공공이 청정하거나, 만약 5안이 청정하거나, 만약 일체지지가 청정하다면, 무이이고 둘로 나눌 수 없으며 분별이 없고 단절도 없는 까닭이니라. 공공이 청정한 까닭으로 6신통이 청정하고, 6신통이 청정한 까닭으로 일체지지가 청정하니라. 왜 그러한가? 만약 공공이 청정하거나, 만약 6신통이 청정하거나, 만약 일체지지가 청정하다면, 무이이고 둘로 나눌 수 없으며 분별이 없고 단절도 없는 까닭이니라.

선현이여. 공공이 청정한 까닭으로 여래의 10력이 청정하고, 여래의 10력이 청정한 까닭으로 일체지지가 청정하니라. 왜 그러한가? 만약 공공이 청정하거나, 만약 여래의 10력이 청정하거나, 만약 일체지지가 청정하다면, 무이이고 둘로 나눌 수 없으며 분별이 없고 단절도 없는 까닭이니라. 공공이 청정한 까닭으로 4무소외·4무애해·대자·대비·대희·대사·18불불공법이 청정하고, 4무소외, 나아가 18불불공법이 청정한 까닭으로 일체지지가 청정하니라. 왜 그러한가? 만약 공공이 청정하거나,

만약 4무소외, 나아가 18불불공법이 청정하거나, 만약 일체지지가 청정하다면, 무이이고 둘로 나눌 수 없으며 분별이 없고 단절도 없는 까닭이니라.

선현이여. 공공이 청정한 까닭으로 무망실법이 청정하고, 무망실법이 청정한 까닭으로 일체지지가 청정하니라. 왜 그러한가? 만약 공공이 청정하거나, 만약 무망실법이 청정하거나, 만약 일체지지가 청정하다면, 무이이고 둘로 나눌 수 없으며 분별이 없고 단절도 없는 까닭이니라. 공공이 청정한 까닭으로 항주사성이 청정하고, 항주사성이 청정한 까닭으로 일체지지가 청정하니라. 왜 그러한가? 만약 공공이 청정하거나, 만약 항주사성이 청정하거나, 만약 일체지지가 청정하다면, 무이이고 둘로 나눌 수 없으며 분별이 없고 단절도 없는 까닭이니라.

선현이여. 공공이 청정한 까닭으로 일체지가 청정하고, 일체지가 청정한 까닭으로 일체지지가 청정하니라. 왜 그러한가? 만약 공공이 청정하거나, 만약 일체지가 청정하거나, 만약 일체지지가 청정하다면, 무이이고 둘로 나눌 수 없으며 분별이 없고 단절도 없는 까닭이니라. 공공이 청정한 까닭으로 도상지·일체상지가 청정하고, 도상지·일체상지가 청정한 까닭으로 일체지지가 청정하니라. 왜 그러한가? 만약 공공이 청정하거나, 만약 도상지·일체상지가 청정하거나, 만약 일체지지가 청정하다면, 무이이고 둘로 나눌 수 없으며 분별이 없고 단절도 없는 까닭이니라.

선현이여. 공공이 청정한 까닭으로 일체의 다라니문이 청정하고, 일체의 다라니문이 청정한 까닭으로 일체지지가 청정하니라. 왜 그러한가? 만약 공공이 청정하거나, 만약 일체의 다라니문이 청정하거나, 만약 일체지지가 청정하다면, 무이이고 둘로 나눌 수 없으며 분별이 없고 단절도 없는 까닭이니라. 공공이 청정한 까닭으로 일체의 삼마지문이 청정하고, 일체의 삼마지문이 청정한 까닭으로 일체지지가 청정하니라. 왜 그러한가? 만약 공공이 청정하거나, 만약 일체의 삼마지문이 청정하거나, 만약 일체지지가 청정하다면, 무이이고 둘로 나눌 수 없으며 분별이 없고 단절도 없는 까닭이니라.

선현이여. 공공이 청정한 까닭으로 예류과가 청정하고, 예류과가 청정한 까닭으로 일체지지가 청정하니라. 왜 그러한가? 만약 공공이 청정하거나, 만약 예류과가 청정하거나, 만약 일체지지가 청정하다면, 무이이고 둘로 나눌 수 없으며 분별이 없고 단절도 없는 까닭이니라. 공공이 청정한 까닭으로 일래·불환·아라한과가 청정하고, 일래·불환·아라한과가 청정한 까닭으로 일체지지가 청정하니라. 왜 그러한가? 만약 공공이 청정하거나, 만약 일래·불환·아라한과가 청정하거나, 만약 일체지지가 청정하다면, 무이이고 둘로 나눌 수 없으며 분별이 없고 단절도 없는 까닭이니라.

선현이여. 공공이 청정한 까닭으로 독각의 보리가 청정하고, 독각의 보리가 청정한 까닭으로 일체지지가 청정하니라. 왜 그러한가? 만약 공공이 청정하거나, 만약 독각의 보리가 청정하거나, 만약 일체지지가 청정하다면, 무이이고 둘로 나눌 수 없으며 분별이 없고 단절도 없는 까닭이니라.

선현이여. 공공이 청정한 까닭으로 일체의 보살마하살의 행이 청정하고, 일체의 보살마하살의 행이 청정한 까닭으로 일체지지가 청정하니라. 왜 그러한가? 만약 공공이 청정하거나, 만약 일체의 보살마하살의 행이 청정하거나, 만약 일체지지가 청정하다면, 무이이고 둘로 나눌 수 없으며 분별이 없고 단절도 없는 까닭이니라.

선현이여. 공공이 청정한 까닭으로 제불의 무상정등보리가 청정하고, 제불의 무상정등보리가 청정한 까닭으로 일체지지가 청정하니라. 왜 그러한가? 만약 공공이 청정하거나, 만약 제불의 무상정등보리가 청정하거나, 만약 일체지지가 청정하다면, 무이이고 둘로 나눌 수 없으며 분별이 없고 단절도 없는 까닭이니라."

"다시 다음으로 선현이여. 대공(大空)이 청정한 까닭으로 색이 청정하고, 색이 청정한 까닭으로 일체지지가 청정하니라. 왜 그러한가? 만약 대공이 청정하거나, 만약 색이 청정하거나, 만약 일체지지가 청정하다면, 무이이고 둘로 나눌 수 없으며 분별이 없고 단절도 없는 까닭이니라. 대공이 청정한 까닭으로 수·상·행·식이 청정하고, 수·상·행·식이 청정한 까닭으로 일체지지가 청정하니라. 왜 그러한가? 만약 대공이 청정하거나, 만약 수·상·행·식이 청정하거나, 만약 일체지지가 청정하다면, 무이이고 둘로 나눌 수 없으며 분별이 없고 단절도 없는 까닭이니라.

선현이여. 대공이 청정한 까닭으로 안처가 청정하고, 안처가 청정한 까닭으로 일체지지가 청정하니라. 왜 그러한가? 만약 대공이 청정하거나, 만약 안처가 청정하거나, 만약 일체지지가 청정하다면, 무이이고 둘로 나눌 수 없으며 분별이 없고 단절도 없는 까닭이니라. 대공이 청정한 까닭으로 이·비·설·신·의처가 청정하고, 이·비·설·신·의처가 청정한 까닭으로 일체지지가 청정하니라. 왜 그러한가? 만약 대공이 청정하거나, 만약 이·비·설·신·의처가 청정하거나, 만약 일체지지가 청정하다면, 무이이고 둘로 나눌 수 없으며 분별이 없고 단절도 없는 까닭이니라.

선현이여. 대공이 청정한 까닭으로 색처가 청정하고, 색처가 청정한 까닭으로 일체지지가 청정하니라. 왜 그러한가? 만약 대공이 청정하거나, 만약 색처가 청정하거나, 만약 일체지지가 청정하다면, 무이이고 둘로 나눌 수 없으며 분별이 없고 단절도 없는 까닭이니라. 대공이 청정한 까닭으로 성·향·미·촉·법처가 청정하고, 성·향·미·촉·법처가 청정한 까닭으로 일체지지가 청정하니라. 왜 그러한가? 만약 대공이 청정하거나, 만약 성·향·미·촉·법처가 청정하거나, 만약 일체지지가 청정하다면, 무이이고 둘로 나눌 수 없으며 분별이 없고 단절도 없는 까닭이니라.

선현이여. 대공이 청정한 까닭으로 안계가 청정하고, 안계가 청정한 까닭으로 일체지지가 청정하니라. 왜 그러한가? 만약 대공이 청정하거나, 만약 안계가 청정하거나, 만약 일체지지가 청정하다면, 무이이고 둘로 나눌 수 없으며 분별이 없고 단절도 없는 까닭이니라. 대공이 청정한 까닭으로 색계·안식계, 나아가 안촉·안촉을 인연으로 생겨난 여러 수가 청정하고, 색계, 나아가 안촉을 인연으로 생겨난 여러 수가 청정한 까닭으로 일체지지가 청정하니라. 왜 그러한가? 만약 대공이 청정하거나, 만약 색계, 나아가 안촉을 인연으로 생겨난 여러 수가 청정하거나, 만약 일체지지가 청정하다면, 무이이고 둘로 나눌 수 없으며 분별이 없고 단절도

없는 까닭이니라.

　선현이여. 대공이 청정한 까닭으로 이계가 청정하고, 이계가 청정한 까닭으로 일체지지가 청정하니라. 왜 그러한가? 만약 대공이 청정하거나, 만약 이계가 청정하거나, 만약 일체지지가 청정하다면, 무이이고 둘로 나눌 수 없으며 분별이 없고 단절도 없는 까닭이니라. 대공이 청정한 까닭으로 성계·이식계, 나아가 이촉·이촉을 인연으로 생겨난 여러 수가 청정하고, 성계, 나아가 이촉을 인연으로 생겨난 여러 수가 청정한 까닭으로 일체지지가 청정하니라. 왜 그러한가? 만약 대공이 청정하거나, 만약 성계, 나아가 이촉을 인연으로 생겨난 여러 수가 청정하거나, 만약 일체지지가 청정하다면, 무이이고 둘로 나눌 수 없으며 분별이 없고 단절도 없는 까닭이니라.

　선현이여. 대공이 청정한 까닭으로 비계가 청정하고, 비계가 청정한 까닭으로 일체지지가 청정하니라. 왜 그러한가? 만약 대공이 청정하거나, 만약 비계가 청정하거나, 만약 일체지지가 청정하다면, 무이이고 둘로 나눌 수 없으며 분별이 없고 단절도 없는 까닭이니라. 대공이 청정한 까닭으로 향계·비식계, 나아가 비촉·비촉을 인연으로 생겨난 여러 수가 청정하고, 향계, 나아가 비촉을 인연으로 생겨난 여러 수가 청정한 까닭으로 일체지지가 청정하니라. 왜 그러한가? 만약 대공이 청정하거나, 만약 향계, 나아가 비촉을 인연으로 생겨난 여러 수가 청정하거나, 만약 일체지지가 청정하다면, 무이이고 둘로 나눌 수 없으며 분별이 없고 단절도 없는 까닭이니라.

　선현이여. 대공이 청정한 까닭으로 설계가 청정하고, 설계가 청정한 까닭으로 일체지지가 청정하니라. 왜 그러한가? 만약 대공이 청정하거나, 만약 설계가 청정하거나, 만약 일체지지가 청정하다면, 무이이고 둘로 나눌 수 없으며 분별이 없고 단절도 없는 까닭이니라. 대공이 청정한 까닭으로 미계·설식계, 나아가 설촉·설촉을 인연으로 생겨난 여러 수가 청정하고, 미계, 나아가 설촉을 인연으로 생겨난 여러 수가 청정한 까닭으로 일체지지가 청정하니라. 왜 그러한가? 만약 대공이 청정하거나, 만약 미계, 나아가 설촉을 인연으로 생겨난 여러 수가 청정하거나, 만약 일체지지가 청정하다면, 무이이고 둘로 나눌 수 없으며 분별이 없고 단절도 없는 까닭이니라.

선현이여. 대공이 청정한 까닭으로 신계가 청정하고, 신계가 청정한 까닭으로 일체지지가 청정하니라. 왜 그러한가? 만약 대공이 청정하거나, 만약 신계가 청정하거나, 만약 일체지지가 청정하다면, 무이이고 둘로 나눌 수 없으며 분별이 없고 단절도 없는 까닭이니라. 대공이 청정한 까닭으로 촉계·신식계, 나아가 신촉·신촉을 인연으로 생겨난 여러 수가 청정하고, 촉계, 나아가 신촉을 인연으로 생겨난 여러 수가 청정한 까닭으로 일체지지가 청정하니라. 왜 그러한가? 만약 대공이 청정하거나, 만약 촉계, 나아가 신촉을 인연으로 생겨난 여러 수가 청정하거나, 만약 일체지지가 청정하다면, 무이이고 둘로 나눌 수 없으며 분별이 없고 단절도 없는 까닭이니라.

선현이여. 대공이 청정한 까닭으로 의계가 청정하고, 의계가 청정한 까닭으로 일체지지가 청정하니라. 왜 그러한가? 만약 대공이 청정하거나, 만약 의계가 청정하거나, 만약 일체지지가 청정하다면, 무이이고 둘로 나눌 수 없으며 분별이 없고 단절도 없는 까닭이니라. 대공이 청정한 까닭으로 법계·의식계, 나아가 의촉·의촉을 인연으로 생겨난 여러 수가 청정하고, 법계, 나아가 의촉을 인연으로 생겨난 여러 수가 청정한 까닭으로 일체지지가 청정하니라. 왜 그러한가? 만약 대공이 청정하거나, 만약 법계, 나아가 의촉을 인연으로 생겨난 여러 수가 청정하거나, 만약 일체지지가 청정하다면, 무이이고 둘로 나눌 수 없으며 분별이 없고 단절도 없는 까닭이니라.

선현이여. 대공이 청정한 까닭으로 지계가 청정하고, 지계가 청정한 까닭으로 일체지지가 청정하니라. 왜 그러한가? 만약 대공이 청정하거나, 만약 지계가 청정하거나, 만약 일체지지가 청정하다면, 무이이고 둘로 나눌 수 없으며 분별이 없고 단절도 없는 까닭이니라. 대공이 청정한 까닭으로 수·화·풍·공·식계가 청정하고, 수·화·풍·공·식계가 청정한 까닭으로 일체지지가 청정하니라. 왜 그러한가? 만약 대공이 청정하거나, 만약 수·화·풍·공·식계가 청정하거나, 만약 일체지지가 청정하다면, 무이이고 둘로 나눌 수 없으며 분별이 없고 단절도 없는 까닭이니라.

　선현이여. 대공이 청정한 까닭으로 무명이 청정하고, 무명이 청정한 까닭으로 일체지지가 청정하니라. 왜 그러한가? 만약 대공이 청정하거나, 만약 무명이 청정하거나, 만약 일체지지가 청정하다면, 무이이고 둘로 나눌 수 없으며 분별이 없고 단절도 없는 까닭이니라. 대공이 청정한 까닭으로 행·식·명색·육처·촉·수·애·취·유·생·노사의 수탄고우뇌가 청정하고, 행, 나아가 노사의 수탄고우뇌가 청정한 까닭으로 일체지지가 청정하니라. 왜 그러한가? 만약 대공이 청정하거나, 만약 행, 나아가 노사의 수탄고우뇌가 청정하거나, 만약 일체지지가 청정하다면, 무이이고 둘로 나눌 수 없으며 분별이 없고 단절도 없는 까닭이니라.”

마하반야바라밀다경 제210권

34. 난신해품(難信解品)(29)

"선현이여. 대공이 청정한 까닭으로 보시바라밀다가 청정하고, 보시바라밀다가 청정한 까닭으로 일체지지가 청정하니라. 왜 그러한가? 만약 대공이 청정하거나, 만약 보시바라밀다가 청정하거나, 만약 일체지지가 청정하다면, 무이이고 둘로 나눌 수 없으며 분별이 없고 단절도 없는 까닭이니라. 대공이 청정한 까닭으로 정계·안인·정진·정려·반야바라밀다가 청정하고, 정계, 나아가 반야바라밀다가 청정한 까닭으로 일체지지가 청정하니라. 왜 그러한가? 만약 대공이 청정하거나, 만약 정계, 나아가 반야바라밀다가 청정하거나, 만약 일체지지가 청정하다면, 무이이고 둘로 나눌 수 없으며 분별이 없고 단절도 없는 까닭이니라.

선현이여. 대공이 청정한 까닭으로 내공이 청정하고, 내공이 청정한 까닭으로 일체지지가 청정하니라. 왜 그러한가? 만약 대공이 청정하거나, 만약 내공이 청정하거나, 만약 일체지지가 청정하다면, 무이이고 둘로 나눌 수 없으며 분별이 없고 단절도 없는 까닭이니라. 대공이 청정한 까닭으로 외공·내외공·공공·승의공·유위공·무위공·필경공·무제공·산공·무변이공·본성공·자상공·공상공·일체법공·불가득공·무성공·자성공·무성자성공이 청정하고, 외공, 나아가 무성자성공이 청정한 까닭으로 일체지지가 청정하니라. 왜 그러한가? 만약 대공이 청정하거나, 만약 외공, 나아가 무성자성공이 청정하거나, 만약 일체지지가 청정하다면, 무이이고 둘로 나눌 수 없으며 분별이 없고 단절도 없는 까닭이니라.

선현이여. 대공이 청정한 까닭으로 진여가 청정하고, 진여가 청정한 까닭으로 일체지지가 청정하니라. 왜 그러한가? 만약 대공이 청정하거나, 만약 진여가 청정하거나, 만약 일체지지가 청정하다면, 무이이고 둘로 나눌 수 없으며 분별이 없고 단절도 없는 까닭이니라. 대공이 청정한 까닭으로 법계·법성·불허망성·불변이성·평등성·이생성·법정·법주·실제·허공계·부사의계가 청정하고 법계, 나아가 부사의계가 청정한 까닭으로 일체지지가 청정하니라. 왜 그러한가? 만약 대공이 청정하거나, 만약 법계, 나아가 부사의계가 청정하거나, 만약 일체지지가 청정하다면, 무이이고 둘로 나눌 수 없으며 분별이 없고 단절도 없는 까닭이니라.

선현이여. 대공이 청정한 까닭으로 고성제가 청정하고, 고성제가 청정한 까닭으로 일체지지가 청정하니라. 왜 그러한가? 만약 대공이 청정하거나, 만약 고성제가 청정하거나, 만약 일체지지가 청정하다면, 무이이고 둘로 나눌 수 없으며 분별이 없고 단절도 없는 까닭이니라. 대공이 청정한 까닭으로 집·멸·도성제가 청정하고, 집·멸·도성제가 청정한 까닭으로 일체지지가 청정하니라. 왜 그러한가? 만약 대공이 청정하거나, 만약 집·멸·도성제가 청정하거나, 만약 일체지지가 청정하다면, 무이이고 둘로 나눌 수 없으며 분별이 없고 단절도 없는 까닭이니라.

선현이여. 대공이 청정한 까닭으로 4정려가 청정하고, 4정려가 청정한 까닭으로 일체지지가 청정하니라. 왜 그러한가? 만약 대공이 청정하거나, 만약 4정려가 청정하거나, 만약 일체지지가 청정하다면, 무이이고 둘로 나눌 수 없으며 분별이 없고 단절도 없는 까닭이니라. 대공이 청정한 까닭으로 4무량·4무색정이 청정하고, 4무량·4무색정이 청정한 까닭으로 일체지지가 청정하니라. 왜 그러한가? 만약 대공이 청정하거나, 만약 4무량·4무색정이 청정하거나, 만약 일체지지가 청정하다면, 무이이고 둘로 나눌 수 없으며 분별이 없고 단절도 없는 까닭이니라.

선현이여. 대공이 청정한 까닭으로 8해탈이 청정하고, 8해탈이 청정한 까닭으로 일체지지가 청정하니라. 왜 그러한가? 만약 대공이 청정하거나, 만약 8해탈이 청정하거나, 만약 일체지지가 청정하다면, 무이이고 둘로 나눌 수 없으며 분별이 없고 단절도 없는 까닭이니라. 대공이 청정한 까닭으로 8승처·9차제정·10변처가 청정하고, 8승처·9차제정·10변처가 청정한 까닭으로 일체지지가 청정하니라. 왜 그러한가? 만약 대공이 청정하거나, 만약 8승처·9차제정·10변처가 청정하거나, 만약 일체지지가 청정하다면, 무이이고 둘로 나눌 수 없으며 분별이 없고 단절도 없는 까닭이니라.

선현이여. 대공이 청정한 까닭으로 4념주가 청정하고, 4념주가 청정한 까닭으로 일체지지가 청정하니라. 왜 그러한가? 만약 대공이 청정하거나, 만약 4념주가 청정하거나, 만약 일체지지가 청정하다면, 무이이고 둘로 나눌 수 없으며 분별이 없고 단절도 없는 까닭이니라. 대공이 청정한 까닭으로 4정단·4신족·5근·5력·7등각지·8성도지가 청정하고, 4정단, 나아가 8성도지가 청정한 까닭으로 일체지지가 청정하니라. 왜 그러한가? 만약 대공이 청정하거나, 만약 4정단, 나아가 8성도지가 청정하거나, 만약 일체지지가 청정하다면, 무이이고 둘로 나눌 수 없으며 분별이 없고 단절도 없는 까닭이니라.

선현이여. 대공이 청정한 까닭으로 공해탈문이 청정하고, 공해탈문이 청정한 까닭으로 일체지지가 청정하니라. 왜 그러한가? 만약 대공이 청정하거나, 만약 공해탈문이 청정하거나, 만약 일체지지가 청정하다면, 무이이고 둘로 나눌 수 없으며 분별이 없고 단절도 없는 까닭이니라. 대공이 청정한 까닭으로 무상·무원해탈문이 청정하고, 무상·무원해탈문이 청정한 까닭으로 일체지지가 청정하니라. 왜 그러한가? 만약 대공이 청정하거나, 만약 무상·무원해탈문이 청정하거나, 만약 일체지지가 청정하다면, 무이이고 둘로 나눌 수 없으며 분별이 없고 단절도 없는 까닭이니라.

선현이여. 대공이 청정한 까닭으로 보살의 10지가 청정하고, 보살의 10지가 청정한 까닭으로 일체지지가 청정하니라. 왜 그러한가? 만약 대공이 청정하거나, 만약 보살의 10지가 청정하거나, 만약 일체지지가 청정하다면, 무이이고 둘로 나눌 수 없으며 분별이 없고 단절도 없는 까닭이니라.

선현이여. 대공이 청정한 까닭으로 5안이 청정하고, 5안이 청정한 까닭으로 일체지지가 청정하니라. 왜 그러한가? 만약 대공이 청정하거나, 만약 5안이 청정하거나, 만약 일체지지가 청정하다면, 무이이고 둘로 나눌 수 없으며 분별이 없고 단절도 없는 까닭이니라. 대공이 청정한 까닭으로 6신통이 청정하고, 6신통이 청정한 까닭으로 일체지지가 청정하니라. 왜 그러한가? 만약 대공이 청정하거나, 만약 6신통이 청정하거나, 만약 일체지지가 청정하다면, 무이이고 둘로 나눌 수 없으며 분별이 없고 단절도 없는 까닭이니라.

선현이여. 대공이 청정한 까닭으로 여래의 10력이 청정하고, 여래의 10력이 청정한 까닭으로 일체지지가 청정하니라. 왜 그러한가? 만약 대공이 청정하거나, 만약 여래의 10력이 청정하거나, 만약 일체지지가 청정하다면, 무이이고 둘로 나눌 수 없으며 분별이 없고 단절도 없는 까닭이니라. 대공이 청정한 까닭으로 4무소외·4무애해·대자·대비·대희·대사·18불불공법이 청정하고, 4무소외, 나아가 18불불공법이 청정한 까닭으로 일체지지가 청정하니라. 왜 그러한가? 만약 대공이 청정하거나, 만약 4무소외, 나아가 18불불공법이 청정하거나, 만약 일체지지가 청정하다면, 무이이고 둘로 나눌 수 없으며 분별이 없고 단절도 없는 까닭이니라.

선현이여. 대공이 청정한 까닭으로 무망실법이 청정하고, 무망실법이 청정한 까닭으로 일체지지가 청정하니라. 왜 그러한가? 만약 대공이 청정하거나, 만약 무망실법이 청정하거나, 만약 일체지지가 청정하다면, 무이이고 둘로 나눌 수 없으며 분별이 없고 단절도 없는 까닭이니라. 대공이 청정한 까닭으로 항주사성이 청정하고, 항주사성이 청정한 까닭으로 일체지지가 청정하니라. 왜 그러한가? 만약 대공이 청정하거나, 만약 항주사성이 청정하거나, 만약 일체지지가 청정하다면, 무이이고 둘로 나눌 수 없으며 분별이 없고 단절도 없는 까닭이니라.

선현이여. 대공이 청정한 까닭으로 일체지가 청정하고, 일체지가 청정한 까닭으로 일체지지가 청정하니라. 왜 그러한가? 만약 대공이 청정하거나, 만약 일체지가 청정하거나, 만약 일체지지가 청정하다면, 무이이고 둘로 나눌 수 없으며 분별이 없고 단절도 없는 까닭이니라. 대공이 청정한 까닭으로 도상지·일체상지가 청정하고, 도상지·일체상지가 청정한 까닭으로 일체지지가 청정하니라. 왜 그러한가? 만약 대공이 청정하거나, 만약 도상지·일체상지가 청정하거나, 만약 일체지지가 청정하다면, 무이이고 둘로 나눌 수 없으며 분별이 없고 단절도 없는 까닭이니라.

선현이여. 대공이 청정한 까닭으로 일체의 다라니문이 청정하고, 일체의 다라니문이 청정한 까닭으로 일체지지가 청정하니라. 왜 그러한가? 만약 대공이 청정하거나, 만약 일체의 다라니문이 청정하거나, 만약 일체지지가 청정하다면, 무이이고 둘로 나눌 수 없으며 분별이 없고 단절도 없는 까닭이니라. 대공이 청정한 까닭으로 일체의 삼마지문이 청정하고, 일체의 삼마지문이 청정한 까닭으로 일체지지가 청정하니라. 왜 그러한가? 만약 대공이 청정하거나, 만약 일체의 삼마지문이 청정하거나, 만약 일체지지가 청정하다면, 무이이고 둘로 나눌 수 없으며 분별이 없고 단절도 없는 까닭이니라.

선현이여. 대공이 청정한 까닭으로 예류과가 청정하고, 예류과가 청정한 까닭으로 일체지지가 청정하니라. 왜 그러한가? 만약 대공이 청정하거나, 만약 예류과가 청정하거나, 만약 일체지지가 청정하다면, 무이이고 둘로 나눌 수 없으며 분별이 없고 단절도 없는 까닭이니라. 대공이 청정한 까닭으로 일래·불환·아라한과가 청정하고, 일래·불환·아라한과가 청정한 까닭으로 일체지지가 청정하니라. 왜 그러한가? 만약 대공이 청정하거나, 만약 일래·불환·아라한과가 청정하거나, 만약 일체지지가 청정하다면, 무이이고 둘로 나눌 수 없으며 분별이 없고 단절도 없는 까닭이니라.

선현이여. 대공이 청정한 까닭으로 독각의 보리가 청정하고, 독각의 보리가 청정한 까닭으로 일체지지가 청정하니라. 왜 그러한가? 만약 대공이 청정하거나, 만약 독각의 보리가 청정하거나, 만약 일체지지가 청정하다면, 무이이고 둘로 나눌 수 없으며 분별이 없고 단절도 없는 까닭이니라.

선현이여. 대공이 청정한 까닭으로 일체의 보살마하살의 행이 청정하고, 일체의 보살마하살의 행이 청정한 까닭으로 일체지지가 청정하니라. 왜 그러한가? 만약 대공이 청정하거나, 만약 일체의 보살마하살의 행이 청정하거나, 만약 일체지지가 청정하다면, 무이이고 둘로 나눌 수 없으며 분별이 없고 단절도 없는 까닭이니라.

선현이여. 대공이 청정한 까닭으로 제불의 무상정등보리가 청정하고, 제불의 무상정등보리가 청정한 까닭으로 일체지지가 청정하니라. 왜 그러한가? 만약 대공이 청정하거나, 만약 제불의 무상정등보리가 청정하거나, 만약 일체지지가 청정하다면, 무이이고 둘로 나눌 수 없으며 분별이 없고 단절도 없는 까닭이니라."

"다시 다음으로 선현이여. 승의공(勝義空)이 청정한 까닭으로 색이 청정하고, 색이 청정한 까닭으로 일체지지가 청정하니라. 왜 그러한가? 만약 승의공이 청정하거나, 만약 색이 청정하거나, 만약 일체지지가 청정하다면, 무이이고 둘로 나눌 수 없으며 분별이 없고 단절도 없는 까닭이니라. 승의공이 청정한 까닭으로 수·상·행·식이 청정하고, 수·상·행·식이 청정한 까닭으로 일체지지가 청정하니라. 왜 그러한가? 만약 승의공이 청정하거나, 만약 수·상·행·식이 청정하거나, 만약 일체지지가 청정하다면, 무이이고 둘로 나눌 수 없으며 분별이 없고 단절도 없는 까닭이니라.

선현이여. 승의공이 청정한 까닭으로 안처가 청정하고, 안처가 청정한 까닭으로 일체지지가 청정하니라. 왜 그러한가? 만약 승의공이 청정하거나, 만약 안처가 청정하거나, 만약 일체지지가 청정하다면, 무이이고 둘로 나눌 수 없으며 분별이 없고 단절도 없는 까닭이니라. 승의공이 청정한 까닭으로 이·비·설·신·의처가 청정하고, 이·비·설·신·의처가 청정한 까닭으로 일체지지가 청정하니라. 왜 그러한가? 만약 승의공이 청정하거나, 만약 이·비·설·신·의처가 청정하거나, 만약 일체지지가 청정하다면, 무이이고 둘로 나눌 수 없으며 분별이 없고 단절도 없는 까닭이니라.

선현이여. 승의공이 청정한 까닭으로 색처가 청정하고, 색처가 청정한 까닭으로 일체지지가 청정하니라. 왜 그러한가? 만약 승의공이 청정하거나, 만약 색처가 청정하거나, 만약 일체지지가 청정하다면, 무이이고 둘로 나눌 수 없으며 분별이 없고 단절도 없는 까닭이니라. 승의공이 청정한 까닭으로 성·향·미·촉·법처가 청정하고, 성·향·미·촉·법처가 청정한 까닭으로 일체지지가 청정하니라. 왜 그러한가? 만약 승의공이 청정하거나, 만약 성·향·미·촉·법처가 청정하거나, 만약 일체지지가 청정하다면, 무이이고 둘로 나눌 수 없으며 분별이 없고 단절도 없는 까닭이니라.

　선현이여. 승의공이 청정한 까닭으로 안계가 청정하고, 안계가 청정한 까닭으로 일체지지가 청정하니라. 왜 그러한가? 만약 승의공이 청정하거나, 만약 안계가 청정하거나, 만약 일체지지가 청정하다면, 무이이고 둘로 나눌 수 없으며 분별이 없고 단절도 없는 까닭이니라. 승의공이 청정한 까닭으로 색계·안식계, 나아가 안촉·안촉을 인연으로 생겨난 여러 수가 청정하고, 색계, 나아가 안촉을 인연으로 생겨난 여러 수가 청정한 까닭으로 일체지지가 청정하니라. 왜 그러한가? 만약 승의공이 청정하거나, 만약 색계, 나아가 안촉을 인연으로 생겨난 여러 수가 청정하거나, 만약 일체지지가 청정하다면, 무이이고 둘로 나눌 수 없으며 분별이 없고 단절도 없는 까닭이니라.

　선현이여. 승의공이 청정한 까닭으로 이계가 청정하고, 이계가 청정한 까닭으로 일체지지가 청정하니라. 왜 그러한가? 만약 승의공이 청정하거나, 만약 이계가 청정하거나, 만약 일체지지가 청정하다면, 무이이고 둘로 나눌 수 없으며 분별이 없고 단절도 없는 까닭이니라. 승의공이 청정한 까닭으로 성계·이식계, 나아가 이촉·이촉을 인연으로 생겨난 여러 수가 청정하고, 성계, 나아가 이촉을 인연으로 생겨난 여러 수가 청정한 까닭으로 일체지지가 청정하니라. 왜 그러한가? 만약 승의공이 청정하거나, 만약 성계, 나아가 이촉을 인연으로 생겨난 여러 수가 청정하거나, 만약 일체지지가 청정하다면, 무이이고 둘로 나눌 수 없으며 분별이 없고 단절도 없는 까닭이니라.

　선현이여. 승의공이 청정한 까닭으로 비계가 청정하고, 비계가 청정한 까닭으로 일체지지가 청정하니라. 왜 그러한가? 만약 승의공이 청정하거나, 만약 비계가 청정하거나, 만약 일체지지가 청정하다면, 무이이고 둘로 나눌 수 없으며 분별이 없고 단절도 없는 까닭이니라. 승의공이 청정한 까닭으로 향계·비식계, 나아가 비촉·비촉을 인연으로 생겨난 여러 수가 청정하고, 향계, 나아가 비촉을 인연으로 생겨난 여러 수가 청정한 까닭으로 일체지지가 청정하니라. 왜 그러한가? 만약 승의공이 청정하거나, 만약 향계, 나아가 비촉을 인연으로 생겨난 여러 수가 청정하거나, 만약 일체지지가 청정하다면, 무이이고 둘로 나눌 수 없으며 분별이 없고 단절도 없는 까닭이니라.

　선현이여. 승의공이 청정한 까닭으로 설계가 청정하고, 설계가 청정한 까닭으로 일체지지가 청정하니라. 왜 그러한가? 만약 승의공이 청정하거나, 만약 설계가 청정하거나, 만약 일체지지가 청정하다면, 무이이고 둘로 나눌 수 없으며 분별이 없고 단절도 없는 까닭이니라. 승의공이 청정한 까닭으로 미계·설식계, 나아가 설촉·설촉을 인연으로 생겨난 여러 수가 청정하고, 미계, 나아가 설촉을 인연으로 생겨난 여러 수가 청정한 까닭으로 일체지지가 청정하니라. 왜 그러한가? 만약 승의공이 청정하거나, 만약 미계, 나아가 설촉을 인연으로 생겨난 여러 수가 청정하거나, 만약 일체지지가 청정하다면, 무이이고 둘로 나눌 수 없으며 분별이 없고 단절도 없는 까닭이니라.

　선현이여. 승의공이 청정한 까닭으로 신계가 청정하고, 신계가 청정한 까닭으로 일체지지가 청정하니라. 왜 그러한가? 만약 승의공이 청정하거나, 만약 신계가 청정하거나, 만약 일체지지가 청정하다면, 무이이고 둘로 나눌 수 없으며 분별이 없고 단절도 없는 까닭이니라. 승의공이 청정한 까닭으로 촉계·신식계, 나아가 신촉·신촉을 인연으로 생겨난 여러 수가 청정하고, 촉계, 나아가 신촉을 인연으로 생겨난 여러 수가 청정한 까닭으로 일체지지가 청정하니라. 왜 그러한가? 만약 승의공이 청정하거나, 만약 촉계, 나아가 신촉을 인연으로 생겨난 여러 수가 청정하거나, 만약 일체지지가 청정하다면, 무이이고 둘로 나눌 수 없으며 분별이 없고 단절도 없는 까닭이니라.

　선현이여. 승의공이 청정한 까닭으로 의계가 청정하고, 의계가 청정한 까닭으로 일체지지가 청정하니라. 왜 그러한가? 만약 승의공이 청정하거나, 만약 의계가 청정하거나, 만약 일체지지가 청정하다면, 무이이고 둘로 나눌 수 없으며 분별이 없고 단절도 없는 까닭이니라. 승의공이 청정한 까닭으로 법계·의식계, 나아가 의촉·의촉을 인연으로 생겨난 여러 수가 청정하고, 법계, 나아가 의촉을 인연으로 생겨난 여러 수가 청정한 까닭으로 일체지지가 청정하니라. 왜 그러한가? 만약 승의공이 청정하거나, 만약 법계, 나아가 의촉을 인연으로 생겨난 여러 수가 청정하거나, 만약 일체지지가 청정하다면, 무이이고 둘로 나눌 수 없으며 분별이 없고 단절도 없는 까닭이니라.

　선현이여. 승의공이 청정한 까닭으로 지계가 청정하고, 지계가 청정한 까닭으로 일체지지가 청정하니라. 왜 그러한가? 만약 승의공이 청정하거나, 만약 지계가 청정하거나, 만약 일체지지가 청정하다면, 무이이고 둘로 나눌 수 없으며 분별이 없고 단절도 없는 까닭이니라. 승의공이 청정한 까닭으로 수·화·풍·공·식계가 청정하고, 수·화·풍·공·식계가 청정한 까닭으로 일체지지가 청정하니라. 왜 그러한가? 만약 승의공이 청정하거나, 만약 수·화·풍·공·식계가 청정하거나, 만약 일체지지가 청정하다면, 무이이고 둘로 나눌 수 없으며 분별이 없고 단절도 없는 까닭이니라.

　선현이여. 승의공이 청정한 까닭으로 무명이 청정하고, 무명이 청정한 까닭으로 일체지지가 청정하니라. 왜 그러한가? 만약 승의공이 청정하거나, 만약 무명이 청정하거나, 만약 일체지지가 청정하다면, 무이이고 둘로 나눌 수 없으며 분별이 없고 단절도 없는 까닭이니라. 승의공이 청정한 까닭으로 행·식·명색·육처·촉·수·애·취·유·생·노사의 수탄고우뇌가 청정하고, 행, 나아가 노사의 수탄고우뇌가 청정한 까닭으로 일체지지가 청정하니라. 왜 그러한가? 만약 승의공이 청정하거나, 만약 행, 나아가 노사의 수탄고우뇌가 청정하거나, 만약 일체지지가 청정하다면, 무이이고 둘로 나눌 수 없으며 분별이 없고 단절도 없는 까닭이니라.

　선현이여. 승의공이 청정한 까닭으로 보시바라밀다가 청정하고, 보시바라밀다가 청정한 까닭으로 일체지지가 청정하니라. 왜 그러한가? 만약 승의공이 청정하거나, 만약 보시바라밀다가 청정하거나, 만약 일체지지가 청정하다면, 무이이고 둘로 나눌 수 없으며 분별이 없고 단절도 없는 까닭이니라. 승의공이 청정한 까닭으로 정계·안인·정진·정려·반야바라밀다가 청정하고, 정계, 나아가 반야바라밀다가 청정한 까닭으로 일체지지가 청정하니라. 왜 그러한가? 만약 승의공이 청정하거나, 만약 정계, 나아가 반야바라밀다가 청정하거나, 만약 일체지지가 청정하다면, 무이이고 둘로 나눌 수 없으며 분별이 없고 단절도 없는 까닭이니라.

선현이여. 승의공이 청정한 까닭으로 내공이 청정하고, 내공이 청정한 까닭으로 일체지지가 청정하니라. 왜 그러한가? 만약 승의공이 청정하거나, 만약 내공이 청정하거나, 만약 일체지지가 청정하다면, 무이이고 둘로 나눌 수 없으며 분별이 없고 단절도 없는 까닭이니라. 승의공이 청정한 까닭으로 외공·내외공·공공·대공·유위공·무위공·필경공·무제공·산공·무변이공·본성공·자상공·공상공·일체법공·불가득공·무성공·자성공·무성자성공이 청정하고, 외공, 나아가 무성자성공이 청정한 까닭으로 일체지지가 청정하니라. 왜 그러한가? 만약 승의공이 청정하거나, 만약 외공, 나아가 무성자성공이 청정하거나, 만약 일체지지가 청정하다면, 무이이고 둘로 나눌 수 없으며 분별이 없고 단절도 없는 까닭이니라.

선현이여. 승의공이 청정한 까닭으로 진여가 청정하고, 진여가 청정한 까닭으로 일체지지가 청정하니라. 왜 그러한가? 만약 승의공이 청정하거나, 만약 진여가 청정하거나, 만약 일체지지가 청정하다면, 무이이고 둘로 나눌 수 없으며 분별이 없고 단절도 없는 까닭이니라. 승의공이 청정한 까닭으로 법계·법성·불허망성·불변이성·평등성·이생성·법정·법주·실제·허공계·부사의계가 청정하고 법계, 나아가 부사의계가 청정한 까닭으로 일체지지가 청정하니라. 왜 그러한가? 만약 승의공이 청정하거나, 만약 법계, 나아가 부사의계가 청정하거나, 만약 일체지지가 청정하다면, 무이이고 둘로 나눌 수 없으며 분별이 없고 단절도 없는 까닭이니라.

선현이여. 승의공이 청정한 까닭으로 고성제가 청정하고, 고성제가 청정한 까닭으로 일체지지가 청정하니라. 왜 그러한가? 만약 승의공이 청정하거나, 만약 고성제가 청정하거나, 만약 일체지지가 청정하다면, 무이이고 둘로 나눌 수 없으며 분별이 없고 단절도 없는 까닭이니라. 승의공이 청정한 까닭으로 집·멸·도성제가 청정하고, 집·멸·도성제가 청정한 까닭으로 일체지지가 청정하니라. 왜 그러한가? 만약 승의공이 청정하거나, 만약 집·멸·도성제가 청정하거나, 만약 일체지지가 청정하다면, 무이이고 둘로 나눌 수 없으며 분별이 없고 단절도 없는 까닭이니라.

선현이여. 승의공이 청정한 까닭으로 4정려가 청정하고, 4정려가 청정한 까닭으로 일체지지가 청정하니라. 왜 그러한가? 만약 승의공이 청정하거나, 만약 4정려가 청정하거나, 만약 일체지지가 청정하다면, 무이이고 둘로 나눌 수 없으며 분별이 없고 단절도 없는 까닭이니라. 승의공이 청정한 까닭으로 4무량·4무색정이 청정하고, 4무량·4무색정이 청정한 까닭으로 일체지지가 청정하니라. 왜 그러한가? 만약 승의공이 청정하거나, 만약 4무량·4무색정이 청정하거나, 만약 일체지지가 청정하다면, 무이이고 둘로 나눌 수 없으며 분별이 없고 단절도 없는 까닭이니라.

선현이여. 승의공이 청정한 까닭으로 8해탈이 청정하고, 8해탈이 청정한 까닭으로 일체지지가 청정하니라. 왜 그러한가? 만약 승의공이 청정하거나, 만약 8해탈이 청정하거나, 만약 일체지지가 청정하다면, 무이이고 둘로 나눌 수 없으며 분별이 없고 단절도 없는 까닭이니라. 승의공이 청정한 까닭으로 8승처·9차제정·10변처가 청정하고, 8승처·9차제정·10변처가 청정한 까닭으로 일체지지가 청정하니라. 왜 그러한가? 만약 승의공이 청정하거나, 만약 8승처·9차제정·10변처가 청정하거나, 만약 일체지지가 청정하다면, 무이이고 둘로 나눌 수 없으며 분별이 없고 단절도 없는 까닭이니라.

선현이여. 승의공이 청정한 까닭으로 4념주가 청정하고, 4념주가 청정한 까닭으로 일체지지가 청정하니라. 왜 그러한가? 만약 승의공이 청정하거나, 만약 4념주가 청정하거나, 만약 일체지지가 청정하다면, 무이이고 둘로 나눌 수 없으며 분별이 없고 단절도 없는 까닭이니라. 승의공이 청정한 까닭으로 4정단·4신족·5근·5력·7등각지·8성도지가 청정하고, 4정단, 나아가 8성도지가 청정한 까닭으로 일체지지가 청정하니라. 왜 그러한가? 만약 승의공이 청정하거나, 만약 4정단, 나아가 8성도지가 청정하거나, 만약 일체지지가 청정하다면, 무이이고 둘로 나눌 수 없으며 분별이 없고 단절도 없는 까닭이니라.

　선현이여. 승의공이 청정한 까닭으로 공해탈문이 청정하고, 공해탈문이 청정한 까닭으로 일체지지가 청정하니라. 왜 그러한가? 만약 승의공이 청정하거나, 만약 공해탈문이 청정하거나, 만약 일체지지가 청정하다면, 무이이고 둘로 나눌 수 없으며 분별이 없고 단절도 없는 까닭이니라. 승의공이 청정한 까닭으로 무상·무원해탈문이 청정하고, 무상·무원해탈문이 청정한 까닭으로 일체지지가 청정하니라. 왜 그러한가? 만약 승의공이 청정하거나, 만약 무상·무원해탈문이 청정하거나, 만약 일체지지가 청정하다면, 무이이고 둘로 나눌 수 없으며 분별이 없고 단절도 없는 까닭이니라.

　선현이여. 승의공이 청정한 까닭으로 보살의 10지가 청정하고, 보살의 10지가 청정한 까닭으로 일체지지가 청정하니라. 왜 그러한가? 만약 승의공이 청정하거나, 만약 보살의 10지가 청정하거나, 만약 일체지지가 청정하다면, 무이이고 둘로 나눌 수 없으며 분별이 없고 단절도 없는 까닭이니라.

　선현이여. 승의공이 청정한 까닭으로 5안이 청정하고, 5안이 청정한 까닭으로 일체지지가 청정하니라. 왜 그러한가? 만약 승의공이 청정하거나, 만약 5안이 청정하거나, 만약 일체지지가 청정하다면, 무이이고 둘로 나눌 수 없으며 분별이 없고 단절도 없는 까닭이니라. 승의공이 청정한 까닭으로 6신통이 청정하고, 6신통이 청정한 까닭으로 일체지지가 청정하니라. 왜 그러한가? 만약 승의공이 청정하거나, 만약 6신통이 청정하거나, 만약 일체지지가 청정하다면, 무이이고 둘로 나눌 수 없으며 분별이 없고 단절도 없는 까닭이니라.

　선현이여. 승의공이 청정한 까닭으로 여래의 10력이 청정하고, 여래의

10력이 청정한 까닭으로 일체지지가 청정하니라. 왜 그러한가? 만약 승의공이 청정하거나, 만약 여래의 10력이 청정하거나, 만약 일체지지가 청정하다면, 무이이고 둘로 나눌 수 없으며 분별이 없고 단절도 없는 까닭이니라. 승의공이 청정한 까닭으로 4무소외·4무애해·대자·대비·대희·대사·18불불공법이 청정하고, 4무소외, 나아가 18불불공법이 청정한 까닭으로 일체지지가 청정하니라. 왜 그러한가? 만약 승의공이 청정하거나, 만약 4무소외, 나아가 18불불공법이 청정하거나, 만약 일체지지가 청정하다면, 무이이고 둘로 나눌 수 없으며 분별이 없고 단절도 없는 까닭이니라.

　선현이여. 승의공이 청정한 까닭으로 무망실법이 청정하고, 무망실법이 청정한 까닭으로 일체지지가 청정하니라. 왜 그러한가? 만약 승의공이 청정하거나, 만약 무망실법이 청정하거나, 만약 일체지지가 청정하다면, 무이이고 둘로 나눌 수 없으며 분별이 없고 단절도 없는 까닭이니라. 승의공이 청정한 까닭으로 항주사성이 청정하고, 항주사성이 청정한 까닭으로 일체지지가 청정하니라. 왜 그러한가? 만약 승의공이 청정하거나, 만약 항주사성이 청정하거나, 만약 일체지지가 청정하다면, 무이이고 둘로 나눌 수 없으며 분별이 없고 단절도 없는 까닭이니라.

　선현이여. 승의공이 청정한 까닭으로 일체지가 청정하고, 일체지가 청정한 까닭으로 일체지지가 청정하니라. 왜 그러한가? 만약 승의공이 청정하거나, 만약 일체지가 청정하거나, 만약 일체지지가 청정하다면, 무이이고 둘로 나눌 수 없으며 분별이 없고 단절도 없는 까닭이니라. 승의공이 청정한 까닭으로 도상지·일체상지가 청정하고, 도상지·일체상지가 청정한 까닭으로 일체지지가 청정하니라. 왜 그러한가? 만약 승의공이 청정하거나, 만약 도상지·일체상지가 청정하거나, 만약 일체지지가 청정하다면, 무이이고 둘로 나눌 수 없으며 분별이 없고 단절도 없는 까닭이니라.

　선현이여. 승의공이 청정한 까닭으로 일체의 다라니문이 청정하고, 일체의 다라니문이 청정한 까닭으로 일체지지가 청정하니라. 왜 그러한가? 만약 승의공이 청정하거나, 만약 일체의 다라니문이 청정하거나, 만약 일체지지가 청정하다면, 무이이고 둘로 나눌 수 없으며 분별이 없고 단절도 없는 까닭이니라. 승의공이 청정한 까닭으로 일체의 삼마지문이 청정하고, 일체의 삼마지문이 청정한 까닭으로 일체지지가 청정하니라. 왜 그러한가? 만약 승의공이 청정하거나, 만약 일체의 삼마지문이 청정하거나, 만약 일체지지가 청정하다면, 무이이고 둘로 나눌 수 없으며 분별이 없고 단절도 없는 까닭이니라.

선현이여. 승의공이 청정한 까닭으로 예류과가 청정하고, 예류과가 청정한 까닭으로 일체지지가 청정하니라. 왜 그러한가? 만약 승의공이 청정하거나, 만약 예류과가 청정하거나, 만약 일체지지가 청정하다면, 무이이고 둘로 나눌 수 없으며 분별이 없고 단절도 없는 까닭이니라. 승의공이 청정한 까닭으로 일래·불환·아라한과가 청정하고, 일래·불환·아라한과가 청정한 까닭으로 일체지지가 청정하니라. 왜 그러한가? 만약 승의공이 청정하거나, 만약 일래·불환·아라한과가 청정하거나, 만약 일체지지가 청정하다면, 무이이고 둘로 나눌 수 없으며 분별이 없고 단절도 없는 까닭이니라.

선현이여. 승의공이 청정한 까닭으로 독각의 보리가 청정하고, 독각의 보리가 청정한 까닭으로 일체지지가 청정하니라. 왜 그러한가? 만약 승의공이 청정하거나, 만약 독각의 보리가 청정하거나, 만약 일체지지가 청정하다면, 무이이고 둘로 나눌 수 없으며 분별이 없고 단절도 없는 까닭이니라.

선현이여. 승의공이 청정한 까닭으로 일체의 보살마하살의 행이 청정하고, 일체의 보살마하살의 행이 청정한 까닭으로 일체지지가 청정하니라. 왜 그러한가? 만약 승의공이 청정하거나, 만약 일체의 보살마하살의 행이 청정하거나, 만약 일체지지가 청정하다면, 무이이고 둘로 나눌 수 없으며 분별이 없고 단절도 없는 까닭이니라.

선현이여. 승의공이 청정한 까닭으로 제불의 무상정등보리가 청정하고, 제불의 무상정등보리가 청정한 까닭으로 일체지지가 청정하니라.

왜 그러한가? 만약 승의공이 청정하거나, 만약 제불의 무상정등보리가 청정하거나, 만약 일체지지가 청정하다면, 무이이고 둘로 나눌 수 없으며 분별이 없고 단절도 없는 까닭이니라."

"다시 다음으로 선현이여. 유위공(有爲空)이 청정한 까닭으로 색이 청정하고, 색이 청정한 까닭으로 일체지지가 청정하니라. 왜 그러한가? 만약 유위공이 청정하거나, 만약 색이 청정하거나, 만약 일체지지가 청정하다면, 무이이고 둘로 나눌 수 없으며 분별이 없고 단절도 없는 까닭이니라. 유위공이 청정한 까닭으로 수·상·행·식이 청정하고, 수·상·행·식이 청정한 까닭으로 일체지지가 청정하니라. 왜 그러한가? 만약 유위공이 청정하거나, 만약 수·상·행·식이 청정하거나, 만약 일체지지가 청정하다면, 무이이고 둘로 나눌 수 없으며 분별이 없고 단절도 없는 까닭이니라.
　　선현이여. 유위공이 청정한 까닭으로 안처가 청정하고, 안처가 청정한 까닭으로 일체지지가 청정하니라. 왜 그러한가? 만약 유위공이 청정하거나, 만약 안처가 청정하거나, 만약 일체지지가 청정하다면, 무이이고 둘로 나눌 수 없으며 분별이 없고 단절도 없는 까닭이니라. 유위공이 청정한 까닭으로 이·비·설·신·의처가 청정하고, 이·비·설·신·의처가 청정한 까닭으로 일체지지가 청정하니라. 왜 그러한가? 만약 유위공이 청정하거나, 만약 이·비·설·신·의처가 청정하거나, 만약 일체지지가 청정하다면, 무이이고 둘로 나눌 수 없으며 분별이 없고 단절도 없는 까닭이니라.
　　선현이여. 유위공이 청정한 까닭으로 색처가 청정하고, 색처가 청정한 까닭으로 일체지지가 청정하니라. 왜 그러한가? 만약 유위공이 청정하거나, 만약 색처가 청정하거나, 만약 일체지지가 청정하다면, 무이이고 둘로 나눌 수 없으며 분별이 없고 단절도 없는 까닭이니라. 유위공이 청정한 까닭으로 성·향·미·촉·법처가 청정하고, 성·향·미·촉·법처가 청정한 까닭으로 일체지지가 청정하니라. 왜 그러한가? 만약 유위공이 청정하거나, 만약 성·향·미·촉·법처가 청정하거나, 만약 일체지지가 청정하다면, 무이이고 둘로 나눌 수 없으며 분별이 없고 단절도 없는 까닭이니라.

선현이여. 유위공이 청정한 까닭으로 안계가 청정하고, 안계가 청정한 까닭으로 일체지지가 청정하니라. 왜 그러한가? 만약 유위공이 청정하거나, 만약 안계가 청정하거나, 만약 일체지지가 청정하다면, 무이이고 둘로 나눌 수 없으며 분별이 없고 단절도 없는 까닭이니라. 유위공이 청정한 까닭으로 색계·안식계, 나아가 안촉·안촉을 인연으로 생겨난 여러 수가 청정하고, 색계, 나아가 안촉을 인연으로 생겨난 여러 수가 청정한 까닭으로 일체지지가 청정하니라. 왜 그러한가? 만약 유위공이 청정하거나, 만약 색계, 나아가 안촉을 인연으로 생겨난 여러 수가 청정하거나, 만약 일체지지가 청정하다면, 무이이고 둘로 나눌 수 없으며 분별이 없고 단절도 없는 까닭이니라.

선현이여. 유위공이 청정한 까닭으로 이계가 청정하고, 이계가 청정한 까닭으로 일체지지가 청정하니라. 왜 그러한가? 만약 유위공이 청정하거나, 만약 이계가 청정하거나, 만약 일체지지가 청정하다면, 무이이고 둘로 나눌 수 없으며 분별이 없고 단절도 없는 까닭이니라. 유위공이 청정한 까닭으로 성계·이식계, 나아가 이촉·이촉을 인연으로 생겨난 여러 수가 청정하고, 성계, 나아가 이촉을 인연으로 생겨난 여러 수가 청정한 까닭으로 일체지지가 청정하니라. 왜 그러한가? 만약 유위공이 청정하거나, 만약 성계, 나아가 이촉을 인연으로 생겨난 여러 수가 청정하거나, 만약 일체지지가 청정하다면, 무이이고 둘로 나눌 수 없으며 분별이 없고 단절도 없는 까닭이니라.

선현이여. 유위공이 청정한 까닭으로 비계가 청정하고, 비계가 청정한 까닭으로 일체지지가 청정하니라. 왜 그러한가? 만약 유위공이 청정하거나, 만약 비계가 청정하거나, 만약 일체지지가 청정하다면, 무이이고 둘로 나눌 수 없으며 분별이 없고 단절도 없는 까닭이니라. 유위공이 청정한 까닭으로 향계·비식계, 나아가 비촉·비촉을 인연으로 생겨난 여러 수가 청정하고, 향계, 나아가 비촉을 인연으로 생겨난 여러 수가 청정한 까닭으로 일체지지가 청정하니라. 왜 그러한가? 만약 유위공이 청정하거나, 만약 향계, 나아가 비촉을 인연으로 생겨난 여러 수가 청정하거나, 만약 일체지지가 청정하다면, 무이이고 둘로 나눌 수 없으며 분별이 없고 단절도 없는 까닭이니라.

선현이여. 유위공이 청정한 까닭으로 설계가 청정하고, 설계가 청정한 까닭으로 일체지지가 청정하니라. 왜 그러한가? 만약 유위공이 청정하거나, 만약 설계가 청정하거나, 만약 일체지지가 청정하다면, 무이이고 둘로 나눌 수 없으며 분별이 없고 단절도 없는 까닭이니라. 유위공이 청정한 까닭으로 미계·설식계, 나아가 설촉·설촉을 인연으로 생겨난 여러 수가 청정하고, 미계, 나아가 설촉을 인연으로 생겨난 여러 수가 청정한 까닭으로 일체지지가 청정하니라. 왜 그러한가? 만약 유위공이 청정하거나, 만약 미계, 나아가 설촉을 인연으로 생겨난 여러 수가 청정하거나, 만약 일체지지가 청정하다면, 무이이고 둘로 나눌 수 없으며 분별이 없고 단절도 없는 까닭이니라.

선현이여. 유위공이 청정한 까닭으로 신계가 청정하고, 신계가 청정한 까닭으로 일체지지가 청정하니라. 왜 그러한가? 만약 유위공이 청정하거나, 만약 신계가 청정하거나, 만약 일체지지가 청정하다면, 무이이고 둘로 나눌 수 없으며 분별이 없고 단절도 없는 까닭이니라. 유위공이 청정한 까닭으로 촉계·신식계, 나아가 신촉·신촉을 인연으로 생겨난 여러 수가 청정하고, 촉계, 나아가 신촉을 인연으로 생겨난 여러 수가 청정한 까닭으로 일체지지가 청정하니라. 왜 그러한가? 만약 유위공이 청정하거나, 만약 촉계, 나아가 신촉을 인연으로 생겨난 여러 수가 청정하거나, 만약 일체지지가 청정하다면, 무이이고 둘로 나눌 수 없으며 분별이 없고 단절도 없는 까닭이니라.

선현이여. 유위공이 청정한 까닭으로 의계가 청정하고, 의계가 청정한 까닭으로 일체지지가 청정하니라. 왜 그러한가? 만약 유위공이 청정하거나, 만약 의계가 청정하거나, 만약 일체지지가 청정하다면, 무이이고 둘로 나눌 수 없으며 분별이 없고 단절도 없는 까닭이니라. 유위공이 청정한 까닭으로 법계·의식계, 나아가 의촉·의촉을 인연으로 생겨난 여러 수가 청정하고, 법계, 나아가 의촉을 인연으로 생겨난 여러 수가 청정한 까닭으로 일체지지가 청정하니라. 왜 그러한가? 만약 유위공이 청정하거나, 만약 법계, 나아가 의촉을 인연으로 생겨난 여러 수가 청정하거나, 만약 일체지지가 청정하다면, 무이이고 둘로 나눌 수 없으며 분별이 없고 단절도 없는 까닭이니라.

선현이여. 유위공이 청정한 까닭으로 지계가 청정하고, 지계가 청정한 까닭으로 일체지지가 청정하니라. 왜 그러한가? 만약 유위공이 청정하거나, 만약 지계가 청정하거나, 만약 일체지지가 청정하다면, 무이이고 둘로 나눌 수 없으며 분별이 없고 단절도 없는 까닭이니라. 유위공이 청정한 까닭으로 수·화·풍·공·식계가 청정하고, 수·화·풍·공·식계가 청정한 까닭으로 일체지지가 청정하니라. 왜 그러한가? 만약 유위공이 청정하거나, 만약 수·화·풍·공·식계가 청정하거나, 만약 일체지지가 청정하다면, 무이이고 둘로 나눌 수 없으며 분별이 없고 단절도 없는 까닭이니라.

선현이여. 유위공이 청정한 까닭으로 무명이 청정하고, 무명이 청정한 까닭으로 일체지지가 청정하니라. 왜 그러한가? 만약 유위공이 청정하거나, 만약 무명이 청정하거나, 만약 일체지지가 청정하다면, 무이이고 둘로 나눌 수 없으며 분별이 없고 단절도 없는 까닭이니라. 유위공이 청정한 까닭으로 행·식·명색·육처·촉·수·애·취·유·생·노사의 수탄고우뇌가 청정하고, 행, 나아가 노사의 수탄고우뇌가 청정한 까닭으로 일체지지가 청정하니라. 왜 그러한가? 만약 유위공이 청정하거나, 만약 행, 나아가 노사의 수탄고우뇌가 청정하거나, 만약 일체지지가 청정하다면, 무이이고 둘로 나눌 수 없으며 분별이 없고 단절도 없는 까닭이니라.

선현이여. 유위공이 청정한 까닭으로 보시바라밀다가 청정하고, 보시바라밀다가 청정한 까닭으로 일체지지가 청정하니라. 왜 그러한가? 만약 유위공이 청정하거나, 만약 보시바라밀다가 청정하거나, 만약 일체지지가 청정하다면, 무이이고 둘로 나눌 수 없으며 분별이 없고 단절도 없는 까닭이니라. 유위공이 청정한 까닭으로 정계·안인·정진·정려·반야바라밀다가 청정하고, 정계, 나아가 반야바라밀다가 청정한 까닭으로 일체지지가 청정하니라. 왜 그러한가? 만약 유위공이 청정하거나, 만약 정계,

나아가 반야바라밀다가 청정하거나, 만약 일체지지가 청정하다면, 무이이고 둘로 나눌 수 없으며 분별이 없고 단절도 없는 까닭이니라.

선현이여. 유위공이 청정한 까닭으로 내공이 청정하고, 내공이 청정한 까닭으로 일체지지가 청정하니라. 왜 그러한가? 만약 유위공이 청정하거나, 만약 내공이 청정하거나, 만약 일체지지가 청정하다면, 무이이고 둘로 나눌 수 없으며 분별이 없고 단절도 없는 까닭이니라. 유위공이 청정한 까닭으로 외공·내외공·공공·대공·승의공·무위공·필경공·무제공·산공·무변이공·본성공·자상공·공상공·일체법공·불가득공·무성공·자성공·무성자성공이 청정하고, 외공, 나아가 무성자성공이 청정한 까닭으로 일체지지가 청정하니라. 왜 그러한가? 만약 유위공이 청정하거나, 만약 외공, 나아가 무성자성공이 청정하거나, 만약 일체지지가 청정하다면, 무이이고 둘로 나눌 수 없으며 분별이 없고 단절도 없는 까닭이니라.

선현이여. 유위공이 청정한 까닭으로 진여가 청정하고, 진여가 청정한 까닭으로 일체지지가 청정하니라. 왜 그러한가? 만약 유위공이 청정하거나, 만약 진여가 청정하거나, 만약 일체지지가 청정하다면, 무이이고 둘로 나눌 수 없으며 분별이 없고 단절도 없는 까닭이니라. 유위공이 청정한 까닭으로 법계·법성·불허망성·불변이성·평등성·이생성·법정·법주·실제·허공계·부사의계가 청정하고 법계, 나아가 부사의계가 청정한 까닭으로 일체지지가 청정하니라. 왜 그러한가? 만약 유위공이 청정하거나, 만약 법계, 나아가 부사의계가 청정하거나, 만약 일체지지가 청정하다면, 무이이고 둘로 나눌 수 없으며 분별이 없고 단절도 없는 까닭이니라.

선현이여. 유위공이 청정한 까닭으로 고성제가 청정하고, 고성제가 청정한 까닭으로 일체지지가 청정하니라. 왜 그러한가? 만약 유위공이 청정하거나, 만약 고성제가 청정하거나, 만약 일체지지가 청정하다면, 무이이고 둘로 나눌 수 없으며 분별이 없고 단절도 없는 까닭이니라. 유위공이 청정한 까닭으로 집·멸·도성제가 청정하고, 집·멸·도성제가 청정한 까닭으로 일체지지가 청정하니라. 왜 그러한가? 만약 유위공이 청정하거나, 만약 집·멸·도성제가 청정하거나, 만약 일체지지가 청정하다면, 무이이고 둘로 나눌 수 없으며 분별이 없고 단절도 없는 까닭이니라.

선현이여. 유위공이 청정한 까닭으로 4정려가 청정하고, 4정려가 청정한 까닭으로 일체지지가 청정하니라. 왜 그러한가? 만약 유위공이 청정하거나, 만약 4정려가 청정하거나, 만약 일체지지가 청정하다면, 무이이고 둘로 나눌 수 없으며 분별이 없고 단절도 없는 까닭이니라. 유위공이 청정한 까닭으로 4무량·4무색정이 청정하고, 4무량·4무색정이 청정한 까닭으로 일체지지가 청정하니라. 왜 그러한가? 만약 유위공이 청정하거나, 만약 4무량·4무색정이 청정하거나, 만약 일체지지가 청정하다면, 무이이고 둘로 나눌 수 없으며 분별이 없고 단절도 없는 까닭이니라.

선현이여. 유위공이 청정한 까닭으로 8해탈이 청정하고, 8해탈이 청정한 까닭으로 일체지지가 청정하니라. 왜 그러한가? 만약 유위공이 청정하거나, 만약 8해탈이 청정하거나, 만약 일체지지가 청정하다면, 무이이고 둘로 나눌 수 없으며 분별이 없고 단절도 없는 까닭이니라. 유위공이 청정한 까닭으로 8승처·9차제정·10변처가 청정하고, 8승처·9차제정·10변처가 청정한 까닭으로 일체지지가 청정하니라. 왜 그러한가? 만약 유위공이 청정하거나, 만약 8승처·9차제정·10변처가 청정하거나, 만약 일체지지가 청정하다면, 무이이고 둘로 나눌 수 없으며 분별이 없고 단절도 없는 까닭이니라."

漢譯 | 현장(玄奘)

중국 당나라 사문으로 하남성(河南省) 낙양(洛陽) 구씨현(緱氏縣)에서 출생하였고, 속성은 진씨(陳氏), 이름은 위(褘)이다. 10세에 낙양 정토사(淨土寺)에 귀의하였고, 경(經)·율(律)·논(論) 삼장(三藏)에 밝아서 삼장법사라고 불린다. 627년 인도로 구법을 떠나서 나란다사(那爛陀寺)에 들어가 계현(戒賢)에게 수학하였다. 641년 520질 657부(部)에 달하는 불경들을 가지고 귀국길에 올라 645년 정월 장안으로 돌아왔으며, 인도 여행기인 『대당서역기(大唐西域記)』12권을 저술하였다. 번역한 삼장으로는 경장인 『대반야바라밀다경(大般若波羅蜜多經)』600권, 율장인 『보살계본(菩薩戒本)』2권, 논장인 『유가사지론(瑜伽師地論)』100권, 『아비달마대비바사론(阿毘達磨大毘婆沙論)』200권 등이 있다. 번역한 경전은 76부 1,347권에 이르는 매우 중요한 대승불교 경전들이 상당수 포함되어 있으며, 문장과 단어에 충실하여 문장의 우아함은 부족하더라도 어휘의 정확도는 매우 진전되었다. 구마라집 등의 구역(舊譯)과 차별을 보여주고 있어 신역(新譯)이라 불리고 있다.

國譯 | 釋 普雲(宋法燁)

대한불교조계종 제2교구본사 용주사에서 출가하였고, 문학박사이다. 현재 대한불교조계종 교육아사리(계율)이고, 죽림불교문화연구원에서 연구와 번역을 병행하고 있다.

논저 | 논문으로 「통합종단 이후 불교의례의 변천과 향후 과제」 등 다수. 저술로 『신편 승가의범』, 『승가의궤』가 있으며, 번역서로 『마하반야바라밀다경』(1~6), 『팔리율』(Ⅰ~Ⅴ), 『마하승기율』(상·중·하), 『십송율』(상·중·하), 『보살계본소』, 『근본설일체유부비나야』(상·하), 『근본설일체유부비나야약사』, 『근본설일체유부비나야파승사』, 『근본설일체유부비나야잡사』(상·하), 『근본설일체유부필추니비나야』, 『근본설일체유부백일갈마 외』, 『안락집』 등이 있다.

마하반야바라밀다경 7 摩訶般若波羅蜜多經 7

三藏法師 玄奘 漢譯 | 釋 普雲 國譯

2024년 10월 5일 초판 1쇄 발행

펴낸이 · 오일주
펴낸곳 · 도서출판 혜안
등록번호 · 제22-471호
등록일자 · 1993년 7월 30일

주　소 · ⑫ 04052 서울시 마포구 와우산로 35길3(서교동) 102호
전　화 · 3141-3711~2 / 팩시밀리 · 3141-3710
E-Mail · hyeanpub@daum.net

ISBN 978-89-8494-727-6 03220

값 42,000 원